O MUNDO ATÉ ONTEM

JARED DIAMOND
O MUNDO ATÉ ONTEM

O QUE PODEMOS APRENDER COM AS SOCIEDADES TRADICIONAIS?

TRADUÇÃO DE **MARIA LÚCIA DE OLIVEIRA**

1ª edição

EDITORA RECORD

RIO DE JANEIRO • SÃO PAULO

2014

CIP-BRASIL. CATALOGAÇÃO NA PUBLICAÇÃO
SINDICATO NACIONAL DOS EDITORES DE LIVROS, RJ

Diamond, Jared, 1937

D528m   O mundo até ontem: o que podemos aprender com as sociedades tradicionais? / Jared Diamond; tradução Maria Lúcia de Oliveira. – 1. ed. – Rio de Janeiro: Record, 2014.
616 p. : il.

Tradução de: The World Until Yesterday
ISBN 978-85-01-10210-2

1. História universal. I. Título.

13-08054

CDD: 909
CDU: 94(100)

Título original em inglês:
THE WORLD UNTIL YESTERDAY

Copyright ©Jared Diamond, 2012

Texto revisado segundo o novo Acordo Ortográfico da Língua Portuguesa.

Todos os direitos reservados. Proibida a reprodução, armazenamento ou transmissão de partes deste livro através de quaisquer meios, sem prévia autorização por escrito. Proibida a venda desta edição em Portugal e resto da Europa.

Direitos exclusivos de publicação em língua portuguesa para o Brasil adquiridos pela
EDITORA RECORD LTDA.
Rua Argentina 171 – 20921-380 – Rio de Janeiro, RJ – Tel.: 2585-2000
que se reserva a propriedade literária desta tradução

Impresso no Brasil

ISBN 978-85-01-10210-2

Seja um leitor preferencial Record.
Cadastre-se e receba informações sobre nossos lançamentos e nossas promoções.

EDITORA AFILIADA

Atendimento direto ao leitor:
mdireto@record.com.br ou (21) 2585-2002.

Para
Meg Taylor,
como reconhecimento por décadas
de amizade e por partilhar sua
percepção sobre nossos dois mundos

SUMÁRIO

Lista de figuras e tabelas   11

Prólogo: No aeroporto   13

Uma cena de aeroporto • Por que estudar sociedades tradicionais?
• Estados • Tipos de sociedades tradicionais • Abordagens, causas
e fontes • Um livro conciso sobre um tema amplo • Plano do livro

PARTE 1: DIVIDINDO ESPAÇOS PARA ORGANIZAR O CENÁRIO

Capítulo 1: Amigos, inimigos, estranhos e comerciantes   55

Uma fronteira • Territórios mutuamente excludentes • Uso não
excludente da terra • Amigos, inimigos e estranhos • Primeiros
contatos • Comércio e comerciantes • Economias de mercado •
Formas tradicionais de comércio • Itens tradicionais de comércio
• Quem comercializa o quê? • Nações minúsculas

PARTE 2: PAZ E GUERRA

Capítulo 2: Compensação pela morte de uma criança   105

Um acidente • Uma cerimônia • E se...? • O que fez o Estado •
Compensação na Nova Guiné • Relações que duram a vida toda
• Outras sociedades de não Estado • A autoridade do Estado
• Justiça civil estatal • Falhas na justiça civil estatal • Justiça
criminal estatal • Justiça restaurativa • As vantagens e seu preço

O MUNDO ATÉ ONTEM

Capítulo 3: Um breve capítulo sobre uma guerra minúscula   153

A guerra dos danis • Cronologia da guerra • O número de mortos na guerra

Capítulo 4: Um capítulo mais longo sobre muitas guerras   165

Definições de guerra • Fontes de informação • Formas de guerras tradicionais • Taxas de mortalidade • Semelhanças e diferenças • Pondo fim ao estado de guerra • Efeitos do contato com europeus • Animais belicosos, povos pacíficos • Motivos da guerra tradicional • Razões últimas • Contra quem as pessoas lutam? • Esquecendo Pearl Harbor

PARTE 3: JOVENS E VELHOS

Capítulo 5: Educando as crianças   219

Comparações de práticas de educação infantil • Parto • Infanticídio • Desmame e intervalo entre nascimentos • Amamentação por livre demanda • Contato entre bebês e adultos • O papel do pai e de outros cuidadores • Respostas ao choro de bebês • Punição física • Autonomia das crianças • Grupos de recreação multietários • Brincadeiras infantis e educação • Os filhos deles e os nossos

Capítulo 6: O tratamento de pessoas idosas: cuidar, abandonar ou matar?   263

Os idosos • Expectativas quanto ao cuidado dos idosos • Por que abandonar ou matar? • A utilidade dos idosos • Valores da sociedade • As regras da sociedade • Melhor ou pior hoje? • O que fazer com os idosos?

SUMÁRIO

PARTE 4: PERIGO E RESPOSTA

Capítulo 7: Paranoia construtiva   303

Atitudes diante do perigo • Uma visita noturna • Um acidente de barco • Apenas um galho no chão • Correndo riscos • Riscos e tagarelice

Capítulo 8: Leões e outros perigos   341

Perigos da vida tradicional • Acidentes • Evitar e vigiar • Violência humana • Doenças • Respostas a doenças • Morte por inanição • Insuficiências imprevisíveis de alimentos • Disperse suas áreas de cultivo • Sazonalidade e armazenamento de alimentos • Diversificação da dieta • Agregação e dispersão • Respostas ao perigo

PARTE 5: RELIGIÃO, LÍNGUA E SAÚDE

Capítulo 9: O que as enguias-elétricas nos dizem sobre a evolução da religião   397

Perguntas sobre religião • Definições de religião • Funções e enguias-elétricas • A busca de explicações causais • Crenças sobrenaturais • A função explicativa da religião • A religião como aplacadora de ansiedades • A religião como provedora de consolo • Organização e obediência • Códigos de comportamento com estranhos • Justificação da guerra • Insígnias de comprometimento • Medidas de sucesso religioso • Mudanças nas funções da religião

Capítulo 10: Falando em muitas línguas   453

Multilinguismo • Total de línguas no mundo • Como as línguas evoluem • Geografia da diversidade linguística • Multilinguismo tradicional • Benefícios do bilinguismo • A doença de Alzheimer • Línguas em extinção • Como as línguas desaparecem • Línguas minoritárias são prejudiciais? • Por que preservar as línguas? • Como proteger as línguas?

Capítulo 11: Sal, açúcar, gordura e sedentarismo 501

Doenças não transmissíveis • Nossa ingestão de sal • Sal e pressão sanguínea • Causas da hipertensão • Fontes de sal na dieta • Diabetes • Tipos de diabetes • Genes, ambiente e diabetes • Índios pimas e ilhéus de Nauru • Diabetes na Índia • Benefícios dos genes para o diabetes • Por que o diabetes é baixo entre europeus? • O futuro das doenças não transmissíveis

Epílogo: Em outro aeroporto 553

Da selva para a 405 • Vantagens do mundo moderno • Vantagens do mundo tradicional • O que podemos aprender?

Agradecimentos 573
Leituras complementares 577
Índice 591

LISTA DE FIGURAS E TABELAS

Mapa 1	Localização de 39 sociedades que serão discutidas com frequência neste livro	44-45
Tabela 1.1	Objetos comercializados por algumas sociedades tradicionais	93
Tabela 3.1	Membros de duas alianças danis em guerra	156
Tabela 8.1	Causas de morte acidental e ferimentos	345
Tabela 8.2	Formas tradicionais de armazenar alimentos em todo o mundo	382
Tabela 9.1	Algumas definições propostas de religião	402
Tabela 9.2	Exemplos de crenças sobrenaturais de religiões específicas	419
Tabela 9.3	Mudanças nas funções da religião ao longo do tempo	451
Tabela 11.1	Prevalência do diabetes Tipo 2 em todo o mundo	535
Tabela 11.2	Exemplos de glutonia quando há comida disponível em abundância	543

PRÓLOGO

NO AEROPORTO

Uma cena de aeroporto • Por que estudar sociedades
tradicionais? • Estados • Tipos de sociedades tradicionais
• Abordagens, causas e fontes • Um livro conciso
sobre um tema amplo • Plano do livro

Uma cena de aeroporto

Dia 30 de abril de 2006, 7 horas da manhã. Estou no saguão de um aeroporto, agarrado ao meu carrinho de bagagem enquanto vou sendo empurrado por uma multidão que também está fazendo o check-in para os primeiros voos daquela manhã. A cena é familiar: centenas de viajantes carregando pastas, caixas, mochilas e bebês, formando filas paralelas que se arrastam até um longo balcão por trás do qual estão os funcionários uniformizados das empresas aéreas, cada um com seu computador. Há outras pessoas uniformizadas espalhadas entre a multidão: pilotos, aeromoças, encarregados de checar as bagagens e dois policiais que vagam por ali sem nenhuma outra tarefa a não ser estarem visíveis. Alguns funcionários observam na tela do aparelho de raios X os volumes despachados, outros põem etiquetas nas malas, e os carregadores ajeitam as bagagens na esteira rolante que as levará, se tudo der certo, aos respectivos aviões. Na parede oposta ao balcão de check-in ficam as lojas de jornais e as lanchonetes. Outros objetos à minha volta são os usuais relógios nos painéis de voos, as cabines telefônicas, os caixas eletrônicos, as escadas rolantes para o andar de cima e, é claro, os aviões na pista, que podem ser vistos pelas janelas do terminal.

Os funcionários das companhias aéreas movimentam os dedos sobre teclados e olham para as telas, enquanto as maquininhas ao lado produzem recibos impressos de cartões de crédito. A multidão exibe a mistura habitual de bom humor, paciência e exasperação, aguardando na fila obedientemente e cumprimentando amigos. Quando chega a minha vez, mostro um pedaço de papel (meu itinerário de voo) a alguém que nunca vi antes e provavelmente nunca mais verei (a atendente por trás do balcão). Ela, por sua vez, estende um pedaço de papel que me dá permissão para voar centenas de quilômetros até um lugar que nunca visitei e cujos habitantes não me conhecem, mas, ainda assim, tolerarão minha chegada.

Aos viajantes vindos dos Estados Unidos, da Europa ou da Ásia, o primeiro aspecto diferente que lhes chamaria a atenção nessa cena aparentemente tão familiar seria o fato de todas as pessoas no saguão, exceto eu e alguns poucos turistas, serem guineenses. Outras diferenças também seriam notadas por viajantes do exterior: a bandeira preta, vermelha e dourada acima do balcão é a bandeira nacional da Papua Nova Guiné, que exibe uma ave-do-paraíso e a constelação do Cruzeiro do Sul; as placas nos balcões das empresas aéreas não dizem American Airlines ou British Airways, mas Air Niugini, e os destinos dos voos no painel têm nomes que nos soam exóticos: Wapenamanda, Goroka, Kikori, Kundiawa e Wewak.

O aeroporto do qual eu partiria naquela manhã era o de Port Moresby, capital da Papua Nova Guiné. Para qualquer pessoa que tivesse uma noção da história da Nova Guiné — inclusive eu, que entrei pela primeira vez no país em 1964, quando ainda era administrado pela Austrália —, a cena era, ao mesmo tempo, familiar, surpreendente e tocante. Mentalmente, vi-me comparando-a com as fotografias feitas pelos primeiros australianos que "descobriram" a Nova Guiné em 1931 e penetraram nas terras altas, uma região fervilhante com um milhão de pessoas que viviam em aldeias e ainda usavam ferramentas de pedra. Naquelas fotos, seus habitantes, que durante milênios haviam vivido em relativo isolamento e com limitado conhecimento de um mundo exterior, exibem expressões de horror diante da visão dos primeiros europeus (imagens 30, 31). Agora, em 2006, eu olhava os rostos daqueles guineenses à minha volta no aeroporto de Port Moresby — passageiros, funcionários de empresas aéreas e pilotos — e via neles as faces dos guineenses fotografados em 1931. É claro que as pessoas no aeroporto não eram os mesmos indivíduos de 1931, mas os rostos eram semelhantes, e algumas delas poderiam ser seus filhos e netos.

A diferença mais óbvia entre a cena do check-in de 2006 gravada em minha memória e as fotografias do "primeiro contato" em 1931 era que os guineenses de 1931 estavam escassamente vestidos com saias de capim, tinham sacolas penduradas nos ombros e os cabelos enfeitados com penas de pássaros, enquanto em 2006 eles usavam a vestimenta padrão internacional: camisa, calça, saia, short e boné. No transcorrer de uma ou duas gerações, e ao longo da vida de muitas pessoas naquele saguão de aeroporto, os habitantes das terras altas da Nova Guiné aprenderam a escrever, usar computadores e viajar em aviões. Alguns dos que estavam ali podem ter sido, de fato, as primeiras pessoas de sua tribo que aprenderam a ler e escrever. Aquele hiato geracional estava simbolizado, para mim, pela imagem de dois guineenses que encontrei na multidão, o mais jovem conduzindo o mais velho: o primeiro usava uniforme de piloto e me contava que o mais velho era seu avô, sendo levado para sua primeira viagem de avião; e o avô grisalho tinha uma expressão quase tão perplexa e abalada quanto a das pessoas nas fotos de 1931.

No entanto, um observador familiarizado com a história da Nova Guiné teria reconhecido diferenças mais significativas entre as cenas de 1931 e 2006 que iam além do fato de as pessoas usarem saias de capim no primeiro momento e agora estarem com roupas ocidentais. Em 1931, as sociedades das terras altas da Nova Guiné careciam não apenas de roupas manufaturadas, mas também de todas as tecnologias modernas, desde relógios, telefones e cartões de crédito até computadores, escadas rolantes e aviões. Mais fundamentalmente, as terras altas da Nova Guiné de 1931 careciam de escrita, metal, moeda, escolas e governo centralizado. Se não tivéssemos a história recente para nos contar o resultado, poderíamos ter especulado: será que uma sociedade sem escrita poderia de fato dominar essa habilidade no período de uma única geração?

Um observador atento e conhecedor da história da Nova Guiné ainda teria notado outros aspectos da cena de 2006 semelhantes aos encontrados em aeroportos modernos, mas diferentes das cenas captadas em 1931 nas fotos das primeiras equipes de contato. A cena de 2006 continha uma proporção mais elevada de pessoas idosas e grisalhas, das quais relativamente poucas teriam sobrevivido na sociedade tradicional das terras altas. Um ocidental sem experiência prévia com guineenses teria a impressão inicial de que a multidão no aeroporto era "homogênea" — todos eles semelhantes em suas peles escuras e cabelos crespos (imagens 1, 13, 26, 30, 31, 32). No entanto, tinham outros aspectos físicos bastante heterogêneos: pessoas altas das terras baixas do litoral sul, com barbas ralas e rostos mais estreitos; pessoas mais baixas, barbadas, com rostos largos, originárias das terras altas; e ilhéus e nativos das terras baixas do litoral norte com traços ligeiramente asiáticos. Em 1931, teria sido absolutamente impossível encontrar em um mesmo espaço pessoas das terras altas, do litoral sul e do litoral norte; qualquer reunião de pessoas na Nova Guiné teria sido muito mais homogênea do que a multidão no aeroporto em 2006. Um linguista que escutasse as conversas teria identificado dezenas de idiomas característicos de grupos muito diferentes: línguas tonais nas quais as palavras são distinguidas pelo diapasão, como no chinês; línguas austronésias com sílabas e consoantes relativamente simples, e línguas papuas não tonais. Em 1931, teria sido possível encontrar um indivíduo que falasse diversas línguas ao lado de outros também multilíngues, mas nunca uma reunião de pessoas que falassem dezenas de línguas diferentes. Duas línguas muito disseminadas, o inglês e o tok pisin (também conhecido como neomelanésio ou inglês pidgin), eram as que se ouviam em 2006 no balcão de check-in e também em muitas das conversas entre os passageiros, mas em 1931 todas as conversas nas terras altas da Nova Guiné eram em línguas locais, cada uma delas confinada a uma pequena área.

Outra diferença sutil entre as cenas de 1931 e 2006 era que a multidão atual incluía alguns guineenses com um tipo físico infelizmente comum entre os norte-americanos: pessoas obesas com a barriga despencando sobre o cinto. As fotos de 75 anos atrás não mostram sequer um gui-

PRÓLOGO

neense gordo: todos eram magros e musculosos (imagem 30). Se eu tivesse podido entrevistar os médicos daqueles passageiros, certamente teria ouvido deles (a julgar pelas modernas estatísticas de saúde pública da Nova Guiné) que existe um número crescente de casos de diabetes associados ao excesso de peso, além de casos de hipertensão, doenças cardíacas e cânceres que eram desconhecidos há apenas uma geração.

Outro traço distintivo do grupo de 2006, em comparação com as pessoas fotografadas em 1931, era algo que tomamos como coisa natural no mundo moderno: a maior parte das pessoas aglomeradas naquele saguão de aeroporto nunca havia se visto antes e, no entanto, não havia nenhum conflito ou briga entre elas. Isso teria sido inimaginável em 1931, quando encontros com estranhos eram raros, perigosos e tendiam a se tornar violentos. Sim, havia aqueles dois policiais no saguão, supostamente para manter a ordem, mas, de fato, a multidão mantinha a ordem por si mesma, meramente porque os passageiros sabiam que nenhum daqueles estranhos estava prestes a atacá-los, pois viviam todos em uma sociedade que dispunha de outros policiais e soldados que poderiam ser mobilizados caso um conflito saísse do controle. Em 1931, não existiam policiais nem autoridade governamental. Os passageiros no saguão do aeroporto desfrutavam o direito de voar ou viajar por outros meios para Wapenamanda ou qualquer outra parte da Papua Nova Guiné sem pedir permissão. No mundo ocidental moderno, a liberdade de viajar nos parece um direito inquestionável, mas, antigamente, era excepcional. Em 1931, nenhum guineense nascido em Goroka jamais visitara Wapenamanda, que ficava a meros 170 quilômetros a oeste; a ideia de viajar de Goroka a Wapenamanda sem ser morto como um desconhecido logo nos primeiros 15 quilômetros de estrada teria sido inimaginável. Ainda assim, eu acabara de viajar 11 mil quilômetros de Los Angeles a Port Moresby, uma distância centenas de vezes maior do que a distância cumulativa que qualquer guineense das terras altas teria percorrido ao longo de sua vida, caso alguma vez saísse de seu lugar de origem.

Todas essas diferenças entre os grupos de 2006 e 1931 podem ser resumidas em uma frase: nos últimos 75 anos, a população das terras altas da Nova Guiné passou por processos de mudança que, na maior parte do resto do mundo, levaram milhares de anos. Para alguns indivíduos as mudanças foram ainda mais rápidas: alguns dos meus amigos guineenses contaram que haviam fabricado os últimos machados de pedra e participado das últimas batalhas tribais tradicionais meros dez anos antes de nos encontrarmos. Hoje, cidadãos de países industriais consideram ponto pacífico os aspectos da cena de 2006 que já mencionei: metal, escrita, máquinas, aviões, polícia e governo, pessoas obesas, encontros não amedrontadores com estranhos, populações heterogêneas e assim por diante. Mas todos esses traços das sociedades humanas modernas são relativamente novos na história da espécie. Durante a maior parte dos 6 milhões de anos transcorridos desde que as linhas evolutivas proto-humana e protochimpanzé tomaram rumos divergentes, todas as sociedades humanas careciam de metal e de todas aquelas outras coisas. Essas características modernas só começaram a aparecer nos últimos 11 mil anos, e apenas em algumas regiões do mundo.

Assim, a Nova Guiné* é, em alguns aspectos, uma janela da qual podemos observar o mundo humano tal como era até "ontem", se considerarmos esses 11 mil anos dentro da escala de tempo de 6 milhões de anos de evolução humana. (Devo enfatizar a ressalva "em alguns aspectos", pois, obviamente, as terras altas da Nova Guiné de 1931 não correspondiam a um mundo de "ontem" inalterado.) Todas as mudanças que chegaram às terras altas nos últimos 75 anos também chegaram a outras sociedades em todo o mundo, mas, na maior parte

---

*A terminologia que tem sido aplicada à Nova Guiné é confusa. Ao longo deste livro, uso o termo "Nova Guiné" para me referir à ilha de Nova Guiné, a segunda maior ilha do mundo depois da Groenlândia, que fica perto da linha do equador e um pouco ao norte da Austrália (mapa da página 26). Refiro-me aos diversos povos nativos da ilha como "guineenses". Como resultado de acidentes da história colonial do século XIX, a ilha está agora dividida politicamente entre duas nações. A metade oriental da ilha, acrescida de muitas ilhas menores adjacentes, forma a nação independente da Papua Nova Guiné, que surgiu de uma antiga colônia alemã no nordeste e de uma antiga colônia britânica no sudeste e ficou sendo administrada pela Austrália até a independência, em 1975. Os australianos referiam-se às antigas partes alemã e inglesa como Nova Guiné e Papua, respectivamente. A metade ocidental da ilha, que era parte das Índias Orientais Holandesas, tornou-se, em 1969, uma província (renomeada Papua, e antes chamada Irian Jaya) da Indonésia. Meu próprio trabalho de campo na Nova Guiné foi dividido em partes quase iguais entre as duas metades políticas da ilha.

PRÓLOGO

dos casos, essas mudanças apareceram muito mais cedo e ocorreram muito mais gradualmente do que na Nova Guiné. "Gradual", no entanto, é um conceito relativo: embora em algumas sociedades as mudanças tenham aparecido primeiro, em todas elas isso ocorreu a menos de 11 mil anos, um lapso de tempo ainda minúsculo em comparação com os 6 milhões de anos de existência de humanos no planeta. Basicamente, as mudanças profundas ocorridas em nossas sociedades humanas são todas muito recentes e aconteceram com grande rapidez.

Por que estudar sociedades tradicionais?

Por que será que achamos as sociedades "tradicionais" tão fascinantes?*
Em parte, por causa do interesse humano que despertam: a fascinação de conhecer pessoas tão semelhantes a nós e tão fáceis de compreender em alguns aspectos, e tão diferentes de nós e tão difíceis de compreender, em outros. Quando cheguei à Nova Guiné pela primeira vez, em 1964, tinha 26 anos e fiquei impressionado com o exotismo dos guineenses: tinham aparência diferente da dos americanos, falavam línguas diferentes, vestiam-se de modo diferente e comportavam-se de maneira diferente. Mas, ao longo das décadas seguintes, durante dezenas de visitas que duravam de um a cinco meses a muitas áreas da Nova Guiné e das ilhas vizinhas, o sentimento antes predominante

---

*Com os termos "tradicional" e "pequena escala", que usarei em todo o livro, refiro-me a sociedades do passado e do presente com baixa densidade populacional que vivem em pequenos grupos de poucas dezenas a poucos milhares de pessoas, subsistindo com a caça-coleta, a agricultura ou a criação de rebanhos, e transformadas, em grau limitado, pelo contato com sociedades industriais grandes e ocidentalizadas. Na realidade, todas essas sociedades tradicionais que ainda existem foram pelo menos parcialmente modificadas pelo contato, e poderiam ser descritas, alternativamente, como "transicionais", em vez de "tradicionais". Mas, com frequência, ainda mantêm muitas características e muitos processos sociais das pequenas sociedades do passado. Contrasto sociedades tradicionais de pequena escala com sociedades "ocidentalizadas", e com isso me refiro a grandes sociedades industriais modernas dirigidas por governos estatais, conhecidas pelos leitores deste livro como as sociedades nas quais a maior parte deles vive hoje. São designadas como "ocidentalizadas" porque importantes aspectos dessas sociedades (como a Revolução Industrial e a saúde pública) surgiram inicialmente na Europa Ocidental nos anos 1700 e 1800 e dali se disseminaram para muitos outros países.

de exotismo deu lugar a um sentimento de comunhão à medida que eu ia conhecendo alguns guineenses: conversávamos durante longo tempo, ríamos das mesmas piadas, partilhávamos interesses por filhos, sexo, comida e esportes, e, juntos, nos percebíamos enraivecidos, amedrontados, deprimidos, aliviados ou exultantes. Até suas línguas são variações de temas linguísticos familiares em todo o mundo: embora a primeira língua guineense que aprendi (o fore) não tenha parentesco com as línguas indo-europeias e, portanto, tenha um vocabulário que me era inteiramente desconhecido, usa uma conjugação de verbos elaborada, como o alemão; tem pronomes duplos, como o esloveno; usa posposições, como o finlandês, e três advérbios de lugar ("aqui", "ali" e "lá"), como o latim.

Todas essas semelhanças conduziram-me, erroneamente, após minha sensação inicial de exotismo da Nova Guiné, a pensar: "As pessoas são basicamente iguais em toda parte." Não, não é assim; foi o que acabei concluindo em algum momento. Em muitos aspectos básicos, nós não somos todos iguais: muitos de meus amigos na Nova Guiné contavam de forma diferente (por mapeamento visual, em vez de usarem números abstratos), escolhiam suas esposas ou seus maridos de forma diferente, tratavam seus pais e filhos de modos diferentes, viam os perigos de modo diferente e tinham um conceito diferente de amizade. Essa desconcertante mistura de semelhanças e diferenças é parte do que torna as sociedades tradicionais tão fascinantes para os de fora.

Outra razão da importância das sociedades tradicionais e do interesse que despertam é o fato de conservarem traços de como todos os nossos ancestrais viveram durante dezenas de milhares de anos, até praticamente ontem. Os estilos de vida tradicionais foram o que nos deu forma e nos levou a ser o que somos agora. A passagem da caça-coleta para a agricultura começou há apenas cerca de 11 mil anos; as primeiras ferramentas de metal foram produzidas há somente 7 mil anos; e o primeiro governo estatal e a primeira escrita surgiram há apenas cerca de 5.400 anos. Faz muito pouco tempo que as condições "modernas" passaram a prevalecer, e às vezes apenas de forma localizada. Nossa "modernidade" equivale a uma minúscula fração da história humana, e

PRÓLOGO

todas **as** sociedades têm uma história muito mais longa de tradicionalismo. Hoje, os leitores deste livro tomam como ponto pacífico a existência de alimentos cultivados em fazendas e vendidos em lojas, em vez de alimentos caçados e colhidos diariamente; ferramentas de metal, e não de pedra, madeira e ossos; governos estatais e tribunais, polícia e exércitos, e também a leitura e a escrita. Mas todas essas aparentes necessidades são relativamente novas, e bilhões de pessoas em todo o mundo ainda vivem parcialmente de modos tradicionais.

Incrustadas até mesmo em sociedades industriais modernas, existem esferas da vida nas quais ainda operam muitos mecanismos tradicionais. Em muitas áreas rurais do Primeiro Mundo, como no vale de Montana onde minha família passa as férias anuais de verão, muitas disputas ainda são resolvidas por mecanismos tradicionais informais, em vez de se recorrer ao sistema judiciário. As gangues urbanas das grandes cidades não chamam a polícia para resolver suas desavenças, mas contam com métodos tradicionais de negociação, compensação, intimidação e guerra. Tenho amigos europeus que cresceram em pequenos vilarejos na década de 1950 e descrevem infâncias semelhantes às vividas em uma aldeia tradicional na Nova Guiné: todo mundo conhecia todo mundo no vilarejo, todos sabiam o que todo mundo estava fazendo e expressavam suas opiniões sobre o assunto, as pessoas se casavam com outras que haviam nascido a apenas dois ou três quilômetros de distância, passavam a vida toda no vilarejo ou em suas proximidades — exceto no caso de homens jovens durante os anos de guerra mundial —, e as disputas internas precisavam ser resolvidas de forma a restaurar os relacionamentos ou torná-los toleráveis, pois você iria viver perto daquela pessoa pelo resto de sua vida. Ou seja, o mundo de ontem não foi apagado e substituído pelo mundo novo de hoje: grande parte do ontem ainda está conosco. Esta é outra razão para querermos entender o mundo de ontem.

Conforme veremos nos capítulos deste livro, as sociedades tradicionais são muito mais multiformes em suas práticas culturais do que as modernas sociedades industriais. Por exemplo, comparadas com qualquer sociedade industrial moderna, algumas sociedades tradicionais tratam os idosos de forma muito mais cruel, enquanto outras lhes oferecem uma vida muito mais satisfatória; as sociedades industriais modernas estão mais próximas do primeiro extremo do que do último. Ainda assim, os psicólogos baseiam a maior parte de suas generalizações a respeito da natureza humana em estudos de nossa própria estreita e atípica fatia da diversidade existente. Em 2008, foi feita uma pesquisa com uma amostra de artigos retirados das principais revistas de psicologia: entre os participantes humanos estudados, 96% eram de países industriais ocidentalizados (América do Norte, Europa, Austrália, Nova Zelândia e Israel), 68% eram dos Estados Unidos, especificamente, e até 80% eram estudantes de graduação cursando psicologia, ou seja, nem ao menos eram típicos representantes de suas próprias sociedades nacionais. Conforme disseram os cientistas sociais Joseph Henrich, Steven Heine e Ara Norenzayan, a maior parte do que sabemos da psicologia humana baseia-se em sujeitos que podem ser descritos pelo acrônimo WEIRD: de sociedades ocidentais, educadas, industrializadas, ricas e democráticas. A maior parte das pessoas pesquisadas também parece ser formada por tipos literalmente *weird* (estranhos) segundo os padrões de variação cultural encontrados em todo o mundo, pois estão fora da gama de variação mapeada em muitos estudos de fenômenos culturais baseados em amostras amplas. Os fenômenos mapeados na pesquisa incluem percepção visual, justiça, cooperação, punição, raciocínio biológico, orientação espacial, raciocínio analítico *versus* holístico, raciocínio moral, motivação para a conformidade, processos de escolha e o conceito de si mesmo, ou *self.* Assim, se quisermos generalizar a respeito da natureza humana, precisamos ampliar muito significativamente as amostras de nossos estudos, passando dos habituais sujeitos WEIRD (basicamente estudantes de graduação de psicologia) para toda a gama de tipos humanos encontrados nas sociedades tradicionais.

Embora os cientistas sociais seguramente possam chegar a conclusões de interesse acadêmico a partir dos estudos de sociedades tradicionais, todo o restante de nós também pode conseguir aprender com elas coisas de interesse prático. Com efeito, as sociedades tradicionais representam milhares de experimentos naturais de como construir uma sociedade humana. Elas inventaram milhares de soluções para problemas humanos, e são soluções diferentes das adotadas por nossas próprias sociedades modernas WEIRD. Veremos que algumas dessas soluções — por exemplo, algumas formas como as sociedades tradicionais criam seus filhos, tratam seus idosos, permanecem saudáveis, falam, usam seu tempo livre, resolvem disputas — podem surpreender o leitor, tal como surpreendem a mim, como superiores às práticas normais no Primeiro Mundo. Talvez possamos nos beneficiar adotando, seletivamente, algumas dessas práticas tradicionais. Alguns de nós já fazemos isso, com inegáveis benefícios à nossa saúde e felicidade. Em alguns aspectos, nós, modernos, somos inadaptados; nossos corpos e nossas práticas enfrentam hoje condições diferentes daquelas nas quais se desenvolveram e às quais estavam adaptados.

Mas também não devemos cair no extremo oposto de romantizar o passado e ter saudade de uma época mais simples. Devemos nos considerar abençoados por havermos descartado muitas práticas tradicionais — como infanticídio, abandono ou assassinato de idosos — e nos livrado de muitos sofrimentos: riscos periódicos de fome generalizada, extrema vulnerabilidade diante de perigos ambientais e doenças infecciosas, frequentemente vendo nossos filhos morrerem e vivendo com o medo constante de sermos atacados. As sociedades tradicionais podem não apenas nos sugerir algumas práticas de vida melhores, como também nos ajudar a apreciar algumas vantagens de nossa própria sociedade sobre as quais nunca havíamos refletido, considerando-as óbvias e naturais.

Estados

As sociedades tradicionais são mais variadas em sua organização do que as sociedades com um governo de Estado. Como ponto de partida para nos ajudar a compreender aspectos não familiares das sociedades tradicionais, permitam-me relembrar os traços mais conhecidos dos Estados-nações nos quais vivemos hoje.

A maior parte das nações modernas tem populações de centenas de milhares ou milhões de pessoas, chegando a mais de um bilhão na Índia e na China, as duas nações modernas mais populosas. Mesmo as menores nações modernas, os países ilhéus de Nauru e Tuvalu, no Pacífico, têm mais de 10 mil pessoas cada. (O Vaticano, com uma população de apenas mil pessoas, também é classificado como uma nação, mas sua condição é excepcional por ser um minúsculo enclave dentro da cidade de Roma, da qual importa tudo para atender a todas as suas necessidades.) Também no passado, os Estados tinham populações que iam de dezenas de milhares até milhões de pessoas. O porte daquelas grandes populações já é suficiente para ilustrar como os Estados precisam se alimentar, como devem ser organizados e por que, afinal, existem. Todos os Estados alimentam seus cidadãos basicamente por meio da produção de alimentos (agricultura e criação de animais), em vez de dependerem de caça e coleta. É possível obter muito maior quantidade de alimentos cultivando a terra ou criando animais em um acre de horta, campo ou pastagem bem aproveitado, com as plantas e as espécies animais mais úteis para nós, do que caçando e coletando qualquer tipo de animal e de plantas silvestres (sendo a maior parte não comestível) que possam ser encontrados em um acre de floresta. Por essa simples razão, nenhuma sociedade de caçadores-coletores jamais conseguiu alimentar uma população suficientemente densa para sustentar o governo de um Estado. Em qualquer Estado, a produção de alimentos ocupa apenas uma parcela da população — tão pequena quanto 2% em sociedades modernas que dispõem de fazendas altamente mecanizadas. O restante da população está ocupado fazendo outras coisas (como governando ou fabricando ou comercializando), não produz seus próprios alimentos e, em vez disso, subsiste com os excedentes de alimentos produzidos pelos agricultores.

A grande população do Estado também leva a que as pessoas que vivem dentro de suas fronteiras sejam estranhas umas para as outras, ou para a maior parte delas. Mesmo para os cidadãos da minúscula Tuvalu, é impossível que conheçam todos os seus 10 mil concidadãos, e o quase um bilhão e meio de chineses acharia o desafio ainda mais impossível. Portanto, os Estados precisam de polícia, leis e códigos de moralidade para garantir que os inevitáveis encontros frequentes entre estranhos não explodam rotineiramente em brigas e lutas. Essa necessidade de polícia e leis e comandos morais que nos levam a ser gentis com estranhos não surge em sociedades muito pequenas nas quais todo mundo conhece todo mundo.

Finalmente, a partir do momento em que uma sociedade exceda 10 mil pessoas, é impossível produzir, executar e administrar decisões recorrendo-se a reuniões em que todos os cidadãos estejam sentados uns diante dos outros e em que cada um diga o que pensa. Grandes populações não podem funcionar sem líderes que tomem as decisões, executivos que implementem o decidido e burocratas que administrem as decisões e as leis. Infelizmente para todos os meus leitores que são anarquistas e sonham viver sem nenhum governo de Estado, essas razões fazem com que seu sonho seja irrealista: vocês terão de encontrar algum bando ou tribo minúsculos dispostos a aceitá-los, onde ninguém seja um estranho para o outro e onde reis, presidentes e burocratas sejam desnecessários.

Veremos a seguir que algumas sociedades tradicionais eram bastante populosas, a ponto de terem necessidade de burocratas que desempenhavam múltiplas funções. No entanto, os Estados são ainda mais populosos e precisam de burocratas especializados e diferenciados vertical e horizontalmente. Nós, cidadãos de um Estado, achamos todos esses burocratas exasperantes: infelizmente, mais uma vez, eles são necessários. Um Estado tem tantas leis e cidadãos, que um único tipo de burocrata não pode administrar todas as leis do rei: é preciso haver coletores de impostos, inspetores de veículos motorizados, policiais, juízes, inspetores da vigilância sanitária que visitem os restaurantes, e assim por diante. Dentro de uma agência estatal que contenha apenas um desses tipos de burocratas, também estamos acostumados com o fato de que ali existem muitos funcionários com a mesma especialização organizados hierarquicamente em diferentes níveis: uma agência fiscal, por exemplo, tem o agente fiscal que de fato audita sua declaração de renda, sendo subordinado a um supervisor a quem você deve reclamar caso não concorde com o relatório do agente, e esse supervisor, por sua vez, trabalha sob as ordens de um gerente que responde a um gerente distrital ou estadual subordinado a um único comissário de receitas fiscais para todos os Estados Unidos. (Na realidade, é bem mais complicado do que isso: omiti diversos níveis por uma questão de brevidade.) O romance *O castelo*, de Franz Kafka, descreve uma burocracia imaginária como essa e foi inspirado pela burocracia que de fato existia no Império dos Habsburgo do qual Kafka era um cidadão. Se leio Kafka à noite, antes de dormir, seu relato das frustrações enfrentadas pelo protagonista ao lidar com a burocracia imaginária do castelo, isso me garante um sonho cheio de pesadelos, mas todos vocês, leitores, terão tido seus próprios pesadelos e suas frustrações ao lidar com burocracias reais. É o preço que pagamos por viver sob governos de Estado: nenhum utopista jamais conseguiu imaginar como dirigir uma nação sem ao menos alguns burocratas.

Outra característica muito familiar dos Estados é que, mesmo nas mais igualitárias democracias escandinavas, os cidadãos são política, econômica e socialmente desiguais. Inevitavelmente, qualquer Estado precisa ter uns tantos líderes políticos que deem ordens e façam leis, e montes de cidadãos comuns que obedeçam a essas ordens e leis. Os cidadãos de um Estado têm diferentes papéis econômicos (como agricultores, zeladores, advogados, políticos, vendedores de lojas etc.), e alguns desses papéis incluem salários mais altos que os de outros. Alguns cidadãos desfrutam status mais elevado do que outros. Todos os esforços idealistas para minimizar a desigualdade dentro de Estados — p.ex., a formulação de Marx do ideal comunista "De cada qual segundo sua capacidade, a cada qual segundo suas necessidades" — fracassaram.

Não poderia existir nenhum Estado até que houvesse produção de alimentos (que começou apenas por volta de 9000 a.C.), e, mesmo assim, somente depois que a produção de alimentos tivesse existido durante o número necessário de milênios para acumular contingentes populacionais grandes e densos que requeressem um governo central. O primeiro Estado surgiu no Crescente Fértil por volta de 3400 a.C. Ao longo dos milênios seguintes, foram surgindo outros na China, no México, nos Andes, em Madagascar e em outras áreas, até chegarmos ao mapa-múndi atual: todas as partes terrestres do planeta estão divididas em Estados, exceto a Antártida (que, de fato, é disputada por sete nações com demandas territoriais parcialmente superpostas).

Tipos de sociedades tradicionais

Assim, antes de 3400 a.C. não havia Estado em parte alguma, e, nos tempos recentes, ainda continuam existindo grandes áreas fora do controle de um Estado que operam sob sistemas políticos tradicionais mais simples. As diferenças entre as sociedades tradicionais e as sociedades de Estado com que estamos familiarizados são o tema deste livro. Como devemos classificar a diversidade das próprias sociedades tradicionais, e como podemos falar sobre elas?

Embora toda sociedade humana tenha traços peculiares que a tornam única, também existem padrões transculturais que permitem algumas generalizações. Em particular, existem tendências correlatas em pelo menos quatro aspectos das sociedades: tamanho da população, subsistência, centralização política e estratificação social. Com o aumento crescente da população e da densidade demográfica, os esforços para produzir alimentos e atender a outras necessidades tendem a se intensificar: obtém-se maior quantidade de alimentos por acre quando a terra é trabalhada por pessoas dedicadas à agricultura de subsistência que vivem em aldeias do que quando é cultivada por pequenos grupos nômades de caçadores-coletores, e quantidade ainda maior é obtida em áreas densamente povoadas que usam irrigação intensiva e nas fazendas mecanizadas dos Estados modernos. A tomada de decisões política torna-se crescentemente centralizada: as discussões face a face entre pequenos grupos de caçadores-coletores são substituídas por decisões emanadas dos líderes de hierarquias políticas. A estratificação social aumenta, passando do relativo igualitarismo existente nos pequenos grupos de caçadores-coletores à desigualdade entre as pessoas que vivem nas grandes sociedades centralizadas.

Essas correlações entre diferentes aspectos de uma sociedade não são rígidas: algumas sociedades de determinado tamanho dedicam-se mais intensamente à subsistência, ou têm maior centralização política, ou são mais estratificadas do que outras. Mas precisamos de uma forma abreviada para nos referir aos diferentes tipos de sociedades que emergem dessas amplas tendências e, ao mesmo tempo, podermos registrar a diversidade no âmbito de cada tendência. Nosso problema prático é semelhante ao enfrentado pelos psicólogos do desenvolvimento quando discutem diferenças entre pessoas. Embora cada ser humano seja único em suas peculiaridades, existem, todavia, amplas tendências relacionadas à idade, de tal modo que, na média, crianças de três anos diferem, em muitos aspectos, de jovens adultos de 24 anos. Ainda assim, a idade forma um contínuo sem nenhum corte abrupto: não existe uma transição súbita entre ser "como uma criança de três anos" e ser "como uma criança de seis anos". E existem diferenças entre pessoas da mesma idade. Diante de tais complicações, os psicólogos do desenvolvimento ainda acham útil adotar categorias sintéticas como "bebê", "criança pequena", "criança", "adolescente", "jovem adulto" etc., embora reconheçam as imperfeições dessas categorias.

Da mesma forma, os cientistas sociais acham útil adotar categorias sintéticas de cujas imperfeições estão conscientes. Eles enfrentam a complicação adicional de que as mudanças nas sociedades podem ser revertidas, o que não ocorre com as mudanças em faixas etárias. Aldeias agrícolas podem reverter para pequenos bandos de caçadores-coletores durante períodos de seca, enquanto uma criança de quatro anos nunca reverte à condição de uma de três. Embora a maior parte dos psicólogos do desenvolvimento concorde quanto à forma de reconhecer e designar as categorias mais amplas de bebê/criança/adolescente/adulto, os cientistas sociais usam inúmeros conjuntos alternativos de categorias sintéticas para descrever variações entre sociedades tradicionais, e alguns ficam indignados com o uso de qualquer categoria. Neste livro, usarei ocasionalmente a divisão de sociedades humanas de Elman Rogers Service, que adota quatro categorias crescentes de tamanho da população, centralização política e estratificação social: *bando, tribo, chefatura* e *Estado*. Embora esses termos já tenham cinquenta anos de uso, e outros tenham sido propostos desde então, os de Service têm a vantagem da simplicidade: quatro termos para lembrar, em vez de sete, e palavras únicas, em vez de expressões com várias palavras. Mas, por favor, lembre-se de que esses termos são apenas abreviaturas úteis para se discutir a grande diversidade de sociedades humanas. Farei aqui uma ressalva explícita para não ter de repeti-la a cada vez que usá-los: esses termos sintéticos têm imperfeições e não levam em conta as importantes variações dentro de cada categoria.

O tipo menor e mais simples de sociedade (que Service chama de *bando*) consiste em apenas umas poucas dezenas de indivíduos, muitos deles pertencentes a uma ou várias famílias extensas (isto é, marido e esposa adultos, seus filhos e alguns de seus pais, irmãos e primos). A maior parte dos caçadores-coletores, e alguns pequenos agricultores, tradicionalmente viviam nesses pequenos grupos de baixa densidade populacional. Os membros do bando são em número suficientemente pequeno para que cada um conheça todos os demais, e não existe nenhuma liderança política formal nem uma forte especialização econômica. Um cientista social descreveria um bando como relativamente igualitário e democrático: exceto nos aspectos atribuíveis a diferenças individuais de personalidade e habilidades, há pouca distinção entre os membros em termos de "riqueza" (de qualquer modo, existem poucas posses pessoais) e de poder político, algo também temperado pela prática ampla e constante da partilha de recursos entre os membros do bando.

Na medida em que podemos julgar a organização de sociedades do passado com base em provas arqueológicas, provavelmente todos os humanos ainda viviam em tais bandos há algumas poucas dezenas de milhares de anos, e a maior parte ainda vivia assim até tão recentemente quanto 11 mil anos atrás. Quando os europeus começaram a se expandir pelo mundo, especialmente depois da primeira viagem de Colombo em 1492, e encontraram os primeiros povos não europeus vivendo em sociedades sem Estado, os bandos ainda ocupavam toda a Austrália e o Ártico, ou a maior parte dessas regiões, e, nas Américas e na África subsaariana, espalhavam-se pelos desertos de baixa produtividade e pelas áreas de florestas. As sociedades de bandos que discutiremos em várias partes deste livro incluem o povo !kung do deserto de Kalahari, na África, os povos ache do Paraguai e siriono da Bolívia, os ilhéus andamaneses da baía de Bengala, os pigmeus das florestas da África equatorial e os machiguengas, índios agricultores do Peru. Todos os povos mencionados nessa última frase, exceto os machiguengas, são ou foram caçadores-coletores.

Os bandos transitam para o tipo seguinte de sociedade, maior e mais complexo, que Elman Service chamou de tribo, e que consiste em um grupo local de centenas de indivíduos. A tribo ainda se mantém dentro do limite de tamanho que permite a cada integrante conhecer todos os outros pessoalmente, e nela não existem estranhos. Por exemplo, quando eu estava no curso secundário, minha escola tinha uns duzentos alunos e todos eles, e também os professores, conheciam cada um dos outros pelo nome, mas isso era impossível na escola onde estudava minha esposa, onde havia milhares de alunos. Uma sociedade de centenas significa dezenas de famílias, muitas vezes divididas em grupos de parentesco denominados clãs, que podem trocar parceiros matrimoniais com outros clãs. Com populações maiores do que as dos bandos, as tribos necessitam de mais alimentos para sustentar mais pessoas em uma pequena área, e por isso geralmente são agricultoras ou criadoras de animais, ou ambos, mas em alguns poucos casos elas são formadas por caçadores-coletores que vivem em ambientes especialmente produtivos (como o povo ainu do Japão e os índios do litoral noroeste norte-americano). As tribos tendem a ser sedentárias e a viver grande parte do ano, ou o ano todo, em aldeias próximas às suas áreas de cultivo, aos pastos ou às áreas de pesca. No entanto, os pastores da Ásia Central e alguns outros povos tribais praticam a transumância — ou seja, a migração periódica de rebanhos para seguir o crescimento da vegetação à medida que mudam as estações.

Em outros aspectos, as tribos ainda se parecem a grandes bandos — por exemplo, em seu relativo igualitarismo, na baixa especialização econômica, na fraca liderança política, na ausência de burocratas e na tomada de decisão direta. Já assisti a reuniões em aldeias da Nova Guiné

PRÓLOGO

onde centenas de pessoas sentam-se no chão, conseguem dizer o que querem e chegam a uma conclusão. Algumas tribos têm um "grande homem" que funciona como um líder fraco, mas ele lidera apenas com seus poderes de persuasão e sua personalidade, não sendo uma autoridade reconhecida. Como um exemplo dos limites dos poderes de um "grande homem", veremos no capítulo 3 como os manifestos seguidores de um líder chamado Gutelu, da tribo dani da Nova Guiné, conseguiram opor-se à sua vontade e lançar um ataque genocida que rompeu a aliança política negociada por ele. Evidências arqueológicas de organização tribal, tais como restos de grandes estruturas residenciais e assentamentos, sugerem que estavam surgindo tribos em algumas áreas há pelo menos 13 mil anos. Nos tempos recentes, as tribos ainda estão amplamente difundidas em partes da Nova Guiné e da Amazônia. As sociedades tribais que discutirei neste livro incluem os iñupiats do Alasca, os ianomâmis da América do Sul, os quirguizes do Afeganistão, os kaulongs da ilha de Nova Bretanha (na Papua Nova Guiné) e os danis, daribis e fores da Nova Guiné.

As tribos então se graduam e passam para o estágio seguinte de complexidade organizacional, a chefatura, que contém milhares de indivíduos. Populações assim tão grandes e a incipiente especialização econômica das chefaturas requerem uma alta produtividade de alimentos e a capacidade de gerar e armazenar excedentes para alimentar os especialistas improdutivos, como os chefes, seus parentes e os burocratas. Assim, as chefaturas construíram aldeias sedentárias e vilarejos com instalações para armazenamento e foram, basicamente, sociedades produtoras de alimentos (agricultura e pastoreio), exceto nas áreas mais produtivas nas quais viviam como caçadores-coletores, como a chefatura calusa da Flórida e a chumash do litoral sul da Califórnia.

Numa sociedade de milhares de pessoas, é impossível que todos conheçam todos os demais ou ocorram discussões diretas que incluam toda a população. Como resultado disso, as chefaturas enfrentam dois novos problemas que não existiam nos bandos nem nas tribos. Em primeiro lugar, os estranhos de uma chefatura devem conseguir se encontrar e se reconhecer mutuamente como membros da mesma chefatura, embora não tenham familiaridade uns com os outros, e que evitem reagir com indignação e entrar em conflitos diante de uma violação territorial. Assim, as chefaturas desenvolvem ideologias partilhadas e identidades políticas e religiosas derivadas do status supostamente divino do chefe. Em segundo lugar, existe agora um líder reconhecido, o chefe, que toma decisões, possui autoridade, demanda um monopólio do direito de usar a força contra os membros de sua sociedade, se necessário, e, desse modo, garante que pessoas que não se conhecem dentro da mesma chefatura não entrem em conflitos umas com as outras. O chefe é auxiliado por funcionários não especializados que cumprem todo tipo de funções (protoburocratas), coletando tributos, solucionando disputas e realizando outras tarefas administrativas, não havendo especificamente coletores de impostos, juízes e inspetores sanitários de restaurantes, como em um Estado. (Deve-se mencionar aqui uma fonte de confusão: algumas sociedades tradicionais que têm chefes e são corretamente descritas como chefaturas na literatura científica e neste livro são, ainda assim, chamadas de "tribos" na maior parte dos escritos populares, como, por exemplo, as "tribos" indígenas do leste da América do Norte, que, na realidade, eram chefaturas.)

Uma inovação econômica das chefaturas é a chamada "economia redistributiva": em vez de existirem apenas trocas diretas entre indivíduos, o chefe coleta tributos sob a forma de alimentos e trabalho, e grande parte é distribuída entre guerreiros, sacerdotes e artífices que servem ao chefe. Assim, a redistribuição é a forma mais antiga de um sistema de taxação criado para sustentar novas instituições. Parte do tributo em alimentos é devolvida às pessoas comuns a quem o chefe tem a responsabilidade moral de sustentar em tempos de fome e que trabalham para ele na construção de monumentos e sistemas de irrigação, dentre outras atividades. Além dessas inovações políticas e econômicas que ultrapassavam as práticas dos bandos e das tribos, as chefaturas também foram pioneiras em uma inovação social: a desigualdade institucionalizada. Embora algumas tribos já apresentem linhagens distintas, as linhas de uma chefatura são estratificadas hereditariamente, com o chefe e sua família no topo, as pessoas comuns e os escravos na base, e diversas

PRÓLOGO

castas estratificadas entre os extremos (no caso do Havaí polinésio, chegam a oito). Para os membros das linhagens ou castas mais elevadas, os tributos coletados pelo chefe garantem um melhor estilo de vida em termos de alimentos, moradia, roupas e ornamentos especiais.

Assim, as chefaturas do passado podem ser reconhecidas arqueologicamente por suas construções algumas vezes monumentais e por sinais como a distribuição desigual de bens e artefatos encontrados em túmulos: alguns corpos (dos chefes, seus parentes, burocratas) foram enterrados em grandes tumbas cheias de bens luxuosos, como turquesas e cavalos sacrificados, que contrastam com as pequenas sepulturas sem adornos das pessoas comuns. Com base em provas como essas, os arqueólogos inferem que as chefaturas começaram a surgir localmente por volta de 5500 a.C. Nos tempos modernos, imediatamente antes da recente — e quase universal — imposição do controle de um governo estatal em todo o mundo, as chefaturas ainda eram muito difundidas na Polinésia, em grande parte da África subsaariana e nas áreas mais produtivas no leste e sudoeste da América do Norte, na América Central e na América do Sul (fora das áreas controladas pelos Estados mexicano e andino). As chefaturas que serão discutidas neste livro incluem os ilhéus mailus, os habitantes das ilhas Trobriand na região da Nova Guiné e os povos calusa e chumash da América do Norte. A partir das chefaturas surgiram os Estados (por volta de 3400 a.C.), por conquista ou por fusão imposta. Isso resultou em populações maiores, muitas vezes de diversas etnias, e em esferas e camadas especializadas de burocratas, exércitos permanentes, muito maior especialização econômica, urbanização e outras mudanças que produziram os tipos de sociedades que hoje cobrem quase todo o mundo moderno.

Assim, se cientistas sociais equipados com uma máquina do tempo pudessem ter pesquisado o mundo a qualquer momento antes de 9000 a.C., teriam encontrado todos os humanos, em toda parte, subsistindo como caçadores-coletores, vivendo em bandos (e, possivelmente, já em algumas tribos), sem ferramentas de metal, escrita, governo centralizado ou especialização econômica. Se esses cientistas sociais pudessem retornar ao século XV, na época em que a expansão dos europeus para outros continentes estava apenas começando, teriam constatado que a Austrália era o único continente ainda inteiramente ocupado por caçadores-coletores, ainda vivendo basicamente em bandos e, possivelmente, em algumas tribos. Mas, àquela altura, os Estados ocupavam a maior parte da Eurásia, do norte da África, as ilhas maiores da Indonésia ocidental, a maior parte dos Andes, e partes do México e da África Ocidental. Ainda existiam muitos bandos, tribos e chefaturas sobreviventes na América do Sul fora dos Andes, em toda a América do Norte, na Nova Guiné, no Ártico e nas ilhas do Pacífico. Hoje, o mundo inteiro, exceto a Antártida, está dividido pelo menos nominalmente em Estados, embora, em algumas partes do mundo, os governos de Estado permaneçam ineficazes. As regiões que, ainda durante o século XX, preservavam os maiores números de sociedades fora do controle efetivo de um Estado eram a Nova Guiné e a Amazônia.

A trajetória que vai de bandos a Estados é um contínuo no qual se observam algumas tendências distintivas: o aumento da população, a crescente organização política e a intensidade da produção de alimentos. Paralelamente a essas tendências, também ocorrem o aumento da dependência de ferramentas de metal, a sofisticação da tecnologia, a especialização econômica, a desigualdade entre os indivíduos e o surgimento e desenvolvimento da escrita, além de mudanças bélicas e religiosas que discutiremos nos capítulos 3 e 4 e no capítulo 9, respectivamente. (Um lembrete, novamente: os processos de mudanças que conduziram de bandos a Estados nunca foram onipresentes, nem irreversíveis, nem lineares.) Em comparação com o existente nas sociedades mais simples, aquelas tendências, especialmente o grande aumento da população, a centralização política e a melhoria da tecnologia e das armas, permitiram que os Estados conquistassem as sociedades de tipo tradicional e as subjugassem, escravizassem, incorporassem, expulsassem ou exterminassem os habitantes das terras cobiçadas. Em consequência, os bandos e tribos dos tempos modernos ficaram confinados a áreas não atraentes ou de difícil acesso para os colonos, tais como o deserto de Kalahari, habitado pelos !kungs, as florestas equatoriais africanas dos pigmeus, as áreas remotas da bacia amazônica deixadas para os nativos, e as da Nova Guiné deixadas para os guineenses.

PRÓLOGO

Por que razão, no ano da primeira viagem transatlântica de Colombo, em 1492, as pessoas viviam em tipos diferentes de sociedades em diferentes partes do mundo? Naquela época, alguns povos (especialmente euro-asiáticos) já estavam vivendo sob governos de Estado e dispunham de escrita, ferramentas de metal, agricultura intensiva e exércitos permanentes. Havia muitos outros povos que careciam daqueles traços característicos da civilização, e os aborígines australianos, assim como os !kungs e os pigmeus africanos, ainda preservavam muitas das formas de vida que haviam caracterizado todo o mundo até 9 000 a.C. Como podemos explicar essas notáveis variações geográficas?

Uma crença antiga que prevaleceu durante longo tempo, ainda hoje mantida por muitas pessoas, é que aqueles resultados regionalmente diferentes refletem diferenças inatas na inteligência humana, na modernidade biológica e na ética do trabalho. Supostamente, de acordo com aquela crença, os europeus são mais inteligentes, biologicamente mais avançados e mais trabalhadores, enquanto os aborígines australianos e os guineenses e outros bandos modernos e povos tribais são menos inteligentes, mais primitivos e menos ambiciosos. No entanto, não existe nenhuma prova dessas diferenças biológicas assim postuladas, exceto quando se recorre ao argumento circular de que os bandos modernos e os povos tribais de fato continuavam a usar tecnologias mais primitivas e tinham formas de organização política e modos de subsistência mais primitivos e, por isso, deviam ser considerados mais primitivos biologicamente.

Na realidade, a explicação para as diferenças entre os tipos de sociedades que coexistem no mundo moderno está nas diferenças ambientais. Aumentos na centralização política e na estratificação social foram impulsionados por aumentos na densidade populacional humana, e esta, por sua vez, foi propiciada pelo aumento e pela intensificação da produção de alimentos (agricultura e pecuária). Mas um número surpreendentemente pequeno de plantas silvestres e espécies animais é adequado para a domesticação e passível de resultar em cultivos e criações. Essas poucas espécies silvestres estavam concentradas em apenas uma dezena de pequenas áreas do mundo, cujas sociedades humanas consequentemente dispuseram de decisivas vantagens iniciais: na produção de alimentos e de excedentes alimentares, na geração de populações crescentes e na criação de tecnologias avançadas e de governos estatais. Como discuti detalhadamente em meu livro anterior, *Armas, germes e aço*, aquelas diferenças explicam por que os europeus, que viviam próximos da região do globo (o Crescente Fértil) com as mais valiosas plantas silvestres e espécies animais domesticáveis, acabaram se expandindo por todo o mundo, enquanto os !kungs e os aborígines australianos não o fizeram. Para os propósitos deste livro, isso significa que os povos que ainda vivem, ou viveram até recentemente, em sociedades tradicionais são povos biologicamente modernos que meramente habitavam áreas com poucas plantas silvestres e animais selvagens domesticáveis, e seus estilos de vida são, em tudo o mais, de relevância para os meus leitores.

Abordagens, causas e fontes

Na seção anterior, discutimos as diferenças entre sociedades tradicionais e vimos que podem ser sistematicamente relacionadas a diferenças no tamanho da população e na densidade populacional, às formas de obter alimentos e às características do meio ambiente. Embora as tendências gerais de fato existam, seria insensato imaginar que tudo o que se refere a uma sociedade possa ser previsto a partir das condições materiais. Pense, por exemplo, nas diferenças culturais e políticas entre o povo francês e o alemão, não obviamente relacionadas a diferenças entre os ambientes da França e da Alemanha — que, de qualquer modo, são modestas em comparação com os padrões de variação ambiental existentes no mundo todo.

Os especialistas adotam várias abordagens para compreender as diferenças entre sociedades. Cada abordagem é útil para entender algumas diferenças entre algumas sociedades, mas não adequada para compreender outros fenômenos. Uma dessas abordagens é a evolutiva, discutida e ilustrada na seção anterior. Ela é útil para conhecer amplas características que diferem entre sociedades de diferentes tamanhos e

PRÓLOGO

densidades populacionais, mas que são partilhadas por sociedades de tamanhos e densidades semelhantes; e também para inferir e, às vezes, observar diretamente as mudanças que ocorrem em uma sociedade à medida que ela se torna maior ou menor. Relacionada à abordagem evolutiva, existe outra que podemos chamar de adaptacionista. Sua ideia central é de que alguns traços de uma sociedade são adaptativos e a capacitam a funcionar mais eficazmente sob suas condições materiais específicas, seu ambiente físico e social, seu tamanho e densidade populacionais. Exemplos disso são a necessidade de todas as sociedades com mais de uns poucos milhares de pessoas de ter líderes, e o potencial dessas sociedades grandes de gerar os excedentes de alimentos requeridos para sustentar os líderes. Essa abordagem encoraja a formulação de generalizações e a interpretação das mudanças que ocorrem em uma sociedade ao longo do tempo em função das condições e do ambiente em que ela existe.

Uma segunda abordagem, que se situa no polo oposto da primeira, vê cada sociedade como única por causa de sua história particular, e considera as crenças e práticas culturais como variáveis predominantemente independentes, não ditadas por condições ambientais. Entre o número praticamente infinito de exemplos, quero mencionar um caso extremo de um dos povos que serão discutidos neste livro, por ser tão dramático e tão convincentemente desvinculado de condições materiais. O povo kaulong, uma das dezenas de pequenas populações que vivem ao longo da vertente sul da ilha da Nova Bretanha, a leste da Nova Guiné, antigamente praticava o estrangulamento ritualizado de viúvas. Quando um homem morria, sua esposa convocava os próprios irmãos para estrangulá-la. Ela não era homicidamente estrangulada contra sua vontade, nem pressionada por outros membros de sua sociedade para aceder a essa forma ritualizada de suicídio. Em vez disso, ela crescera assistindo à prática desse costume no grupo, seguira o costume ao se tornar viúva, insistira com seus irmãos (ou seu filho, caso não tivesse irmãos) para que cumprissem a solene obrigação de estrangulá-la, mesmo que mostrassem uma relutância natural, e sentara-se cooperativamente enquanto eles a estrangulavam.

Nenhum pesquisador jamais defendeu a ideia de que o estrangulamento de viúvas kaulongs fosse, de alguma forma, benéfico para a sociedade kaulong ou para os interesses genéticos de longo prazo (póstumos) da viúva estrangulada ou de seus parentes. Nenhum cientista ambiental reconheceu nenhuma característica do ambiente kaulong que tendesse a tornar o estrangulamento de viúvas mais benéfico ou mais compreensível ali do que na vertente norte da Nova Bretanha, ou mais a leste ou a oeste da vertente sul. Não sei de nenhuma outra sociedade na Nova Bretanha ou na Nova Guiné que pratique o estrangulamento ritualizado de viúvas, exceto o povo sengseng, vizinho dos kaulongs e aparentado com eles. Em vez disso, parece necessário ver o estrangulamento de viúvas kaulongs como um traço cultural histórico independente que surgiu naquela área particular da Nova Bretanha por alguma razão desconhecida e que poderia ter sido eliminado, em algum momento, pela seleção natural entre sociedades (isto é, pelo fato de outras sociedades na Nova Bretanha não praticarem o estrangulamento de viúvas e, com isso, ganharem vantagens sobre os kaulongs), mas que persistiu durante um tempo considerável até que pressões externas e contatos fizessem com que fosse abandonado por volta de 1957. Qualquer pessoa familiarizada com qualquer outra sociedade conseguirá pensar em traços menos extremos que a caracterizam, que podem não trazer nenhum benefício óbvio, ou mesmo parecerem danosos para aquela sociedade, e que não são um claro resultado de condições locais.

Outra abordagem possível para compreender diferenças entre sociedades é identificar as crenças e práticas culturais que têm uma ampla distribuição regional e que se espalharam historicamente por aquela região sem estarem claramente relacionadas a condições locais. Exemplos familiares são a quase onipresença de religiões monoteístas e línguas não tonais na Europa, em contraste com a frequência de religiões não monoteístas e línguas tonais na China e nas áreas adjacentes do Sudeste Asiático. Sabemos bastante sobre as origens e a disseminação histórica de cada tipo de religião e de língua em cada região. No entanto, não tenho conhecimento de razões convincentes para as línguas tonais não poderem ter funcionado em ambientes europeus, e para religiões mo-

PRÓLOGO

noteístas serem intrinsecamente inadequadas no ambiente chinês ou no Sudeste Asiático. Religiões, línguas e outras crenças e práticas podem se disseminar de duas formas. Uma se dá quando as pessoas se espalham e levam suas culturas com elas, como ilustrado pelos emigrantes europeus que foram para as Américas e a Austrália e ali estabeleceram línguas europeias e sociedades no estilo europeu. A outra forma é resultado de as pessoas adotarem crenças e práticas de outras culturas: por exemplo, os japoneses modernos que adotaram roupas no estilo ocidental e os americanos modernos que adotaram o hábito de comer sushi sem que os emigrantes ocidentais tenham derrotado o Japão nem os japoneses tenham derrotado os Estados Unidos.

Ao longo deste livro, encontraremos repetidas vezes a questão relativa à distinção entre busca de explicações imediatas (ou próximas) e busca de explicações últimas. Para compreender essa distinção, considere um casal que consulta um psicoterapeuta após vinte anos de casamento, pois quer se divorciar. Quando o terapeuta pergunta "O que os levou a subitamente quererem o divórcio depois de vinte anos de casamento?", o marido responde: "Ela me deu um violento golpe no rosto com uma garrafa de vidro: não posso viver com uma mulher que fez isso." A esposa reconhece que, de fato, o atacou com uma garrafa, e que essa era a "causa" (ou seja, a causa imediata) do rompimento. Mas o terapeuta sabe que agressões com garrafas raramente acontecem em casamentos felizes, e sugere que cada um busque sua própria causa. A esposa responde: "Eu não podia mais tolerar seus casos com outras mulheres, foi por isso que o agredi — seus casos são a causa fundamental de nosso rompimento." O marido reconhece os casos, mas, novamente, o terapeuta se pergunta por que esse marido, diferentemente dos maridos em casamentos felizes, vem tendo casos. O marido responde: "Minha esposa é uma pessoa fria, egoísta, e eu descobri que queria uma relação amorosa como qualquer pessoa normal — é isso que tenho buscado em meus casos, e essa é a causa fundamental de nossa separação."

Numa terapia de longo prazo, o terapeuta continuaria a explorar a infância da esposa, a forma como era tratada, o que a teria transformado em uma pessoa fria e egoísta (se isso fosse realmente verdade). No entanto, mesmo essa breve versão da história já é suficiente para mostrar que a maior parte das causas e efeitos realmente consiste em uma cadeia de causas, algumas mais imediatas e outras mais fundamentais. Neste livro, encontraremos muitas dessas cadeias. Por exemplo, a causa imediata de uma guerra tribal (capítulo 4) pode ser o fato de a pessoa A de uma tribo haver roubado um porco da pessoa B de outra tribo; a primeira justifica o roubo em termos de uma causa mais profunda (o primo de B havia comprado um porco do pai de A, mas não pagou o preço combinado); mas a causa fundamental da guerra é a seca, a escassez de recursos e a pressão populacional, tudo isso resultando em um número insuficiente de porcos para alimentar as pessoas de cada tribo.

Essas são, portanto, abordagens amplas que os estudiosos adotam quando tentam entender as diferenças entre as sociedades humanas. Quanto às formas como os estudiosos adquiriram os conhecimentos que temos hoje sobre as sociedades tradicionais, nossas fontes de informação podem ser divididas um tanto arbitrariamente em quatro categorias, cada uma com suas vantagens e desvantagens e com demarcações pouco nítidas entre elas. O método mais óbvio, fonte da maior parte das informações encontradas neste livro, é enviar cientistas sociais ou biólogos para visitar um povo tradicional, ou viver entre ele, e realizar um estudo voltado para algum tópico específico. Uma importante limitação dessa abordagem é que, geralmente, os cientistas não têm como se estabelecer entre um povo tradicional antes que esse povo já tenha sido "pacificado", reduzido pelas doenças introduzidas, conquistado e submetido ao controle de um governo de Estado e, assim, tido sua condição prévia consideravelmente modificada.

Um segundo método consiste em tentar "abstrair" as mudanças recentes ocorridas em sociedades tradicionais modernas, entrevistando indivíduos idosos, não alfabetizados, sobre as histórias que receberam por transmissão oral e reconstruindo aquela sociedade tal como era antes, diversas gerações atrás. Um terceiro método partilha os objetivos da reconstrução oral, buscando ver as sociedades tradicionais tal qual eram antes de serem visitadas por cientistas modernos. A abordagem, no entanto, utiliza os relatos de exploradores, comerciantes, inspetores governamentais e linguistas missionários que costumam preceder os cientistas no contato com povos tradicionais. Embora os relatos resultantes tendam a ser menos sistemáticos, menos quantitativos e menos cientificamente rigorosos do que os relatos de equipes de campo treinadas cientificamente, eles oferecem, em compensação, a descrição de como era uma sociedade tribal menos modificada do que quando estudada por cientistas visitantes que chegaram depois. Finalmente, a única fonte de informação sobre sociedades do passado remoto sem escrita e que não tiveram contato com observadores letrados são as escavações arqueológicas. Estas oferecem a vantagem de nos permitir reconstruir os traços que tinha uma cultura muito antes de ser contatada e mudada pelo mundo moderno — ao preço de perdermos os detalhes finos (como os nomes das pessoas e seus motivos). Além disso, precisamos enfrentar mais incertezas e fazer mais esforços para extrair conclusões sobre características sociais a partir de manifestações físicas preservadas em depósitos arqueológicos.

Para os leitores (especialmente pesquisadores) interessados em saber mais a respeito dessas várias fontes de informação sobre sociedades tradicionais, eu forneço uma ampla discussão na seção de Leituras Complementares no final deste livro.

Um livro conciso sobre um tema amplo

Potencialmente, o tema deste livro abrange todos os aspectos da cultura humana, de todos os povos do mundo, nos últimos 11 mil anos. No entanto, esse escopo exigiria um volume de 2.397 páginas que ninguém leria. Em vez disso, por razões práticas, selecionei os tópicos e as sociedades que seriam cobertos a fim de produzir um livro de tamanho viável. Com isso, espero estimular meus leitores a que explorem os tópicos e as sociedades que não cobrirei aqui, e para isso poderão consultar os inúmeros excelentes livros disponíveis (muitos deles citados na seção de Leituras Complementares).

Quanto à escolha de tópicos, selecionei nove campos para discussão em onze capítulos a fim de ilustrar um amplo espectro dos usos que podemos dar à nossa compreensão das sociedades tradicionais. Dois tópicos — perigos e criação dos filhos — envolvem áreas nas quais, como indivíduos, podemos incorporar algumas práticas das sociedades tradicionais em nossa vida pessoal. Essas são as duas áreas nas quais as práticas de algumas dessas sociedades entre as quais vivi influenciaram mais fortemente meu próprio estilo de vida e minhas decisões. Há três tópicos — tratamento dado aos idosos, línguas e multilinguismo, e estilos de vida que promovem a saúde — que envolvem áreas nas quais algumas práticas tradicionais podem nos oferecer modelos para nossas decisões individuais, bem como modelos para políticas que nossa sociedade como um todo poderia adotar. Há um tópico — solução pacífica de conflitos — cuja utilidade pode ser maior para nossa sociedade, que dele poderia tirar ideias de políticas, do que para nossas vidas individuais. Com respeito a todos esses tópicos, devemos deixar claro que não se trata simplesmente de tomar emprestadas as práticas de uma sociedade ou adaptá-las a outras. Por exemplo, mesmo que você admire certas práticas de criação dos filhos encontradas em alguma sociedade tradicional, pode-se provar difícil adotar essa prática para criar seus próprios filhos se todos os outros pais à sua volta adotam o padrão seguido pela maior parte dos pais modernos.

Quanto à questão da religião, não espero que nenhum leitor e nenhuma sociedade adote alguma religião tribal particular como resultado de minha discussão sobre religiões no capítulo 9. No entanto, a maior parte de nós, no decorrer de nossas vidas, passa por uma fase, ou fases, na qual estamos em busca de soluções para nossas próprias questões relativas à religião. Nessas fases da vida, os leitores podem encontrar utilidade na reflexão sobre a ampla gama de significados que a religião tem tido para diferentes sociedades ao longo da história humana. Finalmente, os dois capítulos sobre a guerra ilustram uma área na qual, acredito eu, a compreensão de práticas tradicionais pode nos ajudar a valorizar alguns benefícios que o governo de Estado nos trouxe, em comparação com as sociedades tradicionais. (Não reaja instantaneamente com indignação

PRÓLOGO

pensando em Hiroshima ou na guerra de trincheiras e fechando sua mente para uma discussão sobre os "benefícios" da guerra entre Estados; o tema é mais complicado do que pode parecer a princípio.)

É claro que essa seleção de tópicos omite muitos dos temas mais relevantes tratados em estudos da sociedade humana — como arte, processo de conhecimento, comportamento cooperativo, culinária, dança, relações entre gêneros, sistemas de parentesco, a polêmica influência da linguagem sobre percepções e pensamento (a hipótese Sapir-Whorf), literatura, casamento, música, práticas sexuais, e outros. Em defesa, eu reitero que este livro não pretende ser um relato abrangente de todas as sociedades humanas, mas, em vez disso, seleciona alguns tópicos pelas razões dadas anteriormente; em acréscimo, há excelentes livros que discutem esses outros temas a partir de diversos marcos de referência.

Quanto à minha escolha das sociedades incluídas, não é factível, em um livro deste porte, colecionar exemplos de todas as sociedades humanas tradicionais de pequena escala existentes em todo o mundo. Decidi me concentrar em bandos e tribos de caçadores-coletores e agricultores de pequena escala, dando menos ênfase a chefaturas e, menos ainda, a Estados emergentes — porque os dois primeiros tipos são os mais diferentes de nossas sociedades modernas e, por contraste, têm mais a nos ensinar. Com muita frequência, citarei exemplos de diversas dessas sociedades tradicionais existentes em todo o mundo (imagens 1-12). Desse modo, espero que os leitores desenvolvam um quadro mais completo e nuançado dessas poucas dezenas de sociedades e possam ver como se encaixam os diferentes aspectos: por exemplo, como a educação dos filhos, a velhice, os perigos e a solução de conflitos se apresentam numa mesma sociedade.

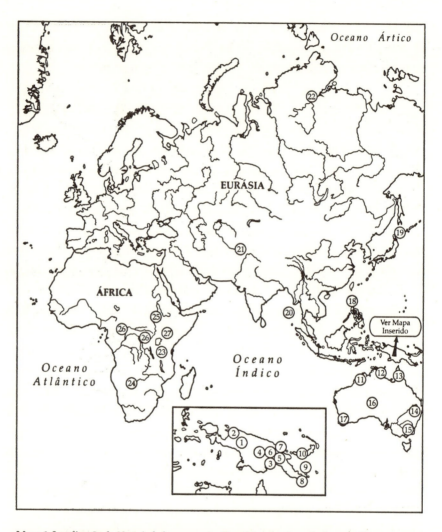

Mapa 1. Localização de 39 sociedades que serão discutidas com frequência neste livro.

Nova Guiné e ilhas vizinhas. 1 = Dani. 2 = Fayu. 3 = Daribi. 4 = Enga. 5 = Fore. 6 = Tsembaga Maring. 7 = Hinihon. 8 = Ilhéus Mailus. 9 = Ilhéus Trobriandeses. 10 = Kaulong.

Austrália. 11 = Ngarinyin. 12 = Yolngu. 13 = Sandbeach. 14 = Yuwaaliyaay. 15 = Kunai. 16 = Pitjantjatjara. 17 = Wiil e Minong.

Eurásia. 18 = Agta. 19 = Ainu. 20 = Ilhéus Andamaneses. 21 = Quirguiz. 22 = Nganasan.

África. 23 = Hadza. 24 = !Kung. 25 = Nuer. 26 = Pigmeus Africanos (Mbuti, Aka). 27 = Turkana.

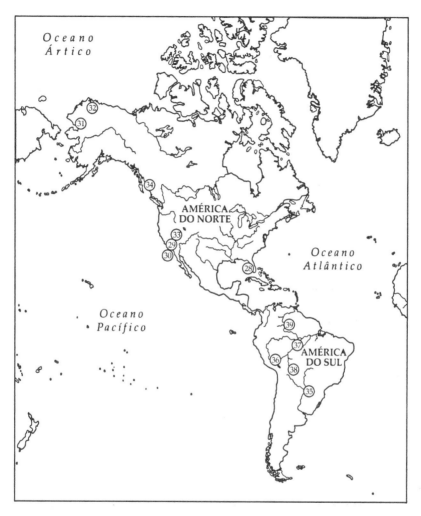

América do Norte. 28 = Calusa. 29 = Chumash Continental. 30 = Ilhéus Chumashes. 31 = Iñupiat. 32 = Inuíte da vertente norte do Alasca. 33 = Chochone da Grande Bacia. 34 = Índios da Costa Noroeste.

América do Sul. 35 = Ache. 36 = Machiguenga. 37 = Pirarrã. 38 = Siriono. 39 = Ianomâmi.

Alguns leitores poderão achar que um número desproporcional dos meus exemplos é retirado das ilhas da Nova Guiné e das ilhas adjacentes no Pacífico. Em parte, isso se deve ao fato de que é a área que conheço melhor e onde passei mais tempo. Mas é também porque a Nova Guiné realmente contribui com uma fração desproporcional da diversidade cultural humana. É a terra natal exclusiva de mil das aproximadamente 7 mil línguas existentes no mundo. Contém o maior número de sociedades que, mesmo nos tempos modernos, ainda permanecem fora do controle de um Estado ou foram apenas recentemente influenciadas por um governo estatal. Suas populações abarcam uma ampla gama de estilos de vida tradicionais, desde caçadores-coletores nômades, pescadores, extratores da fécula do saguzeiro (sagu) das planícies, até agricultores estabelecidos nas terras altas, compondo grupos que vão de umas poucas dezenas de pessoas até 200 mil. Ainda assim, discuto amplamente as observações de outros estudiosos sobre sociedades de todos os outros continentes habitados.

Para não desencorajar potenciais leitores que desistiriam deste livro pelo número de páginas e pelo preço, omiti notas de rodapé e referências de afirmações inseridas no texto. Em vez disso, juntei as referências na seção de Leituras Complementares organizada por capítulos. Os segmentos dessa seção que fornecem referências aplicáveis ao livro todo e as referências específicas para este Prólogo aparecem no final do texto. As partes com referências para os capítulos 1 a 11 e o Epílogo não estão aqui, mas foram postadas, para livre acesso, no site http://www.jareddiamondbooks.com. A seção Leituras Complementares pode ser muito mais longa do que a maior parte dos leitores desejaria, mas, ainda assim, não pretende ser uma bibliografia completa para cada capítulo. Em vez disso, selecionei trabalhos recentes que oferecerão aos leitores com interesses específicos as bibliografias relativas ao material daquele capítulo, além de alguns estudos clássicos que eles saberão apreciar.

Plano do livro

Este livro contém onze capítulos agrupados em cinco partes, e um epílogo. A Parte 1 contém apenas o capítulo 1 e prepara o cenário no qual os tópicos dos demais se desenrolarão, explicando como as sociedades tradicionais dividem o espaço — seja com claras fronteiras que separam territórios mutuamente excludentes, como os dos Estados modernos, ou por arranjos mais fluidos nos quais os grupos vizinhos desfrutam direitos recíprocos de usar as terras nativas uns dos outros para propósitos especificados. Mas nunca existe uma liberdade completa de qualquer um viajar para qualquer lugar, de modo que os povos tradicionais tendem a ver outras pessoas como divididas em três tipos: indivíduos conhecidos e amigos, outros indivíduos conhecidos que são inimigos e estranhos desconhecidos que precisam ser considerados como prováveis inimigos. Consequentemente, os povos tradicionais não tinham como saber do mundo exterior distante de sua própria terra.

A Parte 2 engloba três capítulos sobre solução de conflitos. Dada a inexistência de governos de Estado centralizados e de judiciários, as sociedades tradicionais de pequeno porte têm duas possíveis formas de solucionar conflitos, uma delas sendo mais conciliatória do que a existente nas sociedades de Estado, e a outra, mais violenta. Ilustro a solução pacífica de conflitos (capítulo 2) com um incidente no qual uma criança guineense foi morta acidentalmente: em poucos dias, os pais e as pessoas ligadas ao causador da morte chegaram a um acordo sobre compensação e reconciliação emocional. O objetivo de tais processos de compensação tradicionais não é determinar o certo ou o errado, mas, em vez disso, restaurar um relacionamento ou um não relacionamento em uma sociedade pequena na qual aqueles membros se encontrarão inúmeras vezes pelo resto de suas vidas. Contrasto essa forma pacífica tradicional de solução de conflitos com a operação da lei nas sociedades de Estado, onde o processo é lento e antagônico, as partes muitas vezes são pessoas estranhas que nunca mais se encontrarão, o objetivo é a determinação do certo ou errado, e não a restauração de um relacionamento, e o Estado tem seus próprios interesses que podem não coincidir com os da vítima. Para um Estado, um sistema de justiça governamental é uma necessidade. No entanto, talvez haja algumas características da solução pacífica de conflitos nas sociedades tradicionais que podem ser de grande utilidade se forem incorporadas aos sistemas estatais de justiça.

Se uma disputa em uma sociedade de pequeno porte não é resolvida pacificamente entre os envolvidos, a alternativa é a violência ou a guerra, porque não existe nenhuma justiça estatal para intervir. Na ausência de uma forte liderança política e da reivindicação do monopólio do uso da força por um Estado, a violência tende a conduzir a ciclos de matanças retaliatórias. Meu breve capítulo 3 ilustra uma guerra tradicional, descrevendo um conflito aparentemente minúsculo entre o povo dani das terras altas da Nova Guiné ocidental. O capítulo 4, mais longo, analisa as guerras tradicionais no mundo a fim de compreender se realmente merecem ser definidas como guerras; por que razão o número de mortos é, com frequência, proporcionalmente tão alto; como diferem da guerra entre Estados; e por que as guerras são mais predominantes entre alguns povos.

A terceira parte deste livro contém dois capítulos que tratam dos extremos opostos do ciclo de vida humano: a infância (capítulo 5) e a velhice (capítulo 6). A gama de práticas tradicionais de criação dos filhos é ampla, indo de sociedades com práticas mais repressivas a outras com práticas mais *laissez-faire* do que as toleradas na maior parte das sociedades de Estado. Ainda assim, alguns temas frequentes emergem de uma pesquisa sobre práticas tradicionais de criação dos filhos. Os leitores desse capítulo provavelmente se descobrirão admirando algumas dessas práticas tradicionais e horrorizando-se com outras, e se perguntando se algumas das práticas admiráveis poderiam ser incorporadas a nosso repertório de modos de criação dos filhos.

Quanto ao tratamento reservado aos mais velhos (capítulo 6), algumas sociedades tradicionais, especialmente as nômades ou as que vivem em ambientes inóspitos, são forçadas a desprezar, abandonar ou matar seus membros mais velhos. Outras propiciam aos seus idosos vidas muito mais satisfatórias e produtivas do que as encontradas na maior parte das sociedades ocidentalizadas. Os fatores por trás dessa variação

PRÓLOGO

incluem as condições ambientais, a utilidade e o poder dos idosos e os valores e as regras da sociedade. Nas sociedades modernas, a grande expansão da expectativa de vida e a aparente diminuição da utilidade dos idosos criaram para nós uma tragédia, e talvez as sociedades tradicionais que oferecem a seus idosos vidas satisfatórias e úteis possam nos oferecer exemplos que nos permitam atenuar os traços dessa tragédia.

A Parte 4 contém dois capítulos sobre perigos e nossas respostas a eles. Começo o capítulo 7 descrevendo três experiências real ou aparentemente perigosas às quais sobrevivi na Nova Guiné, e o que me ensinaram a respeito de uma atitude disseminada entre povos tradicionais que eu admiro e que chamo de "paranoia construtiva". Com essa expressão paradoxal eu me refiro à contínua reflexão sobre o significado de pequenos acontecimentos e sinais que, em cada ocasião, implicam baixo risco, mas que provavelmente ocorrerão milhares de vezes na vida de uma pessoa e, portanto, poderão se provar incapacitantes ou fatais se forem ignorados. "Acidentes" não acontecem apenas aleatoriamente ou por azar: na visão tradicional, tudo acontece por uma razão, e por isso é preciso permanecer alerta às possíveis razões e acautelar-se. O capítulo 8 vai descrever os tipos de perigo inerentes à vida tradicional e as diversas formas de as pessoas responderem a eles. E isso nos levará a descobrir como nossa percepção dos perigos, e nossa reação a eles, são sistematicamente irracionais em diversos aspectos.

A Parte 5 compreende três capítulos sobre três tópicos centrais para a vida humana que vêm mudando rapidamente nos tempos modernos: religião, diversidade linguística e saúde. O capítulo 9, sobre o fenômeno peculiarmente humano da religião, deriva diretamente dos capítulos 7 e 8 sobre perigos, porque nossa constante busca das causas de perigos pode ter contribuído para as origens da religião. A quase ubiquidade da religião entre as sociedades humanas sugere que ela cumpre funções importantes, independentemente da veracidade daquilo que afirma. Mas a religião tem cumprido diferentes funções cuja importância relativa mudou à medida que as sociedades humanas foram evoluindo. É interessante especular a respeito de quais as funções da religião com probabilidade de ganharem mais força ao longo das próximas décadas.

A linguagem (capítulo 10), assim como a religião, é uma peculiaridade humana: na verdade é muitas vezes considerada o mais importante atributo que distingue os humanos de outros animais. Embora o número médio dos falantes de uma língua seja de apenas algumas centenas ou alguns milhares de indivíduos na maior parte das pequenas sociedades de caçadores-coletores, os membros dessas sociedades são, em geral, multilíngues. Com frequência, os americanos modernos presumem que o multilinguismo deveria ser desencorajado, pois supõem que prejudique a aquisição de uma língua pela criança e dificulte a assimilação de imigrantes. No entanto, um trabalho recente sugere que pessoas multilíngues desfrutam importantes benefícios cognitivos por toda a vida. Ainda assim, as línguas estão desaparecendo tão rapidamente que 95% das existentes estarão extintas ou moribundas daqui a um século se as tendências atuais continuarem. As consequências desse fato indubitável são tão controvertidas quanto as do multilinguismo: muitas pessoas acolheriam positivamente um mundo reduzido a apenas umas poucas línguas disseminadas pelo planeta, enquanto outras apontam as vantagens da diversidade linguística tanto para as sociedades quanto para indivíduos.

O capítulo 11, o último, é também o de mais direta relevância prática para nós hoje. A maior parte dos cidadãos dos Estados modernos morrerá de doenças não transmissíveis — diabetes, hipertensão, derrame cerebral, infarto, vários tipos de câncer, e outras — e que são raras ou desconhecidas entre povos tradicionais, embora eles as adquiram num período de uma ou duas décadas depois de adotarem um estilo de vida ocidentalizado. Evidentemente, alguma coisa nesse estilo de vida gera essas doenças. Poderíamos minimizar o risco de morrer dessas causas mais comuns se pudéssemos minimizar os fatores de risco decorrentes de nosso estilo de vida. Ilustrarei essa sinistra realidade com dois exemplos: hipertensão e diabetes Tipo 2. Essas doenças estão associadas a genes que devem ter sido vantajosos para nós nas condições que cercavam os estilos de vida tradicionais, mas que se tornaram letais sob as condições que caracterizam o estilo de vida ocidentalizado. Muitos indivíduos modernos têm refletido sobre esses fatos, modificado seu

PRÓLOGO

estilo de vida para torná-lo coerente com os novos conhecimentos e, desse modo, aumentando sua expectativa de vida e melhorando a qualidade de vida. Assim, se essas doenças nos matam, é com nossa própria permissão.

Finalmente, o Epílogo fecha o círculo iniciado na cena no aeroporto de Port Moresby com que abri o Prólogo. Foi só depois da minha chegada ao aeroporto de Los Angeles que comecei minha reimersão emocional na sociedade americana que é o meu lar, depois de meses na Nova Guiné. A despeito das drásticas diferenças entre Los Angeles e as florestas da Nova Guiné, grande parte do mundo que existia até ontem ainda continua vivendo em nosso corpo e em nossa sociedade. As grandes mudanças tiveram início há apenas 11 mil anos na região do mundo em que surgiram pela primeira vez, começaram há apenas poucas décadas nas áreas mais populosas da Nova Guiné, e mal tiveram início nas poucas áreas restantes ainda não contatadas na Nova Guiné e na Amazônia. Mas, para aqueles de nós que crescemos em modernas sociedades de Estado, as condições de vida modernas são tão generalizadas, e vistas como tão óbvias e naturais, que é difícil nos darmos conta das diferenças fundamentais das sociedades tradicionais quando lhes fazemos apenas uma curta visita. Assim, o Epílogo começa com o relato de algumas das diferenças que me impressionaram quando cheguei ao aeroporto de Los Angeles; são as mesmas coisas que impressionam as crianças americanas que cresceram em sociedades tradicionais quando retornam aos Estados Unidos, ou os habitantes da Nova Guiné ou de aldeias africanas quando se mudam para o Ocidente na adolescência ou já adultos. Dediquei este livro a uma amiga que passou por essa experiência: Meg Taylor (Dame Meg Taylor), que cresceu nas terras altas da Papua Nova Guiné e passou muitos anos nos Estados Unidos como embaixadora de seu país e como vice-presidente do Grupo Banco Mundial. Nos Agradecimentos, faço um breve resumo das experiências de Meg.

As sociedades tradicionais representam milhares de experimentações naturais, realizadas ao longo de milênios, para organizar todos os aspectos da vida humana. Não podemos repetir aqueles experimentos redesenhando milhares de sociedades hoje e esperando décadas para observar os resultados; temos de aprender com as sociedades atuais que já fizeram os experimentos. Quando ficamos sabendo de certos traços da vida tradicional, sentimos um alívio por nos termos livrado de alguns deles, e isso faz com que apreciemos melhor nossa própria sociedade. Outros traços provavelmente nos darão inveja, ou sentiremos nostalgia por os havermos perdido, ou nos farão perguntar se, quem sabe, poderíamos seletivamente adotá-los ou adaptá-los para nós mesmos. Por exemplo, certamente invejamos a ausência de doenças não transmissíveis nas sociedades tradicionais, já que estão associadas ao estilo de vida ocidentalizado. Quando tomamos conhecimento dos modos tradicionais de solucionar conflitos, criar os filhos, lidar com os idosos, estar alertas para perigos e praticar rotineiramente o multilinguismo, também podemos decidir que alguns desses traços tradicionais seriam desejáveis e que seria possível incorporá-los. No mínimo, espero que você venha também a partilhar minha fascinação com os diferentes modos como outros povos organizaram suas vidas. Indo além da fascinação, você pode decidir que algumas coisas que funcionam tão bem para eles também poderiam funcionar para você como indivíduo, e para nossa sociedade.

PARTE 1

DIVIDINDO ESPAÇOS PARA ORGANIZAR O CENÁRIO

CAPÍTULO 1

AMIGOS, INIMIGOS, ESTRANHOS E COMERCIANTES

Uma fronteira • Territórios mutuamente excludentes • Uso não excludente da terra • Amigos, inimigos e estranhos • Primeiros contatos • Comércio e comerciantes • Economias de mercado • Formas tradicionais de comércio • Itens tradicionais de comércio • Quem comercializa o quê? • Nações minúsculas

Uma fronteira

Em grande parte do mundo atual, os cidadãos de muitos países podem viajar livremente. Não enfrentamos nenhuma restrição para viajar dentro de nosso próprio país. Para cruzar a fronteira e entrar em outro país, ou podemos chegar sem nos anunciar e apenas mostrar nosso passaporte (imagem 34), ou precisamos obter um visto antecipadamente para podermos viajar sem restrições em outro país. Não precisamos pedir permissão para viajar em estradas ou em terras públicas. As leis de alguns países chegam a garantir acesso a algumas terras particulares. Na Suécia, por exemplo, um proprietário de terra pode excluir o público de seus campos e jardins, mas não de seus bosques. Encontramos milhares de estranhos todos os dias e não damos nenhuma importância a isso. Vemos todos esses direitos como ponto pacífico, como coisa natural, sem refletir quão impensáveis eram eles em quase todas as partes do mundo ao longo da história humana, e ainda o são em algumas partes. Ilustrarei as condições tradicionais de acesso à terra com minhas experiências enquanto visitava uma aldeia nas montanhas da Nova Guiné.

O MUNDO ATÉ ONTEM

Aquelas condições tradicionais nos prepararão o terreno para entendermos guerra e paz, infância e velhice, perigos e todos os outros traços das sociedades tradicionais que exploraremos no restante deste livro.

Eu estava na aldeia para fazer um levantamento de pássaros numa cadeia de montanhas que ficava imediatamente ao sul. No segundo dia após minha chegada, alguns habitantes locais se ofereceram para me guiar ao longo de uma trilha até o cume da montanha, onde eu instalaria um acampamento para minhas pesquisas. A trilha subia através de plantações até bem acima da aldeia, e depois entrava numa alta floresta primária. Após uma hora e meia de subida por um terreno íngreme, passamos por uma cabana abandonada no meio de uma pequena plantação coberta de mato, logo abaixo da crista da montanha. Naquele ponto, a trilha pela qual subíramos terminava em um entroncamento em T. À direita, uma boa trilha continuava ao longo da crista.

Depois de caminharmos centenas de metros na trilha, escolhi um ponto para acampar logo ao norte da crista, ou seja, no lado voltado para a aldeia de meus novos amigos. Na direção oposta, ao sul da trilha e da crista, a montanha exibia um suave declive de altas florestas atravessadas por um pequeno vale em cujo fundo corria um riacho que eu podia ouvir de onde estávamos. Fiquei encantado por encontrar um lugar tão belo e conveniente: no ponto mais alto da elevação, dava-me as melhores chances de encontrar espécies de pássaros de grande altitude; oferecia fácil acesso a um terreno apenas levemente inclinado e propício para observar os pássaros, e ainda contava com uma fonte de água próxima para beber, cozinhar, lavar e me banhar. Então propus aos meus companheiros que, no dia seguinte, eu transportaria minhas coisas para o novo acampamento e passaria algumas noites lá com dois homens que me ajudariam a localizar os pássaros e a cuidar do lugar.

Enquanto eu falava, meus amigos concordavam, até que mencionei os dois homens de que precisaria. Nesse momento, sacudiram a cabeça e insistiram que aquela era uma área perigosa e que meu acampamento precisaria ser protegido por muitos homens armados. Que terrível perspectiva para um observador de pássaros! Se houvesse muitas pessoas, elas inevitavelmente fariam barulho, conversariam

AMIGOS, INIMIGOS, ESTRANHOS E COMERCIANTES

constantemente e assustariam os pássaros. Por que, perguntei, eu precisaria de uma escolta tão grande, e o que havia de tão perigoso naquela bela e tranquila floresta?

A resposta veio prontamente: no lado mais distante ao sul, ao pé das montanhas, havia aldeias de pessoas más às quais meus amigos se referiam como o povo do rio e que eram suas inimigas. O povo do rio matava o povo da montanha principalmente por envenenamento e magia, não em embates diretos com armas. Mas o bisavô de um jovem do povo da montanha havia sido morto com flechas enquanto dormia numa cabana em sua plantação, a pouca distância da aldeia. O homem mais velho presente durante nossa conversa recordou-se de ter visto, quando criança, o corpo do bisavô quando foi levado para a aldeia, ainda com as flechas, e lembrou-se das pessoas chorando sobre o corpo e do medo que sentira.

Será que teríamos o "direito" de acampar na crista? O povo da montanha replicou que a linha da crista era justamente a fronteira entre seu próprio território na face norte e o território do povo mau do rio, na face sul. Mas o povo do rio demandava algumas das terras que ficavam no lado norte e que pertenciam ao povo da montanha. Aquela cabana abandonada pela qual havíamos passado, e a plantação, haviam sido feitas pelo povo do rio, como uma forma de reforçar sua reivindicação de terras tanto na face norte quanto na face sul da montanha.

A partir de experiências desagradáveis que eu já tivera com o que era percebido como transgressão de fronteiras territoriais na Nova Guiné, concluí que era melhor levar a sério a situação. De qualquer modo, independentemente de qual fosse minha própria avaliação do perigo, o povo da montanha não me deixaria acampar naquela área sem uma forte escolta. Exigiram que eu fosse acompanhado por doze homens, e fiz uma contraproposta de sete. Acabamos chegando a um "acordo" entre doze e sete. Mas, quando o acampamento ficou pronto, eu tinha cerca de vinte homens comigo, todos armados com arcos e flechas e acompanhados por mulheres encarregadas de cozinhar, buscar água e cuidar do fogo. Além disso, fui alertado para não sair da trilha que corria sobre a crista e, nem adentrar aquela atraente floresta que cobria o suave declive sul. A floresta, sem sombra de dúvida, pertencia ao povo do rio, e seria um grande problema, realmente um grande problema, se eu fosse surpreendido lá, mesmo que apenas para observar pássaros. As mulheres no nosso acampamento também não poderiam buscar água no riacho próximo que corria na encosta sul, porque aquilo, além de invasão de terra alheia, seria considerado uma remoção de recursos valiosos e exigiria o pagamento de uma indenização — se, por sorte, a questão pudesse ser resolvida amigavelmente. Em vez disso, as mulheres desciam todos os dias até a aldeia e voltavam para o acampamento por uma escarpa vertical de quase quinhentos metros, carregando, cada uma, vinte litros de água.

Na minha segunda manhã no acampamento, houve uma situação que me deixou com o coração aos saltos e me ensinou como as relações territoriais entre o povo da montanha e o povo do rio eram muito mais complexas e tinham muito mais nuances do que inicialmente me parecera; estavam longe de se limitar a reivindicações explícitas de uso mutuamente excludente das terras do norte e do sul. Com um dos homens da montanha, voltei ao entroncamento em T da trilha e continuei para a esquerda ao longo da crista para limpar uma trilha antiga tomada pela vegetação. Meu companheiro da montanha não parecia preocupado por estarmos ali, e concluí que, ainda que o povo do rio nos encontrasse, não teria objeção a que estivéssemos andando ao longo da crista, desde que não passássemos para o lado das suas terras. Mas então ouvi vozes de pessoas que vinham subindo a montanha do lado sul. Epa, o povo do rio! Se continuassem subindo até a crista e chegassem ao entroncamento, veriam os sinais frescos da limpeza da trilha e nos localizariam. Estaríamos numa armadilha. Poderiam considerar que estávamos violando seu território, e quem sabe o que fariam então.

Fiquei escutando ansiosamente, tentando seguir os movimentos das vozes e estimar sua localização. Sim, de fato aquelas pessoas estavam subindo em direção à crista. Agora devem estar no entroncamento e não poderão deixar de notar os sinais de nossa trilha recente. Estariam vindo atrás de nós? Continuei seguindo as vozes à medida que se tornavam mais altas, embora as pancadas do coração em meus ouvidos quase

AMIGOS, INIMIGOS, ESTRANHOS E COMERCIANTES

me impedissem de ouvi-las. Mas então as vozes mudaram de direção, e claramente estavam se afastando. Será que estavam retornando para o sul, em direção à aldeia do povo do rio? Não! Estavam descendo o lado norte em direção à *nossa* aldeia! Aquilo era incrível! Seria uma incursão de guerreiros? Mas parecia haver apenas duas ou três vozes, e bem altas: dificilmente o que se poderia esperar de um furtivo ataque surpresa.

Não tínhamos com que nos preocupar, explicou meu companheiro; tudo estava de fato muito bem. Eles, o povo da montanha, reconheciam o direito do povo do rio de descer a trilha do norte pacificamente até a aldeia e dali seguir até o litoral para comerciar. O povo do rio não tem permissão de sair da trilha para colher alimentos ou cortar madeira, mas andar na trilha era perfeitamente aceitável. Mais ainda: dois homens do rio haviam de fato se casado com mulheres da montanha e se mudado para a aldeia das esposas. Ou seja: não havia uma inimizade total e declarada entre os dois grupos, e sim uma trégua tensa. Algumas coisas eram permitidas e outras eram proibidas com consentimento mútuo, enquanto outras (como a propriedade da terra em que estavam a cabana e a plantação abandonadas) ainda eram um ponto de discórdia.

Passaram-se dois dias e não ouvi novamente as vozes do povo do rio. Não vira ainda nenhuma pessoa do grupo e não tinha nenhuma ideia de sua aparência física e de como se vestiam. Mas sua aldeia estava bem próxima, a ponto de eu uma vez ouvir o som de tambores vindo do riacho no lado sul da crista e, ao mesmo tempo, a distância, os sons de gritos na aldeia do povo da montanha, que ficava no lado norte. Uma vez, quando eu e meu guia caminhávamos de volta para o acampamento, brincávamos sobre o que faríamos se encontrássemos lá uma pessoa do povo do rio. Subitamente, quando dobramos num ponto da trilha e estávamos quase entrando no acampamento, meu guia parou de brincar, levou a mão à boca e me alertou num sussurro: "Sh-h-h! Povo do rio!"

Bem à nossa frente, em nosso acampamento, havia um grupo de nossos companheiros da montanha conversando com seis pessoas que eu nunca vira antes: três homens, duas mulheres e uma criança. Finalmente, eu via o temível povo do rio! Não eram os monstros perigosos que eu inconscientemente imaginara, mas guineenses perfeitamente normais, em nada diferentes do povo da montanha com quem eu me hospedava. A criança e as duas mulheres estavam inteiramente à vontade. Os três homens carregavam arcos e flechas (assim como todos os homens da montanha), mas usavam camisetas e não pareciam estar vestidos para a guerra. A conversa entre os dois grupos parecia amigável e livre de tensões. Conforme fiquei sabendo em seguida, aquele grupo de pessoas do rio estava viajando para o litoral e decidira visitar nosso acampamento, talvez apenas para se garantir de que suas intenções pacíficas não seriam mal interpretadas e de que não os atacaríamos.

Para o povo da montanha e o povo do rio, a visita era evidentemente uma parte normal de seu complexo relacionamento, que incorporava uma ampla gama de comportamentos: raros ataques furtivos seguidos de morte; com alguma frequência, supostos assassinatos por envenenamento e bruxaria; direitos recíprocos reconhecidos de fazer algumas coisas (como transitar em direção ao litoral e fazer visitas sociais), mas não outras (como coletar alimentos, madeira e água quando em trânsito); discordância a respeito de outras coisas (como a questão da cabana e da plantação) que às vezes irrompiam em violência; e ocasionais casamentos mistos, que ocorriam com a mesma frequência dos ataques com morte (a cada duas gerações, aproximadamente). Tudo isso entre dois grupos de pessoas que, para mim, tinham a mesma aparência, falavam línguas distintas mas relacionadas, entendiam a língua um do outro, descreviam-se mutuamente com termos reservados para sub-humanos maléficos e viam o outro como seu pior inimigo.

Territórios mutuamente excludentes

Em tese, as relações espaciais entre sociedades tradicionais vizinhas poderiam abranger todo um espectro de soluções, indo desde territórios excludentes não superpostos, com fronteiras definidas, patrulhadas e sem nenhum uso partilhado, até o livre acesso de todos a todas as terras, sem nenhum território excludente. Provavelmente, não existe nenhuma sociedade que corresponda inteiramente a nenhum desses casos, mas algumas chegam perto do primeiro extremo. Por exemplo, meus amigos da montanha que acabei de descrever não estão longe disso: têm territórios com fronteiras definidas que eles patrulham, reivindicam posse exclusiva dos recursos dentro de seu território, permitem acesso a pessoas de fora apenas para trânsito, e são raros os casamentos mistos.

Outras sociedades que se aproximam do extremo de territórios excludentes incluem os danis (imagem 1) do Vale do Baliem nas terras altas do oeste da Nova Guiné, os iñupiats (um grupo inuíte*) do noroeste do Alasca, os ainus do norte do Japão, os yolngus (um grupo aborígine de Arnhem Land, no noroeste da Austrália), os índios chochones do vale Owens na Califórnia, e os índios ianomâmis que habitam o Brasil e a Venezuela. Por exemplo, os danis irrigam e cultivam plantações delimitadas por uma faixa de terra vazia que os separa das plantações do grupo dani vizinho. Cada grupo constrói do seu lado da "terra de ninguém" uma linha de torres de vigia de madeira, com até nove metros de altura, dispondo de uma plataforma no topo com tamanho suficiente para abrigar um homem sentado (imagem 13). Durante grande parte do dia, os homens se revezam no alto da torre. Alguns companheiros ficam sentados na base para proteger a torre e o vigia, que perscruta a área para detectar inimigos furtivos e dar o alerta no caso de um ataque surpresa.

Outro exemplo são os iñupiats do Alasca (imagem 9), formados por dez grupos com territórios mutuamente excludentes. Pessoas de um território que fossem surpreendidas em outro eram rotineiramente mortas, a menos que provassem sua relação com os donos do território em que haviam sido capturadas. As duas instâncias mais comuns de violação de território envolviam caçadores que cruzavam uma fronteira para não perder uma rena que estavam perseguindo, e caçadores de focas que caçavam em um banco de gelo que se rompia e era levado pela correnteza para longe da terra. Neste último caso, se o gelo à deriva se aproximasse novamente da terra e os caçadores, para se salvar, aportassem em ou-

---

*O povo ártico da América do Norte refere-se a si mesmo como inuítes, e esse é o termo a ser usado neste livro. O termo leigo mais familiar é esquimó.

tro território, seriam mortos. Para nós, que não somos iñupiats, isso parece uma injustiça cruel: aquele pobres caçadores haviam corrido um grande risco ao se lançarem ao mar em um banco de gelo que se partira, ficaram na iminência de morrerem afogados ou serem levados pelo mar, e quando tinham a grande sorte de serem trazidos de novo para a terra, sem nenhuma intenção de violar fronteiras, apenas levados inocente e passivamente por uma corrente marinha, ainda assim eram mortos, justamente no momento de sua salvação! Mas eram esses os costumes da vida iñupiat. No entanto, a exclusividade territorial não era completa: às vezes, pessoas de fora recebiam permissão para visitar o território com um propósito específico, como participar de uma feira comercial durante o verão, ou para atravessar o território com outro propósito, como fazer uma visita ou atacar um grupo distante que vivia do outro lado do território atravessado.

Quando coletamos os exemplos de sociedades (como meus amigos da montanha, os danis e os iñupiats) que se aproximam do modelo extremo de territórios defendidos e mutuamente excludentes, descobrimos que essas características surgem a partir da combinação de quatro condições. Em primeiro lugar, os territórios defendidos requerem uma população suficientemente grande e densa para que algumas pessoas possam ser designadas como patrulhadoras das fronteiras e devotem seu tempo especificamente a isso, de modo que a população não tenha que confiar apenas na atenção esparsa de cada um para detectar invasores durante a busca normal de alimentos. Em segundo lugar, territórios excludentes requerem um ambiente produtivo, estável, previsível no qual os proprietários da terra poderão encontrar a maior parte dos recursos de que necessitam, ou todos eles, de forma a raramente, ou nunca, terem que sair de seu território. Em terceiro lugar, o território deve conter alguns recursos fixos valiosos, ou melhorias que devam ser defendidas e justifiquem que pessoas morram por elas, tais como plantações produtivas, pomares, currais de pesca ou canais de irrigação que requeiram grandes esforços para construir e manter. Finalmente, o número de membros do grupo deve ser bastante constante, e os grupos vizinhos devem ser nitidamente distintos, com pouca migração entre grupos — a principal exceção sendo os movimentos de jovens (mais frequentes entre mulheres) que deixam seu grupo natal para se casar com um membro de outro grupo.

Podemos observar como essas quatro condições são satisfeitas pelos grupos que acabamos de mencionar e os aproximam do extremo de territórios excludentes e fronteiras defendidas. Meus amigos guineenses da montanha têm um investimento significativo em suas plantações perenes, em porcos e florestas, que tradicionalmente davam a eles tudo de que precisavam. Limpar florestas e desenvolver plantações são tarefas trabalhosas para eles, e mais ainda para os danis do oeste da Nova Guiné, que cavam e mantêm elaborados sistemas de canais para irrigar e drenar suas plantações. Os iñupiats e os ainus ocupam territórios com abundantes recursos perenes: peixes de água salgada, focas, baleias e pássaros marinhos, peixes de água doce e pássaros aquáticos, e áreas afastadas do mar com mamíferos terrestres que podem ser caçados. Os yolngus de Arnhem Land também tinham densas populações, possibilitadas pela combinação de recursos produtivos nas áreas costeiras e no interior. Os índios chochones do vale Owens eram caçadores-coletores que viviam em áreas de densidade relativamente alta e com ampla disponibilidade de água. Isso lhes permitia irrigar a terra para aumentar a produção de sementes de gramíneas silvestres comestíveis e fornecia colheitas estocáveis de pinhões. Os depósitos de alimentos, os bosques de pinhão e os sistemas de irrigação requeriam e mereciam defesa, e havia número suficiente de chochones para defendê-los. Finalmente, os ianomâmis mantêm plantações de pupunha e banana-da-terra que fornecem sua alimentação básica durante muitos anos e, por isso, também justificam o esforço para defendê-las.

Em áreas com populações especialmente grandes e densas, como as dos danis e dos nueres do Sudão, não apenas existem grupos separados, cada um com seu próprio território, mas esses grupos territoriais também são organizados em hierarquias de três ou mais níveis. Essas hierarquias nos fazem lembrar a organização hierárquica de terra, pessoas e controle político que nos é familiar em nossas modernas sociedades de Estado, começando com lotes residenciais individuais e estendendo-se

O MUNDO ATÉ ONTEM

por cidades, municípios e estados até o governo nacional. Por exemplo, os nueres (imagem 7), que são hoje 200 mil pessoas em uma área de quase 80 mil quilômetros quadrados, estão divididos em tribos de 7 mil a 42 mil pessoas, cada tribo dividida e subdividida em subtribos primárias, secundárias e terciárias, até aldeias de cinquenta a setecentas pessoas, e à distância de 8 a 32 quilômetros umas das outras. Quanto menor e hierarquicamente inferior a unidade, menores são as disputas sobre fronteiras e outras questões, maiores as pressões que parentes e amigos exercem sobre as partes em conflito para que resolvam a questão rapidamente e sem violência, e mais limitada a briga, quando chega a ocorrer. Os nueres observam poucas restrições em seu tratamento das tribos dinkas vizinhas: eles regularmente atacam os dinkas, roubam as criações, matam os homens e levam algumas mulheres e crianças dinkas como prisioneiras, depois de matar as outras. Mas as hostilidades dos nueres contra outras tribos nueres consistem apenas em esporádicas incursões para roubo de gado, morte de uns poucos homens e nenhum assassinato ou sequestro de mulheres e crianças.

Uso não excludente da terra

O extremo oposto, de pouca ou nenhuma exclusividade, caracteriza-se por condições inversas. A primeira é a existência de populações esparsas e pequenas nas quais o patrulhamento é impossível (exceto uma ronda ocasional para surpreender transgressores). Por exemplo, uma sociedade formada por uma única família não pode se dar ao luxo de ter patrulhas especializadas, pois não pode manter seus homens jovens sentados o dia inteiro no alto de uma torre de vigia. Uma segunda condição envolve ambientes não produtivos, marginais, variáveis, com recursos esparsos e erráticos, de modo que qualquer território que alguém pudesse efetivamente demandar não conteria, com frequência (em algumas estações, ou em um ano ruim), recursos essenciais, e seria necessário, periodicamente, buscar recursos no território de outro grupo, e vice-versa. Como terceira condição do uso não excludente da terra, não vale a pena arriscar a própria vida para defender um território que não contenha nada que mereça tal sacrifício: se seu território é atacado, é melhor simplesmente mudar-se para outra área. Finalmente, os territórios tenderão a ser não excludentes se o pertencimento ao grupo for fluido e se os membros de um grupo frequentemente visitarem os de outros ou se transferirem para eles: não faz nenhum sentido impedir o acesso de um grupo se a metade dele é formada por visitantes ou por pessoas de seu próprio grupo que se transferiram para ele.

No entanto, a forma habitual de divisão da terra sob essas condições de não exclusividade não significa um vale-tudo no qual qualquer um pode fazer o que bem entender e em qualquer lugar. Em vez disso, cada grupo se identifica com uma área nuclear específica. Sociedades não excludentes diferem das sociedades excludentes no sentido de que, em vez de uma terra de ninguém claramente demarcada por torres de vigia, como no caso dos danis, não existem fronteiras reconhecidas, e a propriedade da terra vai se tornando cada vez mais vaga à medida que uma pessoa se distancia de sua área nuclear. Outro traço distintivo das sociedades não excludentes é que os grupos vizinhos recebem permissão para visitar o território de outro com mais frequência e com propósitos mais variados — especialmente para conseguir alimentos e água em certas épocas do ano, ou em determinados anos. Igualmente, você pode rapidamente obter permissão para visitar o território de seu vizinho quando estiver passando por alguma necessidade, de modo que o arranjo se torna uma troca baseada em reciprocidade e benefício mútuo.

Um exemplo de propriedade não excludente da terra que foi descrito em detalhe é o dos caçadores-coletores !kungs (imagem 6) da área Nyae Nyae do deserto de Kalahari. Na década de 1950, quando foram estudados, consistiam em 19 bandos de 8 a 42 pessoas, cada bando com seu próprio "território" (chamado um *n!ore*) cuja área tinha entre 260 e 650 quilômetros quadrados. Mas as fronteiras entre os n!ores eram vagas: quando antropólogos e guias !kungs estavam caminhando do acampamento dos guias em direção ao n!ore seguinte, os nativos foram ficando cada vez mais inseguros, ou discordando cada vez mais entre si a respeito de quem eram os proprietários das terras em que estavam naquele momento, e a confusão ficava cada vez maior à medida que se afastavam do centro de seu próprio n!ore. Não havia torres de vigia nem trilhas na crista de uma montanha para marcar as fronteiras dos n!ores.

Os n!ores dos !kungs não têm ocupação exclusiva porque os recursos de cada n!ore podem ser partilhados — e precisam ser. A partilha é necessária porque a água no deserto de Kalahari é escassa, e cada bando precisa passar grande parte do tempo perto de um poço. Mas existem variações imprevisíveis na quantidade de chuva a cada ano. Muitos poços da área secam periodicamente. Apenas dois poços nunca secaram durante o período estudado; três outros estavam quase sempre disponíveis durante todo o ano, mas falharam em alguns anos; cinco outros duravam apenas ocasionalmente na estação da seca; e cinquenta eram sazonais e sempre secavam durante parte do ano. Assim, na época da seca, até duzentas pessoas de vários bandos se reúnem em volta de um poço permanente, com a permissão dos donos, e estes, por sua vez, têm permissão para visitar outros n!ores e usar os recursos quando são abundantes. Assim, as considerações a respeito da água *exigem* que os !kungs tenham territórios não excludentes: não faria sentido demandar o uso exclusivo de uma área que poderia ficar sem água e, portanto, tornar-se inútil. Inversamente, a superabundância sazonal de alguns recursos *permite* a não exclusividade: não faz sentido ofender aliados potencialmente úteis mantendo-os afastados de seu território numa época em que a produção excede, em muito, aquilo que você conseguiria comer. Isso é especialmente verdadeiro no caso das castanhas do mongongo, um alimento básico sazonalmente disponível em enormes áreas de cultivo, e também se aplica a cultivos sazonais de vagens e melões.

Supostamente, qualquer pessoa de qualquer bando na área Nyae Nyae pode caçar onde bem quiser, inclusive fora do n!ore de seu próprio bando. No entanto, se alguém mata um animal fora de seu n!ore, deve dar parte da carne de presente caso encontre alguém daquele n!ore. Mas essa liberdade de acesso para a caça não se aplica a caçadores !kungs de áreas mais distantes. Mais frequentemente, bandos !kungs vizinhos podem prontamente obter permissão para usar os n!ores para outros propósitos, como conseguir água, nozes, vagens e melões — mas

AMIGOS, INIMIGOS, ESTRANHOS E COMERCIANTES

precisam pedir permissão antes, e ficam com a obrigação de retribuir mais tarde, permitindo que outros visitem seu n!ore. Se não se pedir permissão antes, é provável que ocorram brigas. Bandos mais distantes precisam ter um cuidado especial e pedir permissão, e devem limitar a duração de sua visita e o número de pessoas que comporão o grupo visitante. Pessoas de fora que não tenham nenhuma relação reconhecida de sangue ou de casamento com os proprietários do n!ore estão totalmente proibidas de visitá-lo. Assim, territórios não excludentes certamente não significam um vale-tudo.

Os direitos de usar terras e recursos, com exclusividade ou sem ela, implicam o conceito de propriedade, de pertencimento a alguém. A quem pertence o n!ore de um bando !kung? A resposta é: ao *k'ausi* do bando, ou seja, a um grupo central de pessoas mais velhas ou então a uma determinada pessoa mais velha descendente do povo que viveu naquela área pelo período de tempo mais longo. Mas a composição do bando é fluida e muda a cada dia, pois as pessoas frequentemente vão visitar parentes em outros n!ores, fazem visitas sazonais a outros n!ores para acesso a poços ou ao excedente de alimentos, algumas mudam de bandos permanentemente, por várias razões, e um noivo jovem com seus dependentes (os pais idosos, a primeira esposa e filhos, caso agora esteja adquirindo outra) podem viver com o bando da nova esposa durante uma década até que ele e ela tenham diversos filhos. Em consequência, muitos !kungs passam mais tempo fora de seu n!ore do que nele. Em um ano típico, 13% da população muda de residência permanentemente, passando para outro acampamento, e 35% da população divide seu tempo de residência igualmente entre dois ou três acampamentos. Nessas circunstâncias, o bando no n!ore vizinho consiste parcialmente em seu próprio povo; não são sub-humanos perversos com os quais as duas únicas transferências intergrupos são dois casamentos mistos ao longo de várias gerações, como no caso dos meus amigos da montanha na Nova Guiné. Ninguém vai adotar uma abordagem linha-dura excludente de seus recursos quando muitos dos "intrusos" são, de fato, seus sobrinhos e primos, filhos adultos e parentes idosos.

Outro exemplo interessante de territórios não excludentes é o dos índios chochones da Grande Bacia norte-americana; eles pertencem ao mesmo grupo linguístico dos chochones do vale Owens que já mencionei para ilustrar o extremo de territórios excludentes. Seus primos da Grande Bacia adotam critérios diferentes de uso da terra em função de diferenças entre os respectivos ambientes. A terra do vale Owens era bem provida de água, adequada para a irrigação e justificava os esforços de defesa, enquanto a Grande Bacia é um deserto seco e inóspito, muito frio no inverno, com recursos esparsos e irregulares e poucas oportunidades de armazenamento de alimentos. As densidades demográficas na Grande Bacia eram de apenas uma pessoa por quarenta quilômetros quadrados. Durante a maior parte do ano, os chochones da Grande Bacia viviam em famílias separadas. No inverno, juntavam-se em acampamentos de cinco ou dez famílias nas proximidades de fontes e bosques de pinhão; ocasionalmente, reuniam-se em grupos maiores de até 15 famílias para caçadas coletivas de antílopes e coelhos. Não mantinham territórios bem demarcados. Em vez disso, famílias individuais possuíam locais específicos, como bosques de pinhão, que podiam ser partilhados com outras famílias, mas apenas por acordo: os intrusos que tentavam colher pinhões sem um acordo prévio eram expulsos com uma chuva de pedras. Outros recursos de plantas e animais eram partilhados conforme direitos flexíveis não excludentes.

Finalmente, um mínimo de reconhecimento e patrulhamento de territórios foi alcançado pelos índios machiguengas do Peru e pelos sirionos das áreas de florestas tropicais da Bolívia. Na época em que esses grupos foram estudados por antropólogos, os machiguengas eram agricultores que viviam em modestas densidades populacionais, possivelmente porque uma população previamente mais densa havia sido destruída em consequência dos efeitos de doenças introduzidas pelos europeus ou por matanças durante o surto da borracha, e também porque a agricultura em sua área oferecia apenas safras reduzidas. Os machiguengas faziam mudanças sazonais para obter alimentos silvestres e limpavam campos com queimadas; esses campos produziam alimentos durante poucos anos e não mereciam nenhuma luta em sua defesa. Não havia territórios: em teoria, todos os recursos de todas as florestas e rios estavam abertos para todos os machiguengas. Na prática, os grupos multifamiliares mantinham alguma distância entre as áreas em torno de suas respectivas casas. Do mesmo modo, os índios sirionos estudados por Allan Holmberg viviam da caça-coleta e de algum cultivo ocasional, em bandos de sessenta a oitenta pessoas que não possuíam nenhum território definido. Mas se um bando encontrasse trilhas de caça feitas por outro bando, seus integrantes escolheriam não caçar na área do outro. Ou seja, existia uma evitação mútua informal.

Assim, havia um amplo espectro de usos tradicionais da terra, indo desde territórios bem demarcados, patrulhados e defendidos, dos quais estranhos eram excluídos sob ameaça de morte, passando por imprecisas áreas em torno de habitações sem claras fronteiras, que alguns estranhos podiam usar mediante acordo mútuo, até áreas de habitação mantidas separadas apenas por evitação mútua informal. Nenhuma sociedade tradicional tolerava o acesso relativamente aberto desfrutado pelos modernos cidadãos americanos ou da Europa: na maior parte dos casos, podemos viajar a qualquer parte dos Estados Unidos ou da União Europeia, e também em muitos outros países, meramente apresentando um passaporte válido e um visto a um funcionário da imigração. (Obviamente, o ataque de 11 de setembro de 2001 ao World Trade Center fez os americanos voltarem à situação tradicional de suspeita de estrangeiros, o que resultou em restrições a viagens livres, tais como listas de passageiros que não podem voar e controles de segurança em aeroportos.)

Mas também se pode argumentar que nosso moderno sistema de acesso relativamente aberto é uma extensão mais sofisticada de direitos e restrições de acesso tradicionais. Os povos tradicionais, vivendo em sociedades de uns poucos milhares de indivíduos, obtêm acesso às terras de outros sendo conhecidos individualmente, mantendo relacionamentos individuais com outros grupos e pedindo permissão individualmente. Em nossas sociedades de milhares de milhões, nossa definição de "relacionamento" é estendida a qualquer cidadão de nosso Estado ou de um Estado amigo, e o pedido de permissão é formalizado e concedido em massa por meio de passaportes e vistos.

Amigos, inimigos e estranhos

Todas essas restrições ao livre movimento fazem com que os membros de sociedades de pequena escala dividam as pessoas em três categorias: amigos, inimigos e estranhos. "Amigos" são os membros de seu próprio bando ou aldeia e daqueles bandos e vilarejos vizinhos com os quais seu bando aconteça de estar em bons termos em dado momento. "Inimigos" são membros de bandos e aldeias vizinhos com os quais seu bando aconteça de estar em hostilidade em dado momento. Ainda assim, você provavelmente sabe pelo menos os nomes e as relações e, possivelmente, a aparência de muitos ou da maior parte dos indivíduos daqueles bandos hostis, seja por ter ouvido falar deles ou por tê-los de fato encontrado no decurso de negociações de uma compensação, em períodos de paz resultantes de alianças cambiantes e nas trocas de noivas (ou, alguma vez, de noivos) durante aquelas tréguas. Um exemplo são os dois homens do povo do rio que se casaram com mulheres da aldeia dos meus amigos da montanha.

A categoria restante é a de "estranhos": indivíduos desconhecidos que pertencem a bandos distantes com os quais seu bando tem pouco ou nenhum contato. Raramente ou nunca os membros de sociedades pequenas encontram estranhos, porque é suicida viajar em uma área não familiar na qual você seja um desconhecido ou não tenha algum tipo de relacionamento com os habitantes locais. Se acontecer de encontrar um estranho em seu território, você tem de presumir que essa pessoa é perigosa, pois, dados os perigos de viajar em áreas desconhecidas, existe a real probabilidade de que ela esteja explorando o terreno para atacar ou matar seu grupo, ou então violando a fronteira a fim de caçar ou roubar recursos, ou sequestrar uma jovem em idade de casamento.

Em uma população pequena, de apenas diversas centenas de pessoas, você certamente saberá o nome e a fisionomia de todos os membros, os detalhes de todos os relacionamentos consanguíneos, matrimoniais e por adoção, e qual a relação de cada um deles com você. Se acrescentar a seu próprio bando os diversos bandos vizinhos amigáveis, seu universo potencial de "amigos" pode chegar a mil pessoas, incluindo muitas

AMIGOS, INIMIGOS, ESTRANHOS E COMERCIANTES

daquelas das quais já ouviu falar, mas nunca viu. Assim, suponha que, enquanto anda sozinho por uma área distante da sua, ou próxima da fronteira de seu território, você encontra uma pessoa, ou algumas pessoas, que não reconhece. Se houver várias delas, e você for apenas um, você fugirá. Se a outra pessoa também estiver sozinha e vocês se perceberem ainda a distância, ambos poderão fugir se parecer haver um equilíbrio de forças (por exemplo, dois homens adultos, em vez de um homem diante de uma mulher ou uma criança). Mas se, numa curva, você subitamente se depara com outra pessoa e é tarde demais para fugir, essa é uma fórmula certa para se gerar uma situação tensa. Ela poderá ser resolvida se os dois se sentarem e cada um disser seu nome e os nomes de seus parentes, explicando exatamente como se relaciona com eles. O esforço de identificar um parente em comum deve continuar até que os dois descubram algum tipo de relação mútua e concluam não haver razão para um atacar o outro. Mas se, depois de várias horas de uma conversa como essa, os dois ainda não conseguirem identificar nenhum parente comum, então você não pode simplesmente dizer "Foi um prazer conhecê-lo, passe bem", e virar as costas. Em vez disso, cada um de vocês deverá considerar o outro um transgressor sem nenhum relacionamento que justifique uma visita, e isso poderá iniciar uma perseguição ou luta.

Visitas alternadas entre parentes na área Nyae Nyae criam familiaridades pessoais que unem todos os 19 bandos e os cerca de mil membros da área, tornando-os *jū/wāsi* uns perante os outros. (As pessoas que falam o dialeto !kung no centro da área Nyae Nyae referem-se a pessoas com quem têm familiaridade como *jū/wāsi*, em que *jū* significa "pessoa," *si* é o sufixo plural, e *wā* significa aproximadamente "verdadeira, boa, honesta, limpa, que não causa dano".) O termo oposto, *jū/dole* (em que *dole* tem o sentido de "má, estranha, danosa") é aplicado a todos os brancos, todos os povos bantos negros e até a povos !kungs que falam o mesmo dialeto, mas pertencem a um grupo distante entre os quais você não tem parentes nem conhecidos. Assim como ocorre com membros de outras sociedade pequenas, os !kungs têm receio de forasteiros. Na prática, eles conseguem achar algum termo de parentesco para aplicar a quase todos os !kungs que encontram. Mas se você se defronta com um !kung estranho e não consegue descobrir nenhuma relação com ele depois de haverem rastreado todos os parentes dos dois lados, então ele é um intruso que você deverá expulsar ou matar.

Um exemplo: a pedido da antropóloga Lorna Marshall, um homem !kung chamado Gao foi realizar uma tarefa em um lugar chamado Khadum, um pouco ao norte dos limites da área Nyae Nyae. Gao nunca visitara Khadum, e apenas um pequeno número de !kungs havia ido lá alguma vez. De início, os !kungs de Khadum chamaram Gao de *jū/dole*, o que significava, no mínimo, uma recepção gélida e, possivelmente, problemas. Mas o visitante rapidamente disse que ouvira dizer que o pai de alguém vivendo em Khadum tinha o mesmo nome de seu pai, e que outra pessoa em Khadum tinha um irmão chamado Gao. Os !kungs então disseram: "Então, você é um *!gun!a* de nosso Gao". (*!gun!a* é um termo de parentesco.) Com isso, permitiram que Gao se sentasse em volta da fogueira do acampamento e lhe deram alimentos de presente.

Uma classificação semelhante de pessoas funcionava entre os índios aches do Paraguai (imagem 10). Na época de contatos europeus pacíficos, os aches eram um grupo de cerca de setecentas pessoas vivendo em bandos de 15 a 70 integrantes e com diversos bandos intimamente afiliados em um grupo de bandos. Havia quatro desses grupos, cujo tamanho ia de 30 a 550 pessoas na época do contato. Os aches se referiam a outros membros de seu próprio grupo como *irondy* (significando aqueles que, em geral, são um dos nossos, ou irmãos), e referiam-se aos aches dos outros três grupos como *irolla* (significando aches que não são nosso povo).

Nas sociedades modernas de grande escala, nas quais os cidadãos viajam o quanto querem em seu país e pelo mundo todo, acumulamos muitas amizades baseadas na "química" individual, e não em afiliação grupal. Alguns de nossos amigos de toda a vida são pessoas com as quais crescemos ou fomos à escola, mas outros são pessoas que conhecemos em nossas viagens. O que conta na amizade é se as pessoas gostam umas das outras e partilham interesses, não se o grupo de uma é politicamente aliado ao da outra. Tomamos esse conceito de amizade

AMIGOS, INIMIGOS, ESTRANHOS E COMERCIANTES

pessoal como algo universal e inquestionável, e, por isso, só depois de anos trabalhando na Nova Guiné é que me dei conta, por causa de um incidente, do conceito diferente de amizade que predomina naquelas sociedades tradicionais de pequena escala.

O incidente envolveu um guineense chamado Yabu, cuja aldeia nas terras altas centrais manteve um estilo de vida tradicional até o fim das guerras intertribais e até que, dez anos depois, as questões locais passassem a ser controladas pelo governo nacional. Durante meus estudos ornitológicos, levei Yabu como um de meus assistentes de campo para um acampamento nas terras altas do sudeste, onde tivemos, durante vários dias, a visita de um inglês chamado Jim, professor de um colégio. Yabu e Jim passavam muito tempo conversando e fazendo brincadeiras, contavam longas histórias e, evidentemente, apreciavam a companhia um do outro. A cidadezinha nas terras altas centrais onde Jim lecionava ficava a apenas umas dezenas de quilômetros da aldeia de Yabu. Quando Yabu completasse seu trabalho de campo comigo, retornaria para casa tomando um avião até o aeroporto da cidade de Jim e depois seguindo para a aldeia a pé. Assim, quando Jim estava deixando nosso acampamento e se despedindo de Yabu e de mim, fez algo que me pareceu perfeitamente natural: convidou Yabu a visitá-lo quando estivesse atravessando a cidade.

Alguns dias depois, perguntei a Yabu se planejava visitar Jim na volta. Sua reação foi um misto de surpresa e leve indignação diante de minha sugestão de tamanha perda de tempo: "Visitá-lo? Para quê? Se ele tivesse algum trabalho para mim, ou um emprego a oferecer, então eu iria. Mas ele não tem nenhum emprego para mim. É claro que não vou parar na cidade e procurá-lo apenas em consideração a uma 'amizade'!" (Essa conversa aconteceu na língua franca da Papua Nova Guiné, o tok pisin; a expressão que acabei de traduzir aqui como "apenas em consideração a uma 'amizade'" foi "*bilong pren nating*".) Fiquei espantado ao perceber que eu estivera fazendo uma pressuposição incorreta sobre supostos traços humanos universais que nem mesmo me ocorrera questionar.

Naturalmente, não devo exagerar meu espanto. É claro que membros de sociedades pequenas têm mais apreço por alguns indivíduos do que por outros dentro de sua própria sociedade. À medida que essas sociedades tornam-se maiores ou ganham exposição a influências externas não tradicionais, as visões de mundo tradicionais mudam, inclusive as formas de ver a amizade. Ainda assim, penso que a diferença entre conceitos de amizade em sociedades grandes e em sociedades de pequeno porte, expressa no convite de Jim e na reação de Yabu, respectivamente, é, na média, algo real. A resposta de Yabu a um europeu não era uma coisa artificial, diferente da que daria a um guineense. Conforme a explicação que me foi dada por um amigo local que conhece bem tanto o estilo ocidental quando o estilo tradicional guineense, "Na Nova Guiné nós não vamos visitar uma pessoa assim de repente, sem um propósito. Se você acaba de conhecer alguém e passa uma semana com essa pessoa, isso não significa que você estabeleceu um relacionamento ou uma amizade com ela". Em contraste, a ampla gama de escolhas nas sociedades ocidentalizadas de grande porte, e nossas frequentes mudanças geográficas, nos dão mais alternativas de relacionamentos baseados em laços pessoais de amizade (dos quais, de fato, precisamos), muito mais do que em parentesco, em um casamento ou numa proximidade geográfica acidental durante a infância.

Em grandes sociedades hierárquicas nas quais milhares ou milhões de pessoas vivem juntas sob o guarda-chuva de uma chefatura ou Estado, é normal encontrar estranhos, e isso é uma ocorrência segura e não ameaçadora. Por exemplo, toda vez que caminho pelo campus da Universidade da Califórnia ou pelas ruas de Los Angeles, encontro, sem medo ou perigo, centenas de pessoas que nunca vi antes e talvez não veja nunca mais, e com as quais não tenho nenhum vínculo rastreável, seja de sangue ou por casamento. Um estágio inicial dessa mudança de atitude com relação a estranhos é ilustrado pelo povo nuer do Sudão, que já mencionei tendo 200 mil pessoas e estando organizado em uma hierarquia de vários níveis, desde aldeias até tribos. Obviamente, nenhum nuer conhece todos os outros 199.999 nueres nem ouviu falar de cada um deles. A organização política é fraca: cada aldeia tem um chefe simbólico com um mínimo de poder real, que será descrito no capítulo 2. Ainda assim (nas palavras do antropólogo E. E. Evans-Pritchard), "entre os

AMIGOS, INIMIGOS, ESTRANHOS E COMERCIANTES

nueres, de onde quer que procedam, e embora sejam estranhos uns para os outros, relações amistosas são imediatamente estabelecidas quando se encontram fora de seu país, pois um nuer nunca é um estrangeiro aos olhos de outro, tal como é para um dinka ou um shilluk. Seu senso de superioridade, o desprezo que mostram por todos os estrangeiros e sua presteza em lutar contra eles são vínculos que os unem, e a língua e os valores comuns permitem uma pronta intercomunicação".

Assim, comparados com sociedades de menor escala, os nueres encaram os estranhos já não mais como ameaçadores, mas, em vez disso, como neutros ou até potencialmente amigáveis — desde que sejam nueres. Estranhos que não são nueres são atacados (se forem dinkas) ou meramente desprezados (se pertencerem a qualquer outro tipo de povo). Em sociedades ainda maiores, com economias de mercado, os estranhos têm um valor positivo potencial como possíveis parceiros de negócios, clientes, fornecedores e empregadores.

Primeiros contatos

Em sociedades tradicionais pequenas, a classificação das pessoas como amigos pessoais, grupos vizinhos amigos, vizinhos inimigos e estranhos oriundos de locais mais distantes fez com que o conhecimento do mundo ficasse muito restrito ao próprio local. As pessoas conheciam sua própria área ou território central e sabiam muitas coisas sobre o primeiro círculo de territórios vizinhos, pois as visitas permitidas pelos direitos recíprocos de uso ou durante tréguas intermitentes garantiam o intercâmbio de informações. Mas provavelmente não conheciam os territórios vizinhos que compunham o segundo círculo: as hostilidades intermitentes com povos do primeiro círculo impediam o cruzamento daquela faixa em tempos de guerra para chegar a seguinte; e, nos tempos em que você estivesse em paz com um povo do primeiro círculo, ele poderia estar em guerra com vizinhos no círculo seguinte, impedindo, novamente, que você visitasse aqueles vizinhos mais distantes.

Até as viagens nos territórios de seus vizinhos imediatos (do primeiro círculo) em tempos presumivelmente pacíficos apresentavam perigos. Talvez você não se desse conta de que aqueles vizinhos eram inimigos insuspeitos: haviam acabado de iniciar uma guerra com alguns outros aliados de seu povo e, portanto, agora você era considerado um inimigo. Seus anfitriões e parentes naquela sociedade vizinha poderiam se mostrar relutantes em recebê-lo ou incapazes de protegê-lo. Por exemplo, Karl Heider, Jan Broekhuijse e Peter Matthiessen descreveram um incidente ocorrido em 25 de agosto de 1961 entre o povo dugum dani do Vale do Baliem. Os danis estavam divididos em várias dezenas de confederações, das quais duas, a Aliança Gutelu e a Aliança Widaia, disputavam a região dugum. Nas proximidades ficava a confederação asuk-balek, fundada por um grupo dissidente gutelu que, após lutas, havia abandonado sua terra original e buscado refúgio ao longo do rio Baliem. Quatro homens asuk-baleks, aliados da Aliança Widaia, foram visitar uma aldeia gutelu de um povo chamado abulopak, onde dois dos homens tinham parentes. Mas os visitantes não sabiam que os widaias haviam recentemente matado dois gutelus e que os gutelus não haviam conseguido se vingar nas tentativas recentes de matar um widaia. Obviamente, o ambiente entre os gutelus era de alta tensão.

A chegada dos inocentes asuk-baleks, aliados dos widaias, forneceu aos gutelus abulopaks uma oportunidade de vingança próxima da ideal (que teria sido matar um widaia). Os dois asuk-baleks que tinham parentes na aldeia foram poupados, mas os outros dois foram atacados. Um deles conseguiu fugir. O outro se refugiou numa plataforma elevada dentro de uma palhoça, mas foi descoberto e atacado com lanças. Esse ataque desencadeou uma explosão de regozijo geral entre os abulopaks, que arrastaram por uma trilha enlameada o corpo ainda com vida do asuk-balek, até o centro da aldeia. Os abulopaks então celebraram, dançando em volta do cadáver durante aquela noite, e finalmente o lançaram em uma vala de irrigação e o cobriram com capim. Na manhã seguinte, os dois asuk-baleks que tinham parentes abulopaks tiveram permissão para resgatar o corpo. O incidente ilustra a necessidade de

AMIGOS, INIMIGOS, ESTRANHOS E COMERCIANTES

prudência, beirando a paranoia, quando se trata de uma viagem. O capítulo 7 dará mais detalhes sobre a necessidade do que chamo de "paranoia construtiva".

As distâncias tradicionais de viagem e o conhecimento local eram baixos em áreas de alta densidade populacional e constância ambiental, e altos em áreas com população esparsa e ambientes variáveis. O conhecimento geográfico era muito localizado e restrito nas terras altas da Nova Guiné, com suas populações densas e um meio ambiente relativamente estável. Viagens e conhecimentos eram mais amplos em áreas com ambientes estáveis, mas com menor densidade populacional (como as terras baixas da Nova Guiné e as selvas tropicais africanas habitadas por pigmeus), e mais amplos ainda em áreas com ambientes estáveis e população escassa (como nos desertos e no interior da região ártica). Os ilhéus andamaneses, por exemplo, não sabiam nada sobre tribos andamanesas que viviam a mais de trinta quilômetros de distância. O mundo conhecido dos duguns danis era basicamente delimitado pelo vale do rio Baliem. Dos topos das colinas, podiam enxergar grande parte do vale, mas só podiam visitar uma pequena fração da área porque o vale estava dividido por fronteiras de guerra que significariam a morte certa de quem tentasse atravessá-las. Quando pigmeus akas receberam uma lista com nomes de setenta lugares e lhes pediram que dissessem quais haviam visitado, disseram conhecer apenas metade dos lugares que ficavam a uma distância de até trinta quilômetros, e apenas a quarta parte dos que estavam a até sessenta quilômetros. Pondo esses números em perspectiva, quando eu vivia na Inglaterra nas décadas de 1950 e 1960, ainda havia muitas pessoas da área rural inglesa que tinham passado a vida nos vilarejos em que nasceram, ou próximo deles — exceto, possivelmente, no caso dos que foram para o exterior como soldados durante as duas guerras mundiais.

Assim, entre as sociedades tradicionais de pequena escala, o conhecimento do mundo para além do primeiro ou segundo círculo de vizinhos era não existente, ou apenas de segunda mão. Por exemplo, nos vales densamente povoados entre as montanhas da parte principal da Nova Guiné, ninguém jamais vira o oceano nem ouvira falar dele, embora

O MUNDO ATÉ ONTEM

ficasse a distâncias de apenas oitenta a duzentos quilômetros. Em suas transações de trocas, os habitantes das terras altas da Nova Guiné de fato recebiam conchas marinhas e (após a chegada dos europeus ao litoral) alguns machados de aço, que eram muito valorizados. Mas aquelas conchas e aqueles machados eram sucessivamente negociados entre um grupo e outro e passavam por muitas mãos até cobrirem a distância entre o litoral e as terras altas. Assim como na brincadeira de "telefone sem fio", em que uma criança cochicha algo para a próxima numa roda e o que a última criança ouve não tem a menor relação com o dito pela primeira, toda a informação sobre o local e as pessoas que forneciam as conchas e os machados já havia se perdido no momento em que aqueles produtos chegavam às terras altas.

Para muitas sociedades pequenas, essas limitações tradicionais ao conhecimento do mundo foram abruptamente encerradas pelos chamados primeiros contatos, quando a chegada de europeus — colonizadores, exploradores, comerciantes e missionários — provou a existência de um mundo externo até então desconhecido. Atualmente, os últimos povos que continuam "não contatados" são uns poucos grupos remotos na Nova Guiné e na zona tropical da América do Sul, mas, a esta altura, esses grupos restantes pelo menos sabem da existência do mundo externo porque já viram aviões passando no céu e ouviram histórias sobre estrangeiros contadas por grupos guineenses vizinhos "contatados". (Por "contatado" eu quero dizer os contatados por forasteiros vindos de longe, como europeus ou indonésios; obviamente, os grupos "não contatados" vêm mantendo contato com outros guineenses ou outros índios sul-americanos há milhares de anos.) Por exemplo, quando eu estava nas montanhas na Nova Guiné ocidental nos anos 1990, meus anfitriões, que haviam sido inicialmente contatados pelos holandeses algumas décadas antes, contaram-me de um grupo ao norte que ainda era "original", no sentido de que ainda não havia sido visitado por missionários ou outros forasteiros. (Os missionários costumam adotar a precaução de enviar um emissário de um grupo vizinho contatado para saber se seriam bem-vindos, em vez de se exporem ao perigo de chegar sem aviso prévio.) Mas aqueles montanheses "não contatados"

AMIGOS, INIMIGOS, ESTRANHOS E COMERCIANTES

certamente sabiam de europeus e indonésios por meio de grupos vizinhos "contatados" com os quais se comunicavam. Além disso, durante muitos anos o grupo não contatado vira aviões passando, como aquele em que cheguei à aldeia de seus vizinhos contatados. Assim, os últimos remanescentes de grupos não contatados de fato sabem que existe um mundo externo.

As condições eram diferentes quando os europeus começaram a se expandir pelo globo a partir de 1492 e a "descobrir" povos muito antes de haver aviões que os alertassem sobre a existência de um mundo externo. Os últimos primeiros contatos em larga escala registrados na história mundial terão sido os ocorridos nas terras altas da Nova Guiné, onde, entre as décadas de 1930 e 1950, patrulhas dos governos australiano e holandês, expedições de reconhecimento do exército, mineradores em viagens de prospecção e expedições biológicas "descobriram" um milhão de habitantes das terras altas de cuja existência o mundo exterior não tinha conhecimento até então, e vice-versa — embora os europeus estivessem visitando e colonizando os litorais da Nova Guiné havia já quatrocentos anos. Até a década de 1930, os primeiros contatos na Nova Guiné foram feitos por europeus em expedições terrestres ou fluviais, e, para os montanheses, a primeira evidência da existência de brancos foi a chegada física dos estrangeiros. Cada vez mais, a partir daqueles anos, os montanheses foram se dando conta de que o surgimento de aviões precedia a chegada de expedições, e isso os alertou de que havia algo novo acontecendo em algum lugar desconhecido. Por exemplo, a área mais densamente povoada das montanhas da Nova Guiné ocidental, o Vale do Baliem, era habitada por umas 100 mil pessoas que foram "descobertas" em 23 de junho de 1938. Naquele dia, um avião pertencente a uma expedição conjunta do Museu de História Natural de Nova York e do governo colonial holandês, financiada por Richard Archbold, o herdeiro do petróleo, estava explorando a Nova Guiné em busca de animais e plantas e sobrevoou uma região montanhosa que até então se presumia ser uma área acidentada, coberta por floresta e desabitada. Em vez disso, Archbold e sua equipe ficaram atônitos ao verem de cima um vale amplo, plano, desflorestado, todo cortado por uma densa rede de canais de irrigação e parecido com áreas densamente povoadas da Holanda.

Esses últimos locais de primeiros contatos em grande escala dos habitantes das montanhas com os europeus estão descritos em três livros notáveis. Um deles, intitulado *First Contact*, de Bob Connolly e Robin Anderson, relata as patrulhas dos mineiros de carvão Michael Leahy, Michael Dwyer e Daniel Leahy, os primeiros europeus a entrar em alguns dos vales densamente povoados das terras altas da Nova Guiné oriental entre 1930 e 1935. (Missionários luteranos já haviam alcançado a orla das terras altas nos anos 1920.) O segundo livro é o relato do próprio Michael Leahy, *Explorations into Highland New Guinea,1930-1935*. O outro livro é *The Sky Travelers*, de Bill Gammage, que descreve uma patrulha do governo australiano conduzida por Jim Taylor e John Black, que se aventuraram numa viagem longa e difícil pela parte ocidental das terras altas da Papua em 1938 e 1939. Ambas as expedições fizeram muitas fotos, e Michael Leahy também filmou muita coisa. As expressões aterrorizadas nos rostos dos guineenses fotografados no momento do primeiro contato transmitem o choque da experiência com mais exatidão do que quaisquer palavras poderiam fazê-lo (imagens 30, 31).

Uma virtude do primeiro e do terceiro livros mencionados é que eles relatam as impressões causadas pelo primeiro contato tanto aos protagonistas guineenses quanto aos europeus. Ambos os autores entrevistaram guineenses envolvidos que relataram suas vivências cinquenta anos antes. Assim como americanos mais idosos se lembrarão pelo resto de suas vidas do que estavam fazendo no momento dos três mais traumáticos eventos da história moderna americana — o ataque japonês a Pearl Harbor em 7 de dezembro de 1941, o assassinato do presidente Kennedy em 22 de novembro de 1963 e o ataque ao World Trade Center em 11 de setembro de 2001 —, os guineenses que tinham mais de sessenta anos na década de 1980 também se lembravam claramente do que sentiram em 1930, quando ainda crianças, ao verem os brancos da patrulha Leahy-Dwyer. Aqui está o relato de um desses guineenses:

AMIGOS, INIMIGOS, ESTRANHOS E COMERCIANTES

"Naquela época, esses homens maiores [apontando para dois velhos] — eles são velhos agora — eram jovens e solteiros. Ainda não haviam feito a barba. Foi então que os homens brancos vieram. (…) Eu estava tão aterrorizado, não conseguia nem pensar, e chorava incontrolavelmente. Meu pai me puxou pela mão e nos escondemos atrás de um capinzal bem alto. Daí ele ficou de pé para espiar os homens brancos. (...) Depois que eles foram embora, as pessoas [nós, guineenses] se sentaram e desenrolaram histórias. Não sabiam nada daqueles homens de pele branca. Nunca tínhamos visto lugares distantes. Só conhecíamos este lado das montanhas, e pensávamos que éramos as únicas pessoas vivas. Acreditávamos que, quando uma pessoa morria, sua pele ficava branca e ela atravessava a fronteira para 'aquele lugar' — o lugar dos mortos. Então, quando os estranhos vieram, nós dissemos: 'Ah, esses homens não pertencem à terra. Não vamos matá-los — eles são nossos próprios parentes. Aqueles que já morreram ficaram brancos, e agora estão de volta.'"

Ao verem europeus pela primeira vez, os montanheses da Nova Guiné tentaram encaixar aquelas criaturas de aparência estranha nas categorias conhecidas de sua própria visão de mundo. Eles se perguntavam coisas como: será que essas criaturas são humanas? Por que vieram aqui? O que querem? Muitas vezes, os guineenses pensavam que os brancos fossem um "povo do céu": pessoas como eles próprios, que supostamente habitavam o céu, que faziam trocas, faziam amor e faziam a guerra como guineenses, mas eram imortais; eram espíritos ou fantasmas ancestrais que ocasionalmente assumiam forma humana e então ficavam brancos ou vermelhos e desciam à terra. Nas épocas dos primeiros contatos, os guineenses cuidadosamente examinavam os europeus, seu comportamento e os restos que deixavam nos acampamentos em busca de provas sobre o que eram eles. Houve duas descobertas que muito contribuíram para convencer os guineenses de que os europeus realmente eram humanos. A primeira foram as fezes encontradas nas latrinas do acampamento, que pareciam típicas fezes humanas (isto é, iguais às dos guineenses). A segunda foi o relato de jovens guineenses oferecidas aos europeus como companhias sexuais:

segundo elas, os europeus tinham órgãos sexuais iguais aos dos homens guineenses e faziam sexo basicamente da mesma forma que eles.

Comércio e comerciantes

Uma relação remanescente entre sociedades vizinhas, além da defesa de fronteiras, da partilha de recursos e do engajamento em guerras, é o comércio. Durante as pesquisas sobre pássaros que eu estava realizando em 16 ilhas do estreito de Vitiaz, ao longo do litoral nordeste da Nova Guiné, tive a oportunidade de conhecer e apreciar a sofisticação do comércio entre sociedades tradicionais. A maior parte das ilhas era quase toda coberta por florestas, com umas poucas aldeias formadas por casas espaçadas, a vários metros de distância umas das outras e todas dando para amplos espaços públicos abertos. Daí meu assombro com o contraste que encontrei ao desembarcar em uma ilha chamada Malai. Senti-me como se, subitamente, tivesse saltado de paraquedas numa versão reduzida de Manhattan. Amontoadas e muito próximas umas das outras, quase lado a lado como numa fileira de casas geminadas em Nova York, havia altas casas de madeira de dois andares, verdadeiros arranha-céus em comparação com as choças de um andar que então predominavam nas ilhas do estreito. Grandes canoas de madeira escavada alinhadas na areia da praia davam a impressão de uma marina do Primeiro Mundo na qual todos os atracadouros tivessem sido alugados. Em frente às casas, a quantidade de pessoas era a maior que eu já vira aglomerada em uma pequena área de qualquer outro lugar do estreito de Vitiaz. Um censo feito em 1963 registrou uma população de 448 pessoas em Malai. Dividido pela área de 830 metros quadrados, esse número resulta numa densidade populacional de 539 pessoas por quilômetro quadrado, mais alta do que a de qualquer país europeu. Como comparação, até a Holanda, a nação mais densamente povoada da Europa, tem apenas 389 pessoas por quilômetro quadrado.

Aquela notável povoação pertencia aos siassis, famosos comerciantes de longa distância que percorriam em suas canoas a vela até quinhentos

AMIGOS, INIMIGOS, ESTRANHOS E COMERCIANTES

quilômetros de mares agitados transportando porcos, cachorros, potes, contas, obsidiana (a pedra vulcânica vitrificada usada para fazer os melhores e mais afiados artefatos de pedra) e outros produtos. Prestavam um serviço às comunidades que visitavam, suprindo-as com produtos de primeira necessidade e com outros bens de luxo. Ao mesmo tempo, eles também ganhavam, adquirindo alguns dos alimentos de que precisavam e tornando-se imensamente ricos pelos padrões da Nova Guiné, que media a riqueza pelo número de porcos. Uma viagem rendia lucros de 900%: enchiam as canoas de porcos em Malai e, na primeira parada na ilha de Umboi, convertiam cada porco em dez pacotes de sagu. Em seguida, convertiam os dez pacotes na aldeia Sio, na parte continental da Nova Guiné, em cem potes, que eram trocados por dez porcos na parada seguinte, em Nova Bretanha. Os porcos eram então levados para Malai e consumidos num banquete cerimonial. Tradicionalmente, não havia troca de dinheiro, porque aquelas sociedades não tinham moeda. As canoas dos siassis eram obras-primas de tecnologia de navegação em embarcações de madeira a vela: tinham dois mastros, mediam até 18 metros de comprimento e 1,5 de profundidade e carregavam cerca de duas toneladas (imagem 32).

Os registros arqueológicos demonstram que nossos ancestrais da Era Glacial já tinham dezenas de milhares de anos de experiência com o comércio. Sítios arqueológicos dos homens de Cro-Magnon (a localidade francesa onde foram descobertos os primeiros fósseis daquela era, em 1868) no interior da Europa pleistocênica contêm âmbar marinho do Báltico e conchas do Mediterrâneo transportados por quase 2 mil quilômetros terra adentro, além de obsidiana, sílex, jaspe e outras pedras duras especialmente adequadas para a produção de ferramentas de pedra e encontradas a centenas de quilômetros do local de onde foram extraídas. É muito reduzido o número de sociedades tradicionais modernas que se mantém praticamente autossuficiente e com pouco ou nenhum comércio — entre elas, os nganasans da Sibéria, criadores de renas, e os índios sirionos, da Bolívia, estudados por Allan Holmberg. A maior parte das sociedades tradicionais, assim como ocorre com as sociedades desenvolvidas, importava alguns produtos. Como observaremos, até as sociedades tradicionais que, usualmente, poderiam ter sido autossuficientes escolhiam não sê-lo, preferindo comercializar alguns objetos ou produtos de fora mesmo quando eram capazes de obtê-los ou produzi-los localmente.

A maior parte do comércio nas sociedades tradicionais de pequena escala ocorria entre grupos vizinhos que viviam a pouca distância uns dos outros, pois os intermitentes conflitos armados tornavam perigosas as viagens comerciais cujas rotas atravessavam várias populações. Os próprios comerciantes siassis, que percorriam longas distâncias, tinham o cuidado de atracar suas canoas somente nas aldeias onde haviam estabelecido relações de troca. Se suas embarcações fossem desviadas pelo vento ou perdessem o mastro, obrigando-os a ancorar numa praia desconhecida, provavelmente seriam mortos como invasores e teriam seus bens confiscados pelos moradores locais, em nada preocupados em ser gentis e encorajar futuras visitas.

Em muitos aspectos, o comércio tradicional era diferente de nossos métodos modernos de adquirir bens, ou seja, compras pagas com dinheiro. Por exemplo, hoje seria impensável que um cliente comprasse um carro novo e saísse sem pagar nada ou sem assinar um contrato, cabendo ao vendedor simplesmente confiar que, em algum momento futuro, o cliente decidiria lhe dar um presente de igual valor. Mas esse surpreendente *modus operandi* é comum nas sociedades tradicionais. No entanto, alguns aspectos do comércio tradicional seriam familiares para os compradores modernos, especialmente a alta proporção de nossas compras de produtos que são apenas símbolos de status funcionalmente inúteis ou desnecessariamente caros, como joias e roupas de grife. Assim, comecemos com o exame daquilo que os forasteiros de uma sociedade tradicional, logo após o primeiro contato, podem ter achado estranho em nossa economia monetária de mercado. Alguns montanheses guineenses que acabavam de ser contatados foram levados de avião até as cidades litorâneas da Nova Guiné para uma experiência de choque cultural. O que teriam pensado quando aprenderam como opera nossa economia de mercado?

Economias de mercado

A primeira surpresa para os montanheses teria sido a descoberta de que nosso método quase universalmente predominante de adquirir um item não é com uma troca, mas pagando por ele com dinheiro (imagem 33). Ao contrário da maior parte dos itens trocados no comércio tradicional, o dinheiro não tem nenhum valor intrínseco nem é considerado um belo item de luxo que serve para ser trocado ou para ser mantido e admirado, conferindo status — como nossas joias ou uma tigela siassi. O dinheiro serve exclusivamente para ser gasto e convertido em outras coisas. Diferentemente de uma tigela de troca, que qualquer residente habilidoso de certas aldeias teria permissão para entalhar, o dinheiro só é emitido por um governo: se um cidadão do Primeiro Mundo que possui habilidade suficiente e dispõe de uma prensa tipográfica tentar exercitar essa habilidade para emitir dinheiro por conta própria, será preso como falsário.

O antigo método tradicional de escambo, no qual duas pessoas trocam um objeto desejado por outro numa transação direta e pessoal, sem a etapa intermediária de pagar com dinheiro a um terceiro, agora opera menos frequentemente nas sociedades modernas. De modo oposto, algumas sociedades tradicionais usavam objetos de valor arbitrário de uma forma que às vezes se aproximava do nosso uso do dinheiro. Os exemplos incluem as conchas de ostras com bordas douradas usadas pelo povo kaulong e os grandes discos de pedra usados pelos habitantes da ilha Yap na Micronésia. Os montanheses da Nova Guiné e povos no estreito de Vitiaz usavam como itens de troca, respectivamente, conchas de cauri e tigelas de madeira entalhadas, e esses produtos também serviam como parte do pagamento de uma noiva a uma taxa pré-fixada: tantas conchas ou tigelas, mais outros bens, por uma noiva. Mas aqueles objetos diferiam do dinheiro porque eram usados apenas para pagar certas coisas (não para serem desperdiçados em uma troca por batatas-doces para o almoço) e porque eram itens atraentes e de luxo que as pessoas mantinham e exibiam. Diferentemente dos montanheses da Nova Guiné, os americanos que têm notas de cem dólares as guardam escondidas em uma carteira até a hora de gastá-las, e não desfilam com uma carreira de notas enfiadas num colar em volta do pescoço para que todos vejam.

Um segundo aspecto de nossa economia de mercado que surpreenderia muitos povos tradicionais é que nosso processo de comprar algo é concebido explicitamente como uma troca, na qual a entrega de outra coisa (geralmente dinheiro) pelo comprador é considerada um pagamento, e não a retribuição de um presente. Quase sempre, o comprador paga no momento da aquisição ou, pelo menos, concorda com o preço caso o pagamento seja feito mais tarde ou em prestações. Se o comprador concorda em esperar algum tempo pelo pagamento parcial ou total, como no caso de muitas compras de carros novos, o pagamento continua a ser uma obrigação específica, e não uma retribuição na forma de um presente a critério do comprador. Contraste esse procedimento com o caso imaginário de um vendedor de carros "dando" um carro a um cliente e esperando receber em retribuição, sem data definida, um presente não especificado: nós consideraríamos absurda tal transação. Mas veremos que é exatamente assim que o comércio continua a ser feito em muitas sociedades tradicionais.

Um terceiro aspecto da economia de mercado é que a maior parte das transações ocorre entre o comprador e um intermediário profissional especializado ("vendedor") em um local profissional especializado ("loja"), e não entre o comprador e o fornecedor em um lugar próximo da casa de um dos dois. Um modelo mais simples que opera no nível mais baixo de nossa hierarquia econômica consiste em transações diretas únicas, isoladas, nas quais um vendedor anuncia suas mercadorias (com uma placa em frente à sua casa, um anúncio no jornal ou no eBay) e vende sua casa ou seu carro diretamente a um comprador que pesquisou os anúncios. De forma oposta, um modelo complexo no nível mais alto de nossa hierarquia econômica consiste em vendas de governos para governos, como contratos governamentais para fornecimento de petróleo ou vendas de armas por países do Primeiro Mundo a outros países.

AMIGOS, INIMIGOS, ESTRANHOS E COMERCIANTES

Embora as transações nas economias de mercado realmente assumam essas formas variadas, em todos os casos o comprador e o vendedor têm pouco ou nenhum relacionamento pessoal que se estenda além da transação propriamente dita. Podem nunca se terem visto antes nem lidado um com o outro e podem nunca mais ter nenhum tipo de contato; sua preocupação se resume, basicamente, aos itens que estão mudando de mãos (os bens comprados e o dinheiro), e não ao relacionamento pessoal. Mesmo quando o comprador e o vendedor realizam repetidos negócios um com o outro, como no caso de um comprador que visita a barraca de determinado agricultor na feira semanal, a transação é o motivo primário, e a relação é um dado secundário. Veremos que esse fato básico das economias de mercado, que os leitores deste livro tomam como ponto pacífico, frequentemente não se aplica a sociedades tradicionais de pequena escala, onde os envolvidos não são vendedores nem compradores profissionais, as duas partes têm uma relação contínua, e podem considerar que os itens trocados têm uma importância irrisória em comparação com a relação que será fortalecida pela troca.

Uma quarta característica das economias de mercado está relacionada à terceira: a maior parte dos mercados profissionais opera permanentemente ou, pelo menos, com frequência e em base regular. Uma loja costuma abrir diariamente, exceto aos domingos, enquanto uma feira rural opera semanalmente (por exemplo, às quartas-feiras pela manhã). Em contraste, grande parte do comércio tradicional de pequena escala reúne as partes envolvidas apenas raramente, talvez apenas uma vez por ano, ou mesmo uma vez a cada vários anos.

O penúltimo aspecto das economias de mercado tem mais semelhança do que diferença com o comércio em sociedades tradicionais de pequena escala. Em ambos os casos, os objetos comercializados vão desde itens materialmente essenciais ("de primeira necessidade") até materialmente inúteis ("supérfluos"). Em um extremo estão os objetos que facilitam a sobrevivência ou são indispensáveis a ela, como alimentos, roupas adequadas, ferramentas e máquinas. No outro extremo estão objetos irrelevantes para a sobrevivência, mas valorizados como luxo, decoração, diversão ou por conferirem status, como joias e aparelhos de TV. Na área cinzenta intermediária ficam os objetos materialmente úteis, mas que estão disponíveis tanto como itens funcionais de baixo custo e baixo prestígio quanto como itens caros e de alto prestígio que cumprem a mesma função. Por exemplo, uma bolsa de material sintético que custa dez dólares e uma bolsa de couro Gucci que custa 2 mil dólares são igualmente adequadas para carregar coisas, mas apenas a última confere status. Esse exemplo já indica que não devemos desprezar itens de luxo materialmente "inúteis" como se fossem de fato inúteis: o status que conferem pode trazer imensos benefícios materiais, como a abertura de oportunidades de negócios ou a corte de possíveis bons partidos, sejam esposas ou maridos. A mesma gama de "utilidade" já existia nas mais antigas práticas de comércio que podem ser documentadas arqueologicamente: há dezenas de milhares de anos, os homens pré-históricos comercializavam pontas de flecha de obsidiana necessárias para caçar carne, pontas de flecha de quartzo translucente finamente acabadas, conchas e âmbar usados puramente para decoração. Presumivelmente, os Cro-magnon jamais sonhariam em usar suas pontas de flecha de quartzo numa caçada, correndo o risco de quebrá-las, assim como jamais usaríamos nossa melhor bolsa Gucci para carregar o peixe que acabamos de comprar no mercado, ainda escorrendo óleo.

O último item de nossa lista de características dos mercados modernos é frequentemente encontrado no comércio tradicional, mas há casos em que as sociedades tradicionais o substituem por um comportamento que tem poucos exemplos entre nós, modernos. Compramos algo basicamente porque queremos a coisa comprada (em vez de para consolidar um relacionamento pessoal com o vendedor), e compramos de alguém que nos complementa economicamente e pode nos vender algo a que não temos acesso ou que não sabemos como produzir ou confeccionar. Por exemplo, os consumidores comuns não têm acesso a maçãs: têm de comprá-las dos produtores ou em lojas de frutas e supermercados. Os

AMIGOS, INIMIGOS, ESTRANHOS E COMERCIANTES

produtores de maçãs, por sua vez, compram serviços médicos e jurídicos de médicos e advogados que possuem conhecimentos específicos dos quais carecem os agricultores. Nenhum produtor de maçãs compraria maçãs de outros produtores, ou venderia as suas a eles, apenas para manter boas relações. Veremos que as sociedades tradicionais de pequena escala, assim como os consumidores e fornecedores modernos, frequentemente negociam objetos aos quais uma das partes tem acesso, e a outra, não (por exemplo, um tipo de pedra disponível apenas em determinado local), e negociam objetos que uma das partes sabe fazer, mas a outra, não (por exemplo, sofisticadas canoas de madeira escavada). Mas também fazem muitas trocas de objetos igualmente disponíveis para ambas as partes, e fazem isso por razões políticas e sociais a fim de manter boas relações.

Formas tradicionais de comércio

Até aqui, estamos considerando o comércio da perspectiva dos membros de sociedades tradicionais e imaginando o que eles veriam como diferente e surpreendente, ou então familiar, em nossas economias de mercado. Examinemos agora os mecanismos correspondentes no comércio tradicional. Já mencionei como nossas compras com dinheiro correspondem a trocas de objetos naquelas sociedades e como elas usam ocasionalmente objetos valiosos, como as conchas de cauri, de forma algo semelhante ao nosso uso do dinheiro. Agora, examinemos nas sociedades tradicionais os equivalentes das outras características das economias de mercado que acabamos de ver.

Embora, em alguns casos, as sociedades tradicionais negociem trocas explícitas e os itens mudem de mãos ao mesmo tempo, em outros casos uma das partes dá um presente e, com isso, o recebedor assume a obrigação de dar um presente de valor comparável em algum tempo indeterminado no futuro. A forma mais simples dessa troca de presentes é encontrada entre os ilhéus andamaneses (imagem 4), e o tempo que transcorre entre as duas metades da transação é bem reduzido. Um grupo local convida um ou mais grupos locais para uma festa que dura alguns dias e para a qual os visitantes trazem objetos como arcos, flechas, enxós, cestas e argila. Um visitante dá um objeto a um anfitrião, que não pode recusar o presente, mas deve então dar algo de igual valor. Se o segundo presente não atender às expectativas do convidado, este poderá se enraivecer. Ocasionalmente, a pessoa que dá o presente diz o que gostaria de receber em troca, mas isso é uma exceção. Entre os índios ianomâmis da América do Sul (imagem 12), a troca de presentes também está associada a banquetes para os quais determinado grupo convida um grupo vizinho. Essa troca difere do costume andamanês porque o segundo presente, que precisa ser um item de um tipo diferente do primeiro, é dado no banquete seguinte. Cada presente ianomâmi é relembrado durante muito tempo. O tempo transcorrido entre o primeiro e o segundo presentes faz com que as obrigações acumuladas sirvam como uma desculpa permanente para as aldeias vizinhas se visitarem para banquetes, pois alguns membros de uma aldeia sempre devem presentes a alguns membros de outra aldeia desde o último banquete.

Entre os inuítes do noroeste do Alasca, os agtas das Filipinas (imagem 3), os habitantes das ilhas Trobriand e os !kungs, cada pessoa tem parceiros reconhecidos com os quais são trocados presentes. Cada inuíte tem entre um e seis desses parceiros. Os agtas e os pigmeus africanos caçadores-coletores têm relações com famílias de agricultores filipinos e bantos, respectivamente, e essas relações são passadas de uma geração a outra. Cada habitante das Trobriand que participa de uma viagem de comércio em canoa tem, em cada ilha visitada, um parceiro comercial a quem dá um presente e de quem espera um presente equivalente em sua próxima visita, um ano depois. O chamado sistema *hxaro* de comércio de longa distância dos !kungs é diferente, pois cada indivíduo tem dezenas de parceiros comerciais e há um longo intervalo entre o primeiro presente e o recebimento de outro equivalente quando as duas partes voltam a se encontrar, em geral meses ou anos mais tarde.

AMIGOS, INIMIGOS, ESTRANHOS E COMERCIANTES

Quem são os comerciantes, em que circunstâncias se encontram, e com que frequência? Nas sociedades de pequena escala, todo mundo transaciona. No entanto, em grandes chefaturas e em Estados ainda incipientes, com papéis econômicos específicos, surgem comerciantes profissionais como os modernos que conhecemos, conforme já documentado por registros que datam do início da escrita há cerca de 4 mil ou 5 mil anos no Oriente Médio. Outro fenômeno moderno com precedentes em sociedades mais simples é a existência de sociedades inteiras especializadas no comércio. Os ilhéus de Malai cujos "arranha-céus" me surpreenderam viviam em uma ilha muito pequena que não podia fornecer todos os alimentos de que precisavam, e então se tornaram agentes comerciais, fabricantes e comerciantes além-mar, assim obtendo os outros alimentos. Desse modo, a ilha de Malai serve como um modelo para a moderna Cingapura.

As formas e frequências do comércio tradicional cobrem uma ampla gama de variações. No nível mais simples estão as viagens ocasionais de um !kung ou dani para visitar seus parceiros de comércio individuais em outros bandos ou vilarejos. Algo que nos sugere as feiras ao ar livre e os mercados das pulgas que conhecemos são os mercados ocasionais nos quais os sios, que viviam em aldeias no litoral nordeste da Nova Guiné, se encontravam com guineenses de aldeias do interior. Umas poucas dezenas de pessoas de cada lado sentavam-se em filas voltadas uma para a outra. Um ilhéu empurrava uma sacola contendo de 5 a 15 quilos de taro e batatas-doces, e o aldeão sio sentado à sua frente respondia oferecendo o número de potes e cocos julgados de valor equivalente à sacola de alimentos. Os habitantes das ilhas Trobriand que faziam comércio marítimo usavam esse mesmo princípio nas ilhas que visitavam, comercializando produtos utilitários (alimentos, potes, tigelas e pedra) e, ao mesmo tempo, trocando presentes de itens de luxo (colares e braceletes de conchas) com seus respectivos parceiros individuais.

Os bandos das ilhas Andaman e os índios das aldeias ianomâmis encontravam-se a intervalos irregulares para banquetes que duravam vários dias e serviam como ocasiões para troca de presentes. Os inuítes do noroeste do Alasca faziam feiras no verão e banquetes no inverno nos quais grupos que eram ferrenhos inimigos durante o restante do ano conseguiam juntar-se pacificamente durante uma ou duas semanas de comércio e festas. Sociedades especializadas no comércio marítimo, como os ilhéus siassis, os habitantes das Trobriand, os mailus das ilhas do sudeste da Nova Guiné e os indonésios de Macassar que visitavam o norte da Austrália para conseguir tripangos (pepinos-do-mar desidratados) para o mercado de sopas da China, enviavam grupos de comerciantes em viagens marítimas anuais a lugares que ficavam a centenas ou mesmo milhares de quilômetros de distância.

Itens tradicionais de comércio

Quanto aos objetos trocados nesse comércio, somos tentados a começar dividindo-os em duas categorias: itens utilitários (como alimentos e ferramentas) *versus* itens de luxo (como conchas de cauri e anéis de diamante). Mas essa dicotomia torna-se indistinta no momento em que tentamos aplicá-la. Como escreveu o economista Frank Knight, "De todas as falaciosas e absurdas concepções errôneas que invalidam a maior parte das discussões econômicas e sociais, talvez a pior de todas seja a noção (...) de que uma interpretação de utilidade, ou proveito, em termos de sobrevivência biológica ou física, tenha qualquer significado importante no nível humano". Por exemplo, um carro BMW é, sem dúvida, um bem de luxo e um símbolo de status, mas pode ser usado para ir até o supermercado, e a imagem que ele projeta pode ser essencial para seu dono ganhar dinheiro com o fechamento de ótimos negócios ou cortejar parceiros sexuais. O mesmo se aplica a uma tigela siassi de madeira escavada, que é usada para servir vegetais durante banquetes e é também um símbolo de status indispensável para se comprar uma esposa na região do estreito de Vitiaz. Quanto aos porcos, eles são, de longe, o mais valioso símbolo de status na Nova Guiné. Isso deu origem à observação de Thomas Harding de que "Pode-se dizer dos porcos, igualmente, que a coisa menos importante que alguém pode fazer com eles é simplesmente comê-los".

AMIGOS, INIMIGOS, ESTRANHOS E COMERCIANTES

Tabela 1.1. Objetos comercializados por algumas sociedades tradicionais

	"NECESSIDADES"		"ÁREA CINZENTA"	"ITENS DE LUXO"
	Matérias-primas	Produtos manufaturados		
Cro-Magnon (Europa, Era Glacial)	pedra			conchas, ocre, âmbar
Daribi (Nova Guiné)	sal	pedra polida, machados		penas de pássaros
Dani (Nova Guiné)	sal, pedra, madeira	lâminas de machado e enxós, cortiça, fibra	redes coloridas, setas decoradas	conchas
Enga (Nova Guiné)	sal, pedra, madeira, bambu	fibras de cascas de árvore	porcos	conchas, penas de pássaros, cana, óleo de árvores, ocre, tambores
Ilhas Trobriand (Nova Guiné)	pedra, peixe, batata-doce	sagu	potes, tigelas escavadas	colares de conchas, braceletes de conchas
Ilhas Siassi (Nova Guiné)	obsidiana, taro	sagu, sacolas de rede, arcos e flechas, canoas	potes, tigelas, porcos, cachorros, esteiras	dentes de porco e cachorro, tinta, ocre, contas, noz de bétel, tabaco
Calusa (América do Norte)			potes, carne de foca e baleia	conchas, dentes de tubarão
Kamchatka (Sibéria)	carne, cogumelos, peles, tendões, couros de animais			

| | | | "ÁREA | *(cont.)* "ITENS DE |
	"NECESSIDADES"		CINZENTA"	LUXO"
!Kung (África)	carne, ferro, mel, peles, couro de animais	potes de metal, potes de argila	flechas, roupas	tabaco, colares, cachimbos, contas
Ilhas Andaman (Ásia)	ferro, madeira, mel, argila para potes	enxós, cordas, arcos e flechas, cestas		conchas, tinta, noz de bétel
Yolngu (Austrália)		machados de metal, facas, anzóis, pregos, arpões, canoas, roupas, pão de nozes de cicadácea	tripango	conchas, casco de tartaruga, tabaco, álcool
Inuíte da Vertente Norte (Alasca)	pedras, peles, madeira flutuante, óleo de foca, pele e gordura de baleia, piche	barcos de madeira, esqueletos de barcos, carne seca	produtos de madeira, produtos de pedra, sacolas	marfim

A despeito de todas essas restrições, quando temos diante de nós uma relação de 59 itens de troca, é mais útil classificá-los do que juntá-los indiscriminadamente como se estivéssemos fazendo uma lista de lavanderia. Assim, a Tabela 1.1 dá exemplos de itens de troca em 13 sociedades de pequena escala, dividindo-os em quatro categorias: objetos de uso imediato para sobreviver, obter subsistência e para a vida diária, por sua vez divididos em matérias-primas *versus* objetos manufaturados; objetos de luxo e decorativos, sem uso imediato para a sobrevivência; e uma categoria intermediária de objetos que têm uso prático, mas também conferem status, o que lhes dá um valor muito acima do valor material de outro objeto com a mesma utilidade que não confere o mesmo status (por exemplo, um casaco de cashmere comparado a um casaco sintético barato, do mesmo tamanho e igualmente agasalho).

AMIGOS, INIMIGOS, ESTRANHOS E COMERCIANTES

A Tabela 1.1 mostra que certos tipos de matérias-primas úteis têm sido comercializados por muitas sociedades em todo o mundo, especialmente pedra e, mais recentemente, metal, para fazer ferramentas e armas, além de sal, alimentos, madeira, couros e peles de animais, piche para calafetar e argila para fazer potes. Objetos manufaturados e úteis usualmente comercializados incluem ferramentas e armas prontas, cestas e outros recipientes, fibra para tecelagem, sacolas, redes e cordas, vestimentas e tecidos, e alimentos processados como pão, sagu e carne seca. A longa lista de itens de luxo e decorativos, às vezes comercializados como matériãs-primas, porém mais frequentemente incluídos entre os objetos manufaturados, abarca penas de pássaros; conchas de moluscos e tartarugas, ao natural ou usados em colares e braceletes; âmbar; dentes de cachorro, porco e tubarão; marfim de elefantes e morsas; contas; tintas e bases para tintas, como ocre vermelho e óxido de manganês preto; óleo de árvores; e estimulantes como tabaco, álcool e noz de bétel (um tipo de pimenta). Por volta de 2 mil anos atrás, por exemplo, asiáticos especializados em comércio de longa distância estavam levando penas de aves-do-paraíso da Nova Guiné para a China, e dali as penas eram negociadas em mercados tão distantes quanto a Pérsia e a Turquia. Finalmente, objetos de comércio que são simultaneamente úteis e de luxo incluem porcos, tripangos, temperos e outros alimentos de prestígio (os equivalentes tradicionais de nosso caviar); e produtos manufaturados bonitos, mas úteis, como cerâmicas, arcos e flechas com entalhes, bolsas decoradas, vestimentas e esteiras.

A Tabela 1.1 e a discussão precedente omitem duas importantes categorias de coisas que uma pessoa pode oferecer a outra, mas que normalmente não incluímos entre os bens comercializáveis: trabalho e esposas. Os pigmeus das florestas tropicais africanas, os negritos agtas das Filipinas e, mais recentemente, alguns !kungs trabalham intermitentemente para agricultores bantos vizinhos, agricultores filipinos e pastores bantos, respectivamente. Essa é uma parte significativa do arranjo segundo o qual aqueles grupos de coletores recebem ferro, hortaliças ou leite dos vizinhos produtores de alimentos e, em troca, oferecem produtos caçados ou coletados, e trabalho. A maior parte dos povos vizinhos faz trocas de esposas, ocasionalmente de forma direta e simultânea (você me dá sua irmã e eu lhe darei a minha), mais frequentemente como atos separados (você me dá sua irmã agora, e eu lhe darei a minha quando ela chegar à puberdade). Entre os pigmeus da floresta tropical africana (imagem 8) e os agricultores bantos vizinhos, essas negociações de esposas basicamente têm mão única, ou seja, os pigmeus fornecem esposas para homens bantos, mas o contrário não ocorre.

Essas são as principais categorias de objetos trocados. Quanto a quem negocia o quê e com quem, o povo daribi da Nova Guiné, que vive em áreas de baixa densidade populacional na extremidade dos vales densamente povoados e desflorestados das terras altas, exporta para os montanheses as penas de aves-do-paraíso, abundantes nas florestas daribis, em troca de sal e machados de pedra polida. Os grupos pigmeus das florestas africanas exportam produtos florestais como mel, carne de caça e cogumelos para agricultores bantos vizinhos, de quem importam hortaliças, potes, ferro, tabaco e álcool. Na região do estreito de Vitiaz, os ilhéus exportam presas de porco, cachorros, sagu, noz de bétel, esteiras, contas, obsidiana e ocre vermelho para os povos do continente, de quem importam porcos, dentes de cachorro, taro, tabaco, potes, sacolas de rede, arcos e flechas e tinta preta. Nas atividades de comércio entre os inuítes do litoral e os do interior do norte do Alasca, o povo do litoral oferece produtos de mamíferos marinhos, como carne de foca e óleo de foca para combustível, peles de foca e morsa, gordura de baleia e presas de marfim de morsas, além de madeira encontrada nas praias, vasilhas de madeira, objetos de cerâmica e bolsas feitas por eles. Os povos do interior, por sua vez, podem fornecer couro, patas e chifres de caribu, piche para calefação, carne seca e bagas.

Quem comercializa o quê?

Esses exemplos de objetos trocados ilustram um padrão que nós, modernos, tomamos como ponto pacífico, pois descreve quase todo o comércio atual: cada parte fornece os objetos que tem ou que pode fazer prontamente, e que a outra parte não tem. Tanto as matérias-primas quanto as habilidades necessárias para produzir produtos acabados são desigualmente distribuídas pelo mundo. Por exemplo, os Estados Unidos são o principal exportador mundial de alimentos *in natura* e de aviões, pois podemos produzir alimentos e fabricar aviões em excesso para nossas próprias necessidades. No entanto, somos importadores de petróleo porque não produzimos o suficiente para nossas necessidades, enquanto outros países (como a Arábia Saudita) produzem mais petróleo do que precisam. Tais desequilíbrios de matérias-primas e de habilidades também caracterizam grande parte do comércio tradicional, embora não todo ele.

Quanto à distribuição desigual de matérias-primas, um padrão comum é que povos vizinhos que ocupam diferentes hábitats supram um ao outro com as matérias-primas que só existem em sua região ou que produzem em excesso. Muitos exemplos incluem o comércio entre povos litorâneos e do interior. Em cada um desses casos, como o dos inuítes do Alasca que detalhei dois parágrafos antes, o parceiro litorâneo tem acesso preferencial ou exclusivo a recursos marinhos ou costeiros, como mamíferos marinhos, peixes e conchas, enquanto o do interior tem acesso preferencial ou exclusivo a recursos terrestres como caça, hortas e florestas.

Outro padrão comum é o comércio de matérias-primas muito locais não ligadas a nenhum tipo específico de hábitat, especialmente sal e pedra. Os dugum danis obtinham todo o sal de que precisavam de uma lagoa salobra, e toda a pedra para machados e enxós vinha de uma única pedreira na bacia do Nogolo, enquanto, para grande parte do sudoeste do Pacífico, a principal fonte de obsidiana eram as pedreiras perto de Talasea, na ilha de Nova Bretanha. A obsidiana de Talasea era comercializada em uma área de mais de 6 mil quilômetros que ia de Bornéu, a 3 mil quilômetros a oeste, até Fiji, que fica a 3 mil quilômetros a leste.

Os demais padrões comuns de comércio de diferentes tipos de matérias-primas envolvem grupos vizinhos com diferentes estratégias de sobrevivência, o que lhes dá acesso a diferentes materiais. Em muitos lugares em todo o mundo, caçadores-coletores negociam com agricultores de aldeias vizinhas os produtos que caçam e coletam, como carne, mel, resinas e outros produtos florestais, em troca de produtos agrícolas que os aldeões cultivam. Os exemplos dessas parcerias incluem os caçadores de bisão e os agricultores dos índios pueblos no sudoeste dos Estados Unidos; os caçadores semangs e os agricultores malaios da Malásia peninsular; inúmeras associações de caçadores-agricultores da Índia; os caçadores pigmeus africanos e os agricultores bantos, além dos caçadores agtas e agricultores filipinos que já descrevi. Existem relações comerciais semelhantes entre pastores e agricultores em muitas partes da Ásia e da África, e entre pastores e caçadores-coletores na África.

Com frequência, o comércio tradicional, assim como o moderno, também envolve habilidades desigualmente distribuídas. Um exemplo é o verdadeiro monopólio local da cerâmica e da produção de canoas desfrutado pelos habitantes da ilha de Mailu no litoral sudeste da Nova Guiné, estudados pelo etnógrafo Bronislaw Malinowski. Embora a cerâmica também fosse produzida inicialmente pelos habitantes da Nova Guiné continental vizinha, os mailus alcançaram um monopólio da exportação descobrindo como produzir potes mais bem acabados, mais finos, com estilo padronizado reconhecível e em grande quantidade. Tais potes eram vantajosos tanto para os oleiros mailus quanto para os clientes usuários. Os potes mais finos permitiam que os oleiros produzissem maior número de potes com uma dada quantidade de argila, secassem os potes mais rapidamente e reduzissem o risco de danos enquanto estivessem sendo queimados. Para os consumidores, os potes mais finos dos mailus requeriam menos combustível para cozinhar, e o conteúdo fervia mais rapidamente. Os ilhéus mailus também adquiriram o monopólio da fabricação e operação de canoas oceânicas para grandes distâncias, cuja construção era muito mais complexa do que a das canoas mais simples com as quais os habitantes do continente só podiam fazer viagens curtas em águas litorâneas mais protegidas. Monopólios manufatureiros comparáveis eram desfrutados há mil anos pelos produtores chineses de porcelana e papel, até que seus segredos de fabricação vazaram e foram copiados. Em nossos tempos modernos de espionagem industrial e difusão de conhecimento, tornou-se difícil

AMIGOS, INIMIGOS, ESTRANHOS E COMERCIANTES

manter monopólios por muito tempo. No entanto, os Estados Unidos mantiveram, durante quatro anos, o monopólio da fabricação de bombas atômicas (que não exportávamos), e hoje, com a Europa, dominam o mercado mundial de grandes jatos comerciais (que exportamos). O tipo restante de comércio tradicional, que praticamente não tem paralelo hoje, foi chamado de "monopólios convencionais". Esse termo se refere ao comércio de um item que qualquer dos dois parceiros poderia obter ou fabricar, mas que um deles escolhe receber do outro como uma desculpa para manter relações comerciais. Por exemplo, entre os itens que os dugum danis recebem da área jalemo estão flechas de madeira decoradas e com pontas elaboradas, além de sacolas de rede enfeitadas com fibras brilhantes de orquídea. Os danis fazem flechas simples e sacolas sem enfeites. Observando uma flecha ou uma sacola feitas pelos jalemos, os danis poderiam perfeitamente copiá-las, porque o grau de habilidade necessário para entalhar a madeira ou fazer uma sacola não é elevado. Mas, em vez disso, eles continuam a depender da área jalemo para flechas e sacolas importadas, bem como para os materiais florestais que a área jalemo tem em mais abundância. O reconhecimento pelos danis do "monopólio convencional" jalemo de flechas e sacolas decoradas é vantajoso para as duas partes, pois ajuda a equilibrar os efeitos de flutuações na oferta e demanda. O povo jalemo pode continuar a obter sal dos danis mesmo que a colheita de produtos florestais decline temporariamente, e os danis podem continuar a vender sal para os jalemos mesmo que a demanda dos danis por produtos florestais seja temporariamente suspensa, por excesso de estoque.

Monopólios convencionais mais elaborados prevalecem entre os ianomâmis do Brasil e da Venezuela, e entre os índios xingus brasileiros. Cada aldeia ianomâmi poderia ser autossuficiente, mas não é. Em vez disso, cada uma delas se especializa em algum produto que é fornecido aos seus aliados, incluindo pontas de flechas, hastes de flechas, cestas, arcos, potes de cerâmica, fio de algodão, cachorros, plantas alucinógenas ou redes. Do mesmo modo, cada aldeia xingu se especializa em produzir e exportar arcos, cerâmica, sal, cintos de contas e lanças. Para

O MUNDO ATÉ ONTEM

que não se pense que a maior parte das aldeias ianomâmis realmente não poderia fazer a mesma cerâmica simples e sem decorações dos ianomâmis, considere as recentes mudanças na forma como a aldeia ianomâmi de Mömariböwei-teri obtinha seus potes. Inicialmente, os habitantes importavam potes de outra aldeia politicamente aliada, Möwaraöba-teri. Como explicação, eles insistiam enfaticamente que não sabiam mais como fazer potes, que haviam esquecido de como eram feitos, que a argila em sua região não era boa para isso, e que obtinham todos os potes de que necessitavam da aldeia de Möwaraöba-teri. Mas então uma guerra interrompeu a aliança entre Mömariböwei-teri e Möwaraöba-teri, de modo que Mömariböwei-teri já não podia importar potes. Milagrosamente, os habitantes de Mömariböwei-teri subitamente "lembraram" de como faziam potes no passado, subitamente "descobriram" que a argila até então desprezada era perfeitamente adequada para fazer potes, e logo retomaram sua própria produção. Assim, ficou claro que os habitantes de Mömariböwei-teri haviam importado potes de Möwaraöba-teri por escolha (para consolidar uma aliança política), e não por necessidade.

Isso é ainda mais claro no caso dos !kungs: eles escolhem se engajar em um amplo comércio de flechas, embora todos os !kungs façam flechas semelhantes que negociam e trocam uns com os outros. O antropólogo Richard Lee pediu a quatro homens !kungs que lhe dissessem quem era o dono de cada uma das 13 a 19 flechas que cada um levava em sua aljava. Dos quatro homens, apenas um (Kopela Maswe) não tinha flechas que pertenciam a outro. Um dos homens (N!au) tinha onze flechas de outros quatro, e apenas duas suas. Os outros dois (Gaske e N!eishi) não tinham flechas suas: cada um levava as flechas que pertenciam a seis outros homens.

Qual o sentido desses monopólios convencionais e dessa troca de flecha por flecha, aparentemente absurda para nós, ocidentais acostumados a negociar apenas os objetos com os quais realmente não podemos nos suprir? Evidentemente, o comércio tradicional tem funções sociais e políticas, além das econômicas: não meramente obter itens

AMIGOS, INIMIGOS, ESTRANHOS E COMERCIANTES

concretos, mas também "criar" comércio a fim de promover objetivos sociais e políticos. Talvez o principal desses objetivos seja fortalecer uma aliança ou um vínculo que se possa invocar caso surja uma necessidade. Assim, os parceiros de comércio entre os inuítes do noroeste do Alasca tinham a obrigação de apoiar uns aos outros, se necessário: se surgisse uma fome em seu bairro, você teria o direito de se mudar para a casa de seu parceiro em outro bairro. Os caçadores agtas que "fazem comércio" entre eles mesmos ou com agricultores filipinos consideram que suas trocas baseiam-se na necessidade, e não na oferta e demanda: presume-se que diferentes parceiros provavelmente terão excedentes ou necessidades em épocas diferentes e que as coisas se equilibrarão no longo prazo, daí que não seja necessário manter uma contabilidade estrita. Cada uma das partes numa troca entre agtas faz grandes sacrifícios quando o parceiro está passando por um momento crítico, como um casamento ou um funeral, após um tufão ou quando falha uma colheita ou uma caçada. Para os ianomâmis, envolvidos em guerras constantes, as alianças desenvolvidas por meio do comércio, que regularmente reúnem os vizinhos em circunstâncias amigáveis, são muito mais importantes para a sobrevivência do que os potes e redes comercializados — embora nenhum ianomâmi vá dizer abertamente que a função real do comércio e das trocas seja manter alianças.

Algumas redes comerciais e algumas cerimônias — como o sistema cerimonial de trocas (kula) dos ilhéus das Trobriand, o ciclo cerimonial de trocas do povo enga das terras altas da Nova Guiné, e a rede comercial dos siassis que encontrei na ilha de Malai — tornaram-se os principais meios de ganhar e exibir status em suas respectivas sociedades. Pode nos parecer tolice que os ilhéus siassis gastem meses transportando cargas por canoas e enfrentando mares traiçoeiros apenas para exibir, no final do ano, um grande banquete para o qual abatem o maior número possível de porcos — até que paremos para refletir sobre o que diriam os ilhéus siassis a respeito dos americanos modernos que se matam de trabalhar para ostentar joias e carros esportivos.

Nações minúsculas

Assim, as sociedades tradicionais do passado, e aquelas que sobreviveram até os tempos modernos, se comportavam como minúsculas nações. Mantinham seus próprios territórios ou áreas centrais, visitavam e recebiam visitas de algumas nações, mas não de outras, e, em alguns casos, demarcavam, defendiam e patrulhavam fronteiras tão rigorosamente quanto o fazem as nações modernas. Eram muito mais limitadas em seu conhecimento do mundo exterior do que são os cidadãos de nações modernas, que, cada vez mais, usam televisão, telefones celulares e a internet para saber do resto do mundo, mesmo que nunca saiam de sua terra natal. Aquelas sociedades dividiam os outros povos em amigos, inimigos e estranhos de acordo com critérios mais nítidos do que os da própria Coreia do Norte hoje. Às vezes, seus membros se casavam com pessoas de outras nações. Faziam operações comerciais umas com as outras, como as nações modernas, e as razões políticas e sociais desempenhavam um papel ainda mais relevante em suas relações comerciais do que no nosso caso. Nos próximos três capítulos, descobriremos como essas nações tradicionais minúsculas mantinham a paz e como guerreavam.

PARTE 2

PAZ E GUERRA

CAPÍTULO 2

COMPENSAÇÃO PELA MORTE DE UMA CRIANÇA

**Um acidente • Uma cerimônia • E se...? • O que fez o Estado •
Compensação na Nova Guiné • Relações que duram
a vida toda • Outras sociedades de não Estado • A autoridade do
Estado • Justiça civil estatal • Falhas na justiça civil estatal
• Justiça criminal estatal • Justiça restaurativa
• As vantagens e seu preço**

Um acidente

Num final de tarde, quase terminando a estação da seca, um carro dirigido em uma estrada da Papua Nova Guiné por um homem chamado Malo acidentalmente atropelou e matou Billy, um jovem colegial. Billy estava voltando da escola em um micro-ônibus público (não um ônibus escolar claramente identificado), e seu tio Genjimp o esperava do outro lado da estrada. Malo, o motorista de uma pequena empresa local, levava funcionários para casa no final do expediente e dirigia na direção oposta à do micro-ônibus em que estava Billy. Quando Billy saltou do ônibus, viu o tio Genjimp e correu para atravessar a pista e juntar-se a ele. No entanto, ao cruzar a estrada, Billy não passou pela frente do micro-ônibus, o que teria permitido que Malo o visse. Em vez disso, Billy passou por trás, e, quando se tornou visível para Malo, já estava no meio da estrada e era tarde demais. Malo não conseguiu parar a tempo, e o carro atingiu Billy na cabeça e o lançou para o alto. O tio o levou imediatamente para o pronto-socorro, mas Billy morreu várias horas depois devido a extensos ferimentos na cabeça.

O MUNDO ATÉ ONTEM

Nos Estados Unidos, um motorista envolvido em um grave acidente deve permanecer na cena até que chegue a polícia: se ele se afastar e não se apresentar à polícia, é visto como tendo fugido, e isso, por si só, já é considerado um crime. Na Papua Nova Guiné, no entanto, assim como em outros países, a lei permite, e a polícia e o senso comum recomendam com grande ênfase, que o motorista não permaneça no local, mas se dirija imediatamente à delegacia policial mais próxima. Isso permite evitar que os passantes arranquem do carro o motorista para espancá-lo até a morte, mesmo que o acidente tenha sido ocasionado pelo pedestre. Para aumentar ainda mais o risco de Malo e de seus passageiros, ele e Billy pertenciam a diferentes grupos étnicos, o que, na Papua Nova Guiné, quase sempre é uma fórmula garantida para criar situações tensas. Malo era um residente local de uma aldeia próxima, mas Billy pertencia a um grupo de habitantes da planície que vivia a muitos quilômetros dali. Grande número dos originários das terras baixas que haviam migrado para trabalhar na região vivia perto do local do acidente. Se Malo tivesse parado e saído do carro para socorrer o garoto, provavelmente teria sido morto pelos observadores curiosos das terras baixas, e, possivelmente, seus passageiros teriam tido a mesma sorte. Mas Malo teve a presença de espírito de dirigir até a delegacia e se entregar. Um policial trancou os passageiros temporariamente na delegacia, para protegê-los, e acompanhou Malo de volta à sua aldeia, onde ele permaneceu durante os vários meses seguintes.

Os eventos que se seguiram ilustram como os guineenses, assim como muitos outros povos tradicionais que vivem basicamente fora do controle efetivo de sistemas de justiça estabelecidos por governos de Estado, ainda assim alcançam a justiça e pacificamente resolvem conflitos utilizando mecanismos tradicionais que eles mesmos criaram. Tais mecanismos de solução de conflitos provavelmente operaram ao longo da pré-história humana, até a ascensão dos Estados com suas leis codificadas, tribunais, juízes e polícia, que tiveram início há 5.400 anos. O caso de Billy e Malo contrasta com um caso que relatarei no próximo capítulo, também resolvido por meios tradicionais, mas opostos aos usados no caso de Billy e Malo: com assassinatos por vingança e guerra.

COMPENSAÇÃO PELA MORTE DE UMA CRIANÇA

Dependendo das circunstâncias e das partes envolvidas, as disputas nas sociedades tradicionais podem ser resolvidas pacificamente ou por guerra, se o processo pacífico deixar de funcionar ou nem for tentado.

O processo pacífico envolve o que se denomina "compensação". (Como observaremos, a tradução da expressão guineense para "compensação" é enganosa; seria impossível compensar a morte de uma criança, e esse não é o objetivo. O termo em tok pisin, a língua franca da Nova Guiné, é *sori money*, significando "dinheiro de desculpa", uma espécie de indenização, e essa tradução é mais adequada, pois descreve corretamente como o dinheiro é pago em razão de uma dor partilhada ou como um pedido de desculpas pelo acontecido.) O caso da compensação tradicional que se seguiu à morte de Billy me foi relatado por um homem chamado Gideon, que na época era o gerente do escritório local da empresa que empregava Malo como motorista e participou do processo que se seguiu. Acontece que os mecanismos tradicionais de justiça na Nova Guiné têm objetivos fundamentalmente diferentes daqueles dos sistemas de justiça estatal. Embora eu reconheça que a justiça do Estado ofereça grandes vantagens e é absolutamente essencial para resolver muitas das disputas entre cidadãos, especialmente disputas entre pessoas que não se conhecem, sinto agora que os mecanismos tradicionais de justiça podem ter muitas coisas a nos ensinar quando as partes envolvidas são pessoas que se conhecem e permanecerão presas em relacionamentos que terão continuidade após a resolução da disputa — como vizinhos, pessoas ligadas por relações de negócios, pais divorciados, irmãos que disputam uma herança.

Uma cerimônia

Dado o risco de que os membros do clã de Billy assumissem uma atitude retaliatória contra Malo, Gideon e outros funcionários da empresa, Gideon disse aos funcionários para não irem ao trabalho no dia seguinte ao acidente. O próprio Gideon permaneceu sozinho no escritório, dentro de uma área cercada e patrulhada que ficava a apenas algumas centenas de metros da casa onde ele vivia com a família. Deu instrução aos guardas de segurança para permanecerem alertas, não permitirem a entrada de estranhos e, especialmente, estarem atentos à aproximação de qualquer pessoa das terras baixas. Ainda assim, em determinado momento da manhã Gideon levantou os olhos da escrivaninha e viu, horrorizado, três homens encorpados, claramente das terras baixas, de pé ao lado da janela dos fundos do escritório.

Seu primeiro pensamento foi: sorrio para eles ou corro? Mas então refletiu que sua esposa e os filhos pequenos estavam perto dali e que uma fuga poderia salvar apenas sua própria vida. Conseguiu dar um sorriso, e os três homens conseguiram sorrir de volta. Gideon foi até a janela de trás e a abriu, reconhecendo que aquele gesto poderia se provar imediatamente fatal, mas não tinha escolha, pois a alternativa era pior. Um dos três homens, Peti, justamente o pai da criança morta, perguntou a Gideon: "Posso entrar em seu escritório e falar com você?" (Esta conversa, e a maior parte das outras que relatarei, aconteceu não em inglês, mas em tok pisin. As palavras exatas de Gideon foram "Inap mi kam insait long opis bilong yu na yumi tok-tok?")

Gideon concordou com um aceno de cabeça, foi até a frente do escritório, abriu a porta e convidou Peti para entrar sozinho e se sentar. Para um homem cujo filho acabara de ser morto, e que agora se confrontava com o empregador do causador da morte, o comportamento de Peti era impressionante: claramente ainda em estado de choque, ele estava, apesar disso, calmo, respeitoso, e falando de forma direta. Depois de ficar alguns instantes calado, finalmente disse a Gideon: "Nós entendemos que isso foi um acidente, e que você não fez nada intencionalmente. Não queremos criar nenhum problema. Apenas queremos que você ajude com o funeral. Pedimos um pouco de dinheiro e comida para alimentarmos nossos parentes durante a cerimônia." Gideon respondeu oferecendo suas condolências em nome da empresa e dos funcionários e fazendo alguma vaga promessa. Naquela mesma tarde, foi ao supermercado local para começar a comprar os itens padrão: arroz, carne enlatada, açúcar e café. Enquanto estava na loja, encontrou Peti novamente e, mais uma vez, não houve nenhum problema.

Já naquele segundo dia, o primeiro após o acidente, Gideon conversou com o membro mais antigo de sua equipe, um guineense idoso

COMPENSAÇÃO PELA MORTE DE UMA CRIANÇA

chamado Yaghean, nativo de um distrito diferente, mas com experiência em negociações de compensação na Nova Guiné. Yaghean se ofereceu para conduzir as negociações. No dia seguinte (terceiro dia), Gideon convocou uma reunião dos funcionários da empresa para discutir como proceder. O maior medo de todos era que a família extensa da criança morta (seus parentes mais distantes e membros do clã) pudesse se provar violenta, embora o pai tivesse garantido que a família imediata não causaria nenhum problema. Encorajado pelo comportamento calmo de Peti durante os dois encontros, a primeira inclinação de Gideon era ir diretamente ao povoado de Billy, procurar a família do garoto, fazer um pedido de desculpas formal e tentar desarmar a ameaça por parte da família extensa. Mas Yaghean insistiu que Gideon não fizesse isso: "Se você for lá cedo demais, minha preocupação é que a família extensa e toda a comunidade ainda possam estar de cabeça quente. Devemos insistir em seguir o processo apropriado de compensação. Enviaremos um emissário, que serei eu mesmo. Falarei com o conselheiro do distrito em que vive o povo das terras baixas, e ele, por sua vez, conversará com a comunidade. Ele e eu sabemos como o processo de compensação deve prosseguir. Somente depois de completado o processo você e seus funcionários poderão participar da cerimônia de "pedir desculpas" [*tok-sori*, na língua tok pisin] com a família."

Yaghean foi falar com o conselheiro, que marcou para o dia seguinte (quarto dia) um encontro envolvendo Yaghean, o conselheiro, a família de Billy e o clã. Gideon sabe muito pouco sobre o que aconteceu naquele encontro, a não ser o relatado por Yaghean: falaram extensamente sobre como lidar com a questão, que a família não tinha nenhuma intenção de recorrer à violência, mas que alguns homens no povoado tinham fortes sentimentos a respeito da morte de Billy e ainda estavam nervosos. Yaghean disse a Gideon que ele deveria comprar mais alimentos para a cerimônia de compensação e o funeral, e que havia sido acordado um pagamento compensatório de 1.000 kinas da empresa à família (o kina é a moeda oficial da Papua Nova Guiné, e o valor equivalia a cerca de trezentos dólares).

A cerimônia de compensação teve lugar no dia seguinte, o quinto, de acordo com arranjos formais e estruturados. Começou com Gideon,

Yaghean e os demais funcionários (exceto Malo) chegando no carro da empresa. Estacionaram o carro, caminharam para atravessar o povoado e entraram no pátio atrás da casa da família de Billy. As cerimônias tradicionais de luto na Nova Guiné ocorrem sob algum tipo de abrigo para cobrir a cabeça dos participantes; neste caso, a família armou uma lona encerada sobre o pátio, e sob ela todos deveriam se reunir, tanto a família quanto os visitantes. Quando esses chegaram, um dos tios do garoto morto lhes indicou o lugar onde deveriam se sentar e encaminhou a família para outros assentos.

A cerimônia começou com um tio agradecendo a presença dos visitantes e dizendo como era triste que Billy tivesse morrido. Então Gideon, Yaghean e os funcionários da empresa falaram. Ao me descrever o evento, Gideon explicou: "Eu me senti horrivelmente mal, muito mal, por ter que falar. Eu estava chorando. Naquela época, também tinha filhos pequenos. Eu disse à família que estava tentando imaginar o quanto estavam sofrendo. Disse que estava tentando perceber isso imaginando como seria se o acidente tivesse acontecido com meu próprio filho. O sofrimento deles deve ter sido inimaginável. Eu lhes disse que os alimentos e o dinheiro que eu estava dando eram nada, apenas lixo, comparados com a vida de seu filho."

E Gideon continuou seu relato: "Em seguida, foi a vez do pai de Billy, Peti. Suas palavras foram muito simples. Ele estava em lágrimas. Reconheceu que a morte de Billy havia sido um acidente e que não se devia a nenhuma negligência de nossa parte. Ele nos agradeceu por estarmos ali e disse que seu povo não criaria nenhum problema para nós. Então ele falou de Billy, mostrou uma foto do filho e disse 'Sentimos falta dele'. A mãe de Billy ficou sentada, quieta, por trás do pai enquanto ele falava. Alguns outros tios de Billy se levantaram e reiteraram: 'Vocês não terão nenhum problema conosco, estamos satisfeitos com sua resposta e com a compensação.' Todo mundo — meus colegas e eu, e toda a família de Billy — estava chorando."

A transferência de alimentos consistia em Gideon e seus colegas entregarem os pacotes e dizer "desculpa" com as palavras "estes alimentos são para ajudar vocês neste tempo difícil". Depois disso, a família e os

COMPENSAÇÃO PELA MORTE DE UMA CRIANÇA

visitantes partilharam uma refeição simples de batata-doce (a comida tradicional mais importante da Nova Guiné) e outros vegetais. Houve muitos apertos de mão ao final da cerimônia. Perguntei a Gideon se também houve abraços e se, por exemplo, ele e o pai de Billy haviam se abraçado quando choravam. Sua resposta foi: "Não, a cerimônia era estruturada e muito formal." Mesmo sendo formal, eu tinha dificuldade de imaginar um encontro de reconciliação semelhante a esse nos Estados Unidos ou em qualquer outra sociedade ocidental, com a família de uma criança morta e os causadores acidentais da morte, até então estranhos uns para os outros, sentados lado a lado, chorando juntos e dividindo uma refeição poucos dias depois da morte. Em vez disso, a família da criança estaria planejando uma ação judicial, e a família do causador da morte estaria consultando advogados e a companhia de seguros para preparar uma defesa contra o processo e as possíveis acusações criminais.

E se...?

Conforme reconheciam o pai de Billy e os parentes, Malo não tivera a intenção de matar a criança. Perguntei a ele e a Gideon o que teria acontecido se Malo tivesse matado Billy intencionalmente, ou se sua negligência fosse inquestionável.

Malo e Gideon responderam que, nesse caso, o assunto ainda poderia ter sido resolvido pelo mesmo processo de compensação. O resultado teria sido mais incerto, a situação mais perigosa e o pagamento exigido como compensação seria mais elevado. Teria havido maior risco de que os parentes de Billy não esperassem o resultado das negociações de compensação, ou se recusassem a receber o pagamento e optassem por um assassinato retaliatório: de preferência, matando o próprio Malo ou alguém de sua família próxima se não conseguissem matá-lo, ou um membro mais distante do clã de Malo se não conseguissem matar algum de seus parentes de primeiro grau. Se, no entanto, os parentes de Billy tivessem prevalecido e decidido esperar o resultado do processo de compensação, teriam exigido um valor muito mais alto. Malo estimou que, se tivesse sido claramente responsável pela morte de Billy, teria que pagar cerca de cinco porcos, mais 10 mil kinas (algo como 3 mil dólares) e certa quantidade de alimentos locais, incluindo um cacho de bananas, taro, batatas-doces, sagu, hortaliças e peixe seco.

Também especulei como teria sido se Malo não fosse o motorista de uma empresa, mas apenas um guineense comum, e se a empresa não estivesse envolvida. Malo respondeu que as negociações de compensação de seu lado não teriam sido conduzidas por seu colega Yaghean, mas por alguns de seus tios e pelos anciãos de sua aldeia. A compensação propriamente dita não teria sido paga pela empresa, mas por toda a aldeia de Malo, incluindo sua família, os companheiros de clã e aldeões pertencentes a outros clãs aos quais Malo poderia ter convocado para ajudá-lo a levantar o pagamento. Dessa forma, Malo teria assumido obrigações com todos os que contribuíssem. Em algum momento futuro de sua vida, ele teria que pagar àquelas pessoas por suas contribuições, e também a seus tios pelo esforço de conduzirem as negociações. Se Malo morresse antes de fazer tais pagamentos, os colaboradores e seus tios exigiriam o pagamento da família de Malo e de seu clã. No entanto, sem levar em conta essas especificidades de quem cuidaria da negociação e quem faria os pagamentos, o processo de compensação, se a empresa não estivesse envolvida, teria se desdobrado basicamente da mesma forma como ocorreu.

O que fez o Estado

A cadeia de eventos que relatei é um exemplo de como os mecanismos na Nova Guiné permitem lidar pacificamente com uma perda sofrida por algumas pessoas pelas mãos de outras. Isso contrasta com o modo como os sistemas de justiça dos Estados ocidentais lidam com tais perdas. No caso de Billy e Malo, a resposta do Estado da Papua Nova Guiné foi simples: a polícia não se preocupou com o sofrimento ou os sentimentos de vingança dos parentes de Billy, mas multou Malo por dirigir

COMPENSAÇÃO PELA MORTE DE UMA CRIANÇA

perigosamente. Embora a família de Billy, inclusive seu tio Genjimp, que de fato estivera presente na cena do acidente, não tenham culpado a forma como Malo estava dirigindo, a polícia afirmou que ele dirigia com excesso de velocidade. Durante muitos meses, ele permaneceu em sua aldeia, exceto nas ocasiões em que ia à cidade para falar com a polícia: ainda temia uma possível retaliação por jovens de cabeça quente do clã de Billy. Os companheiros de Malo na aldeia permaneceram alertas e prontos para protegê-lo caso sofresse um ataque.

Após o depoimento inicial à polícia, vários meses se passaram até o segundo depoimento, quando então Malo recebeu ordens de ir à cidade duas vezes por semana para se apresentar a um funcionário do trânsito enquanto aguardava o julgamento de seu caso. Cada uma dessas visitas obrigatórias fazia com que Malo esperasse no escritório do funcionário durante a metade de um dia, ou um dia inteiro. Sua carteira de motorista foi cassada no segundo depoimento. Como ele era o motorista da empresa, a perda da carteira também lhe custou o emprego.

A acusação de direção perigosa contra Malo finalmente foi a julgamento um ano e meio mais tarde. Durante aquele período, Malo continuou a viver num limbo em sua aldeia, desempregado. Quando compareceu ao tribunal no dia aprazado para o julgamento, aconteceu de o juiz responsável estar ocupado com outra obrigação, e a data do julgamento foi adiada para três meses depois. Novamente, na segunda data marcada o juiz não conseguiu estar presente, e outra data para o julgamento foi fixada para dali a três meses. A terceira data, e mais outra, tiveram que ser adiadas devido a novos problemas envolvendo o juiz. Finalmente, na quinta data marcada para o julgamento, dois anos e meio depois do acidente, o juiz apareceu, e o caso foi ouvido. Mas o policial convocado pelo promotor público não apareceu, e o juiz teve que arquivar o caso. Aquilo encerrou o envolvimento do Estado com a questão Billy e Malo. Para que você não pense que esses não comparecimentos e adiamentos destacam o sistema judicial da Papua Nova Guiné como singularmente ineficiente, tenho um grande amigo que foi recentemente julgado em Chicago e viveu coisas muito parecidas em seu processo criminal, tanto nos sucessivos adiamentos quanto no resultado.

Compensação na Nova Guiné

O processo tradicional de compensação, ilustrado pela história de Billy e Malo, tem como meta a resolução pacífica e rápida da disputa, a reconciliação emocional entre os dois lados e a restauração do relacionamento anterior entre eles. Isso soa simples, natural e atraente para nós, até que reflitamos sobre o quão fundamentalmente difere dos objetivos de nossos sistemas estatais de justiça. A Nova Guiné tradicional não possuía um sistema de justiça estatal, um governo estatal, um sistema político centralizado, ou líderes, burocratas e juízes profissionais que exercessem poderes decisórios e reivindicassem um monopólio do direito de usar a força. Os Estados têm seus próprios interesses específicos em resolver disputas e administrar a justiça entre os cidadãos. Esses interesses do Estado não necessariamente coincidem com os dos participantes em uma disputa. A justiça na Nova Guiné tradicional é, em vez disso, do tipo faça-você-mesmo, organizada pelas próprias partes e por seus respectivos partidários. O processo de compensação é uma das pontas, a pacífica, do sistema de duas pontas das sociedades tradicionais. A outra (capítulos 3 e 4) é buscar a vingança pessoal por meio da violência, que tende a escalar ciclos de contrarretaliação e chegar, em última instância, à guerra.

Um fato essencial que molda o processo tradicional de compensação na Nova Guiné e o distingue das disputas ocidentais é que os participantes em quase todas as disputas tradicionais guineenses são pessoas que previamente se conheciam, seja por terem estado envolvidas em algum tipo de relação pessoal ou, pelo menos, por se conhecerem de nome, pelo nome do pai ou pela afiliação grupal. Por exemplo, mesmo que você, como um guineense, não conheça pessoalmente o homem de um vilarejo a poucos quilômetros de distância que matou um porco que estava vagando pela floresta, e que era seu, certamente ouviu falar dele ou sabe a que clã pertence, e conhece pessoalmente alguns membros daquele clã. Isso ocorre porque a Nova Guiné tradicional consiste em sociedades locais pequenas, com poucas dezenas a poucas centenas de indivíduos. Tradicionalmente, as pessoas mantinham a mesma área de

COMPENSAÇÃO PELA MORTE DE UMA CRIANÇA

residência durante toda a vida ou então se mudavam para outro local muito próximo e apenas por razões específicas, como para se casar ou juntar-se aos parentes. Raramente, ou nunca, os guineenses tradicionais se encontravam com totais "estranhos", como ocorre conosco nas modernas sociedades de Estado. Mas nós, cidadãos dos Estados ocidentalizados, diferentemente dos guineenses, vivemos em sociedades de milhões e, obviamente, nos encontramos diariamente com membros até então desconhecidos de nossa própria sociedade e temos de lidar com eles. Mesmo em áreas rurais parcamente habitadas, onde todos os residentes se conhecem, como na Big Hole Basin em Montana onde eu passava os verões quando adolescente, frequentemente surgem estranhos — por exemplo, alguém atravessando a cidade e parando para abastecer o carro. Além disso, nós nos deslocamos por longas distâncias para trabalhar, passar as férias ou apenas por preferência pessoal, e, assim, passamos por modificações quase completas em nossos círculos de contatos inúmeras vezes na vida.

Como resultado disso, enquanto nas sociedades de Estado a maior parte das disputas resultantes de acidentes de carro ou transações comerciais ocorre entre estranhos que não se conheciam previamente e que nunca mais terão nenhum contato, na Nova Guiné tradicional qualquer disputa é com alguém com quem você continuará a ter um relacionamento real ou potencial no futuro. No máximo, sua disputa será, por exemplo, com um habitante do mesmo vilarejo ou aldeia a quem você encontra repetidamente e com quem não pode evitar contatos diários. No mínimo, a outra parte na disputa será alguém a quem você não terá de encontrar repetidamente no futuro (por exemplo, aquela pessoa que matou seu porco e mora numa aldeia a poucos quilômetros da sua), mas que ainda vive a pouca distância, e você pelo menos quer ter a certeza de que não terá mais problemas com ela. É por isso que o objetivo principal da compensação tradicional na Nova Guiné é restaurar a relação prévia, mesmo que se trate de uma "não relação" que consistia apenas em não criar nenhum problema para o outro, a despeito do potencial de poder fazê-lo. Mas esse objetivo, e os fatos essenciais subjacentes a ele, representam uma enorme diferença dos sistemas estatais ocidentais, nos quais a restauração de uma relação é quase sempre irrelevante porque não havia nenhuma relação antes e não haverá nenhuma no futuro. Por exemplo, ao longo da minha vida eu me envolvi em três casos na justiça — com um fabricante de armários, com um construtor de piscinas e com um corretor imobiliário — nos quais eu não conhecia a outra parte antes da negociação da disputa sobre um armário, uma piscina e um imóvel, e nunca mais tive nenhum contato com elas, nem ao menos ouvi falar delas depois que o caso foi resolvido ou cancelado.

Para os guineenses, a razão fundamental para se restaurar uma relação danificada é o reconhecimento e o respeito pelos sentimentos de cada um, de modo que as duas partes possam remover os resquícios da raiva na maior medida possível permitida pelas circunstâncias e retornar ao envolvimento ou não envolvimento anterior. Conforme já mencionei, embora o pagamento que consolida a relação restaurada seja agora universalmente conhecido na Papua Nova Guiné pela palavra inglesa *"compensation"*, esse termo é equivocado. O pagamento é, de fato, um meio simbólico de restabelecer a relação prévia: o lado A "pede desculpas" ao lado B e reconhece os sentimentos de B, impondo-se também uma perda sob a forma da compensação que pagará. No caso de Billy e Malo, por exemplo, o que o pai de Billy realmente queria era que Malo e seus empregadores reconhecessem a grande perda que a família havia sofrido e o quanto estava sofrendo. Como disse Gideon explicitamente ao pai de Billy ao entregar a compensação, o dinheiro não valia nada em comparação com o valor da vida da criança; era apenas uma forma de "pedir desculpas" e participar da perda da família.

O restabelecimento de relações tem importância em todos os aspectos da vida guineense tradicional, e definir culpa, negligência ou punição de acordo com os conceitos ocidentais não é a questão principal. Essa perspectiva ajuda a explicar a resolução, que me pareceu espantosa quando soube dela, de uma longa disputa entre alguns clãs das montanhas da Nova Guiné, um deles sendo o dos meus amigos da aldeia goti. Os gotis haviam se enredado num conflito com quatro outros clãs em uma longa série de incursões e assassinatos recíprocos no curso dos quais

COMPENSAÇÃO PELA MORTE DE UMA CRIANÇA

o pai e o irmão mais velho de Pius, meu amigo goti, foram mortos. A situação tornou-se tão perigosa que a maior parte de meus amigos gotis fugiu das terras de seus ancestrais e buscou refúgio entre aliados em uma aldeia vizinha a fim de escapar de novos ataques. Passaram-se 33 anos até que os gotis se sentiram suficientemente seguros para retornar às suas terras. Três anos depois, para pôr um fim definitivo à situação de viverem com medo de ataques, eles realizaram em sua aldeia uma cerimônia de reconciliação na qual pagaram uma compensação, sob a forma de porcos e outros bens, a seus antigos agressores.

Quando Pius me contou essa história, a princípio eu não consegui acreditar em meus ouvidos, achando que havia entendido errado. "*Vocês* pagaram compensação a *eles*?", perguntei. "Mas *eles* mataram *seu* pai e outros parentes; por que não são *eles* que estão pagando a *vocês*?" Não, explicou Pius, não é assim que funciona; o objetivo não era simplesmente extrair um pagamento, nem pretender equilibrar as contas fazendo A receber *x* porcos de B depois de B haver causado *y* mortes a A. Em vez disso, o objetivo era restabelecer relações pacíficas entre inimigos recentes e tornar possível viver novamente com segurança na aldeia goti. Os clãs inimigos tinham suas próprias queixas quanto a invasões de suas terras pelos gotis, que também haviam matado alguns membros dos clãs. Após as negociações, as duas partes se declararam satisfeitas e dispostas a pôr de lado os ressentimentos; com base nesse acordo pelo qual os clãs inimigos receberam porcos e outros bens, o povo goti recuperou suas terras anteriores e ambos os lados puderam viver livres de novos ataques.

Relações que duram a vida toda

Na sociedade tradicional da Nova Guiné, como as redes de relações sociais tendem a ser mais importantes e a durar mais do que nas sociedades de Estado ocidentais, as consequências de disputas tendem a se irradiar para além dos participantes imediatos e num grau que os ocidentais têm dificuldade de entender. Para nós, ocidentais, parece absurdo que o dano causado à horta do membro de um clã por um porco pertencente ao membro de outro clã possa desencadear uma guerra entre os dois grupos; para os habitantes das terras altas da Nova Guiné, esse resultado não causa nenhuma surpresa. Os guineenses inclinam-se a reter por toda a vida as relações importantes que os cercam desde o nascimento. Essas relações dão a cada guineense o apoio de muitas outras pessoas, mas também trazem obrigações perante muitas delas. É claro que nós, ocidentais modernos, também temos relações sociais de longa duração, mas adquirimos e perdemos relações ao longo da vida muito mais do que ocorre com os guineenses, além de vivermos em uma sociedade que recompensa os indivíduos que buscam progredir por conta própria. Assim, nas disputas na Nova Guiné, as partes que pagam ou recebem compensações não são apenas os participantes imediatos envolvidos, como Malo e os pais de Billy, mas também pessoas com relacionamentos mais distantes de ambos os lados: os membros do clã de Billy, dos quais se temiam assassinatos retaliatórios; os colegas de trabalho de Malo, que eram os alvos potenciais da retaliação e cujo empregador de fato pagou a compensação; e qualquer membro da família extensa de Malo ou de seu clã que teriam sido tanto um alvo de retaliações quanto uma fonte de recursos para pagar a compensação se Malo não fosse funcionário de uma empresa. Da mesma forma, se na Nova Guiné um casal estiver considerando um divórcio, outras pessoas são afetadas e se envolvem nas discussões sobre o assunto, muito mais do que no Ocidente. Essas outras incluem os parentes do marido que pagaram parte do preço da noiva e agora demandarão seu pagamento de volta; os parentes da esposa, que receberam parte do preço pago pela noiva e agora terão de devolver o que receberam; e ambos os clãs, para os quais o casamento pode ter representado uma aliança política importante e que agora veem o divórcio como uma possível ameaça à aliança.

O extremo oposto da grande ênfase que dão as sociedades tradicionais às suas redes sociais é a grande ênfase no indivíduo que caracteriza as modernas sociedades de Estado, especialmente os Estados Unidos. Nós não apenas permitimos, mas de fato encorajamos os indivíduos a progredir por conta própria, a vencer e a obter vantagens à custa de

COMPENSAÇÃO PELA MORTE DE UMA CRIANÇA

outros. Em muitas de nossas transações de negócios, a meta é aumentar nosso próprio lucro, e nunca nos preocupamos com os sentimentos da pessoa do outro lado da mesa a quem conseguimos infligir uma perda. Até os jogos infantis nos Estados Unidos são disputas com vencedores e perdedores. Isso não acontece na sociedade tradicional da Nova Guiné, onde as brincadeiras e os jogos infantis envolvem cooperação, em vez de vitória ou derrota.

Por exemplo, a antropóloga Jane Goodale observou um grupo de crianças kaulongs, da Nova Bretanha, que haviam recebido um cacho de bananas com um número suficiente de bananas para que cada criança recebesse uma. As crianças começaram a fazer um jogo. Em vez de uma disputa na qual cada uma buscasse ganhar a maior banana, cada criança cortava sua banana ao meio, comia uma metade, oferecia a outra metade a outra criança e, de volta, recebia a metade da banana da outra. Então, cada criança novamente partia a segunda metade ao meio, comia uma parte e trocava a restante com outra criança. O jogo prosseguiu durante cinco ciclos, com os pedaços trocados ficando cada vez menores, até cada criança comer o último 1/32 avos de uma banana que recebera de outra. Toda aquela brincadeira ritual era parte da prática com a qual as crianças guineenses aprendem a partilhar, e não a buscar uma vantagem para si mesmas.

Outro exemplo de como a sociedade tradicional da Nova Guiné desenfatiza a vantagem individual é o caso de um esforçado e ambicioso adolescente chamado Mafuk que trabalhou para mim durante uns poucos meses. Quando lhe paguei o salário e perguntei o que pretendia fazer com o dinheiro, ele respondeu que compraria uma máquina de costura para remendar as roupas rasgadas de outras pessoas. Cobraria o conserto, recuperando e multiplicando seu investimento inicial, e começaria a juntar dinheiro para melhorar de vida. Mas os parentes de Mafuk ficaram furiosos com o que consideraram egoísmo do rapaz. Naturalmente, naquela sociedade as pessoas cujas roupas Mafuk estaria consertando seriam pessoas que ele já conhecia, a maior parte delas seus parentes próximos ou distantes. Isso violava as normas sociais guineenses, pois Mafuk estaria se beneficiando ao receber dinheiro delas. Em vez disso, esperava-se que ele consertasse as roupas de graça e, em troca, aquelas pessoas o apoiariam de outras formas ao longo da vida, contribuindo, por exemplo, para pagar o preço da noiva quando ele se casasse. Assim também, operários que trabalham nas minas de ouro do Gabão e que não partilham seus ganhos com amigos e parentes invejosos tornam-se alvos de feiticeiros que, conforme se acredita, fariam com que suas vítimas contraíssem uma infecção pelo vírus ebola, uma febre hemorrágica quase sempre fatal.

Quando missionários ocidentais que moraram na Nova Guiné com seus filhos pequenos retornam para a Austrália ou os Estados Unidos, ou quando enviam seus filhos para um internato em seus países, as crianças me contam que o maior problema de adaptação que enfrentam é lidar com o estilo egoísta e individualista do Ocidente e adotá-lo em substituição à ênfase na cooperação e na partilha que haviam aprendido entre as crianças da Nova Guiné. Elas dizem que se sentem envergonhadas consigo mesmas se entram em jogos competitivos buscando ganhar, ou se tentam ser as melhores na escola, ou se buscam uma vantagem ou oportunidade que seus colegas não conseguem alcançar.

Outras sociedades de não Estado

E as diferenças entre as sociedades de não Estado? Embora o recurso à mediação, como no caso de Billy e Malo, possa funcionar bem em aldeias da Nova Guiné tradicional, pode ser desnecessário ou ineficaz em outros tipos de sociedades. Na realidade, existe um contínuo que começa em pequenas sociedades sem uma autoridade centralizada ou um sistema de justiça, passa por chefaturas nas quais o chefe resolve muitas disputas, por Estados fracos nos quais os indivíduos frequentemente fazem justiça com as próprias mãos, e chega até Estados fortes que exercem uma autoridade efetiva. Vejamos agora exemplos de soluções pacíficas de conflitos em cinco diferentes sociedades de não Estado, desde algumas menores do que as aldeias da Nova Guiné até uma sociedade grande que já dispõe de uma centralização política incipiente (imagem 15).

COMPENSAÇÃO PELA MORTE DE UMA CRIANÇA

Comecemos com as disputas nas sociedades menores, que consistem em grupos locais com apenas poucas dezenas de membros. Os !kungs (imagem 6) impressionaram um antropólogo visitante por serem uma sociedade na qual as pessoas discutiam constantemente, as disputas eram abertas e todo o bando se envolvia nas disputas entre quaisquer dois membros do bando. O antropólogo fazia uma visita de um mês justamente quando um marido e uma esposa estavam se desentendendo e outros membros do bando (todos eles aparentados, em alguma medida, com o marido ou a mulher, ou ambos) constantemente se juntavam às discussões do casal. Um ano mais tarde, o antropólogo voltou para outra visita e encontrou os dois ainda casados, ainda infelizes um com o outro, e vários membros do bando ainda envolvidos nas discussões resultantes.

Os sirionos da Bolívia, que também viviam em pequenos grupos, foram igualmente descritos como envolvidos em um bate-boca constante, especialmente entre marido e mulher, entre coesposas do mesmo marido, entre parentes de vários tipos e entre crianças dentro da mesma família extensa. Das 75 disputas testemunhadas entre os sirionos, 44 giravam em torno de comida (deixou de partilhar, ocultou, roubou, comeu escondido à noite, roubou e fugiu para a floresta para comer sozinho); 19 referiam-se a sexo, especialmente adultério; e apenas 12 foram motivadas por outras questões. Como não havia um árbitro, a maior parte das disputas era resolvida entre as partes, às vezes com o envolvimento de um parente que se juntava para apoiar um dos lados. Se a inimizade entre duas famílias da comunidade tornava-se intensa, uma delas poderia se mudar e passar a viver à parte na floresta, até que os sentimentos hostis fossem aplacados. Se a inimizade persistisse, uma família se separava para se juntar a outro bando ou formar um novo bando. Isso ilustra uma importante generalização: entre caçadores-coletores nômades e outros grupos móveis, as disputas dentro de um grupo podem ser resolvidas simplesmente com o grupo se dividindo e os disputantes se afastando para outros locais. Essa opção é difícil para agricultores assentados em aldeias ou vilarejos e que fizeram grande investimento em suas plantações, e mais difícil ainda para nós, cidadãos ocidentais amarrados a nossos empregos e a nossas casas.

Entre outro grupo pequeno, os índios pirarrãs do Brasil (imagem 11), a medida usada para pressionar os indivíduos a viver de acordo com as normas da sociedade e solucionar conflitos é o ostracismo, em diferentes graus. Nos casos de faltas mais leves, a pessoa é excluída da distribuição de alimentos por um dia; no nível seguinte, por diversos dias, até ser obrigada a viver na floresta a alguma distância do grupo e privada das trocas materiais e sociais normais. A mais severa sanção pirarrã é o completo ostracismo. Por exemplo, um jovem da tribo chamado Tukaaga matou um índio apurinã chamado Joaquim que vivia nas proximidades, e com isso expôs todos os pirarrãs ao risco de um ataque retaliatório. Então Tukaaga foi obrigado a viver separado de todas as outras aldeias pirarrãs, e dali a um mês ele morreu em circunstâncias misteriosas, supostamente vitimado por uma gripe, mas, possivelmente, assassinado por outro pirarrã que se sentia ameaçado pelo feito de Tugaaka.

Meu penúltimo exemplo envolve os fores, um grupo das montanhas da Nova Guiné. Trabalhei entre eles nos anos 1960; têm uma densidade populacional mais alta do que a dos !kungs, sirionos ou pirarrãs e, portanto, parecem ser mais agressivos. Os fores foram estudados entre 1951 e 1953 por um casal de antropólogos, Ronald e Catherine Berndt, numa época em que os conflitos ainda eram constantes na região. Não dispondo de uma autoridade central ou de um mecanismo formal para lidar com ofensas ou agressões, a solução de conflitos entre um clã ou linhagem fore era do tipo faça-você-mesmo. Por exemplo, a responsabilidade de defender sua propriedade cabia ao proprietário. Embora os padrões da comunidade condenassem o roubo, cabia ao prejudicado cobrar certo número de porcos ou buscar outras formas de compensação. A magnitude da compensação não era definida pelo valor do objeto roubado, mas dependia da força relativa do ofensor e do ofendido, de ressentimentos passados, de como o ladrão era visto pelos parentes e se estes poderiam apoiá-lo.

Uma disputa fore podia arrastar outras pessoas além das duas inicialmente envolvidas. No caso de divergências entre marido e mulher, as famílias de ambos se envolveriam, embora pudessem ter interesses

COMPENSAÇÃO PELA MORTE DE UMA CRIANÇA

opostos: um homem do mesmo clã do marido poderia apoiá-lo contra a mulher, mas também poderia apoiar a mulher contra o marido, pois ajudara a pagar a aquisição da noiva para o clã e não tinha interesse em perdê-la. Assim, as disputas dentro de uma linhagem sofriam pressão para serem resolvidas rapidamente, por pagamento, compensação, troca de presentes ou realização de um banquete para sinalizar o restabelecimento de relações amistosas. As disputas entre duas linhagens da mesma região também podiam ser resolvidas com o pagamento de compensação, mas (conforme veremos nos próximos dois capítulos) o risco de recorrer à violência era mais alto do que se a disputa fosse dentro de uma mesma linhagem, pois havia menos pressão para se solucionar o caso pacificamente.

A última das sociedades de não Estado que eu comparo aqui é a dos nueres do Sudão (imagem 7), que era formada por cerca de 200 mil pessoas (divididas em muitas tribos) quando estudada pelo antropólogo E. E. Evans-Pritchard na década de 1930. Entre as cinco sociedades, essa é a maior, apresenta aparentemente a mais alta prevalência de violência formalizada e é a única com um líder político formalmente reconhecido, chamado de "chefe pele-de-leopardo". Os nueres estão sempre predispostos a se sentirem insultados, e a forma preferida de dois homens resolverem disputas dentro de uma aldeia é lutando com porretes até que um deles caia gravemente ferido ou (o mais comum) até que outro habitante intervenha e os separe.

A ofensa mais séria entre os nueres é o assassinato, que desencadeia uma disputa sanguinária: se X mata Y, os parentes de Y são obrigados a se vingar matando X e/ou um de seus parentes próximos. Assim, uma morte marca uma disputa não apenas entre o assassino e a vítima, mas também entre todos os parentes próximos de ambos e entre suas comunidades inteiras. Imediatamente depois de uma morte, o assassino, sabendo que agora é um alvo para a vingança, recebe asilo na casa do chefe, onde fica imune a ataques — mas seus inimigos mantêm-se à espreita para atingi-lo com uma lança caso cometa o equívoco de sair da casa do chefe. O chefe espera algumas semanas para que os ânimos se acalmem (tal como o breve adiamento no caso da morte de Billy na

Nova Guiné), então abre negociações para compensação com os parentes do assassino e os parentes da vítima. A compensação habitual por uma morte é de quarenta ou cinquenta vacas.

No entanto, é crucial que se entenda aqui que um chefe nuer não tem nenhuma autoridade para governar, para decidir os méritos de uma disputa ou impor um acordo. Em vez disso, ele é apenas um mediador que só é chamado se ambas as partes desejarem chegar a um acordo para recompor o estado de coisas preexistente. O chefe obtém uma proposta de uma das partes, que a outra costuma recusar. Em algum momento, o chefe insiste com um dos lados para que aceite a oferta do outro, o que é feito com uma exibição de relutância, dizendo-se que se está aceitando apenas para honrar o chefe. Ou seja, o chefe atua como intermediário para salvar as aparências e produzir um acordo necessário para o bem da comunidade. Não se pode tolerar uma rixa dentro de uma aldeia, e é difícil sustentá-la por longo tempo entre aldeias vizinhas. Mas, quanto maior a distância entre as duas linhagens envolvidas, mais difícil se torna solucionar a rixa (porque existe menos disposição para restaurar as relações normais) e maior a probabilidade de que o assassinato inicial conduza a violências adicionais.

O chefe pele-de-leopardo também pode ser usado para mediar conflitos menos importantes, como os relativos a roubo de gado, ao ataque contra alguém, ou quando, após o divórcio, a família da esposa não devolve as vacas recebidas em pagamento da noiva na época do casamento. No entanto, as disputas entre os nueres não são tratadas como questões que possam ser claramente decididas como certo ou errado. Se, por exemplo, a disputa é sobre roubo de gado, o chefe não nega o roubo, mas, em vez disso, explicitamente o justifica invocando alguma conta atrasada a ser fechada: um roubo anterior de gado pelo reclamante atual ou por seus parentes, alguma dívida ou compensação por adultério, por um ferimento causado, por manter relação sexual com uma jovem solteira, por divórcio, pelo pagamento insuficiente de uma noiva ou pela não devolução do pagamento feito, ou pela morte de uma mulher no parto (algo considerado responsabilidade do marido). Assim como a compensação nuer não envolve certo ou errado, a parte

COMPENSAÇÃO PELA MORTE DE UMA CRIANÇA

ofendida não conseguirá extrair sua compensação a menos que esteja preparada para usar a força e a menos que se tema que ela e seus parentes recorram à violência se não forem compensados. Tal como ocorre entre os fores, a ajuda mútua ou o faça-você-mesmo é a base da solução de conflitos entre os nueres.

Comparado com o que vimos nas outras quatro sociedades de não Estado discutidas aqui, o papel dos chefes nueres sugere um primeiro estágio em direção ao julgamento de conflitos. Mas vale a pena enfatizar novamente as características de um julgamento que ainda não existem entre os nueres nem na maior parte das sociedades de não Estado, exceto entre chefaturas fortes. O chefe nuer não tem nenhuma autoridade para solucionar o conflito e é apenas um mediador, um meio de salvar as aparências e promover um período de esfriamento se ambas as partes assim o desejarem. O chefe nuer não tem nenhum monopólio da força, nem, de fato, nenhum meio de aplicar qualquer tipo de força; as partes litigantes continuam sendo as únicas capazes de usar esse recurso. O objetivo da solução de conflitos entre os nueres não é decidir o certo ou errado, mas restabelecer relações normais em uma sociedade na qual todos conhecem todo mundo, ou pelo menos já ouviu falar de todo mundo, e onde a persistência de inimizades entre quaisquer dois membros põe em perigo a estabilidade de toda a sociedade. Nenhuma dessas limitações dos chefes tribais nueres é encontrada em chefaturas mais populosas (como as existentes nas grandes ilhas polinésias e em grandes comunidades politicamente organizadas de indígenas americanos) cujos chefes detêm poder político e judicial real, reafirmam um monopólio do uso da força e representam estágios intermediários potenciais em direção a um governo de Estado.

A autoridade do Estado

Comparemos agora esses sistemas de solução de conflitos em sociedades de não Estado com os sistemas de Estado. Assim como os vários sistemas de não Estado que discutimos têm em comum algumas características e diferem em outros aspectos, os sistemas de Estado também partilham outros traços comuns, apesar de sua diversidade. Meus comentários sobre solução de conflitos por Estados se basearão, essencialmente, no sistema com que tenho mais familiaridade, o dos Estados Unidos, mas também mencionarei algumas diferenças existentes em outros sistemas estatais.

A solução de conflitos, tanto nas sociedades de Estado quanto nas de não Estado, usa dois procedimentos alternativos: mecanismos para alcançar o acordo mútuo entre as partes litigantes e, caso esses não funcionem, mecanismos para alcançar uma solução contestada. Em sociedades de não Estado, o reverso do processo de compensação para alcançar um acordo mútuo é a escalada da violência (capítulos 3 e 4). As sociedades de não Estado carecem de mecanismos formais de um Estado central para impedir que indivíduos descontentes busquem atingir seus fins por meios violentos. Como um ato de violência tende a provocar outro, a violência aumenta e torna-se uma ameaça endêmica à paz nas sociedades de não Estado. Daí que uma das preocupações principais de um governo estatal eficiente seja garantir ou, ao menos, melhorar a segurança pública, impedindo que os cidadãos usem a força uns contra os outros. A fim de manter a paz e a segurança internas, a autoridade política central do Estado demanda um quase monopólio do direito de usar a força retaliatória: somente o Estado e sua polícia têm permissão (com causa suficiente) para empregar medidas retaliatórias violentas contra seus próprios cidadãos. Na realidade, os Estados permitem que os cidadãos usem a força para se defender: por exemplo, se forem atacados primeiro ou se acreditarem, com base razoável, que eles ou suas propriedades estão na iminência de grave perigo.

Os cidadãos são dissuadidos de recorrer à violência privada ou pelo medo do poder superior do Estado ou por se convencerem de que a violência privada é desnecessária, já que o Estado estabeleceu um sistema de justiça percebido como imparcial (pelo menos em tese) que garante aos cidadãos a segurança de sua pessoa e de sua propriedade e classifica como infratores aqueles que danificam a segurança de outros, punindo-os. Se o Estado fizer isso efetivamente, então os cidadãos prejudicados podem sentir pouca ou nenhuma necessidade de recorrer

COMPENSAÇÃO PELA MORTE DE UMA CRIANÇA

à justiça feita por eles mesmos, como ocorre entre os guineenses e os nueres. (Mas em Estados mais fracos cujos cidadãos não confiam na resposta estatal competente, como é o caso hoje da Papua Nova Guiné, os cidadãos tendem a continuar as práticas tribais tradicionais de violência privada.) A manutenção da paz dentro de uma sociedade é um dos serviços mais importantes que um Estado pode prover. Esse serviço contribui, em grande medida, para explicar o aparente paradoxo de que, desde o surgimento dos primeiros governos estatais no Crescente Fértil, há cerca de 5.400 anos, as pessoas têm, com maior ou menor grau de voluntariedade (não apenas quando sob pressão), renunciado a algumas de suas liberdades individuais, aceitado a autoridade de governos estatais, pagado impostos e garantido aos líderes e funcionários do Estado um estilo de vida individual confortável.

Um exemplo de um comportamento que os governos de Estado pretendem impedir a todo custo foi o caso de Ellie Nesler, ocorrido na pequena cidade de Jamestown, na Califórnia, 160 quilômetros a leste de San Francisco. Ellie (imagem 35) era a mãe de um garoto de seis anos, William, que supostamente havia sido molestado sexualmente por um monitor chamado Daniel Driver em um acampamento de férias. Numa audiência preliminar em 2 de abril de 1993, na qual Daniel estava sendo acusado de abusar de William e de três outros garotos, Ellie disparou cinco tiros à queima-roupa na cabeça de Daniel, matando-o instantaneamente. Aquilo constituiu um uso de força retaliatória: Ellie não estava defendendo seu filho contra um ataque em andamento nem contra a iminência de um ataque, mas estava retaliando *depois* de um evento suspeito. Ellie declarou que seu filho havia ficado tão perturbado por ter sido abusado, que estava vomitando e era incapaz de testemunhar contra Daniel. Ela temia que Daniel saísse livre, pois não acreditava em um inepto sistema de justiça que permitira que um predador sexual como ele, com um histórico de comportamentos semelhantes, permanecesse solto e continuasse seus crimes.

O caso de Ellie provocou um debate nacional sobre o vigilantismo. Seus defensores a aclamavam por executar sua própria justiça, e os críticos a condenavam por fazê-lo. Todos os pais entenderão a revolta de

O MUNDO ATÉ ONTEM

Ellie e sentirão alguma forma de solidariedade por ela, e provavelmente a maior parte dos pais de crianças vítimas de abusos tem fantasias de fazer exatamente o que ela fez. Mas a opinião do estado da Califórnia era que somente ele tinha autoridade para julgar e punir o criminoso, e que (por mais compreensível que fosse a ira de Ellie) o governo do Estado se esfacelaria se os cidadãos fizessem justiça com as próprias mãos. Ela foi julgada e condenada por homicídio culposo e cumpriu três anos de uma pena de dez antes de ser posta em liberdade com base num recurso.

Assim, o objetivo principal da justiça estatal é manter a estabilidade da sociedade, fornecendo uma alternativa obrigatória à justiça particular. Todos os outros objetivos da justiça estatal tornam-se secundários diante desse. Nas sociedades de não Estado de pequena escala, o Estado tem pouco ou nenhum interesse nesse objetivo, pois o que busca é restaurar uma relação ou não relação preexistente (por exemplo, promovendo um intercâmbio de sentimentos) entre partes litigantes que já se conheciam, em maior ou menor grau, e que terão de continuar lidando uma com a outra. Assim, a solução de conflitos em sociedades de não Estado não se dá principalmente no âmbito de um sistema de justiça no sentido estatal, ou seja, um sistema para decidir entre o certo e o errado, de acordo com as leis do Estado. Tendo em mente esses diferentes objetivos prioritários, vejamos agora em que medida os sistemas estatal e não estatal de solução de conflitos se assemelham em sua operação.

Justiça civil estatal

Como ponto de partida, devemos compreender que a justiça estatal está dividida em dois sistemas que empregam diferentes tribunais, juízes, advogados e instituições jurídicas: a justiça criminal e a justiça civil. A justiça criminal ocupa-se dos crimes contra as leis do Estado, puníveis pelo Estado. A justiça civil ocupa-se dos danos não criminais infligidos por um indivíduo (ou grupo) a outro, e está subdividida em dois tipos de ações: de responsabilidade contratual, que resultam da quebra de contratos e, com frequência, envolvem dinheiro; e de responsabilidade

COMPENSAÇÃO PELA MORTE DE UMA CRIANÇA

civil, que resultam de danos causados a uma pessoa ou a sua propriedade em consequência da ação de outra pessoa. A distinção feita pelo Estado entre ações criminais e civis é uma área cinzenta numa sociedade de não Estado, que estabelece normas sociais de comportamento entre os indivíduos, mas não tem leis codificadas que definam crimes contra uma instituição formalmente definida (o Estado). Reforçando essa indistinção, uma ofensa a um indivíduo tem a probabilidade de também afetar outros indivíduos, e as sociedades pequenas estão muito mais preocupadas do que as sociedades de Estado com os efeitos sobre outros — como exemplificado pelo caso que relatei de um bando !kung no qual todo mundo era afetado pelas desavenças entre marido e mulher e todos se juntavam às discussões. (Imagine se um juiz num tribunal de divórcio na Califórnia tivesse que ouvir o testemunho de como o divórcio afetaria todos os habitantes da cidade!) Na Nova Guiné, usa-se basicamente o mesmo sistema tanto para negociar compensações quanto para lidar com o assassinato intencional de uma pessoa por outra, a devolução do pagamento de uma noiva após um divórcio e os danos causados por um porco à horta do vizinho (respectivamente um crime, uma quebra de contrato e um ilícito civil no sistema de justiça ocidental).

Comecemos comparando os sistemas estatal e não estatal em disputas civis. Uma semelhança é que ambos usam terceiros para mediar, separar as partes litigantes e, assim, acalmar os ânimos. Esses intermediários são negociadores experientes, como Yaghean na Nova Guiné, os chefes pele-de-leopardo entre os nueres e os advogados nos tribunais do Estado. Na verdade, os Estados têm outros tipos de intermediários além dos advogados: muitas disputas são tratadas fora do sistema judiciário por terceiros, como árbitros, mediadores e peritos avaliadores de seguros. A despeito de os americanos terem a reputação de litigiosos, a grande maioria das disputas civis nos Estados Unidos é resolvida fora dos tribunais ou antes de ir a julgamento. Algumas profissões constituídas de um pequeno número de membros que monopolizam um recurso — como pescadores de lagostas no Maine, criadores de gado, negociantes de diamante — em geral solucionam as disputas entre os membros sem recorrer ao Estado. Se as negociações de conciliação fracassarem em produzir um acordo aceitável para as partes, e somente nesses casos, elas recorrem aos métodos convencionais para lidar com uma disputa na qual não se chegou a um acordo: violência ou guerra em uma sociedade de não Estado, e um julgamento ou uma decisão formal do juiz em uma sociedade de Estado.

Uma semelhança adicional é que tanto as sociedades de Estado quanto as de não Estado frequentemente dividem entre muitos outros pagadores os custos devidos pelo ofensor. Nas sociedades de Estado, compramos apólices de seguro para automóveis e imóveis, e a seguradora paga os custos se nosso carro atingir uma pessoa ou outro carro ou se alguém se machucar ao cair nos degraus de nossa casa que negligentemente deixamos que ficassem escorregadios. Nós, e muitos outros, pagamos prêmios de seguros que permitem à seguradora cobrir esses custos, o que significa, de fato, que outros detentores de apólices assumem parte do pagamento por nossas faltas, e vice-versa. Do mesmo modo, em sociedades de não Estado os parentes e membros do clã partilham os pagamentos devidos por um indivíduo. Conforme me disse Malo, por exemplo, os habitantes de sua aldeia teriam contribuído para o pagamento de compensação pela morte de Billy se ele não fosse funcionário de uma empresa que pudesse pagar.

Nas sociedades de Estado, os casos civis cujo curso é mais semelhante às negociações de compensação na Nova Guiné são as disputas de negócios entre partes envolvidas em um relacionamento empresarial de longo prazo. Quando surge uma questão que esses parceiros de negócios não conseguem resolver entre si, uma das partes pode se enfurecer e consultar um advogado. (Isso é mais provável nos Estados Unidos do que no Japão e em outros países.) Especialmente quando se trata de um relacionamento antigo, de muitos anos, em que se construíra uma base de confiança, o ofendido se sente explorado, traído e até mais enfurecido do que se sentiria caso fosse apenas uma relação inicial ou o primeiro encontro de negócios entre as partes. Tal como ocorre em uma negociação de compensação na Nova Guiné, o uso de advogados para canalizar as discussões numa disputa de negócios esfria os ânimos ao substituir (assim se espera) as recriminações acaloradas das partes

COMPENSAÇÃO PELA MORTE DE UMA CRIANÇA

envolvidas por calmos e equilibrados pareceres de advogados, o que reduz o risco de que posições extremadas se radicalizem ainda mais. Quando as partes têm a perspectiva de dar continuidade a uma relação empresarial lucrativa no futuro, têm uma motivação para aceitar uma solução que salve as aparências — assim como os guineenses de uma mesma aldeia, ou de aldeias vizinhas, têm uma motivação para achar uma solução porque sabem que continuarão se encontrando uns com os outros pelo resto de suas vidas. Ainda assim, meus amigos advogados me dizem que um genuíno pedido de desculpas e a libertação emocional dos envolvidos em um processo, no estilo da Nova Guiné, é algo raro até mesmo em disputas empresariais, e que, geralmente, o máximo que se pode esperar é um pedido de desculpas redigido segundo um modelo formal e produzido num estágio posterior, como um acordo tático. Se, no entanto, as partes estiverem envolvidas em uma relação única e isolada, sem nenhuma perspectiva de lidar uma com a outra novamente, então sua motivação para um acordo amigável será menor (como ocorre nas disputas entre membros de tribos distantes), o que aumenta o risco de que a disputa avance para o equivalente à guerra em uma sociedade de Estado: um julgamento. Ainda assim, julgamentos e adjudicações são processos dispendiosos com resultados imprevisíveis, e até litigantes sem antecedentes ou vínculos sofrem pressões para fazer um acordo.

Outro paralelo entre a solução de conflitos nas sociedades de Estado e nas de não Estado refere-se a disputas internacionais entre Estados (em oposição a disputas entre concidadãos de um mesmo Estado). Embora algumas disputas internacionais sejam agora resolvidas pela Corte Internacional de Justiça com base em um acordo entre os governos envolvidos, outras são basicamente tratadas conforme a abordagem tradicional, adaptada a uma escala maior: negociações diretas ou negociações mediadas entre as partes, sabedoras de que o fracasso das negociações pode desencadear exatamente o oposto: uma guerra. Os exemplos mais importantes são a disputa ocorrida em 1938 entre a Alemanha de Hitler e a Tchecoslováquia a respeito da Sudetenland, a região da fronteira tcheca habitada por uma maioria alemã, resolvida por mediação pela Inglaterra e a França (que pressionaram seu aliado tcheco a ceder); e a série de crises europeias nos anos anteriores à Primeira Guerra Mundial, cada uma delas temporariamente solucionada por negociação, até que a crise de 1914, provocada pelo assassinato do arquiduque Francisco Ferdinando, acabasse levando à guerra.

Esses são alguns dos paralelos entre a solução de conflitos em sociedades de não Estado e a justiça civil nas sociedades de Estado. Quanto às diferenças, a mais básica é que, se um processo civil passa da fase de negociação para a de julgamento, então a preocupação do Estado no julgamento não é principalmente com a libertação da carga emocional, a restauração de boas relações ou a promoção de uma compreensão mútua dos sentimentos das partes em disputa — ainda que os envolvidos sejam irmãos, um casal separado, pais e filhos, ou vizinhos que partilhem um grande investimento emocional mútuo e talvez tenham de lidar um com o outro pelo resto da vida. É claro que, em muitos casos, ou na maior parte deles, em sociedades de Estado que consistem em milhões de cidadãos estranhos uns aos outros, as pessoas envolvidas não têm nenhuma relação prévia, não antecipam nenhuma relação futura e foram reunidas uma única vez pelo evento que deu origem ao processo: um cliente e um negociante, dois motoristas envolvidos em um acidente de trânsito, um criminoso e uma vítima, e assim por diante. Mesmo assim, o evento subjacente e os subsequentes processos judiciais ainda deixam um legado de sentimentos naqueles dois estranhos, e o Estado faz pouco ou nada para aplacar a carga emocional.

Em vez disso, o Estado se preocupa, acima de tudo, em determinar o certo e o errado (imagem 16). Se o caso envolve um contrato, o réu quebrou ou não o contrato? Se o caso envolve um dano, o acusado foi ou não negligente, ou, pelo menos, foi o causador do dano? Note o contraste entre a pergunta feita pelo Estado e o caso de Malo e Billy. Os parentes de Billy concordaram que Malo não havia sido negligente, mas, ainda assim, pediram uma compensação, e o empregador de Malo imediatamente concordou em pagar — porque a meta das duas partes era restabelecer uma relação prévia (neste caso, uma não relação prévia), em vez de debater o que era certo ou errado. Esse aspecto do restabelecimento da paz na Nova Guiné aplica-se também a muitos outros tipos

COMPENSAÇÃO PELA MORTE DE UMA CRIANÇA

de sociedades tradicionais. Por exemplo, nas palavras do juiz Robert Yazzie, da nação navajo, uma das duas mais populosas comunidades de indígenas americanos na América do Norte: "O julgamento no Ocidente é uma busca do que aconteceu e de quem fez o quê; a solução de conflitos navajo gira em torno dos efeitos do que aconteceu. Quem sofreu o dano? O que os envolvidos sentem a respeito do ocorrido? O que pode ser feito para reparar o dano ou o prejuízo?"

Uma vez que o Estado resolva a primeira etapa de determinar se o acusado é legalmente responsável em uma disputa civil, então procede para a segunda etapa de calcular os danos a serem assumidos pelo acusado caso se conclua que rompeu o contrato, foi negligente ou é o responsável. O objetivo do cálculo é restaurar, na medida possível, a condição de integridade em que estaria o demandante caso não tivesse havido rompimento ou negligência. Por exemplo, suponha que o vendedor assinou um contrato para vender cem galinhas a sete dólares cada uma, quebrou o contrato por não entregar as galinhas e, em consequência, o comprador teve de comprar na feira cem galinhas a dez dólares cada uma, sendo forçado a gastar trezentos dólares a mais do que o valor contratado. Em um processo judicial, o vendedor seria obrigado a pagar esse prejuízo de trezentos dólares ao comprador, além dos custos incorridos em garantir o novo contrato e, talvez, juros pelo não uso dos trezentos dólares. Com isso, seria restaurada a situação inicial do comprador (pelo menos nominalmente) caso o vendedor não tivesse quebrado o contrato. Da mesma forma, no caso de um delito civil o tribunal tentaria calcular os danos, embora seja mais difícil definir um dano físico ou emocional a uma pessoa do que o dano à propriedade. (Lembro-me de um advogado amigo meu que estava defendendo o dono de um barco a motor cujas hélices haviam decepado a perna de um banhista idoso. Ele argumentou perante o júri que o valor da perna perdida era modesto devido à idade avançada da vítima e à sua curta expectativa de vida, mesmo antes do acidente.)

Superficialmente, esse cálculo de danos parece semelhante à compensação negociada na Nova Guiné ou entre os nueres. Mas isso não é necessariamente verdade. Embora a compensação padronizada para algumas ofensas entre os guineenses e os nueres (por exemplo, quarenta ou cinquenta vacas por se tirar a vida de um nuer) possa ser interpretada como indenização por danos, em outros casos de sociedades de não Estado a compensação é definida como qualquer quantia que as partes litigantes concordem suficiente para deixar para trás seus sentimentos feridos e retomar a relação anterior — por exemplo, os porcos e outros bens que meus amigos da aldeia goti concordaram em pagar aos clãs que haviam matado o pai de Pius.

Falhas na justiça civil estatal

As falhas em nosso sistema estatal de justiça civil são muito discutidas por advogados, juízes, autores e réus. As falhas do sistema americano estão presentes, com maior ou menor grau de gravidade, em outras sociedades de Estado. Um dos problemas é que a decisão judicial de disputas civis tende a levar muito tempo, frequentemente mais de cinco anos, porque os casos criminais têm precedência sobre casos civis, e os juízes dos tribunais civis podem ser redistribuídos para outros tribunais para julgar casos criminais. Por exemplo, quando eu redigia este parágrafo, nenhuma causa civil estava sendo julgada no condado de Riverside, a leste de Los Angeles, porque havia um acúmulo de casos criminais. Isso significa cinco anos de irresolução, cinco anos vivendo em um limbo, cinco anos de tormento emocional comparados aos cinco dias requeridos para resolver o caso da morte acidental de Billy por Malo. (No entanto, a guerra entre os clãs que talvez tivesse ocorrido caso a questão não fosse resolvida por negociação poderia ter durado muito mais de cinco anos.)

Uma segunda falha da justiça civil nos Estados Unidos sobre a qual muito se reclama é que, na maioria dos casos, não se exige que a parte perdedora pague os honorários advocatícios da parte vencedora, a menos que isso tenha sido especificado nos termos do contrato objeto da disputa. Essa falha, argumenta-se com frequência, cria uma assimetria que favorece a parte mais rica (seja o autor ou o réu), põe pressão sobre

COMPENSAÇÃO PELA MORTE DE UMA CRIANÇA

um autor menos rico para que faça um acordo de valor inferior à perda real, e sobre um réu menos rico para que faça um acordo para encerrar um caso sem fundamento. Isso ocorre porque as partes mais ricas ameaçam sustentar um processo dispendioso, adotam táticas protelatórias e anexam infindáveis demandas de pouco mérito a fim de exaurir a outra parte financeiramente. É ilógico que, embora o objetivo da justiça civil deva ser restaurar a integridade da parte prejudicada, nos Estados Unidos o perdedor não deva ser obrigado a pagar os honorários do advogado do ganhador. Em contraste, os sistemas legais da Inglaterra e de outros países exigem que o perdedor pague pelo menos parte das taxas e dos custos do ganhador.

A outra falha da justiça civil estatal é a mais fundamental de todas: preocupar-se apenas com os danos, considerando a libertação emocional e a conciliação como aspectos secundários ou irrelevantes. Para disputas civis que contraponham estranhos que nunca mais se encontrarão (por exemplo, duas pessoas cujos carros colidiram), em alguns casos algo poderia ser feito para promover a libertação emocional e evitar um legado de coisas não resolvidas que perdurará pelo resto da vida, mesmo que isso signifique meramente oferecer a ambas as partes a oportunidade (se elas concordarem) de expressar seus sentimentos uma perante a outra e de perceber cada uma como um ser humano, com seus próprios motivos e sofrimentos. Isso pode ser possível mesmo em circunstâncias extremas em que uma das partes tenha matado um parente próximo da outra. Qualquer intercâmbio emocional é melhor do que nada, como a troca que ocorreu entre Gideon e o pai de Billy ou a que houve entre o senador Edward Kennedy e os pais de Mary Jo Kopechne quando Kennedy, por sua própria iniciativa, corajosamente visitou os pais da jovem e os olhou de frente, lamentando haver causado a morte da filha com sua própria grave negligência.

Os piores de todos são os inúmeros casos civis em que as partes envolvidas em uma disputa de fato têm a perspectiva de um relacionamento duradouro, especialmente divórcios de casais com filhos, disputas de herança entre irmãos, litígios entre parceiros de negócios e entre vizinhos. Longe de ajudar a resolver os sentimentos, os procedimentos legais frequentemente os tornam piores do que antes. Todos nós conhecemos litigantes cuja relação foi envenenada pelo resto de suas vidas pela experiência que tiveram nos tribunais. Num exemplo recente, dentre uma longa lista de histórias semelhantes entre meus conhecidos, uma grande amiga minha e sua irmã foram intimadas a depor em um processo judicial de herança que o pai e outro irmão haviam iniciado um contra o outro. O ressentimento deixado por aqueles procedimentos judiciais foi tamanho que as duas estão agora sendo processadas pela madrasta, e tanto minha amiga quanto a irmã esperam nunca mais falar com o irmão enquanto viverem.

Uma sugestão frequente sobre como mitigar esse defeito fundamental da nossa justiça civil é que se faça uso crescente de programas de mediação. Eles de fato existem, e muitas vezes são úteis. Mas não temos número suficiente de mediadores e de juízes de direito de família, nossos mediadores não têm treinamento adequado e os tribunais de família carecem de pessoal e de fundos. Como resultado, os casais que estão se divorciando acabam falando um com o outro apenas por meio de seus advogados. Qualquer um que já tenha visitado muitas vezes os tribunais onde são julgadas questões de família sabe que a cena pode ser terrível. As partes opostas em um caso de divórcio, seus advogados e os filhos podem ter de esperar na mesma sala — onde talvez também estejam disputantes quando o caso envolve uma herança. Para exercer uma mediação eficaz, é preciso, em primeiro lugar, fazer com que as partes se sintam confortáveis: isso é impossível depois de estarem se encarando durante horas na mesma sala de espera. E as crianças são envolvidas pelas discussões entre os pais que estão se divorciando.

Antes de mandar o caso a julgamento, um juiz pode exigir — e frequentemente o faz — que as partes participem de uma audiência para se tentar um acordo. Mas um mediador precisa de tempo e habilidade para obter bons resultados em uma reunião. Uma reunião obrigatória de mediação que busque produzir um acordo em geral requer muito mais tempo do que o concedido. Mesmo que as partes envolvidas na disputa não venham a ter nenhuma relação futura, uma mediação bem-sucedida diminuiria futuros ônus: não precisariam incorrer nos custos de um jul-

COMPENSAÇÃO PELA MORTE DE UMA CRIANÇA

gamento, não se sentiriam insatisfeitas com a decisão e não retornariam ao tribunal com reclamações adicionais nem teriam que enfrentar um longo e dispendioso conflito antes de chegarem a um acordo.

Se nossas sociedades de Estado alocassem recursos para mediações e para ampliar o número de juízes das varas de família, talvez muitos casos de divórcio e herança pudessem ser resolvidos de forma menos dispendiosa, com menos sentimentos feridos e mais rapidamente, pois o dinheiro adicional, a energia emocional e o tempo requeridos para uma mediação provavelmente são menores do que os despendidos em amargos procedimentos judiciais quando não há mediação. Os casais em processo de divórcio que escolhem essa alternativa e podem pagar por ela conseguem obter essas vantagens mantendo-se fora do sistema judicial e contratando juízes aposentados para resolver suas disputas. O juiz aposentado conduz um pseudojulgamento e cobra um honorário elevado por hora — um valor que, de qualquer modo, os clientes teriam de pagar por semanas de honorários de advogados. O juiz está ali para articular um acordo aceitável para todas as partes e não sofre pressão de tempo, como ocorre com nossos juízes nas varas de família. A audiência tem uma duração previsível: as partes sabem que ocorrerá em determinado horário e não precisam chegar com várias horas de antecedência meramente porque não conseguem prever se o juiz ficará retido nos casos anteriores, como frequentemente acontece em tribunais de divórcio.

Não desejo dar ênfase excessiva ao valor da mediação ou insinuar que seja uma panaceia. A mediação tem seus próprios problemas: o resultado pode ser mantido em segredo, o que impede que se estabeleça um precedente judicial ou que sirva a um propósito educativo maior; as partes litigantes que aceitam a mediação sabem que, se falhar, o caso será julgado de acordo com o critério legal usual de certo, errado, culpado e responsável, de modo que os mediadores não se sentem inteiramente livres para adotar critérios diferentes; muitas partes disputantes querem ser ouvidas no tribunal, não querem mediação e se ressentem quando são pressionadas ou forçadas a usar um mediador.

Em um caso famoso baseado em um incidente ocorrido em Nova York no dia 22 de dezembro de 1984, um homem chamado Bernhard

O MUNDO ATÉ ONTEM

Goetz foi abordado dentro de um vagão do metrô por quatro jovens que ele pensou serem assaltantes. Sacou um revólver, atirou nos quatro invocando legítima defesa e foi subsequentemente condenado por um grande júri por tentativa de homicídio. Seu caso provocou intensas e divergentes discussões públicas; alguns o louvavam por ter tido coragem de reagir, outros o condenavam por reação exagerada e vigilantismo. Somente mais tarde os antecedentes do caso vieram a público: Goetz havia de fato sido assaltado quatro anos antes por três jovens que o perseguiram, espancaram e o deixaram gravemente ferido. Quando um dos assaltantes foi preso, bancou o esperto e registrou uma queixa contra Goetz, dizendo que havia sido atacado por ele. Então o tribunal convidou Goetz para uma audiência de mediação com seu assaltante. Goetz recusou o convite, e nunca chegou a ser informado de que o agressor acabara preso depois de cometer outro assalto. Goetz decidiu comprar uma arma, havendo perdido a fé em um sistema legal que parecia oferecer apenas uma mediação entre assaltantes e vítimas. Embora o caso de Goetz seja pouco comum, continua a ser uma triste verdade que nossos tribunais estão sobrecarregados a tal ponto que, não raro, acabam propondo ou forçando uma mediação mesmo quando as partes se opõem categoricamente a que seu caso seja mediado. Mas esses fatos não devem nos impedir de ver o valor potencial da mediação em muitos casos e de reconhecer o quão pouco investimos nessa via.

Concluirei essa discussão sobre mediação e libertação emocional citando os comentários a favor e contra de um colega, o advogado e professor Mark Grady da Faculdade de Direito da UCLA: "Muitas pessoas objetam que não cabe ao Estado preocupar-se com relações pessoais e sentimentos feridos. Elas argumentam que somente um 'Estado babá' assumiria essa tarefa, e que o simples fato de um Estado tentar reparar relações pessoais e sentimentos danificados é uma ameaça à liberdade. Também argumentam que é uma violação à liberdade das pessoas forçá-las a negociar suas diferenças com malfeitores. Em vez disso, as vítimas devem ter o direito de buscar o julgamento do Estado contra seus adversários e, tendo recebido o resultado do julgamento, simplesmente se afastarem daqueles que lhes causaram algum dano.

COMPENSAÇÃO PELA MORTE DE UMA CRIANÇA

Uma resposta possível é que o Estado mantém dispendiosos sistemas de justiça que servem propósitos específicos e altamente elaborados em sociedades de massa nas quais predominam relações não pessoais. Ainda assim, podemos aprender algo valioso com os guineenses sem comprometer os propósitos específicos de nossos sistemas de justiça. Uma vez que o Estado assuma a jurisdição sobre uma disputa, terá incorrido no custo de resolver aquela disputa. Por que razão não daria às partes pelo menos a opção de resolverem a disputa em um nível pessoal, e também no nível legal? Ninguém deveria exigir que partes em disputa recorram a sistemas de mediação que o Estado lhes possa oferecer, e os sistemas não necessariamente deveriam substituir os habituais mecanismos formais de julgamento, a menos que as partes concordem. Em vez disso, os sistemas de mediação seriam um complemento e um possível substituto de um sistema legal mais formal, que continuaria disponível. Não haveria nenhum dano em se oferecer às pessoas essa oportunidade, e muitas coisas boas poderiam decorrer daí. O perigo, bem ilustrado pelo sistema da Nova Guiné, é que as pessoas poderiam ser coagidas a uma mediação sob circunstâncias que comprometeriam sua dignidade e liberdade, e que poderiam até ampliar a injustiça da ofensa original. O sistema reformado teria de ser protegido contra esses abusos, mas a possibilidade de que ocorram não é razão para se negligenciar inteiramente a possibilidade de que erros humanos possam ser resolvidos no nível humano."

Justiça criminal estatal

Tendo feito essa comparação entre a solução de conflitos nos sistemas estatais e nos sistemas não estatais, no que se refere à justiça civil, vejamos agora a justiça criminal. Aqui, imediatamente encontramos duas diferenças básicas entre os dois tipos de sistemas. Em primeiro lugar, a justiça criminal estatal preocupa-se em punir crimes contra as leis do Estado. O propósito da punição administrada pelo Estado é fomentar a obediência às leis e manter a paz dentro do Estado. Uma sentença de prisão imposta pelo Estado a um criminoso não indeniza a vítima pelos danos sofridos, nem pretende fazê-lo. Em segundo lugar, como resultado, a justiça civil e a justiça criminal são sistemas separados no âmbito do Estado, mas não se distinguem nas sociedades de não Estado, que geralmente se preocupam em compensar os indivíduos ou grupos por danos — sem distinguir entre aquilo que, nas sociedades de Estado, corresponderia a um crime, um delito ou uma quebra de contrato.

Como em um caso civil estatal, um caso criminal se desenrola em dois estágios. No primeiro, o tribunal determina se o acusado é ou não culpado de uma ou mais das acusações. Isso soa como uma situação preto-ou-branco e parece demandar uma resposta sim-ou-não. Na prática, a decisão não é tão absoluta, porque pode haver acusações distintas que difiram em gravidade. Um assassino pode ser julgado e considerado culpado de várias acusações — homicídio premeditado, morte de um policial no exercício da função, morte no decorrer de uma tentativa de sequestro, morte como um ato espontâneo de paixão, morte baseada em crença sincera, mas irracional, de que a vítima estava sob ameaça de um ataque físico iminente e grave, ou morte como um ato de insanidade temporária ou sob condições de responsabilidade reduzida —, e cada uma dessas acusações receberia uma punição correspondente. Na realidade, muitos casos criminais são resolvidos por um acordo entre a acusação e a defesa antes de irem a julgamento. Mas, se o caso chega à fase de julgamento, a acusação ainda requer um veredicto de culpado ou inocente: Ellie Nesler foi considerada culpada de matar Daniel Driver, embora a motivação de vingar o abuso sofrido pelo filho lhe tenha conquistado a simpatia de grande parte do público. Em contraste, nas sociedades de não Estado um dano infligido é rotineiramente visto como algo nebuloso, indistinto: sim, eu o matei, mas foi justificado porque ele praticou bruxaria contra meu filho, ou seu primo em segundo grau matou meu tio paterno, ou seu porco danificou minha plantação e ele se recusou a pagar o prejuízo, então eu não devo nenhuma indenização a seus parentes, ou só uma indenização menor. (Mas circunstâncias mitigantes semelhantes também desempenham um amplo papel no estágio de produção da sentença em um julgamento criminal ocidental.)

COMPENSAÇÃO PELA MORTE DE UMA CRIANÇA

Se o acusado for considerado culpado de um crime, o Estado passa para o segundo estágio de impor uma punição, como uma sentença de prisão. As punições servem a três propósitos que recebem ênfases relativas distintas em diferentes sistemas nacionais de justiça: dissuasão, punição e reabilitação. Esses três propósitos diferem do principal propósito da solução de conflitos em sociedades de não Estado, ou seja, compensar a vítima. Mesmo que Daniel Driver tivesse sido condenado à prisão, isso não teria compensado Ellie Nesler e seu filho pelo trauma do abuso sexual sofrido.

Um importante objetivo de se punir um crime é a dissuasão: desencorajar que outros cidadãos violem as leis do Estado e, com isso, criem novas vítimas. Os desejos da vítima atual e de seus parentes, ou do criminoso e seus parentes, são basicamente irrelevantes: em vez disso, a punição visa servir o propósito do Estado como representante dos demais cidadãos. No máximo, a vítima, o criminoso e os parentes e amigos de ambos podem ter a permissão de se dirigir ao juiz no momento da sentença e expressar seus próprios desejos a respeito da sentença, mas o juiz tem a liberdade de ignorar essas manifestações.

Esses interesses distintos do Estado e da vítima são ilustrados por um processo criminal iniciado pelo estado da Califórnia e amplamente divulgado. O diretor de cinema Roman Polanski foi acusado de drogar, violentar e sodomizar uma garota de 13 anos, Samantha Geimer, em 1977. No ano seguinte, ele se confessou culpado do crime doloso de fazer sexo com uma menor de idade, mas depois fugiu para a Europa antes que pudesse ser julgado. A vítima de Polanski, hoje uma mulher de mais de quarenta anos, disse que o perdoou e não quer que seja processado nem preso, e solicitou formalmente ao tribunal que encerrasse o caso. Embora, à primeira vista, possa nos parecer paradoxal que o estado da Califórnia devesse tentar prender um criminoso contrariando o desejo expresso da vítima, as razões para, ainda assim, fazê-lo foram enfaticamente explicitadas em um editorial do *Los Angeles Times*: "O caso contra Polanski não foi aberto para satisfazer ao desejo de justiça da vítima ou à sua necessidade de pôr um fim à questão. O estado da Califórnia apresentou o caso em benefício do povo da Califórnia. Mesmo que Samantha Geimer já não tenha nenhum ressentimento contra Polanski, isso não significa que ele não represente um perigo permanente para outras pessoas. (...) Os crimes são cometidos não apenas contra indivíduos, mas contra a comunidade. (...) Pessoas acusadas de crimes graves precisam ser presas e julgadas e, se condenadas, devem cumprir suas sentenças."

Um segundo propósito da punição, além da dissuasão, é a própria punição, pois isso permite que o Estado proclame: "Nós, o Estado, estamos punindo o criminoso para que você, a vítima, não tenha nenhuma desculpa para tentar infligir uma punição por conta própria." Por razões muito debatidas, nos Estados Unidos o índice de prisões é mais alto e as punições são mais severas do que em outros países ocidentais. Os Estados Unidos são o único país ocidental que ainda aplica a pena de morte, e onde penas muito longas ou até prisões perpétuas são impostas com muita frequência; na Alemanha, isso é reservado apenas aos crimes mais hediondos (como, por exemplo, no pior caso de assassinato em série no país depois da guerra, em que uma enfermeira foi condenada por matar 28 pacientes em um hospital alemão injetando-lhes uma mistura letal de medicamentos). Embora as penas de longa duração nos Estados Unidos tenham tradicionalmente sido reservadas para crimes graves, a política de "da terceira vez você não escapa" adotada atualmente pelo estado da Califórnia *exige* que os juízes imponham longas penas a criminosos condenados por um terceiro crime doloso depois de haverem sido condenados por dois outros também dolosos — mesmo que a terceira ofensa seja algo tão banal quanto roubar uma pizza. Em parte como resultado dessa política, a quantidade de dinheiro que a Califórnia gasta com o sistema prisional está se aproximando dos gastos com o ensino superior nas suas faculdades e universidades. Os californianos que se opõem a essa alocação orçamentária consideram-na não apenas uma inversão de prioridades humanas, mas também uma má política econômica. Argumentam que as atuais desgraças econômicas da Califórnia, amplamente divulgadas, poderiam ser reduzidas gastando-se menos dinheiro para manter na prisão os criminosos que cumprem longas penas por ofensas pequenas e, em vez disso, gastando-se mais para reabilitar criminosos e rapidamente realocá-los para empregos produtivos. Isso significaria gastar

COMPENSAÇÃO PELA MORTE DE UMA CRIANÇA

mais dinheiro na educação dos californianos que estão fora das prisões para que se tornem capazes de encontrar trabalhos bem-remunerados. Não está claro se essas severas punições aplicadas pelos Estados Unidos são eficazes para promover a dissuasão.

Finalmente, a punição de criminosos condenados também tem o propósito de reabilitá-los para que possam retornar à sociedade, retomar uma vida normal e dar uma contribuição econômica à sociedade, em vez de representarem um pesado ônus econômico como prisioneiros de um dispendioso sistema prisional. Nas abordagens europeias à punição criminal, o foco está na reabilitação, e não na punição. Por exemplo, um tribunal alemão proibiu a exibição de um documentário que mostrava, com detalhes, o papel desempenhado por um criminoso em um crime notório — porque o direito do criminoso de demonstrar a sua reabilitação e de ter uma chance justa de um retorno saudável à sociedade após cumprir a pena foi considerado ainda mais sagrado do que a liberdade de imprensa e o direito do público de ser informado. Será que, em comparação com o que ocorre nos Estados Unidos, essa perspectiva reflete uma maior preocupação dos europeus com a dignidade humana, a proteção e a misericórdia? Será que, em comparação com os Estados Unidos, reflete uma menor preocupação com punições e retaliações no estilo do Antigo Testamento, e com a liberdade de expressão? E quão eficaz é, de fato, a reabilitação? Nos casos de pedófilos, por exemplo, sua eficácia parece limitada.

Justiça restaurativa

Até aqui, nossa discussão dos objetivos da punição criminal pelo Estado ainda não examinou os propósitos da justiça civil estatal (restaurar a condição de integridade anterior à ofensa), diferentes dos objetivos da solução de conflitos em sociedades de não Estado (restaurar relações e promover a libertação emocional). Esses dois propósitos lidam com as necessidades da vítima de um crime e não são os principais objetivos de nosso sistema de justiça criminal, embora existam alguns dispositivos legais relativos a eles. Além de prover testemunhas que poderão ajudar a condenar um criminoso sob acusação, a vítima ou seus parentes podem, no momento da sentença, ter permissão de se manifestar no tribunal na presença do criminoso e descrever o impacto emocional do crime. Quanto à restauração da integridade material, existem alguns fundos estatais de compensação, mas geralmente são pequenos. Por exemplo, o caso criminal mais divulgado na história recente americana foi o julgamento do ex-astro de futebol americano, O. J. Simpson, pelo assassinato de sua esposa Nicole e do amigo dela, Ron Goldman. Após um julgamento criminal que durou oito meses, Simpson foi declarado inocente. Mas depois as famílias de Nicole e Ron ganharam uma ação civil ordinária contra Simpson em nome dos filhos e das duas famílias, no valor de 43 milhões de dólares (que ainda não conseguiram receber). Infelizmente, os casos de indenizações obtidas por meio de uma ação ordinária são excepcionais, pois a maior parte dos criminosos não é rica e não tem patrimônios significativos que possam ser agregados ao processo. Nas sociedades tradicionais, as chances de a vítima obter compensação são ampliadas pela filosofia tradicional de responsabilidade coletiva: como no caso de Malo, não apenas o culpado, mas também seus parentes, membros de seu clã e associados seriam obrigados a pagar a indenização. A sociedade americana, em vez disso, enfatiza a responsabilidade individual. Na Nova Guiné, se meu primo fosse abandonado pela esposa, eu exigiria enfaticamente do clã da esposa o retorno da parcela que eu teria pagado para aquisição da noiva. Sendo um americano, estou feliz por não precisar partilhar a responsabilidade pelo sucesso dos casamentos de meus primos.

Uma abordagem promissora para se chegar à libertação emocional em alguns casos, tanto para um criminoso não condenado à morte quanto para a vítima sobrevivente ou seu parente mais próximo, é um programa chamado *justiça restaurativa*. Esse programa vê o crime como uma ofensa contra a vítima ou a comunidade, bem como contra o Estado; reúne o criminoso e a vítima para uma conversa direta (desde que ambos estejam dispostos a isso), em vez de mantê-los separados e comunicando-se apenas por meio de advogados que falam por eles;

COMPENSAÇÃO PELA MORTE DE UMA CRIANÇA

encoraja os criminosos a que aceitem sua responsabilidade e estimula as vítimas a dizerem como foram afetadas, em vez de desestimular tais expressões ou de oferecer pouca chance para isso. O criminoso e a vítima (ou o parente da vítima) encontram-se na presença de um mediador capacitado que explicita as regras básicas: não interromper o outro nem usar linguagem ofensiva, por exemplo. A vítima e o criminoso sentam-se um diante do outro, olham-se nos olhos e alternam-se no relato de sua história de vida, expondo seus sentimentos, motivos e o efeito do crime em suas vidas. O criminoso vê, em carne e osso, a manifestação do dano que causou; a vítima vê o criminoso como um ser humano com uma história e com seus próprios motivos, em vez de como um monstro incompreensível; e o criminoso pode conseguir juntar as peças de sua história e compreender o que o lançou no caminho do crime.

Um exemplo de tal encontro, ocorrido na Califórnia, reuniu uma viúva de 41 anos, Patty O'Reilly, sua irmã Mary e um prisioneiro de 49 anos, Mike Albertson. Mike estava cumprindo uma pena de 14 anos de prisão por matar Danny, marido de Patty, dois anos e meio antes, atingindo-o pelas costas com seu caminhão quando Danny andava de bicicleta. Durante quatro horas, Patty disse a Mike seus sentimentos iniciais de ódio por ele, os detalhes das últimas palavras de seu marido, como ela e as duas filhas pequenas receberam a notícia da morte de Danny dada por um assistente do xerife, e como coisas aparentemente triviais, como uma música no rádio ou a visão de um ciclista, ainda faziam com que ela se lembrasse de Danny todos os dias. Mike contou a Patty sua história de abuso sexual pelo pai, a dependência de drogas, a espinha dorsal quebrada, tendo ficado sem comprimidos para a dor na noite do assassinato, telefonado para a namorada e, sendo rejeitado, entrando bêbado em seu caminhão para dirigir até o pronto-socorro, vendo um ciclista — e confessando que pode ter atingido Danny de propósito, cheio de ódio contra o pai que o havia estuprado inúmeras vezes e contra a mãe que nada fizera para impedir. No final das quatro horas, Patty resumiu o processo dizendo: "Perdoar é difícil, mas não perdoar é mais difícil ainda." Nas semanas seguintes, ela se sentiu aliviada e fortalecida por haver visto como o assassino de seu marido

O MUNDO ATÉ ONTEM

tomava consciência da devastação que havia causado. Depois disso, Mike sentiu-se alternadamente exaurido, deprimido e confortado pela disposição de Patty de se encontrar com ele e perdoá-lo. Mantinha em sua mesa de cabeceira na prisão um cartão que Patty deixara com ele, mandado por sua filha Siobhan: "Prezado Sr. Albertson, hoje é 16 de agosto, e eu farei 10 anos no dia 1º de setembro. Só quero ter a certeza de que o senhor saiba que eu o perdoo. Ainda sinto saudade do meu pai, acho que sentirei a vida inteira. Espero que o senhor esteja bem. Adeus, Siobhan."

Esses programas de justiça restaurativa vêm operando há vinte anos na Austrália, no Canadá, na Nova Zelândia, no Reino Unido e em vários estados americanos. Ainda há muitas coisas sendo experimentadas e testadas — por exemplo, se o encontro deve envolver apenas o criminoso e a vítima ou também os parentes, amigos e professores; se o encontro deve ocorrer num estágio inicial (logo após a detenção) ou mais tarde (na prisão, como no caso de Patty e Mike); e se existe um esforço de restituição da parte do criminoso em relação à vítima. Há muitos relatos isolados de resultados; alguns estudos comparativos inserem criminosos em um dos diversos programas alternativos, deixam outros em um grupo de controle sem nenhum programa e depois avaliam os resultados estatisticamente. Os resultados favoráveis de casos relatados em análises estatísticas feitas por alguns programas incluem taxas mais baixas de crimes adicionais sendo cometidos pelos criminosos, crimes menos severos (quando são cometidos), redução dos sentimentos de raiva e medo da vítima e intensificação de seus sentimentos de segurança e libertação emocional. Não é de surpreender que se obtenham melhores resultados quando o criminoso está disposto a encontrar a vítima, participa ativamente do encontro e percebe o dano que causou — em comparação com os casos nos quais o criminoso participa a contragosto de um encontro obrigatório determinado pelo juiz.

Naturalmente, a justiça restaurativa não é uma panaceia para todos os criminosos e suas vítimas. Requer um facilitador capacitado. Alguns criminosos não sentem remorso, e algumas vítimas seriam novamente traumatizadas, e não ajudadas, por terem de reviver o crime na pre-

COMPENSAÇÃO PELA MORTE DE UMA CRIANÇA

sença do criminoso. A justiça restaurativa é, no melhor dos casos, um complemento de nosso sistema de justiça criminal, e não um substituto. Mas é promissora.

As vantagens e seu preço

O que podemos concluir dessas comparações entre a solução de conflitos em sociedades de Estado e em sociedades de pequena escala? Por um lado, nessa área de solução de conflitos, assim como em outras que serão discutidas nos próximos capítulos deste livro, não devemos idealizar ingenuamente as sociedades pequenas, vendo-as como uniformemente admiráveis, exagerando suas vantagens e criticando o governo estatal como, no máximo, um mal necessário. Por outro lado, muitas sociedades de pequena escala de fato possuem alguns aspectos com os quais poderíamos lucrar caso os incorporássemos a nossas sociedades de Estado.

Para começar, quero evitar mal-entendidos e reiterar que a solução de conflitos, mesmo em Estados industriais modernos, já contém áreas que utilizam mecanismo de solução de conflitos do tipo dos encontrados em tribos. Quando temos um conflito com um comerciante, a maior parte de nós não contrata imediatamente um advogado ou abre um processo: começamos discutindo e negociando com o comerciante, talvez até pedindo a um amigo para contatá-lo em nosso nome caso nos sintamos muito enfurecidos ou impotentes. Já mencionei que, nas sociedades industriais, muitos grupos e profissões têm seus próprios procedimentos rotineiros para a solução de conflitos. Em áreas rurais e em outros pequenos enclaves onde cada um conhece todos os demais e onde se espera que as relações durem por toda a vida, a motivação e a pressão para solucionar conflitos de modo informal são fortes. Mesmo quando recorrem a advogados, alguns disputantes que antecipam um relacionamento duradouro — como casais com filhos que se divorciam, e parceiros ou sócios de negócios — acabam usando advogados para restabelecer uma relação não hostil. Quando se trata de Estados ainda muito recentes ou fracos, e não apenas na Papua Nova Guiné, a sociedade continua a funcionar das formas tradicionais.

Tendo essas observações como cenário, examinemos agora três vantagens inerentes de uma justiça estatal que funcione com eficácia. Em primeiro lugar, e acima de tudo, um problema fundamental de praticamente todas as sociedades de pequena escala é que, por carecerem de uma autoridade política central que exerça o monopólio da força retaliatória, elas não conseguem impedir que membros recalcitrantes causem danos a outros membros, assim como não têm como impedir que membros ressentidos tomem a questão nas próprias mãos e busquem seus objetivos por meio da violência. Mas a violência envolve contraviolência. Como observaremos nos próximos dois capítulos, a maior parte das sociedades pequenas vê-se prisioneira da armadilha de ciclos de violência e guerras. Os governos estatais e as chefaturas fortes prestam um enorme serviço ao quebrar esses ciclos e reivindicar o monopólio da força. É óbvio que não estou afirmando que qualquer Estado seja completamente bem-sucedido em conter a violência, e reconheço que os próprios Estados, em graus variados, empregam a violência contra seus cidadãos. O que estou de fato destacando é que, quanto mais eficaz o controle exercido pelo Estado, mais limitada será a violência não estatal.

Essa é uma vantagem inerente ao governo estatal, e explica, em grande parte, por que as sociedades grandes, nas quais as pessoas se deparam com estranhos, tenderam a produzir chefes fortes e, em seguida, governos estatais. Sempre que nos mostrarmos inclinados a admirar a solução de conflitos em sociedades pequenas, devemos nos lembrar de que elas têm duas faces: de um lado, suas admiráveis negociações pacíficas, e, de outro, sua lamentável violência e beligerância. A solução de conflitos pelo Estado também tem suas duas faces, das quais uma é a negociação pacífica, mas a face confrontacional é meramente um julgamento. Até o mais repugnante dos julgamentos é preferível a uma guerra civil ou a um ciclo de assassinatos por vingança. Esse fato pode fazer com que os membros de sociedades pequenas estejam mais dispostos do que membros de sociedades de Estado a resolver suas disputas privadas pela via da negociação, valorizando o equilíbrio emocional e a restauração de relações, em vez de a reivindicação de direitos.

COMPENSAÇÃO PELA MORTE DE UMA CRIANÇA

Uma segunda vantagem, real ou potencial, da justiça administrada pelo Estado, em comparação com a justiça tradicional realizada com as próprias mãos, envolve relações de poder. Um litigante em uma sociedade de pequena escala precisa ter aliados se quiser que sua posição de barganha tenha credibilidade e se realmente quiser receber aquelas cabeças de gado que o chefe pele-de-leopardo dos nueres propôs como compensação adequada. Isso me faz lembrar de um artigo importante sobre a justiça estatal ocidental cujo título, "Bargaining in the Shadow of the Law" (Barganhando à sombra da lei), significava que, em um Estado, as partes envolvidas numa mediação sabem que, se a mediação falhar, a disputa será resolvida no tribunal, com a aplicação de leis. Da mesma forma, as negociações de compensação em sociedades pequenas ocorrem "à sombra da guerra": ambas as partes sabem que, se a negociação não tiver sucesso, a alternativa é a guerra ou a violência. Consequentemente, terá maior poder de barganha a parte percebida como capaz de mobilizar maior número de aliados no caso de uma guerra, o que configura, desde o início, uma disputa em bases desiguais.

Teoricamente, a justiça estatal tem como objetivo criar condições de equidade, oferecer igual justiça a todos e impedir que uma parte poderosa ou rica abuse de seu poder para obter uma solução injusta. É óbvio que eu e todos os leitores imediatamente protestaremos: "Teoricamente, mas...!". Na realidade, um litigante rico desfruta vantagens em casos civis e criminais. Ele tem meios para contratar advogados caros e testemunhas especializadas. Pode pressionar um adversário menos abastado a fazer um acordo desfavorável, anexando grande número de provas para elevar os custos legais do adversário e interpondo demandas de pouco mérito que obrigarão o adversário a novos gastos para contestá-las. Alguns sistemas de justiça estatal são corruptos e favorecem as partes ricas e com boas conexões políticas.

Sim, é infelizmente verdade que os litigantes mais poderosos desfrutam uma vantagem injusta nos sistemas de justiça estatal, bem como nas sociedades de pequena escala. Mas os Estados pelo menos proveem *alguma* proteção para as partes fracas, enquanto as sociedades pequenas oferecem muito pouca, ou nenhuma. Em Estados bem governados, uma vítima fraca ainda pode reportar um crime à polícia e, com frequência, ou quase sempre, será ouvida; uma pessoa pobre que está começando um negócio pode buscar ajuda do Estado para que os contratos sejam cumpridos; um acusado pobre em um processo criminal recebe um advogado designado pelo Estado; e um demandante pobre, com um caso promissor, pode conseguir um advogado particular disposto a ser remunerado com uma parcela dos ganhos se o resultado for positivo.

Uma terceira vantagem da justiça estatal envolve a meta de estabelecer o certo e o errado e punir ou estabelecer penalidades civis contra infratores a fim de desencorajar outros membros da sociedade a cometerem crimes ou violações. A dissuasão é uma meta explícita de nosso sistema de justiça criminal. De fato, também é uma meta de nosso sistema de justiça civil, que particulariza as causas e define a responsabilidade por danos, buscando com isso desencorajar comportamentos potencialmente danosos ao fazer com que todas as pessoas que tenham conhecimento dos julgamentos estejam conscientes de que poderão pagar se incorrerem em tais comportamentos. Por exemplo, se Malo tivesse sido processado por danos civis pela morte de Billy sob um sistema eficiente de justiça estatal, seus advogados teriam argumentado (com boas chances de sucesso) que a responsabilidade pela morte de Billy não cabia a Malo, que estava dirigindo com segurança, mas, em vez disso, ao motorista do micro-ônibus que deixou uma criança desembarcar num local de tráfego intenso, e ao tio de Billy que o estava esperando do lado oposto de uma via movimentada. Um caso real, igual ao de Billy e Malo, foi o de *Schwartz v. Helms Bakery*. Um garoto foi morto por um carro em frente à sua casa enquanto atravessava correndo a rua movimentada para comprar um donut de chocolate num caminhão da Helms Bakery; o garoto pedira ao motorista que o esperasse enquanto dava uma corrida até sua casa para pegar o dinheiro; o motorista concordou e ficou estacionado esperando o garoto naquela rua movimentada; e o tribunal julgou que um júri deveria decidir se a Helms Bakery era parcialmente responsável pela morte do menino, devido à negligência do motorista.

COMPENSAÇÃO PELA MORTE DE UMA CRIANÇA

Esses casos de ilícito civil põem uma pressão sobre os cidadãos das sociedades de Estado para que estejam constantemente alertas à possibilidade de que sua negligência possa contribuir para causar um acidente. Em contraste, o acordo privado negociado entre o clã de Billy e os colegas de Malo não forneceu nenhum incentivo a adultos guineenses e motoristas de micro-ônibus para que refletissem sobre os riscos de crianças atravessarem as ruas correndo. A despeito de milhões de viagens de carro diárias nas ruas de Los Angeles, e a despeito do pequeno número de carros da polícia, a maior parte dos habitantes locais dirige com segurança na maior parte do tempo, e apenas uma minúscula porcentagem desses milhões de viagens diárias termina em acidentes ou avarias. Uma razão para isso é o poder de dissuasão de nosso sistema de justiça civil e criminal.

Mas permitam-me novamente evitar mal-entendidos: não estou louvando a justiça estatal como superior em todos os sentidos e em todos os lugares. Os Estados pagam um preço por essas três vantagens. Os sistemas estatais de justiça criminal existem primordialmente para promover os objetivos do Estado: reduzir a violência privada, promover a obediência às leis do Estado, proteger a população, reabilitar criminosos, punir e desencorajar crimes. O foco do Estado nesses objetivos tende a reduzir a atenção dada aos objetivos dos cidadãos individuais envolvidos na solução de conflitos, ao contrário do que ocorre nas sociedades de pequena escala, que enfatizam a restauração de relacionamentos (ou não relacionamentos) e a libertação emocional. Não é inevitável que os Estados ignorem esses objetivos, mas frequentemente os negligenciam devido ao seu foco em outras metas. Além disso, os sistemas de justiça estatal têm outras imperfeições não tão inerentes, mas, ainda assim, disseminados: pouca ou nenhuma compensação do sistema às vítimas de um crime (a menos que haja um processo civil separado); e, nos processos civis, a lentidão do processo, a dificuldade de monetarizar danos pessoais e emocionais, a ausência de provisões (nos Estados Unidos) para reaver o valor pago a advogados por um reclamante vencedor, e a falta de reconciliação (ou, com frequência, e pior ainda, o aumento de sentimentos negativos) entre litigantes.

O MUNDO ATÉ ONTEM

Já vimos que as sociedades de Estado poderiam mitigar esses problemas adotando práticas inspiradas nos procedimentos de sociedades de pequena escala. Em nosso sistema de justiça civil, poderíamos alocar mais recursos para capacitar e contratar mediadores e aumentar o número de juízes disponíveis. Poderíamos investir mais esforços na mediação. Poderíamos garantir o pagamento de custas judiciais à parte vencedora, em certas circunstâncias. Em nosso sistema de justiça criminal, poderíamos fazer mais experiências com a justiça restaurativa. No sistema de justiça criminal americano, poderíamos reavaliar se os modelos que dão maior ênfase à reabilitação e enfatizam menos a retribuição fariam mais sentido para criminosos, para a sociedade como um todo e para a economia.

Todas essas propostas têm sido muito discutidas e apresentam inúmeras dificuldades. Espero que, com a ampliação do conhecimento sobre como as sociedades de pequena escala resolvem disputas, os estudiosos do Direito possam conceber as melhores formas de incorporar aos nossos próprios sistemas aqueles procedimentos que admiramos nelas.

CAPÍTULO 3

UM BREVE CAPÍTULO SOBRE
UMA GUERRA MINÚSCULA

A guerra dos danis • Cronologia da guerra
• O número de mortos na guerra

A guerra dos danis

Este capítulo servirá para apresentar a guerra tradicional, relatando uma série bastante comum de batalhas e incursões entre o povo dani da Nova Guiné; o único fato que distingue esses eventos é o de que foram observados e filmados por antropólogos. Os danis são uma das populações mais numerosas e densas da Nova Guiné e estão concentrados no grande vale do rio Baliem. Entre 1909 e 1937, oito expedições ocidentais contataram e visitaram por breve período grupos danis e alguns grupos vizinhos que viviam nas periferias, sem entrar no vale propriamente dito. Conforme mencionado no capítulo 1, o vale e sua população fervilhante foram "descobertos", isto é, vistos pela primeira vez por europeus em 23 de junho de 1938, durante um voo de reconhecimento para a Expedição Archbold — cerca de 46 mil anos depois da chegada dos ancestrais guineenses. O primeiro contato direto foi no dia 4 de agosto, quando uma expedição comandada pelo capitão Teerink entrou a pé no vale. Depois que a Expedição Archbold saiu do vale, em dezembro de 1938, o próximo contato com os danis do Baliem com europeus (além de um breve resgate dos tripulantes de um avião americano que caiu na área em 1945) foi adiado até 1954 e nos anos subsequentes, quando diversas missões e um posto de patrulha do governo holandês se estabeleceram no vale.

O MUNDO ATÉ ONTEM

Em 1961, uma expedição do Museu Peabody da Universidade de Harvard chegou ao vale para realizar estudos antropológicos e filmar. O acampamento foi montado na vizinhança dos dugum danis porque na área não havia nenhuma missão nem instalação governamental, e eles tinham relativamente pouco contato externo. Ocorreu que uma guerra tradicional ainda estava em andamento. Relatos dos conflitos entre abril e setembro de 1961 apareceram especialmente na tese de doutorado (em holandês) do cientista social Jan Broekhuijse, da Universidade de Utrecht, e em dois livros do antropólogo Kark Heider, baseados em sua tese de doutorado para Harvard; também em um livro popular, *Under the Mountain Wall*, do escritor Petr Matthiessen, e em um documentário, *Dead Birds*, produzido por Robert Gardner, que inclui um notável registro de batalhas entre guerreiros armados com lanças.

O breve resumo que se segue da guerra entre os danis durante aqueles meses de 1961 deriva, especialmente, da tese de Broekhuijse, porque é o relato mais detalhado, e o suplemento com informações de Heider e alguns detalhes de Matthiessen. Broekhuijse entrevistou participantes da batalha, que descreveram sua avaliação de cada batalha, como se sentiram, e deram informações específicas sobre os ferimentos de cada pessoa. Existem pequenas discrepâncias entre esses três relatos, principalmente na grafia de nomes danis (Broekhuijse usou a ortografia holandesa e Heider usou a americana) e em alguns outros pontos, como a diferença de um dia na data de uma batalha. No entanto, esses três autores partilharam informações entre si e com Gardner, e seus relatos são bastante coincidentes.

À medida que você for lendo esta passagem, penso que ficará impressionado, tal como fiquei, com muitos aspectos da guerra dani que se assemelham aos de outras guerras em várias sociedades tradicionais que mencionarei no capítulo 4. Esses aspectos incluem os que se seguem. As frequentes emboscadas e batalhas abertas (imagem 36), cada uma com poucas mortes, são intercaladas com massacres infrequentes que exterminam uma população inteira ou matam uma parcela significativa de seus membros. Com frequência a chamada guerra tribal é, na verdade, intratribal, entre grupos que falam a mesma língua e partilham a

1. Um homem dani do Vale do Baliem das terras altas da Nova Guiné. (Carlo Ottaviano Casana)

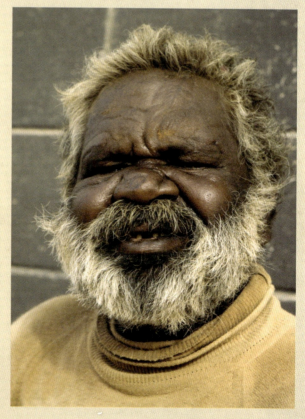

2. Um aborígine australiano. (© Marka/SuperStock)

3. Mulher agta da floresta montanhosa da ilha de Luzon nas Filipinas. (Jacob Maentz/jacobimages.com)

4. Um ilhéu andamanês da Baía de Bengala. (Olivier Blaise)

5. Um homem hadza da Tanzânia.
(Brian M. Wood)

6. Um caçador !kung do deserto de Kalahari na África.
(Romas Vysniauskas)

7. Uma mulher nuer do Sudão. (Henrik Stabell)

8. Um pai aka e seu filho, da floresta equatorial africana. (Bonnie Hewlett)

9. Uma mulher inuíte (iñupiaq) do Alasca. (© 2012 Jeff Schultz/AlaskaStock.com)

10. Um índio ache das florestas do Paraguai. (Kim Hill)

11. Um casal pirarrã e seu bebê, da floresta amazônica tropical do Brasil. (Toninho Muricy)

12. Menina ianomâmi das florestas da Venezuela. (© Art Wolfe/www.artwolfe.com)

13. Uma fronteira tradicional entre tribos guardada por um homem dani sobre uma torre de vigia no Vale do Baliem das terras altas da Nova Guiné. (Michael Clark Rockefeller. Cortesia do Museu Peabody de Arqueologia e Etnologia, Universidade de Harvard, 2006.12.178.10.)

14. Uma fronteira moderna entre nações guardada por câmeras de controle remoto em uma torre de vigia de uma patrulha americana na fronteira entre os Estados Unidos e o México. (James Tourtellotte, U.S. Customs & Border Patrol)

15. Resolução de disputa tradicional em uma aldeia ugandense. As partes, que já se conheciam, reúnem-se para solucionar o conflito de uma forma que lhes permita resolver seus sentimentos e continuar a se encontrar pacificamente pelo resto da vida (Capítulo 2). (© Eye Ubiquitous/SuperStock)

16. Resolução de disputa moderna em um tribunal americano. Um advogado de defesa (à esq.) e um promotor criminal (à dir.) discutem diante de um juiz (centro). O suposto criminoso, a vítima e a família da vítima não se conheciam antes do suposto crime e talvez nunca mais se encontrem (Capítulo 2). (J. Miles Cary, *Knoxville News Sentinel*)

17. Brinquedos tradicionais: meninos moçambicanos com carrinhos que eles mesmos fizeram, aprendendo, assim, como funcionam os eixos e outros componentes dos carros. Os brinquedos tradicionais são poucos, simples, feitos pela criança ou pelos pais e, desse modo, são educativos. (Afonso Santos)

18. Brinquedos modernos: uma menina americana cercada por dezenas de brinquedos manufaturados comprados em lojas, privando-a do benefício educacional que as crianças tradicionais ganham ao planejar e fazer seus próprios brinquedos. (Carole A. Kosakowski)

19. Autonomia da criança tradicional: bebê da tribo pume brincando com um facão afiado. Em muitas sociedades tradicionais, as crianças têm permissão para tomar suas próprias decisões, inclusive para fazer coisas perigosas que a maior parte dos pais modernos nunca permitiria que seus filhos fizessem. (Russell D. Greaves e Karen Kramer)

20. Brinquedo tradicional: um bebê aka carregando uma cestinha de brinquedo semelhante às cestas que os adultos akas carregam na cabeça. (Bonnie Hewlett)

21. Uma avó hadza coletando alimento e carregando sua neta. Uma das razões de os idosos serem considerados valiosos nas sociedades tradicionais está em servirem como cuidadores e provedores de alimentos para os netos. (Brian M. Wood)

22. Um índio pume idoso fazendo pontas de flechas. Outro motivo de valor dos idosos nas sociedades tradicionais é que eles são os melhores artífices de ferramentas, armas, cestas, potes e têxteis. (Karen Kramer)

23. Um anúncio de Coca-Cola na China. O culto americano da juventude e o baixo status dos idosos, agora em grande número no país, refletem-se até na escolha dos modelos para as propagandas. Tanto os velhos quanto os jovens tomam refrigerantes, mas quem já viu alguma vez um anúncio exibindo velhos tomando Coca-Cola com toda essa exuberância? (Sun Xinming/ImagineChina)

24. Anúncio de um serviço de consultoria especializado em residências para idosos. Em vez de os idosos aparecerem em propagandas de bebidas, roupas e carros novos, eles são exibidos em anúncios de clínicas especializadas, remédios para artrite e fraldas geriátricas. (Sheryl Dawson/Spot-On Marketing, cortesia de Starfish Resources, LLC.)

25. Religião antiga? As famosas pinturas rupestres feitas nas paredes da caverna de Lascaux, na França, em salões no fundo da terra, ainda inspiram um assombro respeitoso nos visitantes modernos. Elas sugerem que a religião humana data da Era Glacial, que ocorreu há pelo menos 15 mil anos. (Sisse Brimberg/National Geographic Stock)

26. Banquete tradicional do povo dani no Vale do Baliem das terras altas da Nova Guiné. O banquete tradicional é muito raro, a comida consumida não engorda (no caso, batatas-doces de baixo valor calórico) e os participantes não ficam obesos nem desenvolvem diabetes (Capítulo 11). (Bruno Zanzottera/Parallelozero)

27. O banquete moderno. Os americanos e os membros de outras sociedades modernas afluentes se "banqueteiam" (isto é, ingerem além de suas necessidades diárias) três vezes ao dia, comem o que engorda (frango frito, no caso), tornam-se obesos e acabam com diabetes (Capítulo 11). (PunchStock)

28. Vítima do diabetes? O compositor Johann Sebastian Bach. A face e as mãos inchadas, neste único retrato autenticado, assim como a deterioração da escrita e da visão nos seus últimos anos condizem com um diagnóstico de diabetes. (Museu Stadtgeschichtliches de Leipzig)

UM BREVE CAPÍTULO SOBRE UMA GUERRA MINÚSCULA

mesma cultura, e não entre tribos diferentes. A despeito da similaridade ou identidade cultural entre os antagonistas, os inimigos às vezes são demonizados como sub-humanos. Os meninos são treinados desde pequenos para lutar e antecipar ataques. É importante fazer aliados, mas as alianças mudam frequentemente. A vingança tem papel dominante entre os motivos que desencadeiam ciclos de violência. (Karl Heider descreveu o motivo dos danis como a necessidade de aplacar os espíritos de companheiros recentemente assassinados.) A guerra envolve toda a população, e não apenas um pequeno exército profissional de homens adultos: ocorrem matanças intencionais de "civis", mulheres e crianças, bem como de "soldados". Aldeias são queimadas e pilhadas. Pelos padrões da guerra moderna, a eficiência militar é baixa, em função de alguns fatores: disponibilidade apenas de armas de curto alcance, liderança fraca, planos simples, falta de treinamento militar em grupo e falta de descargas sincronizadas. No entanto, como o estado de guerra é crônico, tem consequências que afetam todos os comportamentos das pessoas. Finalmente, os números absolutos de mortes são obviamente baixos, dado o pequeno tamanho das populações envolvidas (em comparação com as de quase todas as nações modernas), mas os números relativos, como proporção de cada população, são altos.

Cronologia da guerra

A guerra dos danis descrita a seguir contrapôs duas alianças, cada uma com quase 5 mil pessoas. Para ajudar os leitores a acompanhar os nomes danis, com os quais não têm familiaridade, resumi as composições das alianças na Tabela 3.1. A Aliança Gutelu, liderada por um homem com esse mesmo nome, consistia em diversas confederações de cerca de mil pessoas cada, incluindo a Confederação Wilihiman-Walalua que abrangia os dugum danis e confederações aliadas, dentre elas a Gosi-Alua e a Dloko-Mabel. A outra aliança, que vivia ao sul da Aliança Gutelu, incluía a Confederação Widaia e suas aliadas, como a Siep-Eloktak, a Hubu-Gosi e a Asuk-Balek. A Aliança Gutelu também estava envolvida simultaneamente em uma guerra em sua fronteira norte, que não é discutida no relato a seguir. Algumas décadas antes dos eventos de 1961, os wilihiman-walaluas e os gosi-aluas haviam sido aliados dos siep-eloktaks e inimigos dos dloko-mabels, até que roubos de porcos e conflitos a respeito de mulheres induziram os wilihiman-walaluas e os gosi-aluas a se aliarem aos dloko-mabels, formando uma aliança sob o comando de Gutelu e atacando e expulsando os siep-eloktaks, que se aliaram então aos widaias. Depois dos eventos de 1961, os dloko-mabels atacaram novamente e tornaram-se inimigos dos wilihiman-walaluas e dos gosi-aluas.

Todos esses grupos falam a língua dani e são semelhantes em cultura e formas de subsistência. Para simplificar e facilitar o entendimento, nos parágrafos seguintes eu chamarei os lados em conflito de os wilihimans e os widaias, mas deve-se entender que, em geral, cada uma dessas confederações contava com o reforço de uma ou mais confederações aliadas durante as batalhas.

Tabela 3.1. Membros de duas alianças danis em guerra

ALIANÇA GUTELU	ALIANÇA WIDAIA
Confederação Wilihiman-Walalua	Confederação Widaia
Confederação Gosi-Alua	Confederação Siep-Eloktak
Confederação Dloko-Mabel	Confederação Hubu-Gosi
Outras confederações	Confederação Asuk-Balek
	Outras confederações

Em fevereiro de 1961, antes do início dos relatos de Broekhuijse, Heider e Matthiessen, quatro mulheres e um homem da Aliança Gutelu foram mortos pelos widaias enquanto visitavam parentes de seu clã em uma tribo vizinha durante um banquete de carne de porco; isso enfureceu os gutelus. Haviam ocorrido outras mortes antes dessas, e por isso devemos falar de um estado de guerra crônico, e não de uma guerra com um início e uma causa especificáveis.

No dia 3 de abril, um homem widaia que havia sido ferido em uma batalha anterior acabou morrendo. Para os wilihimans, isso vingou a

UM BREVE CAPÍTULO SOBRE UMA GUERRA MINÚSCULA

morte de um de seus homens em janeiro e confirmou a atitude benevolente de seus ancestrais, mas, para os widaias, a nova morte demandava vingança a fim de restaurar a relação com seus próprios ancestrais. Ao amanhecer do dia 10 de abril, os widaias gritaram um desafio para uma batalha aberta, que os wilihimans aceitaram: os dois grupos lutaram até que a chuva pusesse fim à batalha, às 5 horas da tarde.* Dez wilihimans sofreram ferimentos leves, um dos aliados gosi-alua (um homem chamado Ekitamalek) foi ferido gravemente (uma flecha perfurou seu pulmão esquerdo e ele morreu 17 dias depois) e um número não definido de widaias sofreu ferimentos. Aquele resultado deixou os dois lados ávidos por outra batalha.

Em 15 de abril, novo desafio para uma batalha foi feito e aceito, e cerca de quatrocentos guerreiros lutaram até que o cair da noite obrigasse todo mundo a ir para casa. Cerca de vinte homens de cada lado ficaram feridos. Três aliados hubikiats da Aliança Widaia tiveram de ser carregados, acompanhados por risos sarcásticos e zombarias dos membros da Confederação Wilihiman, que gritavam coisas como

---

*Aqui, e em vários parágrafos seguintes, encontramos um aspecto da guerra dani que inicialmente nos intriga: batalhas com hora marcada. Ou seja: um lado desafia o outro a se encontrarem em um lugar determinado, em dia determinado, para uma batalha. O outro lado é livre para aceitar ou ignorar o desafio. Uma vez iniciada, a batalha pode ser suspensa por qualquer dos lados se começar a chover. Esses fatos induziram alguns comentaristas a descartar a guerra dani ritualística, sem intenção séria de matar; apenas uma forma de disputa esportiva. Fatos incontestáveis contrapõem-se a essa visão: os danis são feridos e mortos nessas batalhas, outros danis são mortos em incursões e emboscadas, e grande número deles é morto em (raros) massacres. O antropólogo Paul Roscoe argumenta que a aparente ritualização das batalhas dos danis era uma consequência inevitável do terreno pantanoso e encharcado, com apenas duas colinas estreitas sobre as quais grandes grupos de guerreiros poderiam manobrar e lutar com segurança.

Lutar em grandes grupos em qualquer outro lugar teria constituído um risco suicida de, ao perseguir o inimigo ou bater em retirada, deparar-se com pântanos e pontes submersas que desconheciam. Há outro fator que sustenta a interpretação de Roscoe: essa aparente ritualização da guerra dani não tem paralelo entre muitos outros grupos das terras altas da Nova Guiné que lutam em terreno firme e seco. Circularam rumores, aparentemente originados entre missionários, de que a própria Expedição de Harvard, ansiosa por obter filmagens de cenas dramáticas, de alguma forma havia provocado os danis a lutar e se matarem uns aos outros. No entanto, os danis já lutavam antes da chegada da expedição e assim continuaram fazendo quando ela partiu, e investigações conduzidas pelo governo concluíram que os rumores eram infundados.

"Mandem esses idiotas andarem por conta própria, eles não são porcos! (...) Vão para casa, suas mulheres vão cozinhar batatas para vocês." Um dos três feridos morreu seis semanas depois.

Em 27 de abril, Ekitamalek, o homem gosi-alua que ficara ferido no dia 10, morreu e foi cremado. Os widaias notaram que nenhum gosi-alua e poucos wilihimans estavam nas plantações, então trinta deles cruzaram um rio, entraram em terras wilihiman e esperaram, emboscados. Como não aparecesse ninguém, derrubaram uma torre de vigia wilihiman e voltaram para casa (imagem 13).

No dia 4 de maio, os wilihimans e seus aliados fizeram um desafio para uma batalha e esperaram em um local de sua preferência, mas nenhum widaia apareceu, e voltaram para casa.

No dia 10 ou 11 de maio, o pai de Ekitamalek liderou um ataque de homens gosi-aluas, walaluas e muitos wilihimans às plantações dos widaias enquanto os demais homens wilihimans e as mulheres continuaram trabalhando em suas plantações e se comportando como se tudo estivesse normal para que os widaias não suspeitassem de uma emboscada. Os invasores viram dois widaias trabalhando na plantação enquanto um terceiro montava guarda no alto de uma torre. Durante horas, os invasores avançaram, esgueirando-se, até que o vigia os percebesse quando estavam a uma distância de cinquenta metros. Os três widaias fugiram, mas os atacantes conseguiram pegar um deles, chamado Huwai: golpearam-no repetidas vezes com lanças e fugiram. Uma contraemboscada feita pelos widaias em território wilihiman não teve sucesso. O homem widaia ferido morreu no fim daquele dia. Três wilihimans ficaram levemente feridos nas ações do dia. Agora, os wilihimans sentiam que haviam vingado a morte de seu aliado gosi-alua, e celebraram dançando até de madrugada.

No dia 25 de maio, guerreiros gutelus, na frente norte da aliança, mataram um homem da Confederação Asuk-Balek, aliado dos widaias (sua morte em 25 de agosto será descrita mais adiante).

No dia 26 de maio, os dois lados emitiram desafios, realizaram ataques repentinos e lutaram até o início da noite, voltando então para casa. Doze wilihimans foram feridos, nenhum deles gravemente.

UM BREVE CAPÍTULO SOBRE UMA GUERRA MINÚSCULA

Em 29 de maio, os widaias relataram que seu guerreiro ferido em 15 de abril acabara de morrer, o que levou os wilihimans a iniciar uma dança comemorativa que precisou ser interrompida devido à notícia de um ataque widaia na fronteira norte.

Agora, os widaias estavam agitados porque haviam sofrido duas mortes sem conseguirem se vingar. Em 4 de junho, mandaram um grupo de emboscada que acabou se transformando em uma batalha que envolveu cerca de oitocentos homens e só foi interrompida ao anoitecer. Três wilihimans foram feridos levemente.

Uma batalha completa ocorreu em 7 de junho, envolvendo quatrocentos ou quinhentos guerreiros de cada lado. Em meio a uma chuva de lanças e flechas de grupos oponentes postados a vinte metros de distância um do outro, os mais afoitos lutavam a cinco metros do inimigo, movendo-se constantemente com grande rapidez para evitar serem atingidos. Cerca de vinte homens ficaram feridos.

Uma incursão widaia em 8 de junho deixou apenas pegadas, mas nenhum homem foi visto.

Em 10 de junho, os wilihimans reuniram-se para uma cerimônia e não ficou ninguém na plantação nem a postos nas torres de vigia. No fim da tarde daquele dia quente, um homem wilihiman e três meninos caminhavam para o rio em busca de água fresca e foram surpreendidos por trinta widaias divididos em dois grupos. Quando o primeiro grupo saltou diante deles, os quatro wilihimans fugiram, mas o segundo grupo de widaias tentou liquidá-los. O homem e dois meninos conseguiram escapar, mas Wejakhe, o terceiro menino, não conseguiu correr porque tinha uma perna ferida; foi pego, gravemente ferido por lanças e morreu naquela noite.

Em 15 de junho, os parentes wilihimans de Wejakhe tentaram um ataque surpresa, sem sucesso.

Em 22 de junho, os widaias gritaram um desafio, o que deu início a uma batalha com cerca de trezentos homens de cada lado e a uma emboscada. Quatro homens ficaram levemente feridos. Um homem dloko-mabel foi seriamente ferido pela ponta de uma flecha que se quebrou em seu ombro. Os companheiros tentaram extraí-la, primeiro agarrando-a com os dentes e puxando, e depois a removendo (sem anestesia) com uma faca de bambu.

Em 5 de julho, depois de duas semanas sem lutas, os wilihimans atacaram uma plantação widaia. Um wilihiman chamado Jenokma, que era mais rápido que os companheiros, impetuosamente saiu correndo atrás de um grupo de seis widaias em fuga, e foi derrubado e morto com lanças. Seus companheiros fugiram e os widaias levaram o corpo, mas o devolveram naquela noite, deixando-o na terra de ninguém para que os wilihimans o recolhessem. Três aliados gosi-aluas dos wilihimans foram levemente feridos. Os wilihimans estavam em situação desfavorável: haviam esperado matar alguém, mas acabaram sofrendo mais uma morte. Uma mulher wilihiman idosa lamentou: "Por que vocês estão tentando matar os widaias?" E um homem respondeu: "Eles são nossos inimigos. Por que não deveríamos matá-los? Eles não são humanos."

Em 12 de julho, os wilihimans passaram o dia todo esperando em uma emboscada e então fizeram um desafio aberto por volta das 5 da tarde. No entanto, era um dia de chuva, e os widaias não aceitaram o desafio nem saíram para suas plantações.

Em 28 de julho, os widaias realizaram novo assalto, que foi percebido por um grupo de oito wilihimans em uma torre de vigia. Esse grupo se escondeu. Achando que não havia nenhum wilihiman por perto, os widaias chegaram até a torre, e um deles subiu para explorar a área. Nesse momento, os wilihimans escondidos saltaram sobre os widaias. Os que estavam no chão saíram correndo, e o que estava no alto da torre tentou saltar, mas foi capturado e morto. Naquela noite, os wilihimans devolveram o corpo aos widaias.

Em 2 de agosto, uma pequena batalha foi provocada quando um porco widaia foi roubado por wilihimans, ou se perdeu no território inimigo.

Em 6 de agosto, ocorreu uma grande batalha entre os wilihimans, os widaias e aliados de ambos. Uma batalha paralela aconteceu entre meninos widaias e wilihimans, alguns com apenas seis anos de idade, que se enfrentaram das margens opostas de um rio, lançando flechas e incitados por homens mais velhos. Apenas cinco homens tiveram

UM BREVE CAPÍTULO SOBRE UMA GUERRA MINÚSCULA

ferimentos leves, pois a batalha degenerou em xingamentos, em vez de luta. Alguns dos insultos: "Vocês são mulheres, são covardes." "Por que vocês têm um número de mulheres tão maior do que seu baixo status merece?" "Eu tenho cinco esposas, e vou conseguir outras cinco porque vivo em minha própria terra. Vocês são fugitivos sem terra, é por isso que não têm esposas."

Em 16 de agosto, ocorreu outra grande batalha que contou com aliados de ambos os lados. Pelo menos vinte homens foram feridos, um deles possivelmente de forma grave por uma flecha que se alojou em seu abdome. Os wilihimans agora estavam tensos, pressionados por sua incapacidade de vingar os dois mortos recentes e tomados por uma obsessão coletiva de matar um inimigo rapidamente. Os espíritos de seus ancestrais queriam vingança — pois também não haviam conseguido se vingar. Os integrantes do grupo sentiam que os espíritos já não os estavam apoiando e que dependiam inteiramente de si mesmos; aquele medo reduziu seu desejo de lutar.

Em 24 de agosto, uma mulher widaia, infeliz com seu marido, fugiu para terras wilihiman em busca de refúgio. Um grupo de wilihimans queria matá-la como vingança da morte de Jenokma em 5 de julho, mas foi dissuadido de fazê-lo.

Em 25 de agosto, conforme relatei no capítulo 2, quatro homens asuk-baleks, do outro lado do rio Baliem, chegaram para visitar parentes de dois dos homens na área dloko-mabel. Deram com um grupo wilihiman, que imediatamente percebeu que os visitantes eram aliados de seus inimigos, e foi decidido que os dois que não tinham nenhum parente no local deveriam ser mortos. Um deles conseguiu fugir, mas o outro foi dominado e morto. Enquanto os homens wilihimans arrastavam o asuk-balek moribundo, um grupo de meninos corria ao lado, fincando pequenas lanças no prisioneiro. A morte desencadeou uma alegria frenética, todos cantando e, mais tarde, se juntando em uma dança comemorativa. Os wilihimans concluíram que o asuk-balek havia sido levado até eles pelos espíritos dos ancestrais, ou talvez pelo espírito de Jenokma. Embora a vingança não fosse exatamente simétrica (pois haviam matado apenas um inimigo e perdido dois dos seus), a tensão baixou. A morte de um único inimigo era o sinal mais seguro de que os espíritos ancestrais os estavam ajudando novamente.

No início de setembro, um assalto widaia matou um garoto chamado Digiliak, enquanto uma incursão gutelu matou dois widaias. No dia seguinte, a guerra terminou abruptamente na fronteira sul dos gutelus quando um posto de patrulha holandês foi instalado ali, mas continuou em outra fronteira gutelu.

Cada uma das ações descritas até agora produziu consequências tangíveis apenas limitadas, porque poucas pessoas morreram e nenhuma população foi expulsa de suas terras de origem. Cinco anos depois, em 4 de junho de 1966, ocorreu um massacre de grandes proporções. Suas origens remontam a tensões dentro da Aliança Gutelu, entre o líder da aliança Gutelu da Confederação Dloko-Mabel e os líderes invejosos das confederações aliadas Wilihiman-Walalua e Gosi-Alua. Várias décadas antes disso, as duas últimas confederações haviam estado em guerra com a Confederação Dloko-Mabel, até que houve uma mudança de alianças. Não está claro se o próprio Gutelu planejou o ataque aos seus antigos inimigos ou se foi incapaz de refrear os cabeças-quentes entre seu povo. Se essa última hipótese fosse verdadeira, ilustraria um tema recorrente em sociedades tribais que carecem de uma liderança forte e do monopólio da força, traços que caracterizam as chefaturas e as sociedades de Estado. O ataque foi cuidadosamente programado para um dia em que o missionário local e a polícia indonésia (que havia recebido dos holandeses o controle da Nova Guiné ocidental em 1962) estariam fora da área. Guerreiros dloko-mabels e outros membros da Aliança Gutelu originários do norte entraram furtivamente pelo rio Elogeta ao clarear do dia, protegidos pela neblina, para atacar os membros da aliança que viviam no sul. Dali a uma hora, 125 adultos e crianças de ambos os sexos estavam mortos ou morrendo, dezenas de povoados em chamas; outras alianças, alertadas sobre o ataque iminente, aproveitaram a oportunidade para roubar porcos. Os grupos do sul teriam sido exterminados, não fosse a ajuda que receberam de antigos aliados que compunham outra aliança ao sul. O resultado, além de todas aquelas mortes, foi uma fuga das populações para áreas mais ao sul e uma divisão da Aliança

UM BREVE CAPÍTULO SOBRE UMA GUERRA MINÚSCULA

Gutelu entre os do norte e os do sul. Tais massacres são eventos pouco frequentes, mas têm grandes consequências. Karl Heider ouviu contar de quatro outros ocorridos entre a década de 1930 e 1962, com queima de vilarejos, pilhagem de porcos e deslocamento de populações.

O número de mortos na guerra

Todas as lutas ocorridas entre abril e início de setembro de 1961 resultaram em apenas 11 mortes na fronteira sul. O massacre de 4 de junho de 1966 produziu apenas 125 vítimas. Para nós, sobreviventes do século XX e de duas guerras mundiais, esses números são tão pequenos que nem merecem ser honrados com o nome de guerra. Pense em alguns casos com números muito maiores de mortes na história dos Estados modernos: 2.996 americanos mortos em uma hora no ataque ao World Trade Center em 11 de setembro de 2001; 20 mil soldados britânicos mortos em um único dia, 1º de julho de 1916, na batalha do Somme durante a Primeira Guerra Mundial, ceifados enquanto avançavam em campo aberto contra posições alemãs fortemente defendidas por metralhadoras; cerca de 100 mil japoneses mortos em 6 de agosto de 1945, ou em seguida, pela bomba atômica lançada pelos americanos sobre Hiroshima (imagem 37); e mais de 50 milhões de mortos como resultado da Segunda Guerra Mundial. Por esses padrões, as lutas entre os danis que acabei de resumir foram uma guerra minúscula, caso sejam consideradas guerras.

Sim, a guerra dos danis foi, de fato, minúscula quando medida pelo número absoluto de mortos. Mas as nações que participaram da Segunda Guerra Mundial eram muitíssimo mais populosas e ofereciam um número muitíssimo maior de vítimas potenciais do que as duas alianças em guerra. Essas alianças envolviam talvez 8 mil pessoas ao todo, enquanto os principais participantes da Segunda Guerra Mundial tinham populações que iam de dezenas de milhões a quase um bilhão. O número relativo de mortos na guerra dani — o número de danis mortos como proporção da população total envolvida — igualou

O MUNDO ATÉ ONTEM

ou eclipsou o número de baixas sofridas pelos Estados Unidos, por países europeus, pelo Japão ou pela China nas guerras mundiais. Por exemplo, as onze mortes sofridas pelas duas alianças danis somente na frente gutelu ao sul durante os seis meses entre abril e setembro de 1961 representaram cerca de 0,14% da população das alianças. Isso é mais do que a porcentagem de mortos (0,10%) na mais sangrenta batalha da frente do Pacífico durante a Segunda Guerra Mundial: os três meses de combates na disputa por Okinawa, empregando bombardeiros, aviões camicases, artilharia e lança-chamas, na qual morreram 264 mil pessoas (23 mil soldados americanos, 91 mil soldados japoneses e 150 mil civis de Okinawa). Na época, a população total dos Estados Unidos, do Japão e de Okinawa era de cerca de 250 milhões de pessoas. Os 125 homens, mulheres e crianças mortos em uma única hora no massacre dani de 4 de junho de 1966 representavam cerca de 5% da população alvo (cerca de 2.500 pessoas) das confederações sulistas da Aliança Gutelu. Para que correspondesse a essa porcentagem, a bomba atômica de Hiroshima teria que ter matado 4 milhões de japoneses, e não 100 mil, e o ataque ao World Trade Center teria que ter matado 15 milhões de americanos, em vez de 2.996.

Pelos padrões mundiais, a guerra dos danis foi mínima somente porque a população dani em perigo de ser morta era mínima. Pelos padrões da população local envolvida, a guerra dos danis foi gigantesca. No próximo capítulo, veremos que essa conclusão também se aplica às guerras tradicionais em geral.

CAPÍTULO 4

UM CAPÍTULO MAIS LONGO
SOBRE MUITAS GUERRAS

Definições de guerra • Fontes de informação • Formas de guerras tradicionais • Taxas de mortalidade • Semelhanças e diferenças • Pondo fim ao estado de guerra • Efeitos do contato com europeus • Animais belicosos, povos pacíficos • Motivos da guerra tradicional • Razões últimas • Contra quem as pessoas lutam? • Esquecendo Pearl Harbor

Definições de guerra

A guerra tradicional, ilustrada pela guerra dos danis descrita no capítulo anterior, é um acontecimento muito comum, mas não universal, entre as sociedades de pequena escala, e as muitas questões que levanta têm sido objeto de debates acalorados. Por exemplo, como se deve definir guerra? Será que as chamadas guerras tribais realmente constituem guerras? Como se comparam as mortes decorrentes de guerras em sociedades de pequena escala com as mortes em guerras entre Estados? As guerras tradicionais aumentam ou diminuem quando sociedades pequenas são contatadas e influenciadas por europeus e outras sociedades mais centralizadas? Se as lutas entre grupos de chimpanzés, leões, lobos e outros animais sociais fornecem precedentes para a guerra humana, será que isso sugere uma base genética da guerra? Entre sociedades humanas, existem algumas especialmente pacíficas? Em caso afirmativo, o que explica isso? E, finalmente: quais os motivos e as causas das guerras tradicionais?

Comecemos com a questão de como definir guerra. A violência humana assume muitas formas, e somente algumas são normalmente tidas como constituindo guerras. Qualquer pessoa concordará que uma batalha entre grandes exércitos de soldados profissionais treinados a serviço de governos rivais que fizeram declarações formais de guerra constitui uma guerra. A maior parte de nós também concordaria que há formas de violência humana que não constituem guerra, como homicídios individuais (o assassinato de um indivíduo por outro pertencente à mesma unidade política) ou rixas entre famílias dentro da mesma unidade política (como as disputas entre as famílias Hatfield e McCoy no leste dos Estados Unidos, que começou por volta de 1880). Casos limites incluem violência recorrente entre grupos rivais dentro da mesma unidade política, como as lutas entre gangues urbanas (chamadas de "guerras de gangue"), entre cartéis de drogas ou entre facções políticas cujos embates ainda não alcançaram o estágio de uma guerra civil declarada (como as brigas entre as milícias armadas de fascistas e socialistas na Itália e na Alemanha que levaram à tomada do poder por Mussolini e Hitler.) Onde devemos traçar a linha?

A resposta a essa pergunta pode depender do propósito do estudo sendo realizado. Para futuros soldados em treinamento em um colégio militar governamental, pode ser adequado excluir de uma definição de guerra as histórias que vimos no capítulo 3, de violência entre alianças danis rivais. No entanto, para nossos propósitos neste livro, que trata de todo o espectro de fenômenos relacionados que se observam tanto nos menores bandos humanos de vinte pessoas quanto nos maiores Estados com populações acima de um bilhão, precisamos definir guerra de uma forma que não exclua a guerra tradicional entre pequenos bandos. Como argumentou Steven LeBlanc, "Para que possam ser úteis para o estudo de guerras passadas, as definições de guerra não devem depender do tamanho do grupo ou dos métodos de luta. (...) Muitos especialistas definem *guerra* de tal modo que a palavra se refere a algo que apenas sociedades complexas que empregam armas de metal podem ter (isto é, batalhas campais e soldados profissionais). Tudo o mais — como ocasionais ataques surpresa — não é guerra 'real', dizem eles, porém

UM CAPÍTULO MAIS LONGO SOBRE MUITAS GUERRAS

algo mais semelhante a um jogo, um assunto de pouco interesse. No entanto, essa abordagem ou atitude confunde os métodos da guerra com os resultados da guerra. (...) Será que o conflito entre unidades políticas independentes resultará em significativo número de mortes e perda de território, fazendo, ao mesmo tempo, com que parte do território torne-se inutilizável por ser perigoso demais viver ali? Será que as pessoas estão gastando grande parcela de tempo e energia para se defender? (...) Se as batalhas resultam em significativos impactos sobre as pessoas, trata-se de guerra, como quer que seja conduzida." Dessa perspectiva, a guerra deve ser definida em termos suficientemente amplos para incluir os combates entre os danis descritos no capítulo 3.

Considere essa típica definição de guerra contida na 15ª edição da *Enciclopédia Britânica*: "Um estado de conflito hostil armado, geralmente aberto e declarado, entre unidades políticas, como Estados ou nações, ou entre facções políticas rivais do mesmo Estado ou nação. A guerra é caracterizada pela violência intencional de grandes grupos de indivíduos expressamente organizados e treinados para participar de tal violência. (...) A guerra é comumente entendida como envolvendo somente conflitos armados em uma escala bastante grande, em geral excluindo conflitos dos quais participem menos de 50 mil combatentes." Como muitas outras definições de guerra aparentemente óbvias, essa é excessivamente restritiva para nossos propósitos, pois requer "grandes grupos de indivíduos expressamente organizados e treinados" e, portanto, recusa-se a admitir a possibilidade de guerra em sociedades de pequenos bandos. Sua exigência arbitrária de pelo menos 50 mil combatentes é mais do que seis vezes toda a população (guerreiros, mulheres e crianças) envolvida na guerra dani do capítulo 3 e muito além do tamanho da maior parte das sociedades de pequena escala discutidas neste livro.

Assim, os especialistas que estudam as sociedades de pequena escala criaram várias definições mais amplas de guerra, semelhantes entre si, que incluem três elementos. O primeiro é a violência empreendida por grupos de qualquer tamanho, mas não por indivíduos isolados. (Uma morte resultante da ação de um indivíduo é considerada um assassinato, não um ato de guerra.) O segundo elemento é a violência entre grupos pertencentes a duas unidades políticas diferentes. E o terceiro é a violência sancionada pela unidade política como um todo, mesmo que apenas alguns membros realizem a violência. Assim, as mortes entre as famílias Hatfield e McCoy não constituíram uma guerra, porque ambas pertenciam à mesma unidade política (os Estados Unidos) e o país como um todo não aprovava aquele conflito entre famílias. Esses elementos podem ser combinados em uma definição sumária que usarei neste livro e que é semelhante a definições formuladas por outros estudiosos de sociedades de pequena escala e de sociedades de Estado: "Guerra é a violência recorrente entre grupos pertencentes a unidades políticas rivais e sancionada por essas unidades."

Fontes de informação

O relato da guerra entre os danis no capítulo 3 poderia sugerir que estudar a guerra tradicional é coisa simples: envie estudantes de pós-gra-duação e uma equipe de filmagem, observe e filme batalhas, conte os guerreiros feridos e mortos carregados de volta às aldeias e entreviste participantes para obter mais detalhes. Esses são os fatos de que dis-pomos para estudar a guerra dos danis. Se tivéssemos centenas desses estudos, ninguém contestaria a realidade da guerra tradicional.

Mas, de fato, por várias razões óbvias, não são comuns as obser-vações diretas de guerras tradicionais por especialistas que carregam câmeras, e existe alguma controvérsia sobre se realmente existiriam guerras tradicionais não sujeitas à influência europeia. À medida que os europeus se expandiram pelo mundo todo a partir de 1492 e encon-traram e conquistaram povos não europeus, uma das primeiras coisas que os conquistadores fizeram foi suprimir as guerras tradicionais, tanto para garantir a segurança de seus próprios cidadãos e administrar as áreas conquistadas quanto como parte de uma missão percebida como civilizatória. Depois da Segunda Guerra Mundial, quando a ciência da Antropologia entrou na era dos recursos abundantes para financiar

UM CAPÍTULO MAIS LONGO SOBRE MUITAS GUERRAS

estudos de campo realizados por estudantes de pós-graduação, a guerra entre sociedades tradicionais de pequena escala já estava confinada basicamente à ilha da Nova Guiné e a partes da América do Sul. Havia terminado muito mais cedo em outras ilhas do Pacífico, na América do Norte, na Austrália aborígine, na África e na Eurásia, embora formas modernas daquelas guerras venham ressurgindo recentemente em algumas áreas, especialmente na África e na Nova Guiné.

Mesmo na Nova Guiné e na América do Sul, têm sido poucas as oportunidades recentes para antropólogos observarem uma guerra tradicional em primeira mão. Os governos não querem os problemas e a publicidade que resultariam se pessoas de fora, desarmadas e vulneráveis, fossem atacadas por grupos tribais em guerra. Os governos também não querem que antropólogos armados sejam os primeiros representantes de uma sociedade de Estado a entrar numa área tribal não pacificada e tentar pôr fim à guerra usando a força por conta própria. Assim, tanto na Nova Guiné quando na América do Sul, tem havido restrições governamentais a viagens de estranhos até que uma área seja considerada oficialmente pacificada e segura para qualquer pessoa poder visitar. Ainda assim, alguns estudiosos e missionários conseguiram trabalhar em áreas onde as lutas ainda estavam acontecendo. Exemplos notáveis foram os observadores de 1961 na área dos danis, onde já existia um posto de patrulhamento holandês instalado no Vale do Baliem, mas onde a Expedição de Harvard teve permissão de operar para além da área sob controle do governo; o trabalho da família Kuegler entre o povo fayu no oeste da Nova Guiné, iniciado em 1979; e o trabalho de Napoleon Chagnon entre os índios ianomâmis da Venezuela e do Brasil. No entanto, mesmo nos estudos que produziram algumas observações em primeira mão, os detalhes, em grande parte ou na maior parte dos casos, não foram observados diretamente pelo ocidental que escreveu sobre eles, mas adquiridos de segunda mão com informantes locais — como, por exemplo, os relatos detalhados de Jan Broekhuijse das pessoas que foram feridas em cada batalha dani, em quais circunstâncias e em que parte do corpo.

O MUNDO ATÉ ONTEM

A maior parte das informações que temos sobre guerras tradicionais tem origem em relatos feitos por participantes a visitantes europeus ou baseia-se em observações diretas por europeus (como funcionários de governos, exploradores e comerciantes) que não eram cientistas sociais e não estavam coletando dados para suas teses de doutorado. Por exemplo, muitos guineenses me fizeram relatos de suas próprias experiências em guerras tradicionais. No entanto, em todas as minhas visitas à Nova Guiné oriental, quando se encontrava sob a administração australiana (agora Papua Nova Guiné independente) e à Nova Guiné ocidental administrada pela Indonésia, nunca testemunhei pessoalmente guineenses atacando outros guineenses. Os governos australiano e indonésio nunca teriam permitido que eu entrasse em áreas onde ainda estivessem ocorrendo conflitos, mesmo se eu tivesse desejado fazê-lo — coisa que nunca desejei.

A maior parte dos ocidentais que chegaram a observar e descrever a guerra tradicional não era de estudiosos profissionais. Por exemplo, Sabine Kuegler, filha dos missionários Klaus e Doris Kuegler, conta em seu famoso livro *Dschungelkind* (A menina da selva) que, quando tinha seis anos de idade, assistiu a uma luta com arcos e flechas entre o clã Tigre dos fayus (entre os quais sua família estava vivendo) e visitantes do clã Sefoidi, e como viu as flechas que voavam à sua volta e homens feridos sendo carregados em canoas. Da mesma forma, o padre espanhol Juan Crespí, um membro da Expedição Gaspar de Portolá, a primeira expedição terrestre europeia a chegar aos índios chumashes no litoral sul da Califórnia, em 1769-1770, escreveu detalhadamente sobre grupos de chumashes que lançavam flechas uns contra os outros.

Um problema associado a todos esses relatos de guerras tradicionais por observadores externos (geralmente europeus), sejam antropólogos ou leigos, faz recordar o Princípio da Incerteza de Heisenberg no campo da Física: a própria observação perturba o fenômeno observado. Na Antropologia, isso significa que a mera presença de pessoas de fora inevitavelmente tem grandes efeitos sobre povos até então "intocados". Os governos rotineiramente adotam uma política intencional de pôr fim à guerra tradicional. Por exemplo, quando os oficiais da patrulha australiana estabelecida no século XX no Território da Papua e Nova

UM CAPÍTULO MAIS LONGO SOBRE MUITAS GUERRAS

Guiné entraram na área, o primeiro objetivo foi acabar com a guerra e com o canibalismo. Observadores externos não governamentais podem conseguir o mesmo resultado por vias diferentes. Assim, quando estava vivendo entre o clã fayu, Klaus Kuegler precisou insistir para que os homens parassem de lutar em torno de sua casa e fossem para outro lugar se quisessem continuar se alvejando mutuamente; de outra forma, ele e sua família iriam embora em busca de segurança e paz de espírito. Os fayus concordaram e, aos poucos, acabaram com todos os conflitos armados.

Esses são exemplos de europeus que intencionalmente buscaram terminar ou reduzir as lutas tribais, mas há histórias de europeus que intencionalmente provocaram essas lutas. Existem também várias situações em que pessoas de fora, por meio de suas atividades ou pela mera presença, poderiam involuntariamente aumentar ou reduzir as lutas. Assim, sempre que um visitante relata observações de guerras tradicionais (ou ausência delas), existe uma inevitável incerteza sobre em que medida teriam as lutas ocorrido se não houvesse nenhum observador externo presente. Voltarei a essa questão mais adiante neste capítulo.

Uma abordagem alternativa tem sido esmiuçar as provas de lutas tribais preservadas em registros arqueológicos de fatos anteriores à chegada de estrangeiros. Essa abordagem tem a vantagem de remover inteiramente a influência de observadores externos contemporâneos. No entanto, numa analogia com o Princípio da Incerteza de Heisenberg, ganhamos essa vantagem à custa de uma desvantagem: crescente incerteza sobre os fatos, porque a luta não foi observada diretamente nem descrita com base em relatos de testemunhas locais, mas teve de ser inferida a partir de provas arqueológicas, naturalmente sujeitas a várias ambiguidades. Um tipo inegável de prova arqueológica da ocorrência de lutas são pilhas de esqueletos amontoados sem os indícios usuais de um enterro intencional adequado, e marcas ou fraturas em ossos claramente feitos por armas ou outro instrumento. Tais marcas incluem ossos com pontas de flechas incrustadas, ossos com marcas feitas por uma arma cortante como um machado, crânios com longas marcas de corte indicadoras de escalpe, ou crânios com as duas primeiras vértebras ainda

O MUNDO ATÉ ONTEM

ligadas, claro indício de decapitações (feitas por caçadores de cabeças, possivelmente). Em Talheim, no sudoeste da Alemanha, Joachim Wahl e Hans König estudaram 34 esqueletos que identificaram como de 18 adultos (nove homens, sete mulheres e dois de sexo não definido) e 16 crianças. Haviam sido empilhados aleatoriamente por volta de 5.000 a.C. em uma cova coletiva sem os costumeiros bens e artefatos funerários associados a um sepultamento respeitoso feito por parentes. Marcas de corte na parte de trás de 18 crânios, do lado direito, mostravam que aquelas pessoas haviam morrido de golpes administrados pelas costas por pelo menos seis machados diferentes e obviamente empunhados por agressores que usavam a mão direita. As vítimas eram de todas as idades, desde crianças pequenas até um homem de cerca de sessenta anos. Claramente, um grupo inteiro, formado por uma meia dúzia de famílias, havia sido massacrado simultaneamente por um grupo muito maior de agressores.

Outros tipos de evidência arqueológica de guerra incluem descobertas de armas, armaduras e escudos, e de fortificações. Embora algumas armas não sejam sinais inequívocos de guerra, porque lanças, arcos e flechas podem ser usados para caçar animais e também para matar gente, a descoberta de machados de batalha e pilhas de grandes pedras usadas para arremesso com estilingue fornece provas de guerra, porque são usados apenas ou principalmente contra pessoas, não contra animais. Armaduras e escudos também são empregados somente em guerras, não para caçar animais. Seu uso em guerras tem aparecido em descrições etnográficas de muitos povos tradicionais contemporâneos, incluindo guineenses, aborígines australianos e inuítes. Assim, achados de armaduras e escudos semelhantes em sítios arqueológicos são provas de lutas no passado. Sinais arqueológicos adicionais de guerras são as fortificações, como muros, fossos, portões reforçados e torres para lançamento de mísseis contra inimigos que tentem escalar os muros. Por exemplo, quando os europeus começaram a se instalar na Nova Zelândia no início dos século XIX, a população maori nativa tinha fortificações em colinas, chamadas *pa*, usadas inicialmente para lutas entre os grupos e, em algum momento, também para lutar contra europeus. Já se conhecem cerca de mil *pas* maoris, muitas delas escavadas por arqueólogos e datadas de vários séculos antes da chegada dos europeus, mas semelhantes àquelas que os europeus viram sendo usadas. Portanto, não há dúvida de que os maoris já lutavam entre si muito tempo antes da chegada dos europeus.

Finalmente, existem sítios arqueológicos que contêm assentamentos no topo de colinas ou penhascos, ou na própria face de penhascos, e essas são localizações que não fazem nenhum sentido exceto para defesa contra assaltos de inimigos. Exemplos familiares incluem os assentamentos dos índios anasazis em Mesa Verde e em outros pontos do sudoeste dos Estados Unidos, localizados na beira de penhascos e em platôs projetados sobre abismos, e somente acessíveis por escadas de mão. Posicionados muito acima do vale, exigiam que a água e outros suprimentos fossem carregados por centenas de metros até o cume. Quando os europeus chegaram ao sudoeste, os índios usaram aqueles locais como refúgios ou para se protegerem dos ataques dos brancos. Presume-se, portanto, que as habitações em penhascos, que datam de muitos séculos antes da chegada dos europeus, eram igualmente usadas para defesa contra ataques indígenas, e sua necessidade como refúgio aumentava com o tempo à medida que cresciam a densidade populacional e a violência (cujas provas arqueológicas são claras). Caso todas essas provas não fossem suficientes, pinturas rupestres que datam do final do Pleistoceno mostram lutas entre grupos opostos, exibem pessoas sendo atacadas com lanças, grupos de pessoas lutando com arcos, flechas, escudos, lanças e clavas. Existem também trabalhos artísticos sofisticados, mais recentes do que esses, mas ainda pré-europeus: as famosas pinturas maias em Bonampak, feitas por uma sociedade que viveu por volta do ano 800, que retratam detalhes realistas e sangrentos de batalhas e de tortura de prisioneiros.

Assim, temos três amplos grupos de informações — feitas por observadores modernos, por arqueólogos e por historiadores da arte — sobre guerras tradicionais em sociedades de pequena escala, desde pequenos bandos até grandes chefaturas e Estados incipientes.

Formas de guerras tradicionais

A guerra tem assumido inúmeras formas, tanto no passado quanto hoje. A guerra tradicional utilizava todas as táticas básicas tecnologicamente possíveis para as sociedades tribais e ainda usadas pelos Estados modernos. (Naturalmente, os meios para a guerra aérea não estavam disponíveis para as tribos, e as primeiras evidências conhecidas de guerra naval com navios de guerra especializados datam do surgimento de governos de Estado, depois de 3.000 a.C.) Uma tática familiar e ainda praticada é a batalha campal na qual forças combatentes opostas se defrontam e lutam em terreno aberto. Essa é a primeira tática que nos vem à mente quando pensamos na guerra do Estado moderno — exemplos famosos incluem as batalhas de Stalingrado, Gettysburg e Waterloo. Exceto pela escala e pelas armas, teriam parecido familiares aos danis, cujas batalhas se desenrolaram espontaneamente em 7 de junho, 2 de agosto e 6 de agosto de 1961, conforme descrito no capítulo 3.

A segunda tática entre as mais familiares é o ataque surpresa, no qual um grupo de guerreiros suficientemente pequeno para conseguir se esconder avança furtivamente, ou à noite, faz uma incursão ao território inimigo com o objetivo limitado de matar alguns deles ou destruir sua propriedade, e depois se retira, sem a expectativa de destruir todo o exército inimigo ou de ocupar permanentemente o território invadido. Essa é talvez a forma mais disseminada de guerra tradicional documentada na maior parte das sociedades tradicionais, como os ataques surpresa dos nueres contra os dinkas, ou aqueles entre grupos ianomâmis. Já descrevi ataques surpresa dos danis ocorridos em 10 de maio, 26 de maio, 29 de maio, 8 de junho, 15 de junho, 5 de julho e 28 de julho de 1961. Exemplos de incursões por infantaria, e hoje também por navios e aviões, também são abundantes nas guerras entre Estados.

Relacionadas aos ataques surpresa, e também disseminadas nas guerras tradicionais, são as emboscadas, outra forma de ataque na qual os agressores, em vez de se moverem furtivamente, escondem-se e permanecem à espera em um local pelo qual passarão os inimigos. Descrevi emboscadas danis que ocorreram em 27 de abril, 10 de maio, 4

UM CAPÍTULO MAIS LONGO SOBRE MUITAS GUERRAS

de junho, 10 de junho, 12 de julho e 28 de julho de 1961. As emboscadas continuam igualmente populares nas guerras modernas, auxiliadas por radares e métodos de quebra de código que facilitam a detecção de movimentos do inimigo — que tem menos probabilidade de detectar o grupo emboscado.

Uma tática tradicional, sem paralelo na guerra moderna entre Estados, é o festim traiçoeiro documentado entre os ianomâmis e também na Nova Guiné: convidar os vizinhos para um banquete e então surpreendê-los, matando-os depois de haverem depositado suas armas e estarem com a atenção voltada para comer e beber. Nós, modernos, podemos nos perguntar, admirados, por que razão qualquer grupo ianomâmi, tendo ouvido histórias de traições anteriores, se deixaria cair em tal armadilha. A explicação pode ser que os banquetes em homenagem a convidados são fato comum, que a aceitação de um convite geralmente produz grandes vantagens em termos da construção de alianças e da partilha de alimentos, e que os anfitriões fazem grandes esforços para que suas intenções pareçam amistosas. O único exemplo moderno que conheço envolvendo governos estatais é o massacre do comandante bôer Piet Retief e de todo o seu grupo de cem homens pelo rei zulu Dingane, em 6 de fevereiro de 1838, quando estavam sendo recepcionados por Dingane para um banquete em seu acampamento. Esse exemplo pode ser considerado a exceção que prova a regra: os zulus haviam sido apenas uma chefatura dentre centenas de outras que viviam em conflito até a unificação e a fundação do Estado zulu algumas décadas antes.

Uma traição assim tão escancarada foi substituída, na maior parte dos casos, pelas regras de diplomacia que os Estados modernos têm interesse em seguir. Até Hitler e o Japão emitiram declarações formais de guerra contra a União Soviética e os Estados Unidos, respectivamente, simultâneas a seus ataques àqueles países (mas não antes). No entanto, os Estados de fato empregam atos de traição contra rebeldes a quem consideram não se aplicar as regras habituais da diplomacia. Por exemplo, no dia 7 de junho de 1802, o general francês Charles Leclerc não teve nenhum escrúpulo em convidar Toussaint-Louverture, o líder da independência haitiana, para uma negociação e depois capturá-lo e despachá-lo para uma prisão francesa, onde morreu. Entre os Estados modernos, assassinatos traiçoeiros ainda são realizados por gangues urbanas, cartéis de drogas e grupos terroristas — que não observam as regras da diplomacia governamental.

Outra forma de guerra tradicional sem um paralelo próximo nos Estados modernos são os encontros não traiçoeiros que degeneram num conflito. Muito mais frequentes do que um banquete traiçoeiro, isso envolve povos vizinhos que se encontram para uma cerimônia sem nenhuma intenção de brigar. Mas, ainda assim, a violência pode irromper porque indivíduos que têm diferenças não resolvidas e raramente se encontram acabam se vendo cara a cara, não conseguem se controlar e começam a brigar, e os parentes de ambos os lados entram na briga. Por exemplo, um amigo americano que assistiu a um encontro raro de dezenas de fayus relatou-me o ambiente tenso no qual os homens periodicamente se lançavam insultos mútuos, tinham explosões de raiva, golpeavam o chão com os machados e, em um caso, se precipitaram um sobre o outro de machados em punho. O risco de que tais lutas não planejadas aconteçam durante encontros a princípio pacíficos é alto no caso de sociedades tradicionais nas quais povos vizinhos raramente se encontram, onde a vingança de ofensas fica por conta do indivíduo e não existe nenhum líder ou "governo" capaz de monopolizar a força e conter os mais esquentados.

Nas sociedades centralizadas de Estado, é raro que brigas individuais espontâneas ganhem vulto e se transformem em uma guerra organizada de exércitos, mas às vezes isso acontece. Um exemplo é a chamada Guerra do Futebol entre El Salvador e Honduras em junho-julho de 1969. Numa época em que as tensões entre os dois países já estavam elevadas devido a disparidades econômicas e à imigração ilegal, seus times de futebol encontraram-se para três jogos numa rodada eliminatória para a Copa do Mundo de 1970. Os torcedores rivais começaram a brigar no primeiro jogo na capital hondurenha em 8 de junho (com placar de 1x0 para Honduras), e ficaram ainda mais violentos no segundo jogo, em 15 de junho, na capital de El Salvador (3x0 para El Salvador). Quando o time salvadorenho venceu o terceiro e decisivo jogo por 3x2 na prorrogação do segundo tempo no dia 26 de junho, na Cidade do

UM CAPÍTULO MAIS LONGO SOBRE MUITAS GUERRAS

México, os dois países romperam relações diplomáticas, e no dia 14 de julho o exército e a força aérea de El Salvador começaram a bombardear e invadir Honduras.

Taxas de mortalidade

Qual o grau de mortalidade nas guerras tribais tradicionais? Como se compara com a mortalidade nas guerras entre Estados?

Muitos historiadores militares costumam compilar o total de mortes num país para cada guerra moderna — na Alemanha durante a Segunda Guerra Mundial, por exemplo. Isso permite que se calculem taxas nacionais de mortalidade associadas à guerra e se encontre a média de ocorrências ao longo de um século da história do país, com alternâncias de guerra e paz — para a Alemanha durante todo o século XX, por exemplo. Essas taxas também têm sido calculadas ou estimadas em dezenas de estudos de sociedades tradicionais modernas específicas. Quatro pesquisas — feitas por Lawrence Keeley, Samuel Bowles, Steven Pinker, e por Richard Wrangham, Michael Wilson e Martin Muller — resumiram essa avaliação para várias sociedades tradicionais (os números variaram de 23 a 32 sociedades). Não é surpresa que se haja constatado grandes variações entre essas sociedades. As maiores taxas médias anuais de mortes relacionadas à guerra foram de 1% por ano (ou seja, uma pessoa morta por ano em cada cem membros da população) — sendo mais altas do que isso entre os danis, os dinkas do Sudão e dois grupos indígenas da América do Norte. No outro extremo estão os ilhéus andamaneses e os semangs da Malásia, com taxas de 0,02% por ano, ou menos que isso. Algumas dessas diferenças estão associadas ao modo de subsistência: nas análises de Wrangham, Wilson e Muller, as taxas entre agricultores de subsistência são quase quatro vezes as encontradas entre os caçadores-coletores. Uma medida alternativa do impacto da guerra é a porcentagem de mortes totais relacionadas aos conflitos. Os números vão de 56% entre os índios waoranis do Equador a apenas 3% a 7% em seis populações tradicionais encontradas em diferentes partes do mundo.

O MUNDO ATÉ ONTEM

Para fazer uma comparação com essas medidas de mortalidade associada à guerra em sociedades tradicionais de pequena escala, Keeley extraiu dez valores para sociedades de Estado: um para a Suécia no século XX, que não teve nenhuma guerra e, portanto, nenhuma morte relacionada à guerra, e nove para Estados e períodos selecionados nos quais houve sofrimentos notoriamente terríveis durante guerras. Em consequência dos horrores combinados das duas guerras mundiais, as médias mais altas de números de mortes anuais devidas a guerras ao longo de um século nos tempos modernos foram as da Alemanha e da Rússia no século XX, que alcançaram 0,16% e 0,15% por ano, respectivamente (ou seja, 16 ou 15 mortes por ano em cada 10 mil membros da população). Um valor mais baixo, de 0,07% por ano, foi encontrado para a França no século que incluiu as Guerras Napoleônicas e a retirada do exército de Napoleão da Rússia durante o inverno de 1812. Para o Japão, a porcentagem média de mortes relacionadas à guerra foi muito mais baixa do que a da Alemanha e da Rússia, "apenas" 0,03% ao ano, a despeito das mortes causadas pelas duas bombas atômicas lançadas sobre Hiroshima e Nagasaki, dos bombardeios da maior parte das outras grandes cidades japonesas e das mortes em tiroteios, por fome, suicídio e afogamento de centenas de milhares de soldados japoneses no exterior durante a Segunda Guerra Mundial, além das mortes resultantes da invasão japonesa da China na década de 1930 e da guerra russo-japonesa de 1904-1905. Numa perspectiva de longo prazo, o Estado com a estimativa anual mais elevada teve uma taxa de 0,25% por ano: o famosamente sanguinário Império Asteca durante o século que antecedeu sua destruição pela Espanha.

Comparemos agora essas taxas de mortes relacionadas à guerra nas sociedades tradicionais de pequena escala e nas sociedades populosas modernas que têm governos estatais. Constatamos que os valores *mais altos* de qualquer Estado moderno (Alemanha e Rússia no século XX) são apenas a terça parte dos valores *médios* das sociedades de pequena escala tradicionais, e apenas um sexto dos valores relativos aos danis. Os valores *médios* para os Estados modernos são cerca de um décimo da média das sociedades tradicionais.

UM CAPÍTULO MAIS LONGO SOBRE MUITAS GUERRAS

Pode lhes parecer surpreendente, assim como de início me pareceu, que as guerras de trincheiras, metralhadoras, napalm, bombas atômicas, artilharia e torpedos submarinos produzam números médios de mortes, ao longo de um período, muito mais baixos do que os das guerras com lanças, flechas e clavas. As razões ficam claras quando refletimos sobre as diferenças entre a guerra tradicional e a dos Estados modernos, que discutiremos mais detalhadamente a seguir. Em primeiro lugar, a guerra entre Estados é uma condição intermitente excepcional, enquanto as guerras tribais são praticamente contínuas. Durante o século XX, a Alemanha esteve em guerra por apenas dez anos (1914-1918 e 1939-1945), e as mortes por guerra durante os restantes noventa anos foram insignificantes, enquanto os danis estiveram regularmente em guerra todos os meses de todos os anos. Em segundo lugar, as mortes decorrentes de guerras entre Estados atingem, basicamente, soldados entre 18 e 40 anos de idade; mesmo dentro dessa faixa etária, a maior parte das guerras entre Estados usa apenas pequenos exércitos profissionais, tendo sido excepcional o serviço militar obrigatório em massa durante as duas guerras mundiais; e, até a adoção dos bombardeios aéreos generalizados e indiscriminados durante a Segunda Guerra Mundial, os civis não corriam risco direto de serem mortos em grande número. Nas sociedades tradicionais, em contraste, todo mundo — homens e mulheres, adultos jovens e velhos, crianças e bebês — é um alvo. Em terceiro lugar, nas guerras entre Estados, normalmente os soldados que se rendem ou são capturados têm permissão para sobreviver, enquanto nas guerras tradicionais eles são quase sempre mortos. Finalmente, as guerras tradicionais, diferentemente das guerras entre Estados, são periodicamente pontuadas por massacres nos quais grande parte da população de um dos lados, ou toda ela, é cercada e exterminada, como nos massacres danis ocorridos em 4 de junho de 1966 e também no final da década de 1930, em 1952, em junho de 1962 e em setembro de 1962. Em contraste, atualmente os Estados vitoriosos tendem a manter vivas as populações conquistadas a fim de explorá-las.

Semelhanças e diferenças

Em que aspectos a guerra tradicional é semelhante à guerra entre Estados, e em quais outros é diferente? Antes de responder a essa pergunta, devemos, é claro, reconhecer que não existe uma polarização entre esses dois tipos de guerra, mas que, ao contrário, os tipos variam ao longo de um contínuo que vai da menor sociedade à maior. Quanto maior a sociedade, maior a força armada que pode mobilizar, o que resulta na menor possibilidade de ocultar essa força, no menor potencial para incursões e emboscadas de grupos escondidos formados por uns poucos homens, e na maior ênfase em batalhas abertas entre grandes grupos armados. A liderança torna-se mais forte, mais centralizada e mais hierárquica nas sociedades maiores: os exércitos nacionais têm oficiais de várias patentes, um conselho de guerra e um comandante em chefe, enquanto pequenos bandos têm apenas guerreiros em pé de igualdade e os grupos médios (como a Aliança Gutelu entre os danis) têm líderes fracos que dirigem por persuasão, e não pela autoridade de dar ordens. Em grandes chefaturas centralizadas, a guerra pode se aproximar da guerra entre Estados pequenos. A despeito dessa variação no tamanho das sociedades, ainda assim é útil comparar como lutam as sociedades pequenas e as grandes.

Uma das semelhanças é a importância fundamental de se mobilizar aliados. Assim como a Confederação Wilihiman-Walalua dos danis buscou outras confederações para ajudá-la na luta contra os widaias e seus aliados, a Segunda Guerra Mundial contrapôs duas alianças cujos principais membros eram a Inglaterra, os Estados Unidos e a Rússia, de um lado, e a Alemanha, a Itália e o Japão, de outro. As alianças são ainda mais essenciais para sociedades tradicionais em guerra do que para nações em guerra. As nações modernas diferem amplamente em tecnologia militar, de modo que uma nação pequena pode vencer uma guerra apenas com tecnologia e liderança superiores, e não com mais aliados (pense nos sucessos dos exércitos israelenses contra as alianças árabes muito mais numerosas). Mas a guerra tradicional tende a ocorrer

UM CAPÍTULO MAIS LONGO SOBRE MUITAS GUERRAS

entre oponentes com tecnologia e liderança semelhantes, e então o lado com maior capacidade de mobilizar aliados e compor um exército maior é o que provavelmente vencerá.

Outra semelhança é o fato de que todos os tipos de sociedades recorrem à luta corpo a corpo e a armas de longo alcance. Até os pequenos bandos fayus que lutavam ao redor da casa dos Kuegler usavam arcos e flechas, e os danis atiravam lanças e também mataram Wakkhe e Jenokma num confronto direto, com golpes de lanças. O alcance das armas aumenta à medida que aumentam o tamanho e a capacidade tecnológica de uma sociedade. Embora os soldados romanos continuassem a usar espadas e adagas nas lutas corpo a corpo, suas armas de longo alcance incluíam flechas, dardos, fundas e catapultas que alcançavam alvos a até oitocentos metros de distância. Na Primeira Guerra Mundial, o exército alemão havia desenvolvido um canhão (apelidado de Big Bertha) para bombardear Paris a uma distância de 110 quilômetros, enquanto modernos mísseis balísticos intercontinentais têm alcances de até a metade da circunferência da Terra. Mas os soldados modernos ainda têm de estar preparados para usar uma pistola ou uma baioneta e matar alguém a pouca distância.

Uma consequência psicológica desse crescente alcance das armas modernas é que, hoje, a maior parte das mortes em operações militares é feita com tecnologia "push-button" (bombas, artilharia e mísseis), permitindo que os soldados matem por controle remoto oponentes que não veem e não precisem superar suas inibições de matar alguém cara a cara (imagem 37). Em todas as lutas tradicionais, alguém escolhe seu alvo individualmente e vê o rosto da outra pessoa, seja quando a golpeia de perto ou quando atira uma flecha de uma distância de vinte ou trinta metros (imagem 36). Nas sociedades tradicionais, os homens crescem, desde meninos, sendo encorajados a matar, ou pelo menos a saber matar, mas os cidadãos da maior parte dos Estados modernos crescem ouvindo constantemente que matar é errado, até que, aos 18 anos, eles subitamente se alistam ou são convocados para o exército, recebem uma arma e têm de obedecer à ordem de mirar um inimigo e atingi-lo com um tiro. Não é surpresa que uma parcela significativa de soldados nas duas guerras mundiais — alguns estudiosos estimam que possa ter chegado a 50% deles — não podia se permitir atirar em um inimigo a quem via como outro ser humano. Assim, enquanto as sociedades tradicionais não têm inibições morais de matar um inimigo face a face, nem dispõem da tecnologia necessária para superar inibições (caso existissem) e matar vítimas invisíveis que se encontram a distância, as modernas sociedades de Estado tenderam a desenvolver tanto as inibições quanto a tecnologia necessária para contorná-las.

Quanto às inúmeras diferenças entre a guerra tradicional e a guerra entre Estados, uma delas deriva diretamente da questão da psicologia do matar. Mesmo quando soldados modernos veem um inimigo frente a frente, trata-se, quase sempre, de uma pessoa sem nome, alguém que nunca encontraram antes e contra quem não carregam nenhum rancor. Em contraste, nas sociedades tradicionais pequenas é possível reconhecer pelo nome não apenas todos os membros de sua própria sociedade, mas também muitos dos guerreiros inimigos, ou a maior parte daqueles que a pessoa está tentando matar — pois alianças cambiantes e casamentos ocasionais entre tribos fazem dos vizinhos indivíduos familiares. Os insultos trocados pelos guerreiros danis, aos gritos, durante as batalhas relatadas no capítulo 3 incluíam insultos pessoais. Os leitores que conhecem a *Ilíada* se recordarão de como os líderes gregos e troianos se dirigiam ao outro pelo nome antes de tentar matá-lo durante a batalha — um exemplo famoso são as palavras trocadas entre Heitor e Aquiles pouco antes de este ferir Heitor fatalmente. A vingança pessoal contra um indivíduo inimigo que sabidamente matou um de seus parentes ou amigos desempenha um papel fundamental na guerra tradicional, mas numa guerra entre Estados modernos esse aspecto tem muito menos importância, ou nenhuma.

Outra diferença psicológica envolve o autossacrifício, louvado na guerra moderna e desconhecido na guerra tradicional. Os soldados dos Estados modernos frequentemente recebem ordens, em nome de seu país, para fazer coisas que têm alta probabilidade de resultar em sua morte, tal como avançar em campo aberto em direção a defesas protegidas com arame farpado. Outros soldados decidem por conta própria

UM CAPÍTULO MAIS LONGO SOBRE MUITAS GUERRAS

sacrificar suas vidas (por exemplo, lançando-se contra uma granada ativada) para salvar a vida de seus camaradas. Durante a Segunda Guerra Mundial, milhares de soldados japoneses, no início voluntariamente e, depois, sob pressão, fizeram ataques de natureza suicida pilotando aviões camicase, bombas voadoras e torpedos humanos *kaiten* lançados contra navios de guerra americanos. Tal comportamento requer que os futuros soldados sejam programados, desde a infância, para admirar a obediência cega e se sacrificar pela pátria ou pela religião. Nunca ouvi falar de nada parecido na guerra tradicional guineense: a meta de todo guerreiro é matar o inimigo *e* continuar vivo. Por exemplo, quando os wilihimans, num ataque surpresa, capturaram e mataram Huwai, o homem widaia, em 11 de maio de 1961, seus dois companheiros, em desvantagem numérica, fugiram sem tentar salvá-lo; e quando widaias de tocaia capturaram e mataram Wejakhe, o jovem wilihiman que já estava ferido, em 10 de junho, os outros três que o acompanhavam também fugiram, porque estavam em menor número.

Sociedades tradicionais e Estados diferem quanto a quem são seus soldados. Todos os exércitos estatais incluem soldados profissionais em tempo integral que podem permanecer na frente de batalha durante anos seguidos, apoiados por civis que produzem alimentos para todos. Os profissionais podem compor todo o exército (como ocorre atualmente nos Estados Unidos), ou as fileiras podem ser aumentadas (principalmente em tempo de guerra) por voluntários não profissionais ou conscritos. Em contraste, todos os guerreiros de bandos e tribos, como os guerreiros danis descritos no capítulo 3, e todos, ou quase todos, os guerreiros de chefaturas são soldados não profissionais. São homens que normalmente se ocupam de caça, plantações ou rebanhos e, por períodos que vão de algumas horas a algumas semanas, suspendem suas atividades de subsistência para lutar e depois voltam para casa, pois é necessário dar continuidade às atividades que interromperam. Assim, é impossível que "exércitos" tradicionais permaneçam no campo de batalha por longos períodos. Essa realidade básica deu uma vantagem decisiva aos soldados coloniais europeus nas guerras de conquista que empreenderam contra tribos e chefaturas em todo o mundo. Alguns desses povos não europeus, como os maoris da Nova Zelândia, os índios araucanos na Argentina e os índios sioux e apaches na América do Norte, eram lutadores obstinados e hábeis que podiam reunir um grande número de guerreiros durante curtos períodos. Eles alcançaram alguns sucessos espetaculares contra exércitos europeus, mas ficavam inevitavelmente exaustos e acabavam derrotados porque precisavam interromper a luta a fim de obter alimentos e continuar a produzi-los, enquanto os soldados profissionais europeus podiam continuar a lutar.

Os historiadores militares modernos frequentemente comentam algo que os impressiona: a "ineficiência" da guerra tradicional, que faz com que centenas de indivíduos lutem durante um dia inteiro sem que, no final, ninguém seja morto, ou haja apenas uma ou duas baixas. Parte da razão, obviamente, é que as sociedades tradicionais carecem de artilharia, bombas e outras armas capazes de matar muitas pessoas ao mesmo tempo. Mas as outras razões estão relacionadas ao exército não profissional das tribos e à falta de uma liderança forte. Os guerreiros tradicionais não passam por um treinamento de grupo que possa capacitá-los para executar planos complexos ou meramente coordenar seus disparos ou lançamentos para que sejam mais letais. As flechas podem ser mais eficazes se lançadas numa saraivada sincronizada, em vez de uma de cada vez: um inimigo mirado pode se esquivar de uma flecha, mas não de uma chuva de flechas. Ainda assim, os danis, como a maior parte de outros arqueiros tradicionais, não praticavam disparos coordenados (a exceção eram os inuítes do noroeste do Alasca). A disciplina e as formações organizadas são mínimas: mesmo quando unidades de combate são bem formadas antes da batalha, elas rapidamente se desintegram e a batalha degenera num entrevero desordenado. Os líderes de guerras tradicionais não têm como dar ordens que, se descumpridas, conduzirão a uma corte marcial. O massacre de 1966 que rompeu a aliança do líder Gutelu pode ter sido resultado de sua inabilidade pessoal de impedir que os guerreiros impetuosos do norte esmagassem seus aliados do sul.

Uma das duas maiores diferenças entre a guerra tradicional e a guerra entre Estados envolve a distinção entre guerra total e guerra limitada.

UM CAPÍTULO MAIS LONGO SOBRE MUITAS GUERRAS

Nós, americanos, estamos acostumados a pensar a guerra total como um novo conceito introduzido pelo general do exército nortista, William Tecumseh Sherman, durante a Guerra Civil americana (1861-1865). A guerra entre Estados e entre grandes chefaturas tende a ter objetivos limitados: destruir as forças armadas do inimigo e sua capacidade de luta, mas poupar as terras, os recursos e a população civil, pois é justamente disso que o potencial conquistador espera se apoderar. O general Sherman, em sua marcha para o mar, partiu de Atlanta, no interior da Geórgia, em direção ao oceano Atlântico, atravessou o coração da Confederação sulista e depois tomou o rumo norte, atravessando a Carolina do Sul. Ficou famoso por sua política explícita de guerra total: destruiu qualquer coisa que tivesse um possível valor militar e quebrou o moral dos sulistas, apossando-se de alimentos, queimando plantações, matando criações, destruindo máquinas, queimando algodão e máquinas descaroçadoras, queimando estradas de ferro e entortando os trilhos para impedir que fossem reparados, e queimando ou explodindo pontes e armazéns de ferrovias, fábricas, moinhos e edificações. As ações de Sherman resultaram de uma calculada filosofia de guerra, que ele descreveu assim: "A guerra é uma crueldade que não pode ser refinada. (...) Estamos não apenas lutando contra exércitos hostis, mas contra um povo hostil, e devemos fazer com que os jovens e os velhos, os ricos e os pobres, sintam a mão pesada da guerra. (...) Não podemos mudar o coração dessas pessoas do sul, mas podemos fazer da guerra algo tão terrível, (...) deixá-los tão fartos da guerra, que muitas gerações se passem antes que novamente apelem a ela." Mas Sherman não exterminou civis sulistas nem matou soldados confederados que se renderam ou foram capturados.

Embora o comportamento de Sherman fosse de fato excepcional pelos padrões da guerra entre Estados, ele não inventou a guerra total. Em vez disso, praticou uma forma branda daquilo que tem sido praticado por bandos e tribos há dezenas de milhares de anos, conforme documentado pelos esqueletos do massacre em Talheim já descrito neste capítulo. Os exércitos de Estados poupam e fazem prisioneiros porque têm como alimentá-los, abrigá-los, fazer com que trabalhem e impedir

O MUNDO ATÉ ONTEM

que fujam. Os "exércitos" tradicionais não tomam guerreiros inimigos como prisioneiros porque não têm condições de utilizá-los. Quando cercados ou derrotados, os guerreiros tradicionais não se rendem, pois sabem que serão mortos de qualquer modo. A mais antiga prova histórica ou arqueológica de algum Estado que tenha feito prisioneiros data de apenas 5 mil anos, quando os Estados da Mesopotâmia inventaram uma fórmula para extrair alguma utilidade dos prisioneiros, arrancando-lhes os olhos para que não pudessem fugir e então os fazendo trabalhar em tarefas que dependessem apenas do tato, como tecelagem e certas atividades de cultivo agrícola. Algumas poucas tribos e chefaturas de caçadores-coletores, com populações maiores, sedentárias e economicamente especializadas, como os índios do noroeste do Pacífico e os calusas da Flórida, também eram capazes de rotineiramente escravizar, manter e usar prisioneiros.

No entanto, para sociedades mais simples do que os Estados mesopotâmicos, os índios do noroeste do Pacífico e os calusas, os inimigos derrotados não tinham nenhum valor quando vivos. O objetivo da guerra entre os danis, os fores, os inuítes do noroeste do Alasca, os ilhéus andamaneses e muitas outras tribos era apossar-se da terra do inimigo e exterminar todas as pessoas de ambos os sexos e de qualquer idade (como atestam as dezenas de mulheres e crianças danis mortas no massacre de 4 de junho de 1966). Outras sociedades tradicionais eram mais seletivas: os nueres que fizeram incursões contra os dinkas mataram os homens dinkas e exterminaram à porretada as crianças pequenas e as mulheres idosas, mas levaram consigo as mulheres dinkas mais jovens para casamentos forçados com homens nueres e também carregaram crianças dinkas desmamadas para criá-las como nueres. Os ianomâmis também poupavam mulheres inimigas para usá-las como "esposas".

Uma guerra total entre as sociedades tradicionais também significa mobilizar todos os homens, inclusive os meninos (aos seis anos, meninos danis já lutavam na batalha de 6 de agosto de 1961). A guerra entre Estados, no entanto, é normalmente empreendida com exércitos profissionais proporcionalmente minúsculos e compostos apenas de homens adultos. O Grande Exército com que Napoleão invadiu a

Rússia em 1812 totalizava 600 mil homens e era, portanto, um enorme exército pelos padrões das guerras entre Estados do século XIX, mas aquele número representava menos de 10% da população total da França na época (de fato, até menos, porque alguns dos soldados eram aliados não franceses). Mesmo em exércitos de Estados modernos, as tropas de combate geralmente têm tropas de apoio que as excedem em tamanho: atualmente, a razão é de 1 para 11 no exército americano. Os danis teriam desdenhado a inabilidade dos exércitos de Napoleão e dos Estados Unidos de mobilizar tropas de combate, medidas como uma proporção da população total da sociedade. Mas teriam facilmente reconhecido o comportamento de Sherman em sua marcha para o mar, que nos lembra a incursão dos danis na madrugada de 4 de junho de 1966, quando queimaram dezenas de povoados e roubaram os porcos.

Pondo fim ao estado de guerra

Outra grande diferença entre a guerra tribal e a guerra entre Estados, depois da distinção que acabamos de ver entre guerra total e guerra limitada, refere-se ao grau de facilidade ou dificuldade de se encerrar uma guerra e manter a paz. Conforme ilustrado pela guerra dos danis no capítulo 3, as guerras de sociedades de pequena escala em geral envolvem ciclos de mortes por vingança. Uma morte sofrida pelo lado A demanda que se mate alguém do lado B, cujos membros agora demandam, por sua vez, uma vingança contra o lado A. Esses ciclos somente terminam quando um dos lados tiver sido exterminado ou expulso, ou quando ambos estiverem exauridos, já tiverem sofrido muitas mortes e nenhum deles antecipe a possibilidade de conseguir exterminar ou expulsar o outro. Embora considerações semelhantes se apliquem ao encerramento de guerras entre Estados, estes e as grandes chefaturas entram em guerra com objetivos muito mais limitados do que os dos bandos e tribos: no máximo, apenas para conquistar todo o território do inimigo.

Mas é muito mais difícil para uma tribo do que para um Estado (ou uma grande chefatura centralizada) chegar a uma decisão de buscar o fim de uma luta e negociar uma trégua com o inimigo — porque um Estado dispõe de negociadores e de um processo centralizado de decisões, enquanto uma tribo carece de liderança centralizada e todos os membros têm igual influência. É ainda mais difícil para uma tribo do que para um Estado manter a paz depois que a trégua tiver sido negociada. Em qualquer sociedade, seja tribo ou Estado, haverá alguns indivíduos insatisfeitos com qualquer acordo de paz que buscarão atacar o inimigo por suas próprias razões particulares, provocando a deflagração de novas lutas. Um governo que assume o monopólio centralizado do uso do poder e da força em geral consegue conter esses ímpetos; um líder tribal fraco, não. Por isso, as pazes tribais são frágeis e rapidamente se deterioram em mais um ciclo de guerra.

Essa diferença entre Estados e pequenas sociedades centralizadas é uma das principais razões que levam ao surgimento de Estados. Existe um longo e contínuo debate entre cientistas políticos a respeito de como surgem os Estados e por que as massas governadas toleram reis, congressistas e burocratas. Os líderes políticos em tempo integral não plantam seus próprios alimentos, mas vivem à custa de alimentos produzidos por nós, agricultores. De que forma os nossos líderes nos convenceram ou nos obrigaram a alimentá-los, e por que consentimos que permaneçam no poder? O filosofo francês Jean-Jacques Rousseau especulou (sem oferecer nenhuma prova que sustentasse suas especulações) que os governos surgem como resultado de decisões racionais das massas quando essas reconhecem que seus próprios interesses serão mais bem atendidos por um líder e por burocratas. Em todos os casos de formação de Estados hoje conhecidos pelos historiadores, nunca se registrou nenhuma ocorrência de um cálculo assim tão clarividente e sagaz. Em vez disso, os Estados surgem a partir de chefaturas como resultado de competição, conquista ou pressão externa: a chefatura com tomadas de decisão mais eficazes é mais capaz de resistir a conquistas ou superar outras chefaturas numa competição. Por exemplo, entre 1807 e 1817, as dezenas de chefaturas zulus separadas que viviam no sudoeste da África, tradicionalmente lutando umas contra as outras, foram amalgamadas em um único Estado sob o comando de um dos

UM CAPÍTULO MAIS LONGO SOBRE MUITAS GUERRAS

chefes, chamado Dingiswayo, que conquistou todos os demais chefes e provou-se mais competente para criar formas eficazes de recrutar um exército, solucionar conflitos, incorporar chefaturas derrotadas e administrar seus novos territórios.

A despeito do arrebatamento e do prestígio envolvidos nas lutas tribais, os integrantes das tribos compreendem melhor do que ninguém os tormentos associados à guerra, a onipresença do perigo e o sofrimento com as mortes de entes queridos. Quando a guerra tribal é finalmente encerrada, com a intervenção rigorosa de governos coloniais, integrantes das tribos geralmente comentam a melhoria da qualidade de vida, coisa que não haviam conseguido criar por eles mesmos porque, sem um governo centralizado, não tinham como interromper os ciclos de mortes por vingança. O antropólogo Sterling Robbins ouviu de um homem da tribo auyana das terras altas da Nova Guiné: "A vida ficou melhor desde que o governo chegou porque um homem não podia comer sem olhar sobre os ombros e não podia sair de casa para urinar de manhã sem o receio de ser alvejado. Todos os homens admitiam que sentiam medo quando lutavam. De fato, olhavam para mim como se eu fosse um deficiente mental por perguntar isso a eles. Os homens admitiram ter pesadelos nos quais ficavam isolados de seu grupo durante uma luta e não conseguiam ver como escapar."

Essa reação explica a surpreendente facilidade com que pequenas patrulhas de policiais australianos e nativos conseguiram acabar com a guerra tribal no então território da Papua Nova Guiné. Eles chegavam a uma aldeia em conflito, compravam um porco, atiravam nele para demonstrar o poder das armas de fogo, derrubavam paliçadas e confiscavam os escudos de guerra de todos os grupos a fim de tornar mortalmente perigoso para qualquer um iniciar uma guerra — e, ocasionalmente, atiravam nos guineenses que ousassem atacá-los. Obviamente, os guineenses são pragmáticos e podiam reconhecer o poder das armas. Mas não teria sido possível prever a facilidade com que eles abandonariam as guerras que haviam praticado durante milhares de anos, especialmente quando se considera que as proezas dos guerreiros eram glorificadas desde a infância e tomadas como a medida da grandeza de um homem.

A explicação para esse surpreendente resultado é que os guineenses perceberam e valorizaram os benefícios da paz garantida pelo Estado, algo que não haviam conseguido obter por conta própria. Por exemplo, nos anos 1960 eu estive durante um mês em uma área recentemente pacificada nas terras altas da Nova Guiné, onde 20 mil habitantes que passaram a vida guerreando uns com os outros estavam convivendo, já fazia uma década, com um oficial da patrulha australiana e um pequeno número de policiais guineenses. Sim, eles tinham armas, e os guineenses, não. Mas se os guineenses realmente tivessem se decidido a continuar lutando uns contra os outros, teria sido fácil para eles matar o oficial da patrulha e seus policiais durante a noite, ou emboscá-los durante o dia. Nem ao menos tentaram fazer isso. O fato ilustra como haviam aprendido a valorizar o aspecto mais vantajoso de um governo estatal: a instauração da paz.

Efeitos do contato com europeus

A guerra tradicional aumentou, diminuiu ou permaneceu inalterada diante do contato com europeus? Essa não é uma pergunta à qual se possa dar uma resposta imediata e inequívoca, pois, se alguém acredita que o próprio contato afeta a intensidade da guerra tradicional, essa pessoa automaticamente desconfiará de qualquer relato feito por um observador externo, argumentando que a situação já estava influenciada pelo observador e já não representava a condição original. Lawrence Keeley usou a analogia de se supor que as melancias sejam brancas por dentro e só se tornem vermelhas quando são cortadas: como poderia alguém ter a esperança de demonstrar que as melancias realmente são vermelhas antes de serem cortadas para que possamos examinar sua cor?

No entanto, a maior parte das provas arqueológicas e as descrições orais das guerras que aconteciam antes do contato com europeus, conforme já descrito, tornam absurdo sustentar que as pessoas eram tradicionalmente pacíficas até que aqueles malignos europeus chegassem e estragassem tudo. Não pode haver nenhuma dúvida de que, no longo

UM CAPÍTULO MAIS LONGO SOBRE MUITAS GUERRAS

prazo, os contatos europeus ou outras formas de governo estatal quase sempre encerraram ou reduziram as guerras, porque nenhum governo estatal queria lidar com guerras que perturbassem a administração de seu território. Estudos de casos etnograficamente observados deixam claro que, no curto prazo, o início de contatos europeus tanto pode aumentar quanto diminuir as lutas, por razões que incluem armas e doenças introduzidas por europeus, oportunidades de comércio e aumento ou redução no suprimento de alimentos.

Um exemplo bem compreendido de um aumento de conflitos no curto prazo, como resultado do contato europeu, é o dos habitantes polinésios originais da Nova Zelândia, os maoris, que ali se estabeleceram por volta do ano 1200. Escavações arqueológicas de fortificações maoris atestam o disseminado estado de guerra entre eles muito antes da chegada dos europeus. Relatos dos primeiros exploradores europeus a partir de 1642, e dos primeiros colonos europeus a partir da década de 1790, descrevem como os maoris matavam europeus e também uns aos outros. Por volta de 1818, e até 1835, dois produtos introduzidos por europeus desencadearam um súbito incremento temporário na letalidade das guerras maoris, em um episódio conhecido na história neozelandesa como Guerras dos Mosquetes. Um dos fatores, obviamente, foi a introdução dos mosquetes, com os quais os maoris podiam se matar de forma muito mais eficiente do que até então, quando dispunham apenas de clavas. O outro fator pode parecer surpreendente: batatas, que normalmente não imaginamos como um importante promotor de guerras. Mas o fato era que a duração e o tamanho das expedições maoris para atacar outros grupos maoris haviam estado limitados pela quantidade de alimentos que podiam ser transportados para suprir os guerreiros. O alimento básico original dos maoris era a batata-doce. As batatas que foram introduzidas pelos europeus (embora originárias da América do Sul) são mais produtivas na Nova Zelândia do que as batatas-doces, resultam em maiores excedentes e permitiam que se enviassem expedições armadas maiores e mais duradouras do que havia sido possível para os maoris tradicionais que dependiam de batatas-doces. Depois da chegada das batatas, as expedições marítimas maoris, organizadas para escravizar ou matar outros maoris, superaram todas as distâncias até então percorridas, chegando a alcançar 1.600 quilômetros. No início, apenas as poucas tribos que viviam em áreas onde residiam comerciantes europeus podiam adquirir mosquetes, que eram usados para destruir as tribos sem mosquetes. À medida que o uso da arma se disseminava, as Guerras dos Mosquetes foram num crescendo até que todas as tribos sobreviventes tinham mosquetes: como não havia mais nenhuma tribo desarmada que oferecesse alvos indefesos, as Guerras dos Mosquetes acabaram desaparecendo.

Em Fiji ocorreu o mesmo quando a introdução dos mosquetes europeus, por volta de 1808, tornou possível que os fijianos se matassem em números muito maiores do que haviam sido tradicionalmente capazes com maças, lanças e flechas. Nas ilhas Salomão, por um breve tempo, as armas de fogo, os botes e os machados de aço dos europeus facilitaram os caçadores de cabeças que lutavam entre eles no século XIX: diferentemente dos machados de pedra, os de aço podem decapitar muitos humanos sem perder o corte. Do mesmo modo, armas e cavalos europeus, e armas e negociantes de escravos, estimularam lutas entre os índios que viviam nas Grandes Planícies da América do Norte e na África Central, respectivamente. Em cada uma dessas sociedades que acabei de mencionar, o estado de guerra havia sido endêmico muito tempo antes da chegada de europeus, mas o "efeito europeu" causou uma exacerbação das guerras durante algumas décadas (Nova Zelândia, Fiji, ilhas Salomão) ou alguns séculos (Grandes Planícies, África Central), até que desaparecessem.

Em outros casos, a chegada de europeus ou de outros estrangeiros conduziu diretamente à situação oposta: o fim das guerras, sem nenhum estágio passageiro de intensificação. Em muitas partes das terras altas da Nova Guiné, os primeiros europeus a chegar foram as patrulhas governamentais, que imediatamente puseram fim às beligerâncias; antes disso, seria impossível a entrada dos comerciantes europeus, dos missionários ou de qualquer tipo de produtos de origem europeia. Quando estudados pela primeira vez por antropólogos, na década de 1950, os bandos !kungs da África já não viviam se atacando, embora a frequência de assassinatos individuais dentro de bandos ou entre bandos

UM CAPÍTULO MAIS LONGO SOBRE MUITAS GUERRAS

vizinhos tenha permanecido alta até 1955. Quatro dos últimos cinco assassinatos (em 1946, 1952, 1952 e 1955) resultaram na detenção e na prisão dos assassinos pela administração tsuana, e este fato, somado à disponibilidade de tribunais tsuanas para resolução de disputas, induziu os !kungs a abandonar o assassinato como forma de resolver conflitos após 1955. No entanto, relatos orais !kungs dão conta da ocorrência de ataques surpresa entre bandos muitas gerações antes, até a época em que os crescentes contatos com tsuanas introduziram o ferro para pontas de flechas e outras mudanças. De alguma forma, esses contatos resultaram no fim dos ataques muito tempo antes de a polícia tsuana intervir para prender assassinos.

Meu último exemplo vem do noroeste do Alasca, onde lutas e extermínios até então disseminados entre iúpiques e inuítes iñupiaqs terminaram em uma década, ou uma geração, após o contato inicial com os europeus — não porque as patrulhas governamentais, a polícia e os tribunais proibissem a guerra, mas por outras consequências dos contatos. O fim das guerras iúpiques é atribuído a uma epidemia de varíola que reduziu drasticamente a população de diversos grupos. O fim das guerras iñupiaqs parece ter sido resultado da crônica obsessão iñupiaq com o comércio e do grande aumento de novas oportunidades para o comércio de peles com os europeus, com os quais se intensificaram os contatos regulares após 1848: os conflitos contínuos teriam sido um óbvio impedimento àquelas oportunidades.

Assim, o efeito de longo prazo dos contatos de Estados incipientes ou chefaturas com europeus, tsuanas ou outros estrangeiros tem sido, quase sempre, a supressão das guerras tribais. O efeito de curto prazo tem sido uma supressão imediata ou uma intensificação inicial e, depois, a supressão. Não se pode dizer que a guerra tradicional seja um produto resultante do contato europeu.

Ainda assim, existe uma longa história de negação da guerra tradicional entre estudiosos ocidentais. Jean-Jacques Rousseau, já mencionado por sua teoria especulativa sobre a formação do Estado, tinha uma igualmente especulativa e não fundamentada teoria do estado de guerra: ele afirmava que, no estado de natureza, os humanos eram naturalmente compassivos, e que as guerras somente haviam começado com o surgimento dos Estados. Etnógrafos experientes que estudam as sociedades tradicionais existentes no século XX encontraram-se lidando, basicamente, com tribos e bandos que já haviam sido pacificados por governos coloniais, até que alguns antropólogos conseguiram testemunhar os últimos exemplos de guerras tradicionais nas décadas de 1950 e 1960 nas terras altas da Nova Guiné e na Amazônia. Os arqueólogos que escavavam fortificações associadas a guerras antigas muitas vezes as negligenciaram ou ignoraram, ou justificaram habilmente suas opiniões reduzindo os fossos defensivos e as paliçadas que cercavam uma aldeia a meras "delimitações" ou "símbolos de exclusão". Mas a evidência de guerras tradicionais, seja com base em observação direta, em relatos orais ou evidências arqueológicas, é tão esmagadora que somos levados a nos perguntar, admirados: por que será que ainda existe qualquer debate sobre sua importância?

Uma razão são as reais dificuldades, que já discutimos, de se avaliar a guerra tradicional nas condições de pré-contato ou de contatos preliminares. Os guerreiros rapidamente percebem que os antropólogos visitantes desaprovam a guerra, e os guerreiros tendem a não levar antropólogos com eles quando saem para incursões, nem lhes permitem fotografar batalhas: foram singularíssimas as oportunidades de filmagem disponíveis para a Expedição de Harvard durante sua permanência entre os danis. Outra razão é que os efeitos de curto prazo dos contatos europeus sobre as guerras tribais podem funcionar em qualquer direção e têm de ser avaliados caso a caso com mente aberta. Mas a disseminada negação da guerra tradicional parece ir além dessas e de outras incertezas quanto à própria prova, envolvendo, de fato, a relutância em aceitar sua existência ou extensão. Por quê?

Pode haver diversas razões em ação. Os estudiosos e acadêmicos tendem a gostar dos povos tradicionais entre os quais vivem durante vários anos, identificando-se ou simpatizando com eles. Os estudiosos consideram a guerra uma coisa ruim, sabem que a maior parte dos leitores de suas monografias também a veem assim, e não querem que "seu" povo seja visto como mau. Outra razão tem a ver com as infundadas afirmações (que serão discutidas em seguida) de que a guerra humana tem uma inexorável base genética. Isso leva à falsa suposição de que a guerra seria algo impossível de se eliminar ou deter, e daí a relutância dos estudiosos de aceitar a aparentemente deplorável conclusão de que, de fato, as guerras tradicionais eram um fato disseminado (pois isso poderia ser usado para reforçar a ideia da base genética). Uma razão adicional é que alguns Estados ou governos coloniais têm grande disposição para remover os povos nativos que impedem sua expansão, conquistando-os, expulsando-os ou fazendo vista grossa ao seu extermínio. Estigmatizá-los como belicosos é uma desculpa usada para justificar esses abusos, e os estudiosos buscam remover tal desculpa tentando absolver os povos indígenas da acusação de serem belicosos.

Eu simpatizo com os estudiosos que se indignam com o tratamento abusivo dado aos povos indígenas. Mas negar a realidade da guerra tradicional por causa do mau uso político dado a ela é uma má estratégia, pela mesma razão de que negar qualquer outra realidade em nome de qualquer outro objetivo político louvável é uma má estratégia. A razão para não se tratar mal os povos indígenas não é que sejam falsas as acusações de que são belicosos; a razão é que é injusto maltratá-los. Os fatos sobre a guerra tradicional, assim como os fatos sobre qualquer fenômeno controvertido que possa ser observado e estudado, provavelmente acabarão vindo à tona. Quando isso ocorrer, se os estudiosos estiverem negando a realidade da guerra tradicional por louváveis razões políticas, a descoberta dos fatos acabará solapando as próprias razões louváveis. Os direitos de povos indígenas devem ser afirmados e defendidos com base em princípios morais e não por meio de afirmações falsas suscetíveis de refutação.

Animais belicosos, povos pacíficos

Se a guerra for definida nos termos que usei no início deste capítulo — "violência recorrente entre grupos pertencentes a unidades políticas rivais e sancionada por essas unidades" —, e se tivermos uma visão ampla de "unidades políticas" e "sancionada", então a guerra caracteriza não apenas alguns humanos, mas também algumas espécies animais. A espécie mais frequentemente mencionada em discussões sobre a guerra humana é o chimpanzé comum, porque é um dos dois animais vivos que têm o mais próximo parentesco conosco. A guerra entre chimpanzés assemelha-se à guerra dos humanos em bandos e tribos quanto ao fato de que resulta de encontros casuais ou de ataques surpresa aparentemente intencionais envolvendo machos adultos. Entre os chimpanzés, as taxas de mortes relacionadas à guerra são de 0,36% por ano (isto é, 36 chimpanzés por ano em uma população de 10 mil), semelhantes às das sociedades humanas tradicionais. Será que isso significa que a guerra foi transmitida aos humanos por uma linha direta desde nossos ancestrais chimpanzés, daí que tenha uma base genética, daí que sejamos impotentes diante de uma pré-programação para guerrear, daí que seja inevitável e não possa ser impedida?

A resposta a todas essas quatro perguntas é "não". Os chimpanzés não são os ancestrais dos humanos; em vez disso, os chimpanzés e os humanos são ambos descendentes de um ancestral comum que viveu há cerca de 6 milhões de anos, e do qual os chimpanzés modernos talvez sejam mais divergentes do que os humanos modernos. O ponto em questão não é que todos os descendentes daquele ancestral comum façam guerra: os bonobos (antes conhecidos como chimpanzés pigmeus), que geneticamente estão à mesma distância de nós que os chimpanzés e, portanto, são o outro segundo animal com mais próximo parentesco conosco, também derivam desse ancestral comum, mas nunca foram observados fazendo guerras; e algumas sociedades humanas tradicionais também não guerreiam. Entre espécies animais sociais, além dos chimpanzés, algumas (como leões, lobos, hienas e certas espécies de formigas) são conhecidas por praticar lutas letais entre grupos, enquanto outras não o fazem. Evidentemente, a guerra de fato surge repetidas vezes e de formas independentes, mas não é inevitável entre animais sociais em geral, seja dentro da linha evolutiva humano-chimpanzé em particular, seja entre sociedades humanas modernas, mais particularmente. Richard Wrangham destaca dois aspectos que distinguem as espécies sociais

UM CAPÍTULO MAIS LONGO SOBRE MUITAS GUERRAS

que praticam a guerra e as que não o fazem: intensa competição por recursos e ocorrência entre grupos de tamanhos variados — quando grandes grupos ocasionalmente encontram pequenos grupos ou animais isolados que podem atacar com segurança e superar numericamente, com pouco risco para os agressores.

Quanto a uma base genética da guerra humana, é claro que ela tem uma base genética, no mesmo amplo e distante sentido em que a cooperação e outros multifacetados comportamentos humanos têm uma base genética. Ou seja: em última análise, o cérebro humano, os hormônios e os instintos são estabelecidos pelos genes, como os que controlam a síntese do hormônio testosterona associado ao comportamento agressivo. No entanto, a escala normal de variação do comportamento agressivo, bem como a escala normal de variação do peso corporal, é influenciada por muitos genes diferentes e por fatores ambientais e sociais (como os efeitos da nutrição durante a infância sobre o peso de um adulto). Isso não se compara a situações em que os traços observados estão associados a um único gene, como o que resulta na anemia falciforme: uma pessoa portadora dessa alteração genética sintetiza a hemoglobina S e manifesta a doença independentemente da nutrição recebida na infância, de outros genes ou de competição ambiental. Assim como a guerra, seu oposto, a cooperação, é disseminado entre as sociedades humanas, mas se expressa de formas diversas. Já vimos no capítulo 1 que a cooperação entre sociedades humanas vizinhas é favorecida por certas condições ambientais, como flutuações na disponibilidade de recursos em um mesmo ano, ou de um ano a outro, e a existência ou ausência, em determinado território, de todos os recursos necessários para a sobrevivência autossuficiente. Não é inevitável, e nem está geneticamente programado, que sociedades vizinhas de pequena escala cooperem entre si; há razões para que algumas cooperem mais e outras menos.

Do mesmo modo, existem razões externas para algumas sociedades humanas serem pacíficas, embora a maioria delas não seja. A maior parte das sociedades de Estado modernas esteve envolvida em guerras recentes, mas algumas fugiram a esse padrão, e por razões compreensíveis. A Costa Rica não tem tido guerras recentemente, e até aboliu seu exército em 1949, porque, historicamente, sua população e suas condições sociais resultaram em tradições relativamente igualitárias e democráticas. Além disso, seus únicos vizinhos — a Nicarágua e o Panamá — não são ameaçadores e não oferecem alvos de grande valor que possam ser conquistados, exceto o Canal do Panamá — que seria defendido pelo exército dos Estados Unidos se a Costa Rica fosse suficientemente insensata para investir na criação de um exército a fim de atacá-lo. A Suécia e a Suíça não tiveram guerras recentes (embora a Suécia tenha tido no passado), porque agora têm vizinhos agressivos e muito mais poderosos e populosos (Alemanha, França e Rússia) aos quais jamais poderiam almejar conquistar, e porque conseguiram desencorajar esses vizinhos de atacá-los armando-se até os dentes.

De forma semelhante a esses Estados modernos que não tiveram envolvimento recente em guerras, uma pequena minoria de sociedades tradicionais também tem vivido pacificamente, por razões compreensíveis. Os esquimós polares da Groenlândia eram tão isolados que não tinham vizinhos, nenhum contato externo e nenhuma possibilidade de guerra, mesmo se desejassem fazê-la. A ausência de guerra foi documentada em um bom número de bandos pequenos de caçadores-coletores nômades que vivia em condições de muito baixa densidade populacional, em ambientes inóspitos e não produtivos, com grandes distâncias entre as habitações e pouca ou nenhuma posse que merecesse ser defendida ou adquirida, e relativamente isolados de bandos semelhantes. Estão nesse caso os índios chochones da Grande Bacia dos Estados Unidos, os sirionos da Bolívia, algumas tribos do deserto australiano e os nganasans do norte da Sibéria. Povos agrícolas sem uma história de guerras incluem os machiguengas do Peru, que viviam em um ambiente de floresta não ambicionado por outros, sem bolsões de terra suficientemente densa ou produtiva que justificassem guerra ou defesa, e que têm atualmente uma baixa densidade populacional, possivelmente devido à drástica redução da população durante o explosivo ciclo da borracha.

Assim, não se poderia afirmar que algumas sociedades são inerente ou geneticamente pacíficas, enquanto outras são inerentemente belicosas. Ao contrário, parece que as sociedades recorrem (ou não) à guerra depois de avaliar o quanto lucrariam se iniciassem um conflito e qual a necessidade de se defenderem de guerras iniciadas por outras. De fato, a maior parte das sociedades tem participado de guerras, com algumas exceções bem justificadas. Embora as sociedades em que não haja registros de guerras sejam às vezes consideradas inerentemente pacíficas (como os semangs, os !kungs e os pigmeus africanos), esses povos gentis de fato convivem com a violência intragrupo ("assassinato"); simplesmente não têm razões para praticar uma violência organizada intragrupo do tipo que pudesse ser encaixado em uma definição de guerra. Quando os usualmente pacíficos semangs foram alistados pelo exército britânico na década de 1950 para localizar e matar rebeldes comunistas na Malásia, mostraram grande entusiasmo em matar. É igualmente infrutífero discutir se os humanos são intrinsecamente violentos ou intrinsecamente cooperativos. Todas as sociedades humanas praticam tanto a violência quanto a cooperação; o traço que parece predominar depende das circunstâncias.

Motivos da guerra tradicional

Por que as sociedades tradicionais entram em guerra? Podemos tentar responder a essa pergunta de diferentes formas. O método mais direto é não querer interpretar os motivos declarados ou encobertos das pessoas, mas simplesmente observar que tipos de benefícios as sociedades vitoriosas extraem da guerra. Um segundo método é perguntar às pessoas quais os seus motivos ("causas imediatas da guerra"). Finalmente, é possível tentar descobrir e entender seus motivos subjacentes ("causas últimas da guerra").

Pode-se observar que as sociedades tradicionais vitoriosas obtêm muitos benefícios. Sem pretender ordená-los por importância, aqui vai uma lista alfabética dos principais: alimentos, captura de crianças, cabeças (para caçadores de cabeças), cavalos, corpos humanos para comer (para canibais), direitos de comércio, escravos, esposas, recursos naturais (como áreas de pesca, pomares, hortas, minas de sal e pedreiras), porcos, prestígio, proteína, terras e vacas.

Mas as razões que as pessoas dão para entrar em guerra, assim como as razões que dão para qualquer outra decisão importante, podem não coincidir com os benefícios observados. Nessa área da vida, como em outras, as pessoas podem estar inconscientes ou não serem francas a respeito do que as motiva. Quais os motivos alegados pelos que entram numa guerra?

A resposta mais comum é "vingança": vingar a morte de companheiros de tribo ou membros de bando, já que, na maior parte dos casos, as batalhas tribais são precedidas por outras batalhas, e não por um longo período de paz. Exemplos da guerra dani do capítulo 3 são a ânsia de vingança que tomou conta da Aliança Wilihiman após as batalhas ou mortes de janeiro, 10 e 27 de abril, 10 de junho, 5 de julho e 16 de agosto de 1961, e a recíproca encontrada na Aliança Widaia depois de 3 e 10 de abril e 29 de maio.

Se a vingança é o principal motivo citado para continuar uma guerra, quais os motivos que iniciam uma guerra? Nas terras altas da Nova Guiné, as respostas mais comuns são "mulheres" e "porcos". Para os homens da Nova Guiné, bem como de outras partes do mundo, as mulheres dão origem a disputas acirradas nas quais são envolvidas ou são vítimas: adultério, abandono de maridos, rapto, estupro e disputas sobre preço de noivas. Os ianomâmis e muitos outros povos também nomeiam as mulheres como a principal causa da guerra, ou uma das principais. Quando o antropólogo Napoleon Chagnon teve a oportunidade de contar a um chefe ianomâmi a história de pessoas do "grupo" de Chagnon (isto é, americanos e ingleses) que fizeram "incursões" a seus inimigos (ou seja, os alemães), o chefe conjeturou: "Provavelmente vocês atacaram por causa de roubo de mulheres, não foi?" Esse motivo não se aplica a grandes sociedades de Estado atuais, mas uma das origens da Guerra de Troia foi a sedução de Helena, esposa do rei Menelau, por Páris, filho do rei Príamo, e isso atesta que as mulheres permaneceram como um *casus belli* pelo menos até a época dos pequenos Estados antigos.

Quanto à questão de os guineenses nivelarem porcos e mulheres como causas de guerras, é importante lembrar que, para eles, os porcos

UM CAPÍTULO MAIS LONGO SOBRE MUITAS GUERRAS

não são apenas sua mais importante fonte disponível de proteína: são a principal moeda de riqueza e prestígio, e, por serem componentes essenciais do preço de uma noiva, são conversíveis em mulheres. Assim como as mulheres, os porcos têm inclinação para perambular e abandonar seus "donos", são facilmente sequestrados ou roubados e, assim, provocam disputas infindáveis.

Para povos como os guineenses, outras espécies animais domésticas, especialmente vacas e cavalos, têm o mesmo papel dos porcos como medidas apreciadas de riqueza e como causas de disputas. Os nueres são obcecados por vacas tanto quanto os guineenses por porcos, e o principal objetivo dos nueres ao atacar os dinkas e outras tribos nueres é roubar vacas. As vacas nueres também são envolvidas em disputas comerciais e em acertos de compensações ("Você não me pagou as vacas que prometeu"). Conforme resumido por um homem nuer (citado por Evans-Pritchard), "Mais gente já morreu por causa de uma vaca do que por qualquer outra razão". Os cavalos e o roubo de cavalos desempenharam o papel de vacas e porcos na deflagração de guerras entre índios da Grande Bacia americana e entre povos das estepes asiáticas. Muitos outros tipos de coisas materiais, além de mulheres e animais, conduziram a guerras entre outros povos por serem cobiçadas, roubadas ou disputadas.

As sociedades de pequena escala iniciam guerras não apenas para adquirir mulheres como esposas, mas também para adquirir outros indivíduos para outros propósitos. Os nueres capturavam crianças dinkas para criá-las como nueres e incorporá-las ao seu próprio povo. A longa lista de povos caçadores de cabeças que faziam guerra para capturar e matar inimigos incluía os asmats e os marinds da Nova Guiné, o povo roviana das ilhas Salomão e vários povos da Ásia, da Indonésia, das ilhas do Pacífico, da Irlanda, da Escócia, da África e da América do Sul. Povos canibais que comiam inimigos capturados ou mortos incluíam os caraíbas, alguns da África e das Américas, alguns guineenses e muitos ilhéus do Pacífico. A captura de inimigos para usá-los como escravos era praticada por algumas chefaturas e sociedades tribais mais complexas, como os guineenses do noroeste, os ilhéus do oeste das ilhas Salomão, os índios americanos do noroeste da costa do Pacífico e da Flórida, e alguns da África Oriental. A escravidão era praticada em grande escala por muitas das sociedades de Estado, talvez a maior parte delas, incluindo a Grécia antiga, o Império Romano, a China, o Império Otomano e colônias europeias no Novo Mundo.

Existem pelo menos duas outras razões frequentemente apresentadas até por povos tradicionais para explicar a guerra. Uma é a magia: é fato rotineiro na Nova Guiné e em muitas outras sociedades de pequena escala atribuir a culpa de qualquer coisa ruim que aconteça (como uma doença ou morte que consideraríamos naturais) a um feiticeiro inimigo, que então precisa ser identificado e morto. A outra é a ideia comum de que nossos vizinhos são intrinsecamente maus, hostis, sub-humanos e traiçoeiros e, portanto, merecem ser atacados, tenham ou não cometido alguma ação maléfica recentemente. Já citei um exemplo relativo à Nova Guiné no capítulo 3: a resposta de um membro da Confederação Wilihiman (dos danis) a uma mulher dani que lhe perguntou por que ele estava tentando matar os membros da Confederação Widaia (também dani): "Essas pessoas são nossas inimigas, por que não deveríamos matá-las? Elas não são humanas."

Além de esses conflitos sobre pessoas e animais servirem como motivos para a guerra, os conflitos sobre terras também são regularmente mencionados. Um exemplo típico é a disputa de terras que descrevi no capítulo 1, entre meus amigos guineenses das montanhas e o povo do rio.

Razões últimas

Essa enumeração de motivos para guerrear — mulheres, crianças, cabeças e assim por diante — oferecidos por membros de sociedades de pequena escala não esgota a lista. No entanto, já é suficiente para deixar claro por que os motivos explicitados não são uma explicação satisfatória da guerra tradicional. Todos os grupos têm vizinhos com mulheres, crianças, cabeças, corpos comestíveis, e muitos dos vizinhos de povos tradicionais, ou a maior parte deles, têm animais domésticos,

UM CAPÍTULO MAIS LONGO SOBRE MUITAS GUERRAS

praticam feitiçaria e podem ser vistos como maus. A cobiça por pessoas e coisas, ou disputas a respeito delas, não deflagra guerras inevitavelmente: mesmo em sociedades especialmente belicosas, a resposta comum a uma disputa que surja é tentar resolvê-la pacificamente, ou seja, com o pagamento de uma compensação (capítulo 2); a parte ofendida somente recorre à guerra se falharem os esforços de uma solução pacífica. Por que, então, as negociações de compensação tendem a fracassar mais frequentemente entre alguns povos? Por que existem tais diferenças, quando as mulheres e os outros motivos apresentados para a guerra estão presentes em todos os lugares?

Os fatores últimos por trás de uma guerra não são necessariamente aqueles que os próprios participantes entendem ou expressam na época. Por exemplo, uma teoria da guerra ianomâmi discutida por antropólogos postula que seu propósito último é adquirir proteínas escassas, e para isso eles precisam garantir uma ampla disponibilidade de animais que possam ser caçados. No entanto, os ianomâmis tradicionais não sabem o que é proteína e persistem em citar as mulheres, em vez da disponibilidade de caça, como seu motivo para fazer guerras. Assim, mesmo que a teoria da proteína estivesse correta nesse caso (e provavelmente não está), nunca a ouviríamos dos próprios ianomâmis.

Infelizmente, compreender os fatores últimos que não temos como obter diretamente das pessoas envolvidas é muito mais difícil do que entender os fatores imediatos descritos por elas. Reflita, por exemplo, sobre nossas dificuldades para estabelecer a causa última (ou as causas) da Primeira Guerra Mundial, a despeito dos esforços de centenas de historiadores que têm devotado a vida a estudar a enorme quantidade de documentos relevantes disponíveis. Todo mundo sabe que a causa imediata da Primeira Guerra Mundial foi o assassinato do arquiduque Francisco Ferdinando, herdeiro do trono do Império Habsburgo, pelo nacionalista sérvio Gavrilo Princip, em Sarajevo, no dia 28 de junho de 1914. No entanto, inúmeros outros chefes de Estado e seus herdeiros legítimos já foram assassinados sem que o fato produzisse consequências tão terríveis. Então, quais foram as razões decisivas que fizeram com que aquele assassinato em particular desencadeasse uma guerra mundial? As diversas teorias que discutem a causa ou as causas últimas da Primeira Guerra Mundial incluem os sistemas de alianças então existentes, o nacionalismo, as ameaças à estabilidade de dois grandes impérios multiétnicos (os impérios Habsburgo e Otomano), as inflamadas disputas territoriais em torno da Alsácia-Lorena e do trânsito no estreito de Dardanelos, e o crescente poder econômico da Alemanha. Assim como ainda não conseguimos concordar a respeito das causas últimas nem mesmo da Primeira Guerra Mundial, assim também não podemos esperar que seja fácil compreender as causas últimas da guerra tradicional. Mas os estudiosos da guerra tradicional desfrutam uma grande vantagem com relação aos especialistas nas duas guerras mundiais, pois têm um número quase infinito de guerras para comparar.

O fator último mais frequentemente proposto para a guerra tradicional é a aquisição de terras ou de outros recursos escassos, como áreas de pesca, fontes de sal, pedreiras ou mão de obra humana. Exceto em ambientes hostis e instáveis, cujas condições mantêm as populações humanas periódica ou permanentemente reduzidas, os grupos humanos tendem a crescer em proporção com a disponibilidade de terras e recursos, e só podem crescer acima disso à custa de outros grupos. Assim, as sociedades entram em guerra para se apoderar de terras e recursos que pertencem a outros grupos, ou para defender suas posses de outros que tentam usurpá-las. Muitas vezes, esse motivo é explicitamente declarado por governos de Estados que fazem guerra para adquirir terras e trabalhadores. Por exemplo, Hitler escreveu e falou sobre a necessidade de a Alemanha adquirir *Lebensraum* (espaço vital) a leste. Como os russos e outros eslavos viviam a leste da Alemanha, o objetivo de Hitler de agregar espaço na fronteira oriental levou-o a invadir a Polônia e, depois, a Rússia a fim de conquistar, escravizar ou matar os eslavos que viviam ali.

O teste mais abrangente dessa teoria de que a escassez de terras e recursos conduz a guerras foi feito por Carol e Melvin Ember, que usaram uma amostra transcultural de 186 sociedades. Com base em de informações etnográficas resumidas contidas no Human Relations Area Files (um amplo banco de dados de pesquisas transculturais

UM CAPÍTULO MAIS LONGO SOBRE MUITAS GUERRAS

da Universidade de Yale), os autores extraíram medidas de diversas causas da escassez de recursos: as frequências de ocorrência de fome generalizada, de desastres naturais como secas ou geadas, e de escassez de alimentos. Constatou-se que essas medidas tinham o mais alto poder preditivo da frequência de guerras. Os autores interpretaram esse achado como significando que as pessoas entram em guerra para tomar recursos (especialmente terras) de seus inimigos, protegendo-se, assim, de imprevisíveis insuficiências de recursos no futuro.

Embora essa interpretação seja plausível, não opera de forma tão direta e conclusiva como acreditam os estudiosos. É verdade que algumas guerras tradicionais resultam, de fato, na fuga dos perdedores e na ocupação de suas terras pelos vencedores, mas também existem casos em que as terras abandonadas ficam desocupadas durante algum tempo. Não é verdade que as guerras tradicionais sejam consistentemente mais ferozes em áreas mais densamente povoadas, porque alguns hábitats e modos de subsistência podem suportar confortavelmente densidades populacionais muito mais elevadas que outros. Por exemplo, os caçadores-coletores que vivem com uma densidade de três pessoas por quilômetro quadrado em um deserto sentem-se muito mais pressionados a se expandir para evitar a ameaça de fome do que agricultores que vivem com uma densidade de sessenta pessoas por quilômetro quadrado num clima temperado e em terras agrícolas férteis e bem irrigadas. Ou seja: o que conta não é a densidade populacional propriamente dita, mas sua relação com a densidade de recursos, o que vai definir reais ou potenciais carências. Se compararmos povos tradicionais que têm modos de subsistência semelhantes e que vivem em hábitats semelhantes com recursos similares, a frequência de guerras de fato aumenta com a densidade populacional.

Outros fatores últimos propostos para explicar a guerra tradicional são de natureza social. As pessoas podem entrar em guerra para manter a distância vizinhos belicosos, para se livrar deles inteiramente, ou para adquirir uma reputação de belicosidade a fim de desencorajar a probabilidade de ataques por vizinhos que não hesitariam em atacar um grupo que tivesse a reputação de não saber se defender. Essa interpretação social não é incompatível com a teoria anterior que menciona terras e recursos: uma razão última para querer manter os vizinhos a distância pode ser o desejo de manter sob firme controle as terras e os recursos da comunidade. Mas vale mencionar as considerações sociais como um fator separado das questões que envolvem recursos, porque o desejo de manter distância dos vizinhos pode fazer com que alguém tome atitudes muito mais extremas do que as que outros considerariam necessárias para simplesmente proteger recursos.

Por exemplo, até por volta de quinhentos anos atrás, a população da Finlândia estava concentrada no litoral, e a região interior de florestas era escassamente habitada. Quando famílias isoladas e pequenos grupos de colonos começaram a se deslocar para o interior, tentaram viver o mais distante possível uns dos outros. Meus amigos finlandeses contaram-me uma história para ilustrar como aqueles colonos detestavam a sensação de aglomeração. Um homem limpou para sua família uma pequena área na beira de um rio, feliz por ver que não havia nenhum sinal de vizinhos. Mas, um dia, viu um pedaço de tronco cortado descendo rio abaixo. Aquilo o deixou horrorizado, pois certamente havia alguém vivendo em algum lugar rio acima! Enfurecido, começou a andar naquela direção, atravessando florestas virgens para localizar o transgressor. No primeiro dia de caminhada, não encontrou ninguém; no segundo, a mesma coisa. Finalmente, no terceiro dia ele chegou a uma clareira recém-aberta onde encontrou outro colono. Matou-o e fez todo o caminho de volta durante três dias até chegar à sua própria clareira, aliviado de saber que, mais uma vez, havia garantido a privacidade da família. Embora essa história possa ser apócrifa, ilustra os fatores sociais que fazem com que as sociedades de pequena escala se preocupem até com "vizinhos" distantes que nem conseguem enxergar.

Existem também, entre os fatores últimos propostos como motivadores de beligerância, alguns que envolvem benefícios para o indivíduo, e não para o grupo social. Um indivíduo ou chefe de guerra belicoso provavelmente será temido e ganhará prestígio por suas façanhas na guerra. Isso pode ser traduzido como ser capaz de ganhar mais esposas e gerar mais filhos. Por exemplo, o antropólogo Napoleon Chagnon

UM CAPÍTULO MAIS LONGO SOBRE MUITAS GUERRAS

calculou, a partir de genealogias ianomâmis coletadas, que, quando se comparam homens ianomâmis que mataram ou não mataram pessoas, os que mataram têm, em média, duas vezes e meia mais esposas e mais de três vezes o número de filhos. Obviamente, os que matam também têm maior probabilidade de morrer ou de serem mortos mais cedo do que os demais, mas, durante sua vida mais curta, ganham mais prestígio e recompensas sociais e podem, assim, obter mais esposas e gerar mais filhos. Naturalmente, mesmo que essa correlação realmente se aplique aos ianomâmis, eu não a estou recomendando a todos os leitores, nem pode ela ser generalizada para todas as sociedades tradicionais. Em algumas sociedades, o tempo de vida mais curto dos homens dedicados à guerra provavelmente não é compensado por uma habilidade de atrair mais esposas a cada década de suas curtas vidas: entre os índios huaoranis do Equador, por exemplo, ainda mais belicosos do que os ianomâmis, os guerreiros mais audazes não têm mais esposas do que os outros homens, e têm menor número de filhos que conseguem sobreviver até a idade reprodutiva.

Contra quem as pessoas lutam?

Tendo examinado a questão de por que as sociedades de pequena escala combatem, perguntemos agora: contra quem elas lutam? Existiria, por exemplo, uma maior probabilidade de tribos empreenderem guerras contra outras tribos que falam uma língua diferente da sua? Lutam contra tribos com as quais têm vínculos comerciais ou relações de casamento, ou evitam entrar em guerra contra elas?

Podemos encaixar as respostas em um contexto mais familiar perguntando-nos, inicialmente, a mesma coisa a respeito das nações modernas que entram em guerra. Um famoso meteorologista inglês chamado Lewis Richardson, cuja carreira oficial girava em torno de analisar matematicamente complexos padrões de ventos atmosféricos, passou dois anos durante a Primeira Guerra Mundial trabalhando em um comboio de ambulâncias que transportava soldados doentes e feridos. Dois dos três irmãos de sua esposa foram mortos durante a guerra. Possivelmente impelido por essas experiências e por suas próprias raízes familiares quacres, Richardson desenvolveu uma segunda carreira estudando matematicamente as causas das guerras, na esperança de retirar lições sobre como evitar que continuassem se repetindo. Seu método consistia em tabular todas as guerras que pudesse identificar entre 1820 e 1949, registrando números de mortos, dividindo sua tabela em cinco subtabelas de acordo com esses números e então testando perguntas sobre quando e por que diferentes nações entraram em guerra.

Durante aquele período de 129 anos, o número de guerras nas quais um país estivera envolvido variava muito, desde mais de vinte, na França e na Inglaterra, até uma para a Suíça e zero para a Suécia. A principal fonte dessa variação era simplesmente o número de nações com as quais determinado país fazia fronteira: quanto mais vizinhos, maior a média de guerras ao longo do tempo; o número de guerras era aproximadamente proporcional ao número de países fronteiriços. O fato de os Estados vizinhos falarem ou não a mesma língua tinha pouco efeito. Richardson encontrou apenas duas exceções a esse padrão: havia menos guerras onde os dois lados falavam chinês, e mais guerras onde os dois lados falavam espanhol, do que o estatisticamente esperado a partir do número total de falantes de chinês ou espanhol no mundo. Ele especulou sobre os fatores culturais que aparentemente faziam com que os povos de língua espanhola fossem mais inclinados à guerra, e os de língua chinesa especialmente não inclinados a isso. Suas especulações são intrigantes, mas deixo que os leitores interessados leiam a análise de Richardson nas páginas 223-230 e 240-242 de seu livro *Statistics of Deadly Quarrels* (Estatísticas de disputas mortais), publicado em 1960.

Richardson não testou estatisticamente a relação entre comércio e probabilidade de guerra. No entanto, como a ocorrência de guerra é desproporcionalmente maior entre países vizinhos, que também têm probabilidade desproporcional de serem parceiros comerciais, seria de esperar que relações de comércio e guerra tendessem a estar associadas. Mas parece, pelo menos numa primeira impressão, que as nações modernas lutam com mais frequência contra seus parceiros comerciais

UM CAPÍTULO MAIS LONGO SOBRE MUITAS GUERRAS

do que contra outros países. É possível que a explicação se deva a dois fatores: a aparente correlação entre comércio e beligerância resultaria do fato de que tanto o comércio quanto a guerra estão relacionados com a proximidade; além disso, o comércio quase sempre dá origem a disputas. Mesmo no caso de nações que não são vizinhas, as maiores guerras modernas contrapuseram parceiros comerciais. Por exemplo, na Segunda Guerra Mundial, os dois principais alvos dos ataques do Japão foram sua principal fonte de materiais importados (os Estados Unidos) e o principal mercado para exportação de seus produtos (a China). Do mesmo modo, a Alemanha nazista e a Rússia estavam realizando operações comerciais até a noite anterior à invasão alemã à Rússia, em 22 de junho de 1941.

Mantendo como cenário essa discussão sobre as nações, consideremos agora as mesmas questões da perspectiva das sociedades tradicionais de pequena escala. Não dispomos de uma tabulação de todas as guerras tradicionais recentes que possa ser comparada com a tabela de guerras entre Estados modernos elaborada por Richardson. Em vez disso, teremos que nos contentar com relatos episódicos. Estes sugerem que as sociedades de pequena escala, mais ainda do que as nações, lutam contra seus vizinhos porque carecem da capacidade de transporte para cobrir longas distâncias — justamente o que permitiu que a Inglaterra enviasse tropas para o outro lado do mundo em meados dos anos 1800 para combater os maoris na Nova Zelândia. Existem poucas evidências de que as guerras entre sociedades pequenas tivessem alguma correlação com a língua falada pelos grupos em conflito. A maior parte das guerras tradicionais ocorria entre vizinhos que falavam a mesma língua, dada a maior probabilidade de que isso ocorra entre vizinhos. Todos os envolvidos na guerra dos danis descrita no capítulo 3 falavam a língua dani. A longa lista de sociedades que lutaram com outras que falavam a mesma língua inclui os engas, os fayus, os fores, os hinihons, os inuítes, os mailus, os nueres e os ianomâmis; a lista poderia ser ampliada indefinidamente. Uma exceção parcial, no entanto, é que, embora as tribos nueres lutassem contra outros nueres e também contra os dinkas, seus embates com os dinkas eram mais frequentes, e, quando lutavam com

O MUNDO ATÉ ONTEM

nueres, observavam restrições que não eram observadas nas lutas contra os dinkas. Por exemplo, não matavam mulheres e crianças nueres, não tomavam nueres como escravos e não queimavam as habitações dos nueres: limitavam-se a matar os homens e roubar o gado.

Quanto aos efeitos do comércio e dos casamentos intertribais, novamente as evidências esparsas sugerem que os inimigos das sociedades tradicionais são, com frequência, as mesmas pessoas com as quais têm parcerias no comércio e nos casamentos. Conforme dito por Lawrence Keeley, "Muitas sociedades tendem a guerrear contra os povos com os quais se casam e a se casar com aqueles com os quais guerreiam; atacar os povos com os quais comerciam e comerciar com seus inimigos". As razões são as mesmas que produzem esse resultado em nações: a proximidade promove comércio e casamentos, mas também guerras; e o comércio e os casamentos dão origem a disputas entre as sociedades de pequena escala, assim como entre os Estados modernos. Nas chamadas relações comerciais, as sociedades vizinhas podem de fato trocar bens por preços e taxas de câmbio que variam ao longo de um contínuo que vai desde o comércio real (trocas mutuamente voluntárias entre partes com forças equivalentes e a preços justos), passa pela "extorsão" (trocas desiguais a preços injustos entre uma parte forte e outra fraca, nas quais a parte fraca entrega bens a preços baixos como forma de comprar a paz), até ataques surpresa (uma parte "fornece" bens e a outra parte não dá nada em troca, quando quer que a fraqueza de uma das partes permita que a outra a invada e, assim, obtenha bens sem pagar nada). Atacantes furtivos famosos, como os apaches do sudoeste americano e os tuaregues dos desertos do norte da África, de fato praticavam uma mistura sofisticada de comércio justo, extorsão e ataques surpresa, dependendo da capacidade de defesa dos parceiros sendo atacados.

Quanto aos casamentos entre bandos e tribos, eles em geral precipitam a guerra por razões semelhantes às que geram guerras em consequência de acordos comerciais que se deterioraram. Uma criança recém-nascida de uma tribo é prometida como noiva a um homem mais velho de outra tribo, que paga por ela, mas, quando a jovem

UM CAPÍTULO MAIS LONGO SOBRE MUITAS GUERRAS

alcança a puberdade, não é entregue. O preço de uma noiva, ou dote, é inicialmente pago a prestações, até que uma das prestações não seja paga. Disputas sobre a qualidade de certo "bem" (por exemplo, por adultério, abandono do esposo, divórcio, incapacidade ou recusa de cozinhar, trabalhar na plantação ou buscar lenha) geram demandas de reembolso do preço da noiva, mas a demanda é recusada porque a falha alegada é contestável, ou então o pagamento recebido já foi negociado, permutado ou (no caso de um porco) comido. Tenho certeza de que, ao ler este parágrafo, qualquer consumidor, proprietário de um negócio, exportador ou importador reconhecerá analogias com os problemas enfrentados por comerciantes nos Estados modernos.

Quando ocorrem lutas entre grupos nos quais existem casamentos cruzados, um problema recorrente é a lealdade dividida nos tempos de guerra. Alguns dos inimigos têm parentescos indiretos ou laços de sangue. Antes de disparar uma flecha ou arremessar uma lança, o guerreiro precisa fazer uma boa pontaria, desde que possível, para evitar atingir um parente que luta do outro lado. Quando uma mulher inuíte se muda para o grupo do homem com quem se casou, e os parentes consanguíneos em sua sociedade natal estiverem planejando uma incursão contra o povo de seu marido, eles podem alertá-la com antecedência para que se mantenha afastada da área do ataque e evite ser morta. Da mesma forma, se ela fica sabendo, pelo povo de seu marido, que estão se preparando para atacar seus parentes de sangue, ela pode alertar seu povo — ou talvez não faça isso; ela pode se colocar ao lado de qualquer um deles. Assim também, um homem fore que fica sabendo que seu próprio clã planeja atacar a aldeia para onde se mudou sua irmã depois de se casar pode alertá-la e então esperar que o marido dela lhe pague algo. Ou ele pode saber por sua irmã que a aldeia onde ela vive depois de casada vai atacar sua própria aldeia; ele alerta seu povo e recebe presentes em gratidão.

Esquecendo Pearl Harbor

Finalmente, retornemos ao tema da vingança com o qual as sociedades de pequena escala podem nos parecer excessivamente preocupadas, dando-o como sua mais frequente explicação para iniciar uma guerra. Como cidadãos de Estados modernos, costumamos ignorar quão forte pode ser a sede de vingança. Entre as emoções humanas, esta se situa ao lado do amor, da raiva, da tristeza e do medo, sobre as quais falamos incessantemente. No entanto, as modernas sociedades de Estado permitem e encorajam as expressões de amor, raiva, tristeza e medo, mas não nossa sede de vingança. Crescemos aprendendo que os sentimentos de vingança são uma coisa primitiva da qual nos devemos envergonhar, algo que devemos transcender. Nossa sociedade inculca essas crenças para desencorajar a busca da vingança pessoal.

Não há dúvida de que nos seria impossível coexistir pacificamente como concidadãos do mesmo Estado se não abjurássemos nosso direito de exercer a vingança pessoal e se não deixássemos a punição nas mãos do Estado. De outra forma, também estaríamos vivendo nas mesmas condições de guerra constante que prevalecem na maior parte das sociedades de não Estado. Mas, mesmo quando recebemos uma satisfação do Estado nos casos em que somos vítimas de algo, nós, ocidentais, permanecemos atormentados devido à falta de uma satisfação pessoal. Um amigo meu cuja irmã foi assassinada por ladrões ainda continua revoltado, décadas depois, embora o Estado tenha capturado, julgado e aprisionado os assaltantes.

Assim, como cidadãos de um Estado, somos deixados em um dilema que não conseguimos reconhecer. A insistência do Estado de ser o único detentor do direito de punir é essencial para que vivamos em paz e segurança. Mas esse ganho nos impõe um alto e grave custo pessoal. Minhas conversas com os guineenses fizeram-me compreender aquilo de que abrimos mão ao entregar a justiça ao Estado. A fim de nos induzir a fazê-lo, as sociedades de Estado e seus códigos religiosos e morais (que estão associados) martelam constantemente em nossa cabeça a mensagem de que buscar a vingança é algo ruim. Mas, embora

UM CAPÍTULO MAIS LONGO SOBRE MUITAS GUERRAS

se devam impedir as ações inspiradas por sentimentos de vingança, o reconhecimento desses sentimentos deveria ser não apenas permitido, mas encorajado. Esses sentimentos são naturais e intensos nos parentes próximos ou amigos de alguém que foi morto ou sofreu um sério dano, e nas próprias vítimas. De fato, muitos governos de Estados tentam garantir aos parentes de vítimas de crimes alguma satisfação pessoal, permitindo que estejam presentes ao julgamento do acusado; permitindo, em alguns casos, que se dirijam ao juiz ou ao júri (capítulo 2); providenciando encontros privados com o criminoso, por meio do sistema de justiça restaurativa (capítulo 2); ou até permitindo que assistam à execução do assassino.

Os leitores que não passaram anos conversando com habitantes das terras altas da Nova Guiné ainda podem estar se perguntando: como será que essas sociedades chegaram a ser aparentemente tão diferentes de nós, e a se divertir com a morte e recompensar os que matam? Que tipo de monstros deturpados são essas pessoas que falam tão descaradamente de seu prazer de matar inimigos?

Na realidade, estudos etnográficos de sociedades humanas tradicionais que vivem quase inteiramente fora do controle de governos estatais têm mostrado que guerra, assassinato e demonização de vizinhos são a norma, não a exceção, e que os membros dessas sociedades que esposam essas normas são, com frequência, pessoas normais, felizes e bem ajustadas, em vez de monstros. O que difere em muitas sociedades de Estado é que somos subitamente ensinados a abraçar aquelas normas tradicionais apenas em determinado momento (quando há uma declaração de guerra) e a nos desfazermos delas em seguida (depois de concluído um tratado de paz). O resultado é confuso: uma vez adquiridos, ódios não são facilmente descartados. Muitos dos meus amigos europeus que também nasceram nos anos 1930, como eu — alemães, poloneses, russos, sérvios, croatas, ingleses, holandeses e judeus —, aprenderam, desde pequenos, a odiar ou temer certas pessoas, passaram por experiências que lhes deram boas razões para isso e ainda carregam esses sentimentos até hoje, mais de 65 anos depois, embora lhes tenha sido ensinado, mais tarde, que tais sentimentos já não são considerados desejáveis e que é melhor não expressá-los, a menos que você esteja seguro da aprovação de seu ouvinte.

Hoje, nas sociedades de Estado ocidentais, crescemos aprendendo um código universal de moralidade que é promulgado semanalmente em nossos templos religiosos e codificado em nossas leis. O sexto mandamento declara simplesmente "Não matarás" — sem fazer nenhuma distinção entre como devemos nos comportar com relação a nossos concidadãos e com relação a cidadãos de outros Estados. Então, depois de 18 anos desse treinamento moral, pegamos adultos jovens, damos a eles treinamento para virarem soldados, damos armas e ordenamos que agora esqueçam toda a educação recebida que os proibia de matar.

Não é de admirar que muitos soldados modernos envolvidos em uma batalha não consigam se obrigar a apontar a arma contra um inimigo e disparar. Aqueles que matam acabam sofrendo uma duradoura síndrome de estresse pós-traumático (como ocorre hoje, por exemplo, com cerca de um terço dos soldados americanos que serviram no Iraque ou no Afeganistão). Quando voltam para casa, longe de se vangloriarem da matança, têm pesadelos e não falam sobre o assunto com ninguém, a não ser com outros veteranos. (Se você não for um veterano de guerra, imagine como se sentiria a respeito de um soldado americano que lhe descrevesse, com orgulho, os detalhes pessoais de como ele matou um iraquiano, ou mesmo como matou um soldado nazista na Segunda Guerra Mundial.) No decurso de minha vida, já tive centenas de conversas com veteranos americanos e europeus, alguns deles meus amigos íntimos ou parentes próximos, mas nem um único deles jamais me relatou como matou alguém, ao contrário do que fazem muitos dos meus amigos guineenses.

Em contraposição, os guineenses tradicionais se acostumaram a ver, desde a mais tenra infância, os guerreiros que iam para a guerra e voltavam das batalhas; viam os cadáveres e os ferimentos nos seus parentes e em outros membros do clã mortos pelo inimigo, ouviam histórias de mortes, ouviam falar de lutas como o mais alto ideal, e testemunhavam guerreiros de sucesso falando orgulhosamente sobre como mataram, quantos mataram, e sendo louvados por isso. Lembrem-se dos garoti-

UM CAPÍTULO MAIS LONGO SOBRE MUITAS GUERRAS

nhos wilihimans que, com grande entusiasmo, enfiavam suas pequenas lanças no homem asuk-balek já moribundo, e dos garotinhos danis de seis anos da Confederação Wilihiman atirando flechas contra outros garotinhos danis de seis anos da Confederação Widaia, orientados por seus pais (capítulo 3). Obviamente, os guineenses acabavam não tendo nenhum conflito a respeito de matar o inimigo: não precisavam desaprender nenhuma mensagem contrária.

Se refletirmos um pouco, veremos que, para americanos suficientemente idosos que ainda se recordam do bombardeio japonês à base naval dos Estados Unidos em Pearl Harbor em 1941 (visto por nós como uma afronta traiçoeira, pois não foi precedido de uma declaração de guerra), o intenso ódio pelo povo inimigo e a sede de vingança que os povos tradicionais aprendem com os mais velhos não nos deveriam parecer algo tão distante, afinal. Os americanos nascidos nos anos 1940 cresceram em uma atmosfera saturada de demonização dos japoneses, que cometeram, de fato, coisas terrivelmente cruéis contra nós e contra outros povos (como a Marcha da Morte de Bataan, a Marcha da Morte de Sandakan, o Estupro de Nanquim e outros acontecimentos semelhantes). Disseminou-se um intenso ódio e um grande medo de japoneses, mesmo entre civis americanos que nunca haviam visto um soldado japonês vivo ou o corpo morto de um parente americano morto por um japonês (mas meus amigos guineenses viam os cadáveres de seus parentes). Centenas de milhares de homens americanos se ofereceram como voluntários para matar centenas de milhares de japoneses, muitas vezes em combates corpo a corpo, usando métodos brutais que incluíam baionetas e lança-chamas. Os soldados que matavam o maior número possível de japoneses, ou matavam com uma bravura notável, eram publicamente condecorados com medalhas, e os que morreram em combate eram postumamente lembrados como heróis que morreram com nobreza.

Então, menos de quatro anos depois de Pearl Harbor, nós, americanos, recebemos a ordem de parar de odiar e matar japoneses e esquecer o lema que havia dominado a vida americana: "Lembre-se de Pearl Harbor!" Muitos americanos que estavam vivos naqueles anos bata-

O MUNDO ATÉ ONTEM

lharam pelo resto da vida com aquilo que lhes disseram para sentir e fazer e, depois, esquecer, desaprender — especialmente se tivessem sido diretamente afetados, como os que sobreviveram à Marcha da Morte de Bataan ou os que tiveram amigos e parentes próximos que não voltaram da guerra. Ainda assim, esses legados das atitudes americanas contra os japoneses resultaram de apenas quatro anos de experiência (os anos até o final da guerra) e, para a maior parte de nós, foi uma experiência indireta. Tendo crescido durante a histeria antijaponesa da Segunda Guerra Mundial, não acho nada surpreendente que os danis wilihimans tenham se tornado tão entusiastas a respeito de matar os danis widaias, quando penso que aquelas atitudes lhes haviam sido inculcadas durante décadas — tanto explicitamente, por meio de ensinamentos, quanto por ampla experiência direta. A sede de vingança não é nada louvável, mas não pode ser ignorada. Ela precisa ser compreendida, reconhecida e abordada de forma que exclua a vingança concreta.

PARTE 3

JOVENS E VELHOS

CAPÍTULO 5

EDUCANDO AS CRIANÇAS

Comparações de práticas de educação infantil • Parto •
Infanticídio • Desmame e intervalo entre nascimentos •
Amamentação por livre demanda • Contato entre bebês e
adultos • O papel do pai e de outros cuidadores • Respostas ao
choro de bebês • Punição física • Autonomia das crianças •
Grupos de recreação multietários • Brincadeiras infantis e
educação • Os filhos deles e os nossos

Comparações de práticas de educação infantil

Em uma de minhas visitas à Nova Guiné, conheci um jovem chamado
Enu cuja história de vida pareceu-me notável na época. Enu havia crescido em uma área na qual a educação das crianças era extremamente
repressiva, e elas eram pesadamente sobrecarregadas com obrigações
e sentimentos de culpa. Quando tinha cinco anos de idade, ele decidiu
que não dava mais para conviver com aquele modo de vida. Abando-
nou os pais e a maior parte dos parentes e mudou-se para outra tribo
e outra aldeia, onde alguns parentes seus estavam dispostos a cuidar
dele. Ali, Enu se viu em uma sociedade adotiva com práticas tolerantes
de educação infantil, o extremo oposto das práticas de sua sociedade
natal. As crianças eram consideradas responsáveis por seus próprios
atos e tinham permissão para fazer basicamente o que quisessem. Por
exemplo, se uma criança pequena estivesse brincando perto do fogo,
os adultos não interviriam. Como resultado, muitos adultos naquela
sociedade tinham cicatrizes de queimaduras, legados de seu comportamento quando pequenos.

Esses dois estilos de criação seriam igualmente rejeitados com horror nas sociedades industriais ocidentais de hoje. Mas o estilo permissivo da sociedade adotiva de Enu não é incomum entre caçadores-coletores em todo o mundo. Em muitos casos, as crianças pequenas são consideradas indivíduos autônomos cujos desejos não devem ser contrariados, e têm permissão para brincar com objetos perigosos como facas afiadas, panelas quentes e fogo (imagem 19).

Por que deveríamos nos interessar por práticas de educação infantil em sociedades tradicionais de caçadores-coletores, agricultores e pastores? Uma das respostas é de natureza acadêmica: as crianças representam até a metade da população de uma sociedade, e um sociólogo que ignorasse metade dos membros de uma sociedade não poderia afirmar que conhece e compreende aquela sociedade. Outra resposta acadêmica é que todas as futuras vidas adultas resultam de um processo de desenvolvimento: não é possível compreender as práticas de solução de conflitos e de casamento em uma sociedade, por exemplo, sem saber como as crianças foram socializadas naquelas práticas.

A despeito dessas boas razões para nos interessarmos pela educação de crianças em sociedades não ocidentais, o tema tem recebido muito menos atenção e estudo do que merece. Parte do problema é que muitos dos acadêmicos que saem para estudar outras culturas são jovens, ainda não têm filhos, não têm experiência de conversar com crianças e observá-las, e basicamente só descrevem e entrevistam adultos. A Antropologia, a Educação, a Psicologia e outras áreas acadêmicas têm suas próprias ideologias, e estas, em cada momento específico, selecionam certa gama de temas de pesquisa, impondo viseiras que limitam a lista de fenômenos considerados merecedores de estudo.

Mesmo os estudos de desenvolvimento infantil que pretendem ter um amplo escopo multicultural — comparando, por exemplo, crianças alemãs, americanas, japonesas e chinesas — são, de fato, uma amostra de sociedades retiradas de uma mesma estreita fatia da cultura humana. Todas essas quatro culturas são semelhantes em aspectos fundamentais — governo centralizado, especialização econômica e desigualdade socioeconômica — e são muito atípicas quando consideradas da perspectiva da

EDUCANDO AS CRIANÇAS

ampla diversidade cultural humana. Como resultado, essas sociedades, bem como outras sociedades de Estado modernas, têm convergido para uma pequena faixa de práticas de educação infantil que, pelos padrões históricos, são pouco comuns. Essas práticas incluem sistemas de educação escolar administrados por um Estado (em oposição ao aprendizado como parte da vida cotidiana e das brincadeiras), proteção das crianças pela polícia, e não apenas pelos pais, grupos de brincadeiras limitados a crianças de uma mesma idade (em oposição à prática de crianças de todas as idades que brincam juntas), crianças e pais que dormem em cômodos separados (em oposição a dormirem juntos na mesma cama) e mães que amamentam bebês (se amamentam) de acordo com um horário quase sempre estabelecido pela mãe, e não pelo bebê.

Um resultado disso é que as generalizações sobre crianças feitas por Jean Piaget, Erik Erikson, Sigmund Freud, pediatras e psicólogos infantis estão fortemente baseadas em estudos de sociedades WEIRD (ocidentais, educadas, industriais, ricas e democráticas), especialmente em estudos sobre seus jovens alunos de graduação e sobre filhos de professores, e foram indevidamente generalizados para o resto do mundo. Por exemplo, Freud enfatizou a pulsão sexual e sua frequente frustração. Mas essa visão psicanalítica não se aplica aos índios sirionos da Bolívia, nem a muitas outras sociedades tradicionais, onde parceiros sexuais receptivos estão quase permanentemente disponíveis, mas onde a fome de comida e as preocupações com a pulsão alimentar e sua frequente frustração são onipresentes. Antigas e disseminadas teorias ocidentais sobre a educação da criança enfatizavam a necessidade infantil de amor e apoio emocional, mas viam as práticas de outras sociedades em que as crianças eram amamentados sempre que queriam como "excesso de mimo", e as classificavam em termos freudianos como "gratificação excessiva na fase oral do desenvolvimento psicossexual". No entanto, veremos que, antigamente, a amamentação por livre demanda era quase universal, que tem muitos aspectos recomendáveis e que a prática moderna comum de amamentar em intervalos infrequentes para atender à conveniência da mãe é, de uma perspectiva histórica, uma rara exceção.

Essas são razões acadêmicas para estarmos interessados nos procedimentos e hábitos tradicionais de educação infantil. Mas existem irrefutáveis razões práticas para que todos nós, não acadêmicos, também estejamos interessados. As sociedades de pequena escala nos oferecem uma ampla base de dados sobre educação infantil. Elas revelam os resultados de milhares de experimentos naturais sobre como educar as crianças. As sociedades de Estado ocidentais não nos permitiriam realizar os experimentos pelos quais passou Enu, de extrema repressão e extrema tolerância. Embora poucos leitores deste livro pudessem considerar admirável o hábito de deixar que as crianças rolem no fogo, veremos que muitas outras práticas tradicionais de educação de crianças têm fortes características positivas que merecem nossa consideração. Assim, outra razão para as estudarmos é que podem nos oferecer alternativas e ampliar nossas escolhas. Elas podem sugerir práticas diferentes das rotineiramente observadas no Ocidente, mas que poderemos considerar atraentes quando aprendermos sobre suas consequências para as crianças.

Em décadas recentes, temos visto, finalmente, um interesse crescente pelos estudos comparativos sobre a educação de crianças nas sociedades de pequena escala. Por exemplo, já foram realizados seis estudos especializados sobre crianças, não apenas observações casuais de antropólogos, entre alguns dos últimos grupos humanos que ainda obtêm a maior parte de sua subsistência da caça e da coleta: os efes e os pigmeus akas das florestas tropicais africanas, os !kungs dos desertos do sul da África, os hadzas da África Oriental, os índios aches do Paraguai e os agtas das Filipinas. Neste capítulo, discutirei o que esses estudos sobre as sociedades de pequena escala nos mostraram a respeito de parto e infanticídio, amamentação e desmame, contato físico entre criança e adulto, o papel dos pais e de outros cuidadores, respostas ao choro da criança, punições, liberdade dada à criança para explorar seu mundo, e brincadeiras e educação infantil.

Parto

Nas sociedades ocidentalizadas atuais, os partos costumam ocorrer em um hospital com a ajuda de profissionais capacitados: médicos, parteiras e enfermeiras. A mortalidade de recém-nascidos e mães associada ao parto é baixa. Mas os nascimentos tradicionais eram diferentes. Antes da medicina moderna, ou quando não estava disponível, a morte de bebês, das mães ou de ambos no parto era muito mais comum do que hoje.

As circunstâncias do parto variam entre as sociedades tradicionais. No caso mais simples, muito excepcional, um ideal cultural é que a mãe dê à luz sozinha e sem nenhuma ajuda. Por exemplo, entre os !kungs dos desertos africanos, espera-se que uma mulher em trabalho de parto caminhe até algumas centenas de metros de distância da aldeia e tenha seu filho sozinha. Na prática, especialmente quando se trata do primeiro filho, a mulher pode ser acompanhada por outras para ajudá-la, mas, depois de alguns partos, a mãe tem mais probabilidade de alcançar o ideal de dar à luz sozinha. No entanto, mesmo que ela o faça, permanece a uma distância razoável que permita a outras mulheres ouvirem os primeiros choros do bebê e então se juntarem à mãe para cortar o cordão umbilical, limpar a criança e levá-la para a aldeia.

Os índios pirarrãs do Brasil (imagem 11) são outro grupo no qual as mulheres frequentemente dão à luz sem assistência. O profundo compromisso dos pirarrãs com esse ideal é ilustrado por uma experiência do linguista Steve Sheldon, relatada por Daniel Everett: "Steve Sheldon contou uma história de uma mulher que estava dando à luz sozinha em uma praia. Alguma coisa deu errado. A criança não estava na posição certa. A mulher estava em agonia. 'Ajudem-me, por favor! O bebê não está saindo!', ela gritava. Os pirarrãs ficaram passivamente sentados; algumas pessoas pareciam tensas, outras conversavam normalmente. 'Estou morrendo! Dores horríveis. O bebê não vai sair!', gritou ela. Ninguém se moveu. Já era fim da tarde. Steve começou a caminhar em direção à mulher. 'Não! Ela não quer você. Ela quer os pais', lhe disseram, com o claro significado de que ele não deveria ajudá-la. Mas os pais não estavam ali, e ninguém iria ajudá-la. Chegou a noite, os gritos da mulher continuavam, mas cada vez mais fracos. Finalmente, pararam. Na manhã seguinte, Steve ficou sabendo que ela e o bebê haviam morrido sem assistência. (...) [Esse trágico incidente] nos conta que os pirarrãs deixaram que uma jovem morresse, sozinha e sem ajuda, porque acreditam que as pessoas precisam ser fortes e atravessar suas dificuldades por conta própria."

Com muito maior frequência, o parto tradicional acontece com a assistência de outras mulheres, como, por exemplo, entre o povo kaulong da Nova Bretanha. Ali, os homens são obcecados com os efeitos poluentes das mulheres durante a menstruação e o parto, e uma mulher prestes a dar à luz vai para um abrigo na floresta acompanhada por várias outras. No extremo oposto estão as sociedades nas quais o nascimento é praticamente um acontecimento público. Entre o povo agta das Filipinas, uma mulher dá à luz em uma casa no acampamento, e todo mundo pode se juntar na casa e gritar instruções para a mulher e a parteira ("força!", "segure!", "não faça assim!").

Infanticídio

O infanticídio — a morte intencional e reconhecida de um recém-nascido — é ilegal na maior parte das sociedades de Estado atuais. No entanto, em muitas sociedades tradicionais o infanticídio é aceitável em certas circunstâncias. Embora essa prática nos horrorize, é difícil ver o que mais as sociedades poderiam fazer sob algumas das condições associadas ao infanticídio. Uma dessas condições é quando um bebê nasce deformado ou fraco. Muitas sociedades tradicionais passam por fases de grande escassez no estoque de alimentos, quando se torna difícil para o pequeno número de adultos produtivos fornecer comida para o número muito maior de crianças e idosos não produtivos. Um indivíduo a mais para consumir, e que não produzirá nada, é então uma sobrecarga que a sociedade dificilmente poderá carregar.

EDUCANDO AS CRIANÇAS

Outra circunstância associada ao infanticídio é um intervalo curto entre nascimentos, ou seja, um bebê nasce quando o outro filho ainda não completou dois anos e ainda está sendo amamentado e carregado. É difícil ou impossível para uma mulher produzir leite suficiente para uma criança de dois anos e para um recém-nascido e carregar as duas quando todo o grupo precisa se deslocar. Pela mesma razão, o nascimento de gêmeos de mulheres de caçadores-coletores pode resultar na morte ou no abandono de pelo menos uma das crianças. Aqui está uma entrevista com uma índia ache chamada Kuchingi, relatada por Kim Hill e A. Magdalena Hurtado: "O bebê que veio depois de mim [por ordem de nascimento no parto duplo] foi morto. Minha mãe já tinha uma filha pequena. Ela matou o irmão que nasceu depois de mim porque eu era pequena. 'Você não terá leite suficiente para a mais velha [isto é, Kuchingi]', disseram. 'Você tem que alimentar a mais velha.' Então ela matou meu irmão."

Outro fator que também predispõe ao infanticídio no momento do nascimento é a ausência ou morte do pai, pois a mulher não terá quem a alimente e quem proteja a criança. Para uma mãe sozinha, a vida é difícil mesmo nos dias de hoje. Era ainda mais difícil no passado, especialmente em sociedades nas quais a falta de um pai tendia a resultar em uma chance maior de uma criança morrer — os pais forneciam a maior parte das calorias para manter viva uma criança, ou a protegiam contra a violência de outros homens.

Finalmente, em algumas sociedades tradicionais a proporção de meninos aumenta desde o nascimento até a adolescência, pois as meninas recém-nascidas morrem em consequência da negligência passiva ou (em casos excepcionais) são intencionalmente mortas por estrangulamento, abandono às intempéries ou enterradas vivas — porque muitas sociedades dão mais valor aos meninos do que às meninas. Por exemplo, entre os índios aches, 14% dos meninos haviam sido mortos antes de completarem dez anos, mas essa porcentagem era de 23% entre as meninas. A ausência do pai ou da mãe multiplica por quatro a chance de que uma criança ache seja vítima de homicídio, mas o risco é ainda maior para as meninas. Na China e na Índia modernas, em que os meninos têm um valor muito maior do que as meninas, está havendo um excesso de meninos como consequência de um novo mecanismo: a determinação do sexo durante a gravidez permite o aborto seletivo de fetos de meninas.

Os !kungs consideram ser obrigação da mãe avaliar, no momento do parto, se o recém-nascido deve sobreviver ou morrer. A socióloga Nancy Howell escreveu: "O costume de que a mulher deve ou pode estar sozinha na hora do parto dá à mãe o direito inquestionável de controlar o infanticídio. Na cena do nascimento, geralmente antes que o bebê receba um nome, e certamente antes de levá-lo para a aldeia, a mãe é responsável por examiná-lo cuidadosamente em busca de deformações congênitas. Se estiver deformado, a obrigação da mãe é asfixiá-lo. Muitos !kungs me disseram que esse exame e essa decisão são uma parte normal e necessária do processo de dar à luz. Para os !kungs, o infanticídio não equivale a assassinato, pois não consideram o nascimento como o começo da vida. A vida começa quando o bebê recebe um nome e é aceito como uma pessoa social na aldeia. Antes disso, o infanticídio é prerrogativa e responsabilidade da mãe, culturalmente prescrito para deformações congênitas e para um de cada par de gêmeos que nascem. A população não tem nenhum par de gêmeos sobreviventes."

No entanto, o infanticídio seguramente não é universal nas sociedades tradicionais, e é menos comum do que a morte de crianças resultante de "negligência benigna". (Esse eufemismo significa que um bebê não é ativamente morto, mas deixado para morrer por negligência — como quando a mãe para de amamentá-lo ou o faz apenas ocasionalmente, ou raramente limpa ou lava a criança.) Por exemplo, quando Allan Holmberg estava vivendo entre um grupo de sirionos na Bolívia, descobriu que infanticídio e aborto eram coisas desconhecidas. Embora 15% das crianças sirionos nascessem com pés deformados, e apenas uma em cada cinco delas sobrevivesse até a idade adulta e criava uma família, aquelas crianças recebiam afeto normal e eram alimentadas.

EDUCANDO AS CRIANÇAS

Desmame e intervalo entre nascimentos

Nos Estados Unidos, a proporção de recém-nascidos amamentados pela mãe e a idade de desmame diminuíram durante grande parte do século XX. Por exemplo, nos anos 1970, apenas 5% das crianças americanas ainda estavam sendo amamentadas aos seis meses. Em contraste, entre caçadores-coletores que não têm contato com agricultores e não têm acesso a alimentos cultivados, as crianças são amamentadas até muito tempo além dos seis meses, porque o único alimento adequado disponível é o leite materno: eles não têm acesso ao leite de vaca, a fórmulas infantis ou a papinhas. A média da idade de desmame entre sete grupos de caçadores-coletores estudados é de cerca de três anos, uma idade na qual as crianças finalmente conseguem se nutrir plenamente mastigando comida sólida. Embora alguns alimentos sólidos pré-mastigados possam ser introduzidos por volta dos seis meses, uma criança de caçadores-coletores pode continuar mamando o leite da mãe até que ela engravide novamente. As crianças !kungs continuam a mamar até os quatro anos se outro irmão não tiver nascido. Os estudos mostram que, quanto mais tarde uma criança !kung for desmamada, maiores suas chances de chegar à idade adulta. Mas em populações agrícolas assentadas, e entre caçadores-coletores que comercializam com agricultores, a idade de desmame e os intervalos de dois e meio a quatro anos observados entre caçadores-coletores nômades decrescem para uma média de dois anos porque os agricultores dispõem de criações que produzem leite e podem fazer mingau de cereais para desmamar uma criança pequena. Por exemplo, quando os !kungs se fixam num local como agricultores, ocorrência cada vez mais comum nas décadas recentes, o intervalo entre os nascimentos rapidamente cai de três anos e meio para os dois anos típicos dos agricultores.

As causas evolutivas últimas e os mecanismos fisiológicos imediatos responsáveis pelos longos intervalos entre nascimentos registrados nos grupos de caçadores-coletores nômades têm sido objeto de muita discussão. Parece que as razões últimas têm dois componentes. Em primeiro lugar, uma mãe que não tenha acesso ao leite de vaca ou a mingau de cereais provavelmente amamentará uma criança até os três anos ou mais, e não pode produzir leite suficiente para, além disso, amamentar também um recém-nascido. Se tentasse, uma das crianças provavelmente morreria de fome por falta de leite.

A outra razão é que apenas quando uma criança tem por volta de quatro anos ou mais ela consegue caminhar com rapidez suficiente para acompanhar os pais quando o grupo está se mudando. Crianças mais novas têm que ser carregadas. Enquanto caminha, uma mulher !kung que pese quarenta quilos precisa carregar uma criança de menos de quatro anos que poderá pesar doze quilos, uma carga de vegetais silvestres de sete a 18 quilos, ou mais, e diversos litros de água, além dos utensílios. Essa já é uma carga muito pesada, e seria ainda maior se a ela se acrescentasse uma criança mais nova. Assim, temos um segundo fator evolutivo último contribuindo para a rápida queda no intervalo entre nascimentos quando caçadores-coletores nômades se fixam para se tornar agricultores: a maior parte dos agricultores vive em aldeias permanentes e não enfrenta o problema de ter que carregar crianças de menos de quatro anos sempre que mude de lugar.

Uma idade de desmame mais tardia significa que uma mãe caçadora-coletora investe grande quantidade de energia para criar uma única criança. Os observadores ocidentais têm a impressão de que a íntima relação de uma criança !kung com sua mãe e a atenção exclusiva que desfruta durante vários anos sem irmãos mais novos fornecem uma segurança emocional na infância que se traduz na segurança emocional dos !kungs adultos. Mas quando um filho de caçadores-coletores finalmente é desmamado, o resultado pode ser traumático. De uma hora para outra, a criança passa a receber muito menos atenção materna, fica com fome porque já não tem o leite da mãe, tem que ceder ao novo irmão o espaço em que dormia à noite ao lado da mãe, e pode ser cada vez mais pressionada para entrar no mundo adulto. As crianças !kungs que estão sendo desmamadas ficam infelizes e têm crises de choro e gritos. Os !kungs que chegam à velhice ainda se lembram do desmame, ocorrido há mais de setenta anos, como uma experiência dolorosa. Nas aldeias pirarrãs, é comum se ouvir à noite o choro de crianças, quase sempre

EDUCANDO AS CRIANÇAS

porque estão sendo desmamadas. Ainda assim, e embora as sociedades tradicionais de fato desmamem as crianças mais tarde do que fazem os americanos modernos, os padrões específicos variam entre elas. Por exemplo, as crianças dos pigmeus bofis e akas são desmamadas gradualmente, e não de um dia para o outro. Com isso, as crises de choro são raras e, com frequência, a iniciativa parte da criança, e não da mãe.

Amamentação por livre demanda

Essas duas causas últimas responsáveis pelos longos intervalos entre nascimentos nas sociedades de caçadores-coletores deixam em aberto a questão do mecanismo fisiológico (uma causa mais imediata) que garante não haver duas crianças pequenas demandando cuidados simultaneamente. Uma das soluções é o recurso à negligência intencional ou (menos frequentemente) ao infanticídio, como já mencionado: se uma mãe fica grávida quando o último filho ainda tem menos de dois anos e meio, então ela pode abandonar o recém-nascido ou mesmo matá-lo, pois sabe que não pode cuidar dos dois. O outro fator imediato são os mecanismos fisiológicos que tornam menos provável que uma mulher ainda amamentando fique grávida, mesmo que retome sua atividade sexual. Mas, conforme veremos a seguir, esses mecanismos só operam em uma mãe que amamente com frequência, sempre que solicitada pelo bebê (e não em horários definidos pela conveniência da mãe, como em sociedades ocidentais).

Em grupos de caçadores-coletores nos quais foram feitos estudos específicos sobre amamentação, o bebê tem acesso constante ao seio da mãe, é mantido em contato com ela durante o dia, dorme perto dela à noite e pode mamar sempre que deseje, mesmo que a mãe não esteja acordada. Por exemplo, observações registradas entre os !kungs mostraram que um bebê mama, em média, quatro vezes por hora durante o dia, em mamadas de dois minutos, com um intervalo médio de apenas 14 minutos. A mãe acorda para amamentar o bebê pelo menos duas vezes à noite, e o bebê mama sem acordar a mãe várias vezes por noite. Essa constante oportunidade de mamar quando quer continua durante pelo menos três anos na vida da criança !kung. Nas sociedades modernas, em contraste, muitas mães, talvez a maior parte delas, programam o horário de amamentação de acordo com suas atividades. A organização do trabalho da mãe, seja saindo para um emprego ou cuidando da casa, em geral envolve várias horas de separação mãe-bebê. O resultado é um número muito menor de mamadas (em vez das dezenas propiciadas por uma mãe !kung), períodos de amamentação mais longos do que os registrados entre os caçadores-coletores e intervalos muito mais longos entre uma mamada e outra.

A alta frequência de sessões de amamentação entre as mães caçadoras-coletoras tem consequências fisiológicas. Como mencionado, de modo geral essas mulheres que amamentam não engravidam durante vários anos após o nascimento de uma criança, mesmo que retomem a atividade sexual. Evidentemente, há algo na amamentação tradicional que age como um contraceptivo. Uma hipótese é a chamada "amenorreia lactacional": quando o bebê mama, são liberados hormônios maternos que não apenas estimulam a secreção do leite, mas também podem inibir a ovulação. Mas a inibição da ovulação requer um regime constante de amamentações frequentes: alguns poucos períodos de amamentação por dia não são suficientes. A outra hipótese é chamada "hipótese da reserva crítica de gordura": a ovulação requer que os níveis de gordura no corpo da mãe excedam certo nível crítico. Em uma mulher de uma sociedade tradicional que não dispõe de alimentação abundante, o alto consumo de energia requerido para a produção de leite mantém seu nível de gordura abaixo daquele valor crítico. Assim, mulheres ocidentais de sociedades modernas que ainda amamentam e têm uma vida sexual ativa podem engravidar (para sua surpresa) por uma ou duas razões: a frequência da amamentação é muito mais baixa e não produz a amenorreia lactacional, e, por serem suficientemente bem-nutridas, seus níveis de gordura corporal são elevados e propiciam a ovulação, mesmo levando-se em conta o gasto calórico da lactação. Muitas mães ocidentais bem informadas já ouviram falar da amenorreia lactacional, mas poucas sabem que isso só ocorre quando a amamentação

EDUCANDO AS CRIANÇAS

é muito frequente. Recentemente, uma amiga me disse, consternada, que havia engravidado poucos meses depois do último parto, e repetiu a frase usada por uma longa lista de mulheres modernas que se veem na mesma situação: "Mas eu pensei que não pudesse engravidar enquanto estivesse amamentando!"

A frequência da amamentação difere entre espécies mamíferas. Em algumas delas, incluindo os chimpanzés e a maior parte de outros primatas, morcegos e cangurus, os filhotes mamam continuamente. Outros mamíferos, entre os quais se destacam os coelhos e os antílopes, amamentam seus filhotes em intervalos irregulares: uma coelha ou uma mãe antílope deixam os recém-nascidos escondidos na grama ou em uma toca enquanto saem para procurar comida. Retornam depois de longo intervalo e só amamentam poucas vezes por dia. As mães humanas nos grupos caçadores-coletores assemelham-se aos chimpanzés e macacos antigos, no sentido de que amamentam continuamente. Esse padrão que herdamos de nossos ancestrais primatas e presumivelmente mantivemos durante os milhões de anos da evolução humana (que seguiu uma linha distinta da dos chimpanzés) só veio a mudar nos poucos milhares de anos transcorridos desde a origem da agricultura, quando desenvolvemos estilos de vida que envolviam separações entre mãe e bebê. As modernas mães humanas adquiriram os hábitos de amamentação dos coelhos, ao mesmo tempo que mantiveram a fisiologia lactacional de chimpanzés e macacos.

Contato entre bebês e adultos

Essas variações na frequência da amamentação entre diferentes espécies de mamíferos estão associadas a diferenças na porcentagem de tempo que um bebê passa em contato com um adulto (especialmente com a mãe). Nas espécies que amamentam de forma descontínua, a criança fica em contato com a mãe apenas para breves períodos de amamentação e cuidados. Nas espécies com amamentação contínua, a mãe carrega consigo o bebê quando sai para buscar alimentos: a mãe canguru mantém o filhote na bolsa, a mãe morcego segura o filhote na barriga mesmo enquanto está voando, e as mães chimpanzés e as macacas do Velho Mundo carregam os filhotes nas costas.

Nas sociedades industriais modernas atuais, seguimos o padrão coelho-antílope: a mãe ou alguma outra pessoa pega a criança de vez em quando e a segura para alimentá-la ou brincar com ela, mas não carrega o bebê constantemente; o bebê passa grande parte do tempo diurno em um berço ou chiqueirinho, e à noite dorme sozinho, às vezes em um quarto separado. No entanto, nós provavelmente seguimos o modelo de nossos ancestrais macacos ao longo de quase toda a história humana, até os últimos poucos milhares de anos. Os estudos de caçadores-coletores modernos mostram que um bebê é carregado quase constantemente durante todo o dia, pela mãe ou por alguma outra pessoa. Quando a mãe está caminhando, mantém a criança junto ao seu corpo com faixas (!kungs), bolsas de rede (guineenses) e pranchas acolchoadas (nas zonas temperadas do norte). Entre a maior parte dos caçadores-coletores, especialmente nos climas temperados, existe um constante contato de pele entre o bebê e a pessoa cuidadora. Em todas as sociedades conhecidas de caçadores-coletores e entre primatas superiores, a mãe e o bebê dormem lado a lado, geralmente na mesma cama ou na mesma esteira. Um estudo comparativo que utilizou uma amostra de noventa sociedades humanas tradicionais não identificou nem um único caso de mãe e bebê dormindo em cômodos separados: essa prática ocidental atual é uma invenção recente responsável pelas lutas na hora de pôr as crianças para dormir, e que atormentam os pais ocidentais modernos. Os pediatras americanos recomendam agora que um bebê não deve dormir na mesma cama que os pais, dada a ocorrência de raros casos de um bebê acabar sendo esmagado ou sufocado; mas praticamente todos os bebês na história humana, até os últimos poucos milhares de anos, sempre dormiram na mesma cama com a mãe e, em geral, também com o pai, sem que haja relatos disseminados das terríveis consequências temidas pelos pediatras. Isso pode ser devido ao fato de que os caçadores-coletores dormem no solo duro ou em esteiras; certamente, um adulto tem mais chances de rolar sobre um bebê em nossas modernas camas macias.

EDUCANDO AS CRIANÇAS

Os bebês !kungs, por exemplo, passam seu primeiro ano de vida em contato direto de pele com a mãe ou outro cuidador durante 90% do tempo. São carregados pela mãe a toda parte, e o contato só é interrompido quando a mãe passa o bebê para outros cuidadores. Uma criança !kung começa a se separar mais frequentemente de sua mãe depois de um ano e meio, mas essas separações são iniciadas quase inteiramente pela própria criança, que quer brincar com outras. O tempo de contato diário entre uma criança !kung e um cuidador que não seja a mãe excede *todo* o tempo de contato (incluindo contato com a mãe) que têm as crianças ocidentais modernas com outra pessoa.

Um dos equipamentos ocidentais mais comuns para transportar crianças é o chamado "carrinho de bebê", que não propicia nenhum contato físico entre o bebê e o cuidador (imagem 39). Em muitos carrinhos, o bebê fica quase inteiramente deitado, e às vezes de costas para a direção em que está sendo levado. Assim, o bebê não vê o mundo da mesma forma que o cuidador. Nas décadas recentes, nos Estados Unidos, tem sido mais frequente o uso de outros equipamentos para transportar as crianças na posição vertical, como mochilas especiais e bolsas que ficam no peito do cuidador, mas, em muitos desses equipamentos, a criança fica virada para trás. Em contraste, os equipamentos tradicionais para carregar crianças, como faixas e xales, ou o hábito de carregar a criança nos ombros, usualmente a deixam em posição vertical e virada para a frente, vendo o mesmo mundo do cuidador (imagem 21, 38). O contato permanente, mesmo quando o cuidador está caminhando, o constante partilhar de um mesmo campo de visão e o transporte na posição vertical podem contribuir para que os bebês !kungs sejam mais avançados (em comparação com bebês americanos) em alguns aspectos de seu desenvolvimento neuromotor.

Em climas mais quentes, é natural haver constante contato de pele entre um bebê nu e uma mãe quase nua. Isso é mais difícil em climas frios. Em cerca da metade das sociedades tradicionais, basicamente as localizadas em zonas temperadas, os bebês são enfaixados, ou seja, enrolados em um tecido grosso. Com frequência, a criança enfaixada é presa a uma prancha de madeira. Antigamentemente, essa prática era disseminada em todo o mundo, especialmente entre povos que viviam em grandes altitudes. A ideia básica de se enfaixar a criança e atá-la a uma prancha é protegê-la do frio e limitar sua capacidade de mover o corpo, braços e pernas e expor-se ao frio. As mães da tribo navajo que usam essas pranchas explicam que seu propósito é induzir a criança a adormecer, ou manter a criança dormindo quando é posta na prancha já adormecida. A mãe navajo afirma que a prancha impede que a criança faça um movimento brusco enquanto dorme, e acorde. Um bebê navajo passa de 60% a 70% do tempo em uma prancha durante seus primeiros seis meses de vida. Antigamente, essas pranchas também eram comuns na Europa, mas começaram a desaparecer há alguns séculos.

Para muitos de nós, modernos, a ideia de prender um bebê numa prancha ou enfaixá-lo parece detestável — ou parecia, até que a prática entrou em voga novamente. A noção de liberdade pessoal é muito importante para nós, e não há dúvida de que a prancha ou as faixas restringem a liberdade pessoal de um bebê. Tendemos a presumir que essas práticas retardam o desenvolvimento da criança e infligem duradouros danos psicológicos. No entanto, não existe nenhuma diferença na personalidade, nas habilidades motoras ou na idade de começar a andar entre crianças navajas que foram mantidas numa prancha e aquelas que não foram, ou entre crianças navajas mantidas em prancha e crianças anglo-americanas suas vizinhas. A provável explicação é que, na época em que um bebê começa a engatinhar, ele já passa metade de seu dia fora da prancha, e dorme na maior parte do tempo que passa na prancha. Na verdade, quando se imobiliza um bebê numa prancha, isso permite que ele permaneça perto da mãe e possa ser levado a qualquer parte. Assim, argumenta-se que acabar com a prática do uso das pranchas não acrescenta nenhuma vantagem real em termos de liberdade, estimulação ou desenvolvimento neuromotor. As crianças típicas ocidentais que dormem em cômodos separados, são transportadas em carrinhos de bebê e deixadas em berços durante o dia são, com frequência, mais isoladas socialmente do que as crianças navajas mantidas em pranchas.

O papel do pai e de outros cuidadores

O investimento de um pai no cuidado de sua prole varia amplamente entre as espécies animais. Em um extremo estão aquelas em que, depois que um macho fertiliza uma fêmea e esta produz ovos (como os avestruzes e os cavalos-marinhos), a fêmea se afasta e deixa inteiramente por conta do pai o choco dos ovos e o cuidado dos filhotes. No extremo oposto estão muitas espécies de mamíferos e alguns pássaros: depois que o macho fertiliza a fêmea, ele a abandona para buscar outras fêmeas, e toda a carga de cuidar dos filhos recai sobre a fêmea. A maior parte das espécies de caçadores-coletores e primatas encaixa-se entre esses dois extremos, mas está mais próxima do último: o pai vive com a mãe e a prole, talvez como parte de um bando maior, mas oferece à prole pouco mais que proteção.

Nos humanos, o cuidado paterno é reduzido, se comparado aos avestruzes, e alto em comparação com os caçadores-coletores e com a maior parte de outras espécies primatas, mas o envolvimento do pai no cuidado dos bebês é menor do que o da mãe em todas as sociedades humanas conhecidas. Ainda assim, na maior parte das sociedades humanas o pai desempenha um papel significativo na provisão de alimentos, na proteção e na educação, e disso resulta que, em algumas sociedades, a morte do pai biológico reduza as chances de sobrevivência de uma criança. O envolvimento do pai tende a ser maior com as crianças maiores (especialmente os meninos) do que com recém-nascidos, e, em sociedades modernas, o pai em geral delega muitos aspectos do cuidado infantil, como trocar fraldas, limpar bumbuns e narizes e dar banho na criança.

Entre sociedades humanas, há muita variação no padrão de envolvimento do pai, parcialmente associadas à ecologia de subsistência de cada sociedade. Esse envolvimento é maior em sociedades nas quais as mulheres gastam tempo para obter a maior parte da comida. Por exemplo, numa família de pigmeus akas, o pai presta cuidados mais diretos aos bebês do que os pais de qualquer outra população humana estudada (imagem 8), e talvez isso se relacione ao fato de a mãe não apenas coletar alimentos vegetais, mas também participar da caça com redes. Na média, a presença de um pai cuidador e a contribuição da mulher para o fornecimento de comida são mais altas em sociedades de caçadores-coletores do que em sociedades pastoris. O cuidado direto dispensado pelo pai aos seus filhos tende a ser baixo em sociedades das terras altas da Nova Guiné e entre os grupos bantos africanos, nos quais os homens devotam grande parte de seu tempo e de sua identidade às atividades belicosas e a proteger a família contra a agressão de outros homens. Como regra, nas terras altas da Nova Guiné os homens tradicionalmente chegam a viver em casas comunais separadas, só para homens, com seus filhos acima de seis anos de idade, enquanto cada esposa vive em uma cabana separada com as filhas e os filhos menores. Os homens e meninos comem à parte, consumindo a comida que a esposa prepara e leva para eles.

Na sociedade ocidental moderna, os principais cuidadores da criança são, na grande maioria dos casos, os próprios pais biológicos. O papel de "pais substitutos", ou seja, de pessoas que não são os pais biológicos, mas também cuidam da criança, tem decrescido nas décadas recentes, pois as famílias se mudam com mais frequência e para locais distantes e as crianças já não têm a antiga presença constante de avós, tias e tios que viviam nas vizinhanças. Isso, é claro, não nega que babás, professoras, avós e irmãos mais velhos também possam ser cuidadores significativos e influentes. Mas em sociedades tradicionais os pais substitutos são muito mais importantes do que a mãe e o pai biológicos, que desempenham um papel menos dominante.

Nos bandos caçadores-coletores, os cuidadores entram na vida da criança na primeira hora após o nascimento. Os recém-nascidos akas e efes são passados de mão em mão em torno da fogueira, entre adultos e crianças mais velhas, para serem beijados, embalados e ninados e ouvir palavras que lhes são ditas e que eles possivelmente não podem entender. Os antropólogos chegaram a medir a frequência com que as crianças mudam de mãos: em média, oito vezes por hora entre os pigmeus efes e akas. As mães caçadoras-coletoras dividem com os pais e com outras pessoas os cuidados dos recém-nascidos, incluindo avós, tias, tias-avós,

EDUCANDO AS CRIANÇAS

outros adultos e irmãos mais velhos. Isso também foi quantificado por antropólogos que mediram o número médio de cuidadores ao longo de um período de observação de várias horas: 14 para um bebê efe de quatro meses, sete ou oito para um bebê aka.

Em muitas sociedades caçadoras-coletoras, os avós muitas vezes ficam na aldeia com as crianças para que os pais possam sair em busca de alimentos. As crianças podem ser deixadas com os avós durante dias ou semanas de cada vez. As crianças hadzas que têm uma avó dedicada ganham peso mais rapidamente (imagem 21). Tias e tios também são pais substitutos importantes em muitas sociedades tradicionais. Por exemplo, entre os bantos do delta do Okavango, no sul da África, a mais forte influência de um homem mais velho sobre um menino não vem do pai, mas de um tio materno que é o irmão mais velho da mãe. Em muitas sociedades, irmãos e irmãs tomam conta de seus respectivos sobrinhos. Irmãos mais velhos, especialmente meninas mais velhas, e principalmente em sociedades de agricultores e pastores, frequentemente desempenham um papel importante como cuidadores de irmãos mais novos (imagem 38).

Daniel Everett, que viveu durante muitos anos entre os índios pirarrãs no Brasil, comentou: "A maior diferença [na vida de uma criança pirarrã, em comparação com uma criança americana] é que a pirarrã pode andar à vontade por toda a aldeia e é considerada como parente e como responsabilidade parcial de todas as pessoas." As crianças dos índios amahuacas no Peru fazem quase a metade de suas refeições fora da casa dos pais, com outras famílias. O filho de um missionário amigo meu, depois de ter crescido em uma pequena aldeia da Nova Guiné onde ele considerava todos os adultos como "tios" e "tias", teve um grande choque com a falta de pais substitutos quando a família o levou para os Estados Unidos para fazer o curso secundário.

À medida que vão crescendo, as crianças de sociedades de pequena escala passam a gastar mais tempo fazendo longas visitas a outras famílias. Passei por essa experiência quando estava estudando pássaros na Nova Guiné e contratando pessoas locais para transportar meus pertences de uma aldeia a outra. Quando cheguei a determinada aldeia, a maior parte dos carregadores que me haviam ajudado voltou para casa, e busquei a ajuda de pessoas de qualquer idade que pudessem carregar um pacote e ganhar algum dinheiro. O ajudante mais jovem que se apresentou foi um menino de uns dez anos chamado Talu. Ele se juntou a mim, esperando ficar fora da aldeia por alguns dias. Mas, quando chegamos ao meu destino depois de um atraso de uma semana causado por um rio transbordado, procurei alguém que pudesse permanecer e trabalhar comigo, e Talu se ofereceu novamente. No final da história, ele acabou ficando fora de casa durante um mês, até que eu terminasse meu estudo e fizéssemos, a pé, o percurso de volta. Quando saiu comigo, seus pais não estavam na aldeia, e ele simplesmente me acompanhou, pois sabia que, quando os pais voltassem, outras pessoas da aldeia diriam que Talu ficaria fora durante alguns dias. Seus amigos que também estavam trabalhando para mim como carregadores e logo retornaram à aldeia teriam dito a seus pais, passada mais de uma semana, que ele ficaria comigo durante algum tempo indeterminado. Obviamente, era considerado normal que um menino de dez anos decidisse por conta própria sair de casa durante algum tempo.

Em algumas sociedades, essas longas viagens de crianças sem os pais estendem-se por um tempo ainda mais longo e se transformam em adoções reconhecidas. Por exemplo, após os nove ou dez anos, as crianças da ilha Andaman raramente continuam a viver com os próprios pais, mas ganham pais adotivos, frequentemente em um grupo vizinho, e assim ajudam a manter relações amistosas entre os dois grupos. Entre os iñupiats do Alasca, a adoção de crianças era comum, especialmente dentro de grupos iñupiats. No Primeiro Mundo de hoje, a adoção é principalmente um vínculo entre a criança adotada e os pais adotivos, que, até recentemente, nem ao menos revelavam a identidade dos pais biológicos para impedir a manutenção de uma relação entre eles e a criança. No entanto, para os iñupiats a adoção servia como um vínculo entre os dois casais de pais e entre seus grupos.

Assim, uma importante diferença entre as sociedades de pequena escala e as grandes sociedades de Estado é que, nas primeiras, a responsabilidade pelas crianças envolve um número muito maior de pessoas além dos pais biológicos. Os pais substitutos são materialmente importantes como provedores adicionais de comida e proteção. E estudos realizados em todo o mundo demonstram que a presença de pais substitutos melhora as chances de sobrevivência de uma criança. Mas esses cuidadores também são psicologicamente importantes como influências sociais adicionais e como modelos alternativos. Os antropólogos que trabalham com sociedades de pequena escala frequentemente comentam algo que os surpreende: o desenvolvimento precoce de habilidades sociais entre as crianças nessas sociedades, e especulam que a riqueza do relacionamento com cuidadores e pais substitutos pode fornecer parte da explicação.

Benefícios semelhantes também existem em sociedades industriais. Nos Estados Unidos, os assistentes sociais observam que as crianças se beneficiam por viverem em famílias extensas, multigeracionais, com muitos cuidadores. Os bebês de adolescentes americanas solteiras e pobres, que possivelmente são mães inexperientes ou negligentes, desenvolvem-se mais rapidamente e adquirem mais habilidades cognitivas se houver uma avó ou uma irmã mais velha presentes, ou mesmo uma estudante jovem e treinada que faça visitas regulares para brincar com o bebê. Os diversos cuidadores disponíveis em um kibutz israelense ou em uma creche de alta qualidade cumprem a mesma função. Já ouvi muitas histórias, entre meus próprios amigos, de crianças que tiveram pais difíceis e, mesmo assim, tornaram-se adultos competentes, tanto social quanto cognitivamente, e que atribuíam sua sanidade ao contato regular que mantinham com um adulto apoiador, mesmo que se tratasse apenas de um professor com quem se encontravam uma vez por semana para uma lição de piano.

Respostas ao choro de bebês

Tem havido um longo debate entre pediatras e psicólogos infantis a respeito da melhor resposta ao choro de uma criança. Certamente, os pais verificam se a criança está sentindo dor e se realmente precisa de alguma ajuda. Mas, se parece não haver nada errado, o que seria melhor: pegar a criança no colo e confortá-la, ou deixá-la chorando até que pare, por mais tempo que leve? Será que a criança chora mais quando os pais a põem na cama e saem do quarto, ou quando continuam com ela no colo?

As filosofias sobre essa questão diferem entre os países ocidentais e de geração a geração dentro do mesmo país. Quando eu vivia na Alemanha, há cinquenta anos, a opinião predominante era de que se devia deixar que as crianças chorassem, e que seria prejudicial atender a uma criança que chorasse "sem razão". Os estudos mostraram que, quando uma criança alemã chorava, seu choro era ignorado, em média, uma vez em cada três, ou os pais só respondiam após dez a trinta minutos de choro. Os bebês alemães eram deixados sozinhos em um berço durante longo tempo enquanto a mãe saía para fazer compras ou estava trabalhando em outro cômodo. As palavras mágicas para os pais alemães eram que a criança deveria adquirir *Selbständigkeit* (que significa, aproximadamente, "autossuficiência") e *Ordnungsliebe* (literalmente, "amor pela ordem," que incluía autocontrole e obediência aos desejos dos outros) o mais rapidamente possível. Os pais alemães consideravam que as crianças americanas eram mimadas porque eram atendidas com muita rapidez quando choravam. Os pais alemães tinham receio de que a atenção excessiva faria com que a criança ficasse *verwöhnt*, significando "estragada", por extensão, "mimada".

As atitudes dos pais urbanos americanos e ingleses nas décadas de 1920 a 1950 eram semelhantes às atitudes alemãs contemporâneas. As mães americanas ouviam de pediatras e de outros especialistas que era fundamental que adotassem horários regulares de alimentação e limpeza dos bebês, que uma resposta rápida deixaria o bebê mal-acostumado, e que era essencial que os bebês aprendessem a brincar sozinhos e a se controlarem o mais cedo possível. A antropóloga Sarah Blaffer Hrdy descreveu da seguinte forma a filosofia prevalecente nos Estados Unidos em meados do século XX a respeito de como responder ao choro de um bebê: "No tempo da minha mãe, as mulheres instruídas tinham a impressão de que, se um bebê chorasse e a mãe corresse para pegá-lo, isso o estragaria, condicionando o bebê a chorar mais." Nos anos 1980,

EDUCANDO AS CRIANÇAS

quando minha mulher e eu estávamos criando nossos filhos gêmeos, essa ainda era a filosofia dominante sobre o que fazer com um bebê que chorasse quando fosse posto para dormir. Fomos aconselhados a beijar as crianças, dizer boa-noite, sair do quarto na ponta dos pés, ignorar seus soluços de cortar o coração quando percebiam que havíamos saído, voltar dez minutos depois, esperar que parassem de chorar, sair de novo na ponta dos pés, e novamente ignorar os soluços resultantes. Nós nos sentíamos horrivelmente mal com isso. Muitos outros pais modernos passaram por essa mesma provação que nós, e continuam a passar até hoje.

Em contraste, observadores de crianças em sociedades caçadoras-coletoras costumam relatar que, se uma criança começa a chorar, os pais respondem imediatamente. Por exemplo, se um bebê pigmeu efe começa a ficar inquieto, a mãe ou algum outro cuidador tenta confortá-lo dali a dez segundos. Se um bebê !kung chora, 88% dos choros recebem uma resposta (tocando-o ou amamentando-o) em três segundos, e quase todos os choros recebem uma resposta em até dez segundos. As mães !kungs respondem aos bebês amamentando-os, porém muitas respostas são dadas por outras pessoas (especialmente outras mulheres adultas) que reagem tocando ou embalando o bebê. O resultado é que os bebês !kungs passam no máximo um minuto por hora chorando, quase sempre em crises de choro que duram menos de dez segundos. Como as respostas dos cuidadores !kungs ao choro de seus bebês são prontas e confiáveis, o tempo total que esses bebês passam chorando em cada hora é a metade do que foi medido para as crianças holandesas. Muitos outros estudos mostram que crianças de um ano cujo choro é ignorado acabam passando mais tempo chorando do que as que recebem uma resposta.

Para resolver de uma vez por todas a questão de se as crianças cujo choro é ignorado tornam-se adultos mais saudáveis do que aquelas cujo choro recebe uma pronta resposta, seria preciso fazer um experimento controlado. O pesquisador todo-poderoso dividiria arbitrariamente as famílias de uma sociedade em dois grupos, e os pais de um grupo de crianças seriam obrigados a ignorar o choro "desnecessário" de seus filhos, enquanto o outro grupo de pais responderia ao choro em três segundos. Vinte anos mais tarde, quando as crianças já fossem jovens adultos, seria avaliado qual o grupo mais autônomo, seguro em seus relacionamentos, autoconfiante, autocontrolado, não mimado e dotado de outras virtudes enfatizadas por alguns educadores e pediatras modernos.

Naturalmente, esses experimentos bem concebidos e rigorosamente avaliados nunca foram realizados. Assim, é preciso contar apenas com os heterogêneos experimentos naturais e os casos esparsos de comparação entre sociedades que adotam diferentes práticas de educação infantil. Pelo menos, pode-se concluir que as prontas respostas dos pais caçadores-coletores aos bebês que choram não levam, sistematicamente, a crianças que crescem com pouca autonomia, sem autoconfiança e carentes de outras virtudes. Retornaremos, mais adiante, às respostas subjetivas dos estudiosos sobre os resultados no longo prazo.

Punição física

Esses debates sobre mimar uma criança respondendo prontamente ao choro têm correspondência com a conhecida discussão sobre mimar uma criança por deixar de puni-la. Existe grande variação nas atitudes de diferentes sociedades humanas quanto à punição de crianças: há variações numa mesma sociedade entre uma geração e outra, e variação entre sociedades vizinhas semelhantes durante uma mesma geração. Quanto às variações geracionais dentro de uma mesma sociedade, o espancamento de crianças (em diferentes graus de violência) era muito mais amplamente praticado nos Estados Unidos na geração dos meus pais do que hoje. Bismarck, o chanceler alemão, comentou que, mesmo dentro de uma mesma família, as gerações que espancam e as que não espancam tendem a se alternar. Isso está de acordo com a experiência de muitos de meus amigos americanos: os que apanharam quando crianças juram que nunca infligirão aquelas bárbaras crueldades a seus próprios filhos, enquanto aqueles que não foram espancados quando

EDUCANDO AS CRIANÇAS

crianças juram que é mais saudável dar uma surra rápida do que praticar a manipulação da culpa e outros controles de comportamento usados em lugar do espancamento, ou do que mimar inteiramente as crianças.

Quanto às variações entre sociedades vizinhas contemporâneas, considere a Europa Ocidental hoje. A Suécia proíbe surras; um pai sueco que bater em uma criança pode ser acusado do crime de abuso infantil. Em contraste, muitos dos meus amigos alemães e ingleses, educados e liberais, bem como amigos americanos que são cristãos evangélicos, acreditam que é melhor espancar uma criança do que não espancar. Os que batem nos filhos orgulham-se de citar o poeta inglês do século XVII, Samuel Butler ("Economize o cinto e estrague a criança") e o dramaturgo ateniense Menander ("O homem que nunca foi açoitado nunca foi educado"). Do mesmo modo, na África moderna os pigmeus akas nunca batem nem repreendem seus filhos, e consideram horríveis e abusivas as práticas de educação dos agricultores ngandus vizinhos que batem nos filhos.

Diferenças quanto à punição física são encontradas, ou eram, não apenas na Europa e na África modernas, mas também em outras épocas e partes do mundo. Na Grécia antiga, as crianças atenienses (a despeito do dito de Menander) andavam à solta sem vigilância, mas, em Esparta, qualquer um, não apenas os pais, podia bater numa criança. Na Nova Guiné, embora algumas tribos nem mesmo punam crianças que mexem em facas afiadas, encontrei o extremo oposto em uma pequena aldeia (Gasten) com uma dúzia de cabanas em torno de uma clareira onde a vida local acontecia abertamente aos olhos de todos os moradores. Numa manhã, ouvi gritos inflamados e fui ver o que estava acontecendo. Uma mãe estava enfurecida com a filha de uns 8 anos, gritando com a menina e batendo nela, enquanto a criança soluçava e cobria o rosto com os braços para se proteger dos golpes. Outros adultos olhavam e ninguém interferia. A mãe ia ficando cada vez mais furiosa. Finalmente, foi até a margem da clareira, abaixou-se para pegar alguma coisa, voltou e vigorosamente esfregou o objeto que trouxera na face na menina, que começou a gritar incontrolavelmente em agonia enquanto a mãe a torturava com um maço de folhas de urtiga espinhenta. Não sei o que a filha havia feito para provocar aquela punição, mas o comportamento da mãe evidentemente era considerado aceitável por todos os que assistiam à cena.

Como explicar que algumas sociedades pratiquem a punição física de crianças e outras, não? Grande parte da variação é evidentemente cultural e não está relacionada a diferenças nas formas de subsistência. Por exemplo, não tenho conhecimento de diferenças entre as economias da Suécia, Alemanha e Inglaterra, todas elas sociedades industrializadas e de base agrícola que falam línguas germânicas, que pudessem explicar por que muitos alemães e ingleses batem nas crianças, mas não os suecos. Os guineenses, tanto de Gasten quanto da tribo que adotou Enu, são agricultores e criadores de porcos, também sem flagrantes diferenças que expliquem por que a punição física com espinhos é aceitável em Gasten enquanto até punições físicas leves são raras entre o povo adotivo de Enu.

No entanto, parece de fato haver uma ampla tendência: a maior parte dos bandos caçadores-coletores pratica um mínimo de punição física das crianças pequenas, muitas sociedades agrícolas adotam alguma punição, e os pastores são especialmente inclinados a punir. Uma explicação adicional é que o mau comportamento de uma criança de caçadores-coletores provavelmente só causará danos à criança e a ninguém ou a nada mais, porque todos tendem a ter poucas posses físicas de valor. Mas muitos agricultores, e especialmente os pastores, de fato têm coisas materiais de valor, principalmente suas criações, de forma que os pastores punem as crianças para impedir sérias consequências para toda a família — por exemplo, se uma criança deixar abertos os portões, vacas e ovelhas valiosas podem fugir. Em um sentido amplo, em comparação com sociedades móveis de caçadores-coletores igualitários as sociedades sedentárias (ou seja, a maior parte dos povos agricultores e pastores) são mais estratificadas, têm maiores diferenças de poder, mais desigualdades baseadas em gênero e idade, maior ênfase no aprendizado da deferência e do respeito — e, portanto, mais punição de crianças.

EDUCANDO AS CRIANÇAS

Aqui estão alguns exemplos. Entre caçadores-coletores, os pirarrãs, os ilhéus andamaneses, os pigmeus akas e os !kungs praticam pouca ou nenhuma punição física. Daniel Everett relata a seguinte história dos anos que viveu entre pirarrãs. Ele foi pai aos 19 anos, e vinha de uma família cristã que praticava a punição física. Um dia, sua filha Shannon fez algo que ele considerou merecer uma surra. Agarrou uma vara e disse a ela para entrar no cômodo ao lado, onde ele lhe daria uma surra, mas ela começou a gritar que não precisava apanhar. Os pirarrãs vieram correndo quando ouviram vozes iradas e perguntaram a ele o que estava fazendo. Ele não tinha nenhuma boa resposta, mas ainda se lembrava das prescrições bíblicas a respeito de espancar crianças, então disse à filha que ele não bateria nela na presença dos pirarrãs, mas que ela deveria ir até o final da pista de pouso da aldeia e encontrar outra vara com a qual seria espancada quando ele chegasse lá, dali a cinco minutos. Quando Shannon começou a caminhada, os pirarrãs perguntaram para onde estava indo. Plenamente consciente do que os pirarrãs pensariam daquilo que ia dizer, ela respondeu, rindo: "Meu pai vai me bater lá na pista de pouso." Adultos e crianças saíram atrás de Daniel Everett para ver se ele de fato teria aquele inimaginável comportamento bárbaro de atacar uma criança. Ele se rendeu, derrotado, deixando a filha, toda orgulhosa, celebrar seu triunfo. Os pirarrãs, em vez de bater nos filhos, conversam com eles respeitosamente, raramente os castigam e não usam violência.

Atitudes semelhantes predominam entre a maior parte dos outros grupos de caçadores-coletores estudados. Entre os pigmeus akas, se um dos pais bate numa criança, o outro considera isso razão suficiente para o divórcio. Os !kungs explicam sua política de não punir as crianças dizendo que elas não têm compreensão e não são responsáveis por seus atos. Em vez disso, as crianças !kungs e akas têm permissão de dar tapas nos pais e insultá-los. Os sirionos adotam a punição leve de uma criança que coma coisas sujas ou um animal tabu, dando-lhe umas sacudidas, mas nunca batem; e as crianças têm permissão para ter ataques de birra nos quais dão tapas no pai ou na mãe com toda a força que podem.

Existe uma variação entre povos agrícolas: os mais punitivos são os pastores cujas criações valiosas correm risco caso uma criança encarregada de vigiá-las se descuide. Em algumas comunidades agrícolas, a disciplina das crianças é frouxa, e elas têm poucas responsabilidades e também poucas oportunidades de danificar posses valiosas até que cheguem à puberdade. Por exemplo, entre os habitantes das ilhas Trobriand, agricultores cujas criações limitam-se aos porcos, as crianças não são punidas nem se espera que obedeçam. O etnógrafo Bronislaw Malinowski escreveu sobre esses ilhéus: "Com frequência, (...) eu ouvia um adulto dizendo a uma criança pequena para fazer isso ou aquilo e, em geral, do que quer que se tratasse, a coisa seria pedida como um favor, embora às vezes o pedido pudesse ser reforçado com uma ameaça de violência. Os pais tentariam persuadir a criança, ralhariam ou se dirigiriam a ela de igual para igual. Nunca ouvi os pais dando um mero comando que implicasse a expectativa de uma obediência natural da parte da criança. (...) Quando sugeri, após um flagrante erro de uma criança, que seria bom dar uma surra nela ou puni-la de alguma forma para evitar erros futuros, a ideia pareceu anormal e imoral a meus amigos trobriandeses."

Um amigo que viveu durante muitos anos entre um povo pastor da África Oriental contou-me que as crianças se comportavam como pequenos delinquentes juvenis até a idade em que os meninos eram circuncidados, quando se esperava que assumissem responsabilidades. Então, após uma cerimônia de iniciação, os meninos começavam a vigiar as vacas valiosas, as meninas começavam a tomar conta dos irmãos menores, e ambos começavam a ser castigados. Entre o povo talensi de Gana, na África Ocidental, ninguém hesita em punir uma criança que parece merecê-lo — por ter se distraído enquanto pastoreava o gado, por exemplo. Um homem talensi mostrou a um antropólogo britânico visitante uma cicatriz que carregava como resultado de uma severa surra quando era menino. Um ancião talensi explicou: "Se você não castigar seu filho, ele não ganhará juízo" — semelhante ao dito de Butler, "Economize o cinto e estrague a criança".

EDUCANDO AS CRIANÇAS

Autonomia das crianças

Qual o grau de liberdade ou encorajamento que as crianças recebem para explorar seu ambiente? Têm permissão para fazer coisas perigosas, na expectativa de que aprenderão com os erros? Ou os pais são protetores, limitando as explorações da criança e interrompendo-a quando começa a fazer algo que poderia ser perigoso?

A resposta a essas perguntas varia entre as sociedades. No entanto, uma generalização seria dizer que a autonomia individual, mesmo em crianças, é um ideal mais valorizado em bandos caçadores-coletores do que em sociedades de Estado, onde o Estado considera que tem um interesse em suas crianças, não quer que se firam por fazerem o que quiserem e proíbe os pais de deixarem que uma criança cause danos a si mesma. Estou escrevendo essas linhas pouco depois de alugar um carro em um aeroporto. No trajeto entre o aeroporto e o estacionamento onde pegaríamos nossos carros, eu e meus companheiros de micro-ônibus ouvimos a seguinte gravação: "A legislação federal requer que crianças com menos de cinco anos ou pesando menos de 36 quilos sejam transportadas em um assento aprovado pelo governo federal." Os caçadores-coletores considerariam esse aviso como não sendo assunto do interesse de ninguém além da própria criança e, talvez, de seus pais e do seu bando, mas certamente não de um burocrata distante. Correndo o risco de fazer uma generalização exagerada, seria possível dizer que os caçadores-coletores são intensamente igualitários e não dizem a ninguém, nem mesmo a uma criança, que faça ou deixe de fazer alguma coisa. Generalizando ou exagerando ainda mais, as sociedades de pequena escala parecem estar muito longe de acreditar (como estamos convencidos nós, modernos WEIRDs) na ideia de que os pais são responsáveis pelo desenvolvimento de uma criança e que podem influenciar o tipo de pessoa que ela virá a ser.

Esse tema da autonomia tem sido enfatizado por observadores de muitas sociedades de caçadores-coletores. Por exemplo, as crianças dos pigmeus akas têm acesso aos mesmos recursos que os adultos, enquanto nos Estados Unidos há muitos recursos disponíveis apenas para adultos e vetados às crianças, como armas, álcool e objetos quebráveis. Entre o povo martu do deserto da Austrália Ocidental, a pior ofensa é coagir uma criança a fazer algo contra sua vontade, mesmo que ela tenha apenas três anos. Os índios pirarrãs consideram que as crianças são simplesmente seres humanos e não precisam ser mimadas nem receber proteção especial. Nas palavras de Daniel Everett, "As crianças pirarrãs são tratadas com justiça; sua estatura e sua relativa fraqueza física são levadas em conta, mas, de modo geral, não são consideradas qualitativamente diferentes dos adultos. (...) A filosofia educacional dos pirarrãs tem um traço darwiniano. Esse estilo de criação infantil resulta em adultos tenazes e resistentes que não acreditam que alguém possa lhes dever qualquer coisa. Os cidadãos da nação pirarrã sabem que a sobrevivência de cada dia depende de suas habilidades individuais e de sua ousadia. (...) A concepção pirarrã de que as crianças são cidadãos normais da sociedade significa que não existem proibições específicas que se apliquem exclusivamente a elas, assim como não são livres de proibições que se apliquem a adultos. Elas têm de decidir por conta própria se vão fazer, ou não, o que a sociedade espera delas. Em algum momento aprendem que é de seu interesse ouvir um pouco o que os pais lhes dizem."

Algumas sociedades de caçadores-coletores e de pequenos agricultores não intervêm quando crianças, ou mesmo bebês, estão fazendo coisas perigosas que poderiam feri-las (e que submeteriam a um processo criminal os pais ocidentais que fizessem o mesmo). Já mencionei minha surpresa quando soube que as cicatrizes de queimaduras exibidas por tantos adultos na tribo adotiva de Enu eram, muitas vezes, marcas adquiridas na infância, quando estavam brincando perto do fogo e os pais consideravam que a autonomia da criança envolvia o direito de ficar ali e sofrer as consequências. Entre os hadzas, as crianças pequenas têm permissão de brincar com facas afiadas (imagem 19). Este é o relato de Daniel Everett sobre os índios pirarrãs: "Notamos que uma criança de dois anos estava sentada numa cabana atrás do homem que entrevistávamos. O menininho brincava com uma faca afiada de uns 25 centímetros de comprimento. Ele movimentava a faca em todas as direções, às vezes próxima dos olhos, do peito, dos braços e de outras partes do corpo que não seria bom retalhar nem perfurar. O que realmente chamou nossa atenção, no entanto, foi que, quando a faca caiu no chão, sua mãe, que conversava com alguém, estendeu o braço casualmente, sem interromper a conversa, pegou a faca e a entregou novamente ao filho. Ninguém fez nenhuma recomendação à criança para não se cortar nem se ferir. E isso não aconteceu — embora eu tenha visto outras crianças pirarrãs se cortarem seriamente com facas."

No entanto, nem todas as sociedades de pequena escala permitem que as crianças explorem livremente e façam coisas perigosas. As variações na liberdade desfrutada pelas crianças parecem-me parcialmente compreensíveis, por diversas razões. Já discuti duas delas que explicam a maior frequência de punições físicas entre povos pastores e agrícolas, em comparação com caçadores-coletores. Os caçadores-coletores tendem a ser igualitários, enquanto muitos povos pastores e agrícolas definem direitos diferentes para mulheres e homens, ou para jovens e idosos. As sociedades de caçadores-coletores também tendem a ter menos posses valiosas que possam ser danificadas por uma criança. Essas duas considerações podem contribuir para que as crianças de caçadores-coletores desfrutem maior liberdade para explorar o ambiente.

Além disso, o espaço de liberdade das crianças parece depender parcialmente de quão perigoso seja o ambiente que as cerca, ou da percepção de que seja assim. Alguns ambientes são relativamente seguros para crianças, mas outros são perigosos por suas características físicas ou pelos riscos representados por pessoas. Considere-se, por exemplo, o seguinte espectro de ambientes, do mais perigoso ao menos perigoso, e o espectro correspondente de como as crianças são educadas: desde severas restrições à liberdade de crianças pequenas até a permissão de circularem à vontade.

Entre os ambientes mais perigosos estão as florestas tropicais do Novo Mundo, fervilhantes de insetos venenosos que picam e ferroam (exércitos de formigas, abelhas, escorpiões, aranhas e vespas), mamíferos perigosos (jaguares, porcos-do-mato e pumas), grandes cobras venenosas e plantas que queimam. Nenhum bebê ou criança pequena sobreviveria

O MUNDO ATÉ ONTEM

por muito tempo se deixados sozinhos na floresta amazônica. Daí que Kim Hill e A. Magdalena Hurtado escrevam: "As crianças aches com menos de um ano passam 93% de seu tempo diurno em contato de pele com a mãe ou o pai, e nunca são postas no chão ou deixadas sozinhas por mais de alguns segundos. (...) Somente por volta dos três anos as crianças aches começam a ficar partes significativas do tempo a mais de um metro de distância de suas mães. Além disso, aquelas entre três e quatro anos passam 76% de seu tempo diurno a menos de um metro de distância das mães e são monitoradas quase constantemente." Como resultado, comentam Hill e Hurtado, as crianças aches não aprendem a caminhar por conta própria até que tenham entre 21 e 23 meses de idade, o que significa nove meses mais tarde do que as crianças americanas. As crianças aches entre três e cinco anos muitas vezes são carregadas nas costas por um adulto quando andam pela floresta. Apenas aos cinco anos elas começam a explorar a floresta pelas próprias pernas, mas, ainda assim, permanecem quase todo o tempo a uma distância de no máximo cinquenta metros de um adulto.

Perigosos, mas não tanto quanto as florestas tropicais, são o deserto de Kalahari, o Ártico e os pântanos do delta do Okavango. As crianças !kungs brincam em grupos supervisionados casual mas eficazmente por adultos; em geral, elas ficam ao alcance dos olhos ou dos ouvidos de adultos na aldeia. No Ártico, não se pode deixar que as crianças andem soltas, dados os perigos de acidentes que resultariam em exposição ao frio ou congelamento. As meninas no delta do Okavango têm permissão para pescar com cestas, mas ficam perto da margem devido ao perigo de crocodilos, hipopótamos, elefantes e búfalos. Esses exemplos devem ser contrabalançados, no entanto, com o das crianças dos pigmeus akas, que, aos quatro anos, embora não possam andar sozinhas pela floresta tropical centro-africana, podem de fato sair com crianças de dez anos, apesar do risco de encontros com leopardos e elefantes.

Um ambiente menos perigoso, no qual as crianças podem ter mais liberdade, é o dos hadzas, na África Oriental, onde existem leopardos e outros predadores perigosos (como no ambiente dos !kungs), mas

EDUCANDO AS CRIANÇAS

com a peculiaridade de ser um terreno montanhoso que permite uma visão descortinada. Desse modo, os pais podem monitorar os filhos que estejam brincando a uma grande distância, o que não ocorre entre os !kungs. As florestas tropicais da Nova Guiné também são moderadamente seguras: não há mamíferos perigosos, quase nunca há encontros com as diversas cobras venenosas existentes, e o maior perigo vem de outras pessoas. Assim, frequentemente vejo crianças guineenses sozinhas, brincando, caminhando ou remando numa canoa, e meus amigos locais contam como passavam muito tempo sozinhos na floresta quando eram crianças.

Entre os ambientes mais seguros estão os desertos da Austrália e as florestas de Madagascar. Nos tempos recentes, já não se encontram mamíferos perigosos para os humanos nos desertos australianos. Tal como ocorre com a Nova Guiné, a Austrália tem uma reputação de ter cobras venenosas, mas raramente alguém dá com elas (a menos que saia para procurá-las). Assim, as crianças martus do deserto australiano costumam andar sozinhas para buscar alimentos sem a supervisão de adultos. Da mesma forma, as florestas de Madagascar não abrigam grandes predadores nem plantas ou animais venenosos, e grupos de crianças podem sair, com segurança, para colher inhame.

Grupos de recreação multietários

Durante a expansão americana para o oeste, onde a população era esparsa, as escolas de classe única eram um fenômeno comum. Como havia poucas crianças vivendo a uma distância factível, as escolas só conseguiam manter uma única sala e uma única professora, e todas as crianças de idades diferentes tinham de ser educadas naquela mesma classe. Mas, nos Estados Unidos de hoje, a escola de classe única é uma memória romântica do passado, exceto em áreas rurais com baixa densidade populacional. O normal em todas as cidades e em áreas rurais moderadamente povoadas é que as crianças aprendam e brinquem em grupos da mesma idade. As salas de aula são divididas por idade, o que faz com que os colegas tenham entre si uma diferença de, no máximo, um ano. Embora os grupos de amiguinhos perto de casa não sejam tão estritamente definidos, nas áreas densamente povoadas de sociedades de grande escala existe um número razoável de crianças morando próximas umas das outras, o que faz com que raramente se veja uma criança de doze anos brincando com uma de três. A norma de coortes etárias aplica-se não apenas às modernas sociedades de Estado que mantêm escolas, mas também a sociedades populosas pré-Estado, devido ao mesmo fator demográfico básico: muitas crianças de idades próximas vivendo numa mesma área. Em muitas chefaturas africanas, por exemplo, existiam ou existem coortes etárias nas quais crianças com idades semelhantes eram iniciadas e circuncidadas ao mesmo tempo e (entre os zulus) meninos da mesma idade formavam coortes militares.

Mas as realidades demográficas produzem um resultado diferente nas sociedades de pequena escala, que se assemelham a escolas de classe única. Um típico bando de caçadores-coletores formado por cerca de trinta pessoas terá, em média, apenas uma dúzia de pré-adolescentes de ambos os sexos e idades variadas. Portanto, é impossível formar grupos separados por idade para brincar, como acontece nas sociedades maiores. Em vez disso, todas as crianças no bando formam um único grupo de ambos os sexos e todas brincam juntas. Essa observação se aplica a todas as sociedades de pequena escala de caçadores-coletores já estudadas.

Nesses grupos multietários, tanto as crianças mais velhas quanto as mais novas se beneficiam do fato de estarem juntas. A criança mais jovem acaba sendo socializada não apenas por adultos, mas também por crianças mais velhas, enquanto as mais velhas adquirem experiência em cuidar das menores. Essa experiência das mais velhas contribui para explicar como os caçadores-coletores podem se sentir seguros no papel de pais e mães quando ainda não passam de adolescentes. As sociedades ocidentais têm um grande número de pais adolescentes,

EDUCANDO AS CRIANÇAS

especialmente solteiros, que deixam muito a desejar como pais por causa da inexperiência. No entanto, em uma sociedade de pequena escala, os adolescentes, ao se tornarem pais, já terão tomado conta de crianças durante vários anos (imagem 38).

Por exemplo, enquanto eu estava passando algum tempo em uma remota aldeia da Nova Guiné, uma garota de 12 anos chamada Morcy foi designada para cozinhar para mim. Quando retornei à aldeia dois anos depois, Morcy se casara e já tinha, aos 14 anos, seu primeiro filho. No início, eu pensei: certamente há um equívoco sobre sua idade, ela deve ter uns 16 ou 17 anos. Mas o pai de Morcy era o encarregado de manter o livro de registro de nascimentos e mortes da aldeia, e ele próprio havia registrado a data de nascimento da filha. Então pensei: como é possível que uma garota de apenas 14 anos seja uma mãe competente? Nos Estados Unidos, teria sido até mesmo proibido legalmente que um homem se casasse com uma menina tão jovem. Mas Morcy parecia estar lidando com muita segurança com seu bebê, em nada diferente de outras mães mais velhas da aldeia. Finalmente, refleti que Morcy já tivera anos de experiência de cuidar de crianças pequenas. Aos 14 anos, estava mais bem qualificada para cuidar de um filho do que eu estava quando me tornei pai aos 49.

Outro fenômeno afetado pelos grupos de recreação multietários é o sexo antes do casamento, relatado em todas as sociedades estudadas de caçadores-coletores. A maior parte das sociedades grandes considera que algumas atividades são adequadas para meninos e, outras, para meninas. Encorajam meninos e meninas a brincar separados, e existe número suficiente de ambos para se formar grupos de crianças separados por sexo para brincar. Mas isso é impossível em um bando onde haja apenas uma dúzia de crianças de todas as idades. Como as crianças de caçadores-coletores dormem com os pais, seja na mesma cama ou na mesma cabana, não existe privacidade. As crianças veem a atividade sexual dos pais. Nas ilhas Trobriand, Malinowski registrou que os pais não tomavam nenhuma precaução especial para impedir que os filhos os vissem: apenas ralhavam com a criança e lhe diziam para cobrir a cabeça com uma esteira. Uma vez que as crianças estejam suficientemente crescidas para entrar em grupos de brincadeiras, elas brincam imitando as várias atividades adultas que veem, e obviamente têm brincadeiras de sexo simulando relações sexuais. Os adultos não interferem nas brincadeiras, ou, no caso dos pais !kungs, eles as desencorajam quando se tornam óbvias, mas consideram que as experiências sexuais das crianças são inevitáveis e normais. Foi exatamente o que eles próprios fizeram quando crianças, e, em geral, as brincadeiras ocorrem longe da vista dos pais. Muitas sociedades, como as dos sirionos e pirarrãs, e os habitantes das terras altas da Nova Guiné oriental, toleram brincadeiras sexuais abertas entre adultos e crianças.

Brincadeiras infantis e educação

Após a primeira noite que passei em uma aldeia da Nova Guiné, acordei na manhã seguinte ouvindo gritos de meninos que brincavam do lado de fora de minha cabana. Em vez de brincar de amarelinha ou puxar carrinhos de brinquedo, eles estavam brincando de guerra tribal. Cada menino tinha um pequeno arco e uma aljava cheia de flechas com pontas de capim seco que não chegavam a machucar o menino atingido, embora o deixassem dolorido. Estavam divididos em dois grupos, lançando flechas uns contra os outros. Um menino de cada grupo avançava para se aproximar de um "inimigo" antes de lançar uma flecha contra ele, mas ia saltando de um lado para outro para evitar ser atingido e rapidamente se retirava para armar outra flecha. Aquilo era uma imitação realista de uma guerra de verdade, exceto pelo fato de as flechas não serem letais, os participantes serem meninos, em vez de homens, de pertencerem à mesma aldeia e estarem todos rindo.

Essa "brincadeira" que me apresentou à vida nas terras altas da Nova Guiné é típica das chamadas brincadeiras educativas em que se envolvem as crianças em todo o mundo. Grande parte das brincadeiras infantis é uma imitação de atividades adultas que veem ou sobre as quais ouvem histórias contadas por adultos. As crianças brincam para se divertir, mas a brincadeira tem a função de praticar coisas que, mais tarde, elas terão de fazer como adultas. Por exemplo, no povo dani das terras altas da Nova Guiné, o antropólogo Karl Heider observou que as brincadeiras educativas das crianças imitam tudo o que acontece no mundo dos danis adultos, exceto os rituais reservados. As brincadeiras incluem batalhas com lanças de capim; o uso de lanças ou varas para "matar" "exércitos" de frutinhas redondas roladas para a frente e para trás, imitando o avanço e o recuo de guerreiros; a prática de mirar e acertar uma fruta numa árvore ou um cupinzeiro; a caça de pássaros para se divertir; a construção de imitações de cabanas e de plantações com valas de irrigação; andar puxando uma flor amarrada a um barbante como se fosse um porco; e juntar-se à noite em volta de uma fogueira, vendo um graveto queimar e fazendo de conta que a pessoa para quem o graveto apontar quando cair será o futuro cunhado de alguém na roda.

Enquanto a vida adulta e as brincadeiras infantis nas terras altas da Nova Guiné giram em torno de guerras e porcos, a vida adulta entre os nueres do Sudão gira em torno de bois e vacas. Assim, as crianças nueres constroem currais murados feitos de areia, cinza e barro que enchem de boizinhos feitos com argila, e brincam com os rebanhos. Entre o povo mailu que vive no litoral da Nova Guiné e usa canoas para pescar, as brincadeiras infantis incluem miniaturas de canoas, redes e arpões. As crianças ianomâmis do Brasil e da Venezuela brincam de explorar as plantas e os animais da floresta amazônica onde vivem. Em consequência, tornam-se naturalistas de grande conhecimento quando são ainda muito jovens.

Entre os índios sirionos da Bolívia, um bebê de apenas três meses recebe uma miniatura de arco e flecha do pai, embora só vá usá-la dali a vários anos. Quando um menino completa três anos, começa a lançar flechas contra alvos não vivos, depois em insetos, mais tarde em pássaros e, quando chega aos oito anos, começa a acompanhar o pai em viagens de caça; aos 12 anos, é um caçador completo. As meninas começam a brincar com um fuso em miniatura, aprendem a tecer, a fazer cestas e potes e ajudam a mãe nas tarefas domésticas. Os arcos e flechas dos meninos e os fusos das meninas são os únicos brinquedos dos sirionos.

O MUNDO ATÉ ONTEM

Eles não têm nenhuma brincadeira organizada equivalente ao nosso esconde-esconde, exceto que os meninos lutam entre si.

Em contraste com todos esses "brinquedos educativos" que imitam atividades adultas e preparam as crianças para desempenhá-las, existem outros jogos entre os danis que Karl Heider considerou não educativos, pois não estavam obviamente treinando as crianças para executar pequenas versões de atividades adultas. Incluíam fazer bonequinhos com capim ou fibras, fazer figuras com capim amarrado, dar cambalhotas do alto de uma ladeira, e andar puxando um besouro-unicórnio por uma cordinha amarrada ao chifre. Esses são exemplos do que se chama "cultura infantil": as crianças aprendem a conviver com outras e brincam de coisas que nada têm a ver com se tornarem adultas. No entanto, a linha divisória entre brincadeiras educativas e não educativas pode ser nebulosa. Por exemplo, uma brincadeira dani de bonequinhos de corda ou fibra consiste em fazer dois laços que representam um homem e uma mulher que se encontram e "copulam", e andar puxando um besouro por uma cordinha pode ser considerado um aprendizado para puxar um porco pelo cabresto.

Um aspecto comum dos jogos e brincadeiras das sociedades caçadoras-coletoras e das sociedades agrícolas menores é sua falta de competitividade ou de disputas. Enquanto muitas brincadeiras americanas envolvem a contagem de pontos e têm a ver com ganhar e perder, isso é raro nas brincadeiras de caçadores-coletores. Ao contrário, essas atividades entre as sociedades de pequena escala frequentemente envolvem partilhar, preparar as crianças para uma vida adulta que enfatiza a comunhão e desencoraja a competição. Um exemplo disso é a brincadeira das crianças kaulongs, da Nova Bretanha, que descrevi no capítulo 2, de cortar a banana e dividi-la com outras crianças.

A sociedade americana moderna difere das sociedades tradicionais na quantidade, na fonte e na pretensa função dos brinquedos. Os fabricantes americanos de brinquedos promovem intensamente os chamados brinquedos educativos para incentivar as chamadas brincadeiras criativas (imagem 18). Os pais americanos são levados a acreditar que os brinquedos manufaturados que compram em lojas são importantes

EDUCANDO AS CRIANÇAS

para o desenvolvimento de seus filhos. Em contraposição, as sociedades tradicionais têm poucos brinquedos, ou nenhum, e os que existem são feitos pela própria criança ou por seus pais. Um amigo americano que passou a infância numa área rural no Quênia disse-me que alguns de seus amigos quenianos eram muito inventivos e usavam varetas e barbantes para construir seus próprios carrinhos com rodas e eixos (imagem 17). Um dia, meu amigo americano e seu amigo queniano tentaram atrelar um par de besouros gigantes a um carrinho que haviam construído. Passaram toda a tarde nessa brincadeira, mas, apesar de horas de esforços, não conseguiram fazer com que os dois besouros puxassem o carrinho de forma coordenada. Quando meu amigo retornou aos Estados Unidos, já adolescente, viu as crianças americanas brincando com seus brinquedos de plástico comprados prontos e ficou com a impressão de que as crianças americanas são menos criativas do que as quenianas.

Nas modernas sociedades de Estado, existe a educação formal, ou seja, escolas e aulas complementares nas quais professores especialmente capacitados ensinam às crianças matérias estabelecidas por secretarias de Educação, como uma atividade separada das brincadeiras. Mas nas sociedades de pequena escala a educação não é uma atividade separada. Em vez disso, as crianças aprendem enquanto acompanham seus pais e outros adultos e quando ouvem histórias contadas por adultos e crianças mais velhas em volta da fogueira. Por exemplo, Nurit Bird-David escreveu o seguinte sobre o povo nayaka do sul da Índia: "Na época em que as crianças das sociedades modernas entram para a escola, digamos aos seis anos, as crianças nayakas saem sozinhas para caçar pequenos animais, visitar outras famílias e passar algum tempo com elas sem nenhuma supervisão de seus pais, embora não necessariamente de outros adultos. (...) Além disso, os ensinamentos são passados de formas muito sutis. Nenhuma instrução formal nem memorização, nada de aulas, provas, sítios culturais (escolas), onde pacotes de conhecimentos, abstraídos de seus contextos, são transmitidos de uma pessoa a outra. O conhecimento é inseparável da vida social."

Outro exemplo é o dos pigmeus mbutis da África, estudados por Colin Turnbull: as crianças imitam os pais, brincando com pequenos arcos e flechas, um pedaço de rede de pescar ou uma cestinha (imagem 20) e construindo casinhas de brinquedo, caçando rãs, descobrindo um avô ou avó cooperativos que concordam em fingir que são um antílope. "Para as crianças, a vida é uma longa brincadeira intercalada com uns salpicos saudáveis de palmadas e tapas. (...) E, um dia, elas descobrem que as brincadeiras de sempre já não são brincadeiras, mas a vida real, pois se tornaram adultas. A caçada agora é uma caçada de verdade; a habilidade de subir em árvores agora é uma busca a sério de um mel inacessível; as acrobacias nos balanços são repetidas quase diariamente, em outras formas, para perseguir uma caça arisca ou para evitar o maligno búfalo da floresta. Tudo acontece tão gradualmente que as antigas crianças dificilmente notam a mudança no primeiro momento, pois, mesmo quando se tornam caçadoras magníficas e famosas, suas vidas ainda são cheias de divertimento e risos."

Enquanto para as sociedades de pequena escala a educação se segue naturalmente à vida social, em algumas sociedades modernas até mesmo os rudimentos da vida social requerem um processo explícito de educação. Por exemplo, em partes das cidades modernas americanas onde as pessoas não conhecem os vizinhos, e onde o trânsito de automóveis, o risco de sequestro e a inexistência de calçadas significam que as crianças não podem caminhar com segurança para brincar com outras, elas precisam ser formalmente ensinadas a isso e frequentam "cursos de recreação". Ali, a mãe ou algum outro cuidador vai com a criança para uma sala de aula onde se reúnem com uma professora capacitada e uma dúzia de outras crianças e suas mães. As mães e os cuidadores sentam-se em um círculo externo e aprendem como as crianças brincam, e as crianças sentam-se em um círculo interno e são ensinadas a falar cada uma na sua vez, a ouvir, a passar objetos para outra criança e a recebê-los. Há muitos aspectos da sociedade americana moderna que meus amigos guineenses consideram bizarros, mas nada os deixou mais atônitos do que ouvir que as crianças americanas precisam de lugares, horários e ensinamentos específicos para aprender a conviver e a brincar umas com as outras.

EDUCANDO AS CRIANÇAS

Os filhos deles e os nossos

Finalmente, reflitamos sobre as diferenças entre as sociedades de pequena escala e as sociedades de Estado no que se refere às práticas de educação dos filhos. É claro que existe muita variação entre as sociedades de Estado industriais contemporâneas. Ideais e práticas de educação diferem nos Estados Unidos, na Alemanha, na Suécia, no Japão e num kibutz israelense. No âmbito de qualquer uma dessas sociedades de Estado, há diferenças entre os agricultores, os pobres das áreas urbanas e a classe média urbana. Há também diferenças entre gerações dentro de determinada sociedade: a criação de filhos nos Estados Unidos de hoje não segue o mesmo padrão dos anos 1930.

Ainda assim, existem algumas semelhanças básicas entre todas essas sociedades de Estado e algumas diferenças básicas entre todas elas e as sociedades de não Estado. Os governos têm seus próprios interesses relativos às crianças do país, e tais interesses não necessariamente coincidem com os dos pais das crianças. As sociedades de não Estado de pequena escala também têm seus próprios interesses, mas os das sociedades de Estado são mais explícitos, administrados por uma liderança hierarquizada e respaldados por instituições especializadas em fazer cumprir as normas. Todos os Estados desejam que as crianças se tornem adultos úteis e obedientes, como cidadãos, soldados e trabalhadores. Os Estados tendem a objetar que seus futuros cidadãos sejam mortos ao nascer ou a permitir que se queimem com fogo. Os Estados também tendem a ter opiniões sobre a educação de seus futuros cidadãos e sobre a conduta social de todos. Em certa medida, essas metas partilhadas pelos Estados resultam em alguma semelhança entre suas políticas relativas à criança; as práticas de criação em sociedades de não Estado têm uma gama de variação muito mais ampla do que a encontrada nas práticas de sociedades de Estado. Dentro das sociedades de não Estado, as de caçadores-coletores estão sujeitas a pressões convergentes que lhes são peculiares: todas elas partilham algumas semelhanças básicas na criação de filhos, mas, como um grupo, diferem do grupo de sociedades de Estado.

O MUNDO ATÉ ONTEM

Comparados com os caçadores-coletores, os Estados de fato têm vantagens militares e tecnológicas, além das vantagens decorrentes de terem populações muito mais vastas. Ao longo dos milênios recentes, essas vantagens permitiram que os Estados conquistassem os caçadores-coletores: o mapa-múndi moderno está completamente dividido entre Estados, e poucos grupos de caçadores-coletores sobreviveram. Mas embora os Estados sejam muito mais poderosos do que os bandos caçadores-coletores, isso não necessariamente significa que os Estados tenham melhores formas de educar suas crianças. Algumas práticas de educação infantil encontradas em bandos caçadores-coletores poderiam ser copiadas por nós.

Naturalmente, não estou dizendo que devemos copiar todas as práticas de criação de filhos dos caçadores-coletores. Não recomendo que retornemos às práticas de infanticídio seletivo, a situações que envolvam alto risco de morte no parto e à prática de deixar que as crianças brinquem com facas e se queimem com fogo. Alguns outros aspectos da infância entre os caçadores-coletores, como a permissividade diante de brincadeiras sexuais, causam desconforto em muitos de nós, embora possa ser difícil demonstrar que elas realmente sejam danosas para as crianças. Há práticas tradicionais que hoje são adotadas por alguns cidadãos de sociedades de Estado, mas também causam desconforto a outros de nós — como deixar que os bebês durmam no mesmo cômodo ou na mesma cama que os pais, amamentar as crianças até os três ou quatro anos e evitar punições físicas.

Mas algumas outras práticas de criação de filhos que encontramos entre os caçadores-coletores podem facilmente ser adaptadas às modernas sociedades de Estado. É perfeitamente factível para nós transportar nossos bebês verticalmente e voltados para a frente (em vez de horizontalmente, em um carrinho, ou nas nossas costas, mas voltados para trás). Poderíamos sempre responder rapidamente ao choro de um bebê, ampliar significativamente a prática de cuidadores ou pais substitutos e propiciar muito mais contato físico entre bebês e cuidadores. Poderíamos encorajar brincadeiras e brinquedos inventados pelas crianças, em vez de desencorajá-las fornecendo constantemente os brinquedos complicados chamados de educativos. Poderíamos organizar grupos de recreação multietários, em vez dos usuais. Poderíamos maximizar nas crianças a liberdade de explorar, desde que não houvesse riscos.

Eu me vejo frequentemente pensando nos guineenses com os quais tenho trabalhado nos últimos 49 anos e nos comentários de ocidentais que viveram durante muito tempo em sociedades caçadoras-coletoras e puderam observar como cresciam as crianças ali. Um tema recorrente nessas conversas é o quanto os outros ocidentais e eu ficamos impressionados com a segurança emocional, a autoconfiança, a curiosidade e a autonomia dos indivíduos das sociedades de pequena escala, não apenas como adultos, mas desde crianças. Vemos que as pessoas nas sociedades de pequenas escalas passam muito mais tempo conversando entre si do que nós, e não gastam absolutamente nenhum tempo em entretenimentos passivos fornecidos por pessoas de fora, como televisão, videogames e livros. Ficamos perplexos com o desenvolvimento precoce de habilidades sociais em suas crianças. Essas são coisas que a maioria de nós admira e gostaria de ver em nossos filhos, mas desencorajamos o desenvolvimento dessas qualidades separando as crianças por idade e constantemente lhes dizendo o que fazer. A crise de identidade que assola os adolescentes americanos não faz parte do universo das crianças dos caçadores-coletores. Os ocidentais que viveram com caçadores-coletores e em outras sociedades de pequena escala especulam que essas qualidades admiráveis se desenvolvem devido à forma como os filhos são criados, ou seja, com a constante segurança e estimulação que resultam do longo período de amamentação, de dormirem perto dos pais durante vários anos, de conviverem com um número muito maior de modelos sociais além dos próprios pais, de receberem muito mais estimulação social em consequência do contato físico constante e da proximidade dos cuidadores, de terem respostas imediatas dos cuidadores quando choram e de raramente (ou nunca) receberem castigos físicos.

Mas nossas impressões de que existe nas sociedades de pequena escala um maior grau de segurança dos adultos, mais autonomia e mais habilidades sociais são apenas impressões, e difíceis de medir e provar. Mesmo se essas impressões forem reais, é difícil estabelecer que sejam o resultado de um longo período de amamentação, da existência de múltiplos cuidadores, e assim por diante. No mínimo, no entanto, é possível dizer que as práticas de criação dos caçadores-coletores que nos parecem tão exóticas não são desastrosas e não produzem sociedades com óbvios sociopatas. Em vez disso, produzem indivíduos capazes de lidar com grandes desafios e perigos e, ao mesmo tempo, desfrutar suas vidas. O estilo de vida dos caçadores-coletores funcionou pelo menos toleravelmente bem durante pelo menos 100 mil anos, desde que surgiram os humanos comportamentalmente modernos. Todos os povos do mundo eram caçadores-coletores até surgirem sociedades agrícolas locais, por volta de 11 mil anos atrás, e ninguém no mundo vivia sob um governo estatal até 5.400 anos. As lições de todos esses experimentos com a criação de filhos, que perduraram por tão longo tempo, merecem ser seriamente consideradas.

CAPÍTULO 6

O TRATAMENTO DE PESSOAS IDOSAS:
CUIDAR, ABANDONAR OU MATAR?

Os idosos • Expectativas quanto ao cuidado dos idosos • Por que abandonar ou matar? • A utilidade dos idosos • Valores da sociedade • As regras da sociedade • Melhor ou pior hoje? • O que fazer com os idosos?

Os idosos

Durante uma visita a uma aldeia na ilha de Viti Levu, em Fiji, conversei com um habitante local que estivera nos Estados Unidos e me contou suas impressões. Havia alguns aspectos da vida americana que ele admirava ou invejava, mas outros que o repugnavam. O pior de todos foi o tratamento que dispensamos aos idosos. Na Fiji rural, os velhos continuam a viver na aldeia onde passaram suas vidas, cercados pelos parentes e amigos antigos. Muitas vezes, moram numa casa com os filhos, que cuidam deles a ponto de pré-mastigar e amaciar a comida para um pai ou mãe velhos aos quais não resta nenhum dente. Nos Estados Unidos, meu conhecido fijiano ficou indignado com o fato de muitos idosos serem mandados para asilos de velhos ou clínicas geriátricas onde recebem visitas apenas ocasionais dos filhos. Ele explodiu acusadoramente contra mim: "Vocês jogam fora seus velhos e seus próprios pais!"

Entre as sociedades tradicionais, algumas conferem aos seus idosos um status ainda mais elevado do que o dos fijianos, permitindo que tiranizem seus filhos adultos, controlem a propriedade da sociedade e até impeçam que os homens se casem antes dos quarenta anos. Outras conferem aos idosos um status ainda mais baixo do que o dos americanos, deixando que morram de fome, de descaso, ou matando-os de fato. Obviamente, existem muitas variações individuais dentro de qualquer sociedade: tenho diversos amigos americanos que põem seus pais num asilo e os visitam apenas uma vez por ano, ou nunca, e outro amigo que publicou seu 22º livro no dia de seu 100º aniversário e celebrou a ocasião na companhia de todos os filhos, netos e bisnetos a quem via regularmente durante todo o ano. Mas a gama de variação entre as sociedades tradicionais em suas práticas normais de cuidado com os idosos excede até mesmo as variações individuais encontradas nos Estados Unidos. Não conheço nenhum americano cujo cuidado devotado aos pais idosos chegue a ponto de pré-mastigar alimentos para eles, nem algum que tenha estrangulado os pais idosos e seja publicamente elogiado como um bom filho por haver feito isso. É amplamente reconhecido que, em muitos casos, os velhos têm um destino miserável nos Estados Unidos. Existe alguma coisa que possamos aprender com toda a variedade de práticas existentes nas sociedades tradicionais, tanto coisas que poderíamos copiar quanto outras que deveríamos evitar?

Antes de prosseguir, quero abordar duas objeções frequentemente levantadas. Uma delas é de que não existe uma definição universal da idade em que um indivíduo vira "idoso"; isso também varia entre sociedades e depende da perspectiva pessoal. Nos Estados Unidos, o governo federal de fato define que a velhice começa aos 65 anos, quando a pessoa adquire o direito de receber uma pensão por idade. Na minha adolescência, eu considerava as pessoas de vinte e tantos anos como aparentemente no auge da vida e da sabedoria, pessoas de trinta anos como de meia-idade e qualquer um a partir dos sessenta como velho. Agora que tenho 75 anos, considero meus sessenta anos e o início dos meus setenta como o auge da minha vida, e penso que a velhice talvez comece por volta dos 85 ou 90, dependendo da minha saúde. Nas áreas rurais da Nova Guiné, onde relativamente poucos alcançam os sessenta anos, alguém em seus cinquenta já é considerado um velho. Lembro-me de minha chegada a uma aldeia na Nova Guiné, ainda sob administração indonésia: quando os locais souberam que eu tinha (na época) 46 anos, murmuraram, boquiabertas, "*setengah mati!*," significando "semimorto", e designaram um garoto adolescente para caminhar constantemente ao meu lado e garantir que eu não sofresse uma queda. Assim, "velhice" precisa ser definida pelos padrões da sociedade local, e não por um número universal arbitrário.

A outra objeção relaciona-se à primeira. Em países onde a expectativa de vida é abaixo de quarenta anos, pode-se imaginar que quase ninguém chegue à velhice tal como definida nos Estados Unidos. De fato, em quase todas as aldeias da Nova Guiné, mesmo naquelas em que apenas alguns chegam aos cinquenta anos e onde qualquer um acima dessa idade é considerado um *lapun* (homem velho), ainda foi possível encontrar um ou dois habitantes cujas idades podiam ser estimadas em mais de setenta anos, considerando-se os eventos datáveis de que se recordavam (por exemplo, se já existiam na época do grande ciclone de 1910). Provavelmente essas pessoas estarão trôpegas, com a visão ruim ou cegas e dependerão dos parentes para comer, mas, ainda assim, desempenham (como será visto) um papel crucial na vida da aldeia. Constatações semelhantes se aplicam a outros povos tradicionais: Kim Hill e A. Magdalena Hurtado reconstruíram genealogias de cinco índios aches que viviam na floresta do Paraguai e que morreram com idades estimadas de setenta, 72, 75, 77 e 78 anos, e Nancy Howell fotografou um homem !kung que ela calculou ter 82 anos, mas ainda podia caminhar longas distâncias quando seu grupo mudava de acampamento, ainda coletava boa parte do que comia e construía sua própria cabana.

Como podemos explicar a ampla variação entre sociedades no que se refere às normas de tratamento dos idosos? Parte da explicação, como será visto, envolve variações nos fatores materiais que definem se os idosos terão maior ou menor utilidade para a sociedade, e esses fatores tornam relativamente mais viável que os mais jovens sustentem os mais velhos. A outra parte da explicação envolve diferenças em valores culturais, como o respeito pelos idosos, o respeito à privacidade, a ênfase na família *versus* indivíduo, e a autossuficiência. Esses valores são apenas parcialmente determinados pelos fatores materiais que fazem com que os velhos sejam pessoas úteis, ou apenas um fardo.

Expectativas quanto ao cuidado dos idosos

Comecemos com uma ingênua expectativa a respeito do cuidado dos idosos. Embora seja um quadro obviamente incompleto, é útil formulá-lo para que nos forcemos a nos indagar por que ele não se concretiza, e em quais aspectos. Uma pessoa leiga, com uma visão cor-de-rosa da vida, poderia raciocinar assim: os pais e os filhos se amam e devem se amar. Os pais devotam seus melhores esforços para os filhos e fazem sacrifícios por eles. Os filhos respeitam os pais e lhes são gratos por os haverem criado. Portanto, esperamos que, em todo o mundo, os filhos cuidem bem de seus pais idosos.

Um biólogo evolutivo ingênuo poderia chegar a essa mesma conclusão reconfortante seguindo uma linha de raciocínio diferente. A seleção natural tem a ver com a transmissão de genes. A forma mais direta de as pessoas transmitirem seus genes é através dos filhos. Assim, a seleção natural deve favorecer os pais cujos genes os levam a seguir comportamentos que promovam a sobrevivência e a reprodução de seus filhos. Da mesma forma, a seleção cultural tem a ver com a transmissão de comportamentos aprendidos, e os pais servem como modelos de comportamento para os filhos. Faz sentido, portanto, que os pais se sacrifiquem pelos filhos, mesmo à custa de suas próprias vidas, se, desse modo, estiverem promovendo a sobrevivência e o sucesso reprodutivo dos filhos. Contrariamente, os pais idosos provavelmente acumularam recursos, status, conhecimentos e habilidades que seus filhos ainda não têm. Os filhos sabem que seus pais têm interesses genéticos e culturais em ajudá-los repassando tais recursos, status, conhecimentos e habilidades. Portanto, os filhos ponderariam que também é de seu interesse cuidar dos pais idosos para que eles, os pais, continuem a ajudá-los. Em termos mais gerais, faz sentido esperar que, em uma sociedade de indivíduos inter-relacionados, a geração mais jovem, como um todo, tome conta dos idosos, pois estes partilham cultura e muitos genes com os membros da geração mais nova.

No entanto, sabemos que essas previsões otimistas são apenas parcialmente verdadeiras. Sim, os pais geralmente cuidam de seus filhos,

O TRATAMENTO DE PESSOAS IDOSAS: CUIDAR, ABANDONAR OU MATAR?

e estes, por sua vez, cuidam dos pais, e a geração mais jovem, como um todo, frequentemente cuida dos mais velhos. Mas essas conclusões não se aplicam a pelo menos alguns dos filhos na maior parte das sociedades, nem à maior parte dos filhos em algumas sociedades. Por que não? O que havia de errado com nosso raciocínio?

Nosso erro ingênuo (que os biólogos evolutivos agora evitam cometer) foi que deixamos de levar em conta os conflitos de interesse entre gerações. Os pais nem sempre devem fazer sacrifícios ilimitados pelos filhos, os filhos nem sempre devem ser gratos, o amor tem seus limites, e as pessoas não são equipamentos de cálculo darwiniano, constantemente avaliando como maximizar a transmissão de genes e de cultura antes de decidir como se comportarão. Todas as pessoas, inclusive as idosas, querem uma vida confortável para si mesmas, não apenas para os filhos. Quase sempre existem limites aos sacrifícios que os pais estão dispostos a suportar pelos filhos. Contrariamente, os filhos muitas vezes estão impacientes para desfrutar uma vida confortável. Eles raciocinam, de forma bastante correta, que, quanto mais recursos próprios os pais consumirem enquanto viverem, menos recursos sobrarão para serem desfrutados pelos filhos. Mesmo que os filhos de fato se comportem instintivamente como equipamentos de cálculo darwiniano, a seleção natural nos ensina que *nem sempre* os filhos devem cuidar de seus pais idosos. Existem muitas circunstâncias nas quais os filhos podem melhorar a transmissão de seus próprios genes ou de sua cultura tratando os pais de forma mesquinha, abandonando-os ou até os matando.

Por que abandonar ou matar?

Em que tipos de sociedades os filhos, e as novas gerações em geral, "devem" (de acordo com esse argumento) negligenciar, abandonar ou matar seus pais (e a geração mais velha em geral), e de fato o fazem? Os inúmeros casos relatados envolvem sociedades para as quais as pessoas mais velhas se tornam uma séria desvantagem, colocando em risco a segurança de todo o grupo. Essa situação surge em dois diferentes conjuntos de circunstâncias. O primeiro caso refere-se aos caçadores-coletores nômades que precisam mudar de acampamento periodicamente. Como não têm animais de carga, os nômades precisam carregar tudo nas costas: bebês, crianças com menos de quatro anos que não conseguem acompanhar o ritmo do grupo, armas, ferramentas e todas as posses materiais, além de comida e água para a jornada. É difícil ou impossível acrescentar a toda essa carga pessoas velhas ou doentes que não conseguem caminhar. O segundo conjunto de circunstâncias surge em ambientes onde ocorrem sérias faltas de alimentos periodicamente, em especial nas regiões árticas e nos desertos, e onde não é possível acumular excedentes e estoques de comida suficientes para manter vivo o grupo durante o período de escassez. Se não há comida suficiente para manter todos em boa condição física, ou apenas vivos, a sociedade precisa sacrificar seus membros menos valiosos ou menos produtivos; caso contrário, a sobrevivência de todos será posta em risco.

No entanto, não é verdade que todos os povos nômades, árticos e do deserto sacrifiquem todos os seus velhos. Alguns grupos (como os !kungs e os pigmeus africanos) parecem mais relutantes em fazê-lo do que outros (como os aches, os sirionos e os inuítes). Dentro de um grupo, o tratamento dado a determinado idoso pode depender de ter um parente próximo disponível para cuidar dele e defendê-lo.

Como são descartados os velhos que se tornaram incômodos? Correndo o risco de usar uma linguagem que possa parecer insensível ou macabra, há cinco métodos que podem ser apresentados em uma sequência crescente da ação direta envolvida. O método mais passivo é meramente negligenciar os velhos até que morram: ignorar, fornecer pouca comida, deixar que morram de desnutrição, deixar que vagueiem sozinhos ou deixar que morram inteiramente abandonados. Por exemplo, esse método foi encontrado entre os inuítes do Ártico, os hopis dos desertos americanos, os witotos em áreas tropicais da América do Sul e os aborígines australianos.

O método seguinte, praticado de várias formas pelos lapões (samis) do norte da Escandinávia, os sans do deserto de Kalahari, os índios omahas e kutenais da América do Norte e os índios aches da América do Sul, é abandonar, intencionalmente, uma pessoa velha ou doente quando o restante do grupo muda de acampamento. Uma variante desse método entre os aches, reservado para os homens velhos (mas não para as mulheres, que são simplesmente mortas), é levá-los para uma "estrada do homem branco", fora da floresta, e ali abandoná-los para sempre. O mais frequente é que uma pessoa enfraquecida seja deixada com algum estoque de lenha, alimentos e água em um abrigo ou no acampamento sendo evacuado; se vier a recuperar as forças, ainda poderia tentar alcançar o restante do grupo.

Em certa ocasião, o antropólogo Allan Holmberg estava com um grupo de índios sirionos na Bolívia quando ocorreu o fato relatado a seguir: "O grupo decidiu se mudar em direção ao rio Blanco. Enquanto faziam os preparativos para a viagem, chamou-me a atenção uma mulher de meia-idade, doente, deitada em sua rede e que já não conseguia nem falar. Perguntei ao chefe o que planejavam fazer com ela. Ele me disse para falar com o marido, que disse que ela seria abandonada para morrer porque estava doente demais para caminhar e porque morreria de qualquer forma. A partida estava marcada para a manhã seguinte. Fiquei atento para observar o que aconteceria. Todo o bando saiu do acampamento sem muitas despedidas à mulher moribunda. O próprio marido partiu sem dizer adeus. Ela ficou com um fogo aceso, uma cabaça com água, seus pertences pessoais e nada mais. Estava doente demais para protestar." Na ocasião, o próprio Holmberg estava doente e buscou uma missão religiosa para tratamento médico. Três semanas depois, quando retornou ao acampamento abandonado, a mulher não estava lá, então ele seguiu uma trilha que levava ao novo acampamento do grupo. No caminho, encontrou os restos da mulher, apenas os ossos deixados pelas formigas e abutres. "Ela havia usado suas últimas forças para tentar seguir o bando, mas fracassou e teve o mesmo destino de todos os sirionos cujos dias de utilidade chegam ao fim."

Um terceiro método de se desfazer dos velhos, relatado entre os chukchis e os iacutos da Sibéria, os índios crows da América do Norte, os inuítes e os nórdicos é levar o indivíduo idoso a cometer suicídio, ou encorajá-lo a isso, seja saltando de um penhasco, saindo para o mar ou buscando a morte em batalha. O físico e navegador neozelandês David Lewis relatou como um amigo seu, já idoso, o navegador Tevake, das ilhas Reef no oceano Pacífico, fez uma despedida formal e saiu sozinho para o mar numa viagem de bote da qual não retornou e, evidentemente, não pretendia retornar.

Enquanto esse terceiro método constitui um suicídio sem auxílio, o quarto pode ser descrito como suicídio assistido ou como assassinato com a cooperação da vítima, que é estrangulada, esfaqueada ou enterrada viva. Entre os chukchis, os velhos que se submetiam à morte voluntária eram louvados e assegurados de que receberiam uma das melhores moradias no próximo mundo. A esposa segurava em seus joelhos a cabeça da vítima enquanto dois homens, de lados opostos, puxavam violentamente uma corda amarrada em seu pescoço. Entre os kaulongs do sudoeste da Nova Bretanha, o estrangulamento de uma viúva por seus irmãos ou por um filho, imediatamente após a morte do marido, era procedimento rotineiro até a década de 1950. Esse ato era uma obrigação que, embora emocionalmente arrasadora para o algoz, não podia ser evitada por ele, sob pena de cobri-lo de vergonha. Um filho kaulong descreveu para Jane Goodale como sua mãe o humilhara ao fazer isso: "Quando eu hesitei, minha mãe ficou de pé e gritou para que todos a ouvissem, dizendo que a razão de minha hesitação era que eu queria fazer sexo com ela." Nas ilhas Banks, pessoas doentes e velhas imploravam aos amigos que pusessem um fim aos seus sofrimentos enterrando-as vivas, e os amigos faziam isso como um ato de bondade: "Um homem em Mota enterrou o irmão, que estava numa fraqueza extrema por causa de uma gripe; mas ele [o irmão saudável] retirou a terra de sobre a cabeça da vítima e chorou, e de tempos em tempos chamava o irmão para saber se ainda estava vivo."

O último e disseminado método é matar a vítima violentamente sem sua cooperação ou seu consentimento, estrangulando-a, enterrando-a viva, sufocando-a, apunhalando-a, dando uma machadada em sua cabeça ou quebrando-lhe o pescoço. Um índio ache entrevistado por Kim Hill e A. Magdalena Hurtado descreveu seus métodos de matar mulheres velhas (como já mencionado, os homens velhos eram abandonados nas estradas dos brancos): "Eu geralmente matava as mulheres velhas. Matei minhas tias [ou o equivalente a tias] quando ainda estavam se movendo (vivas). (...) Eu as pisoteava, e todas elas morreram, perto do grande rio. (...) Eu não costumava esperar que estivessem completamente mortas para enterrá-las. Quando ainda estavam se mexendo, eu as quebrava [pescoço ou coluna]. (...) Eu não me importava com as velhas, eu as furava [com a lança]."

Nossa reação a esses relatos de maridos, filhos, irmãos, irmãs ou companheiros de bando que matam ou abandonam uma pessoa idosa ou doente provavelmente é de horror — assim como nossa reação aos relatos no capítulo 5 de mães que matam seus bebês recém-nascidos se forem o segundo de um par de gêmeos ou se tiverem deformações. Mas assim como naqueles casos de infanticídio, devemos nos perguntar: o que mais poderia fazer com seus idosos uma sociedade nômade ou uma sociedade que não dispõe de comida suficiente para todo o grupo? Ao longo de suas vidas, as vítimas viram pessoas velhas ou doentes serem abandonadas ou mortas, e provavelmente já fizeram isso com os próprios pais. É a forma de morte que esperam e com a qual, em muitos casos, cooperam. Somos afortunados por não enfrentar a mesma provação, seja como vítimas, assistentes de suicídios ou matadores, pois temos a sorte de viver em sociedades que dispõem de alimentos em abundância e de cuidados médicos. Conforme escreveu Winston Churchill a respeito do almirante japonês Kurita, que teve de escolher entre dois cursos de ação igualmente terríveis durante a guerra, "Aqueles que suportaram provação semelhante poderão julgá-lo". De fato, muitos dos leitores deste livro passaram ou passarão por uma provação semelhante quando se virem forçados a decidir se dirão ou não ao médico que cuida de seu pai ou sua mãe idosos ou gravemente enfermos que chegou a hora de suspender qualquer intervenção médica invasiva, ou apenas administrar analgésicos, sedativos e cuidados paliativos.

A utilidade dos idosos

Quais os serviços úteis que as pessoas idosas podem prestar às sociedades tradicionais? De uma perspectiva adaptativa fria e objetiva, as sociedades nas quais os idosos permanecem úteis tendem a prosperar se essas sociedades cuidarem deles. Obviamente, o mais comum é que as pessoas jovens que cuidam de pais idosos expressem suas razões não em termos de vantagem evolutiva, mas de amor, respeito e obrigação. No entanto, quando um grupo de caçadores-coletores está quase morrendo de fome e discutindo quantos e quais de seus integrantes eles conseguirão alimentar, frias considerações podem ser explicitamente verbalizadas. Dos serviços prestados pelas pessoas mais velhas, os primeiros que mencionarei também são realizados por outras mais novas, mas ainda estão dentro das possibilidades dos mais velhos, enquanto outros serviços envolvem habilidades aperfeiçoadas ao longo de muitos anos de experiência e, portanto, são competências específicas de pessoas idosas.

Em algum momento, os homens chegam a uma idade em que já não conseguem alvejar um leão e matá-lo e as mulheres já não são capazes de caminhar vários quilômetros até um bosque de mongongo e voltar com uma carga pesada de nozes. Ainda assim, há outras formas de os mais velhos continuarem a obter alimento para os netos e, assim, reduzir o trabalho de seus filhos, genros e noras. Os homens aches continuam a caçar e coletar até depois dos sessenta anos, concentrando-se em pequenos animais, frutas e produtos de palmeiras, e abrem picadas quando o bando muda de acampamento. Os homens !kungs mais velhos preparam armadilhas, colhem alimentos vegetais e acompanham os mais jovens nas caçadas para interpretar os rastros de animais e propor estratégias. Entre os caçadores-coletores hadzas da Tanzânia, as mulheres que mais trabalham são as avós pós-menopausa (imagem 21), que passam, em média, sete horas por dia procurando tubérculos e frutas — embora já não tenham filhos dependentes. Mas têm netos famintos, e, quanto mais tempo uma avó hadza gasta obtendo comida, mais rapidamente seus netos ganham peso. Benefícios semelhantes foram descritos entre os agricultores finlandeses e canadenses dos séculos XVIII e XIX: as

O TRATAMENTO DE PESSOAS IDOSAS: CUIDAR, ABANDONAR OU MATAR?

análises de registros paroquiais e genealógicos mostram que o número de crianças que sobreviviam até a idade adulta era maior nos contextos em que havia pelo menos uma avó disponível do que naqueles em que as duas avós já haviam morrido quando a criança nasceu, e que cada década adicional vivida por uma mulher após os cinquenta anos estava associada ao nascimento de dois netos adicionais (presumivelmente por causa da ajuda da avó).

Outro serviço que os mais velhos podem prestar, mesmo depois de passada a idade em que conseguem desenterrar tubérculos durante sete horas por dia, é cuidar de crianças (de seus netos, principalmente). Isso libera seus filhos, genros e noras para que possam passar mais tempo fora de casa buscando alimentos. Com frequência, os avós !kungs cuidam de seus netos durante dias seguidos enquanto os filhos saem em longas jornadas de caça e coleta, livres dos encargos das crianças. Uma das principais justificativas de samoanos idosos que hoje querem migrar para os Estados Unidos é que cuidarão de seus netos, permitindo que os filhos trabalhem fora e se livrem, pelo menos parcialmente, das tarefas domésticas.

Os idosos podem fabricar coisas que seus filhos adultos poderão utilizar, como ferramentas, armas, cestas, potes, tecidos (imagem 22). Por exemplo, entre os caçadores-coletores semangs da península malaia, os idosos eram famosos por fazerem ótimas zarabatanas. Essa é uma área na qual os mais velhos não apenas tentam manter suas antigas habilidades, mas, provavelmente, o farão com grande competência: os melhores cesteiros e oleiros são, com frequência, pessoas mais velhas.

Outras áreas em que as habilidades aumentam com a idade incluem medicina, religião, entretenimento, relacionamentos e política. As parteiras tradicionais e os curandeiros são, em geral, pessoas velhas, assim como os magos e sacerdotes, profetas e feiticeiros, e os que lideram os cantos, os jogos, as danças e os ritos de iniciação. Os mais velhos desfrutam uma enorme vantagem social na medida em que passaram toda a vida construindo uma rede de relações nas quais podem introduzir seus filhos. Os líderes políticos em geral são pessoas mais velhas, tanto é que a expressão "anciães tribais" tornou-se praticamente um sinônimo de líderes tribais. Isso também se aplica a modernas sociedades de Estado: por exemplo, a média de idade com que os presidentes americanos assumem o cargo é de 54 anos, e a dos juízes da Suprema Corte, 53 anos.

No entanto, a função mais importante dos idosos em sociedades tradicionais talvez não tenha ocorrido aos leitores deste livro. Em uma sociedade letrada, os principais repositórios de informações são as fontes escritas ou digitais: enciclopédias, livros, revistas, mapas, diários, anotações, cartas e, agora, a internet. Se quisermos verificar algum fato, consultamos uma fonte escrita ou um site. Mas essa opção não existe para uma sociedade pré-letrada que, em vez disso, precisa contar com as lembranças e a memória humana. Assim, as mentes dos mais velhos são as enciclopédias e bibliotecas da sociedade. Repetidas vezes na Nova Guiné, quando estou entrevistando os locais e faço uma pergunta à qual não sabem responder com segurança, meus informantes fazem uma pausa e dizem: "Vamos perguntar ao velho [ou à velha]." As pessoas mais velhas sabem os mitos e as canções da tribo, quem é parente de quem, quem fez o quê a quem e quando, os nomes, hábitos e usos de centenas de espécies de plantas e animais locais, e onde procurar comida quando a situação fica precária. Assim, cuidar dos mais velhos torna-se uma questão de vida ou morte, assim como cuidar das cartas hidrográficas é uma questão de vida ou morte para os modernos capitães de barcos. Ilustrarei esse valor do idoso com um caso que envolvia um conhecimento essencial para a sobrevivência de uma tribo.

A história aconteceu comigo em 1976, em uma ilha do sudoeste do Pacífico chamada Rennell. Como eu havia sido enviado à ilha para preparar um relatório de impacto ambiental da possível exploração de uma mina de bauxita, precisava saber quão rapidamente as florestas podem se regenerar depois de serem derrubadas para dar lugar a uma mineração, e quais as espécies de árvores utilizáveis para produzir madeira, frutas comestíveis e para outros fins. Os ilhéus de meia-idade conseguiram nomear 126 espécies de plantas locais na língua de Rennell (*anu, gangotoba, ghai-gha-ghea, kagaa-loghu-loghu* etc.). Para cada espécie, explicaram as sementes e frutas que não eram comestíveis para animais e humanos, as que eram comidas por pássaros e morcegos, mas

O TRATAMENTO DE PESSOAS IDOSAS: CUIDAR, ABANDONAR OU MATAR?

não por humanos (identificando as espécies de pássaros e morcegos envolvidas), ou as comestíveis para humanos. Entre as espécies comidas por humanos, algumas ainda receberam uma informação adicional: "só comidas depois do hungi kengi".

Nunca tendo ouvido falar de um hungi kengi, perguntei o que era e como tornava comestíveis algumas frutas não comestíveis. Como explicação, fui conduzido a uma cabana onde me apresentaram à fonte daquela informação: uma mulher muito velha que já não conseguia andar sozinha. Fiquei sabendo então que *hungi kengi* era o nome dado em Rennell ao maior ciclone do qual se tinha notícia, que havia atingido a ilha aparentemente por volta de 1910, a julgar por registros do período colonial europeu. Na época do desastre, a mulher era ainda muito jovem, antes da idade de se casar, então ela já tinha setenta e tantos anos ou oitenta e poucos quando a conheci em 1976. O ciclone havia derrubado as florestas de Rennell, destruído plantações e ameaçado os ilhéus sobreviventes de morte por inanição. Até que novas hortas pudessem ser plantadas e começassem a produzir, as pessoas tiveram que recorrer a qualquer coisa que fosse minimamente digerível, incluindo não apenas as espécies comuns de frutas silvestres, mas também frutas que normalmente seriam ignoradas — ou seja, as frutas identificadas para mim como só podendo ser comidas "depois do hungi kengi". Isso exigia conhecimentos sobre quais dessas frutas não prioritárias eram não venenosas e seguras para comer, ou tinham venenos que poderiam ser removidos por algum método de preparação. Felizmente, na época do hungi kengi havia ilhéus idosos que ainda se lembravam de um ciclone anterior e sabiam como a população havia lidado com a situação. Agora, aquela velha mulher era a última pessoa viva na aldeia que herdara aquela experiência e aqueles conhecimentos. Se outro grande ciclone atingisse Rennell, sua memória enciclopédica sobre as frutas silvestres que poderiam ser comidas faria toda a diferença entre a morte generalizada por fome e a salvação dos habitantes da aldeia. Histórias como essa, sobre a decisiva importância da memória dos velhos para a sobrevivência de seus parentes, são inúmeras nas sociedades pré-letradas.

Valores da sociedade

Assim, grande parte da razão para as sociedades cuidarem ou não de seus idosos depende de quão úteis sejam eles. Outra parte tem a ver com os valores da sociedade: se as pessoas velhas são respeitadas ou desprezadas. Obviamente, essas duas razões estão inter-relacionadas: quanto mais úteis os idosos, maior a probabilidade de serem respeitados. Mas, assim como em muitas outras áreas da cultura humana, a conexão entre utilidade e valores é bastante vaga: algumas sociedades dão mais ênfase ao respeito pelos idosos do que outras que parecem estar no mesmo estágio econômico.

Pelo menos algum grau de respeito pelos idosos parece ser frequente entre as sociedades humanas. Nos Estados Unidos de hoje, uma forma de respeito relativamente moderado coexiste com algumas atitudes de desvalorização: com frequência, ensina-se às crianças americanas que devem respeitar os mais velhos, não responder com grosseria e ceder o assento no ônibus se um idoso estiver de pé. O respeito pelos idosos é mais forte entre os !kungs, em parte porque, proporcionalmente, existe um número muito menor de !kungs velhos do que de americanos velhos: mal chega a 20% a porcentagem de !kungs que alcançam a idade de sessenta anos, e merecem admiração por terem sobrevivido a leões, acidentes, doenças, ataques surpresa e outros perigos inerentes ao estilo de vida !kung.

Uma forma de respeito especialmente forte é a doutrina da piedade filial associada a Confúcio, tradicionalmente predominante na China, na Coreia, no Japão e em Taiwan, e de fato transformada em lei até que a legislação fosse mudada pela constituição japonesa de 1948 e pela legislação chinesa de 1950 sobre o casamento. De acordo com a doutrina de Confúcio, os filhos devem obediência absoluta aos pais, e a desobediência ou o desrespeito são considerados desprezíveis. Concretamente, os filhos (especialmente os meninos primogênitos) têm um dever sagrado de sustentar os pais idosos. Ainda hoje, a piedade filial permanece viva e forte na Ásia Oriental, onde (pelo menos até recentemente) quase todos os idosos chineses, e três quartos dos idosos japoneses, haviam morado com seus filhos ou com parentes.

Outra poderosa forma de respeito é a ênfase na família presente no sul da Itália, no México e em muitas outras sociedades. Conforme descrito por Donald Cowgill, "A família é representada como o núcleo da estrutura social e a fonte de uma influência que envolve todos os aspectos da vida de seus membros. (...) A honra da família era crucial, e esperava-se que cada membro apoiasse a autoridade masculina, se sacrificasse pela família, respeitasse os pais, evitasse lançar vergonha sobre o nome da família. (...) [O homem mais velho da família assumia uma imagem de padrinho], de uma autoridade dominante que exigia a conformidade de todos aos objetivos da família e não permitia lealdades divididas. (...) No âmbito da família, havia apenas uma pequena margem de liberdade para a expressão individual — que, em todas as circunstâncias, deveria se subordinar ao interesse da família. (...) Os filhos de meia-idade incluíam os pais idosos nas atividades de suas famílias nucleares, e a maioria rejeitava radicalmente a noção de algum dia levar seus pais para um asilo de velhos."

Esses tipos de família — as chinesas confucianas, as do sul da Itália e as do México — são exemplos de um fenômeno amplamente disseminado chamado "família patriarcal", na qual a principal autoridade está investida no homem mais velho. Outros exemplos conhecidos incluem muitas ou a maior parte das sociedades pastoris contemporâneas ou outras sociedades rurais e, no passado, os antigos romanos e hebreus. Para compreender como as famílias patriarcais são organizadas, contraste-as com os modernos arranjos familiares americanos que muitos leitores deste livro tomam como o óbvio e natural e que os antropólogos chamam de "neolocal". Esse termo significa que um casal recém-casado estabelece uma nova residência (um local novo) separado da residência dos pais de ambos. A nova moradia contém uma família nuclear formada pelo casal e (em algum momento) pelos filhos dependentes.

Embora esse arranjo nos pareça normal e natural, pelos padrões geográficos e históricos ele constitui uma exceção: somente cerca de 5% das sociedades tradicionais têm habitações neolocais. Em vez disso, o arranjo tradicional mais comum é a família "patrilocal", que se forma quando um casal recém-casado passa a viver com os pais ou parentes do noivo. Nesse caso, a unidade familiar é formada não apenas por uma família nuclear, mas por uma família mais ampla que se estende horizontal ou verticalmente. Extensões horizontais (ou seja, dentro da mesma geração do patriarca) podem incluir várias esposas do patriarca polígamo que vivem no mesmo local, além das irmãs solteiras do patriarca e talvez alguns de seus irmãos (ou irmãs) mais jovens casados. As extensões verticais incluem outras gerações e reúnem em uma mesma casa ou habitação o patriarca e sua esposa, um ou mais de seus filhos casados e os netos do patriarca. Quer as extensões sejam horizontais, verticais, quer de ambos os tipos, o conjunto da família é uma unidade econômica, financeira, social e política, todos os seus membros vivem vidas diárias coordenadas, e o patriarca é a principal autoridade.

Naturalmente, uma família patrilocal tem mais facilidade para cuidar dos mais velhos: eles vivem na mesma casa que os filhos, são proprietários da casa (ou das casas), controlam tudo e desfrutam segurança econômica e física. Obviamente, esse arranjo não garante que todos os filhos adultos *amem* os pais idosos; seus sentimentos podem ser ambivalentes ou dominados pelo medo e pelo respeito à autoridade, e os filhos podem estar simplesmente esperando a hora em que eles próprios poderão tiranizar seus filhos adultos. Uma família neolocal tem mais dificuldade para cuidar dos idosos, quaisquer que sejam os sentimentos dos filhos com relação aos pais, porque pais e filhos estão fisicamente separados.

No extremo oposto desse sólido status dos idosos em sociedades tradicionais patriarcais está o status de que desfrutam em grande parte da sociedade americana (com as óbvias exceções encontradas entre algumas comunidades imigrantes que retêm seus valores tradicionais). Citando a lista de atributos deprimentes feita por Cowgill: "Associamos a velhice à perda de utilidade, decrepitude, doença, senilidade, pobreza, perda da sexualidade, esterilidade e morte." Esses atributos têm consequências práticas sobre as oportunidades de emprego e a assistência médica dos idosos. Até recentemente, a aposentadoria compulsória a partir de determinada idade era um fato disseminado nos Estados Unidos, e ainda é assim na Europa. Os empregadores tendem a considerar as pessoas mais velhas como já cristalizadas e menos administráveis e ensináveis, preferindo investir em funcionários mais jovens, vistos como o oposto disso. Em um estudo experimental realizado por Joanna Lahey para o Centro de Pesquisa sobre Aposentadoria do Boston College, as respostas a currículos falsos enviados a possíveis empregadores, e diferindo apenas nos nomes e nas idades dos candidatos, revelaram que uma mulher entre 35 e 45 anos que se candidata a um emprego tem 43% a mais de chance de ser chamada para uma entrevista do que outra na faixa de 50-62 anos de idade. A política hospitalar explícita denominada "alocação de recursos de assistência médica com base na idade" é dar prioridade aos pacientes mais jovens em detrimento dos mais velhos sempre que os recursos médicos forem limitados, com base no argumento de que, na área de serviços de saúde, não se deve investir tempo, energia e dinheiro para salvar vidas de idosos descartados como "frágeis e precários". Não é nenhuma surpresa, portanto, que americanos e europeus, mesmo os que ainda se encontram na faixa dos trinta anos, respondam a isso investindo uma boa quantidade de seus recursos em medidas que preservem uma aparência jovem, como pintar o cabelo e recorrer a cirurgias plásticas.

Pelo menos três conjuntos de valores, alguns deles partilhados com a sociedade europeia, contribuem para esse baixo status dos idosos na América moderna. O primeiro conjunto, enfatizado pelo sociólogo Max Weber, é a ética do trabalho, cujos traços ele acentuava associando-a à ética calvinista protestante. Weber formulou sua teoria especialmente com relação à Alemanha, mas ela se aplica, de forma mais relevante, à moderna sociedade ocidental. Correndo o risco de reduzir sua longa e complexa obra a uma frase, podemos dizer que Weber viu o trabalho como a área central da vida de uma pessoa, a fonte de seu status e de sua identidade e como algo benéfico para o caráter do indivíduo. Segue-se então que pessoas idosas aposentadas que já não estão trabalhando perdem seu status social.

Um conjunto de valores mais especificamente americano relaciona-se à nossa ênfase no indivíduo. Esse individualismo é o oposto à ênfase na família extensa discutida anteriormente e encontrada em muitas outras sociedades. A sensação de valor próprio de um americano é medida por suas realizações, não pelas realizações coletivas da família extensa à qual pertence. Ensinam-nos a ser independentes e a contar apenas com nossos próprios recursos. Independência, individualismo e autossuficiência são louvados como virtudes, e os traços opostos de dependência, incapacidade de se firmar nos próprios pés e incapacidade de cuidar de si mesmo são menosprezados. Na realidade, nos Estados Unidos a expressão "personalidade dependente" é usada por psiquiatras e psicólogos em diagnósticos clínicos, e a Associação Americana de Psiquiatria a usa para designar a Doença Mental número 301.6, descrita como um estado de saúde que requer tratamento para ajudar o lamentavelmente dependente indivíduo a alcançar a virtude americana da independência.

Também integra esse conjunto de valores americanos a nossa ênfase na privacidade individual, um conceito bizarro pelos padrões das culturas mundiais, muitas das quais propiciam pouca privacidade individual e não a consideram um ideal desejável. Em vez disso, as formas de viver mais comuns nas sociedades tradicionais consistem em uma família extensa dentro de uma única habitação, ou em um grupo de choças ou abrigos em torno de uma mesma clareira, ou em um abrigo comunal no qual dorme todo um bando. Mesmo o sexo entre um casal tradicional acontece com um mínimo de privacidade, algo impensável para a maior parte dos americanos modernos. A rede ou a esteira do casal fica à vista de outros casais, e os filhos pequenos podem estar dividindo a mesma esteira; simplesmente se espera que fechem os olhos. Nosso padrão neolocal de residência, de acordo com o qual os filhos, ao alcançarem a idade de casamento, estabelecem sua própria residência, representa o extremo oposto do arranjo tradicional no qual é mínima a privacidade.

O cuidado com os idosos vai contra toda essa rede de valores americanos que inclui independência, individualismo, autossuficiência e privacidade. Aceitamos a dependência de um bebê porque ele nunca foi independente antes, mas lutamos contra a dependência dos idosos que, durante décadas, foram independentes. Mas a cruel realidade é que as pessoas velhas acabam chegando a uma condição na qual já não podem viver de forma independente, não podem contar com suas próprias ha-

O TRATAMENTO DE PESSOAS IDOSAS: CUIDAR, ABANDONAR OU MATAR?

bilidades e não têm nenhuma escolha exceto tornarem-se dependentes de outras e abrir mão de sua tão longamente cultivada privacidade. A dependência é pelo menos tão dolorosa para a pessoa idosa envolvida quanto para o filho de meia-idade que a vê acontecendo aos pais até então autossuficientes. Quantos leitores deste capítulo conheceram ou conhecem uma pessoa idosa que insistiu, por respeito próprio, em tentar continuar a viver com autonomia, até que um acidente (como uma queda e uma fratura do quadril, ou a impossibilidade de sair da cama sem ajuda) tornasse impossível a manutenção da independência? Os ideais americanos levam os idosos a perderem o autorrespeito e impelem seus cuidadores mais jovens a perder o respeito por eles.

Finalmente, o outro conjunto de valores caracteristicamente americanos que criam preconceitos contra os idosos é nosso culto da juventude. É claro que esse não é um valor completamente arbitrário que, sem nenhuma razão, acabamos adotando como uma preferência cultural. Pois é realmente verdade que, nesse mundo moderno de rápidas mudanças tecnológicas, os jovens adultos têm conhecimentos mais atualizados e úteis para certas coisas importantes, como obter e manter empregos e responder aos desafios da vida cotidiana. Estando eu com 75 anos de idade, e minha mulher com 64, somos relembrados dessa realidade subjacente ao nosso culto da juventude a cada vez que tentamos ligar nossa televisão. Crescemos acostumados a TVs que tinham apenas três botões, todos localizados no próprio aparelho: um para ligar e desligar, um para o volume e o outro para selecionar os canais. Minha mulher e eu não podemos entender os 41 botões do controle remoto de que hoje precisamos para simplesmente ligar a televisão, e precisamos telefonar para nossos filhos de 25 anos para que nos expliquem o que fazer quando não estão em casa conosco. Outro fator externo que favorece nosso culto da juventude é a competitividade da sociedade americana moderna, que dá uma vantagem aos jovens abençoados com velocidade, resistência, força, agilidade e reflexos rápidos. Um fator adicional é que há um grande número de americanos filhos de imigrantes recentes que nasceram e cresceram no exterior. Os filhos viram que seus pais mais velhos não conseguiam falar inglês sem sotaque e, de fato, careciam de conhecimentos importantes sobre o funcionamento da sociedade americana.

Não nego que existam algumas razões válidas para os americanos modernos valorizarem a juventude. No entanto, nosso culto tem reflexos que atingem várias esferas da vida, parecem arbitrários e, em alguns casos, gravemente injustos. Tendemos a ver as pessoas jovens como bonitas, mas por que razão os cabelos amarelos, marrons ou pretos devem ser admirados como mais bonitos do que os cabelos prateados ou brancos? Os anúncios de roupas na TV, em revistas e jornais invariavelmente exibem modelos jovens; a ideia de anunciar uma camisa ou um vestido com modelos de setenta anos parece estranha — mas por quê? Um economista poderia responder que os jovens mudam e compram roupas com mais frequência e têm uma fidelidade à marca menos desenvolvida do que as pessoas mais velhas. De acordo com essa interpretação econômica, a taxa de modelos de setenta anos e dos de vinte anos deveria ser aproximadamente igual à taxa de compras de roupas e trocas de marcas por compradores de setenta e vinte anos. Mas a proporção de compras de roupas e trocas de marcas por pessoas de setenta anos certamente não é próxima de zero, tal como é a proporção de modelos com setenta anos de idade. Da mesma forma, os anúncios de refrigerantes, cervejas e carros novos invariavelmente mostram modelos jovens (imagem 23), embora os velhos também consumam refrigerantes e cerveja e também comprem carros. Em vez disso, as imagens de idosos são usadas para vender fraldas geriátricas, remédios para artrite e planos de aposentadoria (imagem 24).

Esses exemplos do mundo da propaganda podem parecer engraçados, até refletirmos que são meramente uma das expressões da discriminação americana contra os idosos, de nosso culto da juventude e de nossa visão negativa do envelhecimento. Não é nada grave que modelos de setenta anos não sejam empregados para vender refrigerantes, mas é, de fato, grave que candidatos mais velhos a empregos sejam rotineiramente preteridos em entrevistas para emprego, e que pacientes idosos recebam prioridade mais baixa nos casos em que os recursos

O TRATAMENTO DE PESSOAS IDOSAS: CUIDAR, ABANDONAR OU MATAR?

para assistência à saúde sejam limitados. Os anúncios de refrigerantes e cervejas dirigidos tanto a espectadores idosos quanto aos jovens também ilustram que uma visão negativa da idade é mantida não apenas por americanos jovens, mas também está internalizada pelos próprios americanos idosos. Pesquisas realizadas pela firma Louis Harris and Associates mostraram que o povo americano acredita que os idosos são indivíduos abandonados, bitolados, com constante medo de crimes, dependentes, de mentes fechadas, doentes, entediados, antiquados, improdutivos, isolados, intolerantes, mentalmente lerdos, morbidamente preocupados com a morte, passivos, pobres, sedentários, sexualmente inativos, solitários, vivendo os piores anos da vida — e que passam boa parte do tempo dormindo, sentados sem fazer nada ou nostalgicamente falando do passado. Essas ideias foram igualmente encontradas entre entrevistados velhos e jovens, embora as pessoas idosas entrevistadas tenham afirmado que elas próprias não se encaixavam nesses estereótipos que se aplicavam à média dos outros idosos.

As regras da sociedade

Acabamos de examinar diversos conjuntos de fatores que influenciam as diferentes formas de como as sociedades cuidam de seus idosos: a capacidade da sociedade de cuidar deles e alimentá-los, a utilidade dos idosos e os valores sociais que tendem a refletir a utilidade, mas também são, em alguma medida, independentes da utilidade. Mas todos esses fatores são causas últimas explicativas que dificilmente surgirão nas discussões cotidianas práticas sobre os idosos — como, por exemplo, se daremos ou não ao avô um filé especial do antílope caçado hoje, embora ele já não seja eapaz de participar de caçadas. O neto cortando a carne do antílope não se referirá a um princípio geral nem a valores últimos, como "O senhor se lembra de quais os alimentos que podem ser consumidos depois de um hungi kengi, então nós premiaremos sua utilidade com esse filé". Em vez disso, essas decisões práticas são feitas de acordo com as regras da sociedade, que especificam o que fazer em situações particulares e, em última instância, refletem utilidade e valores, mas permitem que se divida um antílope rapidamente sem discussões filosóficas sobre hungi kengis.

Existe um grande número de regras como essas, que variam entre as sociedades e cobrem grande número de escolhas. As regras conferem poder aos idosos para que se apropriem de certos recursos, mas não de todos. As regras são aceitas pelos mais jovens, que se submetem aos idosos e permitem que eles tomem seus recursos, embora exista um claro conflito de interesse entre jovens e velhos e os jovens tenham força suficiente para tomar de volta os recursos. Mas não o fazem, e concordam em esperar até a hora em que também serão velhos e os jovens se submeterão a eles. Existem muitos exemplos possíveis, mas darei apenas três.

Um caso simples envolve tabus alimentares. Esses tabus garantem que certos alimentos sejam reservados para os mais velhos, na crença (abraçada tanto por jovens quanto por velhos) de que seriam perigosos para os jovens, mas os idosos podem comê-los sem risco porque teriam adquirido imunidade com o tempo. Toda sociedade tem seus alimentos proibidos, que parecem arbitrários para outras sociedades. Por exemplo, os jovens índios omahas que queriam quebrar os ossos de animais e comer o nutritivo tutano eram alertados por idosos astutos de que isso faria com que torcessem o tornozelo, mas não causaria nenhum dano aos velhos. Entre os ibans de Bornéu, os homens velhos podiam se deleitar com a carne de veado, mas, se os jovens fizessem o mesmo, se tornariam tão tímidos quanto uma gazela. Entre os chukchis da Sibéria, os velhos tomavam leite de rena, mas o transformaram num tabu para os mais jovens, alegando que, se tomassem o leite, os rapazes ficariam impotentes e as moças com os seios flácidos.

Um conjunto particularmente elaborado de tabus relativos a alimentos foi observado entre os aborígines arandas (conhecidos como aruntas) que viviam na região de Alice Springs, no deserto central da Austrália. As melhores comidas eram reservadas para os velhos, especialmente os homens, que explicavam as terríveis consequências que se abateriam sobre os jovens caso comessem aqueles alimentos proibidos.

O TRATAMENTO DE PESSOAS IDOSAS: CUIDAR, ABANDONAR OU MATAR?

Supostamente, a carne de uma fêmea marsupial faz com que um homem jovem sangre até morrer quando for circuncidado; a gordura de uma ema causa o desenvolvimento anormal do pênis; comer papagaios produz um buraco no topo da cabeça e outro no queixo; e a carne do gato selvagem causa feridas dolorosas e fedorentas na cabeça e no pescoço. As mulheres jovens também corriam sérios riscos: se comessem a carne de uma fêmea marsupial, teriam uma menstruação contínua; a cauda de canguru causa envelhecimento precoce e calvície; a de codorna impede o desenvolvimento dos seios, e a do falcão marrom, ao contrário, faz com que os seios inchem e rachem sem produzir leite.

Em muitas sociedades, há outro recurso que os homens idosos conseguem monopolizar e transformar em tabu para os rapazes: as mulheres mais jovens. As regras especificam que os homens mais velhos devem se casar com mulheres muito mais jovens e ter múltiplas esposas, e que os homens mais jovens não devem se casar até que atinjam, pelo menos, os quarenta anos de idade. A longa lista de sociedades tradicionais que adotam essa prática inclui os akambas da África Oriental, os índios araucanos da América do Sul, os bakongs da África Ocidental, os ilhéus banks do sudoeste do Pacífico, os berberes da África do Norte, os chukchis da Sibéria, os ibans de Bornéu, os inuítes labradores do Canadá, os xhosas do sul da África e muitas tribos aborígines australianas. Encontrei caso semelhante entre uma tribo nas terras baixas do norte da Nova Guiné, quando um homem velho e manco chamado Yono apontou-me uma garota que parecia ter menos de dez anos e disse que ele a "marcara" para ser sua futura esposa. Havia feito um pagamento inicial quando ela era bebê, fazia pagamentos periódicos adicionais aos pais da garota e, logo que ela menstruasse e tivesse seios, eles se casariam.

Assim como no caso de tabus alimentares e outros privilégios dos mais velhos, pode-se perguntar por que os jovens se submetem a essas regras e acatam a autoridade dos velhos. Para os homens jovens, parte da razão é que fazem isso na expectativa de que, em algum momento, sua vez chegará. Enquanto não chega, vagueiam em torno da fogueira e buscam oportunidades de satisfação sexual quando o marido velho está ausente.

O MUNDO ATÉ ONTEM

Esses dois tipos de regras com as quais os idosos em muitas sociedades tradicionais garantem que receberão cuidados — pelos tabus alimentares e rigorosamente reservando esposas jovens para homens velhos — não funcionam nas sociedades industriais modernas. Assim, ficamos nos perguntando por que os jovens naquelas sociedades toleram tais regras. O próximo exemplo que darei é muito mais familiar aos leitores deste livro: a retenção de direitos de propriedade pelos mais velhos. Nas sociedades modernas atuais, assim como em muitas sociedades tradicionais, a maior parte dos velhos abdica de suas propriedades somente por meio de heranças deixadas ao morrerem. Assim, existe sempre, como cenário, a ameaça velada de que os mais velhos alterem seus testamentos, e isso contribui para que os mais jovens se motivem a cuidar deles.

Um exemplo moderado desse fenômeno ocorre em um bando !kung cujos direitos à terra (o n!ore) são vistos como associados aos membros mais velhos do bando, não ao bando todo. Exemplos mais coercitivos são encontrados em quase todas as sociedades pastoris e agrícolas: a geração mais velha, em geral na pessoa do patriarca macho, continua como proprietária das terras, das criações e dos bens de valor até a velhice e, mais frequentemente, até a morte. Assim, o patriarca desfruta uma posição dominante para persuadir seus filhos a permitirem que ele permaneça na casa da família e a tomarem conta dele. Por exemplo, o Antigo Testamento descreve Abraão e outros patriarcas hebreus como donos de muitas criações quando velhos. Os homens chukchis idosos possuem renas; os mongóis idosos possuem cavalos; os navajos idosos são donos de cavalos, carneiros, bois e cabras; e os cazaques velhos, além dessas quatro criações, também são donos dos camelos. Ao controlar as criações, as terras agrícolas e (nos dias de hoje) outras propriedades e bens financeiros, as pessoas mais velhas têm forte poder de manobra sobre a geração mais jovem.

Em muitas sociedades, o poder assim exercido pela velha geração é tão forte que seu governo é descrito como uma gerontocracia, ou seja, tirania dos mais velhos. Os exemplos incluem, novamente, os antigos hebreus, muitas sociedades de pastores, muitas tribos aborí-

O TRATAMENTO DE PESSOAS IDOSAS: CUIDAR, ABANDONAR OU MATAR?

gines australianas e (um caso mais próximo para meus leitores) áreas rurais irlandesas. Conforme resumido por Donald Cowgill, "Aqui na Irlanda existe o costume de que um homem mais velho mantenha a propriedade e o controle da fazenda da família até bem tarde em sua vida. Enquanto isso, os filhos continuam como trabalhadores sem remuneração, totalmente dependentes do fazendeiro para se manterem e incapazes de se casar por não terem meios independentes de sustentar uma família. Na ausência de um sistema definitivo e explícito de herança, o pai pode jogar um filho contra o outro e usar a perspectiva da herança como uma forma de chantagem para mantê-los submetidos à sua vontade (embora já possam ter trinta ou quarenta anos). No final, ele pode passar a fazenda para um dos filhos, tendo o cuidado de reservar o melhor quarto — o mais espaçoso e mais bem mobiliado — para si e sua esposa e de garantir que terão suporte financeiro até o fim da vida".

Considerando nossa familiaridade com o poder que os mais velhos desfrutam em nossa sociedade por meio de seus direitos de propriedade, agora podemos entender melhor nosso erro ao nos surpreendermos com o fato de que os idosos em sociedades tradicionais conseguem impor tabus alimentares e ter acesso a esposas jovens. Quando ouvi pela primeira vez a respeito desses costumes, fiquei me perguntando, "Por que um homem jovem da tribo simplesmente não agarra os alimentos especiais, como tutano e carne de veado, e por que não se casa com uma bela jovem que escolher, em vez de esperar até os quarenta anos?" A resposta é: ele não faz isso pela mesma razão que leva os jovens adultos em nossa sociedade a raramente terem sucesso quando tentam tomar propriedades de seus pais idosos contra a vontade destes. Nossos jovens adultos não fazem isso porque encontrariam oposição não apenas de seus pais fracos e velhos, mas de toda a sociedade, que obriga à obediência das regras. E por que todos os jovens de uma tribo não se sublevam e dizem "Estamos mudando as regras, e de agora em diante nós, homens jovens, podemos comer tutano"? Eles não fazem isso pela mesma razão que leva todos os jovens americanos a não se sublevar e mudar as regras de herança: em qualquer sociedade, o processo de mudar as regras básicas é longo e difícil, os mais velhos têm grande poder para se opor a mudanças de regras, e tudo o que foi aprendido sobre deferência e respeito aos mais velhos não desaparece da noite para o dia.

Melhor ou pior hoje?

Em comparação com o status dos mais velhos nas sociedades tradicionais, o que mudou nas sociedades atuais? Um conjunto de fatores mudou enormemente para melhor, mas muitos outros mudaram para pior.

A boa notícia é que, na média, os idosos desfrutam vidas muito mais longas, saúde muito melhor, têm muito mais oportunidades de recreação e estão sujeitos a muito menos perdas de filhos do que em qualquer outra época da história humana. A expectativa média de vida em 26 países do Primeiro Mundo é de 79 anos (a mais alta é de 84 anos, no Japão). Isso é aproximadamente o dobro do número encontrado nas sociedades tradicionais. As razões bem conhecidas para esse aumento explosivo da expectativa de vida são as medidas de saúde pública (como o fornecimento de água potável, telas em janelas, campanhas de vacinação) para combater as doenças infecciosas, além da medicina moderna, da distribuição mais eficiente de alimentos para combater ondas de fome (capítulos 8 e 11) e, acreditem ou não, mesmo a despeito de duas guerras mundiais, dos números proporcionalmente menores de mortes em guerras nas sociedades com governos de Estado, em comparação com as sociedades tradicionais (capítulo 4). Graças à medicina moderna e aos meios de transporte, os idosos agora podem desfrutar uma qualidade de vida muito melhor do que no passado. Por exemplo, eu retornei recentemente de um safári na África no qual três dos 15 participantes tinham entre 86 e 90 anos e ainda conseguiam fazer pequenas caminhadas. Dentre o grupo dos americanos que atingem os oitenta anos, 57% dos homens e 68% das mulheres chegam a conhecer seus bisnetos, proporções muito maiores do que as do passado. Mais de 98% das crianças nascidas no Primeiro Mundo vivem além dos anos de infância, enquanto nas sociedades tradicionais esse percentual é de apenas 50%. Daí que a antiga experiência de chorar a morte dos filhos pequenos seja hoje rara no Primeiro Mundo.

Empanando essas boas notícias existem muitas más notícias, sendo algumas delas uma consequência direta da demografia. A proporção de idosos na população total, em comparação com a de crianças e jovens adultos produtivos, aumentou enormemente, pois as taxas de nascimento caíram ao mesmo tempo que as de idosos aumentaram. Isso significa que a pirâmide populacional inverteu-se: antes, havia grande quantidade de jovens e poucos velhos, mas, no momento, temos grande quantidade de velhos e menor número de bebês. Não é nenhum consolo para nós, da atual geração, pensar que daqui a oitenta anos a situação não será tão ruim, pois a reduzida coorte de bebês que nascem hoje se tornará uma coorte reduzida de velhos. Por exemplo, a porcentagem da população total que hoje tem 65 anos ou mais é de apenas 2% nos países mais pobres, mas dez vezes maior em alguns países do Primeiro Mundo. Nunca antes uma sociedade humana teve de lidar com uma proporção tão elevada de idosos.

Uma óbvia consequência negativa desses fatos demográficos é o crescente ônus de sustentar os idosos, pois um maior número de pessoas mais velhas precisa ser sustentado por um número menor de trabalhadores produtivos. Essa cruel realidade está na raiz da muito discutida crise de financiamento que paira no horizonte do sistema de previdência social americano (e de seus equivalentes na Europa e no Japão) e ameaça os benefícios dos trabalhadores aposentados. Se nós, idosos, continuamos a trabalhar, estamos impedindo que a geração de nossos filhos e netos consiga empregos, como está ocorrendo neste momento. Se, em vez disso, nós nos aposentamos e esperamos que os ganhos da cada vez mais reduzida coorte de jovens continuem a sustentar o sistema de previdência social e paguem o nosso descanso, então a carga financeira que recai sobre os jovens é mais pesada do que nunca. E se temos a expectativa de ir morar com os jovens para que nos sustentem e cuidem de nós em suas casas, não é bem isso o que eles têm em mente. Podemos especular se estamos retornando a um mundo em que precisaremos reconsiderar escolhas sobre o fim da vida, tal como feito em sociedades tradicionais — como suicídio assistido, suicídio encorajado e eutanásia. Ao escrever essas palavras, certamente não estou recomendando essas alternativas; em vez disso, estou observando a crescente frequência com que têm sido discutidas, executadas e debatidas por legisladores e tribunais.

Outra consequência da inversão da pirâmide populacional é que, na medida em que os mais velhos, como um todo, continuam a ter valor para a sociedade (devido à sua longa e variada experiência), qualquer idoso, individualmente, tem menos valor porque existem muitos outros que oferecem o mesmo que ele. Aquela mulher de oitenta anos que se lembrava do hungi kengi teria sido menos útil se houvesse outros cem idosos que também se lembrassem do ciclone.

O envelhecimento tem efeitos diferentes em homens e mulheres. Como as mulheres do Primeiro Mundo desfrutam, em média, uma vida mais longa do que os homens, isso significa, obviamente, uma chance muito maior de que haja muito mais viúvas do que viúvos. Por exemplo, nos Estados Unidos, 80% dos homens mais velhos estão casados, e apenas 12% são viúvos, enquanto menos de 40% das mulheres mais velhas estão casadas, e a metade está viúva. Isso se dá, em parte, pela expectativa de vida mais alta das mulheres, mas também porque os homens tendem a ser mais velhos do que suas esposas quando se casam e porque homens viúvos têm maior probabilidade de se casarem de novo (com mulheres consideravelmente mais jovens) do que as viúvas.

Tradicionalmente, os velhos passavam seus últimos anos de vida no mesmo grupo ou (numa sociedade sedentária) na mesma aldeia, ou até na mesma moradia na qual passaram sua vida adulta, ou talvez toda a vida. Ali, eles mantinham os laços sociais que os haviam apoiado durante toda a vida, incluindo os laços com amigos antigos e com pelo menos alguns dos filhos. Em geral, os filhos e filhas viviam nas proximidades, e isso variava em função dos costumes locais que definiam o local de moradia dos recém-casados: com os pais do noivo ou com os pais da noiva.

No Primeiro Mundo moderno, essa constância dos vínculos sociais até a velhice declinou ou desapareceu. De acordo com nosso próprio costume de residência neolocal, a noiva e o noivo não vivem perto dos pais, mas se afastam para estabelecer uma nova residência própria. Isso dá origem ao moderno fenômeno conhecido como síndrome do ninho vazio. Nos Estados Unidos, no início dos anos 1990, pelo menos um dos integrantes do casal frequentemente morria antes que o filho mais novo saísse de casa e antes de passar pela experiência do ninho vazio, e a duração de um ninho vazio para a média dos pais era de menos de dois anos. Agora, a maior parte dos pais americanos sobreviverá e viverá em um ninho vazio durante, pelo menos, uma década ou, muitas vezes, por muitas décadas.

Pais velhos e sós que vivem em uma sociedade de ninhos vazios têm pouca probabilidade de continuar vivendo perto de seus amigos de toda a vida. Cerca de 20% da população americana muda de residência a cada ano, e as pessoas mais velhas provavelmente terão se mudado muitas vezes desde a infância, sendo raro que continuem vivendo perto de velhos amigos. As circunstâncias de vida mais comuns encontradas entre as pessoas idosas são que passem a viver com um dos filhos e se distanciem de seus amigos, pois os filhos estarão vivendo em algum outro lugar diferente da residência original da família; ou que continuem vivendo sozinhas enquanto seja possível, com alguns amigos nas redondezas, mas não necessariamente seus filhos; ou que vivam inteiramente separadas, em um asilo ou clínica geriátrica, onde talvez recebam visitas dos filhos, talvez não. Essa é a situação que levou meu conhecido fijiano a nos recriminar com a acusação: "Vocês jogam fora seus velhos e seus próprios pais!"

Outro fator que contribui para o isolamento social dos idosos de hoje, além da residência neolocal e da frequente mudança de residências, é a aposentadoria e o afastamento formal da força de trabalho. O fenômeno tornou-se comum somente a partir do final do século XIX. Até então, as pessoas simplesmente trabalhavam até que seus corpos ou suas mentes se esgotassem. Agora, a aposentadoria é uma política quase universal nos países industrializados: entre os cinquenta e os setenta anos, dependendo do país (por exemplo, mais cedo no Japão do que na Noruega) e da profissão (mais cedo para pilotos comerciais do que para professores universitários). Nas sociedades industriais modernas, convergiram três tendências que favoreceram a adoção da aposentadoria como uma política formal. Uma delas é a crescente duração da vida, o que faz com que muitas pessoas vivam até uma idade em que já não podem continuar trabalhando. Não havia nenhuma necessidade de políticas que obrigassem as pessoas a se aposentar aos sessenta ou setenta anos numa época em que a expectativa média de vida era de menos de cinquenta anos. Uma segunda tendência é a crescente produtividade econômica, pois uma força de trabalho composta de uma pequena fração da população tornou-se capaz de sustentar uma grande fração da população que já não trabalha.

Finalmente, também contribuem para a aposentadoria obrigatória as várias formas de seguro social que atendem às necessidades econômicas dos idosos aposentados. Os programas de aposentadorias impostos pelo governo ou financiados com recursos públicos surgiram na Alemanha com o chanceler Bismarck na década de 1880, espalharam-se nas décadas seguintes para outros países da Europa Ocidental e do norte e para a Nova Zelândia, chegando aos Estados Unidos em 1935, quando foi criada nossa Lei de Seguridade Social. Não estou afirmando com isso que a aposentadoria obrigatória seja uma bênção completa: muitas pessoas são obrigadas a se aposentar ao alcançarem uma idade arbitrariamente definida como limite (65 ou 60 anos), quando ainda gostariam de continuar trabalhando, são capazes de fazê-lo e, de fato, talvez estejam no auge de sua produtividade. Mas não parece absurdo propor que as pessoas tenham pelo menos a opção de se aposentar e que o governo forneça um mecanismo (baseado nos ganhos do indivíduo durante sua vida de trabalho) para sustentá-las caso escolham se aposentar. No entanto, é preciso reconhecer e resolver um novo problema criado pela aposentadoria: o rompimento dos vínculos de trabalho cultivados durante toda a vida profissional, o que faz com que a pessoa caia mais profundamente ainda no isolamento social já resultante do padrão de residência neolocal e da mobilidade geográfica.

Existe outra instituição moderna que soluciona alguns antigos problemas dos mais velhos e, ao mesmo tempo, cria outros: as instituições

O TRATAMENTO DE PESSOAS IDOSAS: CUIDAR, ABANDONAR OU MATAR?

especializadas onde pessoas idosas residem e recebem cuidados, longe de suas famílias. No passado distante, os mosteiros e conventos recebiam alguns idosos, e a primeira casa de idosos pública foi criada na Áustria pela imperatriz Maria Teresa em 1740. Essas instituições têm vários formatos e recebem nomes variados, como abrigos de velhos, comunidades de aposentados, lar de velhinhos, asilos, clínicas geriátricas etc. Todos esses estabelecimentos servem para lidar com as realidades demográficas modernas: maior número de idosos vivos, menor número de filhos adultos potencialmente disponíveis para cuidar deles, e o fato de que a maior parte desses filhos adultos trabalha fora e não tem como cuidar de uma pessoa idosa durante o dia. Quando os estabelecimentos para idosos funcionam bem, podem fornecer um novo conjunto de relações sociais para substituir as amizades antigas perdidas quando a pessoa passou a viver naquele lugar. Em muitos casos, no entanto, contribuem para o isolamento social dos idosos, pois oferecem um lugar onde os pais velhos podem ser deixados pelos filhos com a certeza de que suas necessidades materiais serão supridas em maior ou menor medida. No entanto, as necessidades sociais ficarão desatendidas, pois os filhos adultos, sabendo que as necessidades materiais estão cobertas, os visitam uma vez por dia, uma vez por semana, uma vez por ano ou nunca — de acordo com o que observo entre meu círculo de conhecidos.

Esse crescente isolamento social em que vivem os idosos modernos é agravado pelo fato de que são percebidos como menos úteis do que eram os idosos do passado, por três razões: a alfabetização generalizada, a educação formal e as rápidas mudanças tecnológicas. Hoje, armazenamos conhecimentos por escrito, e a alfabetização praticamente aboliu a antiga relevância da memória dos idosos como o principal repositório de conhecimento. Todas as sociedades de Estado funcionais mantêm sistemas educacionais, e, no Primeiro Mundo, é praticamente obrigatório que todas as crianças frequentem escolas. Com isso, os idosos, como grupo, já não são fontes de ensinamento nem repositórios de memórias. No que se refere à tecnologia, as mudanças ocorriam a passo de lesma, fazendo com que as tecnologias aprendidas por uma pessoa na infância ainda estivessem sendo empregadas por ela aos setenta anos; suas habilidades técnicas permaneciam úteis durante toda a vida, praticamente. Hoje, com a rapidez das inovações tecnológicas, as tecnologias se tornam ultrapassadas em poucos anos, e o treinamento que os idosos receberam há setenta anos é inútil. Vou dar um exemplo baseado em minha própria experiência. Quando eu estava na escola na década de 1940 e no início da seguinte, empregávamos quatro métodos para multiplicar números: decorávamos a tabuada, que usávamos para multiplicar números de dois algarismos e obter respostas exatas; fazíamos longas multiplicações no papel para obter respostas exatas, um processo tedioso para números com mais de quatro dígitos; usávamos réguas de cálculo para obter respostas rápidas e precisas de até três decimais; e tábuas de logaritmo para obter respostas precisas com quatro ou cinco decimais com razoável rapidez. Eu tinha grande perícia no uso dos quatro métodos, mas, hoje, todas aquelas minhas habilidades são inúteis, porque a geração dos meus filhos usa calculadoras de bolso que produzem respostas precisas com até sete decimais em poucos segundos. Minhas habilidades de construir um rádio com válvulas eletrônicas e dirigir um carro mecânico, não automático, também se tornaram obsoletas. Grande parte de tudo o que eu e meus contemporâneos aprendemos em nossa juventude tornou-se igualmente inútil, e grande parte do que nunca aprendemos tornou-se indispensável.

O que fazer com os idosos?

Em suma, o status do idoso nas modernas sociedades ocidentais mudou drástica e paradoxalmente ao longo do último século. Ainda estamos aprendendo a lidar com os problemas resultantes, que constituem uma zona de calamidade pública na vida moderna. De um lado, as pessoas vivem mais, os idosos desfrutam melhor saúde física e o resto da sociedade tem mais condições de cuidar bem deles do que em qualquer outra época da história humana. Por outro lado, os idosos perderam a maior parte da utilidade tradicional que antes ofereciam à sociedade e frequentemente acabam numa situação social mais desastrosa e lamentável, embora fisicamente mais saudável. A maior parte dos leitores deste livro já enfrentou ou enfrentará esses problemas, seja no momento de decidir o que fazer com os pais idosos, seja quando envelhecerem. O que podemos fazer? Oferecerei algumas sugestões a partir de minhas observações pessoais, sem achar que elas darão conta desse enorme problema.

Uma sugestão envolve a renovação da importância do papel tradicional dos idosos como avós. Até a Segunda Guerra Mundial, a maior parte das mulheres americanas e europeias em idade reprodutiva permanecia em casa e tomava conta dos filhos. Nas décadas recentes, é cada vez maior o número de mulheres jovens que se juntam à força de trabalho fora de casa, motivadas por interesse, necessidade econômica ou ambos. Isso cria o problema de como cuidar dos filhos, familiar a tantos pais jovens. Embora tentem lidar com as várias combinações de babás e creches, são comuns as dificuldades relativas à confiabilidade e à qualidade dos cuidados obtidos.

Os avós oferecem vantagens para solucionar o problema de babás para os casais modernos que trabalham: têm grande motivação para cuidar dos netos, têm experiência por já haverem criado seus próprios filhos, conseguem dar uma atenção total à criança, provavelmente não deixarão ninguém na mão por terem recebido uma melhor oferta de trabalho, estão dispostos a trabalhar sem pagamento e não tendem a reclamar do salário ou pedir gratificações. Dentro de meu próprio ciclo de amigos existem avôs e avós aposentados, com as mais variadas experiências profissionais — médicos, advogados, professores, executivos de empresa, engenheiros e outros — que adoram cuidar regularmente de seus netos enquanto filhas, filhos, genros e noras trabalham fora. Esses meus velhos amigos assumiram papéis semelhantes aos dos avós !kungs que cuidavam dos netos na aldeia, liberando seus próprios filhos para a caça de antílope e a coleta de nozes de mongongo. É uma situação em que ganham todos os envolvidos: os avós, os pais e as crianças. Mas devo acrescentar uma nota de cautela: agora que os casais muitas vezes esperam chegar aos trinta anos, ou mesmo aos quarenta, para terem filhos, os avós, logicamente, podem estar com

O MUNDO ATÉ ONTEM

mais de setenta ou oitenta anos, já perdendo o vigor necessário para cuidar de uma criança pequena o dia todo.

A segunda sugestão envolve explorar o lado positivo da rápida mudança tecnológica e social. Embora, em um sentido estrito, essa mudança tenda a tornar obsoletas as habilidades dos velhos, ela também torna suas experiências valiosas em um sentido mais amplo, porque eles as adquiriram em condições diferentes das que prevalecem hoje. Se condições semelhantes às do passado voltarem a ocorrer no futuro, os jovens adultos de hoje carecerão de conhecimento pessoal sobre como lidar com elas. Em vez disso, as pessoas com a experiência mais relevante poderão ser os idosos. Nossos idosos são como a mulher de oitenta anos que encontrei na ilha Rennell, sobrevivente do hungi kengi que assolou a ilha, e cujo conhecimento sobre os frutos que podem ser comidos durante situações de fome generalizada pode parecer inútil e bizarro — até que o próximo hungi kengi atinja a ilha e ela seja a única que saberá como lidar com a situação.

Dentre inúmeros outros exemplos possíveis que ilustram o valor da memória dos mais velhos, mencionarei dois casos ilustrativos que enriqueceram minha própria experiência. O professor que era meu orientador na faculdade nasceu em 1902. Lembro-me de quando me contou, em 1956, como havia sido para ele crescer em uma cidade americana na época em que o transporte puxado a cavalos estava sendo substituído por veículos a motor. Meu orientador e seus contemporâneos ficaram encantados com a mudança porque viam que os carros estavam tornando a cidade muito mais limpa (!) e mais silenciosa (!!), pois as ruas já não ficavam cobertas com o esterco dos cavalos e já não se ouvia o tinir das ferraduras nas pedras do calçamento. Hoje, quando associamos veículos motorizados a poluição e ruído, as lembranças de meu orientador parecem absurdas, até que atinemos com a mensagem mais ampla: com os benefícios previstos, a mudança tecnológica habitualmente traz problemas não previstos.

O outro caso aconteceu quando eu e meu filho Joshua, então com 22 anos, descobrimos que nosso companheiro de jantar em um hotel era um ex-fuzileiro naval de 86 anos que participara da ação ofensiva dos americanos no atol de Tarawa, no sudoeste do Pacífico, em 20 de novembro de 1943, enfrentando uma feroz resistência japonesa. Não só isso, mas ele também estava disposto a conversar sobre o assunto. Em um desembarque anfíbio seguido por uma das mais encarniçadas batalhas da Segunda Guerra Mundial, durante três dias, e numa área de apenas meio quilômetro quadrado, foram mortos 1.115 americanos e 4.582 defensores japoneses (apenas 19 sobreviveram). Eu nunca ouvira a história dos horrores de Tarawa em primeira mão, e espero que Joshua nunca passe por horrores semelhantes. Mas talvez ele e sua geração façam melhores escolhas para nosso país se tiverem aprendido com sobreviventes da última guerra mundial, com mais de 65 anos, o que foi aquilo, o que aconteceu ali. Esses dois casos ilustram por que existem hoje programas que reúnem idosos e estudantes do curso secundário para que os jovens ouçam os vívidos relatos de eventos que poderão conter ensinamentos para eles.

Minha última sugestão é que compreendamos e usemos as mudanças que vão ocorrendo nos aspectos úteis e nas fraquezas das pessoas à medida que envelhecem. Correndo o risco de fazer uma generalização excessiva a respeito de um tema vasto e complexo, e sem apresentar evidências corroborativas, pode-se dizer que os atributos úteis que tendem a diminuir com a idade incluem ambição, desejo de competir, força e resistência física, capacidade de concentração mental sustentada, e o poder de desenvolver raciocínios inovadores para solucionar problemas circunscritos (como a estrutura do DNA e muitos problemas de matemática pura, que é melhor deixar por conta de estudiosos com menos de quarenta anos). Inversamente, os atributos úteis que tendem a crescer com a idade incluem experiência no campo específico do indivíduo, compreensão das pessoas e dos relacionamentos, capacidade de ajudar o outro sem que o próprio ego se intrometa, e poder de raciocínio sintético interdisciplinar para resolver problemas complexos que envolvam bases de dados multifacetadas (como a origem das espécies, distribuições biogeográficas e história comparativa, que é melhor deixar por conta de estudiosos com mais de quarenta anos). Essas mudanças nos seus pontos fortes levam a que muitos trabalhadores mais velhos escolham devotar uma maior parcela de seus esforços a atividades associadas a supervisão, administração, orientação, ensino, estratégia e síntese. Por exemplo, meus amigos fazendeiros na faixa dos oitenta anos passam menos tempo montados a cavalo ou em tratores, e mais tempo tomando decisões estratégicas sobre os negócios agrícolas; meus amigos advogados da minha geração passam menos tempo em tribunais e mais tempo orientando advogados mais jovens; e meus amigos médicos passam menos tempo fazendo longas e complexas cirurgias, e mais tempo treinando jovens médicos.

O problema que se apresenta à sociedade é o de como usar os mais velhos para fazer aquilo que sabem fazer bem e com prazer, em vez de exigir que continuem a trabalhar sessenta horas por semana como se fossem jovens ambiciosos ou, no extremo oposto da estupidez, impondo políticas de aposentadoria compulsória em alguma idade arbitrária (algo lamentavelmente disseminado na Europa até hoje). Para as próprias pessoas mais velhas, o desafio é refletir sobre si mesmas, observar as mudanças nelas mesmas e encontrar trabalhos que utilizem os talentos que agora possuem. Considere dois exemplos que envolvem grandes músicos, ambos pessoas interiormente honestas que falaram abertamente sobre os tipos de música que poderiam ou não escrever em suas velhices (imagem 40, 41). O escritor Stefan Zweig, que era o libretista das óperas compostas por Richard Strauss, descreveu o primeiro encontro dos dois quando Strauss já tinha 67 anos: "Strauss francamente admitiu, na primeira hora de nosso encontro, que sabia perfeitamente bem que, aos setenta, a inspiração musical de um compositor já não possui a força original. Dificilmente poderia compor poemas sinfônicos como *Tod und Verklärung* e *Till Eulenspiegel* (suas obras-primas de quando tinha 24 e trinta anos, respectivamente), pois a música pura requer uma medida extrema de vigor criativo." Mas Strauss explicou que ainda se sentia inspirado por situações e palavras que ainda sabia ilustrar dramaticamente na música, pois elas espontaneamente lhe sugeriam temas musicais. Assim, sua última composição, completada aos 84 anos e um de seus maiores feitos, foi *Quatro Canções para Soprano e Orquestra*, com um suave clima outonal que antecipava a morte, uma rica e discreta orquestração, e citações de sua própria música composta 58 anos antes. O compositor Giuseppe Verdi pretendia encerrar a carreira musical com suas prolixas óperas *Don Carlos* e *Aída*, escritas, respectivamente, aos 54 e 58 anos. No entanto, foi persuadido por seu editor a escrever duas outras óperas, *Otelo*, aos 74 anos, e *Falstaff*, aos oitenta, em geral consideradas suas melhores obras, mas em um estilo muito mais condensado, econômico, sutil do que o de suas composições iniciais.

A tarefa de conceber novas condições de vida para nossos idosos, adequadas para o mundo moderno em rápida transformação, continua a ser um importante desafio a nossa sociedade. Muitas sociedades tradicionais do passado fizeram uso mais sábio de seus idosos e lhes deram vidas melhores do que as que propiciamos aos nossos. Sem dúvida, podemos encontrar melhores soluções agora.

PARTE 4

PERIGO E RESPOSTA

CAPÍTULO 7

PARANOIA CONSTRUTIVA

**Atitudes diante do perigo • Uma visita noturna •
Um acidente de barco • Apenas um galho no chão •
Correndo riscos • Riscos e tagarelice**

Atitudes diante do perigo

Em uma de minhas primeiras viagens à Nova Guiné, quando ainda era inexperiente e precipitado, passei um mês com um grupo de guineenses estudando pássaros em uma montanha coberta de florestas. Depois de estarmos acampados durante uma semana numa parte mais baixa, fazendo o levantamento de espécies, eu quis identificar as que viviam em maior altitude, e transportamos todos os equipamentos para um ponto a algumas centenas de metros acima. Para armar o acampamento no qual passaríamos a semana seguinte, selecionei um local grandioso no meio de uma floresta com imensas árvores. Dali partia uma longa subida até um ponto onde a crista da montanha se achatava e ficava mais larga, oferecendo inúmeros locais planos onde eu poderia caminhar confortavelmente e observar os pássaros. Havia um pequeno riacho ali perto onde eu poderia conseguir água. O acampamento ficava em um dos lados achatados da crista, debruçado sobre um penhasco íngreme que ia dar em um vale profundo. Dali de cima eu poderia observar o alto voo de falcões, gaviões e papagaios. Para armar nossas barracas, escolhi a base de um glorioso gigante da floresta, uma árvore imensa com um tronco grosso e reto coberto de musgos. Encantado com a perspectiva de passar uma semana em um ambiente tão belo, pedi a meus companheiros guineenses que construíssem ali uma plataforma para nossas tendas.

303

Para minha grande surpresa, eles ficaram agitados e se recusaram a dormir naquele lugar. Explicaram que aquela árvore estava morta e poderia desabar sobre o acampamento e nos matar. Sim, eu via que a árvore estava morta, mas não conseguia entender aquela reação exagerada, e objetei. "É uma árvore enorme. Ainda parece sólida. Não está podre. Nenhum vento poderia derrubá-la, e, além do mais, não há vento aqui. Ainda se passarão muitos anos antes que essa árvore caia!" Mas meus amigos guineenses continuavam amedrontados. Em vez de dormirem ao abrigo de uma tenda sob a árvore, declararam que preferiam dormir a descoberto, e num ponto bem distante onde não pudessem ser atingidos e mortos caso a árvore tombasse.

Na época, achei aquele medo absurdamente exagerado e beirando a paranoia. Mas, à medida que se passavam os meses e eu continuava montando acampamentos nas florestas da Nova Guiné, percebi que, pelo menos uma vez por dia, e quase todos os dias, eu ouvia uma árvore caindo em algum lugar. Escutava histórias de guineenses mortos por quedas de árvores, e refleti que aquelas pessoas passavam grande parte de suas vidas acampadas em florestas — talvez uma centena de noites por ano, ou cerca de 4 mil noites ao longo dos quarenta anos que possivelmente viveriam. Acabei embarcando na matemática. se você faz algo que envolve uma baixa probabilidade de matar uma pessoa — digamos que apenas uma vez a cada mil vezes que se faça esse algo —, mas se fizer isso cem vezes por ano, então é provável que você morra em cerca de dez anos, em vez de viver os quarenta anos esperados. O risco de árvores caírem não impede que os guineenses entrem na floresta. Mas eles reduzem o risco sendo cuidadosos e não dormindo sob árvores mortas. Sua paranoia faz total sentido. Agora eu a vejo como uma "paranoia construtiva".

Minha escolha dessa expressão contraditória, aparentemente desagradável, para designar uma qualidade que admiro é intencional. Normalmente, usamos a palavra "paranoia" em um sentido pejorativo que inclui medos muito exagerados e infundados. Foi assim que, de início, classifiquei as reações dos guineenses à minha proposta de acamparmos sob uma árvore morta, e é verdade que, usualmente,

PARANOIA CONSTRUTIVA

uma determinada árvore morta não despencaria naquela noite específica que uma pessoa escolhesse para acampar sob ela. Mas, no longo prazo, aquela aparente paranoia é construtiva: é essencial para que se sobreviva nas condições tradicionais.

De tudo o que aprendi com os guineenses, aquela atitude foi a que mais profundamente me afetou. É algo disseminado na Nova Guiné e observado em muitas outras sociedades tradicionais em todo o mundo. Se existe algum ato que envolve um baixo risco a cada vez que for realizado, mas se alguém vai fazê-lo com frequência, é melhor aprender a ser consistentemente cuidadoso caso não queira morrer ou ficar aleijado ainda jovem. Essa é uma atitude que aprendi a adotar diante das situações perigosas de baixo risco, mas frequentes, com as quais nos deparamos na vida americana, como dirigir o carro, tomar um banho de chuveiro (podemos escorregar), subir em uma escada portátil para trocar uma lâmpada, subir e descer escadas, andar em calçadas escorregadias. Meu comportamento cauteloso quase enlouquece alguns de meus amigos americanos, que o consideram ridículo. Os ocidentais que mais partilham minha paranoia construtiva são três amigos cujos estilos de vida também exigiam que estivessem alertas ao perigo cumulativo de eventos de baixo risco: um amigo que pilotava pequenos aviões, outro que era um policial desarmado nas ruas de Londres e um terceiro que descia corredeiras nas montanhas em barcos de borracha quando trabalhava como guia de pesca. Os três aprenderam com os exemplos de amigos menos cautelosos que acabaram morrendo em um acidente depois de alguns anos naquelas atividades.

Obviamente, a vida tem perigos tanto na Nova Guiné quanto no Ocidente, mesmo que a pessoa não seja piloto, policial ou guia de pesca. Mas há diferenças entre os perigos da vida ocidental moderna e os da vida tradicional. Os tipos de perigos são diferentes: carros, terroristas e infartos para nós, leões, inimigos e queda de árvores, para eles. Mais significativamente, o nível geral de perigo é muito mais baixo para nós: nossa expectativa média de vida é o dobro, o que significa que o risco médio que enfrentamos por ano é apenas a metade do que cabe a eles. A outra diferença significativa é que os efeitos de muitos dos acidentes que os americanos sofrem, ou a maior parte deles, podem ser reparados, enquanto os acidentes na Nova Guiné têm muito maior probabilidade de serem incapacitantes ou fatais. Na única ocasião em que fiquei incapacitado de andar nos Estados Unidos (depois de escorregar em uma calçada coberta de gelo em Boston e quebrar o pé), eu me arrastei até um telefone público, a pouca distância dali, chamei meu pai, que era médico, e ele me buscou e levou-me para um hospital. Mas quando machuquei um joelho no interior da ilha Bougainville, na Papua Nova Guiné, e fiquei sem poder andar, eu me vi a mais de trinta quilômetros do litoral e sem nenhuma forma de conseguir ajuda externa. Os guineenses que quebram um osso não podem receber cuidados de um cirurgião e, provavelmente, acabarão com um osso mal remendado que os deixará com algum defeito permanente.

Neste capítulo, descreverei três incidentes que me aconteceram na Nova Guiné e que ilustram a paranoia construtiva, ou a ausência dela. Na época do primeiro incidente, eu era tão inexperiente que nem ao menos reconhecia os sinais de perigo mortal à minha volta: estava agindo como um ocidental comum, mas em um mundo tradicional que requeria uma atitude mental diferente. No evento seguinte, uma década mais tarde — e que finalmente me ensinou a adotar a paranoia construtiva —, fui forçado a reconhecer que cometera um erro que quase me havia custado a vida, enquanto outro homem, mais cauteloso, que também se vira diante da mesma escolha no mesmo momento que eu, não cometeu o mesmo erro e, portanto, não passou pelo trauma de chegar perto da morte. No terceiro incidente, também uma década depois do segundo, eu estava com um amigo guineense que teve uma reação de paranoia construtiva diante de um detalhe aparentemente inconsequente que eu havia ignorado. Ele e eu nunca conseguimos esclarecer se o galho aparentemente inocente que percebeu no chão realmente marcava a presença de pessoas hostis (conforme ele receava), mas fiquei impressionado com sua cautela em prestar atenção a detalhes mínimos. No capítulo seguinte, discutirei os tipos de perigos enfrentados pelas sociedades tradicionais e as formas como as pessoas estimam ou subestimam o perigo e lidam com ele.

Uma visita noturna

Numa determinada manhã, saí de uma grande aldeia com um grupo de 13 guineenses das terras altas. Nosso objetivo era chegar a uma pequena aldeia isolada que ficava a vários dias de caminhada a pé. A região ficava no contraforte de uma montanha, numa zona com uma das mais baixas densidades populacionais da Nova Guiné. Situava-se na faixa de altitude com a mais alta incidência de malária cerebral, abaixo da elevação onde ficam os vales das terras altas, densamente povoados e adequados para o cultivo intensivo de batata-doce e taro, e acima das elevações onde crescem as palmeiras de sagu e onde há abundância de peixes de água doce. Antes de partirmos, foi-me dito que nossa viagem duraria três dias e que andaríamos durante todo o tempo em florestas completamente desabitadas. Toda a região tinha uma população muito escassa, e fazia poucos anos que se encontrava sob o controle do governo. Guerras haviam ocorrido até recentemente, e havia relatos de que ainda se praticava ali o endocanibalismo (comer os próprios parentes mortos). Alguns dos meus companheiros guineenses eram nativos da área, mas a maior parte deles vinha de outra região das terras altas e não sabia nada sobre o local em que estávamos.

O primeiro dia de caminhada não foi ruim. Nossa trilha serpenteou pela encosta de uma montanha, gradualmente ganhou altura para cruzar uma crista e depois começou a descer novamente ao longo do curso de um rio. Mas, no segundo dia, fizemos uma das mais duras caminhadas de toda a minha carreira na Nova Guiné. Quando levantamos acampamento, às oito da manhã, já estava chuviscando. Não havia trilha: tínhamos que nos arrastar dentro da água, ao longo de uma torrente da montanha, subindo e descendo enormes pedras arredondadas e escorregadias. Até para meus amigos guineenses, acostumados ao terreno acidentado das terras altas, o caminho era um pesadelo. Às quatro da tarde, havíamos descido mais de seiscentos metros verticais seguindo o rio, e estávamos exaustos. Armamos o acampamento na chuva, levantamos nossas barracas, cozinhamos arroz e peixe enlatado para o jantar e fomos dormir enquanto a chuva continuava.

Os detalhes da disposição de nossas duas barracas são relevantes para compreender o que aconteceu naquela noite. Meus amigos guineenses dormiam sob um grande oleado esticado sobre uma viga central horizontal e preso no chão de ambos os lados, criando uma tenda no formato de um V invertido. As duas extremidades da tenda eram abertas, e a viga central estava a uma altura que permitia que uma pessoa ficasse de pé no centro. Eu tinha uma pequena barraca Eureka, verde brilhante, esticada sobre uma estrutura de metal leve; havia uma grande abertura na parte da frente, coberta com uma aba, e uma pequena janela na parte de trás, ambas fechadas com um zíper. A frente da minha barraca estava voltada para a abertura da "frente" da tenda dos guineenses, a poucos metros de distância. Qualquer um deles que saísse da tenda chegaria primeiro à frente da minha barraca, a contornaria e chegaria à janela de trás, também fechada. Mas, para alguém que não tivesse familiaridade com barracas Eureka, não ficaria claro se a entrada era onde estava a aba da frente ou a aba de trás. Dormi com a cabeça voltada para a parte de trás e os pés em direção à frente, mas quem estivesse de fora da minha barraca não teria como me ver porque o material não era transparente. Os guineenses deixaram um fogo aceso dentro da tenda, para esquentar.

Depois de um dia longo e estafante, todos nós adormecemos rapidamente. Não faço ideia de quanto tempo se passou até que fui acordado por um ruído suave de passos e uma sensação de que o chão estava tremendo com alguém que caminhava próximo de mim. O som e o movimento pararam, evidentemente porque o desconhecido estava parado perto da parte de trás da minha barraca, perto da minha cabeça. Presumi que um dos meus 13 companheiros havia saído da grande tenda para urinar. Pareceu-me estranho que ele não tivesse saído pela parte de trás da tenda, afastada da minha barraca, mas, em vez disso, caminhado em direção à minha barraca, contornado, e agora estava parado perto da minha cabeça. Mas eu estava morto de sono; não dei nenhuma importância à sua escolha de um local para urinar e voltei a dormir. Logo em seguida, fui acordado novamente, dessa vez por vozes que vinham da tenda dos guineenses, que estavam falando alto, e pela luz forte do fogo que haviam atiçado. Aquilo não era nada fora do

PARANOIA CONSTRUTIVA

comum; muitas vezes os guineenses acordam periodicamente durante a noite e conversam. Eu gritei, pedindo que fizessem silêncio, e voltei a dormir. E a isso se resumiu o incidente aparentemente sem sentido daquela noite, tal como o experienciei.

Quando acordei de manhã, abri a porta da frente da barraca e saudei os guineenses que, em sua tenda, começavam a preparar o café da manhã. Eles me explicaram então a razão de suas vozes e do fogo atiçado à noite: vários deles haviam sido acordados pela presença de um homem estranho de pé em frente à entrada da tenda. Quando o estranho percebeu que estava sendo observado, fez um gesto, visível à luz do fogo, esticando um dos braços horizontalmente, dobrando o pulso e deixando a mão cair. Diante daquele gesto, alguns dos guineenses gritaram de medo (por razões que mencionarei a seguir). Como eu estava zonzo de sono, achei que os gritos eram uma daquelas conversas noturnas. Ao som dos gritos, outros guineenses acordaram e se sentaram. O homem estranho correu e desapareceu na noite chuvosa. Meus amigos guineenses apontaram na lama algumas pegadas de pés descalços onde o homem havia parado. Mas não me lembro de eles dizerem nada que me alarmasse.

Na verdade, eu não poderia esperar que alguém viesse à noite, com chuva, ao nosso acampamento, em plena parte desabitada da floresta. No entanto, havia me acostumado ao fato de que coisas que eu considerava inesperadas acontecessem na Nova Guiné, e em momento algum senti que corria algum risco de algo ruim que pudesse ser causado por um guineense. Depois de terminar o café e dobrar nossas barracas, retomamos a jornada, agora no terceiro dia. Nosso caminho começou a subir, a partir daquele terrível leito de rio que havíamos percorrido, e seguiu uma trilha larga e limpa através de belas e altas florestas, ao longo da margem. Eu me sentia caminhando num estado de maravilhamento e respeito dentro de uma imensa catedral gótica. Andei por ali sozinho, afastado de meus amigos guineenses, tentando identificar pássaros que ainda não haviam sido perturbados por eles, e para desfrutar na solidão as florestas mágicas e suas catedrais. Somente quando cheguei a um rio mais largo que nos separava de nosso destino, eu me sentei e esperei que os amigos me alcançassem. De fato, eu havia me afastado muito deles.

Os dez dias que passamos naquela aldeiazinha isolada foram tão interessantes que esqueci o incidente do homem que nos rondou naquela noite. Quando chegou a hora de retornarmos à aldeia inicial, os homens locais entre meus 13 amigos guineenses propuseram que tomássemos um caminho completamente diferente para, segundo eles, evitarmos aquela terrível caminhada dentro do rio. A nova rota era uma trilha boa e seca que passava através de florestas. Levamos apenas dois dias para voltar, em vez dos agonizantes três dias que leváramos na ida. Ainda não faço a menor ideia de por que nossos guias locais infligiram a si mesmos e aos demais a tortura daquela caminhada dentro d'água.

Mais tarde, relatei nossas aventuras a um missionário que vivia na área havia muitos anos, e que também visitara aquela aldeia isolada. Nos anos seguintes, acabei conhecendo melhor dois dos homens locais que haviam sido nossos guias naquela jornada. Pelos relatos do missionário e desses dois homens, fiquei sabendo que o estranho que apareceu naquela noite era bem conhecido na região — como um feiticeiro louco, perigoso e poderoso. Havia ameaçado matar o missionário com seu arco e flecha, e uma vez tentou mesmo fazê-lo com uma lança naquela mesma aldeia isolada que eu visitara, rindo enquanto dava estocadas que poderiam ter matado alguém. Sabia-se que havia matado inúmeros locais, inclusive duas de suas esposas, e também seu filho de oito anos que havia comido uma banana sem a permissão do pai. Ele se comportava como um verdadeiro paranoico, incapaz de distinguir entre a realidade e sua imaginação. Às vezes vivia em uma aldeia com outras pessoas, outras vezes vivia sozinho na área da floresta onde havíamos acampado naquela noite e onde matara mulheres que cometeram o equívoco de ir até lá.

A despeito de ele ser louco e perigoso, os locais não ousavam interferir porque temiam seu poder de grande feiticeiro. O gesto que ele fizera naquela noite quando visto pelos meus amigos guineenses — braço esticado e pulso caído — convencionalmente simboliza para os guineenses daquela área o casuar, uma ave que é o maior pássaro da Nova Guiné e que se acredita ser, de fato, um feiticeiro poderoso que pode se transformar em pássaro. O casuar não voa, é um parente distante do avestruz e da ema, pesa entre 25 e 50 quilos e aterroriza os guineenses porque tem pernas vigorosas e pés com unhas afiadas que usa para estripar cachorros ou gente quando atacado. Acredita-se que aquele gesto feito pelo feiticeiro à noite produz uma magia poderosa e imita a posição do pescoço e da cabeça do casuar quando a ave está prestes a atacar.

O que pretendia fazer aquele feiticeiro quando entrou em nosso acampamento naquela noite? Embora seu palpite seja tão bom quanto o meu, podemos presumir que as intenções provavelmente não fossem amigáveis. Ele sabia, ou podia inferir, que dentro da barraca verde haveria um europeu. Quanto à questão de por que ele se postou na parte de trás da barraca, imagino duas respostas possíveis: ou não queria ser descoberto pelos guineenses na tenda em frente enquanto tentava entrar na minha barraca, ou foi confundido pela estrutura da barraca e pensou que a parte de trás, com a janela e a aba fechadas com um zíper, fosse a frente. Se eu já tivesse a experiência com a Nova Guiné que tenho agora, teria praticado a paranoia construtiva e gritado por socorro logo que ouvisse e sentisse os passos perto da parte de trás da barraca. E, no dia seguinte, certamente não teria saído caminhando sozinho e tão à frente dos meus amigos guineenses. Retrospectivamente, vejo que meu comportamento foi estúpido e me deixou numa situação de perigo. Mas, na época, eu não sabia o suficiente para ler os sinais de aviso e exercitar a paranoia construtiva.

Um acidente de barco

No segundo incidente, eu estava com Malik, meu amigo guineense, em uma ilha no litoral da Nova Guiné indonésia e queríamos passar com nossos equipamentos para o continente, separado da ilha por um estreito de uns vinte quilômetros de largura. Por volta das quatro da tarde, num dia claro, pouco mais de duas horas antes do pôr do sol, juntamo-nos a quatro outros passageiros em uma canoa de madeira com cerca de nove metros de comprimento, movida por dois motores externos montados na popa e com uma tripulação de três rapazes. Os outros quatro passageiros não eram guineenses: um pescador chinês que trabalhava na Nova Guiné continental e três homens das ilhas indonésias de Anbom, Ceram e Java, respectivamente. Os espaços de carga e passageiros da canoa estavam cobertos por um toldo de plástico de uns seis palmos de altura esticado em uma armação retangular frouxamente amarrada a cada lado da canoa; o toldo só deixava descobertos um espaço de mais ou menos um metro na popa e outro de uns três metros na proa. Os três tripulantes sentaram-se na popa, perto dos motores, e Malik e eu nos sentamos logo à frente deles, voltados para a ponta de trás da canoa. Com o toldo estendido sobre nós e nas laterais, pouca coisa podíamos ver do que se passava do lado de fora. Os outros passageiros sentaram-se às nossas costas, voltados para a proa.

A canoa deu a partida e, em pouco tempo, estávamos disparando sobre ondas de alguns metros de altura, os motores dando o máximo. Um pouco de água entrou na canoa, depois um pouco mais, e os outros passageiros começaram a comentar, divertidos, o que acontecia. Como a água continuasse entrando, agora em maior quantidade, um dos membros da tripulação, diretamente à minha frente, começou a jogá-la no mar pelas laterais entre a canoa e o toldo. A água que entrava continuava a aumentar, ensopando a bagagem que se encontrava na parte da frente da canoa. Para proteger meus binóculos, tive o cuidado de guardá-los dentro da pequena mochila amarela que eu carregava no colo e que continha meu passaporte, dinheiro e todas as minhas anotações de campo envoltas em uma sacola de plástico. Tentando se fazer ouvir acima do ronco do motor e do estourar das ondas, Malik e os outros passageiros começaram a gritar, já sem nenhum tom de divertimento, dizendo ao piloto para reduzir a velocidade ou voltar para a ilha. (Isso, e o restante das conversas durante todo esse incidente, foi falado na língua indonésia, que era a língua oficial e a língua franca da Nova Guiné administrada pela Indonésia.) Mas ele não reduziu, e mais água continuava entrando. O peso da água acumulada estava fazendo com que a canoa afundasse, e a água começou a entrar pelas laterais.

O registro que tenho dos poucos segundos que se seguiram, quando a canoa afundou ainda mais no oceano, é de um amontoado de coisas

PARANOIA CONSTRUTIVA

obscuras, uma confusão que não consigo reconstituir em detalhe. Naquele momento, senti muito medo de ficar preso sob o toldo de plástico à medida que a canoa ia afundando. De alguma forma, eu e todos os outros conseguimos sair da canoa e nos vimos soltos no oceano; não sei se alguns de nós que estávamos na parte de trás saltamos pelo espaço livre que não estava coberto pelo toldo ou se, em vez disso, escapamos pelo espaço lateral entre a canoa e a armação do toldo, e se os passageiros à nossa frente passaram por baixo do toldo ou saltaram para o mar no espaço que não estava coberto pelo toldo na frente ou na parte de trás. Mais tarde, Malik me disse que a tripulação foi a primeira a sair da canoa, então saí eu, e depois ele.

Dos minutos seguintes, ficaram-me impressões ainda mais confusas. Eu estava usando pesadas botas de caminhar, de cano longo, uma camisa de mangas compridas e shorts, e me encontrei na água a muitos metros de distância da canoa, que havia emborcado e agora estava com o casco virado para cima. O peso de minhas botas estava me arrastando para o fundo. Meu pensamento inicial foi uma vívida e aterrorizada pergunta: "Onde posso me agarrar para me manter à tona?" Perto de mim, alguém estava agarrado a um salva-vidas amarelo, que tentei segurar em meu pânico, mas a outra pessoa me empurrou. Da posição em que estava, flutuando na água, as ondas pareciam maiores. Eu havia engolido um pouco de água. Embora consiga nadar uma curta distância em uma piscina, não teria conseguido nadar ou flutuar durante muitos minutos no meio das ondas. Senti-me esmagado pelo medo de que não houvesse nada para me manter à tona: nossa bagagem e o tanque de gasolina da canoa não tinham capacidade de sustentar meu peso, o casco emborcado da canoa já estava abaixo do nível da água, e eu temia que ele acabasse afundando também. A ilha da qual partíramos parecia estar a muitos quilômetros de distância, havia outra igualmente muito distante, e nenhuma canoa à vista.

Malik nadou até onde eu estava, agarrou o colarinho da minha camisa e puxou-me de volta para a canoa. Durante a meia hora seguinte, ele se firmou sobre o motor virado da canoa e eu me agarrei ao lado esquerdo da popa, enquanto ele mantinha a mão firme em meu colarinho. Estendi os braços sobre o casco arredondado da canoa simplesmente

O MUNDO ATÉ ONTEM

para tentar não ficar girando na água, pois o casco não oferecia nada que minhas mãos pudessem agarrar. De tempos em tempos, eu estendia minha mão direita para segurar uma parte submersa do motor, mas isso me deixava com a cabeça muito próxima da água, que batia em meu rosto. Assim, na maior parte do tempo, o único ponto que me mantinha preso à canoa eram meus pés, que, de alguma forma, eu conseguia manter sobre a borda esquerda submersa. Com a canoa emborcada e os pés precariamente apoiados numa reentrância da borda, minha cabeça estava pouco acima da superfície da água, e de vez em quando uma onda me cobria. Havia um pedaço de madeira ou alguma coisa frouxa na superfície interna da canoa em cuja borda eu me apoiava, e, a cada onda, aquilo se esfregava em meu joelho e me feria. Pedi a Malik que me segurasse enquanto eu desamarrava o cordão das botas com uma das mãos, até conseguir arrancar e jogar longe aquele peso tremendo que estava me puxando para o fundo.

Eu ficava me virando para olhar as ondas que vinham em minha direção e me preparar para algumas especialmente grandes. Às vezes, uma das minhas pernas perdia o contato com a borda, o que me fazia girar incontrolavelmente em torno da outra perna que ainda estava apoiada. Foram muitas as vezes em que perdi o apoio de ambas as pernas, fui lançado para longe, consegui voltar ou fui puxado por Malik, e, tomado de pânico, tentava recuperar meu apoio na beiradinha da lateral do barco. Durante todo o tempo transcorrido desde que a canoa virou, a luta para sobreviver entre uma onda e a próxima havia sido total e absolutamente exaustiva. Eu tinha a sensação de que não havia nenhuma pausa naquilo. Cada onda constituía uma ameaça de ser arrancado e lançado para longe da canoa. A cada vez que isso de fato aconteceu, havia uma luta desesperada para voltar ao meu ponto e conseguir me agarrar de novo a alguma coisa. Muitas vezes, quase perdia a respiração com a água que batia em meu rosto.

Como a posição de Malik sobre o motor parecia mais firme do que o apoio de meu pé na borda da canoa invertida, acabei passando do lado da canoa para a extremidade da popa e consegui apoiar uma perna sobre o motor, perto de Malik, inclinando-me para a frente e

PARANOIA CONSTRUTIVA

descansando os braços sobre o casco arredondado. Então descobri com a mão direita algumas saliências de madeira no casco, provavelmente uma peça quebrada onde antes estava preso o toldo. Era a primeira vez que eu conseguia um bom apoio. Com um pé apoiado no motor, e inclinando-me para a frente, eu tinha a vantagem de manter a cabeça bem mais acima das ondas do que antes, mas com a desvantagem de estar fazendo mais esforço com a perna, o que era mais cansativo.

Não parecia que as ondas estivessem nos levando mais para perto de nenhuma das duas ilhas visíveis a distância. Eu sabia que não conseguiria boiar por mais de um minuto se a canoa, já bastante submersa, afundasse inteiramente. Perguntei a Malik se a canoa estava se mantendo na superfície apenas pelo ar aprisionado sob o casco e se havia o risco de afundar se o ar, de alguma forma, escapasse, mas ele respondeu que o madeiramento continuaria flutuando. Não havia nada que eu pudesse fazer, exceto continuar agarrado, reagir a cada onda, esperar (o quê?) e vigiar. Eu ficava perguntando a Malik se ele estava bem — provavelmente apenas para garantir a mim mesmo que eu estava bem.

A bagagem que ficara sob a canoa começou a aparecer na superfície. Algumas peças que haviam sido amarradas à canoa flutuavam perto da proa, entre elas minhas três malas. Mas outras estavam soltas e foram levadas pelas ondas, inclusive minha mochila vermelha, minhas bolsas de lona verde e a bagagem de Malik. Passou por minha mente que a coisa mais importante era salvar minha vida, e, em comparação, o que acontecesse com a bagagem seria uma coisa banal. Mesmo assim, encontrei-me escorregando para meu costumeiro modo de especular "e se...?", pensando em como eu lidaria com os problemas relacionados à viagem. Se eu perdesse o passaporte, pensei, sempre seria possível conseguir um novo, embora isso me fosse acarretar uma grande confusão de ir até a embaixada americana mais próxima, que ficava na capital da Indonésia a 2.500 quilômetros dali. Se perdesse todo o dinheiro e os cheques de viagem, talvez eu não tivesse guardado um registro dos números dos cheques — e, se tivesse, estaria perdido em algumas daquelas malas à deriva. Se fôssemos resgatados, eu teria de conseguir um bocado de dinheiro emprestado para voar até Jacarta e conseguir um novo passaporte: quem poderia me emprestar esse dinheiro? Minhas posses mais importantes — o passaporte, o dinheiro, os cheques de viagem e minhas anotações sobre pássaros feitas durante toda a viagem — estavam na minha mochila amarela que eu carregava comigo na canoa e que não havia aparecido na superfície. Se eu não conseguisse recuperar aquela mochila, talvez pudesse pelo menos reconstituir de memória as listas de pássaros dos principais locais que havia visitado. Então me dei conta de que era absurdo estar pensando em passaporte, dinheiro e listas de pássaros quando eu nem ao menos sabia se estaria vivo dali a uma hora.

A cena de nossa luta pela vida era paradoxalmente bela: um céu azul e sem nuvens, lindas ilhas tropicais a distância e pássaros voando sobre nós. Mesmo enquanto lutava para sobreviver, eu continuava a identificar os pássaros: havia andorinhas-do-mar de crista menor (ou seriam de crista maior?), possivelmente uma espécie menor de andorinhas, e uma garça estriada. Mas, pela primeira vez na vida, eu estava em uma situação em que não sabia se sobreviveria. Não conseguia captar meus próprios sentimentos a respeito da perspectiva de morrer. Em vez disso, eu refletia sobre como ficariam abaladas minha mãe e minha noiva caso eu morresse. Recitei mentalmente o telegrama que imaginei minha mãe recebendo: "Lamentamos informar que seu filho Jared afogou-se ontem no oceano Pacífico."

Em algum momento, disse a mim mesmo que, se sobrevivesse, pararia de me atormentar com coisas menos importantes do que a sobrevivência. O que eu mudaria pelo resto da minha vida se sobrevivesse àquele acidente? Um dos pensamentos que me ocorreu foi que não teria mais dúvidas de que queria ter filhos (e, realmente, tive filhos). Retornaria à Nova Guiné se sobrevivesse? Não fazia sentido correr todos os riscos da Nova Guiné — associados a canoas como aquela, a quedas de aviões pequenos dos quais eu dependia para viajar, a ferimentos ou doenças que poderiam me deixar fisicamente incapacitado em alguma montanha remota — apenas para obter uma lista dos pássaros de mais uma montanha até então inexplorada. Talvez isso fosse o fim da minha carreira na Nova Guiné, mesmo que eu sobrevivesse.

PARANOIA CONSTRUTIVA

Mas então me lembrei de que eu tinha problemas mais imediatos do que imaginar o que eu faria se sobrevivesse. Lembrei-me de que uma das minhas malas que flutuava amarrada à proa da canoa continha dois colchões e dois travesseiros infláveis, que seriam excelentes salva-vidas se fossem inflados. Consegui tirar do bolso a chave da mala e a passei para Malik, que pediu a um dos homens empoleirados na proa que a abrisse para extrair os colchões e os travesseiros. Mas ninguém abriu a mala, por razões que nunca entendi.

As outras sete pessoas que vinham na canoa, além de mim e de Malik, estavam agora sentadas sobre a parte da frente do casco virado, ou agarradas a ela de algum modo. O passageiro de Ceram mergulhou várias vezes para ver se encontrava alguma coisa útil sob a canoa e conseguiu resgatar três salva-vidas, que distribuiu entre as sete pessoas. Ninguém fez nada para ajudar a mim ou a Malik. O passageiro de Ambon estava chorando e repetindo, "Eu não sei nadar, nós vamos morrer!" O passageiro de Java recitava preces. O pescador chinês disse temer a chuva e as ondas altas caso ainda estivéssemos vivos depois do pôr do sol. "Que Deus nos ajude!", acrescentou. Malik disse que, se não fôssemos resgatados dali a uma hora, ou pouco mais que isso, antes do pôr do sol, não haveria nenhuma esperança, porque as correntes marinhas estavam nos levando para longe da terra, e não sobreviveríamos à noite. Eu não pensei seriamente sobre o que nos aconteceria se não fôssemos resgatados antes do cair da noite, exceto para refletir que, se aquilo já era terrível à luz do dia, estando ali havia uma hora, todo molhado, tremendo de frio e me agarrando àquele casco oscilante, deveria ficar muito mais difícil nos mantermos à tona durante doze horas no escuro. Mas os três membros da tripulação e o homem de Ceram pareciam seguros e relaxados. Um deles cantava, um ou outro de vez em quando saltava na água e nadava ao lado do casco, e o homem de Ceram comia uma durian, uma fruta grande que os passageiros haviam trazido a bordo em grande quantidade e agora boiavam à nossa volta.

Continuávamos buscando sinais de outros barcos. Não havia nenhum à vista, exceto algumas velas muito a distância, próximas do continente. Por volta das 17h30, uma hora antes do início da noite, vimos três pequenas velas que vinham do continente seguindo um curso que as faria passar por nós, mas a uma grande distância. Um dos passageiros conseguiu uma vara comprida, amarrou uma camisa na ponta, ficou de pé sobre o casco da canoa e agitou aquele sinal improvisado para chamar a atenção de alguém que estivesse nas canoas. O homem de Ceram pediu-me que tirasse a camisa azul que eu estava usando e Malik a prendeu em outra vara, pôs-se de pé sobre o casco e também começou a sinalizar. Todos nós continuávamos gritando em altos brados, "Tolong!" ("socorro" em indonésio), mas nossas vozes não poderiam alcançar aquelas canoas tão distantes.

Eu continuava apoiando os pés sobre o motor submerso, que, pelo menos, me oferecia uma plataforma segura, enquanto as outras oito pessoas sentadas sobre o casco escorregadio (Malik se juntara às demais) não tinham nada em que se segurar. Mas eu sabia que não conseguiria me manter naquela posição durante toda a noite, porque minha perna já estava começando a ficar dormente. Gritando, perguntei a Malik se ele achava que eu ficaria mais seguro se me juntasse ao grupo sentado sobre o casco, e ele respondeu que sim. Para que eu passasse da popa para a frente do barco, teria de atravessar uma área do casco altamente escorregadia e em permanente oscilação. Saí da posição em que estava, subi no casco, fiquei de pé e tentei avançar. Imediatamente caí no mar, lutei até voltar para o casco e, por fim, consegui sentar-me atrás do pescador chinês, uma perna de cada lado do casco. A nova posição tinha algumas desvantagens: não havia nada que pudesse agarrar com as mãos e nada onde pudesse apoiar os pés. Precisava balançar o corpo a cada vez que a canoa balançava; caí no mar algumas vezes e, com esforço, consegui voltar; e comecei a tremer porque estava agora totalmente exposto ao ar frio, e não parcialmente protegido pela água morna. Era irônico que estivesse correndo o risco de hipotermia em uma região tropical: se eu estivesse com roupas secas, estaria sentindo calor, mas, sendo constantemente molhado pelas ondas e exposto ao vento, sentia muito frio. Mas minha cabeça agora estava bem acima da água, minha perna já não estava dormente, e eu pensei que poderia manter aquela posição por mais tempo do que teria sido possível manter a anterior.

PARANOIA CONSTRUTIVA

À medida que o sol baixava em direção ao horizonte, dois dos três membros da tripulação vestiram dois dos salva-vidas disponíveis e nadaram em direção à ilha da qual partíramos, que estava a muitos quilômetros de distância, dizendo que iam buscar ajuda. Ainda não estava claro se os três barcos a vela que víamos ao longe estavam seguindo um curso que os faria passar muito longe de nós, sem poderem nos ver ou ouvir, ou se algum deles estava se aproximando. Os outros homens sobre o casco apontavam para o sol, preocupados com os poucos minutos que nos restavam antes que desaparecesse inteiramente, e especulando se seríamos visíveis para as pessoas nos barcos ao longe ou se o brilho do sol poente as impediria de nos verem. Além dos barcos a vela, vimos também passar um barco a motor e, possivelmente, uma outra embarcação, mas estavam muito distantes de nós.

Agora, a vela da canoa mais próxima parecia ficar cada vez maior. Já podíamos vê-la com clareza, e certamente seus tripulantes também haviam nos visto e estavam se aproximando. Quando estava a cerca de cem metros de distância, a canoa parou e baixou a vela. Seu único tripulante remou em nossa direção. Era uma canoa pequena, de apenas três metros de comprimento, e tinha apenas uns 15 centímetros acima da linha-d'água. Quando a canoinha se colocou ao lado da nossa, os dois homens que estavam mais próximos, o que não sabia nadar e o javanês, imediatamente passaram para ela sem dizer palavra. Não havia espaço para mais ninguém, e o canoeiro começou a remar e a se afastar de nós. Nesse momento, ficou claro que a segunda das três canoas estava se aproximando, e também baixou a vela quando chegou a uns cem metros de distância. Era maior do que a primeira e nela havia dois homens, que remaram em nossa direção. Quando ficou mais próxima, houve uma conversa entre os dois homens e o nosso grupo, e entre nós, sobre quantas pessoas aquela canoa poderia transportar, e quem seriam elas. No início, os canoeiros propuseram levar apenas dois ou três de nós, pois achavam que, se a carga fosse excessiva, a canoa correria o risco de afundar, mas, finalmente, concordaram em levar quatro dos cinco náufragos que ainda estavam sobre o casco. Concordamos entre nós que a pessoa a ser deixada seria o terceiro membro da tripulação, que ficou com o último salva-vidas.

Quando entramos na canoa, Malik me perguntou onde estava meu passaporte. Respondi que na mochila amarela, possivelmente ainda na bolha de ar sob o casco. O homem de Ceram, que já havia mergulhado várias vezes para resgatar os salva-vidas, mergulhou novamente, retornou com a mochila e a passou para mim. A canoa então se afastou, levando seis pessoas: um de seus dois tripulantes na frente, o outro atrás e, entre eles, o pescador chinês, eu, Malik e o homem de Ceram, nessa sequência. Eu havia consultado meu relógio de pulso periodicamente, e, quando partimos, olhei as horas novamente: para minha surpresa, ele continuava funcionando apesar da imersão na água salgada. Eram 6:15, faltando 15 minutos para o pôr do sol. Havíamos ficado duas horas na água ou sobre o casco de nossa canoa emborcada.

Logo em seguida, escureceu. Nossos dois salvadores remaram em direção à terra mais próxima a distância, que era justamente a ilha da qual havíamos saído naquela tarde. A canoa se mantinha apenas alguns centímetros acima da linha-d'água e um dos homens sentados atrás de mim retirava constantemente a água que entrava. Refleti que aquela canoa pequena, com sua carga pesada, também poderia virar, mas que provavelmente estávamos seguros agora. Não senti nenhum alívio nem tive sentimentos intensos; tudo aquilo estava apenas acontecendo comigo, e eu era apenas um observador sem envolvimento emocional.

Enquanto nossa canoa avançava, ouvimos vozes na água, à esquerda. Pensei que poderiam ser as vozes dos dois tripulantes de nossa canoa que haviam nadado com os salva-vidas. No entanto, um dos meus companheiros podia entender melhor o que as vozes gritavam em indonésio: vinham das três pessoas (o canoeiro, o homem de Ambon e o de Java) que haviam saído na primeira canoinha, que agora afundava com a carga excessiva. A canoa que estava nos resgatando não tinha como recolher outra pessoa. Um de nós gritou alguma coisa para os três homens na água e nossos salvadores continuaram a remar, deixando-os à própria sorte.

Não sei quanto tempo levamos para retornar à ilha: talvez uma hora. Quando nos aproximávamos, vi grandes ondas que se quebravam e uma fogueira na praia, e fiquei imaginando o que significava aquele fogo. À minha frente, entreouvia uma conversa em indonésio entre o pescador chinês e um dos tripulantes da canoa, que repetiam muitas vezes as palavras *empat pulu ribu* (que significam "40 mil"). O chinês, que havia conseguido resgatar parte de sua bagagem de sob nossa canoa emborcada, abriu uma pequena bolsa, retirou algum dinheiro e o entregou ao canoeiro. Presumi que o canoeiro estava cansado e queria nos desembarcar naquela praia onde havia a fogueira, e que o pescador estava lhe oferecendo 40 mil rupias indonésias para persuadi-lo a nos deixar no atracadouro principal da ilha. Mas, mais tarde, Malik me disse que o canoeiro de fato dissera o seguinte: "Se não me pagar 10 mil rupias [equivalentes a cinco dólares] para cada um de vocês, eu os levarei de volta ao lugar onde os recolhemos e os deixarei lá."

A canoa que nos resgatava contornou um promontório da ilha e entrou numa baía protegida onde havia fogueiras na praia. No escuro às nossas costas, vimos um barco a motor com uma luz intensa que avançava lentamente por trás de nós. Nossa canoa parou em água rasa, e Malik, o pescador chinês, o homem de Ceram e eu saltamos na água, vencemos com dificuldade a distância até o barco e nele embarcamos. Por coincidência, era um barco de pesca que pertencia à família do pescador chinês. Estivera pescando em alto-mar, vira os dois tripulantes da nossa canoa que haviam nadado com os salva-vidas, recolheram-nos, procuraram nossa canoa emborcada e recolheram as peças de bagagem que ainda estavam amarradas à canoa (inclusive minhas malas, mas nenhuma das malas de Malik). Contamos aos tripulantes do barco a motor que havia três homens na água precisando de auxílio. No entanto, quando chegamos ao local aproximado onde havíamos escutado os gritos, o barco seguiu adiante e não fez nenhum esforço para localizar os náufragos. Malik explicou-me depois que os pilotos do barco disseram que os três homens provavelmente haviam conseguido chegar à praia.

A viagem no barco a motor até o continente durou cerca de uma hora e meia. Eu estava sem camisa e tiritando. Atracamos por volta das dez da noite e encontramos uma multidão nos esperando no cais. De alguma forma, a notícia de nosso acidente havia nos precedido. Entre a multidão, minha atenção foi imediatamente atraída para uma mulher idosa, miúda, com aparência de javanesa. Em toda a minha vida, nunca vi uma expressão tão carregada de emoção na face de alguém, exceto em atores de cinema. Ela parecia devastada por um misto de sofrimento, horror e incredulidade diante de algo terrível que havia acontecido, e por extrema exaustão. A mulher saiu da multidão e começou a nos fazer perguntas. Acabei descobrindo que era a mãe do homem javanês que estava na primeira canoinha que havia soçobrado com os três passageiros.

Passei o dia seguinte em uma pequena pousada, tirando a água salgada das minhas malas e de todo o seu conteúdo. Embora meus equipamentos — binóculos, gravadores, altímetros, livros e saco de dormir — estivessem irremediavelmente arruinados, consegui recuperar as roupas. Malik perdeu tudo que havia levado com ele. Nas condições locais, não havia nada que pudéssemos fazer contra a tripulação da canoa cuja negligência causara o acidente.

Na noite seguinte, subi até o telhado de uma construção próxima à pousada, por volta das 6 da tarde, para reconstituir — e comprovar — a rapidez com que a luz do dia desaparecera ao pôr do sol. Perto do equador, isso acontece muito mais rapidamente do que em zonas temperadas, porque o sol se põe verticalmente, e não em um ângulo inclinado com relação ao horizonte. Às 6:15, hora em que havíamos sido resgatados no dia anterior, o sol estava bem na linha do horizonte, e sua luz ficando cada vez mais débil. O pôr do sol foi às 6:30, e às 6:40 já estava escuro demais para que alguém em outro barco pudesse ter visto nossa canoa emborcada, mesmo a uma distância de poucas centenas de metros. Havíamos escapado por pouco, resgatados no momento exato.

Quando desci do telhado no escuro, sentia-me impotente e ainda não conseguia avaliar inteiramente o que aqueles três imprudentes da tripulação me haviam causado. Eu perdera equipamentos caros e quase havia perdido a vida. Minha noiva, meus pais, minha irmã e meus amigos quase me haviam perdido. Meus joelhos estavam em carne viva por terem sido esfregados, a cada onda, contra a madeira áspera do casco da canoa. Tudo isso por causa da imprudência de três jovens que deveriam saber o que estavam fazendo, que pilotaram em velocidade excessiva

PARANOIA CONSTRUTIVA

no meio de ondas altas, ignoraram toda a água que estava entrando na canoa, recusaram-se a diminuir a velocidade ou parar quando pedimos repetidamente, escaparam nadando com dois de nossos três salva-vidas, nunca pediram desculpas e nunca mostraram o menor sinal de arrependimento pela angústia e pelas perdas que nos infligiram e por quase nos terem matado. Eram uns desgraçados!

Enquanto eu revolvia esses pensamentos em minha cabeça, encontrei um homem no andar de baixo da casa em cujo telhado eu estivera vendo o pôr do sol. Começamos a conversar, e eu contei por que havia subido no telhado e o que nos acontecera no dia anterior. Ele respondeu que, por coincidência, também estivera na mesma ilha na véspera e também quisera ir para o litoral. Havia examinado a canoa que alugamos, com seus grandes motores, observado os jovens da tripulação e suas atitudes arrogantes e barulhentas, visto como eles envenenavam os motores e lidavam com a canoa enquanto esperavam passageiros. Ele tinha muita experiência com barcos e decidira que não queria arriscar a vida com aquela tripulação e aquela canoa, e por isso esperou até que aparecesse um barco maior e mais lento que o levou para o continente.

A reação daquele homem me foi reveladora. Então, no final das contas eu não tinha por que me sentir impotente! Os três jovens arrogantes não eram as únicas pessoas que quase acabaram com a minha vida. Fui eu que entrei em sua canoa; ninguém me obrigou a fazê-lo Em última instância, o acidente havia sido responsabilidade minha. Para mim, teria sido perfeitamente possível impedir que aquilo me acontecesse. Em vez de perguntar por que a tripulação havia sido tão estúpida, deveria ter me perguntado por que eu próprio havia sido tão estúpido. O homem que escolhera esperar um barco maior havia exercido a paranoia construtiva, no estilo guineense, e, portanto, escapara de ficar traumatizado e de quase morrer. Eu também deveria ter exercido a paranoia construtiva — e era o que eu passaria a fazer pelo resto da minha vida.

Apenas um galho no chão

O mais recente dos três episódios relatados neste capítulo aconteceu muitos anos depois de o acidente com a canoa me haver convencido das virtudes da paranoia construtiva. As terras baixas da Nova Guiné são pontuadas por muitas cadeias de montanhas isoladas que oferecem grande atrativo para os biólogos, pois, em termos da distribuição de espécies confinadas a hábitats montanhosos, cada uma parece uma "ilha" cercada por um "mar" de terras baixas. Na maior parte das cadeias de montanhas isoladas, as elevações mais altas não têm nenhuma população humana. Existem duas formas possíveis de alcançar aquelas elevações para pesquisar pássaros, animais e plantas que lá vivem. Uma é ser transportado por um helicóptero diretamente até os picos, mas é difícil conseguir um helicóptero para alugar na Nova Guiné, e mais difícil ainda localizar uma clareira onde aterrissar em uma montanha coberta de florestas. O outro método é encontrar uma aldeia próxima da montanha, transportar os equipamentos por avião, helicóptero ou barco até lá, e então subir a montanha partindo da aldeia. Dadas as dificuldades do terreno na Nova Guiné, é impraticável carregar equipamentos para um acampamento elevado que esteja a mais de oito ou dez quilômetros de distância de uma aldeia. Um problema prático adicional é que quase não existem mapas que mostrem a localização e a altura do pico mais elevado ou da aldeia mais próxima de muitas das montanhas isoladas; é preciso realizar voos de reconhecimento para obter essas informações geográficas.

Eu tinha um interesse em determinada cadeia de montanhas porque, embora não fosse especialmente alta, era isolada. Assim, ao final de uma das minhas viagens à Nova Guiné, enquanto eu estava começando a planejar a viagem do ano seguinte, aluguei um avião pequeno para um voo de reconhecimento ao longo de toda a extensão daquelas montanhas e identifiquei o pico mais alto. Não havia nenhuma aldeia num raio de pelo menos quarenta quilômetros do pico em nenhuma direção, nenhuma clareira aberta para cultivo e nenhum outro sinal de presença humana. Aquilo eliminava a opção de alcançarmos o pico a

PARANOIA CONSTRUTIVA

partir de uma aldeia e exigia, em vez disso, uma operação por helicóptero, o que, por sua vez, exigia que encontrássemos uma clareira natural na qual pudéssemos pousar. (Alguns helicópteros podem pairar sobre a copa das árvores de uma floresta enquanto os passageiros e a carga são baixados com um guincho até o solo, mas isso requer helicópteros especiais e treinamento.) Embora a primeira impressão que se tenha das florestas da Nova Guiné seja de uma extensão contínua de árvores verdes, é possível encontrar ocasionais clareiras naturais em pontos onde ocorreu um deslizamento durante um terremoto, ou em um pântano, uma lagoa seca, na margem de um rio ou de uma lagoa, em um vulcão de lama já seco. Naquele voo de exploração, fiquei encantado quando descobri uma grande faixa vazia resultante de um deslizamento de terra, a cerca de quatro quilômetros do pico e a muitas centenas de metros abaixo. Dadas as características da Nova Guiné, isso era uma distância muito grande, e não seria sensato montar um acampamento na clareira e caminhar todos os dias até o pico para observar pássaros. Em vez disso, seria necessário transportar todos os equipamentos por helicóptero para um primeiro acampamento na clareira, então abrir uma trilha e carregar nas costas toda a carga até um segundo acampamento na floresta, próximo do pico: trabalho pesado, mas, ainda assim, factível.

Estando já potencialmente resolvido o problema de encontrar um local de pouso para um helicóptero, a dificuldade seguinte era obter permissão e ajuda dos proprietários das terras. Mas como eu faria isso se não havia nenhum sinal de presença humana nas áreas próximas ao pico? Com quem eu deveria falar? Eu sabia, por experiência própria, que havia nômades que circulavam a alturas mais baixas na parte leste da cadeia de montanhas. Havia relatos, mas nenhuma informação definitiva, de que se poderia encontrar nômades até bem próximo do pico no lado oeste, mas, do avião, eu não havia detectado nenhum sinal de sua presença. Eu também sabia, por experiência, que os nômades que vivem em cadeias de montanhas isoladas permanecem basicamente em baixas altitudes, onde crescem as palmeiras das quais obtêm seu principal alimento. Nas grandes altitudes, não há comida suficiente para sustentar uma população humana residente. No máximo, os nômades poderiam fazer ocasionais incursões de caça em altitudes mais elevadas, acima da área onde crescem os saguzeiros, mas eu estivera em diversas cadeias de montanhas onde os nômades não faziam isso e onde os animais que vivem em grandes altitudes são mansos porque nunca viram humanos e nunca foram caçados.

O fato de eu não localizar sinais de nômades próximo ao pico que eu pretendia explorar tinha duas consequências. Em primeiro lugar, significava que eu não encontrara nenhum guineense que pudesse ser o dono daquelas terras e a quem eu pudesse pedir uma autorização. Em segundo lugar, meus trabalhos de campo na Nova Guiné exigem que eu contrate pessoal local para montar e manter um acampamento, abrir trilhas e me ajudar a encontrar e identificar pássaros, mas ali não havia pessoal local disponível. Esse segundo problema poderia ser resolvido se eu levasse comigo alguns guineenses que já haviam trabalhado para mim em outras áreas do país. O maior problema potencial era a questão da permissão.

Na Nova Guiné, cada palmo de terra é reivindicado por algum grupo, mesmo que seus integrantes jamais apareçam por lá. Existe uma proibição absoluta de se penetrar nas terras de alguém sem permissão para tal. As consequências de ser pego em terras alheias incluem ser roubado, assassinado e/ou estuprado. Estive em diversas situações desagradáveis nas quais pedi e obtive permissão do grupo mais próximo, que afirmava ser dono da área que eu queria visitar, e acabei descobrindo, ao chegar, que outro grupo reivindicava a propriedade da mesma área e que estava furioso por descobrir que eu estava lá sem *sua* permissão. Aumentando ainda mais o perigo, nesse caso eu estaria levando para a área diversos guineenses de outras partes do país. Isso deixaria os proprietários das terras locais ainda mais enfurecidos, pois os guineenses estranhos, diferentemente de mim, poderiam estar ali para roubar mulheres e porcos e se apropriar da terra.

O que faria se, depois de ser desembarcado pelo helicóptero naquela clareira, e depois de ele haver partido para só voltar após três semanas, eu de fato encontrasse nômades? Meu helicóptero teria que fazer diversos voos para transportar equipamentos, suprimentos e colaboradores até a

PARANOIA CONSTRUTIVA

clareira, o que anunciaria minha presença. Se houvesse algum nômade num raio de quilômetros, eles ouviriam e veriam o helicóptero, concluiriam que estava pousando ali e viriam nos localizar. Para piorar ainda mais a situação, os nômades daquela área, se existissem, poderiam ser "não contatados", ou seja, poderiam nunca ter visto um homem branco, um missionário ou um funcionário do governo. O primeiro contato com povos tribais é algo aterrorizante. Nenhum dos lados sabe o que o outro quer ou o que fará. É difícil ou impossível comunicar intenções pacíficas com a linguagem de sinais a povos ainda não contatados cuja língua não se conhece, mesmo que eles lhe concedam tempo suficiente para você tentar se comunicar. O risco é que não esperem; podem estar aterrorizados ou furiosos, entrar em pânico e imediatamente começar a atirar com arcos e flechas. O que eu faria se fosse descoberto por nômades?

Após aquele voo exploratório, voltei aos Estados Unidos para planejar uma expedição por helicóptero que, no ano seguinte, nos levaria para aquela clareira e aquele pico. Praticamente todas as noites daquele ano, enquanto esperava o sono chegar, eu repassava mentalmente os cenários que poderia encontrar e ficava imaginando o que faria se encontrasse nômades na floresta. Em um dos cenários, eu me sentaria e estenderia as mãos para mostrar que não tinha armas e não era uma ameaça, forçaria um sorriso, abriria minha mochila para tirar uma barra de chocolate, comeria um pedaço para mostrar que não estava envenenada e lhes ofereceria o resto da barra. Mas eles poderiam se enfurecer assim que me vissem, ou poderiam entrar em pânico quando me vissem mexendo na mochila, como se fosse tirar uma arma. Em outro cenário, eu começaria a imitar o chamado de pássaros locais, para mostrar que estava ali apenas para estudar pássaros. Às vezes, essa é uma forma de quebrar o gelo com os guineenses. Mas eles poderiam apenas pensar que eu era louco, ou que estava tentando fazer alguma feitiçaria associada a pássaros. Ou, se eu estivesse com os guineenses que havia levado comigo e encontrássemos um nômade sozinho, talvez pudéssemos induzi-lo a ficar em nosso acampamento, faríamos amizade com ele, eu começaria a aprender sua língua, e o induziríamos a não ir buscar alguns de seus companheiros nômades antes que fôssemos recolhidos por nosso helicóptero várias semanas depois. Mas como poderíamos convencer um nômade aterrorizado a ficar em nosso acampamento durante várias semanas em companhia de outros guineenses invasores?

Tive de reconhecer que nenhum desses cenários com final feliz tinha a mais remota plausibilidade. Essa conclusão não me fez abandonar o projeto. Ainda me parecia que o mais provável era que simplesmente não encontrássemos nenhum nômade, porque não víramos do alto nenhum sinal de cabanas e porque minha experiência prévia era de que os nômades das terras baixas não visitam cumes de montanhas. Mas quando, finalmente, retornei à Nova Guiné um ano mais tarde para realizar a expedição planejada, ainda não dispunha de um plano que me parecesse totalmente seguro se, de fato, encontrássemos nômades.

Chegado o dia, o projeto estava pronto para começar. Juntei quatro amigos guineenses que viviam em montanhas a várias centenas de quilômetros de nosso destino, e meia tonelada de equipamentos e suprimentos. Seríamos transportados em um avião pequeno até o campo de pouso mais próximo da montanha escolhida, uma pequena pista de terra numa aldeia a sessenta quilômetros ao sul. Enquanto voávamos ao longo do sopé da cadeia de montanhas, notamos oito cabanas espalhadas nas margens de rios na base das colinas no lado leste, mas a última que vimos estava a quase quarenta quilômetros a leste de nosso pico. No dia seguinte, o helicóptero alugado chegou à pista de pouso para nos transportar, em quatro viagens, até a grande clareira que havíamos escolhido na viagem anterior. O primeiro voo levou dois dos guineenses, uma tenda, machados e algum alimento que poderia sustentá-los caso houvesse algum acidente e o helicóptero não pudesse retornar em pouco tempo. Passada uma hora, o helicóptero voltou à pista de pouso com notícias animadoras. Ao voar em torno do pico, haviam descoberto um local muito melhor para o acampamento: uma clareira menor a apenas mil metros do pico e a uma maior altitude do que o outro. Isso significava que poderíamos caminhar de nosso acampamento até o pico em poucas horas, sem necessidade de montar um segundo acampamento para o qual teríamos de carregar os equipamentos desembarcados na primeira clareira. Os dois voos seguintes do helicóptero levaram mais dois guineenses e mais suprimentos. No terceiro, fomos eu e o restante dos suprimentos.

Durante o voo, observei cuidadosamente a área para detectar sinais de pessoas. A uns 15 quilômetros ao norte da pista de pouso, e ainda a quarenta e poucos quilômetros ao sul do pico, havia outra aldeia perto de um riacho. Logo depois da aldeia, vi duas cabanas isoladas, presumivelmente pertencentes a nômades, ainda na parte plana do vale e antes da primeira de uma série de cristas que conduziam à cadeia de montanhas. Quando alcançamos as cristas, não vimos mais nenhum sinal de humanos: nem cabanas nem roças, nada. Na Nova Guiné, uma distância de quarenta quilômetros sobre terreno acidentado pareceria tão intransponível quanto a travessia do oceano, o que reduzia a quase nada nossos riscos de termos visitantes indesejados. Talvez estivéssemos com sorte, e talvez aquelas montanhas fossem realmente desabitadas e sem visitantes!

O helicóptero circulou nosso acampamento, onde eu podia ver os quatro guineenses acenando para nós. A clareira era um pequeno desfiladeiro cujas laterais aparentemente haviam desmoronado com um dos frequentes terremotos na região, deixando uma plataforma limpa, sem vegetação, perfeita para o pouso de um helicóptero. À exceção daquela clareira e da outra que inicialmente havíamos selecionado, tudo o mais à vista estava coberto por florestas. O piloto e eu descarregamos os últimos volumes da carga e voltamos para o helicóptero, pois eu queria examinar o pico vizinho e planejar o local onde abriríamos uma trilha. A partir do extremo superior de nosso desfiladeiro, podíamos ver uma crista que levava diretamente ao pico, não muito íngreme. O pico propriamente dito era muito escarpado nos últimos sessenta metros, e poderíamos ter muita dificuldade para escalá-lo. Mas ainda não havia nenhum sinal de gente, cabanas ou roças. O helicóptero então me deixou no acampamento e partiu, concordando em nos recolher dali a 19 dias.

Aquilo era um ato de fé de nossa parte: pelo que víramos do terreno, teria sido absolutamente impossível caminhar de volta para o campo de pouso a quarenta quilômetros de distância. Embora eu tivesse comigo um pequeno rádio, naquele terreno montanhoso não me era possível fazer nenhum contato com a base do helicóptero, a 250 quilômetros dali. Como medida de precaução em caso de acidente ou doença que requeresse uma evacuação de emergência, combinei com um pequeno avião cuja rota regular passava a pouca distância de nosso acampamento para fazer um desvio e sobrevoar a área a cada cinco dias. Poderíamos tentar falar com o piloto por rádio para confirmar que estávamos bem, e combinamos que, se houvesse uma emergência, poríamos no meio da clareira um colchão inflável, vermelho brilhante.

Passamos todo o dia seguinte montando acampamento. A melhor descoberta que fizemos foi que, de fato, não havia nenhum sinal de gente: se os nômades tivessem sido alertados pelo helicóptero e tentassem nos localizar, ainda não haviam conseguido. Grandes pássaros passavam voando sobre nós, entrando e saindo do desfiladeiro sem se perturbar com nossa presença a poucas dezenas de metros de distância. Isso sugeria que não tinham medo de gente, uma evidência adicional de que nômades não visitavam aquela área.

No terceiro dia, eu finalmente estava pronto para subir até o topo, seguindo meus amigos guineenses Gumini e Paia, que iam abrindo a trilha. Inicialmente, subimos uns 150 metros a partir do acampamento, seguindo a crista da montanha coberta por algumas manchas de relva e alguns arbustos (presumi que aquela vegetação fosse resultado de um deslizamento antigo que derrubara a vegetação que agora voltava a crescer lentamente). Subindo ao longo da crista, logo entramos em uma floresta densa e continuamos a subir sem dificuldade. A observação dos pássaros ali era empolgante, pois eu começava a ver e ouvir espécies de montanhas, inclusive algumas incomuns e outras pequenas, como o *Sericornis virgatus* e o *Lichenostomus obscurus*. Quando por fim alcançamos a pirâmide do cume, ela se provou realmente muito íngreme, como nos parecera do helicóptero. Mas conseguimos avançar agarrando-nos nas raízes das árvores. No topo, vimos uma pomba-de-peito-branco e um pitohui-encapuzado, duas espécies de grandes altitudes que não existiam abaixo. Mas eu não estava encontrando ali algumas das espécies montanhesas barulhentas, comuns naquela altitude em outras partes

PARANOIA CONSTRUTIVA

da Nova Guiné: talvez de fato não existissem ali porque a área daquela montanha era muito pequena para sustentar uma população viável. Enviei Paia de volta ao acampamento e lentamente desci a trilha, com Gumini, ainda observando os pássaros.

Até então, eu estava encantado e aliviado. Tudo transcorria bem. Os problemas que eu temia não se materializaram. Encontramos uma clareira para nosso helicóptero pousar na floresta, montamos um acampamento confortável e abrimos uma trilha curta, sem dificuldade, até o cume. Melhor de tudo, não encontramos qualquer sinal de visita de nômades. Os 17 dias que ainda nos restavam nos dariam tempo suficiente para identificar as espécies montanhesas existentes. Gumini e eu descemos a nova trilha num ótimo estado de espírito e saímos da floresta na pequena clareira que eu julgava ser resultado de algum antigo deslizamento.

Subitamente, Gumini parou, curvou-se e examinou atentamente algo que vira no chão. Quando perguntei o que encontrara de tão interessante, ele apenas disse "Olhe", e apontou. Eu via apenas um pequeno caule ou árvore com cerca de um metro de altura e algumas folhas. Eu disse: "É só uma arvorezinha brotando. Há muitas outras em volta. O que tem essa de tão especial?"

Gumini respondeu: "Não, não é uma arvorezinha. É um galho de árvore enfiado no chão." Eu discordei: "O que o faz pensar isso? É apenas um broto de árvore crescendo." Em resposta, Gumini agarrou o galho e o puxou. Saiu facilmente, sem raízes, e com a ponta quebrada. Pensei que talvez as raízes tivessem ficado enterradas, mas Gumini escavou em volta do buraco e vimos que ali não havia nenhuma raiz. Como ele insistia, devia ser mesmo um galho quebrado e enfiado no chão. Como podia ter ido parar ali?

Olhamos as árvores que estavam acima de nós: eram pequenas, talvez com uns quatro metros de altura. Sugeri: "O galho deve ter caído de uma árvore e penetrou no chão." Mas Gumini objetou: "Um galho quebrado dificilmente cai com a ponta partida exatamente para baixo e com as folhas para cima. E é um galho leve, não tem peso suficiente para entrar vários centímetros no chão. Parece que alguém o quebrou e o enfiou no chão, como um sinal."

Um calafrio me percorreu a espinha e a pele da minha nuca se arrepiou, lembrando-me de Robinson Crusoé lançado à praia de uma ilha supostamente desabitada e, de repente, encontrando uma pegada humana. Gumini e eu nos sentamos, examinamos o galho e olhamos à nossa volta. Durante uma hora, permanecemos ali, explorando as possibilidades. Se uma pessoa realmente tivesse feito aquilo, por que não havia outros sinais de atividade humana, apenas aquele galho quebrado? Se alguém o tivesse plantado, quanto tempo fazia? Não era coisa de poucas horas, porque as folhas já começavam a murchar. Mas também não fazia muito tempo, porque as folhas estavam verdes, ainda não haviam começado a secar. Será que aquela clareira era realmente uma abertura natural feita por um deslizamento, conforme eu presumira? Em vez disso, talvez fosse uma horta antiga que estivesse recomeçando a brotar. Eu continuava retornando à minha crença de que um nômade não teria caminhado até ali, alguns dias atrás, num lugar a quarenta quilômetros de sua cabana, quebrado e plantado um galho e ido embora sem deixar nenhum outro sinal. Gumini continuava insistindo que um galho quebrado não se enfiaria no chão por conta própria, para imitar o que uma pessoa faria.

Cobrimos a pequena distância que nos separava do acampamento onde estavam os outros dois guineenses e lhes contamos o que havíamos encontrado. Nenhum deles vira qualquer vestígio de presença humana. Agora que eu havia chegado àquele paraíso com o qual sonhara durante todo o ano, não iria pegar o colchonete vermelho e colocá-lo à vista do primeiro voo do avião, marcado para dali a três dias, sinalizando uma evacuação de emergência só por causa de um inexplicado galho enfiado no chão. Isso significaria levar longe demais a paranoia construtiva. Provavelmente havia alguma explicação natural para aquele galho, eu pensei. Talvez tivesse mesmo caído verticalmente e com força suficiente para entrar na terra, ou talvez não tivéssemos visto suas pequenas raízes quando o arrancamos. Mas Gumini era um mateiro experiente, um dos melhores que eu encontrara na Nova Guiné, e não era provável que se enganasse na leitura de sinais.

Tudo que eu podia fazer era ser muito cauteloso, permanecer alerta a outros sinais de pessoas e não fazer mais nada passível de revelar nossa presença a nômades que poderiam estar nos espreitando nas vizinhanças. Era razoável supor que os quatro voos do nosso helicóptero barulhento pudessem ter despertado a atenção de qualquer nômade que estivesse a dezenas de quilômetros dali. Provavelmente, saberíamos disso em breve, caso houvesse algum. Por precaução, paramos de nos chamar aos gritos quando estávamos distantes uns dos outros. Eu fazia questão de ser especialmente silencioso quando saía para observar pássaros na parte da montanha abaixo do acampamento, em altitudes onde haveria maior chance de encontrar nômades. Para evitar que a fumaça revelasse nossa presença a quem estivesse longe dali, só acendíamos um fogo alto para cozinhar depois que já tivesse escurecido. Em determinado momento, depois de havermos encontrado grandes lagartos carnívoros rondando o acampamento, pedi a meus amigos guineenses que fizessem arcos e flechas para nossa defesa. Eles concordaram, mas com relutância — talvez porque a madeira verde recentemente cortada não resultasse em arcos e flechas de boa qualidade, ou porque quatro homens precariamente armados não seriam de grande utilidade se realmente houvesse um bando de nômades enfurecidos por perto.

À medida que passavam os dias, não apareceram outros misteriosos galhos quebrados e enfiados no chão e não encontramos sinais suspeitos. Em vez disso, vimos cangurus-de-árvore durante o dia, que não mostravam sinal de medo e não corriam quando nos viam. Esses cangurus são os maiores mamíferos nativos da Nova Guiné e o primeiro alvo de caçadores locais, e em áreas habitadas eles são rapidamente eliminados. Os que sobrevivem aprendem a só se movimentar à noite, são muito assustadiços e fogem quando são vistos. Também encontramos casuares destemidos, o maior pássaro do país (embora não voe), outro dos alvos preferidos de caçadores, também raro e assustadiço em áreas onde existem pessoas. Os grandes pombos e papagaios que vimos tampouco mostraram medo. Tudo indicava que estávamos em um lugar onde os animais nunca haviam tido experiência com caçadores ou visitantes.

Quando nosso helicóptero retornou depois de 19 dias, conforme agendado, o mistério do galho quebrado ainda estava sem solução. Não víramos nenhum outro possível sinal de humanos Retrospectivamente, acho improvável que nômades das terras baixas, a muitos quilômetros de distância, tenham subido milhares de metros, feito uma horta, voltado um ou dois anos depois, plantado um galho — por coincidência, alguns dias antes da nossa chegada, de modo que as folhas ainda estivessem verdes — e partido sem deixar nenhum vestígio. Embora eu não consiga explicar como aquele galho chegou até lá, meu palpite é de que, nesse caso, a paranoia construtiva de Gumini era injustificada.

Mas, sem dúvida, posso entender como Gumini adquiriu aquela atitude. Faz pouco tempo que sua região passou a ser controlada pelo governo. Até então, continuavam a ocorrer os conflitos tradicionais. Paia, dez anos mais velho do que Gumini, havia crescido fazendo ferramentas de pedra. Na sociedade de Gumini e Paia, as pessoas que não fossem atentas a sinais de estranhos na floresta não viviam muito tempo. Não faz mal nenhum suspeitar de galhos e gravetos que não possam ser prontamente explicados por causas naturais, gastar uma hora examinando e discutindo cada um e depois ficar atento ao aparecimento de outros galhos. Antes de meu acidente com a canoa, eu teria descartado a reação de Gumini como exagerada, tal como havia descartado como exageradas as reações dos guineenses diante da árvore morta sob a qual eu havia acampado no início da minha carreira na Nova Guiné. Mas, depois de tantos anos no país, eu entendia a reação de Gumini. É melhor prestar atenção a mil galhos que possam ter caído naturalmente numa posição que parecesse não natural do que cometer o erro fatal de ignorar um galho que realmente houvesse sido posto por estranhos. A paranoia construtiva de Gumini havia sido uma reação adequada de um guineense experiente e cauteloso.

Correndo riscos

Embora eu muitas vezes me surpreenda com a cautela subjacente dos guineenses, que chamo de paranoia construtiva, não quero deixar a impressão equivocada de que, por isso, eles sejam pessoas paralisadas e hesitantes. Para começar, existem guineenses cautelosos e imprudentes,

PARANOIA CONSTRUTIVA

assim como há americanos cautelosos e imprudentes. Os cautelosos são perfeitamente capazes de pesar os riscos e agir. Fazem coisas que sabem serem arriscadas, mas, ainda assim, escolhem fazê-las repetidamente e com o cuidado requerido, porque, sem elas, não conseguiriam obter alimentos nem ter sucesso na vida, ou porque atribuem valor ao próprio ato. Ocorre-me agora um dito atribuído a Wayne Gretzky, o grande jogador de hóquei, sobre os riscos de se tentar jogadas difíceis que poderiam não entrar na rede: "100% das jogadas que você não fizer não entrarão na rede!"

Meus amigos guineenses entenderiam o gracejo de Gretzky e acrescentariam duas observações: numa analogia mais próxima à vida tradicional, você seria de fato penalizado por perder uma jogada — mas, ainda assim, continuaria a tentar, embora com mais cautela; e um jogador de hóquei não poderia esperar eternamente pela oportunidade perfeita de fazer uma jogada, porque um jogo de hóquei tem um limite de tempo, dura apenas uma hora. Da mesma forma, as vidas tradicionais incluem limites de tempo: você morrerá de sede em poucos dias se não se arriscar a encontrar água, morrerá de fome em poucas semanas se não correr riscos para conseguir comida, e morrerá em menos de um século independentemente do que faça. Na realidade, as expectativas de vida tradicionais são, na média, consideravelmente mais curtas do que as das pessoas do Primeiro Mundo moderno, devido a fatores incontroláveis como doenças, secas e ataques inimigos. Por mais cautelosa que seja uma pessoa numa sociedade tradicional, provavelmente morrerá antes dos 55 anos, e isso pode significar ter de tolerar níveis de risco mais elevados do que nas sociedades do Primeiro Mundo onde a expectativa média de vida é de oitenta anos — assim como Wayne Gretzky teria de fazer maior número de jogadas arriscadas se um jogo de hóquei durasse apenas trinta minutos. Aqui estão três exemplos de riscos calculados que as pessoas de sociedades tradicionais aceitam, mas que nos horrorizam.

Os guerreiros !kungs, armados com apenas pequenos arcos e flechas envenenadas, agitam varas e gritam para espantar grupos de leões ou de hienas que estão devorando carcaças de animais recentemente mortos.

O MUNDO ATÉ ONTEM

Quando um caçador consegue ferir um antílope, a pequena flecha não mata por impacto: em vez disso, a caça foge, o caçador segue seu rastro e, quando a caça finalmente desaba sob o lento efeito do veneno, muitas horas depois, ou no dia seguinte, provavelmente os leões e as hienas já terão encontrado a carcaça antes que chegue o caçador. Caçadores que não estiverem preparados para expulsar predadores para longe de carcaças certamente morrerão de fome. Poucas coisas me parecem mais suicidas do que a ideia de caminhar até um grupo de leões em pleno banquete e pretender intimidá-los agitando uma varinha. Ainda assim, os caçadores !kungs fazem isso dezenas de vezes por ano, durante décadas. Tentam minimizar os riscos desafiando leões já saciados, com barrigas visivelmente cheias e prontos para se retirarem, em vez de provocar leões magros e famintos que, claramente, acabaram de descobrir a carcaça e, provavelmente, estão dispostos a defender suas posições.

Mulheres que vivem na área dos fores nas terras altas da Nova Guiné oriental mudam-se para a aldeia do marido quando se casam. Quando essas mulheres casadas retornam à aldeia natal para visitar os parentes, tanto podem viajar com o marido quanto sozinhas. Na época tradicional em que havia guerras crônicas, uma mulher viajando sozinha corria o risco de ser violentada ou morta enquanto atravessava território inimigo; elas tentavam minimizar esses riscos buscando a proteção de outros parentes que viviam no território atravessado. No entanto, era difícil prever os perigos e a eficácia da proteção. Uma mulher poderia ser atacada como vingança de um assassinato ocorrido na geração anterior; seus protetores poderiam ser superados em número pelos que buscavam vingança, ou eles poderiam considerar justa a demanda de vingança.

Por exemplo, o antropólogo Ronald Berndt relatou a história de uma jovem chamada Jumu, da aldeia Olafi, que se casou com um homem de Jasuvi. Mais tarde, quando Jumu decidiu retornar a Olafi com o filho para visitar os parentes, precisou atravessar a região de Ora, onde uma mulher chamada Inusa havia sido morta recentemente por um homem de Olafi. Então, os parentes do marido de Jumu a aconselharam a pedir a proteção de um parente que vivia em Ora, chamado Asiwa, que também era filho de um irmão da falecida Inusa. Infelizmente, depois

PARANOIA CONSTRUTIVA

de se encontrar com Asiwa no local determinado, Jumu foi detectada por alguns homens de Ora, que enganaram Asiwa e o pressionaram para que permitisse que um deles violentasse Jumu em sua presença e então mataram Jumu e seu filho. Aparentemente, Asiwa não teve grande empenho em proteger Jumu, porque sentia que a morte da jovem e da criança constituíam uma vingança legítima da morte de Inusa. Quanto ao fato de Jumu haver cometido o que se provou um erro fatal, entregando-se à proteção de Asiwa, Berndt comentou: "Luta, vingança e contravingança são eventos tão frequentes e banais que as pessoas se acostumam a esse estado de coisas." Ou seja, Jumu não estava disposta a abandonar para sempre a esperança de rever seus parentes, aceitou os riscos envolvidos e tentou minimizá-los.

Meu último exemplo do delicado equilíbrio entre paranoia construtiva e aceitação deliberada de riscos envolve os caçadores inuítes. Um importante método inuíte de caçar focas no inverno envolve permanecer parado numa plataforma de gelo, às vezes durante horas, ao lado de um dos buracos que as focas usam para respirar, na expectativa de que uma delas precise emergir para uma rápida inspiração e, nesse momento, possa ser arpoada. Essa técnica apresenta o risco de que a plataforma de gelo se quebre e seja arrastada para o mar, deixando o caçador preso no gelo e enfrentando morte provável por afogamento, exposição ao frio ou fome. Seria muito mais seguro se os caçadores permanecessem em terra e não se expusessem ao risco, mas isso, por sua vez, geraria a probabilidade de morte por fome, pois a caça terrestre não oferece nenhuma recompensa comparável a matar as focas nos buracos de respiração. Embora os caçadores inuítes tentem selecionar plataformas de gelo que pareçam sólidas, mesmo o mais cauteloso deles não pode prever com absoluta certeza se o gelo se quebrará, e isso, associado a outros riscos da vida no Ártico, resulta numa baixa expectativa média de vida para os caçadores inuítes tradicionais. Ou seja, se um jogo de hóquei durasse apenas vinte minutos, seria preciso arriscar jogadas mesmo que os lances perdidos fossem penalizados.

Riscos e tagarelice

Finalmente, eu gostaria de especular sobre uma possível conexão entre dois aspectos da vida tradicional: seus riscos e aquilo que experienciei como a tagarelice dos povos tradicionais. Desde minha primeira viagem à Nova Guiné, sempre me impressionou a quantidade de tempo que os guineenses gastam conversando uns com os outros, muito mais do que fazem os americanos e europeus. Eles fazem comentários ininterruptos sobre o que está acontecendo agora, o que aconteceu nesta manhã e ontem; quem comeu o quê, e quando; quem urinou quando, e onde; e os mínimos detalhes sobre quem disse o quê sobre quem, ou fez o quê a quem. Além de encherem todo o dia com conversas, durante a noite eles acordam algumas vezes e retomam a falação. Isso torna difícil para um ocidental como eu, acostumado a um sono ininterrupto e não pontuado com conversas, conseguir uma boa noite de repouso em uma cabana partilhada com muitos guineenses. Outros ocidentais também têm comentado sobre a tagarelice dos !kungs, dos pigmeus africanos e de muitos outros povos tradicionais.

Dentre inúmeros exemplos, aqui está um que ficou gravado em minha mente. Numa manhã durante minha segunda viagem à Nova Guiné, eu estava numa tenda do acampamento com dois guineenses das terras altas enquanto outros homens estavam na floresta. Os dois pertenciam à tribo fore e conversavam na língua fore. Eu estava aprendendo essa língua, uma experiência muito prazerosa, e conseguia acompanhar grande parte do que diziam, pois a conversa era bastante repetitiva e versava sobre um tema para o qual meu vocabulário era suficiente. Eles falavam sobre a batata-doce, ou *isa-awe*, que é o principal alimento nas terras altas. Um dos homens olhou a grande pilha de batatas-doces no canto da tenda, assumiu uma expressão infeliz e disse ao outro: "Isa-awe kampai." ("As batatas-doces acabaram.") Então contaram quantas batatas havia realmente na pilha, usando o sistema de contagem fore que mapeia os objetos sobre os dez dedos da mão, os dez dedos dos pés e, em seguida, usa uma série de pontos ao longo dos braços. Cada homem disse ao outro quantas isa-awe havia comido naquela manhã. Então fizeram um

PARANOIA CONSTRUTIVA

cálculo de quantas havia comido o "homem vermelho" (ou seja, eu, pois os fores se referiam aos europeus como *tetekine*, literalmente "homem vermelho", em vez de "homem branco"). O homem que havia falado primeiro disse que estava com vontade de comer mais isa-awe, embora tivesse feito o desjejum havia apenas uma hora. A conversa prosseguiu, agora em torno da especulação de quanto tempo ainda duraria aquele monte de isa-awe e de quando o homem vermelho compraria mais. Não havia nada de incomum naquela conversa: lembro-me tão bem dela porque deixou gravada em minha mente, de forma indelével, a palavra isa-awe e porque me impressionou, na época, quanto tempo os homens conseguiram continuar uma conversa em torno de variantes de um único tema: a batata-doce.

Podemos nos sentir inclinados a descartar essa conversa como "mera falação". Mas isso tem funções tanto para nós quanto para os guineenses. Os povos tradicionais não dispõem de nenhum dos meios passivos de lazer aos quais devotamos um tempo exagerado, como televisão, rádio, filmes, livros, videogames e a internet, e na Nova Guiné a conversa é a principal forma de entretenimento. Outra função de todo o falatório é manter e desenvolver relações sociais, que são pelo menos tão importantes para os guineenses quanto para os ocidentais.

Além disso, acho que o constante fluir das conversas os ajuda a lidar com a vida naquele mundo perigoso que os rodeia. Tudo é discutido: os mínimos detalhes de eventos, o que mudou desde ontem, o que pode ocorrer em seguida, quem fez o quê e por quê. Nós obtemos a maior parte das informações sobre o mundo por meio da mídia; os guineenses tradicionais obtêm as suas por meio da observação e de outras pessoas. A vida é mais perigosa para eles do que para nós. Conversando constantemente e ganhando o máximo possível de informação, os guineenses tentam entender o mundo e se preparar melhor para sobrepujar os perigos da vida.

Sem dúvida, as conversas também têm para nós a mesma função de evitar riscos. Também falamos, mas temos menos necessidade disso porque enfrentamos menos perigos e dispomos de maior número de fontes de informação. Lembro-me de uma amiga americana, a quem chamarei de Sara, e a quem eu admirava pelos esforços de lidar com o mundo perigoso à sua volta. Sara era mãe solteira, trabalhava em horário integral, vivia com um salário modesto e lutava para pagar suas necessidades e as do filho pequeno. Sendo uma pessoa inteligente e sociável, Sara queria encontrar o homem certo para ser seu companheiro, pai de seu filho, um protetor e um parceiro nas despesas.

Para uma mãe solteira, o mundo masculino americano está cheio de perigos difíceis de avaliar com precisão. Sara já tivera sua parcela de homens que se provaram desonestos ou violentos. Isso não a desencorajava de continuar tendo namorados. No entanto, como os guerreiros !kungs que não desistem quando encontram leões em torno de uma carcaça, mas usam toda a experiência que têm para rapidamente avaliar os riscos representados por aqueles leões específicos, Sara havia aprendido a avaliar os homens rapidamente e a estar alerta para pequenos sinais de perigo. Habitualmente, passava muito tempo conversando com amigas em situações semelhantes, partilhando suas experiências sobre homens, oportunidades e riscos da vida e ajudando-se mutuamente a entender o que observavam.

Wayne Gretzky entenderia por que Sara continuava a explorar relações com homens, a despeito de muitas jogadas perdidas. (Fico feliz de poder relatar que Sara finalmente fez um segundo casamento feliz com um homem que era pai solteiro quando ela o conheceu.) E meus amigos guineenses compreenderiam a paranoia construtiva de Sara e todo o tempo que ela dedicava a ensaiar com as amigas os detalhes de sua vida diária.

CAPÍTULO 8

LEÕES E OUTROS PERIGOS

Perigos da vida tradicional • Acidentes • Evitar e vigiar • Violência humana • Doenças • Respostas a doenças • Fome extrema • Insuficiências imprevisíveis de alimentos • Disperse suas áreas de cultivo • Sazonalidade e armazenamento de alimentos • Diversificação da dieta • Agregação e dispersão • Respostas ao perigo

Perigos da vida tradicional

O antropólogo Melvin Konner passou dois anos vivendo entre caçadores-coletores !kungs em uma área remota do deserto de Kalahari, na Botsuana, distante de qualquer estrada ou cidade. O núcleo urbano mais próximo era um vilarejo com poucos veículos motorizados, e eram raros os carros que passavam pela estrada que cortava o local. Ainda assim, quando Konner levou seu amigo !Khoma à cidade, o homem ficou aterrorizado diante da possibilidade de ter que atravessar a estrada, embora não houvesse carros visíveis em nenhuma direção. O estilo de vida de !Khoma no Kalahari envolvia espantar leões e hienas em torno de animais abatidos pelos caçadores.

Sabine Kuegler, a filha do casal de missionários alemães que cresceu enquanto seus pais viviam na tribo dos fayus nas florestas pantanosas da Nova Guiné indonésia, onde também não existem estradas, carros ou cidades, relatou uma reação semelhante. Quando tinha 17 anos, deixou a Nova Guiné para estudar em um internato na Suíça. "Havia uma quantidade incrível de carros nas ruas, e eles passavam a uma

O MUNDO ATÉ ONTEM

velocidade inacreditável! ... Cada vez que tínhamos de cruzar a rua fora do sinal, eu começava a transpirar. Não conseguia calcular a velocidade dos carros e entrava em pânico por achar que seria atropelada. (...) Numa ocasião, carros acelerados vinham das duas direções e, quando houve um pequeno intervalo no fluxo, meus amigos correram e atravessaram a rua. Mas eu fiquei onde estava, parecia petrificada. (...) Durante cinco minutos, fiquei parada no mesmo lugar. Meu medo simplesmente era grande demais. Caminhei um longo trecho até encontrar uma esquina com um sinal de trânsito. Daí em diante meus amigos perceberam que precisariam planejar muito bem para atravessar uma rua comigo. Até hoje, ainda tenho medo do trânsito rápido das cidades." No entanto, Sabine havia se acostumado a lidar com a presença de porcos selvagens e crocodilos nas florestas da Nova Guiné.

Essas duas histórias semelhantes ilustram vários pontos. As pessoas enfrentam perigos em todo lugar, mas eles diferem de uma sociedade para outra. Muitas vezes, nossa percepção tanto de perigos desconhecidos quanto de outros familiares não é realista. O amigo !kung de Konner e Sabine Kuegler estavam corretos, no sentido de que os carros são, de fato, o perigo número um na vida ocidental. Mas uma pesquisa sobre os perigos da vida realizada entre universitários americanos e mulheres eleitoras mostrou que, para essas duas categorias, a energia nuclear era mais perigosa do que os automóveis, a despeito do fato de que a energia nuclear (mesmo incluindo as mortes resultantes das duas bombas atômicas jogadas no final da Segunda Guerra Mundial) havia matado apenas uma minúscula fração do número de pessoas mortas por carros. Os universitários americanos também classificaram os pesticidas como extremamente perigosos (logo abaixo de armas e cigarros) e consideraram as cirurgias como relativamente seguras, quando, na realidade, uma cirurgia envolve mais riscos do que os pesticidas.

Seria possível acrescentar que os estilos de vida tradicionais são, no todo, mais perigosos do que o estilo ocidental, quando expressos em termos de expectativa de vida. No entanto, essa diferença é, basicamente, um fato recente. Antes que governos estatais eficazes começassem, há cerca de quatrocentos anos, a reduzir o impacto de fomes generalizadas e, especialmente, antes que medidas de saúde pública, acompanhadas pelos antibióticos, superassem, em grande parte, as doenças infecciosas, há menos de duzentos anos, a expectativa de vida nas sociedades de Estado europeias e americana não era mais alta do que nas sociedades tradicionais.

Quais são, de fato, os principais perigos na vida tradicional? Veremos que leões e crocodilos são apenas parte da resposta. Quanto às respostas aos perigos, às vezes reagimos racionalmente, adotando medidas eficazes para minimizar os riscos, mas, em outros casos, reagimos de modo "irracional" e ineficaz, negando, por exemplo, ou rezando, ou recorrendo a outras práticas religiosas. Como os povos tradicionais respondem ao perigo? Discutirei os que me parecem ser os quatro principais grupos de perigos enfrentados pelos povos tradicionais: riscos ambientais, violência humana, doenças infecciosas e parasitárias, e fome. Os dois primeiros ainda são problemas importantes nas sociedades ocidentais modernas; o terceiro e, especialmente, o quarto têm menos importância (embora ainda sejam importantes em outras partes do mundo moderno). Então, mencionarei brevemente as formas como são distorcidas as nossas avaliações de riscos, levando-nos a superestimar o risco dos pesticidas e subestimar os riscos de uma cirurgia.

Acidentes

Quando imaginamos os perigos que ameaçam as sociedades tradicionais, nossa primeira associação tende a ser com leões e outros riscos ambientais. Na realidade, para a maior parte das sociedades tradicionais os riscos ambientais estão em terceiro lugar entre as causas de mortes, abaixo de doenças e violência humana. Mas os perigos ambientais exercem um efeito maior sobre o comportamento das pessoas do que as doenças porque, no caso dos primeiros, a relação entre causa e efeito é muito mais rápida e mais facilmente percebida e compreendida.

A Tabela 8.1 lista as principais causas relatadas de morte acidental ou ferimentos entre sete povos tradicionais sobre os quais existem dados disponíveis. Todos os sete vivem nos trópicos ou nas proximidades e praticam pelo menos algumas atividades de caça e coleta, mas dois deles (os guineenses das terras altas e os kaulongs) obtêm a maior parte de suas calorias dos alimentos que cultivam. Obviamente, diferentes povos tradicionais devem enfrentar perigos específicos relacionados a seus diferentes ambientes. Por exemplo, os riscos de afogamento e de ser levado para o alto-mar sobre uma massa de gelo desgarrada existem para os inuítes do litoral ártico, mas não para os !kungs do deserto de Kalahari, enquanto ser esmagado por uma árvore que cai e picado por uma cobra venenosa são riscos para os pigmeus akas e para os aches, mas não para os inuítes. Sentir o chão lhes faltar sob os pés e despencar em uma caverna subterrânea é um risco para os kaulongs, mas para nenhum outro dos sete grupos mencionados, porque apenas os kaulongs vivem em um ambiente cheio de cavidades cobertas por finas camadas de solo. Obviamente, a Tabela 8.1 agrega e torna invisíveis as diferenças entre os sexos e entre grupos etários dentro de cada sociedade: sabe-se que os acidentes matam mais homens do que mulheres entre os aches, os !kungs e muitos outros povos, não apenas porque a caça de animais pelos homens envolve mais perigos do que a coleta de plantas pelas mulheres, mas também porque os homens tendem a ser mais atraídos por situações arriscadas do que as mulheres. Mas, ainda assim, a Tabela 8.1 é suficiente para sugerir algumas conclusões.

LEÕES E OUTROS PERIGOS

Tabela 8.1. Causas de morte acidental e ferimentos

Aches (Paraguai)	1. Cobras venenosas. 2. Jaguares, raios, perder-se. 3. Queda de árvore, cair de uma árvore, infecção por picadas de inseto e ferimentos por espinhos, fogo, afogamento, exposição a intempéries, corte por machado.
!Kungs (Sul da África)	1. Flechas envenenadas. 2. Fogo, grandes animais, cobras venenosas, cair de uma árvore, infecção por ferimentos por espinhos, exposição a intempéries. 3. Perder-se, raios.
Pigmeus Akas (África Central)	1. Cair de uma árvore, queda de árvore, grandes animais, cobras venenosas, afogamento.
Habitantes das terras altas da Nova Guiné	1. Fogo, queda de árvore, infecção por picadas de insetos e ferimentos por espinhos. 2. Exposição a intempéries, perder-se.
Fayus (terras baixas da Nova Guiné)	Escorpiões e aranhas, cobras venenosas, porcos e crocodilos, fogo, afogamento.
Kaulongs (Nova Bretanha)	1. Queda de árvore. 2. Cair de uma árvore, afogamento, corte por machado ou faca, queda em cavernas subterrâneas.
Agtas (Filipinas)	Queda de árvore, cair de uma árvore, afogamento, acidentes de caça e pescaria.

Em primeiro lugar, notamos que a Tabela 8.1 não faz nenhuma menção às principais causas de morte acidental nas sociedades ocidentalizadas modernas: em sequência decrescente de número de mortes, somos mortos por carros (imagem 44), álcool, armas de fogo, cirurgias e motocicletas; nenhuma dessas causas, exceto, ocasionalmente, o álcool, é um risco para os povos tradicionais. Pode-se supor que nós meramente trocamos os velhos riscos de leões e queda de árvores pelos novos riscos de carros e álcool. Mas há outras duas grandes diferenças entre os perigos ambientais nas sociedades modernas e nas tradicionais, além dos riscos particulares envolvidos. A primeira é que o risco cumulativo de morte acidental provavelmente é mais baixo nas sociedades modernas porque exercemos muito mais controle sobre nosso ambiente, embora ele de fato contenha novos perigos manufaturados por nós próprios, como os automóveis. A outra diferença é que, graças à medicina moderna, o dano causado por nossos acidentes é reparado com muito mais frequência, antes que nos mate ou nos incapacite pelo resto da vida. Quando rompi um tendão na mão, um cirurgião a imobilizou e todas as funções foram recuperadas em seis meses, mas alguns amigos guineenses que sofreram rompimentos de tendões e fraturas de ossos acabaram nunca se curando por completo e ficaram com danos permanentes.

Essas duas diferenças são parte do motivo de os povos tradicionais quererem abandonar seu estilo de vida na selva — abstratamente admirado por ocidentais que, é claro, não vivem esse tipo de vida. Por exemplo, essas diferenças ajudam a explicar por que é tão grande o número de índios aches que abrem mão da liberdade da vida de caçadores nas florestas e vão morar em reservas, por mais degradante que isso possa parecer ao observador externo. Da mesma forma, um amigo meu, americano, viajou para o outro lado do mundo para se encontrar com um bando de caçadores-coletores recém-contatados numa floresta da Nova Guiné apenas para descobrir que a metade deles já havia escolhido se mudar para um vilarejo indonésio e usar camisetas, pois a vida ali era mais segura e confortável. "Arroz para comer, e não tem mosquitos!", foi a explicação concisa que deram.

Quando lemos os sete conjuntos de causas da Tabela 8.1, vemos alguns temas que constituem sérios perigos para muitos dos povos tradicionais ou para a maior parte deles, mas são raros ou surpreendentes para nós, modernos. Os animais selvagens são, de fato, uma grande ameaça aos povos tradicionais (imagem 43). Os jaguares causam 8% das mortes de homens aches. Leões, leopardos, hienas, elefantes, búfalos e crocodilos realmente matam africanos, mas o animal que mais mata africanos é o hipopótamo. Os !kungs e os pigmeus são mortos, mordidos, arranhados e escorneados não apenas por carnívoros de grande porte, mas também por antílopes e outras caças feridas. Embora fiquemos horrorizados com a ideia de caçadores !kungs espantando manadas de leões para que não devorem uma carcaça, os !kungs reconhecem que o leão mais perigoso é, de fato, aquele animal solitário muito velho, doente ou ferido que não consegue capturar presas muito rápidas e fica reduzido a atacar humanos.

As cobras venenosas também estão entre os maiores riscos para os povos de áreas tropicais que aparecem na Tabela 8.1. Elas causam 14% das mortes de homens aches (ou seja, mais do que os jaguares) e uma porcentagem ainda maior de perdas de pernas ou braços. Quase todos os homens ianomâmis e aches já foram picados pelo menos uma vez. Classificadas ainda mais frequentemente como perigosas são as árvores, tanto quando despencam sobre pessoas na floresta (como na experiência que descrevi no início do capítulo 7) quanto quando alguém sobe em uma árvore para caçar ou colher frutas ou mel e cai de uma grande altura (imagem 42). As fogueiras acesas em casa para aquecer o ambiente são um risco maior do que incêndios na mata, e a maior parte dos guineenses das terras altas e dos !kungs fica com cicatrizes de queimadura por dormirem perto do fogo quando adultos ou por brincarem perto dele quando crianças.

Condições meteorológicas adversas, como a exposição ao tempo frio ou úmido, podem se transformar em um perigo fora dos trópicos, bem como nas grandes altitudes da Nova Guiné e de outras áreas tropicais. Mesmo para os aches que vivem no Paraguai, próximo do Trópico de Capricórnio, as temperaturas no inverno podem cair abaixo de zero, e um ache surpreendido na floresta à noite sem poder acender uma fogueira corre o risco de morrer. Em uma das montanhas mais altas da Nova Guiné, enquanto eu fazia uma caminhada bem preparado e bem agasalhado sob uma chuva enregelante e no meio de forte ventania, a uma altitude de 3.300 metros, encontrei um grupo de sete estudantes guineenses que haviam feito a loucura de sair para atravessar a montanha naquela manhã, com o tempo aberto, usando shorts e camisetas. Quando os encontrei, várias horas mais tarde, tremiam incontrolavelmente, andavam tropegamente e mal davam conta de falar. Os homens locais que estavam comigo os conduziram até um abrigo e me mostraram uma pilha de pedras ao lado: por trás delas, um grupo de 23 homens havia buscado refúgio num tempo ruim no ano anterior, e acabaram todos mortos. Afogamentos e raios são outros perigos ambientais tanto para povos tradicionais quanto modernos.

Os !kungs, os guineenses, os aches e muitos outros povos coletores são famosos pela habilidade de seguir rastros, ler sinais no ambiente e detectar uma trilha quase invisível aos olhos. Ainda assim, eles também, e especialmente suas crianças, ocasionalmente cometem enganos, ficam perdidos e podem não conseguir encontrar o caminho de volta para o acampamento antes do cair da noite, com consequências fatais. Amigos meus estavam envolvidos em duas dessas tragédias na Nova Guiné: um menino que caminhava com um grupo de adultos perdeu-se e nunca mais foi encontrado, a despeito de buscas exaustivas no mesmo dia e nos dias seguintes, e um homem forte e experiente perdeu-se numa montanha no final da tarde, não conseguiu chegar à aldeia e morreu de exposição às intempéries na floresta à noite.

Ainda temos, como causas de acidentes, as armas e ferramentas. As flechas usadas por caçadores !kungs são untadas com um veneno potente, e o resultado é que um arranhão acidental feito por uma flecha é a mais séria causa de acidentes de caça entre eles. Os povos tradicionais em todo o mundo cortam-se acidentalmente com machados e facas, como acontece com lenhadores e cozinheiros modernos.

Causas menos heroicas e muito mais comuns do que leões ou raios são as despretensiosas picadas de insetos e arranhaduras de espinhos. Nos trópicos úmidos, qualquer picada ou arranhão — ainda que por um mero mosquito, parasita, piolho ou carrapato — tende a infeccionar e a se transformar, caso não receba tratamento, em um abscesso incapacitante. Por exemplo, uma vez em que fui visitar um amigo na Nova Guiné chamado Delba, com quem havia passado várias semanas caminhando pela floresta dois anos antes, fiquei abalado ao encontrá-lo preso em casa e totalmente incapaz de andar devido a um simples arranhão que infeccionara. Ele respondeu rapidamente aos antibióticos que eu levava comigo, mas que não estão disponíveis para os habitantes das aldeias guineenses. Formigas, abelhas, centopeias, escorpiões, aranhas e vespas não apenas picam ou arranham, mas também injetam venenos que, às vezes, são fatais. Além de árvores que podem cair, os perigos que meus amigos guineenses mais temem na floresta são as ferroadas de vespas e as picadas de formigas. Alguns insetos depositam um ovo sob a pele da pessoa e aquilo se transforma numa larva que produz um grande abscesso e desfigura o corpo para sempre.

Embora essas causas de acidentes nas sociedades tradicionais sejam muito variadas, elas permitem certas generalizações. Sérias consequências de acidentes incluem não apenas a morte, mas também, mesmo que a pessoa sobreviva, a possibilidade de uma queda da eficiência física, seja temporária ou permanente. Isso resulta na redução da capacidade de prover o sustento dos filhos e de outros parentes, numa menor resistência a doenças e em deficiências ou amputações de uma perna ou braço. São essas consequências "secundárias", e não o risco de morte, que fazem com que meus amigos guineenses, e eu também, tenhamos tanto medo de mosquitos, vespas e arranhões infeccionados. Se a vítima sobrevive à picada de uma cobra venenosa, ela ainda pode ter uma gangrena e ficar paralisada, deformada, sem uma perna ou um braço.

Assim como o onipresente risco de morte por inanição, a ser discutido mais adiante neste capítulo, os perigos ambientais influenciam o comportamento das pessoas em muito maior medida do que se poderia imaginar a partir do número de mortes ou ferimentos causados. De fato, o número de mortes pode ser baixo precisamente porque são investidos tantos cuidados em combater os perigos. Por exemplo, ataques de leões e outros grandes carnívoros são responsáveis por apenas cinco em cada mil mortes de !kungs, e isso pode conduzir à conclusão equivocada de que os leões não são um fator importante na vida do grupo. Na realidade, isso reflete exatamente o contrário. Os guineenses, que vivem em um ambiente sem carnívoros perigosos, caçam à noite; os !kungs, não, tanto porque se torna difícil detectar animais perigosos e seus rastros quanto porque os próprios carnívoros perigosos são mais ativos à noite. As mulheres !kungs sempre buscam alimentos em grupos, constantemente fazendo ruídos e falando alto para garantir que os animais não se defrontem com elas inesperadamente; mantêm-se alertas a vestígios e evitam correr (pois isso incita um predador a atacar). Se um predador for visto na vizinhança, os !kungs podem passar um ou dois dias sem sair do acampamento.

A maior parte dos acidentes — os causados por animais, cobras, queda de árvores, incêndio na mata, exposição a intempéries, por perder-se na mata, cair de uma árvore, por afogamento, picadas de insetos e arranhões de espinhos — está associada a saídas para buscar comida ou produzir alimentos. Assim, a maior parte dos acidentes poderia ser evitada ficando-se em casa ou no acampamento, mas então não haveria nenhuma comida. Portanto, os perigos ambientais ilustram uma modificação do princípio de Wayne Gretzky: se a pessoa não arrisca uma jogada, não perderá nenhuma, mas terá certeza absoluta de que não marcará nenhum ponto. Os coletores e agricultores tradicionais, mais ainda do que Wayne Gretzky, precisam contrabalançar os riscos diante da necessidade predominante de uma contínua marcação de pontos. Do mesmo modo, nós, modernos habitantes de cidades, podemos evitar os principais riscos da vida urbana, os acidentes de carro, ficando em casa e não nos expondo a milhares de outros motoristas em disparada que se comportam de maneira imprevisível e dirigem a mais de cem quilômetros por hora nas estradas. Mas os empregos e as compras da maior parte de nós dependem de nos locomovermos por carro. Wayne Gretzky diria: se não dirigir, então não haverá contracheque nem comida.

Evitar e vigiar

Como os povos tradicionais respondem à realidade de viver sempre sob a ameaça de perigos ambientais? Suas respostas incluem a paranoia construtiva que expliquei no capítulo 7, respostas religiosas que veremos no capítulo 9 e várias outras práticas e atitudes.

Os !kungs vivem em permanente vigilância. Enquanto estão fora buscando alimentos ou caminhando no mato, olham ao redor e prestam atenção a ruídos que revelem animais e pessoas, e examinam rastros na areia para deduzir qual animal ou pessoa passou por ali, em que direção seguiu, a que velocidade, há quanto tempo, e para saber se, diante das conclusões, devem modificar seus planos, e como. Mesmo enquanto estão no acampamento, precisam permanecer vigilantes, a despeito

LEÕES E OUTROS PERIGOS

do efeito de dissuasão representado por pessoas, ruídos e fogueiras, porque às vezes os animais entram em acampamentos, especialmente cobras. Se uma das grandes cobras venenosas chamadas mamba negra for vista num acampamento, os !kungs provavelmente abandonarão o local em vez de tentar matar a cobra. Isso pode nos parecer uma reação desmesurada, mas a mamba negra é uma das mais perigosas cobras africanas por causa de seu grande porte (até 2,5 metros), movimentos rápidos, longos dentes inoculadores e potente veneno neurotóxico; a maior parte de suas picadas é fatal.

Em qualquer ambiente perigoso, a experiência acumulada ensina regras de comportamento para minimizar os riscos, e vale a pena seguir tais regras mesmo que uma pessoa de fora as considere excessivas. O que Jane Goodale escreveu sobre a mentalidade do povo kaulong das florestas tropicais da Nova Bretanha poderia ser igualmente aplicado a povos tradicionais de outros lugares, substituindo-se apenas os exemplos específicos: "A prevenção de acidentes é importante, e, para garantir o sucesso e a sobrevivência pessoais, é necessário conhecer como, quando e em que circunstâncias determinada ação deve ser empreendida, ou não. É significativo que uma inovação em qualquer técnica ou comportamento que se refiram ao ambiente natural seja considerada extremamente perigosa. Existe uma faixa bastante estreita de comportamentos corretos, e fora dela ocorrem os frequentemente comentados perigos de a terra subitamente se abrir sob os pés de alguém, de uma árvore cair sobre um passante ou de as águas de um rio subirem instantaneamente enquanto uma pessoa está tentando passar para a outra margem. Fui orientada, por exemplo, para parar de lançar pedras sobre a superfície de nosso rio ('isso causará uma inundação'), não brincar com fogo ('a terra se abrirá', ou 'o fogo vai lhe queimar e não cozinhará sua comida'), não dizer o nome de morcegos de caverna quando os estiver caçando ('a caverna desmoronará'), e muitos 'nãos' com sanções semelhantes produzidas pelo ambiente natural." A mesma atitude está subjacente na filosofia de vida que um amigo guineense resumiu assim: "Tudo acontece por uma razão, então é preciso ter cautela."

O MUNDO ATÉ ONTEM

Uma reação comum entre os ocidentais quando se defrontam com um perigo, e que nunca, jamais, encontrei entre guineenses experientes é bancar o machão, parecer se divertir com situações perigosas ou fazer de conta que é uma pessoa arrojada e tentar esconder o próprio medo. Marjorie Shostak observou a ausência dessas atitudes ocidentais machistas entre os !kungs: "Muitas vezes, as caçadas são perigosas. Os !kungs enfrentam o perigo corajosamente, mas não o buscam nem correm riscos para provar sua coragem. Evitar ativamente situações perigosas é considerado prudência, não covardia ou algo não masculino. Além disso, não se espera que os garotos superem seu medo e ajam como homens. Quando se trata de riscos desnecessários, os !kungs dizem: 'Mas alguém poderia morrer!'"

Marjorie prosseguiu descrevendo como um garoto !kung de 12 anos chamado Kashe, com o primo e o pai, relataram uma caçada bem-sucedida na qual o pai havia atingido com a lança um grande antílope, e este se defendera com longos chifres afiados como navalha. Quando ela perguntou a Kashe se ele havia ajudado o pai a matar o animal, o garoto sorriu e orgulhosamente respondeu: "Não! Eu estava no alto de uma árvore!" E então caiu na risada. "Intrigada, perguntei novamente, e ele respondeu que, com o primo, haviam subido em uma árvore logo que o animal parou de correr e mostrou que não cederia terreno. Eu o provoquei, dizendo que todo mundo teria ficado sem comer se ele e o primo fossem os responsáveis pelo animal. O garoto riu de novo e disse: 'Sim, mas estávamos com tanto medo!' Não havia nenhum sinal de vergonha nem de necessidade de explicar o que poderia ter parecido, em nossa cultura, falta de coragem. (...) Haveria tempo suficiente para ele aprender a enfrentar animais perigosos e matá-los, e não havia nenhuma dúvida em sua mente (ou na do pai, a julgar por sua expressão) de que, um dia, ele faria isso. Quando comentei com o pai, ele sorriu: 'No alto da árvore? Claro. São apenas crianças. Poderiam ter se ferido.'"

Os guineenses, os !kungs e outros povos tradicionais relatam uns aos outros longas histórias de perigos encontrados, não apenas como diversão na ausência de televisão e livros, mas também pelo valor educacional. Kim Hill e A. Magdalena Hurtado dão alguns exemplos de conversas em torno de fogueiras entre os aches: "Histórias de morte acidental às vezes são contadas à noite, quando membros do bando relacionam os eventos do dia a coisas que aconteceram no passado. As crianças são fascinadas por essas histórias e provavelmente aprendem com elas lições inestimáveis sobre os perigos da floresta, que ajudam a sua própria sobrevivência. Um garoto morreu porque se esquecera de esmagar a cabeça de uma larva de palmeira antes de a engolir: as mandíbulas da larva se agarraram em sua garganta e ele morreu engasgado. Em muitos casos, um garoto adolescente se afastou demais dos adultos durante uma caçada e nunca mais foi visto, ou foi encontrado morto muitos dias depois. Um caçador que estava cavando um buraco de tatu caiu de cabeça no buraco e morreu sufocado. Outro caiu de uma árvore de mais de quarenta metros de altura quando tentava recuperar uma flecha que lançara contra um macaco, tendo morte instantânea. Uma garotinha caiu num buraco deixado pela raiz apodrecida de uma grande árvore e quebrou o pescoço. Diversos homens haviam sido atacados por um jaguar; os restos de alguns foram achados, e outros simplesmente desapareceram. Um garoto foi picado na cabeça por uma cobra venenosa enquanto dormia no acampamento à noite e morreu no dia seguinte. Uma velha foi morta por uma árvore que caiu enquanto uma adolescente a derrubava a machadadas para fazer lenha; dali em diante, a garota ficou conhecida como 'Lenha Que Cai', um apelido que diariamente lhe recordava sua má ação. Um homem foi mordido por um quati e, mais tarde, morreu por causa da ferida. Em um incidente semelhante, um caçador foi mordido no pulso em 1985. Suas principais artérias e veias foram perfuradas, e certamente teria morrido se não tivesse recebido cuidados médicos modernos. Uma garota caiu quando cruzava uma ponte de madeira sobre um rio e foi levada pelas águas. (...) Finalmente, em um evento que parece um verdadeiro golpe de azar aleatório, seis pessoas de um bando foram mortas por um raio que atingiu o acampamento durante uma tempestade."

Violência humana

As sociedades tradicionais exibem tanta variação na frequência e formas de morte por violência humana, que esta costuma ocupar o primeiro ou o segundo lugar (depois de doenças) na lista de causas de morte. Um fator significativo subjacente a essa variação é o grau de interferência do Estado, ou de elementos externos, para suprimir ou desencorajar a violência. Os tipos de violência podem ser dicotomizados, em termos um tanto arbitrários, em guerra (discutida nos capítulos 3 e 4) ou homicídio, sendo a guerra, em sua forma mais óbvia, definida como combate coletivo entre diferentes grupos, enquanto homicídio é definido como morte de indivíduos dentro de um grupo. No entanto, essa dicotomia perde contornos quando é preciso decidir se mortes entre grupos vizinhos que em geral convivem em termos amigáveis devem ser contadas como homicídios intragrupais ou guerra com outro grupo. Existem ambiguidades adicionais que dificultam a classificação dos tipos de morte. Por exemplo, dados publicados sobre a violência entre os aches incluem infanticídio e senilicídio, mas os relativos aos !kungs, não, e diferentes autores têm opiniões divergentes sobre a frequência de infanticídios entre os !kungs. A escolha das vítimas e a relação entre a vítima e o assassino também variam amplamente entre uma sociedade e outra. Por exemplo, as vítimas aches de violência eram, principalmente, bebês e crianças, enquanto as vítimas !kungs eram principalmente homens adultos.

Os estudos sobre a violência entre os !kungs são ilustrativos por diversas razões. Relatos iniciais dos !kungs feitos por antropólogos os descreviam como pacíficos e não violentos, tanto que um livro popular publicado em 1959, bem no início dos estudos modernos sobre os !kungs, chamou-se *The Harmless People* (O povo inofensivo). Durante três anos de residência entre os !kungs nos anos 1960, Richard Lee observou 34 brigas que levaram a golpes, mas não a mortes, e informantes lhe disseram que, de fato, não havia ocorrido nenhum assassinato durante aqueles anos. Somente depois de estar na região durante 14 meses e ficar conhecendo melhor seus informantes, Lee conseguiu fazer com

LEÕES E OUTROS PERIGOS

que conversassem com ele sobre assassinatos passados. Com isso, conseguiu cruzar os dados obtidos de vários informantes e reunir uma lista confiável com nome, sexo e idade dos assassinos e das vítimas, a relação entre eles e as circunstâncias, o motivo, a época do ano, hora do dia e armas usadas em 22 mortes ocorridas entre 1920 e 1969. A lista não incluía casos de infanticídio e senilicídio, que Lee acreditava serem raros, mas as entrevistas de Nancy Howell com mulheres !kungs sugerem que os infanticídios de fato ocorriam. Lee concluiu em seu estudo que aqueles 22 casos constituíam o número total de mortes por violência entre 1920 e 1969.

Todas as 22 mortes !kungs certamente devem ser consideradas homicídios, e não guerras. Em alguns casos, a vítima e o criminoso estavam dentro do mesmo acampamento, enquanto em outros eles viviam em acampamentos diferentes, mas nenhum assassinato envolvia um grupo de pessoas de um acampamento tentando matar um grupo de outro acampamento (isto é, "guerra"). De fato, não houve um único relato que sugerisse uma guerra entre os !kungs na área de Lee durante o período 1920-1969. Mas os !kungs disseram que costumavam fazer ataques surpresa, aparentemente semelhantes às "guerras" testemunhadas entre outros povos tradicionais, durante a geração dos avós do !kung sobrevivente mais idoso, ou seja, antes que os pastores tsuanas começassem a fazer visitas anuais aos !kungs no século XIX e a negociar com eles. Vimos no capítulo 4 que as visitas de comerciantes aos inuítes também tiveram o efeito de suprimir as guerras, embora nem os comerciantes, os inuítes ou os !kungs tenham intencionalmente pretendido isso. Os inuítes abandonaram a guerra em seu próprio interesse a fim de terem mais oportunidades de lucro com o comércio, e os !kungs podem ter feito o mesmo.

Quanto às taxas de homicídios entre os !kungs, 22 mortes ao longo de 49 anos representam menos de 1 homicídio a cada dois anos. Isso soa totalmente trivial para os leitores urbanos de jornais americanos, que podem abrir suas páginas a qualquer dia e ler sobre todos os assassinatos cometidos na cidade nas últimas 24 horas. A principal explicação para essa diferença é, obviamente, que a população base na qual podem ocorrer assassinatos é constituída de milhões de pessoas em uma cidade americana, mas por apenas cerca de 1.500 pessoas na população !kung pesquisada por Lee. Em relação à população base, a *taxa* de homicídios entre os !kungs é de 29 homicídios para cada 100 mil pessoas por ano, que é o triplo da taxa de homicídios nos Estados Unidos e de dez a trinta vezes as taxas do Canadá, da Inglaterra, da França e da Alemanha. Seria possível objetar que os cálculos para os Estados Unidos excluem mortes violentas em guerras, o que resultaria em uma taxa mais alta para os Estados Unidos. No entanto, a taxa !kung também não inclui mortes em "guerras" !kungs (isto é, aqueles ataques surpresa que terminaram há um século), cujo número é totalmente desconhecido para os !kungs, mas que se sabe ser alto para muitos outros povos tradicionais.

O registro de 22 homicídios !kungs em 49 anos também é ilustrativo por outra razão. Um homicídio a cada 27 meses significa que, para um antropólogo que realiza um estudo de campo sobre um povo durante um ano, a chance é de que nenhum homicídio ocorra durante aquele período, e o antropólogo consideraria que aquele é um povo pacífico. Mesmo que ele residisse ali durante cinco anos, um período longo o suficiente para que pudesse ocorrer uma morte, dada a taxa de homicídios dos !kungs, dificilmente ocorreria à vista do antropólogo, cuja avaliação da frequência de violência dependeria da vontade dos informantes de lhe contarem o ocorrido. Da mesma forma, embora os Estados Unidos se classifiquem como a sociedade mais homicida do Primeiro Mundo, nunca assisti pessoalmente a um assassinato, e ouvi apenas uns poucos relatos de primeira mão de homicídios testemunhados por conhecidos meus. Os cálculos de Nancy Howell sugerem que a violência era a segunda principal causa de morte entre os !kungs, superada por doenças infecciosas e parasitárias, mas à frente de doenças degenerativas e acidentes.

Também é ilustrativo considerar por que as mortes violentas desapareceram recentemente entre os !kungs. O último homicídio relatado a Lee ocorreu na primavera de 1955, quando dois homens !kungs mataram um terceiro. Os dois assassinos foram capturados pela polícia, levados a julgamento e presos, e não retornaram para a área onde viviam. Esse

LEÕES E OUTROS PERIGOS

fato ocorreu apenas três anos depois da primeira vez que a polícia interveio para prender um assassino !kung. Entre 1955 e 1979, quando Lee publicou a análise, não houve mais nenhum homicídio em sua área de estudo. Esse desenrolar dos eventos ilustra o papel do controle exercido por um governo de Estado forte para reduzir a violência. Esse mesmo papel também ficou óbvio a partir de fatos registrados na história colonial e pós-colonial da Nova Guiné nos últimos cinquenta anos, ou seja: a queda pronunciada da violência que se seguiu ao estabelecimento do controle australiano e indonésio de áreas remotas da Nova Guiné oriental e ocidental, respectivamente, que previamente não tinham governo estatal; o contínuo baixo nível de violência na Nova Guiné indonésia em consequência do rigoroso controle governamental mantido ali; e o ocasional ressurgimento da violência na Papua Nova Guiné depois que o governo colonial australiano gradualmente cedeu lugar ao governo independente menos rigoroso. Essa tendência de a violência decrescer sob o controle de um governo estatal não nega o fato de que as sociedades tradicionais têm meios não violentos de resolver a maior parte de suas disputas antes que degenerem em violência (capítulo 2).

Vejamos alguns detalhes sobre os 22 homicídios !kungs. Todos os assassinos, e 19 das 22 vítimas, eram homens adultos entre 20 e 55 anos; apenas três das vítimas eram mulheres. Em todos os casos, o homicida conhecia a vítima, que era um parente distante; os !kungs nunca matam estranhos, fato comum nos Estados Unidos durante roubos ou brigas no trânsito. Todas as mortes ocorreram publicamente em acampamentos, na presença de outras pessoas. Apenas cinco dos 22 assassinatos foram premeditados. Por exemplo, em um caso dramático ocorrido por volta de 1948, um notório e possivelmente psicótico assassino chamado Twi, que já havia matado dois homens, foi tocaiado e atingido por uma flecha envenenada por um homem chamado Xashe. Depois de ferido, Twi ainda conseguiu usar sua lança para ferir na boca uma mulher chamada Kushe e atingir nas costas o marido de Kushe com uma flecha envenenada antes que muitas pessoas se juntassem em volta de Twi, o cobrissem de flechadas envenenadas e depois atacassem o cadáver com lanças. Os outros 17 homicídios !kungs, no entanto, foram desdobra-

O MUNDO ATÉ ONTEM

mentos espontâneos de brigas. Por exemplo, uma briga estourou em Nwama quando um homem se recusou a permitir que outro se casasse com a irmã mais nova da esposa do primeiro. Na grande discussão que se seguiu, o marido disparou uma flecha contra a cunhada; o pretendente, com seu pai e seu irmão, de um lado, e o marido e seus aliados, de outro, atiraram flechas e lanças uns contra os outros; e, em meio a diversas brigas paralelas, o pai do pretendente foi mortalmente ferido na coxa por uma flecha envenenada e por uma lança no tórax.

A maior parte dos assassinatos entre os !kungs (15 dos 22) fazia parte de histórias de rixas nas quais uma morte levou a outra e depois a mais outra ao longo de períodos de até 24 anos; tais ciclos de mortes retaliatórias também caracterizam a guerra tradicional (capítulos 3 e 4). Entre os motivos dos assassinatos, além da vingança de mortes anteriores, o adultério é um dos mais mencionados. Por exemplo, um marido cuja esposa havia dormido com outro homem atacou e feriu a adúltera, que então matou o marido. Outro marido traído esfaqueou e matou a mulher com uma flecha envenenada, depois fugiu da área e nunca mais retornou.

Quanto a outras sociedades de pequena escala, algumas são menos violentas do que os !kungs (como os pigmeus akas e os sirionos), enquanto outras são ou foram mais violentas (como os aches, os ianomâmis, os nórdicos da Groelândia e da Islândia). No tempo em que os aches ainda estavam vivendo na floresta como caçadores-coletores, antes de 1971, a violência era a causa mais comum de morte, excedendo até mesmo as doenças. Mais da metade das mortes violentas de aches foram nas mãos de paraguaios não aches, mas os assassinatos por outros aches ainda representavam 22% das mortes. Em marcante contraste com o padrão de violência !kung dirigida exclusivamente contra !kungs adultos, a maior parte (81%) das vítimas aches era de crianças ou bebês — por exemplo, crianças (predominantemente meninas) mortas para acompanhar na sepultura um adulto que havia morrido, ou crianças que foram mortas ou morreram por negligência porque nasceram poucos minutos depois de seu gêmeo. Também contrastando com os !kungs, a forma mais comum de homicídios intergrupais de aches adultos não era uma briga espontânea com qualquer arma que estivesse à mão, mas uma luta ritualizada e planejada com maças feitas especialmente para a ocasião. Como ocorreu no caso dos !kungs, a intervenção estatal fez decrescer significativamente os níveis de violência entre os aches: desde que números crescentes deles passaram a viver em reservas, depois de 1977, e ficaram sob a influência direta ou indireta do Estado paraguaio, as mortes de aches adultos por outros aches cessaram, e o número de crianças e bebês mortos por adultos diminuiu.

Como os indivíduos de sociedades tradicionais sem governo estatal e sem polícia se protegem contra o perigo constante da violência? De modo geral, eles adotam várias formas de paranoia construtiva. Uma regra generalizada é sempre ter cuidado com estranhos: deve-se sempre tentar matar ou expulsar um estranho detectado em seu território, porque ele pode ter chegado até ali para sondar sua área ou matar um membro de sua tribo. Outra regra é estar sempre atento à possibilidade de traição por supostos aliados ou (ao contrário) praticar a traição preventiva contra aliados potencialmente instáveis. Por exemplo, uma tática de guerra ianomâmi é convidar pessoas de uma aldeia vizinha para um banquete e então matá-las quando já tiverem deposto as armas e estiverem comendo. Don Richardson relata que o povo sawi, do sudoeste da Nova Guiné, honra a traição como um ideal: melhor do que matar um inimigo sem rodeios é convencer um inimigo de que você lhe dedica amizade, convidá-lo várias vezes, ao longo de meses, para visitas amistosas, partilhar sua comida com ele e um dia ver o terror estampado em sua face quando você declara, pouco antes de matá-lo: "Tuwi asonai makaerin!" (Estivemos engordando você com amizade e preparando-o para o abate!)

Outra tática usada para reduzir o risco de ataque é construir a aldeia em um local de fácil defesa e com ampla visão das cercanias. Por exemplo, nas montanhas da Nova Guiné as aldeias são tipicamente localizadas no topo de colinas, e muitos assentamentos construídos na última fase dos índios anasazis, no sudoeste dos Estados Unidos, estavam em locais aos quais só se tinha acesso por escadas que poderiam ser puxadas do alto para impedir a entrada. Embora esses locais obriguem os habitantes a transportar água de longa distância, subindo desde o rio no vale até o alto das escarpas, o esforço é considerado preferível ao risco de ser surpreendido por um ataque num local plano à beira de um rio. À medida que aumenta a densidade populacional ou o número de conflitos, as pessoas tendem a abandonar as cabanas dispersas e desprotegidas e a se agregar, por defesa, em grandes aldeias fortificadas com paliçadas.

Os grupos se protegem criando uma rede de alianças com outros grupos, e indivíduos se aliam a outros. Uma função da conversa constante entre eles, que chamou minha atenção na Nova Guiné e também intrigou vários visitantes de outras sociedades tradicionais, é a de aprender o máximo possível sobre cada indivíduo dentro do universo de contatos de cada pessoa e monitorar as atividades dos outros constantemente. Fontes especialmente boas de informações são as mulheres que nasceram em um grupo e passaram a viver em outro depois do casamento, adotando a forma tradicional de residência patrilocal (com a família do marido). Essas mulheres casadas muitas vezes alertam seus parentes de sangue em sua sociedade natal, informando que o marido e outros parentes dele estão planejando um ataque. Finalmente, assim como as conversas sem fim em torno da fogueira e os relatos sobre acidentes servem para distrair e também para educar as crianças (e todos os demais) sobre riscos ambientais, as infindáveis conversas sobre ataques surpresa e estranhos alertam os ouvintes sobre os perigos representados por pessoas, além de fornecerem um divertimento fascinante.

Doenças

Dependendo da sociedade tradicional específica, as doenças aparecem como o principal perigo à vida humana (entre os agtas e os !kungs estima-se que as doenças representavam, respectivamente, 50%-86% e 70%-80% de todas as mortes) ou como o segundo fator mais importante, abaixo da violência (entre os aches, "apenas" 25% das mortes nas condições de vida na floresta eram devidas a doenças). No entanto, deve-se acrescentar que pessoas subnutridas tornam-se mais suscetíveis a infecções, e que a escassez de alimentos é um fator que contribui para muitas mortes cuja causa é registrada como "doença infecciosa".

Entre as doenças, a importância relativa de diferentes categorias de enfermidades para os povos tradicionais varia muito, dependendo do estilo de vida, da localização geográfica e da idade. Em geral, as doenças infecciosas são mais importantes entre bebês e crianças pequenas, e permanecem importantes em todas as idades. As doenças parasitárias também têm grande peso na infância. Doenças associadas a vermes (como a solitária) e a parasitas depositados por insetos (como a malária e o agente causador da doença do sono) são um problema mais sério para indivíduos de climas tropicais do que para os que vivem no Ártico, em desertos e no alto de montanhas geladas, onde esses vermes e insetos têm dificuldade de sobreviver. À medida que as pessoas envelhecem, as doenças degenerativas de ossos, juntas e tecidos moles — como artrite, osteoartrite, osteoporose, fratura de ossos e desgaste de dentes — crescem em importância. O estilo de vida dos povos tradicionais, muito mais fisicamente exigente do que o dos sedentários modernos viciados em TV, tornam os primeiros muito mais suscetíveis a doenças degenerativas em determinada idade. Perceptivelmente raras ou ausentes entre povos tradicionais são todas as doenças responsáveis pela maior parte das mortes no Primeiro Mundo atual: aterosclerose coronariana e outras formas de aterosclerose, derrames e outras consequências da hipertensão, diabetes em adultos, e a maior parte dos cânceres. Discutirei no capítulo 11 os motivos dessa impressionante diferença entre padrões de saúde no Primeiro Mundo e nas sociedades tradicionais.

Foi apenas nos últimos dois séculos que as doenças infecciosas tiveram sua importância reduzida no Primeiro Mundo como causa de mortes humanas. As razões para essas mudanças recentes incluem o reconhecimento da importância de medidas sanitárias; a instalação de centrais de abastecimento de água potável pelos governos; a introdução da vacinação e de outras medidas de saúde pública; o aumento do conhecimento científico sobre os micróbios como agentes de doenças infecciosas, permitindo a adoção racional de contramedidas eficazes; e a descoberta e criação de antibióticos. A má higiene permitia (e ainda hoje permite) a transmissão de doenças infecciosas e parasitárias entre os povos tradicionais, que frequentemente usam a mesma fonte de água para beber, cozinhar, tomar banho e lavar, defecam nas proximidades e não compreendem a importância de lavar as mãos antes de manusear os alimentos.

Mencionarei aqui um exemplo de higiene e doença que me impressionou particularmente durante uma viagem à Indonésia. Eu passava a maior parte do dia sozinho, observando pássaros em trilhas na floresta que irradiavam do acampamento que eu dividia com colegas indonésios. Fiquei desconcertado ao perceber que estava tendo súbitos episódios de diarreia diariamente, em horários diferentes e imprevisíveis a cada dia. Fiz um grande esforço para descobrir o que estava fazendo de errado e o que poderia explicar a variação no horário das crises. Por fim, achei a conexão. Todos os dias, um colega indonésio extremamente gentil, que se sentia responsável por meu bem-estar, saía do acampamento e seguia minha trilha até me encontrar e se certificar de que eu não havia sofrido um acidente nem me perdido. Dava-me alguns biscoitos que havia trazido do acampamento para me agradar, conversava comigo durante alguns minutos para se certificar de que tudo estava bem e retornava à base. Um dia me dei conta de que as crises de diarreia começavam cerca de meia hora depois da visita de meu amigo e depois de eu comer os biscoitinhos que ele trazia: quando vinha às 10 horas, a crise era às 10:30, e quando vinha às 14:30, era às 15:00. A partir do dia seguinte, eu agradecia os biscoitos, desfazia-me deles disfarçadamente logo que ficava a sós de novo e nunca mais tive nenhuma crise. O problema decorria do manuseio dos biscoitos por meu amigo, e não dos próprios biscoitos, pois tínhamos no acampamento um estoque nos pacotes originais de celofane e nunca me haviam feito mal quando eu próprio os abria. A causa das crises devem ter sido patógenos intestinais transmitidos aos biscoitos pelas mãos de meu amigo.

Os tipos predominantes de doenças infecciosas diferem notavelmente entre pequenas populações de caçadores-coletores nômades e sociedades de agricultura familiar, de um lado, e, de outro, as grandes populações de sociedades modernas recém-ocidentalizadas e as socie-

LEÕES E OUTROS PERIGOS

dades tradicionais do Velho Mundo com alta densidade populacional. As doenças características de caçadores-coletores são a malária e outras febres transmitidas por artrópodes, disenteria e outras doenças gastrointestinais, doenças respiratórias e infecções de pele. A menos que os caçadores-coletores tenham sido recentemente infectados por visitantes ocidentais, não encontramos entre eles as temidas doenças infecciosas de populações assentadas: difteria, gripe, sarampo, caxumba, coqueluche, rubéola, catapora e febre tifoide. Diferentemente das doenças infecciosas dos caçadores-coletores, que se apresentam cronicamente ou surgem em surtos e desaparecem, as doenças de populações densas ocorrem em epidemias agudas: muitas pessoas em uma área adoecem em um curto espaço de tempo e rapidamente se recuperam ou morrem, e então a doença desaparece do local durante um ano ou mais.

Nas últimas décadas, estudos epidemiológicos e microbiológicos descobriram as razões de essas doenças epidêmicas somente surgirem e se manterem entre grandes populações humanas: elas se transmitem com grande eficiência, têm um desenvolvimento agudo, conferem imunidade por toda a vida às vítimas que sobrevivem e estão confinadas à espécie humana. As doenças são transmitidas eficientemente de uma pessoa afetada para uma pessoa saudável com quem tem contato. O agente transmissor são os micróbios que um paciente excreta por feridas na pele, lança no ar ao tossir e espirrar ou espalha em lençóis aquáticos ao defecar em sua proximidade. Pessoas saudáveis são infectadas ao tocar um paciente ou um objeto manuseado por um doente, ao respirar o ar exalado por um paciente ou ao beber água contaminada. O curso agudo da doença significa que, dali a poucas semanas após a infecção, o paciente morre ou se recupera. A combinação de transmissão eficiente e curso agudo significa que, em pouco tempo, todos os membros de uma população local terão sido expostos à doença e estão agora mortos ou recuperados. A imunidade adquirida pelos sobreviventes para o resto da vida significa que não há mais ninguém vivo na população que possa contrair a doença, até um momento no futuro em que tiver nascido uma nova leva de bebês não expostos. O confinamento da doença a humanos significa que não existem animais nem tipos de solo em que a doença possa se manter: ela desaparece localmente e não pode retornar até que uma infecção se espalhe novamente a partir de uma fonte distante. A combinação de todos esses aspectos significa que essas doenças infecciosas estão restritas a grandes populações humanas suficientemente numerosas para que a doença possa se sustentar dentro da população, movendo-se constantemente de uma área para outra, extinguindo-se localmente, mas ainda sobrevivendo em uma parte mais distante. Para o sarampo existir, o tamanho populacional mínimo necessário é de umas poucas centenas de milhares de pessoas. Assim, essas doenças podem ser descritas como "doenças infecciosas epidêmicas agudas e imunizantes que atingem multidões humanas" — ou, resumidamente, doenças de multidão.

As doenças de multidão não poderiam ter existido antes das origens da agricultura, por volta de 11 mil anos atrás. Somente com o explosivo crescimento populacional propiciado pela agricultura as populações humanas alcançaram os elevados números necessários para sustentar nossas doenças de multidão. A adoção da agricultura permitiu que nômades caçadores-coletores se fixassem permanentemente em aldeias superpovoadas e insalubres que se ligavam a outras por meio do comércio e forneciam condições ideais para a rápida transmissão de micróbios. Estudos recentes realizados por biólogos moleculares demonstraram que os micróbios responsáveis por muitas, talvez pela maior parte, das doenças de multidão agora confinadas a humanos surgiram de doenças de nossos animais domésticos, como porcos e bois: isso só ocorreu depois do início da domesticação de animais, há cerca de 11 mil anos, quando passamos a ter contatos próximos e regulares com eles, ideais para a transmissão de micróbios de animais a humanos.

Obviamente, a ausência de doenças de multidão entre pequenas populações de caçadores-coletores não significa que esses estejam livres de doenças infecciosas. De fato, também sofrem com elas, mas as doenças são diferentes em quatro aspectos. Em primeiro lugar, os micróbios que causam suas doenças não se restringem à espécie humana, mas são partilhados por animais (como o agente da febre amarela, portado por caçadores-coletores) ou capazes de sobreviver no solo (como os

LEÕES E OUTROS PERIGOS

agentes que causam botulismo e tétano). Em segundo lugar, muitas de suas doenças não são agudas, mas crônicas, como a lepra e a bouba (uma doença cutânea que provoca tumefações). Em terceiro, algumas das doenças são transmitidas apenas ocasionalmente de pessoa para pessoa, como as duas últimas. Finalmente, a maior parte das doenças não confere imunidade permanente: uma pessoa que se recuperou de um surto da doença pode contraí-la novamente. Esses quatro fatos significam que essas doenças podem se manter em pequenas populações humanas, infectando e reinfectando vítimas a partir de reservatórios em animais e no solo, e também a partir de pessoas cronicamente doentes.

Os caçadores-coletores e as pequenas populações agrícolas não são imunes a doenças de multidão; simplesmente não são capazes de manter doenças de multidão. De fato, e tragicamente, as populações pequenas são especialmente suscetíveis de contrair doenças de multidão quando são infectadas por um visitante do mundo exterior. Sua suscetibilidade aguçada se deve ao fato de que pelo menos algumas das doenças de multidão tendem a ter uma maior taxa de mortalidade em adultos do que em crianças. Nas densas populações urbanas do Primeiro Mundo, todas as pessoas (até recentemente) foram expostas ao sarampo quando criança, mas em uma população pequena e isolada de caçadores-coletores, os adultos nunca foram expostos a essa doença e têm alta probabilidade de morrer se a contraírem. Existem muitas histórias de horror sobre populações de inuítes, indígenas americanos e aborígines australianos que foram praticamente exterminadas por doenças epidêmicas introduzidas por contato com europeus.

Respostas a doenças

Para as sociedades tradicionais, as doenças diferem dos outros três principais tipos de perigos no que se refere à compreensão das pessoas a respeito dos mecanismos subjacentes e, portanto, dos tratamentos eficazes e das medidas preventivas. Quando alguém é ferido ou morre de acidente, violência ou fome, a causa e o processo subjacente são claros;

O MUNDO ATÉ ONTEM

a vítima foi atingida por uma árvore, pela flecha de um inimigo, ou morreu por insuficiência de alimento. A cura adequada ou a medida preventiva são igualmente claras: não durma sob árvores mortas, esteja atento a inimigos ou mate-os antes, e garanta-se com um estoque confiável de alimentos. No entanto, no caso de doenças, o sólido conhecimento empírico das causas e as medidas preventivas e curativas baseadas na ciência alcançaram um notável sucesso há apenas dois séculos. Até então, as sociedades de Estado, bem como as sociedades tradicionais de pequena escala, sofriam pesadas perdas em consequência de doenças.

Isso não significa que os povos tradicionais sejam impotentes no que se refere à prevenção ou cura de doenças. Os sirionos sabem que há uma associação entre fezes humanas e doenças como disenteria e parasitas intestinais. Uma mãe siriono limpa imediatamente as fezes de seu bebê, coloca-as em uma cesta e, em dado momento, joga o conteúdo do cesto em um ponto distante na floresta. Mas nem mesmo os sirionos são rigorosos em sua higiene. O antropólogo Allan Holmberg relata que assistiu a um bebê siriono que defecou sem que a mãe percebesse e depois espalhou as fezes sobre si e levou-as à boca. Quando a mãe finalmente se deu conta do que estava acontecendo, enfiou o dedo na boca do bebê, removeu as fezes, passou um pano nele, mas não o lavou, e voltou ao que comia sem lavar as mãos. Os índios pirarrãs deixam que os cães comam nos pratos em que eles próprios estão comendo: essa é uma boa forma de adquirir germes e parasitas caninos.

Por tentativa e erro, muitos povos tradicionais identificam plantas locais que, conforme acreditam, ajudam a curar determinados males. Meus amigos guineenses me apontam certas plantas que dizem usar para tratar a malária, outras para febres, disenteria ou induzir abortos. Etnobotânicos ocidentais estudaram esse conhecimento farmacológico tradicional, e companhias farmacêuticas ocidentais extraíram drogas dessas plantas. No entanto, a eficácia geral do conhecimento médico tradicional, por mais interessante que seja, tende a ser limitada. A malária ainda é uma das causas de doença e morte mais comuns nas terras baixas e nas montanhas da Nova Guiné. Foi somente depois de os cientistas concluírem que a malária é causada por um protozoário do

LEÕES E OUTROS PERIGOS

gênero *Plasmodium*, transmitido por mosquitos do gênero *Anopheles*, e que pode ser curada por várias drogas, que a porcentagem de habitantes das terras baixas que sofriam crises de malária caiu de cerca de 50% para menos de 1%.

As opiniões sobre causas de doenças e consequentes medidas preventivas e curativas tentadas diferem entre os povos tradicionais. Alguns povos, não todos, têm curandeiros especializados — os ocidentais chamam de xamãs — que recebem epítetos específicos segundo cada povo. Os !kungs e os aches costumam ver a doença como uma fatalidade, algo que tem a ver com a sorte e sobre a qual nada se pode fazer. Em outros casos, os aches oferecem explicações biológicas: por exemplo, que doenças intestinais fatais que atingem as crianças são devidas ao desmame e à ingestão de alimentos sólidos, e que febres são causadas por se comer carne estragada, excesso de mel, mel que não foi diluído com água, excesso de larvas de insetos ou de outros alimentos perigosos, ou pela exposição a sangue humano. Às vezes, cada uma dessas explicações pode estar correta, mas não ajuda a proteger os aches de uma alta mortalidade resultante de doenças. Os daribis, os fayus, os kaulongs, os ianomâmis e muitos outros povos atribuem algumas doenças a uma maldição, à magia ou à ação de um feiticeiro que precisa ser rebatida com um ataque surpresa, uma morte ou um pagamento ao feiticeiro responsável. Os danis, os daribis e os !kungs atribuem outras doenças a fantasmas ou espíritos, perante os quais os curandeiros !kungs tentam agir como mediadores, entrando em um transe. Os kaulongs, sirionos e muitos outros povos buscam explicações morais e religiosas, ou seja: a vítima atraiu a doença sobre si mesma por um descuido, cometendo uma ofensa contra a natureza ou violando um tabu. Os kaulongs, por exemplo, acreditam que homens com doenças respiratórias foram conspurcados por uma mulher, tendo cometido o perigoso equívoco de entrar em contato com um objeto poluído por uma mulher menstruada ou em trabalho de parto, ou acidentalmente andado sobre uma árvore ou ponte caída sobre a qual caminhou uma mulher, ou bebido a água de um rio no qual entrou uma mulher. Antes que nós, ocidentais, encaremos com desdém essas teorias kaulongs sobre doenças respiratórias em homens, devemos refletir sobre a frequência com que nossas vítimas de câncer procuram identificar sua responsabilidade moral ou a causa de seu câncer, e a causa específica identificada é tão obscura para nós quanto é para os kaulongs a causa das doenças respiratórias em homens.

Morte por inanição

Em fevereiro de 1913, quando o explorador inglês A. F. R. Wollaston descia animado por uma floresta montanhosa da Nova Guiné depois de haver conseguido subir até o limite das neves perpétuas da montanha mais alta do país, ficou horrorizado ao encontrar em seu caminho os corpos de duas pessoas que haviam morrido recentemente. Ao longo dos dois dias seguintes, que ele descreveu como uns dos mais terríveis de sua vida, encontrou mais de trinta corpos de moradores das montanhas, quase todos de mulheres e crianças, isolados ou em grupos de até cinco, espalhados em abrigos precários ao longo da trilha. Um grupo era formado por uma mulher morta, duas crianças mortas e uma menininha ainda viva, de cerca de três anos, que ele levou para o acampamento e alimentou com leite, mas que morreu em poucas horas. Mais tarde, chegou ao acampamento outro grupo com um homem, uma mulher e duas crianças; todos morreram, exceto uma das crianças. Todas aquelas pessoas, já cronicamente subnutridas, haviam exaurido seus suprimentos de batatas-doces e porcos e não conseguiram encontrar nada comestível na floresta, exceto alguns palmitos, e as mais fracas aparentemente morreram de fome.

Em comparação com acidentes, violência e doenças, frequentemente reconhecidos e mencionados como causas de morte em sociedades tradicionais, as mortes por fome, como as testemunhadas por Wollaston, recebem muito menos menções. Quando isso acontece, provavelmente se trata de mortes em massa, porque, nas sociedades de pequena escala, as pessoas dividem a comida de modo que ninguém morra de fome, ou então muitas pessoas morrem simultaneamente.

LEÕES E OUTROS PERIGOS

Mas a morte por fome é muito subestimada como uma das causas que contribuem para a morte. Na maior parte dos casos, quando as pessoas ficam gravemente subnutridas, algo ocorre que as mata antes que morram puramente de fome, pela falta de alimento. A resistência do corpo cai, elas se tornam suscetíveis a doenças e suas mortes são registradas como devidas a uma doença da qual uma pessoa saudável teria se recuperado. À medida que se tornam fisicamente fracas, ficam mais vulneráveis a acidentes, como cair de uma árvore ou se afogar, ou são mortas por inimigos saudáveis. A grande preocupação dessas sociedades com o alimento e as variadas e elaboradas medidas a que recorrem para garantir seu fornecimento (falarei sobre isso a seguir) são testemunhos de uma onipresente preocupação com a morte por inanição, um dos principais riscos da vida tradicional.

Além disso, a escassez de alimentos assume a forma não apenas de subnutrição, no sentido de insuficiência de calorias, mas também de escassez de vitaminas específicas (que causa doenças como beribéri, pelagra, anemia perniciosa, raquitismo e escorbuto), de minerais específicos (que causa gota endêmica e anemia por deficiência de ferro) e de proteína (que causa a síndrome de Kwashiorkor). Essas doenças devidas a deficiências crônicas são mais frequentes entre agricultores do que entre caçadores-coletores, cujas dietas tendem a ser mais variadas. Como no caso das mortes por falta de calorias, as doenças específicas causadas por deficiências provavelmente contribuem para que muitas mortes sejam registradas como devidas a acidente, violência ou doença infecciosa antes que a pessoa morra da deficiência propriamente dita.

A morte por inanição é um risco sobre o qual os cidadãos abastados do Primeiro Mundo nem chegam a pensar, porque nosso acesso a alimentos permanece o mesmo dia após dia, ano após ano, qualquer que seja a estação. Sem dúvida, temos nos Estados Unidos alguns alimentos sazonais que só estão disponíveis durante algumas semanas por ano, como as cerejas frescas colhidas localmente, mas a quantidade total de alimentos disponíveis é basicamente constante. Para as sociedades de pequena escala, no entanto, não há como prever se um dia será bom ou ruim; existem estações em que, todos os anos, a comida é previsivelmente escassa e as pessoas já sabem as dificuldades que terão de passar, e há anos imprevisivelmente bons ou ruins. Como resultado, a questão da comida é um dos temas mais importantes e constantes nas conversas. No início, fiquei surpreso ao ver que meus amigos fores passavam tanto tempo conversando sobre batatas-doces, mesmo depois de terem comido até ficarem saciados. Para os índios sirionos da Bolívia, a preocupação predominante é com a comida, tanto que duas das mais comuns expressões entre eles são "Minha barriga está vazia" e "Me dá uma comida". A importância dada ao sexo e à comida entre os sirionos é o oposto da que existe entre nós, ocidentais: a maior ansiedade dos sirionos diz respeito à comida, eles fazem sexo praticamente a qualquer momento que queiram, e o sexo compensa a fome de comida. Já a maior ansiedade dos ocidentais diz respeito ao sexo, pois temos comida praticamente a qualquer momento que queiramos, e comemos para compensar nossas frustrações sexuais.

Diferente de nós, muitas sociedades tradicionais, especialmente em ambientes áridos ou árticos, enfrentam, com frequência, fases de escassez de alimentos, tanto previsíveis quanto imprevisíveis, e seu risco de fome generalizada é muito mais alto do que o nosso. As razões para essa diferença são claras. Muitas sociedades tradicionais dispõem de pouco ou nenhum excedente de alimentos ao qual recorrer, seja porque não conseguem produzir excedentes para armazenar, seja porque um clima quente e úmido rapidamente deterioraria os alimentos guardados, ou porque têm um estilo de vida nômade. Aqueles grupos que de fato poderiam estocar excedentes correm o risco de tê-los roubados por invasores. As sociedades tradicionais são ameaçadas pela falta local de alimentos porque só conseguem reunir recursos alimentares produzidos em uma pequena área, enquanto nós, cidadãos do Primeiro Mundo, transportamos alimentos entre todas as partes do país e os importamos dos países mais distantes. Sem dispor de veículos motorizados, estradas, vias férreas e navios, as sociedades tradicionais não podem transportar alimentos por grandes distâncias, e só podem adquiri-los dos vizinhos próximos. As sociedades tradicionais carecem de governos de Estado

LEÕES E OUTROS PERIGOS

que organizem o armazenamento, o transporte e a troca de alimentos em amplas áreas. Ainda assim, veremos que há muitas outras formas de lidar com o risco de fome generalizada.

Insuficiências imprevisíveis de alimentos

No curtíssimo prazo, a imprevisibilidade do suprimento de alimentos de uma tribo está associada ao sucesso ou insucesso da caçada do dia. As plantas não mudam de lugar e podem ser colhidas de forma mais ou menos previsível de um dia para o outro, mas os animais se deslocam, e qualquer caçador corre o risco de não abater nenhum animal em determinado dia. A solução para essa incerteza, adotada quase universalmente por caçadores-coletores, é viver em bandos de vários caçadores que, ao final do dia, se reúnem e distribuem os animais abatidos a fim de manter uma média grupal que compense as flutuações diárias de cada caçador individual. Richard Lee descreveu o que observou entre os !kungs do deserto de Kalahari, mas sua descrição poderia ser generalizada para os caçadores-coletores de todos os continentes e de qualquer tipo de ambiente: "O alimento nunca é consumido por uma única família; é sempre (real ou potencialmente) dividido com membros de um grupo ou bando de trinta ou mais membros. Embora apenas uma fração dos indivíduos fisicamente capazes saia diariamente em busca de alimentos, a caça e as plantas coletadas no dia são divididas de forma que todos os membros do acampamento recebam uma parcela justa. O bando de caçadores, ou acampamento, é uma unidade de distribuição." O que ele descreve como um princípio de contribuição para um fundo comum e de divisão equânime entre caçadores-coletores também se aplica a muitas sociedades pastoris e agrícolas de pequena escala, como os nueres do Sudão estudados por E. E. Evans-Pritchard, que partilham carne, leite, peixe, grãos e cerveja: "Embora uma família seja proprietária de seus alimentos, cozinhe suas refeições e cuide, autonomamente, das necessidades de seus membros, os homens e, em muito menor medida, as mulheres e crianças comem nas casas uns dos outros, de tal modo que, vista de fora, toda a comunidade parece estar compartilhando um estoque comum de alimentos. As regras de hospitalidade e as convenções sobre a divisão de carne e peixe levam a uma partilha de alimentos muito mais ampla do que o mero enunciado dos princípios de propriedade poderia sugerir."

Além das variações diárias no suprimento de alimentos que acabo de descrever, existem também variações imprevisíveis na disponibilidade de comida que afetam todo um grupo. Uma onda de frio e umidade que dure alguns dias faz com que uma saída para caçar seja um esforço improdutivo e perigoso para os aches, e os deixa não apenas com fome, mas correndo o risco de passarem frio e ficarem sujeitos a doenças respiratórias. O amadurecimento da colheita local de bananas-da-terra e pupunha, alimentos básicos para os ianomâmis, é algo imprevisível: pode não haver nenhuma para comer, ou pode ocorrer uma superabundância local. A colheita de painço dos nueres pode ser arruinada por secas, elefantes, chuvas pesadas, gafanhotos ou pelos tentilhões, pássaros que se alimentam de gramíneas. Grandes secas que produzem fome generalizada afligem os caçadores-coletores !kungs imprevisivelmente a cada quatro anos, e são incomuns, mas temidas, entre os agricultores das ilhas Trobriand. As geadas matam as safras de batatas-doces a cada dez anos entre os agricultores das terras altas da Nova Guiné. Ciclones destrutivos atingem as ilhas Salomão em intervalos irregulares: uma vez numa década ou várias décadas depois.

As sociedades de pequena escala tentam lidar de diversos modos com essas imprevisíveis falhas no suprimento de alimentos: mudam de acampamento, armazenam alimentos no próprio corpo, fazem acordos entre diferentes grupos locais e produzem alimentos em faixas de terras situadas em diferentes áreas. Quando enfrentam escassez local de alimentos, a solução mais simples para caçadores-coletores nômades que não estão presos a plantações fixas é mudar-se para outro local onde, naquele momento, a disponibilidade seja maior. Se problemas como a deterioração de alimentos armazenados ou os ataques de inimigos impedem o armazenamento em um depósito ou em vasilhames, a pessoa pode optar por engordar seu próprio corpo sempre que possível, armazenando

LEÕES E OUTROS PERIGOS

alimentos como gordura corporal que não se deteriorará nem poderá ser roubada. No capítulo 11, darei exemplos de sociedades de pequena escala em que as pessoas se empanturram numa medida inacreditável para os ocidentais (exceto aqueles que participam de concursos para ver quem come maior número de cachorros-quentes). Desse modo, as pessoas engordam e ficam mais preparadas para sobreviver a épocas futuras de escassez de alimentos.

Embora empanturrar-se possa ajudar a pessoa a atravessar algumas semanas de escassez, não a protegerá contra um ano de fome. Uma solução de longo prazo é fazer acordos com grupos vizinhos, partilhando alimentos quando a área de um tiver abundância e a do outro estiver escassa. A disponibilidade local de alimentos flutua com o tempo em qualquer área. Mas duas áreas localizadas a uma distância razoável uma da outra podem passar por apuros em épocas alternadas. Isso abre a porta para acordos mutuamente vantajosos, em que um grupo permite a entrada de outro em suas terras ou envia alimentos quando estão sobrando.

Na área do deserto de Kalahari ocupada pelos !kungs sans, a quantidade de chuva varia por um fator de 1 a 10 entre diferentes locais. O resultado, nas palavras de Richard Lee, é que "o deserto pode estar florescendo em uma área enquanto outra, à distância de uma caminhada de poucas horas, ainda está esturricada". Lee comparou a quantidade mensal de chuva em cinco locais do distrito de Ghanzi durante 12 meses, de julho de 1966 a junho de 1967. O total durante o ano variou por um fator inferior a 2 entre os vários locais, mas, em um mês determinado, um dos locais não registrou nenhuma chuva, enquanto em outro caíram 25 centímetros de água. Um dos locais, Cume, teve o mais alto índice pluviométrico anual, mas, ainda assim, foi o mais seco dos cinco locais em maio de 1967 e o segundo distrito mais seco em novembro de 1966 e fevereiro de 1967. Kalkfontein, ao contrário, teve o menor índice anual, mas ficou no segundo lugar de pluviosidade em março e em maio de 1967. Portanto, para qualquer local, um grupo ali confinado certamente padeceria de seca e falta de alimentos em certas épocas, mas poderia encontrar comida com algum outro grupo cuja área estaria úmida e florescente — desde que os dois grupos tivessem concordado em se ajudar em tempos de necessidade. De fato, essa reciprocidade generalizada é essencial para a capacidade de sobrevivência dos !kungs em um ambiente desértico imprevisível.

A reciprocidade (pontuada por hostilidades ocasionais) é muito comum entre as sociedades tradicionais. As aldeias das ilhas Trobriand distribuem alimentos entre si para compensar as faltas em tempos de escassez. Entre os iñupiats do norte do Alasca, durante épocas de fome uma família pode se mudar para a casa de parentes ou parceiros que vivem em outra região. As frutas mais importantes consumidas pelos índios ianomâmis vêm de bosques de pupunha e banana-da-terra que, na época da colheita, produzem quantidades muito maiores (especialmente a pupunha) do que um grupo local conseguiria consumir. As frutas apodrecem quando amadurecem e não podem ser armazenadas, e por isso têm de ser comidas num prazo curto. Quando um grupo local dispõe de um excedente, convida vizinhos para um banquete, na expectativa de que o gesto seja retribuído quando houver excedentes no outro grupo.

Disperse suas áreas de cultivo

Outra solução comumente adotada por um grupo para lidar com o risco imprevisível de uma escassez local de alimentos é fracionar suas terras cultivadas, dispersando-as por várias áreas. Encontrei esse fenômeno na Nova Guiné num dia em que, observando pássaros, dei com a plantação de um amigo guineense numa clareira no meio da floresta, a quase dois quilômetros ao norte de sua aldeia e a diversos quilômetros de distância de suas outras plantações espalhadas ao sul e a oeste. Mas o que será que ele tinha em mente, pensei eu, quando escolheu aquele local isolado para sua nova horta? Parecia extremamente ineficiente obrigar-se a tanta perda de tempo com a viagem, além da dificuldade de vigiar e proteger o local contra porcos e ladrões. Mas os guineenses são agricultores inteligentes e experientes. Se você os vir fazendo algo

LEÕES E OUTROS PERIGOS

que, de início, não compreende, acabará descobrindo depois que há uma razão. Qual era a razão, naquele caso?

Vários estudiosos ocidentais e especialistas em desenvolvimento têm ficado igualmente intrigados com casos de dispersão de áreas de cultivo que encontraram em outras partes do mundo. O exemplo mais discutido envolve camponeses ingleses medievais, que cultivavam dezenas de minúsculas faixas de terra espalhadas em vários lugares. Para os historiadores econômicos modernos, aquilo era "obviamente" uma má ideia, dado o desperdício de tempo com viagens e transporte e as inevitáveis faixas que ficavam sem lavrar entre as cultivadas. Um caso moderno semelhante, o dos agricultores andinos na região próxima ao lago Titicaca, estudados por Carol Goland, levou especialistas em desenvolvimento a escrever em tom exasperado: "A eficiência agrícola cumulativa dos camponeses é tão espantosamente baixa (...) que nossa perplexidade é que essas pessoas cheguem a sobreviver. (...) Como as tradições de herança e casamento continuamente fragmentam e espalham os campos de um camponês por inúmeras aldeias, o camponês típico gasta três quartos do dia de trabalho caminhando entre lotes que às vezes medem menos do que uns poucos metros quadrados." Os especialistas propuseram a troca de terras entre os agricultores como forma de consolidar suas propriedades.

Mas o estudo quantitativo de Carol Goland nos Andes peruanos mostrou que essa aparente loucura de fato obedece a um método. No distrito de Cuyocuyo, os camponeses estudados por ela produzem batatas e outros cultivos em áreas fracionadas: em média, cada agricultor cultiva 17 áreas, até um máximo de 26, e cada área tem, em média, apenas 15 metros por 15. Como os agricultores ocasionalmente alugam ou compram novas áreas, seria perfeitamente possível para eles, dessa forma, consolidar suas propriedades, mas não o fazem. Por que não?

Um indício observado por Goland foi a variação do tamanho da colheita em diferentes campos, e de ano para ano. Somente uma pequena parte da variação pode ser prevista a partir de fatores ambientais, como altitude do campo, grau de inclinação do terreno, exposição às intempéries, e de fatores relativos ao trabalho que estejam sob o controle dos agricultores (como esforços para fertilizar e limpar o terreno, densidade da semeadura e data de plantação). A maior parte da variação é imprevisível, incontrolável e, de alguma forma, depende da quantidade e da época de chuva naquele ano, das geadas, das pragas e dos roubos. Em qualquer ano, existem grandes diferenças entre as safras de campos diferentes, mas um camponês não pode prever qual o campo específico que produzirá bem em determinado ano.

O que uma família camponesa de Cuyocuyo precisa fazer, custe o que custar, é evitar que, ao final de um ano, encontre-se com uma safra muito pequena que a leve a passar fome. Naquela área, os agricultores não podem produzir excedentes em quantidade suficiente para armazenar o excesso de um bom ano a fim de sobreviver em um mau ano subsequente. Assim, o objetivo dos camponeses não é produzir a maior safra possível e manter uma média elevada ao longo de muitos anos, pois, mesmo que consiga uma safra média maravilhosamente alta ao longo de nove anos, ainda assim a família morrerá de fome se perder a safra do décimo ano antes que possa se congratular com a série histórica de nove ótimas safras. Em vez disso, o objetivo do camponês é garantir que conseguirá produzir todos os anos, sem exceção, uma safra acima do nível que lhe garanta não passar fome, embora a safra média possa não ser a maior. É por isso que a dispersão das áreas de cultivo pode fazer sentido. Se a pessoa tem apenas um grande campo para cultivar, ainda assim ela passará fome, mesmo que tenha uma boa safra média, quando o inevitável ano ruim chegar e seu único campo produzir uma safra muito pequena. Mas, se tiver vários campos diferentes, que variam independentemente uns dos outros, então, em qualquer ano dado, alguns campos produzirão bem enquanto outros estiverem produzindo pouco.

Para testar essa hipótese, Goland mediu as safras de todos os campos de vinte famílias — 488 campos individuais, ao todo — em cada um de dois anos sucessivos. Então, calculou qual teria sido a safra total de cada família, somando todos os seus campos, se, cultivando a mesma área total que haviam cultivado, tivessem concentrado todos os campos em apenas um dos locais atuais ou se, em vez disso, tivessem fracionado seus cultivos em dois, três, quatro etc., até 14 dos diferentes campos atuais.

LEÕES E OUTROS PERIGOS

A conclusão foi que, quanto maior o número de campos espalhados, menor era a safra média, mas também menor o risco de alguma vez ficar abaixo do nível necessário para não morrerem de fome. Por exemplo, ela estimou que uma família hipotética, formada por um marido de meia-idade, a mulher e uma filha de 15 anos, precisaria de 1,35 tonelada de batata por acre de terra por ano a fim de não passar fome. Se aquela família tivesse plantado em um único local, correria um alto risco (37%!) de morrer de fome em qualquer ano específico. Não teria sido nenhum consolo para a família, enquanto estivesse sentada e prestes a morrer de fome em um ano ruim (como os que acontecem a cada três anos), refletir que aquela escolha de plantar em um único local lhes havia permitido alcançar uma alta média de 3,4 toneladas por acre, mais do que o dobro do necessário para não passarem fome. A combinação de até seis locais também a exporia ao risco de fome ocasional. Somente se plantasse em sete ou mais locais seu risco de passar fome cairia para zero. Sem dúvida, a safra média dos sete ou mais campos cairia para 1,9 tonelada por acre, mas nunca abaixo de 1,5 tonelada, e então a família nunca passaria fome.

Na média, as vinte famílias selecionadas por Goland de fato plantaram dois ou três campos adicionais, além do número de campos que ela calculara que teriam de plantar para evitar passar fome. Obviamente, essa dispersão as forçou a queimar mais calorias para caminhar e transportar coisas entre os campos. No entanto, Goland calculou que as calorias adicionais queimadas representavam apenas 7% das calorias obtidas com a colheita, um preço aceitável para escapar da morte por inanição.

Em resumo: com base numa longa experiência, e sem usar estatísticas ou análises matemáticas, os camponeses andinos estudados por Goland conceberam meios de dispersar suas terras agricultáveis na medida exata para protegê-los do risco de inanição resultante das variações locais imprevisíveis. A estratégia desses camponeses está de acordo com o preceito "Não ponha todos os seus ovos em um único cesto". Considerações semelhantes provavelmente explicam também por que os camponeses do lago Titicaca, tão duramente criticados por exasperados pesquisadores do desenvolvimento agrícola por sua espantosa ineficiência, eram, de

O MUNDO ATÉ ONTEM

fato, inteligentes. O estarrecedor era o conselho dos pesquisadores de que os camponeses trocassem e aglutinassem suas propriedades! Quanto ao meu amigo guineense cujas plantações isoladas, a vários quilômetros de suas outras roças, inicialmente me intrigaram, seu povo mencionou várias razões para isso: reduzir os riscos de que todas as roças fossem devastadas simultaneamente por uma tempestade ou um vendaval, por pragas, porcos ou ratos, e obter uma maior variedade de cultivos plantando em três diferentes elevações em diferentes zonas climáticas. Esses agricultores guineenses são semelhantes aos andinos, com a exceção de que plantam um número menor de roças, e cada uma delas com uma área maior: na média, os guineenses têm sete roças (o número varia de 5 a 11), enquanto os andinos plantam, em média, em 17 locais (variando de 9 a 26).

Um número excessivamente grande de investidores americanos esquece a diferença, reconhecida por camponeses e agricultores em todo o mundo, entre maximizar a média dos resultados ao longo de vários anos, de um lado, e certificar-se de que os resultados nunca fiquem abaixo de determinado nível crítico, de outro. Se você estiver investindo dinheiro do qual não precisará nos próximos anos, que pretende gastar no futuro distante ou com bens de luxo, é adequado buscar maximizar a média dos resultados sem se preocupar se, num ano ruim, a safra for zero. Mas se você depende dos lucros de seu investimento para pagar despesas correntes, sua estratégia deve ser a mesma dos camponeses: garanta que seus ganhos anuais sempre estejam acima do nível necessário para sua manutenção, mesmo que isso signifique ter de se contentar com uma média mais baixa ao longo do tempo. Enquanto escrevo estas linhas, alguns dos mais brilhantes investidores nos Estados Unidos estão sofrendo as consequências de terem ignorado essa diferença. A Universidade de Harvard tem o maior fundo de doações do país, e o fundo tinha as mais altas taxas médias de ganhos de investimentos. Os gestores do fundo tornaram-se famosos por sua competência, pelos sucessos alcançados e pela disposição de explorar tipos rentáveis de investimentos até então evitados pelos gestores conservadores de fundos universitários. O salário de um gestor de Harvard estava vinculado à taxa média de crescimento de longo prazo da parcela do portfólio pela qual era responsável. Infelizmente, a renda de Harvard proveniente dos investimentos não é reservada para gastos luxuosos ou para momentos de dificuldade, mas contribui para cobrir a metade do orçamento operacional de sua escola de graduação, a Harvard College. Durante a crise financeira mundial de 2008-2009, as doações recebidas por Harvard e os rendimentos que elas produziam despencaram, tal como aconteceu com tantos outros investimentos destinados a maximizar resultados de longo prazo, e Harvard foi forçada a congelar as contratações e adiar indefinidamente seu plano de investir um bilhão de dólares em um novo campus de ciência. Retrospectivamente, pode-se dizer que os gestores de Harvard deveriam ter seguido a estratégia adotada por tantos agricultores em todo o mundo (imagem 45).

Sazonalidade e armazenamento de alimentos

Vimos como os povos tradicionais lidam com o risco de morte por inanição decorrente de flutuações imprevisíveis no suprimento de alimentos. Sem dúvida, também existem flutuações sazonais previsíveis. Os habitantes de zonas temperadas estão familiarizados com as diferenças entre primavera, verão, outono e inverno. Ainda hoje, quando o armazenamento de alimentos e o transporte de longa distância acabaram nivelando a maior parte da variação sazonal na disponibilidade de alimentos nos supermercados, as frutas e os vegetais locais frescos só estão disponíveis em datas previsíveis. Por exemplo, perto de minha casa em Los Angeles existe um mercado de produtores que estoca apenas os produtos locais da estação, como aspargos em abril e maio, cerejas e morangos em maio e junho, pêssegos e damascos em junho e julho, abóboras de julho a janeiro, e caquis de outubro a janeiro. Nas zonas temperadas da América do Norte e da Eurásia, a disponibilidade de outros alimentos além de frutas e vegetais frescos também costumava flutuar sazonalmente, até que os modernos sistemas de armazenamento e transporte eliminaram as flutuações. Havia uma abundância de carne no outono, quando os animais nas fazendas eram selecionados e abatidos; de leite na primavera e no inverno, quando as vacas e ovelhas pariam; de peixes como salmão e arenque, que têm épocas previsíveis para subir os rios ou buscar o litoral; e de animais selvagens migratórios, como renas e bisões, que podiam ser caçados em certas estações.

Como resultado, alguns meses nas zonas temperadas eram tempos de plenitude, e outros meses eram, previsivelmente, tempos magros, quando as pessoas sabiam que os alimentos armazenados poderiam acabar e que teriam, pelo menos, de apertar o cinto e, na pior das hipóteses, correr o risco de morte por inanição. Para os povos do norte da Groenlândia, a estação magra vinha, a cada ano, no final do inverno, quando estavam quase terminando seus estoques de queijo, manteiga e carne seca armazenados no ano anterior e quando as vacas, ovelhas e cabras ainda não tinham parido e não estavam produzindo leite, os bandos de focas migratórias ainda não haviam chegado ao litoral e as focas do local ainda não haviam aportado nas praias para ter seus filhotes. Parece que, por volta de 1360, todos os habitantes de uma das duas aldeias que existiam no norte da Groenlândia morreram de inanição em um desses invernos terríveis.

Os americanos, europeus e outros residentes das zonas temperadas tendem a presumir que as regiões tropicais, especialmente perto do equador, não têm sazonalidade. Embora a temperatura varie muito menos de mês a mês nos trópicos do que nas zonas temperadas, a maior parte das áreas tropicais de fato tem marcadas diferenças entre a estação seca e a estação de chuvas. Por exemplo, a cidade de Pomio, na Papua Nova Guiné, fica a apenas poucas centenas de quilômetros ao sul do equador, é muito úmida (6.600 milímetros de chuva em um ano chuvoso) e recebe 152 milímetros de chuva mensalmente, mesmo na época mais seca. No entanto, os meses mais chuvosos de Pomio (julho e agosto) são sete vezes mais chuvosos do que os meses mais secos (fevereiro e março), e isso tem grandes consequências para a disponibilidade de alimentos e as condições de vida locais. Povos que residem em baixas latitudes, ou mesmo na linha do equador, enfrentam estações magras previsíveis, assim como os povos tradicionais de zonas temperadas. Em

LEÕES E OUTROS PERIGOS

muitos casos, a estação magra cai na época da seca, que acontece em setembro ou outubro para os !kungs do Kalahari e para os daribis nas colinas da Papua Nova Guiné, de dezembro a fevereiro para os pigmeus mbutis da floresta Iture do Congo, e em janeiro para os kaulongs da Nova Bretanha. Mas alguns outros povos de baixa latitude têm sua estação magra durante os meses mais chuvosos, que são de dezembro a março para os aborígines ngarinyins do noroeste da Austrália e de junho a agosto para os nueres do Sudão.

Os povos tradicionais lidavam com as faltas sazonais previsíveis de alimentos de três formas básicas: armazenando, diversificando a dieta, e por dispersão e agregação. O primeiro desses métodos é rotineiro nas sociedades modernas: guardamos alimentos em geladeiras, freezers, latas, garrafas e pacotes. Muitas sociedades tradicionais também guardavam excedentes de alimentos acumulados durante uma estação de abundância (como nas colheitas de outono nas zonas temperadas) e os consumiam durante uma estação de escassez (como nos invernos das zonas temperadas). O armazenamento de alimentos era praticado por sociedades sedentárias que viviam em ambientes marcadamente sazonais, com alternância de estações de abundância e de escassez de alimentos. Essa prática era incomum entre caçadores-coletores nômades que mudavam frequentemente de acampamento, pois não podiam carregar muita comida com eles (a menos que tivessem botes ou trenós puxados por cães), e o risco de roubo por animais ou outros humanos não permitia que deixassem alimentos desprotegidos em um acampamento ao qual pretendessem retornar um dia. (No entanto, alguns caçadores-coletores, como os ainus do Japão, os índios do litoral noroeste do Pacífico, os chochones da Grande Bacia e alguns povos do Ártico, eram sedentários, ou sazonalmente sedentários, e armazenavam grande quantidade de alimentos.) Mesmo entre povos sedentários, alguns que viviam em pequenos grupos familiares armazenavam pouca comida porque eram em número insuficiente para defender um depósito contra invasões. O armazenamento de alimentos era mais disseminado em regiões de baixa temperatura do que nos trópicos úmidos e quentes, onde a comida se deteriora rapidamente. A Tabela 8.2 dá exemplos.

O MUNDO ATÉ ONTEM

Tabela 8.2. Formas tradicionais de armazenar alimentos em todo o mundo

EURÁSIA	
Pastores eurasianos	Laticínios: manteiga, queijo, skyr, leite fermentado.
Agricultores europeus	Trigo e cevada, peixe salgado ou seco, laticínios, batatas e outros tubérculos, vegetais em conserva, cerveja, óleo.
Coreia	Kimchi (conservas de repolho, nabo, pepino). Peixes e camarões salgados ou fermentados.
Ainu (Japão)	Nozes, peixe seco e congelado, carne de caça seca, farinha de raízes.
Nganasan (Sibéria)	Carne de rena defumada, seca ou congelada. Gordura de ganso derretida.
Itenm'i (Kamchatka, na Rússia)	Peixe seco e fermentado.
AMÉRICAS	
Maioria dos indígenas americanos agricultores	Milho seco.
Índios das Planícies do Norte	Carne seca: carne seca de bisão, gordura derretida, bagas secas.
Andes	Carne, tubérculos e peixes secos e congelados.
Inuítes	Carne congelada de baleia, carne congelada ou seca de caribu, óleo de foca.
Índios do Litoral Noroeste	Salmão seco e defumado, óleo derretido de peixe-carvão, bagas secas.
Chochones da Grande Bacia	Farinha de algaroba, pinhões, carne seca.
Índios do interior do norte da Califórnia	Nozes de carvalho, salmão seco.
ÁFRICA	
Nueres	Painço, cerveja.
PACÍFICO	
Polinésia Oriental	Taro e fruta-pão fermentados. Bananas secas, farinha de banana.
Maoris (Nova Zelândia)	Carne de pássaros aquecida e selada com gordura. Tubérculos.
Ilhas Trobriand (Nova Guiné)	Batatas-doces.
Terras baixas da Nova Guiné	Farinha de sagu e peixe seco.
Terras altas da Nova Guiné	Tubérculos. Batatas-doces armazenadas sob a forma de porcos vivos.
Aborígines australianos	Tortas de semente de gramíneas silvestres.

LEÕES E OUTROS PERIGOS

O principal problema prático a superar, quando se trata de armazenar alimentos, é impedir que apodreçam em consequência da ação de micro-organismos. Dado que os micróbios, como todas as outras criaturas vivas, requerem temperaturas amenas e água, muitos métodos de armazenamento buscam manter os alimentos frios (o que não era uma opção nos trópicos antes do desenvolvimento de refrigeradores) ou então secá-los. Alguns alimentos têm baixo teor de água em sua forma natural e podem ser armazenados durante meses ou até anos, requerendo, às vezes, apenas uma leve secagem. É o caso, por exemplo, de vários tipos de nozes, cereais, algumas raízes e tubérculos como batatas e nabos, e mel. A maior parte desses alimentos é guardada em recipientes ou depósitos feitos para esse fim, mas muitas raízes podem ser "armazenadas" simplesmente deixando-as no solo durante meses até que sejam necessárias.

No entanto, muitos outros alimentos, como carne, peixe, frutas e bagas suculentas, têm alto teor de água e exigem longa secagem, seja por exposição ao sol ou pelo método de defumação. Por exemplo, o salmão defumado, hoje um luxo, já foi um alimento básico preparado em grande quantidade pelos índios do litoral noroeste do Pacífico. A carne seca de bisão, combinada com gordura e bagas secas, era armazenada e muito consumida nas Grandes Planícies norte-americanas. Os indígenas andinos secavam grande quantidade de carne, peixe, batatas e carne de ganso utilizando um método que alternava congelamento e secagem ao sol.

Outros alimentos armazenáveis são obtidos com a retirada dos componentes nutritivos de uma matéria-prima da qual se extraiu a maior parte da água original. Exemplos modernos conhecidos são o azeite feito de azeitonas, o queijo feito de leite e a farinha feita de trigo. Há milhares de anos os povos mediterrâneos tradicionais, pastores eurasianos e agricultores eurasianos, respectivamente, vêm preparando e armazenando esses produtos. A prática de derreter a gordura para obter um produto com baixo teor de água era disseminada entre os maoris caçadores de pássaros da Nova Zelândia, os caçadores de bisão da América do Norte e os caçadores árticos de mamíferos marinhos.

O MUNDO ATÉ ONTEM

Os índios americanos do litoral noroeste extraíam a gordura de um tipo de peixe tão oleoso que, em inglês, seu nome é *candlefish* (peixe-vela): depois de seco, o peixe pode ser queimado como se fosse uma vela. O alimento básico nas terras baixas da Nova Guiné é a farinha de sagu, obtida pela extração da farinha contida no miolo dos saguzeiros. Os polinésios e os ainus do Japão também extraíam farinha de raízes, e os chochones da Grande Bacia a extraíam das vagens da algarobeira.

Inúmeros outros métodos de preservação de alimentos não envolviam a secagem. Um deles, bastante simples, usado no Ártico e em áreas europeias com temperaturas abaixo de zero no inverno, era congelar o alimento no inverno e enterrá-lo no solo ou em câmaras subterrâneas cheias de gelo onde permaneceria congelado até o verão seguinte. Eu me deparei com um vestígio dessa prática quando estudava em Cambridge, na Inglaterra, e fui fazer uma excursão de exploração de cavernas com amigos ingleses com quem eu partilhava o mesmo hobby. Enquanto andávamos pelos campos, encontramos um habitante local que nos convidou para ver uma estranha construção em suas terras, cujo propósito ninguém entendia. Tratava-se de uma cúpula de tijolos construída com filas de tijolos antigos muito bem assentados e com uma porta muito bem trancada. Dentro, vimos à nossa frente um buraco vertical de uns três metros de diâmetro forrado com tijolos e com uma escada de madeira que desaparecia na escuridão; não se conseguia enxergar o fundo.

No fim de semana seguinte, voltamos com nosso equipamento de explorar cavernas: cordas, tochas de acetileno, capacetes e roupas apropriadas. Obviamente, esperávamos encontrar um poço profundo, galerias laterais e um tesouro esquecido. Sendo eu o único americano e o membro mais leve do nosso grupo, fui selecionado pelos amigos ingleses para ser o primeiro a se arriscar e descer pela escada apodrecida. Para meu desapontamento, ela terminava em um chão de terra a apenas dez metros de profundidade, sem galerias, sem tesouro e sem nenhuma evidência de sua função, exceto as mesmas fileiras de belos tijolos antigos. De volta a Cambridge, relatei nossa misteriosa descoberta durante o jantar. Um dos meus companheiros de mesa, um engenheiro idoso que passava os fins de semana fazendo caminhadas na zona rural,

LEÕES E OUTROS PERIGOS

exclamou: "Claro! É uma câmara de gelo!" E explicou que aquelas construções eram comuns nas fazendas inglesas até o final do século XIX, quando foram suplantadas pelos refrigeradores. Eram escavadas até uma profundidade bem abaixo da camada de solo morno da superfície, enchidas com alimentos e blocos de gelo no inverno e assim mantidas até o verão seguinte. Nossa redescoberta câmara de gelo deve ter sido capaz de armazenar uma enorme quantidade de alimentos.

Outro método tradicional de preservação é ferver os alimentos para matar os micróbios e então selar o recipiente enquanto ainda estiver quente e estéril. Em tempos recentes, durante a Segunda Guerra Mundial, os americanos que viviam em cidades foram encorajados pelo governo a poupar alimentos para nossos soldados, patrioticamente plantando "hortas da vitória" e armazenando os produtos fervidos em vidros hermeticamente fechados. Na casa de Boston onde cresci, meus pais mantinham um cômodo no subsolo, que minha mãe enchia com vidros de tomates e pepinos colhidos no outono e que a família consumia durante o inverno. Minha infância foi repetidamente pontuada pelas explosões de uma antiquada panela de pressão na qual minha mãe fervia os alimentos: aquilo explodia e espalhava uma pasta de legumes pelo teto da cozinha. Os maoris da Nova Zelândia também preservavam a carne cozinhando-a e transferindo-a, ainda quente, para recipientes selados com gordura derretida, protegendo-a de micróbios. Sem nada saberem sobre micróbios, de alguma forma os maoris descobriram esse método.

Existem métodos de preservar alimentos que não recorrem à secagem, ao congelamento ou à fervura, mas usam a salmoura ou a fermentação com substâncias que impedem o crescimento de micróbios. Essas substâncias incluem sal ou vinagre acrescentados ao alimento, ou álcool, vinagre ou ácido lático que se desenvolvem durante a própria fermentação. Os exemplos incluem cerveja, vinho e outras bebidas alcoólicas; o kimchi, um alimento básico coreano servido em todas as refeições e que costuma incluir repolho, nabo e pepino fermentados em salmoura; o leite de égua fermentado usado pelos pastores asiáticos; o taro e a fruta-pão fermentados pelos polinésios, e o peixe fermentado do povo itenm'i da península de Kamchatka.

Finalmente, pode-se conseguir armazenar o excedente de alimentos convertendo-o em outro tipo de produto que, subsequentemente, será reconvertido em alimento. Em nossa moderna economia monetária, os fazendeiros fazem isso vendendo sua produção, depositando o dinheiro no banco e, em algum momento, reconvertendo o dinheiro em alimentos no supermercado. A criação de porcos pelos habitantes das terras altas da Nova Guiné também constitui um tipo de "depósito bancário", pois a safra de batata-doce, o alimento básico, só pode ser guardada durante poucos meses. No entanto, ao usá-la para alimentar os porcos, aguardando vários anos antes de abatê-los, aqueles povos estão armazenando batatas-doces, que transformam em carne de porco e, assim, as preservam por muito mais tempo.

Diversificação da dieta

Outra estratégia para lidar com a escassez sazonal de alimentos, além de armazená-los, é diversificar a dieta e consumir alimentos desprezados durante estações de abundância. No capítulo 6, mencionei um exemplo encontrado na ilha Rennell, onde as pessoas classificam as plantas silvestres comestíveis em duas categorias: as comidas normalmente e as comidas apenas em situação de desespero, depois que as plantações tiverem sido destruídas por um ciclone. Mas os ilhéus de Rennell em geral obtêm a maior parte dos alimentos em suas hortas, e sua classificação de plantas silvestres não é elaborada. Os alimentos silvestres preferidos são classificados de forma muito mais refinada pelos !kungs, pois, tradicionalmente, eram caçadores-coletores e não plantavam. Eles catalogaram pelo menos duzentas espécies locais de plantas silvestres, das quais 105 são consideradas comestíveis, e estas estão divididas em uma hierarquia de preferência com pelo menos seis categorias. As preferidas são plantas superabundantes, amplamente distribuídas pelo território, disponíveis durante todo o ano, fáceis de coletar, saborosas e consideradas nutritivas.

LEÕES E OUTROS PERIGOS

Em primeiro lugar na hierarquia, porque atende a todos esses critérios, estão as nozes de mongongo, que fornecem quase a metade de todas as calorias de origem vegetal consumidas pelos !kungs e só perdem em popularidade para a carne. Em último lugar estão as plantas escassas, encontradas apenas localmente, disponíveis em poucos meses, de gosto desagradável, de difícil digestão ou consideradas pouco nutritivas. Quando os !kungs se transferem para um novo acampamento, começam a colher nozes de mongongo e outras 13 de suas espécies favoritas até que se esgotem nas cercanias. Então têm de passar a colher itens menos cotados em sua escala de preferência e contentar-se com alimentos cada vez menos apreciados. Nos meses quentes e secos de setembro e outubro, quando a disponibilidade é a mais baixa do ano, os !kungs ficam reduzidos a colher raízes fibrosas e insípidas que ignoram em outras épocas e agora precisam desenterrar e comer sem entusiasmo. Cerca de dez espécies de árvores exsudam resinas comestíveis pouco apreciadas, consideradas de difícil digestão e coletadas apenas incidentalmente quando a ocasião se impõe. No extremo inferior da escala de preferência estão os alimentos ingeridos apenas poucas vezes em um ano, dentre eles uma fruta abundante que, segundo pensam, causa náusea e alucinações, e a carne de vacas que morreram após ingerir folhas tóxicas. Para que não se pense que essas escalas de preferência de alimentos dos !kungs sejam irrelevantes para a vida dos modernos cidadãos do Primeiro Mundo, vale lembrar que muitos europeus adotaram práticas semelhantes quando enfrentaram a escassez de alimentos durante a Segunda Guerra Mundial: alguns amigos ingleses, por exemplo, contaram-me que comeram camundongos servidos com creme.

A uma distância de quase quinhentos quilômetros a leste dos !kungs, com uma densidade populacional cem vezes maior, vivem os agricultores tonganeses. Quando perdem suas safras, grande número deles apela para as plantas silvestres da região, o que não fazem os relativamente poucos !kungs. Então os tonganeses precisam descer ainda mais na escala de preferência e passam a consumir 21 espécies de plantas que também existem na área dos !kungs, mas que estes nem ao menos consideram comestíveis. Uma dessas é uma acácia cujas bagas abundantes são tóxicas. Os !kungs poderiam colher toneladas todos os anos, mas preferem não fazê-lo. No entanto, em épocas de fome generalizada os tonganeses as coletam, põem de molho, fervem e deixam um dia na água para eliminar as toxinas antes de comê-las.

Meu último exemplo de diversificação da dieta vem do povo kaulong da ilha de Nova Bretanha, para quem o taro é o alimento básico e a carne de porco é cerimonialmente importante. O que os kaulongs chamam de *taim bilong hanggiri* ("tempo que pertence à fome") é a estação seca local de outubro a janeiro, quando as plantações quase não produzem alimentos. Então, as pessoas saem para caçar, coletar insetos, caracóis e pequenos animais da floresta e colher plantas silvestres que, compreensivelmente, não lhes despertam nenhum entusiasmo. Uma delas é uma noz silvestre tóxica que precisa ser deixada de molho por vários dias para remover o veneno. Outra dessas plantas não preferidas é uma palmeira selvagem cujo tronco é torrado e comido, mas que, em outras épocas do ano, é considerada comida para porcos.

Agregação e dispersão

Além da estocagem de alimentos e da diversificação da dieta, outra estratégia tradicional para o problema criado pela previsível escassez de alimentos em determinada estação é seguir um ciclo anual de deslocamentos, agregando ou dispersando a população. Quando os recursos alimentares são poucos e estão concentrados em poucas áreas, as pessoas se juntam para viver nessas áreas. Em épocas favoráveis do ano, quando os recursos são ampla e uniformemente distribuídos, as pessoas se dispersam por todo o espaço.

Um exemplo europeu familiar é o dos agricultores dos Alpes, que passam o inverno em suas casas nos vales. Na primavera e no verão, seguem o crescimento do capim novo e o derretimento da camada de gelo, conduzindo seus rebanhos de vacas e carneiros até os pastos alpinos na encosta da montanha. Ciclos sazonais semelhantes de agregação e dispersão ocorrem entre muitas outras sociedades agrícolas em todo

LEÕES E OUTROS PERIGOS

o mundo e entre muitas sociedades de caçadores-coletores, incluindo aborígines australianos, inuítes, índios do litoral noroeste do Pacífico, os chochones da Grande Bacia, os !kungs e os pigmeus africanos. Os períodos de concentração da população durante a estação magra fornecem a oportunidade anual para realização de cerimônias, danças, iniciações, negociações de casamentos e outros eventos da vida social grupal. Os dois exemplos seguintes ilustram como esses ciclos se desdobram para os chochones e os !kungs.

Os chochones da Grande Bacia do oeste dos Estados Unidos vivem em um ambiente desértico com variações sazonais extremas: os verões são secos e quentes (a temperatura diurna pode ultrapassar 32°C ou mesmo 38°C), os invernos são frios (com temperaturas em geral abaixo de zero durante todo o dia) e a maior parte da baixa precipitação anual (menos de 254 milímetros) ocorre no inverno, na forma de neve. Os principais alimentos consumidos durante o inverno, estação de escassez, são os pinhões armazenados e a farinha de algaroba. No outono, as pessoas se concentram nas áreas em que crescem os pinheiros para colher, processar e armazenar grande quantidade de pinhões em um curto tempo. Então, grupos de duas a dez famílias aparentadas passam o inverno em um acampamento num bosque de pinheiros que tenha uma fonte d'água. Na primavera, quando as temperaturas amenas trazem de volta o crescimento das plantas e as atividades dos animais, os acampamentos se dispersam e as famílias nucleares se espalham por altitudes mais altas e mais baixas. Os disseminados e variados recursos alimentares disponíveis durante o verão permitem que os chochones expandam muito a dieta: coletam sementes, raízes, tubérculos, bagas, nozes e outras plantas alimentícias; capturam gafanhotos, larvas voadoras e outros insetos comestíveis; caçam coelhos, roedores, répteis e outros animais pequenos, além de cervos, cabritos montanheses, antílopes, alces e bisões; e pescam. No final do verão, eles se reúnem novamente em seus bosques de pinheiros e nos acampamentos coletivos de inverno. Num outro ambiente de deserto, dessa vez no sul da África, os !kungs também seguem um ciclo anual ditado pela disponibilidade de água e de fontes de alimentos que dependem de água. Concentram-se em torno de uns poucos poços permanentes durante a estação seca e, durante a estação úmida, espalham-se por outras 308 fontes de água menos confiáveis ou sazonais.

Respostas ao perigo

Finalmente, agora que discutimos os perigos tradicionais e as respostas a eles, comparemos as medidas reais de perigo (como quer que seja medido) com nossas respostas (ou seja, com o quanto nos preocupamos com perigos, e quão amplamente nos defendemos deles). Uma expectativa simplória diria que somos completamente racionais e bem informados, e que nossas reações a vários perigos, comparadas com o número de pessoas que cada tipo de perigo realmente mata ou fere a cada ano, são proporcionais à sua seriedade. Essa expectativa simplória não é confirmada pelos fatos, e isso se deve a pelo menos cinco conjuntos de razões.

Em primeiro lugar, o número de pessoas anualmente mortas ou feridas por certo tipo de perigo pode ser baixo precisamente por estarmos tão conscientes dele e fazermos tamanhos esforços para minimizar nosso risco. Se fôssemos plenamente racionais, talvez uma medida de perigo melhor do que o número de mortes (fácil de contar) seria o número anual de mortes que teriam ocorrido se não tivéssemos tomado medidas de precaução (difícil de estimar). Dois exemplos se destacam entre os que já discutimos neste capítulo. Normalmente, poucas pessoas morrem de fome em sociedades tradicionais, justamente porque grande parte das práticas da sociedade está organizada para reduzir o risco de se morrer de subnutrição. Poucos !kungs são mortos por leões a cada ano, não porque os leões não sejam perigosos, mas porque, justamente por serem tão perigosos, os !kungs adotam medidas elaboradas para se proteger: não saem do acampamento à noite, examinam sempre o ambiente em busca de rastros e sinais de leões quando estão fora do acampamento durante o dia, sempre falam em voz alta e viajam em grupos quando estão com mulheres, tomam cuidado para evitar leões velhos, feridos, esfomeados ou solitários, e assim por diante.

LEÕES E OUTROS PERIGOS

Uma segunda razão para a disparidade entre os perigos reais e nossa aceitação de riscos é uma versão modificada do princípio de Wayne Gretzky: nossa disposição de nos expormos a perigos cresce exponencialmente com os benefícios potenciais que a situação perigosa poderá nos trazer. Os !kungs espantam os leões que encontram em volta de carcaças, mas não expulsam leões que estão descansando em lugares onde não existem carcaças. A maior parte de nós não entraria em uma casa em chamas só por diversão, mas faria isso para resgatar um filho que tivesse ficado lá dentro. Muitos americanos, europeus e japoneses estão fazendo agora angustiantes reavaliações da decisão de construir usinas nucleares, pois, de um lado, o acidente nuclear de Fukushima enfatiza os riscos da energia nuclear, mas, de outro, esses riscos são compensados pelos benefícios de se diminuir o aquecimento global reduzindo a geração de energia com carvão, petróleo e gás.

Em terceiro lugar, as pessoas sistematicamente minimizam riscos — pelo menos no mundo ocidental, onde os psicólogos têm feito amplos estudos sobre o fenômeno. Hoje, quando perguntam sobre perigos aos americanos, provavelmente eles mencionarão, em primeiro lugar, terroristas, quedas de aviões e acidentes nucleares, embora, nas últimas quatro décadas, esses três perigos combinados tenham matado um número muitíssimo menor de americanos do que os automóveis, o álcool ou o tabagismo em qualquer um desses quarenta anos. Quando as classificações de riscos feitas pelos americanos são comparadas com as mortes realmente ocorridas (ou com a probabilidade de morte por hora de envolvimento com a atividade arriscada), constata-se que as pessoas exageram, e muito, o risco de acidentes nucleares (considerado o perigo número um por estudantes universitários e mulheres eleitoras) e também superestimam os riscos de tecnologias que manipulam o DNA, de outras novas tecnologias químicas e de latas de spray. Os americanos subestimam os riscos do álcool, dos automóveis e do tabagismo, e (em menor medida) de cirurgias, aparelhos domésticos e conservantes em alimentos. Subjacente a esses desvios de avaliação está o fato de que tememos especialmente eventos fora de nosso controle, eventos com o potencial de matar grande número de pessoas e situações que envolvam

O MUNDO ATÉ ONTEM

riscos novos, desconhecidos ou difíceis de avaliar (daí nosso medo de terroristas, acidentes de avião e acidentes nucleares). Contrariamente, aceitamos velhos riscos familiares que parecem estar sob nosso controle, que assumimos voluntariamente e que matam indivíduos, em vez de grupos de pessoas. É por isso que subestimamos os riscos de dirigir carros, usar bebidas alcoólicas, fumar e subir em escadas portáteis: escolhemos fazer essas coisas, achamos que as controlamos e sabemos que matam outras pessoas, mas acreditamos que não nos matarão porque nos consideramos cuidadosos e fortes. Como bem expressou Chauncey Starr, "Somos avessos a deixar que outros façam conosco aquilo que prazerosamente fazemos contra nós mesmos".

Em quarto lugar, algumas pessoas aceitam o perigo mais do que outras, ou até o buscam e desfrutam. Dentre essas pessoas estão os amadores do salto livre sem paraquedas, os praticantes do bungee jumping, os jogadores compulsivos e os pilotos de corrida. Os dados compilados por seguradoras confirmam nossa impressão intuitiva de que os homens buscam mais o perigo do que as mulheres, e que a busca de situações arriscadas pelos homens atinge o ápice entre os vinte e trinta anos, e depois declina. Retornei recentemente de uma viagem às Cataratas de Vitória na África, onde o enorme rio Zambezi, com 1.600 metros de largura, despenca de 23 metros de altura por uma fenda estreita, dentro da qual há uma garganta mais estreita ainda, e vai dar em uma bacia (adequadamente chamada de Caldeirão Fervente) na qual se precipita todo o volume do rio. O rugido das cataratas, o negror dos penhascos de pedra, a neblina que enche toda a fenda e a garganta, e a turbulência da água lá embaixo sugerem como deve ser a entrada do inferno, caso exista um. Logo acima do Caldeirão Fervente, a fenda é atravessada por uma ponte pela qual os pedestres podem passar de Zâmbia para o Zimbábue, os dois países cuja fronteira é formada pelo rio. Dessa ponte, os turistas que tiverem disposição podem saltar de bungee para dentro do desfiladeiro escuro, tonitruante, cheio de neblina. Enquanto eu assistia à cena, não conseguia nem mesmo pensar em caminhar em direção à ponte e refletia que eu não saltaria dali nem que me dissessem ser aquela a única forma de salvar a vida da minha mulher e dos meus filhos. Mas, mais tarde, recebemos a visita de um dos colegas de turma de meu filho, um jovem de 22 anos chamado Lee, que havia saltado dentro daquela garganta com uma corda amarrada nos tornozelos. Fiquei perplexo quando ele contou que havia pagado, voluntariamente, para fazer algo tão aterrorizante que eu teria dado todas as economias da minha vida para evitar fazer — até me lembrar de algumas experiências igualmente terríveis pelas quais eu escolhera passar quando me dedicava à exploração de cavernas, com os mesmos 22 anos de Lee, quando eu também era um amante do risco.

Finalmente, algumas sociedades têm muito mais tolerância aos riscos do que outras, mais conservadoras. Essas diferenças são familiares entre sociedades do Primeiro Mundo e têm sido observadas entre tribos indígenas norte-americanas e entre tribos da Nova Guiné. Apenas para mencionar um exemplo atual: durante recentes operações militares no Iraque, os soldados americanos foram descritos como mais inclinados a assumir riscos do que os franceses e alemães. Explicações especulativas para essa diferença incluem as lições aprendidas pela França e pela Alemanha com o morticínio de quase 7 milhões de seus cidadãos durante as duas guerras mundiais em operações militares muitas vezes estupidamente arriscadas, e o fato de que a sociedade americana moderna foi formada por emigrantes de outras terras que estavam dispostos a aceitar os riscos do desenraizamento e da mudança para uma terra estranha, deixando para trás seus concidadãos avessos a correr riscos.

Assim, todas as sociedades humanas enfrentam perigos, embora diferentes tipos de riscos estejam reservados para povos em diferentes localidades ou com diferentes estilos de vida. Eu me preocupo com carros e escadas portáteis, meus amigos guineenses das terras baixas preocupam-se com crocodilos, ciclones e inimigos, enquanto os !kungs se preocupam com leões e secas. Cada sociedade adotou uma gama de medidas para mitigar os riscos particulares que reconhece. Mas nós, cidadãos de sociedades WEIRD, nem sempre pensamos tão claramente quanto deveríamos sobre os perigos que enfrentamos. Nossa obsessão com os perigos da manipulação do DNA e com latas de spray estaria mais bem direcionada para os riscos cotidianos associados ao cigarro e a andar de bicicleta sem capacete. Ainda não sabemos se os povos tradicionais fazem semelhantes avaliações incorretas dos perigos de suas vidas. Será que nós, WEIRDs modernos, somos especialmente inclinados a subestimar riscos porque obtemos a maior parte de nossas informações de fontes secundárias, como televisão e outras mídias que enfatizam acidentes sensacionais, mas raros, e mortes em massa? Será que os povos tradicionais estimam riscos mais corretamente porque aprendem com experiências de primeira mão, sejam as suas, as de seus parentes ou dos vizinhos? Podemos aprender a pensar com mais realismo a respeito dos perigos?

PARTE 5

RELIGIÃO, LÍNGUA E SAÚDE

CAPÍTULO 9

O QUE AS ENGUIAS-ELÉTRICAS NOS DIZEM SOBRE A EVOLUÇÃO DA RELIGIÃO

**Perguntas sobre religião • Definições de religião •
Funções e enguias-elétricas • A busca de explicações causais
• Crenças sobrenaturais • Função explicativa da religião
• A religião como aplacadora de ansiedades • A religião como
provedora de consolo • Organização e obediência
• Códigos de comportamento com estranhos • Justificação
da guerra • Insígnias de comprometimento • Medidas de
sucesso religioso • Mudanças nas funções da religião**

Perguntas sobre religião

"No princípio, todas as pessoas viviam em torno de uma grande casuarina na selva e todas falavam a mesma língua. Um homem cujos testículos estavam enormemente inchados por uma infecção causada por um verme parasita passava o tempo sentado em um galho da árvore para que os pesados testículos pudessem repousar no chão. Movidos pela curiosidade, os animais da selva se aproximavam e cheiravam os testículos. Então os caçadores descobriram que era fácil matar esses animais, e todo mundo tinha abundância de comida e todos eram felizes.

"Um dia, um homem mau matou o marido de uma bela mulher, pois a queria para si. Parentes do marido morto atacaram o assassino, que, por sua vez, foi defendido por seus parentes, até que o assassino e seus parentes subiram na casuarina para se salvar. Os parentes do marido morto puxaram as trepadeiras que caíam de um lado da árvore para curvar a copa em direção ao solo e alcançar os inimigos.

"Por fim, as trepadeiras partiram-se ao meio, fazendo com que a árvore voltasse à posição original com um impulso tremendo. O assassino e seus parentes foram arremessados da árvore em muitas direções. Caíram tão longe dali, em tantos lugares diferentes, que nunca mais se encontraram. Com o tempo, suas línguas foram ficando cada vez mais diferentes. É por essa razão que hoje as pessoas falam tantas línguas separadas e não conseguem se entender, e por isso também é tão difícil para os caçadores abaterem animais para comer."

Essa história é contada pelo povo de uma tribo no norte da Nova Guiné. É um exemplo de uma disseminada categoria de mitos chamados "mitos de origem", que conhecemos na versão dos relatos bíblicos do Jardim do Éden e da Torre de Babel no livro do Gênesis. A despeito desses paralelos com as religiões judaico-cristãs, as sociedades tradicionais da Nova Guiné, assim como outras sociedades de pequena escala, careciam de igrejas, sacerdotes e livros sagrados. Por que razão o sistema de crenças dessa tribo tem um mito de origem que nos faz recordar tão claramente as religiões judaico-cristãs, embora sejam tão diferentes em outros aspectos?

Praticamente todas as sociedades humanas conhecidas têm "religião", ou algo parecido. Isso sugere que a religião preenche alguma necessidade humana universal ou, pelo menos, brota de alguma parte da natureza humana que é comum a todos nós. Se assim for, qual é essa necessidade, ou essa parte da natureza humana? E o que, de fato, define "religião"? Há séculos os estudiosos têm debatido essa questão e outras relacionadas. Para que um sistema de crenças constitua uma religião, seria preciso incluir a crença em um deus ou deuses, ou em algumas forças sobrenaturais? Seria necessário incluir qualquer coisa além disso? Na história evolutiva humana, quando surgiu a religião? Os ancestrais humanos separaram-se dos ancestrais dos chimpanzés por volta de 6 milhões de anos atrás. O que quer que seja religião, podemos concordar que os chimpanzés não têm uma, mas será que já havia religião entre nossos ancestrais Cro-Magnon e nossos parentes neandertais de 40 mil anos atrás? Terá havido diferentes estágios históricos no desenvolvimento de religiões, correspondendo o cris-

O QUE AS ENGUIAS-ELÉTRICAS NOS DIZEM SOBRE A EVOLUÇÃO...

tianismo e o budismo a um estágio mais recente do que os sistemas de crenças tribais? Tendemos a associar religião com o lado nobre da humanidade, não com seu lado perverso: por que, então, a religião às vezes prega o assassinato e o suicídio?

Essas questões levantadas pela religião são especialmente interessantes no contexto deste livro, devotado a explorar todo o espectro das sociedades humanas, desde as muito pequenas, ou antigas, até as muito populosas, ou modernas. A religião é uma área onde instituições tradicionais ainda florescem dentro de sociedades que, em outros aspectos, são modernas: as maiores religiões atuais surgiram entre 1.400 e 3.000 anos atrás em sociedades muito menores e mais tradicionais do que as que ainda as cultivam. No entanto, as religiões variam com a escala da sociedade, e essa variação clama por explicação. Além disso, a maior parte dos leitores deste livro, assim como eu, questiona suas crenças religiosas pessoais (ou a ausência de crenças) em algum momento da vida. Quando fazemos isso, a compreensão dos diferentes significados da religião para diferentes povos pode nos ajudar a encontrar respostas para nossas questões individuais.

Tanto para indivíduos quanto para sociedades, a religião em geral envolve um enorme investimento de tempo e recursos. Alguns exemplos ilustram bem isso: os mórmons são instados a contribuir com 10% de sua renda para a igreja; estima-se que os índios hopis tradicionais dediquem uma média de um dia, em cada três, para cerimônias religiosas, e que a quarta parte da população do Tibete tradicional é constituída de monges; na Europa cristã medieval, certamente era grande a parcela de recursos destinada a construir igrejas e catedrais e manter o clero, sustentar as inúmeras ordens de mosteiros e conventos e financiar as cruzadas. Desse modo, tomando emprestada uma expressão usada pelos economistas, a religião incorre em "custos de oportunidade": os gastos que requer e os altos investimentos de tempo e de recursos poderiam ter sido aplicados em atividades claramente lucrativas, como a ampliação das lavouras, a construção de barragens e a alimentação de maiores exércitos de conquista. Se a religião não produzisse alguns grandes e reais benefícios para compensar os custos de oportunidade, qualquer sociedade ateísta que por acaso surgisse provavelmente conseguiria superar competitivamente as sociedades religiosas e assumir o controle do mundo. Assim, por que razão o mundo não se tornou ateísta, e quais os benefícios que a religião evidentemente produz? Quais são as "funções" da religião?

Para um fiel, essas questões sobre as funções da religião podem parecer absurdas, até ofensivas. Um fiel poderia responder que a religião é quase universal nas sociedades humanas simplesmente porque de fato existe um Deus, e que a ubiquidade da religião dispensa que se descubra suas supostas funções e seus benefícios, assim como a ubiquidade das pedras dispensa que as expliquemos. Se o leitor for um desses fiéis, permita-me que lhe faça um convite: imagine, apenas por um momento, uma criatura viva avançada, originária da galáxia de Andrômeda, que percorresse o universo a uma velocidade muito além da velocidade da luz (algo considerado impossível por nós, humanos), visitasse os trilhões de estrelas e planetas do universo e estudasse a diversidade de vidas que encontrava, os metabolismos ativados pela luz, por outras formas de radiação eletromagnética, pelo calor, pelo vento, por reações nucleares e reações químicas inorgânicas ou orgânicas. Periodicamente, nosso viajante de Andrômeda visitaria o Planeta Terra, onde a vida se desenvolveu para utilizar apenas a energia da luz e de reações químicas inorgânicas e orgânicas. Imagine que, por um breve período entre cerca de 11.000 a.C. e 11 de setembro de 2051 da Era Cristã, a Terra tivesse sido dominada por uma forma de vida que chamava a si mesma de humanos e se apegava a algumas ideias curiosas. Entre essas ideias estava a de que existia um ser todo-poderoso, chamado Deus, que tinha um interesse especial no gênero humano, e não nos milhões de trilhões de outras espécies existentes no universo, e que criara o universo. Esse ser era frequentemente representado como semelhante a um humano, exceto por ser onipotente. Sem dúvida, o visitante de Andrômeda reconheceria que essas crenças eram ilusões dignas de estudo, e não de credibilidade, porque os andromedanos e muitas outras criaturas vivas já haviam compreendido como o universo realmente havia sido criado, e era absurdo imaginar que qualquer ser todo-poderoso fosse semelhante ao gênero humano ou estivesse especialmente interessado nele, muito menos atraente e avançado do que bilhões de outras formas de vida existentes em outras partes do universo. O andromedano também observaria que havia milhares de diferentes religiões humanas e que a maior parte dos seguidores acreditava que sua religião fosse a verdadeira e todas as demais fossem falsas — o que o levaria a concluir que todas eram falsas.

Mas essa crença em tal deus estava disseminada entre as sociedades humanas. O andromedano compreendia os princípios da sociologia universal, que tinham de fornecer uma explicação de por que as sociedades humanas persistiam apesar do enorme dreno de tempo e recursos que a religião impunha aos indivíduos e às sociedades, e a despeito de a religião motivar indivíduos a infligir a si mesmos comportamentos dolorosos ou suicidas. Obviamente, raciocinaria o andromedano, a religião deve produzir alguns benefícios compensatórios; de outra forma, sociedades ateístas não sobrecarregadas por aqueles drenos de tempo e recursos e por aqueles impulsos suicidas teriam substituído as sociedades religiosas. Portanto, se você, meu leitor ou minha leitora, considera ofensivo indagar a respeito das funções de sua própria religião, talvez se disponha, por um momento, a dar um passo atrás e indagar, digamos, sobre as funções das religiões tribais da Nova Guiné ou colocar-se na atitude mental do visitante de Andrômeda e indagar sobre as religiões humanas em geral.

Definições de religião

Comecemos definindo religião para que possamos pelo menos concordar a respeito de qual fenômeno estamos discutindo. Perguntemo-nos: quais os aspectos comuns a todas as religiões, incluindo o cristianismo e as religiões tribais, além do politeísmo da Grécia e da Roma antigas, que devem ser necessários e suficientes para identificar um fenômeno como uma religião, em vez de um fenômeno relacionado, mas diferente (como magia, patriotismo ou uma filosofia de vida)?

Tabela 9.1. Algumas definições propostas de religião

1. "Reconhecimento humano de um poder controlador super-humano e, especialmente, de um Deus pessoal ao qual se deve obediência." (*Concise Oxford Dictionary*)

2. "Qualquer sistema específico de crença e devoção, frequentemente envolvendo um código de ética e uma filosofia." (*Webster's New World Dictionary*)

3. "Um sistema de coesão social baseado em um conjunto comum de crenças ou atitudes relativas a um objeto, pessoa, ser invisível, ou sistema de pensamento, considerado sobrenatural, sagrado, divino ou a verdade máxima, e os códigos morais, as práticas, os valores, as instituições, as tradições e os rituais associados a tais crenças ou sistema de ideias." (*Wikipedia*)

4. "Religião, nos termos mais amplos e gerais possíveis, (...) consiste na crença de que existe uma ordem invisível e de que nosso bem supremo reside em harmoniosamente nos ajustarmos a ela." (William James)

5. "Sistemas sociais cujos participantes declaram a crença em um agente ou agentes sobrenaturais cuja aprovação deve ser buscada." (Daniel Dennett)

6. "Uma propiciação ou conciliação de poderes sobre-humanos que se acredita controlarem a natureza e o homem." (Sir James Frazer)

7. "Um conjunto de formas simbólicas e atos que relacionam o homem às condições últimas de sua existência." (Robert Bellah)

8. "Um sistema de crenças e práticas dirigidas às 'preocupações últimas' de uma sociedade." (William Lessa e Evon Vogt)

9. "A crença em seres sobre-humanos e em seu poder de ajudar ou prejudicar o homem tem uma distribuição quase universal, e essa crença — eu insistiria — é a variável essencial que deve ser assinalada por qualquer definição de religião. (...) Definirei 'religião' como 'uma instituição que consiste em uma interação culturalmente padronizada com seres sobre-humanos culturalmente postulados'." (Melford Spiro)

10. "O elemento comum da religião em diferentes culturas é a crença de que o bem maior é definido por uma ordem invisível, combinada com uma variedade de símbolos que ajudam indivíduos e grupos a ordenar suas vidas em harmonia com essa ordem, além de um compromisso emocional de alcançar tal harmonia." (William Irons)

11. "Uma religião é um sistema unificado de crenças e práticas relativas a coisas sagradas, ou seja, coisas diferenciadas e proibidas — e essas crenças e práticas reúnem em uma única comunidade moral chamada Igreja todos os que aderem a elas." (Émile Durkheim)

12. "Em linhas gerais, religião é (1) o compromisso de uma comunidade, custoso e difícil de simular, (2) com um mundo contrafactual e desarrazoado de agentes sobrenaturais (3) que controlam a angústia existencial das pessoas, como morte e frustração." (Scott Atran)

13. "Uma religião é: (1) um sistema de símbolos que atua para (2) estabelecer estados de espírito e motivações poderosos, generalizados e duradouros nos homens, e, para isso (3), formula concepções sobre uma ordem geral de existência e (4) envolve essas concepções em uma aura de veracidade, fazendo com que (5) os estados de espírito e as motivações pareçam excepcionalmente realistas." (Clifford Geertz)

	(cont.)
14.	"Religião é uma instituição social que se desenvolveu como um mecanismo integrante da cultura humana para criar e promover mitos, encorajar o altruísmo e a reciprocidade altruísta e mostrar o nível de compromisso dos membros da comunidade com a cooperação e a retribuição da cooperação." (Michael Shermer)
15.	"Definiremos uma religião como um conjunto de crenças, práticas e instituições que os homens desenvolveram em diferentes sociedades, desde que tal conjunto possa ser compreendido, como resposta aos aspectos da vida e situações que se acredita serem racionalmente compreensíveis e/ou controláveis (não no sentido empírico-instrumental) e ao qual atribuem um significado que inclui algum tipo de referência às ações e eventos relevantes para a concepção humana da existência de uma ordem 'sobrenatural' concebida e sentida como tendo uma ligação fundamental com a posição do homem no universo e os valores que dão sentido ao seu destino como indivíduo e às suas relações com seus semelhantes." (Talcott Parsons)
16.	"Religião é o suspiro da criatura oprimida, o coração de um mundo sem coração e a alma de situações sem alma. É o ópio do povo." (Karl Marx)

A Tabela 9.1 lista 16 definições diferentes propostas por estudiosos da religião. As definições números 11 e 13, de Émile Durkheim e Clifford Geertz, respectivamente, são as mais frequentemente citadas por outros estudiosos. É óbvio que não estamos nem ao menos próximos de um acordo a respeito de uma definição. Muitas dessas definições estão escritas num estilo intricado semelhante à linguagem usada por advogados para redigir um contrato, e isso nos alerta de que estamos pisando em um terreno cheio de acaloradas controvérsias.

Será que podemos contornar o problema de definir religião assumindo a mesma postura que utilizamos para contornar o problema de definir pornografia, dizendo, "Não consigo definir pornografia, mas, mesmo assim, eu a reconheço quando vejo!"? Não; infelizmente, nem mesmo essa estratégia escapista funcionaria; os estudiosos não concordam quando se trata de definir se alguns movimentos disseminados e conhecidos são ou não religiões. Por exemplo, tem havido longos e permanentes debates entre estudiosos da religião sobre se o budismo, o confucionismo e o xintoísmo devem ser considerados religiões. A tendência atual é incluir o budismo, mas não o confucionismo, embora, há uma ou duas décadas, o confucionismo fosse considerado uma religião e hoje seja em geral visto como um modo de vida ou uma filosofia secular.

Essas dificuldades em definir religião são ilustrativas. Elas nos alertam para o fato de que os fenômenos que agrupamos como religiões contêm diversos componentes distintos, que podem ter grande importância, pouca ou praticamente nenhuma em diferentes religiões, diferentes sociedades e diferentes estágios da evolução das religiões. A religião matiza outros fenômenos que possuem alguns dos atributos habitualmente associados a uma religião, mas não todos. Daí o desacordo sobre se o budismo, normalmente incluído entre as quatro maiores religiões do mundo, realmente é uma religião ou "apenas" uma filosofia de vida. Os componentes comumente atribuídos a religiões podem ser divididos em cinco conjuntos: crença no sobrenatural, participação em um movimento social, onerosas e visíveis provas de comprometimento, regras práticas para pautar o comportamento do indivíduo (i.e., "moralidade") e crença de que seres e forças sobrenaturais podem ser induzidos (por exemplo, pela prece) a intervir na vida mundana. No entanto, como observaremos, não faria sentido definir religião pela combinação de todos esses atributos, nem rotular como não religião um fenômeno que careça de um ou mais deles, porque, assim fazendo, estaríamos excluindo alguns ramos de movimentos amplamente reconhecidos como religiões.

O primeiro desses cinco atributos é a base da definição de religião que ofereci aos meus alunos na Universidade da Califórnia quando dei pela primeira vez um curso de geografia cultural. Eu propus: "Religião é a crença em agentes sobrenaturais pressupostos, de cuja existência nossos sentidos não nos podem dar evidência, mas que é invocada para explicar coisas das quais nossos sentidos de fato nos dão evidência." Essa definição tem duas virtudes: a crença em agentes sobrenaturais é, de fato, uma das mais disseminadas características da religião; e prover explicação, como discutiremos adiante, estava entre as principais origens da religião e era uma de suas funções iniciais. A maior parte das religiões realmente pressupõe a existência de deuses, espíritos e outros agentes que chamamos "sobrenaturais" porque eles, ou suas prováveis consequências, não podem ser diretamente percebidos no mundo natural. (Ao longo de todo este capítulo usarei repetidamente "sobrenatural" no sentido neutro, sem nenhuma das conotações pejorativas às vezes associadas à palavra.) Muitas religiões vão mais longe e postulam a existência de todo um mundo paralelo sobrenatural — às vezes, um céu, um inferno ou alguma vida após a morte para a qual seremos transferidos depois de morrermos neste mundo natural. Alguns fiéis estão totalmente convencidos da existência de agentes sobrenaturais, e insistem que viram, ouviram, ou sentiram espíritos ou fantasmas.

Mas, em pouco tempo, compreendi que minha definição era inadequada, por razões que também são ilustrativas. A crença em agentes sobrenaturais caracteriza não apenas religiões, mas também fenômenos que ninguém consideraria religiosos, como crenças em fadas, fantasmas, duendes e alienígenas em discos voadores. Por que é religioso acreditar em deuses, mas não necessariamente religioso acreditar em fadas? (Um palpite: os que acreditam em fadas não se encontram em um dia específico da semana para realizar certos rituais, não se identificam como uma comunidade de crentes em fadas, separada dos que não creem nelas, e não se oferecem para morrer em defesa de sua crença em fadas.) Diferentemente disso, alguns movimentos que todos consideram como religiões não exigem nenhuma crença em agentes sobrenaturais. Inúmeros judeus (inclusive rabis), unitaristas, japoneses e outros são agnósticos ou ateístas, mas ainda se consideram religiosos e são considerados por outros como pertencendo a uma religião. O Buda não se associou a nenhum deus e sempre afirmou que estava "meramente" ensinando um caminho para a iluminação que ele havia descoberto.

Uma grande falha em minha definição era que omitia um segundo atributo das religiões: também são movimentos sociais de pessoas que se identificam como partilhando crenças profundas. Um indivíduo que acredita em um deus e em uma longa lista de doutrinas que ele mesmo inventou, e que devota parte de todos os sábados a ficar sentado a sós em uma sala rezando para aquele deus e lendo um livro que ele mesmo escreveu, mas não mostrou a mais ninguém, não se classifica como um praticante de uma religião. O equivalente real mais próximo desse tipo de pessoa são os ermitões que vivem no isolamento e se devotam a rezar. Mas eles surgiram de uma comunidade de fiéis que lhes forneceu as crenças que professam, e esses fiéis podem continuar a sustentar os ermitões e visitá-los. Não tenho conhecimento de ermitões que inventaram sua religião a partir do zero, foram para o deserto para viver sozinhos, recusavam ofertas de alimentos e desencorajavam visitantes. Se alguém me mostrasse um ermitão assim, eu o definiria como um ermitão não religioso ou como um misantropo, enquanto outros poderiam considerá-lo um típico ermitão religioso, exceto pelo fato de não passar no teste de sociabilidade.

Um terceiro atributo de muitas religiões é que seus seguidores fazem custosos e dolorosos sacrifícios para exibir aos demais seu compromisso com o grupo. O sacrifício pode ser de tempo — como interromper outras atividades cinco vezes por dia para se virar em direção a Meca e orar, ou passar parte dos domingos na igreja, ou gastar anos memorizando um ritual complexo, preces e cantos (o que possivelmente requer o aprendizado de outra língua), ou devotar dois anos do início da vida adulta a trabalhos missionários (conforme se requer dos mórmons), ou juntar-se a uma cruzada ou a uma peregrinação, ou visitar Meca com recursos próprios. O sacrifício pode ser de dinheiro ou de propriedades doadas à igreja. Alguém pode oferecer um valioso animal doméstico: sacrificar a Deus uma ovelha, não algum animal selvagem capturado que não lhe tenha custado nada. Ou o sacrifício pode ser do conforto ou da integridade do corpo, jejuando, cortando fora a junta de um dedo, circuncidando o pênis ou fazendo uma incisão ao longo de todo o membro, ou derramando o próprio sangue com um corte no nariz ou na língua ou no pênis ou no interior da garganta ou em outra parte do corpo. Todas essas custosas ou dolorosas exibições públicas servem para convencer outros fiéis de que aquela pessoa está seriamente comprometida com a religião e de que será capaz de sacrificar a própria vida, se necessário. Não fosse assim, se eu meramente gritasse, "Sou um cristão!", poderia estar mentindo para tirar alguma vantagem pessoal (como fazem alguns prisioneiros, na esperança de obterem o livramento condicional), ou para salvar minha vida. Embora o segundo e o terceiro atributos (ou seja, um movimento social e sacrifícios custosos) pareçam-me condições necessárias para definir um movimento como uma religião, não são condições suficientes. Também existem movimentos sociais não religiosos que partilham profundas crenças e demandam custosos sacrifícios de seus seguidores, como o patriotismo.

O penúltimo atributo das religiões é que a crença em deuses e outros agentes sobrenaturais postulados tem consequências práticas em termos de como as pessoas devem se comportar. Essas regras de comportamento podem assumir várias formas: leis, códigos morais, tabus ou obrigações, dependendo do tipo de sociedade. Embora praticamente todas as religiões tenham essas regras, isso não significa que regras dessa natureza derivem somente de religiões: os modernos governos de Estado seculares, inúmeros grupos não religiosos e cidadãos ateístas ou agnósticos também têm suas próprias regras.

Finalmente, muitas religiões ensinam que, além de recompensar os virtuosos que obedecem às regras e punir os maus e os que violam as regras, os agentes sobrenaturais também podem ser induzidos, por meio de preces, doações e sacrifícios, a interceder em benefício dos peticionários mortais.

Assim, a religião envolve uma constelação de sete conjuntos de atributos cuja força varia entre as religiões do mundo (aí incluídas as religiões tradicionais). Podemos usar essa constelação para compreender as diferenças entre religião e diversos fenômenos relacionados que partilham alguns dos atributos da religião, mas não todos. O patriotismo e o orgulho étnico assemelham-se a uma religião por serem movimentos sociais que distinguem seus seguidores dos demais, exigem sacrifícios (até da própria vida) como prova do compromisso individual e celebram rituais e cerimônias como (no caso dos americanos) o dia da Independência, o dia de Ação de Graças e o dia de homenagem aos combatentes mortos em ação (Memorial Day). Diferentemente de uma religião, o patriotismo e o orgulho étnico não ensinam a crença em agentes sobrenaturais. Os fãs de esportes, assim como os religiosos, formam grupos sociais de adeptos de determinado time e se distinguem dos adeptos de outros grupos sociais, ou de outros times, mas não adotam agentes sobrenaturais, não demandam grandes sacrifícios como prova de afiliação e não regulam uma ampla gama de comportamento moral. O marxismo, o socialismo e outros movimentos políticos atraem grupos comprometidos de adeptos (como fazem as religiões), motivam-nos a morrer por seus ideais e podem ter amplos códigos morais, mas não recorrem ao sobrenatural. A magia, a feitiçaria, as superstições e a rabdomancia (detecção de águas subterrâneas com uma varinha) envolvem a crença em agentes sobrenaturais, e essa crença tem consequências para o comportamento cotidiano dos adeptos; no entanto, a magia, a superstição e fenômenos relacionados não servem como atributos definidores de grupos sociais semelhantes aos fiéis: as pessoas que acreditam no perigo dos gatos pretos não se reúnem todos os domingos para reafirmar as características peculiares que as distinguem das que não acreditam no perigo dos gatos pretos. Talvez a área fronteiriça mais cinzenta seja a que envolve movimentos como o budismo, o confucionismo e o xintoísmo, que possuem variados graus de incerteza sobre se são religiões ou filosofias de vida.

Funções e enguias-elétricas

A religião é quase universal nos humanos, mas nada nem ao menos parecido com ela foi alguma vez encontrado entre animais. Ainda assim, podemos inquirir sobre as origens da religião — na realidade, devemos nos intrigar com isso, assim como nos intrigamos com as origens de outros traços distintamente humanos, como a arte e a língua falada. Há 6 milhões de anos, nossos ancestrais eram primatas que, sem a menor dúvida, careciam de religião; na época em que apareceram os primeiros documentos escritos, por volta de 5 mil anos atrás, já havia religião. O que aconteceu naquele espaço de 5.995.000 anos? Quais foram os antecedentes da religião em animais e em ancestrais humanos, e quando e por que apareceram?

Um método chamado "abordagem funcional" tem sido o marco de referência mais adotado por especialistas em religião desde que o tema começou a ser estudado cientificamente há quase 150 anos. Eles perguntam: quais as funções que a religião preenche? E observam que a religião frequentemente impõe pesados custos a indivíduos e sociedades, obrigando, por exemplo, que muitas pessoas vivam no celibato e renunciem a ter filhos, que se submetam aos esforços e aos gastos de construir enormes pirâmides, que matem seus valiosos animais domésticos e, às vezes, os próprios filhos ou a si mesmas, e que passem muito tempo repetindo as mesmas palavras indefinidamente. A religião precisa ter funções e trazer benefícios que superem esses pesados custos; de outra forma, não teria surgido e não poderia ser mantida. Quais os problemas humanos que foram solucionados com a invenção da religião? Um breve resumo da abordagem funcional poderia ser expresso nos seguintes termos: a religião foi inventada para realizar certas funções e solucionar certos problemas, como manter a ordem social, confortar os aflitos e ensinar a obediência política.

Outra abordagem, recentemente surgida do campo da psicologia evolutiva, objeta: a religião certamente não evoluiu e não foi conscientemente inventada para nenhum propósito específico ou para resolver nenhum problema específico. Em momento algum um chefe emergente teve uma brilhante ideia e inventou a religião a partir do zero, prevendo que teria mais facilidade de dominar seus subordinados se os convencesse de razões religiosas para construírem uma pirâmide. Tampouco é provável que um caçador-coletor psicologicamente sintonizado se preocupasse com o fato de que seus companheiros de tribo estivessem muito deprimidos com uma morte recente e não quisessem sair para caçar, e então inventasse uma história sobre vida após a morte para consolá-los e lhes dar novas esperanças. Em vez disso, a religião provavelmente surgiu como um subproduto de algumas outras capacidades de nossos ancestrais e de seus próprios ancestrais animais, e essas capacidades tiveram consequências não previstas e gradualmente adquiriram novas funções à medida que se desenvolviam.

Para um biólogo evolutivo como eu, não existe nenhuma contradição entre essas duas formas de abordar a origem da religião; na verdade, elas postulam dois estágios. A própria evolução biológica também avança em dois estágios. No primeiro, variações entre indivíduos são geradas por mutações e recombinações de genes. No segundo, em função da seleção natural e da seleção sexual, ocorrem diferenças entre os indivíduos mutantes em termos das formas como sobrevivem, se reproduzem e transmitem seus genes para a geração seguinte. Em outras palavras, alguns desses indivíduos mutantes acabam desempenhando funções e solucionando os problemas da vida de melhor forma do que outros mutantes. Um problema funcional (como sobreviver em um clima mais frio, por exemplo) não é resolvido por um animal que entende que precisa de um pelo mais denso, nem porque os climas frios estimulem mutações que resultam em pelos mais densos. Em vez disso, algo (no caso da evolução biológica, são os mecanismos da genética molecular) cria algo diferente (nesse caso, um animal com pelo mais denso ou mais ralo), e algumas condições de vida ou alguns problemas ambientais (no caso, temperaturas frias) dotam alguns desses animais mutantes, mas não outros, de uma função útil. Assim, as mutações e recombinações de genes fornecem as origens da diversidade biológica, enquanto a seleção natural e a seleção sexual atuam como filtros que submetem aquele material inicial ao critério da função.

Da mesma forma, os psicólogos evolutivos afirmam que a religião é um subproduto de aspectos do cérebro humano que surgiram por razões outras que não a construção de pirâmides ou o consolo de parentes enlutados. Para um biólogo evolutivo, isso é plausível e não surpreende. A história evolutiva está abarrotada de subprodutos e mutações inicialmente selecionados para uma função e que depois continuaram se desenvolvendo e foram selecionados para preencher outra função. Por exemplo, os criacionistas que olham com ceticismo a realidade da evolução costumavam apontar as enguias-elétricas que eletrocutam sua vítima com choques de seiscentos volts e então argumentavam que, pela seleção natural, uma enguia de seiscentos volts jamais poderia ter surgido de uma enguia normal, não elétrica, porque os necessários estágios intermediários de enguias de baixa voltagem não eletrocutariam nenhuma vítima e não serviriam para nada. Na realidade, as enguias de seiscentos volts evoluíram por meio de mudanças de função, como um subproduto da função de detecção de campos elétricos e da geração de eletricidade em peixes normais.

Muitos peixes têm órgãos sensoriais na pele que respondem a campos elétricos no ambiente. Esses campos podem ter origem física (por exemplo, correntes oceânicas ou mistura de águas de diferentes salinidades) ou biológica (o disparo elétrico de contrações musculares de animais). Os peixes que possuem esses órgãos sensíveis a estímulos elétricos podem empregá-los para duas funções: detectar presas e navegar em diferentes ambientes, especialmente em águas turvas e em condições noturnas nas quais os olhos quase não têm utilidade. As caças se revelam ao detector de campos elétricos do caçador porque têm uma condutividade elétrica muito mais elevada do que a da água fresca. Essa detecção de campos elétricos ambientais pode ser chamada de eletrodetecção passiva; não requer nenhum órgão especializado em geração de eletricidade.

Mas algumas espécies de peixes avançam, gerando seus próprios campos elétricos de baixa voltagem que lhes permitem detectar objetos não apenas pelo próprio campo elétrico do objeto, mas também pela modificação do campo elétrico criado pelo peixe. Os órgãos especializados na geração de eletricidade evoluíram de forma independente em pelo menos seis linhagens separadas de peixes. A maior parte dos órgãos elétricos deriva de membranas musculares geradoras de energia, mas há uma espécie que desenvolve seus órgãos elétricos a partir de nervos. O zoólogo Hans Lissmann forneceu a primeira prova convincente dessa eletrodetecção ativa, depois de muita especulação inconclusiva de outros. Usando a comida como recompensa, Lissmann condicionou peixes-elétricos para que distinguissem um objeto eletricamente condutivo de um objeto não condutivo de aparência idêntica, como um disco de metal condutivo e um disco de plástico ou de vidro não condutivo. Quando eu trabalhava em um laboratório na Universidade de Cambridge, perto do edifício onde Lissmann estava fazendo seus estudos, um amigo seu me contou uma história que ilustrava a sensibilidade da eletrodetecção por peixes-elétricos. Lissmann notou que um peixe-elétrico que ele mantinha no laboratório ficava agitado por volta do mesmo horário no final da tarde de todos os dias da semana (mas não aos sábados e domingos). Acabou descobrindo que essa era justamente a hora em que a técnica que trabalhava com ele se preparava para encerrar o expediente: ela ia para detrás de uma pequena divisória e penteava o cabelo, criando um campo elétrico que o peixe conseguia detectar.

Os peixes de baixa voltagem usam seus órgãos geradores de eletricidade e seus eletrodetectores na pele para melhorar a eficiência de duas funções, ambas partilhadas com os muitos peixes que possuem eletrodetectores, mas não têm órgãos de geração de eletricidade: a detecção de presas e a navegação. Os peixes de baixa voltagem também usam os impulsos elétricos uns dos outros para uma terceira função: para se comunicarem. Dependendo do padrão dos impulsos elétricos, que variam entre espécies e indivíduos, um peixe pode extrair informação e, assim, reconhecer a espécie, o sexo, o tamanho e a natureza (estranha ou familiar) do peixe que está gerando os impulsos. Um peixe de baixa voltagem também comunica mensagens sociais a outros peixes de sua espécie: de fato, ele pode dizer eletricamente, "Este é meu território, caia fora", ou "Mim Tarzan, você Jane, você me deixa excitado, é hora de sexo".

Peixes que geram uns poucos volts podiam não apenas detectar caças, mas também usar os choques para uma quarta função: matar vítimas pequenas, como peixinhos. Quanto maior a voltagem, maior o tamanho das presas que podiam ser mortas, até que se chegou à enguia de seiscentos volts e quase dois metros de comprimento que pode dar um choque atordoante em um cavalo que entre no rio. (Eu me lembro muito bem dessa história evolutiva porque comecei minha tese de doutorado escrevendo sobre a geração de eletricidade por enguias-elétricas. Estava tão absorvido pelos detalhes moleculares da geração de eletricidade que esqueci suas consequências, e impulsivamente agarrei minha primeira enguia para começar o primeiro experimento — e o resultado foi literalmente chocante!) Os peixes de alta voltagem também podem usar suas poderosas descargas para duas outras funções: defender-se de possíveis predadores, lançando uma descarga contra o agressor; e

O QUE AS ENGUIAS-ELÉTRICAS NOS DIZEM SOBRE A EVOLUÇÃO...

obter comida usando a "pesca elétrica", ou seja, atraindo a presa para a ponta eletricamente positiva do peixe, uma técnica também usada por pescadores comerciais — que, no entanto, precisam gerar eletricidade com baterias ou geradores, e não com o próprio corpo.

Agora, retornemos aos criacionistas céticos que objetam que a seleção natural nunca poderia ter produzido uma enguia de seiscentos volts a partir de uma enguia normal, sem nenhuma voltagem, supostamente porque todos os estágios intermediários necessários, com órgãos elétricos de baixa voltagem, teriam sido inúteis e não teriam ajudado seus proprietários a sobreviver. A resposta ao criacionista é que matar presas com um choque de seiscentos volts não era a função original dos órgãos elétricos, mas que essa capacidade surgiu como um subproduto de um órgão inicialmente selecionado para outras funções. Vimos que os órgãos elétricos adquiriram seis funções sucessivas à medida que a seleção natural aumentava sua carga, desde nenhuma até seiscentos volts. Um peixe sem volts pode fazer a eletrodetecção passiva de presas e navegar; um peixe de baixa voltagem pode desempenhar essas mesmas funções com mais eficiência e também pode se eletrocomunicar; e um peixe de alta voltagem pode eletrocutar a presa, se defender e fazer pesca elétrica. Veremos que a religião humana superou as enguias-elétricas, pois veio a cumprir sete funções, em vez de apenas seis.

A busca de explicações causais

A partir de quais atributos humanos poderia a religião também ter surgido como um subproduto? Uma perspectiva plausível é de que foi um subproduto da capacidade cada vez mais sofisticada de nosso cérebro para deduzir causa, ação e intenção, antecipar perigos e, assim, formular explicações causais de valor preditivo que nos ajudaram a sobreviver. Obviamente, os animais também têm cérebros e podem deduzir alguma intenção. Uma coruja que detecta um rato pelo som, na completa escuridão, pode ouvir as pisadas do rato, calcular a direção e a velocidade, deduzir a intenção do rato de continuar correndo naquela direção àquela velocidade, e mergulhar exatamente no momento e no local corretos para interceptar o caminho do rato e capturá-lo. Mas os animais, mesmo os nossos parentes mais próximos, têm uma capacidade de raciocínio muito menor do que a dos humanos. Por exemplo, para os macacos africanos conhecidos como macacos-verdes, as jiboias que fazem ninhos no chão são os principais predadores. Esses macacos têm um grito de alarme especial que emitem quando veem uma jiboia, e sabem o bastante para saltar para uma árvore se são alertados pelo grito de alarme de outro macaco. Espantosamente, no entanto, esses macacos espertos não associam o rastro de uma jiboia na grama com o perigo de que possa haver uma jiboia por perto. Contraste essas fracas capacidades de raciocínio dos macacos-verdes com as capacidades humanas: fomos aperfeiçoados pela seleção natural para que nossos cérebros extraiam o máximo de informação a partir de pistas triviais e que nossa linguagem expresse essa informação precisamente, mesmo com o risco inevitável de frequentes inferências equivocadas.

Por exemplo, rotineiramente atribuímos arbítrio a outras pessoas além de nós mesmos. Compreendemos que outras pessoas têm intenções como nós, e que os indivíduos variam. Portanto, devotamos grande parte de nossa atividade cerebral diária a entender outros indivíduos e a monitorar sinais que recebemos deles (como expressões faciais, tom de voz, o que fazem ou não fazem, dizem ou não dizem) a fim de prever o que determinado indivíduo fará em seguida e descobrir como podemos influenciar seu comportamento da forma que queremos. Do mesmo modo, atribuímos arbítrio a animais. Os caçadores !kungs que se aproximam da carcaça de uma presa da qual os leões já estão se alimentando observam a barriga e o comportamento dos leões para deduzir se já estão saciados e se se deixarão expulsar, ou se ainda estão com fome e defenderão seu espaço. Atribuímos arbítrio a nós mesmos: notamos que nossas próprias ações têm consequências e, se constatamos que certo tipo de comportamento nosso dá bom resultado, e outro, não, aprendemos a repetir a ação associada ao bom resultado. A capacidade de nosso cérebro de descobrir essas explicações causais é a principal razão de nosso sucesso como espécie. É por isso que, por volta de 12 mil anos atrás, antes que tivéssemos agricultura, metal ou escrita, e quando ainda existiam caçadores-coletores, já éramos, decididamente, a espécie mamífera mais amplamente distribuída, espalhada do Ártico à linha do equador e em todos os continentes, exceto a Antártida.

Continuamos testando explicações causais. Algumas de nossas explicações tradicionais continham prognósticos corretos por razões que mais tarde se provaram cientificamente corretas; algumas continham prognósticos corretos pela razão errada (por exemplo, "evite comer essa espécie particular de peixe por causa de um tabu", sem compreender o papel da química venenosa contida no peixe). E algumas explicações continham prognósticos errados. Os caçadores-coletores, por exemplo, fazem uma generalização excessiva do arbítrio e a estendem a outras coisas que podem se mover, além de humanos e animais, como os rios, o sol e a lua. Os povos tradicionais em geral acreditam que aqueles objetos inanimados que se movem sejam seres vivos, ou sejam movimentados por seres vivos. Também atribuem arbítrio a coisas que não se movem, como flores, uma montanha ou uma pedra. Hoje, chamamos isso de crença no sobrenatural, distinta do natural, mas os povos tradicionais muitas vezes não fazem essa distinção. Em vez disso, inventam explicações causais cujo valor preditivo observam: sua teoria de que o sol (ou um deus que carrega o sol em uma carruagem) atravessa o céu diariamente corresponde aos fatos observados. Eles não têm conhecimento astronômico independente que os convença de que a crença no sol como algo com vontade própria é um erro sobrenatural. Isso não significa que seu modo de pensar seja estúpido: é uma extensão lógica de seu pensamento sobre coisas indubitavelmente naturais.

Assim, nossa busca de explicações causais leva a generalizações excessivas e conduz diretamente ao que hoje chamaríamos crenças no sobrenatural. Isso ocorre, por exemplo, quando atribuímos arbítrio a plantas e coisas não vivas, e quando buscamos as consequências de nosso próprio comportamento. Um agricultor pode se perguntar o que terá feito de diferente desta vez para causar uma safra ruim neste ano em um campo até então tão produtivo, e caçadores kaulongs especulam sobre o que teria feito um determinado caçador para que caísse em um buraco na floresta. Como no caso de outros povos tradicionais, os agricultores e os caçadores espremem os miolos em busca de explicações. Algumas delas sabemos serem cientificamente corretas, enquanto outras nós hoje consideramos tabus não científicos. Por exemplo, os camponeses andinos não entendem de coeficientes de variação, mas, ainda assim, dispersam seus cultivos por 8 a 22 campos (capítulo 8); tradicionalmente, podem ter orado para os deuses da chuva; e os caçadores kaulongs têm o cuidado de não enunciar em voz alta os nomes de morcegos da caverna quando os estão caçando em áreas onde existam sumidouros. A essa altura, estamos convencidos de que a dispersão das áreas de cultivo é um método cientificamente válido de garantir colheitas acima de um patamar mínimo, e que preces a deuses da chuva e a proibição de falar os nomes dos morcegos são superstições religiosas cientificamente inválidas, mas só sabemos isso retrospectivamente. Para os agricultores e os caçadores, não existe uma distinção entre ciência válida e superstição religiosa.

Outra arena na qual se perseguem explicações causais é a das teorias da doença. Se alguém adoece, a vítima, seus amigos e parentes buscam uma explicação da doença exatamente como o fariam para qualquer outro acontecimento importante. Seria algo que a pessoa doente fez (como tomar água de certa fonte) ou deixou de fazer (como lavar as mãos antes de comer, ou pedir a ajuda de um espírito)? Seria algo que alguém fez (uma pessoa doente que espirrou perto dela, ou um feiticeiro que fez um feitiço contra ela)? Como ocorre com os povos tradicionais, nós, cidadãos do Primeiro Mundo que vivemos em uma era de medicina científica, continuamos a buscar explicações para a doença que nos satisfaçam. Acabamos acreditando que beber a água de certa fonte, ou não lavar as mãos antes de comer, realmente fornece uma explicação válida para a doença, e que deixar de pedir a ajuda de um espírito não é uma boa explicação. A pessoa não fica satisfeita de ouvir que tem um câncer no estômago porque herdou uma variante 211 do gene PX2R; isso não é satisfatório e a deixa impotente; talvez tenha sido por causa das coisas que comia, ou não comia. Os povos tradicionais buscam curas para as doenças, exatamente como fazemos hoje quando os tratamentos médicos falham. Muitas vezes, aquelas curas tradicionais parecem ser benéficas, por muitas razões possíveis: a maior parte das doenças se cura por conta própria; muitas ervas medicinais tradicionais de fato se provam com valor farmacológico; a conduta do xamã ao lado da cama alivia o medo do doente e pode fornecer uma cura a partir de um efeito placebo; atribuir uma causa a uma doença, mesmo que não seja a causa certa, faz com que o paciente se sinta melhor, podendo fazer alguma coisa em vez de apenas esperar; e, se a vítima acabar morrendo, isso pode significar que havia pecado, violado um tabu ou que um feiticeiro poderoso foi o responsável e precisa ser identificado e morto.

Outra forma de buscar explicações causais é tentar associá-las a eventos para os quais a ciência moderna apenas nos dá uma resposta insatisfatória e nos diz: "Isso não tem explicação, pare de tentar encontrar alguma." Por exemplo, um problema central na maior parte das religiões organizadas é o da teodiceia, a doutrina da justiça divina, tema do livro de Jó: se existe um deus bom e onipotente, então por que o mal acontece no mundo? Os povos tradicionais, prontos a discutir durante uma hora a explicação para um galho quebrado que encontram no chão, certamente não deixarão de discutir por que uma pessoa boa, que aparentemente obedecia às regras sociais, ainda assim foi ferida, derrotada ou morta. Será que quebrou um tabu? Será que os espíritos maus de fato existem, ou que os deuses estariam enraivecidos? E, sem dúvida, as pessoas também não deixarão de tentar explicar por que alguém que há uma hora estava respirando, se movimentando e morno agora está como uma pedra: frio, sem respirar e sem se mover. Será que há uma parte da pessoa, chamada espírito, que escapou e entrou em um pássaro, ou agora está vivendo em outro lugar? Hoje, pode-se objetar que essas são buscas por "significado", e não por explicações; que a ciência fornece apenas explicações, e que você deve buscar uma religião se quiser encontrar significado, ou então reconhecer que sua sede de significado não tem sentido. Mas praticamente todo mundo quer que sua demanda por "significado" seja atendida: todos os que viveram no passado, e a maior parte dos que vivem hoje.

Em suma, o que agora chamamos religião pode ter surgido como um subproduto da crescente sofisticação do cérebro humano para identificar explicações causais e fazer previsões. Durante longo tempo, não havia uma distinção reconhecida entre o natural e o sobrenatural, ou entre religião e os demais aspectos da vida. Quanto ao momento em que a "religião" surgiu no curso da evolução humana, eu suporia que foi muito gradualmente, à medida que nosso cérebro foi se tornando mais complexo. Há cerca de 15 mil anos, os Cro-Magnons já estavam costurando roupas, inventando novas ferramentas e criando pinturas policrômicas maravilhosas e requintadas de animais e humanos nas paredes das cavernas de Lascaux, Altamira e Chauvet. As pinturas foram feitas em câmaras profundas onde só poderiam ter sido vistas à luz de vela, e ainda enchem muitos visitantes modernos de um assombro religioso (imagem 25). Quer fosse que não esse o objetivo real dos pintores pré-históricos, eles decerto tinham cérebros suficientemente modernos para serem capazes de manter crenças que podem ser chamadas de religiosas. Quanto aos nossos parentes neandertais, sobre os quais há evidência de que decoravam seus mortos com pigmentos ocre e os enterravam — talvez. Parece-me seguro supor que nossos ancestrais tiveram crenças religiosas há, pelo menos, os sessenta e tantos mil anos de história do *Homo sapiens* comportamentalmente moderno, e talvez por muito mais tempo.

Tabela 9.2. Exemplos de crenças sobrenaturais de religiões específicas

1. Existe um deus macaco que viaja milhares de quilômetros com uma única cambalhota. (Hindus)

2. Pode-se obter benefícios dos espíritos passando quatro dias em um local solitário, sem comida nem água, e decepando a junta de um dedo da mão esquerda. (Índios crows)

3. Uma mulher que não havia sido fertilizada por um homem ficou grávida e deu à luz um menino que, adulto e depois de morto, foi levado para um lugar chamado paraíso, em geral representado como estando localizado no céu. (Católicos)

4. Um xamã, que recebe pagamento por seu trabalho, senta-se numa casa, na penumbra, com todos os adultos da aldeia. Esses fecham os olhos e o xamã vai até o fundo do oceano, onde pacifica a deusa do mar que estava causando infortúnios. (Inuítes)

5. Para determinar se uma pessoa acusada de adultério é culpada, pegue uma galinha e force-a a engolir uma pasta venenosa. Se a galinha não morrer, isso significa que a pessoa acusada é inocente. (Azandes)

6. Os homens que sacrificam suas vidas em batalha pela religião serão levados para um paraíso povoado por belas virgens. (Islã)

7. Em 1531, na colina de Tepeyac, ao norte da Cidade do México, a Virgem Maria apareceu para um índio cristianizado, falou com ele em nahuatl (a língua asteca que, na época, ainda era amplamente falada no local) e fez surgirem rosas para ele colher em uma área do deserto onde, normalmente, as rosas não crescem. (Católicos mexicanos)

8. Em 21 de setembro de 1823, numa colina perto de Manchester Village, no oeste do estado de Nova York, o anjo Moroni apareceu para um homem chamado Joseph Smith e revelou a ele placas de ouro enterradas que deveriam ser traduzidas como o livro perdido da Bíblia, o Livro de Mórmon. (Mórmons)

9. Um ser sobrenatural deu ao seu grupo favorito de pessoas um pedaço de deserto no Oriente Médio e lhes disse que ali teriam o seu lar para sempre. (Judeus)

10. Nos anos 1880, Deus apareceu para um índio paiúte chamado Wovoka durante um eclipse solar e informou a ele que, dali a dois anos, os búfalos voltariam a encher as planícies e os homens brancos desapareceriam, desde que os índios participassem de um ritual chamado Dança Fantasma.

Crenças sobrenaturais

Praticamente todas as religiões possuem algumas crenças sobrenaturais específicas. Ou seja, os seguidores de uma religião mantêm firmes crenças que conflitam com nossas experiências do mundo natural e não podem ser confirmadas por elas, e que parecem implausíveis para pessoas que não sejam adeptas daquela religião em particular. A Tabela 9.2

O MUNDO ATÉ ONTEM

oferece uma amostra de tais crenças, à qual inúmeros outros exemplos poderiam ser acrescentados. Essas crenças sobrenaturais constituem o maior divisor entre religiosos e pessoas seculares modernas que não conseguem imaginar como alguém possa alimentar coisas assim. E são também a maior fonte de divisões entre fiéis de duas religiões diferentes, cada um deles acreditando firmemente em suas próprias crenças e considerando absurdo que os seguidores da outra religião mantenham aquelas outras crenças. Por que, ainda assim, as crenças sobrenaturais são um aspecto tão universal das religiões?

Uma resposta sugerida é que as crenças religiosas sobrenaturais são apenas superstições ignorantes, semelhantes às crenças sobrenaturais não religiosas, simplesmente ilustrando que o cérebro humano é capaz de iludir a si próprio e se fazer acreditar em qualquer coisa. Todos nós podemos pensar em crenças sobrenaturais não religiosas cuja implausibilidade deveria ser óbvia. Muitos europeus acreditam que cruzar com um gato preto é prenúncio de desgraça, mas gatos pretos são, na verdade, muito comuns. Se alguém quisesse registrar sistematicamente se, no período de uma hora depois de um encontro com um gato preto, em uma área com alta densidade de gatos pretos, lhe ocorreu ou não algum nível específico de desgraça, e se aplicasse o teste estatístico do qui-quadrado, essa pessoa poderia rapidamente se convencer de que a hipótese do gato preto tem uma probabilidade de menos de 0,1% de ser verdadeira. Alguns grupos de habitantes das terras baixas da Nova Guiné acreditam que o belo canto de um tipo de pássaro (*Crateroscelis murina*) nos avisa de que alguém morreu recentemente, mas esse pássaro é uma das espécies mais comuns e um das aves canoras mais encontradas nas florestas das terras baixas. Se essa crença fosse verdadeira, a população humana local desapareceria num espaço de poucos dias. Ainda assim, meus amigos guineenses estão tão convencidos de que o canto desse pássaro significa mau agouro quanto estão os europeus a respeito dos gatos pretos.

Uma superstição não religiosa ainda mais impressionante, porque as pessoas ainda hoje investem dinheiro nessa crença equivocada, é a rabdomancia, a detecção de água subterrânea com uma varinha. Já

O QUE AS ENGUIAS-ELÉTRICAS NOS DIZEM SOBRE A EVOLUÇÃO...

estabelecida na Europa há mais de quatrocentos anos, e possivelmente relatada antes da Era Cristã, essa crença sustenta que a rotação de uma pequena forquilha carregada por um especialista chamado de rabdomante, que caminha sobre terrenos cujos donos querem saber onde furar um poço, indica o local e, às vezes, a profundidade de um lençol subterrâneo invisível (imagem 46). Experimentos de controle mostram que o sucesso de um rabdomante em localizar água subterrânea não é melhor do que qualquer escolha aleatória de um local, mas muitos proprietários de terras nas quais os geólogos também têm dificuldade de predizer onde encontrar água ainda assim pagam aos rabdomantes e depois gastam mais dinheiro ainda para furar um poço que provavelmente não produzirá água. A psicologia por trás dessas crenças é que nós lembramos os acertos, mas esquecemos os erros, e isso faz com que qualquer crença supersticiosa que tenhamos seja confirmada pela mais frágil das evidências, por causa dos acertos que lembramos. Essas lembranças de fatos esparsos nos vêm naturalmente, mas os experimentos controlados e os métodos científicos usados para distinguir entre fenômenos aleatórios e não aleatórios são complexos, não naturais e não existem nas sociedades tradicionais.

Talvez, então, as superstições religiosas sejam apenas uma prova a mais da falibilidade humana, como a crença em gatos pretos e outras superstições não religiosas. Mas levanta suspeita o fato de que sejam um aspecto tão constante das religiões os custosos compromissos envolvidos na crença em superstições religiosas que parecem implausíveis a outras pessoas. Os investimentos que os dez grupos de adeptos listados na Tabela 9.2 fazem ou fizeram em suas crenças são muito mais onerosos, consomem muito mais tempo e têm consequências muito mais pesadas do que os esforços ocasionais feitos pelos que temem os gatos pretos para evitá-los. Isso sugere que as superstições religiosas não são apenas um subproduto acidental dos poderes de raciocínio dos humanos, mas possuem algum sentido mais profundo. Qual poderia ser?

Uma interpretação recente de alguns estudiosos da religião é que a crença em superstições religiosas serve para demonstrar o comprometimento da pessoa com sua própria religião. Todos os grupos humanos que duram muito tempo — como o dos fãs de beisebol e do Boston Red Sox (como eu), os católicos devotos, os japoneses patriotas, e outros — enfrentam o mesmo problema básico de identificar quem pode ser considerado confiável para permanecer como um membro do grupo. Quanto mais a vida de uma pessoa estiver envolvida com o grupo, mais crucial será conseguir identificar corretamente seus integrantes para não ser enganada por alguém que busque uma vantagem temporária afirmando partilhar os mesmos ideais, mas não o fazendo de fato. Se aquele homem carregando uma bandeira do Boston Red Sox, que você havia aceitado como um torcedor do seu clube, de repente comemorar quando os New York Yankees marcarem um ponto, você achará isso humilhante, mas não uma ameaça à sua vida. Mas se ele for um soldado ao seu lado na linha de frente e depuser a arma (ou virá-la para você) quando o inimigo atacar, sua leitura equivocada poderá lhe custar a vida.

É por isso que a afiliação religiosa envolve tantas exibições onerosas para demonstrar a sinceridade de seu comprometimento: sacrifícios de tempo e recursos, tolerância a provações e privações, e outros aspectos custosos que discutirei adiante. Uma dessas exibições pode ser a adoção de alguma crença irracional que contradiga a evidência de nossos sentidos e na qual as pessoas de fora de nossa religião nunca acreditariam. Se você afirmar que o fundador de sua igreja foi concebido em uma relação sexual normal entre um homem e uma mulher, qualquer pessoa acreditaria nisso também, e você não teria feito nada para demonstrar seu comprometimento com sua igreja. Mas se você insistir, a despeito de todas as evidências em contrário, de que ele nasceu de uma virgem, e se ninguém tiver conseguido arrancar você dessa crença irracional passadas muitas décadas de sua vida, então seus companheiros de fé se sentirão muito mais confiantes de que você persistirá em sua crença e de que não abandonará o grupo.

Ainda assim, não se trata de afirmar que não existam limites para o que pode ser aceito como crença sobrenatural religiosa. Scott Atran e Pascal Boyer, por caminhos diferentes, concluíram que as superstições religiosas reais existentes em todo o mundo constituem um pequeno subconjunto de todas as superstições que, teoricamente, poderiam ser inventadas. Citando Pascal Boyer, não existe nenhuma religião que proclame algo como: "Existe somente um Deus! Ele é onipotente. Mas só existe às quartas-feiras." Em vez disso, os seres sobrenaturais religiosos nos quais acreditamos são surpreendentemente iguais aos humanos, aos animais ou a outros objetos naturais, exceto por terem poderes superiores. São mais sagazes, vivem mais, são mais fortes, viajam mais rapidamente, podem prever o futuro, podem mudar de forma, passar através de paredes, e assim por diante. Em outros aspectos, os deuses e espíritos se comportam como pessoas. O deus do Antigo Testamento ficava enfurecido, e os deuses e deusas gregos tinham ciúmes, comiam, bebiam e faziam sexo. Seus poderes excepcionais, superiores aos dos humanos, são projeções de nossas próprias fantasias de poder pessoal; eles podem fazer o que nós mesmos gostaríamos de poder fazer. Eu realmente tenho fantasias de arremessar raios que destruam pessoas más, e provavelmente muitas outras pessoas partilham fantasias como essas, mas nunca fantasiei de existir somente às quartas-feiras. Assim, não me surpreende que, em muitas religiões, os deuses sejam representados castigando os maus, mas que nenhuma religião sustente o sonho de existir apenas às quartas-feiras. Em suma, as crenças sobrenaturais religiosas são irracionais, mas emocionalmente plausíveis e gratificantes. É por isso que são tão verossímeis, a despeito de, ao mesmo tempo, serem racionalmente implausíveis.

A função explicativa da religião

A religião mudou suas funções ao longo do curso da história das sociedades humanas. Duas de suas mais antigas funções diminuíram ou quase desapareceram entre os cidadãos de sociedades ocidentalizadas atuais. Por outro lado, várias de suas principais funções modernas quase não existiam nas sociedades de pequena escala de caçadores-coletores e agricultores. Quatro funções anteriormente fracas ou não existentes adquiriram importância fundamental e agora estão novamente declinando. Essas mudanças nas funções da religião durante sua evolução são semelhantes às mudanças de função de muitas estruturas biológicas (como os órgãos elétricos de peixes) e de várias formas de organização social ocorridas ao longo da evolução biológica.

Discutirei a seguir o que é proposto por vários estudiosos como as sete principais funções da religião, e concluirei perguntando se a religião está se tornando obsoleta ou se é provável que sobreviva; e, neste caso, quais as funções que sustentarão sua continuidade. Em termos gerais, considerarei essas sete funções na sequência inferida de seu aparecimento e desaparecimento durante a história da evolução social, começando com funções proeminentes nos estágios iniciais da história humana, mas menos importantes hoje, e terminando com funções originalmente ausentes que, nos tempos recentes, ou atualmente, têm proeminência.

Uma função original da religião era prover explicação. Os povos tradicionais pré-científicos oferecem explicações para tudo que encontram, obviamente sem a capacidade profética de distinguir as explicações que os cientistas hoje consideram naturais e científicas das que os cientistas consideram sobrenaturais e religiosas. Para os povos tradicionais, todas são explicações, e aquelas que subsequentemente passaram a ser vistas como religiosas não pertencem a uma categoria à parte. Por exemplo, as sociedades da Nova Guiné nas quais vivi oferecem muitas explicações para o comportamento de pássaros que os ornitologistas modernos consideram perceptivas e ainda exatas (como as múltiplas funções dos chamados dos pássaros), com outras explicações não mais aceitas e agora postas de lado como sobrenaturais (por exemplo, que os cantos de certas espécies são vozes de pessoas que foram transformadas em pássaros). Os mitos de origem, como os de povos tribais e o contido no Livro do Gênesis, são encontrados em toda parte e servem para explicar a existência do universo, de pessoas e da diversidade de línguas. Os gregos antigos, que identificavam corretamente explicações científicas para muitos fenômenos, incorretamente invocavam os deuses como agentes sobrenaturais para explicar o nascer do sol, o pôr do sol, as marés, os ventos e a chuva. Os criacionistas, e a maior parte dos americanos hoje, ainda invocam Deus como uma "Causa Primeira" que criou o universo

O QUE AS ENGUIAS-ELÉTRICAS NOS DIZEM SOBRE A EVOLUÇÃO...

e suas leis e, portanto, é o responsável por sua existência, e que também criou cada planta e espécie animal, inclusive a espécie humana. Mas não tenho conhecimento de criacionistas que continuem a invocar Deus para explicar cada nascer do sol, as marés e o vento. Muitas pessoas seculares da atualidade, embora atribuam a Deus a origem e as leis do universo, aceitam que, uma vez criado, o universo passou a funcionar com pouca ou nenhuma interferência divina.

Na sociedade ocidental moderna, o papel explicativo original da religião tem sido crescentemente superado pela ciência. As origens do universo que conhecemos são agora atribuídas ao Big Bang e à subsequente operação das leis da física. A moderna diversidade de línguas já não é explicada por mitos de origem, como a Torre de Babel e o rompimento das trepadeiras que curvavam uma árvore na Nova Guiné, mas, em vez disso, é considerada como adequadamente explicada por processos históricos observados de mudanças linguísticas, como discutirei no capítulo 10. As explicações do nascer do sol, do pôr do sol e das marés agora são tarefas de astrônomos, e as explicações de ventos e chuva ficaram com os meteorologistas. Os cantos dos pássaros são explicados pela etologia, e a origem de cada planta e espécie animal, incluindo a espécie humana, é interpretada por biólogos evolutivos.

Para muitos cientistas modernos, o último bastião das explicações religiosas é Deus como Causa Primeira: aparentemente, a ciência não pode ter nada a dizer sobre por que existe o universo. Quando eu estava no primeiro ano da faculdade em Harvard, em 1955, lembro-me do grande teólogo Paul Tillich desafiando sua turma de alunos hiper-racionais a apresentar uma resposta científica a uma simples questão: "Por que existe algo, quando poderia não haver nada?" Nenhum de meus colegas que na época se especializavam em ciência conseguiu dar uma resposta. Mas poderiam ter objetado que a resposta de Tillich, "Deus", consistia meramente em dar um nome à sua falta de resposta. De fato, os cientistas estão trabalhando agora com a questão de Tillich e propondo respostas.

A religião como aplacadora de ansiedades

Esta segunda função é outra que provavelmente tinha mais força nas sociedades arcaicas: o papel da religião em aplacar nossa ansiedade a respeito de problemas e perigos que estão além de nosso controle. Quando as pessoas já fizeram tudo o que estava ao seu alcance, é nesse momento que se sentirão mais inclinadas a recorrer a preces, rituais, cerimônias, magias, oferendas a deuses, consultas a oráculos e xamãs, leitura de presságios, observação de tabus. Em termos científicos, todas essas medidas são ineficazes para produzir o resultado desejado. No entanto, ao preservar a ficção e nos convencermos de que ainda estamos fazendo alguma coisa, de que não estamos impotentes e não desistimos, pelo menos nos sentimos no comando, ficamos menos ansiosos e conseguimos ir adiante, fazendo nossos melhores esforços.

Nossa ânsia de aliviar a sensação de nos sentirmos impotentes é ilustrada por um estudo sobre religiosas israelenses realizado pelos antropólogos Richard Sosis e W. Penn Handwerker. Durante a guerra de 2006 no Líbano, o Hezbolá lançou foguetes Katyusha contra a região da Galileia, no norte de Israel; a cidade de Tzfat e suas redondezas eram atingidas por dezenas de foguetes diariamente. As sirenes alertavam quando os foguetes estavam a caminho e os moradores de Tzfat podiam proteger suas vidas refugiando-se em abrigos especiais, mas não podiam fazer nada para proteger suas casas. Em termos realistas, aquela ameaça dos foguetes era imprevisível e incontrolável. Ainda assim, cerca de dois terços das mulheres entrevistadas por Sosis e Handwerker recitavam salmos todos os dias para lidar com o estresse dos ataques de foguetes. Quando lhes perguntavam por que faziam aquilo, uma resposta comum era de que se sentiam compelidas a "fazer *alguma coisa*", em vez de não fazer nada. Embora a recitação de salmos não possa de fato desviar foguetes, fornecia às mulheres uma sensação de controle enquanto faziam de conta que estavam fazendo alguma coisa. (Obviamente, elas próprias não deram essa explicação; acreditavam, de fato, que recitar salmos pode proteger a casa contra a destruição por um foguete.) Comparadas às mulheres na mesma comunidade que não

O QUE AS ENGUIAS-ELÉTRICAS NOS DIZEM SOBRE A EVOLUÇÃO...

recitavam salmos, as recitadoras tinham menos dificuldade para dormir, menos dificuldade para se concentrar, estavam menos inclinadas a ter ataques de raiva e sentiam-se menos ansiosas, nervosas, tensas ou deprimidas. Assim, elas realmente se beneficiavam, reduzindo o risco de, movidas pela ansiedade natural causada por um perigo incontrolável, colocarem-se em situações perigosas fazendo algo imprudente para sentir que estavam "fazendo algo". Conforme sabemos todos nós que já estivemos em situações de perigo imprevisível e incontrolável, realmente ficamos sujeitos a multiplicar nossos problemas com ações negligentes quando não conseguimos dominar a ansiedade.

Essa função da religião, que chegara ao ponto máximo já nas sociedades religiosas arcaicas, teria decrescido à medida que as sociedades aumentavam seu controle sobre os acontecimentos da vida: os governos de Estado estavam mais fortes e conseguiam diminuir a ocorrência de violência e de outros perigos; crescia a competência estatal de distribuir alimentos armazenados e evitar a fome generalizada, e (nos dois últimos séculos) a ciência e a tecnologia avançavam. Mas dificilmente se poderia dizer que os povos tradicionais eram predominantemente impotentes. Em vez disso, eles nos impressionam com sua capacidade de usar observações e experiências de modo a reduzir ao mínimo possível o espaço para ocorrências inesperadas. Por exemplo, os guineenses e outros agricultores tradicionais conhecem dezenas de variedades de batatas-doces e outros cultivos, sabem onde plantar cada uma para obter os melhores resultados e sabem como extirpar ervas daninhas, fertilizar o terreno, fazer uma cobertura orgânica, drenar e irrigar. Quando caçadores !kungs e de outros grupos saem para caçar, estudam e interpretam os rastros dos animais para estimar o número deles, a distância em que se encontram, a velocidade e a direção dos movimentos, e observam o comportamento de outras espécies que tomam como indícios da presença da caça. Pescadores e marinheiros, sem bússolas ou outros instrumentos, conseguem navegar observando os movimentos do sol e das estrelas, os ventos, as correntes marítimas, os reflexos nas nuvens, os pássaros marinhos, a bioluminescência do oceano e outros indicadores de posição. Todos os povos constroem defesas e estão sempre alertas a ataques de inimigos, e formam alianças e planejam emboscadas para surpreender o inimigo antes que este os ataque.

Mas para os povos tradicionais, mais até do que para nós, modernos, existem limites à eficácia do que possam fazer e amplas áreas que escapam ao seu controle. As safras são afetadas por fatores imprevisíveis: seca, chuva, granizo, tempestades de vento, baixas temperaturas e pragas. O acaso desempenha um grande papel nos movimentos de um animal. A maior parte das doenças está fora do controle tradicional devido aos limites do conhecimento médico tradicional. Como as mulheres israelenses que recitavam salmos, mas não podiam controlar a trajetória dos foguetes, os povos tradicionais também ainda ficam com muitas coisas fora de seu controle depois de terem feito tudo o que podiam. Eles, e nós, nos rebelamos contra a inação, que gera ansiedade e nos faz sentir impotentes, sujeitos a cometer enganos e incapazes de fazer o melhor possível. É aí que os povos tradicionais — e mesmo nós, com frequência — recorrem a preces, rituais, magia, tabus, superstições e xamãs. Acreditando que essas medidas são eficazes, eles e nós ficamos menos ansiosos, nos acalmamos e nos concentramos mais.

Um exemplo estudado pelo etnógrafo Bronislaw Malinowski vem das ilhas Trobriand, próximas à Nova Guiné, onde os habitantes pescam peixes em dois tipos de locais que requerem métodos diferentes: em uma lagoa abrigada, com águas tranquilas, onde a pessoa joga veneno em uma parte da água e depois simplesmente recolhe os peixes atordoados ou mortos; e no mar aberto, arpoando peixes ou lançando uma rede enquanto rema numa canoa no meio das ondas. A pesca na lagoa é segura, fácil e oferece resultados previsíveis; a pesca em mar aberto é perigosa e imprevisível, com grandes recompensas se um cardume estiver passando por aquele lugar específico na hora certa, mas com pouco lucro e grande risco pessoal se o pescador não encontrar um cardume naquele dia. Os ilhéus realizam elaborados rituais mágicos antes de embarcar para uma pescaria em alto-mar a fim de garantir segurança e sucesso, porque ainda restam muitas dúvidas mesmo depois de fazerem os melhores planos com base na experiência. Mas nenhuma

O QUE AS ENGUIAS-ELÉTRICAS NOS DIZEM SOBRE A EVOLUÇÃO...

magia está associada à pesca em lagoas: a pessoa simplesmente vai lá e pesca, sem incertezas nem ansiedade a respeito do resultado previsível.

Outro exemplo é o dos caçadores !kungs, cuja competência parece não deixar nada por conta da sorte. Os meninos !kungs começam a brincar com pequenos arcos e flechas desde que aprendem a caminhar, e começam a caçar com os pais quando chegam à adolescência. À noite, em torno das fogueiras, os homens contam, repetidas vezes, suas caçadas, ouvem as histórias de outros sobre quem viu quais animais nos últimos dias, e onde, e planejam a próxima caçada de acordo com o que foi dito. Durante a caçada, permanecem atentos a sinais e sons de animais e aos ruídos de pássaros cujo comportamento pode denunciar a presença da presa, bem como examinam detidamente rastros para descobrir qual o animal que passou ali e onde poderá ser encontrado e para onde estará se dirigindo. Alguém poderia imaginar que esses mestres da caça no deserto não teriam nenhuma necessidade de magia. No entanto, o fato é que, quando os caçadores partem pela manhã, sempre existe uma grande ansiedade fruto da incerteza sobre onde de fato estará a presa naquela manhã específica.

Alguns !kungs lidam com a ansiedade consultando discos oraculares que, supostamente, profetizam a direção mais promissora e indicam a presa para a qual devem se preparar. Os discos são conjuntos de cinco ou seis círculos bem finos de pele de antílope, de cinco a oito centímetros de diâmetro, cada um com seu próprio nome e com a parte de cima e a de baixo claramente diferenciadas. Cada homem tem seu conjunto de discos. Alguém arruma os discos na palma da mão esquerda, com o maior deles por cima, sacode a mão, sopra nos discos, faz uma pergunta em voz alta e ritualizada e os lança sobre um pano aberto no chão. Um adivinho interpreta o padrão dos discos, se eles se sobrepuseram ou não, e quais deles estão com a parte superior voltada para cima ou para baixo. A interpretação do padrão parece seguir poucas regras fixas, exceto que, se os discos de 1 a 4 caírem com a parte superior para baixo, isso indica que uma presa será abatida.

Obviamente, os discos não dizem aos !kungs nada que eles ainda não saibam. Eles sabem tanto sobre o comportamento de animais, que seus planos de caça têm uma boa chance de serem bem-sucedidos, qualquer que seja o padrão dos discos. Em vez disso, o padrão parece ser interpretado imaginativamente como um teste de Rorschach e serve para preparar os homens psicologicamente para um dia de caçada. O ritual dos discos é útil porque os ajuda a chegar a um acordo sobre a direção a seguir: escolher uma direção, qualquer uma, e ater-se a ela é melhor do que se meterem em discussões sobre o rumo a tomar.

Para nós, hoje, preces, rituais e magia são menos comuns porque a ciência e o conhecimento desempenham um papel mais amplo no sucesso de nossos propósitos. Mas existem muitas coisas que ainda não podemos controlar, e muitas iniciativas e situações de perigo nas quais a ciência e a tecnologia não garantem o sucesso. É aí que também nós recorremos a preces, oferendas e rituais. Os principais exemplos, no passado recente, têm sido preces para uma segura e bem-sucedida viagem marítima, safras abundantes, sucesso na guerra e, especialmente, cura de uma doença. Quando os médicos não podem prever com alta probabilidade o que acontecerá ao paciente, e especialmente quando os médicos admitem que estão impotentes, é aí que as pessoas têm maior probabilidade de rezar.

Dois exemplos específicos ilustram a associação entre rituais de rezas, de um lado, e resultados incertos, de outro. Num jogo de azar, os jogadores em geral seguem seus próprios rituais pessoais antes de lançar os dados, mas os jogadores de xadrez não observam nenhum ritual parecido antes de moverem uma peça. Isso acontece porque se sabe que os jogos de dados são jogos de azar, mas não existe nenhum papel a ser desempenhado pelo azar no jogo de xadrez: se um movimento seu causou sua derrota, você não terá nenhuma desculpa, foi uma falha inteiramente sua por não antecipar a jogada do oponente. Da mesma forma, os agricultores no oeste do Novo México que querem fazer um poço para localizar água subterrânea muitas vezes consultam alguém que usa uma varinha para isso: a complexidade geológica da área resulta em grandes variações imprevisíveis na profundidade e na quantidade do lençol subterrâneo, de modo que nem mesmo os geólogos profissionais podem prever com exatidão, a partir das características da superfície, onde haverá água e em que quantidade. No entanto, na região do Texas chamada Panhandle, onde a água se encontra a uma profundidade uniforme de 38 metros, os agricultores simplesmente furam um poço até aquela profundidade em um local próximo de onde a água será usada; ninguém usa varinhas, embora as pessoas estejam familiarizadas com o método. Ou seja: os agricultores do Novo México e os jogadores de dados lidam com a imprevisibilidade recorrendo a rituais, tal como fazem os pescadores de alto-mar nas Trobriand e os caçadores !kungs, enquanto os agricultores de Panhandle e os jogadores de xadrez dispensam os rituais, assim como os pescadores das lagoas.

Em suma, os rituais religiosos (e os não religiosos) ainda estão conosco para nos ajudar a lidar com a ansiedade diante da incerteza e ao perigo. No entanto, essa função da religião era muito mais importante nas sociedades tradicionais, que enfrentavam muito mais incertezas e perigos do que as modernas sociedades ocidentalizadas.

A religião como provedora de consolo

Examinemos agora uma função da religião que deve ter se expandido ao longo dos últimos 10 mil anos: prover consolo, esperança e significado quando a vida é difícil. Um exemplo específico é nos dar conforto diante da perspectiva de nossa própria morte e da morte das pessoas que amamos. Alguns mamíferos — os elefantes são um exemplo notável — parecem reconhecer e prantear a morte de um companheiro próximo. Mas não temos nenhuma razão para suspeitar que qualquer animal além de nós, humanos, compreenda que, um dia, ele também morrerá. Inevitavelmente, nossos ancestrais terão se dado conta de que esse destino também os aguardava, à medida que a espécie adquiria autoconsciência e maior poder de raciocínio e começava a generalizar a partir do que observava nos membros do bando que morriam. Quase todos os grupos humanos observados, e também as evidências arqueológicas, demonstram a compreensão do significado da morte: em

O MUNDO ATÉ ONTEM

vez de simplesmente abandonar os corpos dos mortos, os enterravam, cremavam, enfaixavam, mumificavam, cozinhavam ou faziam qualquer coisa equivalente.

É assustador ver alguém que até recentemente estava morno, se movendo, falando, capaz de se defender, e agora está imóvel, em silêncio e impotente. É assustador imaginar a mesma coisa acontecendo conosco. A maior parte das religiões oferece conforto negando, de fato, a realidade da morte e postulando algum tipo de vida subsequente para a alma que, afirmam, está associada ao corpo. A alma de alguém, com uma réplica do corpo, pode ir para um lugar sobrenatural chamado paraíso, ou algum outro nome; ou a alma pode se transformar em um pássaro ou em outra pessoa aqui na Terra. As religiões que proclamam uma vida após a morte às vezes vão mais longe ainda e usam essa ideia não apenas para negar a morte, mas também para alimentar a esperança de algo ainda melhor que nos espera depois da morte, como vida eterna, reunião com as pessoas queridas, ausência de preocupações, muito néctar (a bebida dos deuses) e lindas virgens.

Além de nosso sofrimento diante da perspectiva da morte, existem muitos outros sofrimentos na vida para os quais a religião oferece várias formas de conforto. Uma delas é "explicar" um sofrimento declarando que não se trata de um evento aleatório e sem sentido, mas possui algum significado mais profundo: por exemplo, era para testar se você merecia a vida após a morte, ou para puni-lo por seus pecados, ou foi algo que uma pessoa ruim fez contra você, e agora é preciso contratar um feiticeiro para identificá-la e matá-la. Outra forma é prometer que você será recompensado na outra vida por seus sofrimentos aqui: sim, você sofreu, mas não tema, será recompensado depois que morrer. Uma terceira forma é prometer não apenas que seu sofrimento será recompensado com uma vida feliz após a morte, mas também que aqueles que lhe fizeram mal terão uma vida miserável quando morrerem. Enquanto a punição de seus inimigos na Terra lhe dá apenas uma vingança e uma satisfação finitas, as sofisticadas torturas eternas que eles sofrerão após a morte no Inferno de Dante lhe garantirão toda a vingança e satisfação que você poderia um dia ter desejado. O inferno tem uma dupla função: oferece conforto aos prejudicados, castigando os inimigos que eles não conseguiram castigar aqui na Terra, e os motiva a obedecer aos comandos morais de sua religião, ameaçando mandá-los também para o inferno caso se comportem mal. Assim, a afirmação de que existe uma vida após a morte resolve o paradoxo da teodiceia (a coexistência do mal e de um Deus bom) ao lhe garantir que você não deve se preocupar; todas as contas serão ajustadas no final.

Essa confortadora função da religião deve ter surgido bem cedo em nossa história evolutiva, logo que ficamos suficientemente inteligentes para compreender que morreríamos e para nos perguntarmos por que a vida quase sempre era dolorosa. Os caçadores-coletores muitas vezes acreditam na sobrevivência depois da morte, como espíritos. No entanto, mais tarde, essa função se expandiu muito com o surgimento das chamadas religiões de rejeição ao mundo, que afirmam não apenas haver uma vida depois da morte, mas que se trata de uma vida ainda mais importante e duradoura do que a vida terrena, e que o objetivo predominante da vida na Terra é obter a salvação e prepará-lo para a outra. Embora a rejeição ao mundo seja forte no cristianismo, no islamismo e em algumas formas de budismo, ela também caracteriza algumas filosofias seculares (ou seja, não religiosas), como a de Platão. Tais crenças podem ser tão convincentes que algumas pessoas religiosas de fato rejeitam inteiramente a vida terrena. Monges e freiras em ordens conventuais fazem isso vivendo, dormindo e comendo separados do mundo secular, embora possam entrar nele diariamente a fim de ministrar, ensinar e rezar. Mas há outras ordens que se isolam o máximo possível do mundo secular. Entre elas havia a dos cistercienses, cujos grandes monastérios em Rievaulx, Fountains Abbey e Jerveaulx, na Inglaterra, permanecem como as mais bem-preservadas ruínas monásticas inglesas, pois os mosteiros foram erguidos em locais distantes de cidades e, assim, ficaram menos sujeitos a saques e usos alternativos quando foram abandonados. Mais radical ainda era a rejeição ao mundo praticada por uns poucos monges irlandeses que se fixaram como ermitões na Islândia desabitada.

As sociedades de pequena escala dão muito menor ênfase à rejeição ao mundo, à salvação e à vida após a morte do que as sociedades recentes de grande escala e mais complexas. Existem pelo menos três razões para essa tendência. A primeira é que a estratificação social e as desigualdades cresceram à medida que passamos de sociedades igualitárias de pequena escala para grandes sociedades complexas com reis, nobres, elites, ricos e membros de clãs poderosos que contrastavam com a massa pobre de camponeses e trabalhadores. Se todo mundo à sua volta está sofrendo tanto quanto você, então não há nenhuma injustiça a ser explicada e nenhum exemplo visível de uma boa vida à qual aspirar. Mas a constatação de que algumas pessoas têm vidas muito mais confortáveis e podem exercer domínio sobre você requer uma grande dose de explicação e consolo, justamente o que a religião oferece. Uma segunda razão para as sociedades grandes e complexas enfatizarem o consolo e a vida após a morte, mais do que ocorre nas sociedades de pequena escala, é que, conforme mostra a evidência arqueológica e etnográfica, a vida realmente se tornou mais difícil à medida que os caçadores-coletores se transformaram em agricultores e se organizaram em sociedades maiores. Com a transição para a agricultura, o número médio de horas de trabalho por dia aumentou, a nutrição deteriorou, as doenças infecciosas e o desgaste físico aumentaram e a expectativa de vida diminuiu. As condições se deterioraram ainda mais para os proletariados urbanos durante a Revolução Industrial, quando a jornada de trabalho se estendeu e a higiene, a saúde e os prazeres diminuíram. Finalmente, como discutiremos adiante, sociedades complexas e populosas têm códigos morais mais formalizados, dão maior ênfase à oposição entre bem e mal e, portanto, têm maiores problemas de teodiceia: por que razão, se você está se comportando virtuosamente e obedecendo às leis, os violadores da lei e o resto do mundo se dão bem sendo cruéis com você?

Essas três razões sugerem por que a função confortadora da religião se ampliou nas sociedades mais populosas e recentes: simplesmente, essas sociedades nos infligem mais coisas ruins para as quais precisamos de consolo. Esse papel consolador da religião ajuda a explicar a frequente observação de que os sofrimentos tendem a tornar as pessoas mais religiosas, e as camadas sociais, as regiões e os países mais pobres tendem a ser mais religiosos: precisam de mais consolo. Atualmente, a porcentagem de cidadãos que dizem que a religião é uma parte importante de suas vidas diárias é de 80% a 99% na maior parte das nações com um PIB per capita abaixo de 10 mil dólares, mas apenas de 17% a 43% na maior parte das nações com PIB per capita acima de 30 mil dólares. (Isso não explica o alto nível de comprometimento religioso nos Estados Unidos, que mencionarei no próximo parágrafo.) Mesmo quando se consideram apenas os Estados Unidos, parece haver mais igrejas e maior frequência a elas nas áreas mais pobres do que nas mais ricas, a despeito de as áreas mais ricas disporem de mais recursos e de mais tempo para construir e frequentar igrejas. Na sociedade americana, o mais alto grau de comprometimento religioso e os ramos mais radicais do cristianismo são encontrados entre os grupos sociais mais marginalizados e desprivilegiados.

A princípio pode parecer surpreendente que a religião tenha se mantido e até crescido no mundo moderno, a despeito do aumento em dois fatores já mencionados como solapadores: a recente usurpação pela ciência do papel explicativo original da religião e nossa crescente eficiência tecnológica e social para reduzir os perigos que estão além do nosso controle (e que levam as pessoas a rezar). O fato de a religião, ainda assim, não mostrar nenhum sinal de estar se extinguindo pode ser atribuído à nossa persistente busca de "sentido". Nós, humanos, sempre buscamos um sentido em nossas vidas, pois, sem isso, elas podem parecer absurdas, sem propósito e evanescentes em um mundo cheio de desventuras imprevisíveis. E então vem a ciência, parecendo dizer que "sentido" é uma coisa sem sentido e que a vida de cada um realmente é absurda, sem propósito e finita, exceto como pacote de genes para os quais a medida de sucesso é simplesmente a autopropagação. Alguns ateístas sustentariam que o problema da teodiceia não existe; bem e mal são apenas definições humanas: se um câncer ou um acidente de carro matam X e Y, mas não A e B, isso é apenas uma catástrofe aleatória; não existe vida alguma após a morte; e se você sofreu ou foi injustiçado aqui na Terra, não haverá nenhuma compensação para você em outra vida. Se você responder a esses ateístas, "Não gosto de ouvir isso, digam-me que não é verdade, mostrem-me, de algum modo, que a ciência tem sua própria forma de prover sentido", a resposta desses ateístas seria: "Seu pedido é em vão, supere isso, pare de buscar sentido, não há nenhum — é só que, como disse Donald Rumsfeld sobre as pilhagens ocorridas na guerra no Iraque, 'As coisas acontecem!'" Mas ainda temos nossos mesmos velhos cérebros que anseiam por sentido. Temos vários milhões de anos de história evolutiva que nos dizem, "Mesmo que isso seja verdade, não gosto disso e não vou acreditar: se a ciência não me der sentido, vou buscá-lo na religião". Isso talvez seja um fator significativo na persistência e mesmo no aumento da religião neste século de crescimento da ciência e da tecnologia. E pode contribuir em parte — não no todo — para explicar por que os Estados Unidos, o país com a mais desenvolvida comunidade científica e tecnológica, seja também o mais religioso dos países ricos do Primeiro Mundo. Outra parte da explicação pode estar no fato de que existe uma distância muito maior entre ricos e pobres nos Estados Unidos do que na Europa.

Organização e obediência

Os quatro outros aspectos da religião que discutirei agora — organização padronizada, pregação da obediência política, regulação do comportamento com estranhos por meio de códigos morais formais e justificação de guerras — estavam ausentes das sociedades de pequena escala, apareceram com o surgimento de chefaturas e Estados e declinaram novamente nos Estados modernos seculares. Um dos aspectos definidores das religiões modernas que tomamos como ponto pacífico é a organização padronizada. A maior parte das religiões modernas tem sacerdotes — chamados rabis, ministros, padres, imãs ou qualquer outro nome — que recebem um salário ou têm todas as suas necessidades providas. As religiões modernas também têm seus locais de culto (chamados igrejas, templos, sinagogas, mesquitas etc.). Dentro de qualquer seita, todas as igrejas usam um livro sagrado padronizado (Bíblia, Torá, Alcorão etc.), rituais, arte, música, arquitetura e vestimentas. Um católico praticante de Los Angeles em visita a Nova York pode ir a uma missa de domingo em uma igreja católica nova-iorquina e encontrará as mesmas características familiares. Nas religiões das sociedades de pequena escala, por outro lado, essas características não são padronizadas (rituais, arte, música, vestimentas) ou simplesmente não existem (sacerdotes de tempo integral, igrejas especiais, livros sagrados). Embora essas sociedades possam ter seus xamãs, e alguns deles possam receber pagamentos ou presentes, não são profissionais de tempo integral: precisam caçar, coletar alimentos e plantar como qualquer outro adulto do bando ou da tribo.

Historicamente, esses aspectos organizacionais da religião vieram resolver um novo problema que surgia à medida que as antigas sociedades humanas se tornavam mais ricas e mais populosas e precisavam — e podiam — tornar-se mais centralizadas. As sociedades de bandos e tribos são muito pequenas e pouco produtivas para gerar excedentes de alimentos que possam sustentar especialistas de qualquer tipo — como sacerdotes, chefes, coletores de taxas, oleiros ou xamãs — que se dediquem inteiramente a uma atividade não produtora de alimentos. Em vez disso, todos os adultos precisam adquirir sua própria comida caçando, coletando ou cultivando algo. Apenas sociedades maiores e mais produtivas geram excedentes que podem ser usados para alimentar chefes, outros líderes ou artífices especializados que não produzem a própria comida.

Como se desviou a atenção até então concentrada na comida? Existe um dilema gerado pela confluência de três fatos óbvios: sociedades populosas têm uma chance maior de derrotar sociedades pequenas; sociedades populosas precisam de líderes e burocratas em tempo integral, pois vinte pessoas podem se sentar em torno de uma fogueira e chegar a um consenso, mas 20 mil não podem; e esses líderes e burocratas precisam ser alimentados. Mas como o chefe ou o rei conseguem que os camponeses tolerem o que é basicamente o roubo de sua comida pelas classes de parasitas sociais? Esse problema é familiar aos cidadãos de qualquer democracia, que se perguntam a mesma coisa a cada eleição: o que os eleitos fizeram desde a última eleição para justificar os gordos salários que pagam a si mesmos com os recursos públicos?

A solução inventada por todas as chefaturas e pelas primeiras sociedades de Estado — desde o Egito antigo e a Mesopotâmia, o Havaí polinésio, até o Império Inca — foi proclamar uma religião organizada com os seguintes dogmas: o chefe ou rei é representante dos deuses, ou é, ele mesmo, um deus; e pode interceder junto aos deuses em benefício dos camponeses para mandarem chuva ou garantirem uma boa colheita. O chefe ou rei também presta serviços valiosos, organizando os camponeses para que construam obras públicas que beneficiam a todos, como estradas, sistemas de irrigação e depósitos. Em troca desses serviços, os camponeses devem alimentar o chefe, seus sacerdotes e os coletores de impostos. Os rituais padronizados, realizados em templos padronizados, servem para ensinar esses dogmas religiosos aos camponeses e garantir que obedecerão ao chefe e aos seus lacaios. Também são mantidos com alimentos coletados pelos camponeses os exércitos do chefe ou rei, que com eles pode conquistar terras vizinhas e, assim, adquirir mais territórios para benefício de seus camponeses. Esses exércitos trazem duas vantagens adicionais para o chefe: as guerras contra vizinhos podem contar com a energia de jovens nobres ambiciosos que, de outra forma, poderiam estar tramando para derrubar o chefe, e os exércitos estão sempre disponíveis para sufocar revoltas dos próprios camponeses. À medida que os antigos Estados teocráticos foram se transformando nos impérios da Babilônia e da Roma antiga e confiscando cada vez mais alimentos e força de trabalho, os adornos arquitetônicos das religiões estatais foram ficando mais elaborados. É por isso que Karl Marx via a religião como o ópio do povo (Tabela 9.1) e como um instrumento de opressão de classe.

Naturalmente, ao longo dos últimos séculos do mundo judaico-cristão essa tendência inverteu-se, e o papel da religião como subordinada do Estado é hoje muito mais limitado. Os políticos e as classes mais altas recorrem a outros meios que não as declarações de divindade para persuadir ou coagir a todos nós, camponeses. Mas a fusão de religião e Estado persiste em alguns países muçulmanos, em Israel e, até recentemente, no Japão e na Itália. Até o governo dos Estados Unidos invoca Deus em sua moeda e designa capelães oficiais para o Congresso e as forças armadas, e todo presidente americano, seja democrata ou republicano, entoa "Deus abençoe a América" ao encerrar suas falas.

Códigos de comportamento com estranhos

Outro papel desempenhado pela religião, que não existia nas sociedades menores, mas veio a ganhar importância em sociedades de Estado, foi o de ditar conceitos morais relativos ao comportamento perante estranhos. Todas as maiores religiões do mundo ensinam o que é certo, o que é errado e como a pessoa deve se comportar. Mas essa conexão entre religião e moralidade, especialmente no que se refere ao comportamento com estranhos, é mais fraca, ou ausente, nas sociedades da Nova Guiné com as quais tenho experiência. Em vez disso, as obrigações sociais dependem fortemente das relações. Como um bando ou tribo contém apenas umas poucas dezenas ou centenas de indivíduos, respectivamente, todo mundo conhece todo mundo e sabe quais as relações entre as pessoas. Existem obrigações diferentes relativas a diferentes tipos de vínculos: parentes de sangue, parentes por casamento, membros do próprio clã, amigos vizinhos que pertencem a outro clã.

Essas relações determinam, por exemplo, se você pode chamar os outros pelo nome, casar-se com um deles ou exigir que partilhem a comida e a casa com você. Se alguém entra numa briga com indivíduo de outra tribo, todo mundo na tribo tem algum tipo de parentesco com os envolvidos ou conhece ambos, e trata de apartá-los. O problema de ter um comportamento pacífico com indivíduos desconhecidos não se apresenta porque os únicos indivíduos com os quais não se tem familiaridade são os membros de tribos inimigas. Se alguém encontrar um desconhecido na floresta, obviamente tentará matá-lo, ou então fugirá; nosso costume moderno de cumprimentar e começar uma conversa amistosa seria suicida.

Assim, um novo problema surgiu por volta de 7500 anos atrás, quando algumas sociedades tribais se desenvolveram e alcançaram a escala de chefaturas, com milhares de indivíduos — um número muito maior do que qualquer pessoa conseguiria conhecer por nome e por tipo de relação. As chefaturas e Estados emergentes enfrentaram grandes problemas de instabilidade potencial porque as velhas regras tribais de comportamento já não eram suficientes. Se alguém encontrasse um desconhecido que fosse membro da sua chefatura e o atacasse, de acordo com as regras tribais isso poderia gerar uma grande briga, pois os parentes do agressor se poriam ao lado dele e os parentes do agredido saltariam para defendê-lo. Se dessa briga resultasse alguma morte, isso levaria os parentes da vítima a buscarem vingança, tentando matar um dos parentes do homicida. Como impedir que a sociedade afundasse em uma incessante orgia de brigas e assassinatos por vingança?

A solução para esse dilema nas grandes sociedades é a usada em nossa própria sociedade e documentada em todas as chefaturas e em todos os Estados antigos dos quais temos informação. Regras de comportamento pacífico se aplicam a todos os membros da sociedade, independentemente de a pessoa que se encontre ser alguém conhecido ou um estranho. As regras são impostas pelos líderes políticos (chefes ou reis) e seus agentes, que as justificam recorrendo a uma nova função da religião: presume-se que os deuses ou agentes sobrenaturais sejam os autores das regras, apresentadas como códigos formais de moralidade. Ensina-se às pessoas, desde crianças, a obedecer às regras e a esperar uma punição severa se as violarem (porque agora um ataque a outra pessoa também é uma ofensa aos deuses). Os principais exemplos com os quais temos familiaridade são os Dez Mandamentos dos judeus e dos cristãos.

Em sociedades recentemente secularizadas, essas regras de comportamento moral se estenderam para além de suas origens religiosas. As razões pelas quais os ateístas, assim como muitos religiosos, agora não matam seus inimigos derivam de valores instilados pela sociedade e do medo do poderoso braço da lei, e não do medo da ira de Deus. Mas, desde o surgimento das chefaturas até o recente surgimento de Estados seculares, a religião justificava os códigos de comportamento e, assim, possibilitava que as pessoas vivessem harmoniosamente em grandes sociedades nas quais eram frequentes os encontros com estranhos. A função da religião de permitir que estranhos convivam pacificamente, e sua função de ensinar as massas a obedecer a seus líderes políticos, constituem os aspectos gêmeos dos frequentemente discutidos papéis da religião na manutenção da ordem social. Conforme a observação sarcástica de Voltaire, "Se Deus não existisse, teria de ser inventado". Dependendo da perspectiva que se adote, esses papéis da religião têm sido vistos como positivos (promovendo a harmonia social) ou negativos (promovendo a exploração das massas por elites opressoras).

Justificação da guerra

Outro problema novo enfrentado por chefaturas e Estados emergentes, mas não pelos bandos e tribos da história, envolvia as guerras. Como as tribos usam principalmente as relações consanguíneas ou por casamentos, e não a religião, para justificar regras de conduta, seus integrantes não enfrentam nenhum dilema moral ao matar membros de outras tribos com os quais não têm nenhuma relação. Mas, uma vez que um Estado invoque a religião para exigir um comportamento pacífico com relação a concidadãos com os quais não se tem nenhuma relação, como pode convencer seus cidadãos a ignorar esses mesmos preceitos em tempos de guerra? Os Estados permitem e, de fato, obrigam que seus cidadãos roubem e matem cidadãos de outros Estados contra os quais foi declarada guerra. Depois que um Estado passou 18 anos ensinando a um garoto "Não matarás", como pode inverter o comando e dizer "Matarás, sob as seguintes circunstâncias", sem que seus soldados fiquem totalmente confusos e dispostos a matar as pessoas erradas (por exemplo, seus próprios concidadãos)?

O MUNDO ATÉ ONTEM

Novamente, tanto na história recente quanto na antiga, a religião vem em auxílio do Estado, com uma nova função. Os Dez Mandamentos aplicam-se apenas ao comportamento da pessoa com relação a seus concidadãos dentro da chefatura ou Estado. A maior parte das religiões afirma ter o monopólio da verdade e que todas as outras estão erradas. Era muito comum no passado, e ainda muito frequente hoje, que os cidadãos aprendessem não apenas que tinham permissão, mas, de fato, obrigação de matar e roubar os seguidores das religiões erradas. Este é o lado sombrio de todos aquele nobres apelos patrióticos: "*for God and country*", "*por Dios y por España*", "*Gott mit uns*" etc. Mas o reconhecimento de que a atual safra de fanáticos religiosos assassinos é herdeira de uma longa, disseminada e vil tradição de modo algum diminui sua culpa.

O Antigo Testamento da Bíblia está cheio de exortações para que se seja cruel com os pagãos. No Deuteronômio 20:10-18 explica-se a obrigação dos israelitas de praticar o genocídio: quando teu exército se aproximar de uma cidade, deves escravizar toda a população se ela se render, e matar todos os varões, tomar para ti as mulheres, as crianças, os rebanhos e tudo o que se encontrar se ela não se render. Mas se for uma cidade dos cananeus, dos hititas ou de qualquer um daqueles abomináveis adoradores de falsos deuses, então o verdadeiro Deus ordena que não deixes uma alma viva. O livro de Josué descreve, em tom aprovador, como ele se tornou um herói obedecendo a essas instruções e massacrando toda a população de mais de quatrocentas cidades. O livro de comentários rabínicos conhecido como Talmude analisa as potenciais ambiguidades que surgem de conflitos entre esses dois princípios: "Não matarás [seguidores do teu próprio Deus]" e "Tu matarás [seguidores de outro deus]". Segundo alguns comentaristas talmúdicos, um israelita será culpado de assassinato se intencionalmente matar um outro israelita; será inocente se intencionalmente matar um não israelita; e também será inocente se matar um israelita ao apedrejar um grupo formado por nove israelitas e um pagão (porque talvez tenha mirado o pagão, e errado).

Para sermos justos, essa perspectiva é mais característica do Antigo Testamento do que do Novo Testamento, cujos princípios morais avançaram muito na direção de definir como a pessoa deve lidar com

O QUE AS ENGUIAS-ELÉTRICAS NOS DIZEM SOBRE A EVOLUÇÃO...

qualquer outra — pelo menos em teoria. Mas, na prática, é claro, alguns dos maiores genocídios da história foram cometidos contra não europeus por colonizadores cristãos europeus que contavam tanto com o Novo quanto com o Antigo Testamento para sua justificação moral.

É interessante observar que, entre os guineenses, a religião nunca é invocada para justificar a morte de membros de outro grupo ou um ataque contra eles. Muitos de meus amigos guineenses descreveram sua participação em ataques genocidas contra tribos vizinhas. Em todos os relatos, nunca percebi o menor indício de que houvesse qualquer motivo religioso, de morrer por Deus ou pela verdadeira religião ou de sacrificar a própria vida por qualquer ideal que fosse. Em contraposição, as ideologias apoiadas pela religião que acompanharam a ascensão de Estados instilavam em seus cidadãos a obrigação de obedecer ao governante santificado por Deus, obedecer a preceitos morais como os Dez Mandamentos somente com relação aos concidadãos, e estar preparados para sacrificar a vida em combate contra outros Estados (ou seja, contra pagãos). É isso que torna tão perigosas as sociedades de fanáticos religiosos: uma minúscula minoria de seus adeptos (como os 19 envolvidos no 11 de setembro de 2001) morre pela causa, e toda a sociedade de fanáticos consegue matar um número muito maior de seus percebidos inimigos (como os 2.996 que morreram no 11 de setembro de 2001). As regras que autorizavam um comportamento nefasto com pessoas de fora do grupo alcançaram o ponto mais alto nos últimos 1.500 anos, quando fanáticos cristãos e muçulmanos infligiram morte, escravidão ou conversão forçada uns aos outros e aos pagãos. No século XX, Estados europeus acrescentaram argumentos seculares para justificar a morte de milhões de cidadãos de outros Estados europeus, e o fanatismo religioso ainda é forte em algumas outras sociedades.

Insígnias de comprometimento

As pessoas seculares continuam intrigadas e perturbadas com vários aspectos da religião. Os principais são: a associação comum da religião com crenças sobrenaturais irracionais, fazendo com que cada religião tenha um diferente conjunto dessas crenças e adira firmemente a elas, ao mesmo tempo que repudia as crenças de outras religiões; sua frequente promoção de comportamentos onerosos, até automutilantes ou suicidas, que pareceriam contraproducentes se tornassem as pessoas menos dispostas a serem religiosas; e a aparente hipocrisia de pregar um código moral e, com frequência, alegar sua universalidade enquanto, ao mesmo tempo, exclui muitas pessoas, ou a maior parte delas, da aplicação desse código e insta a que sejam mortas. Como podem ser explicados esses perturbadores paradoxos? Há duas soluções que me pareceram úteis.

Uma delas é reconhecer a necessidade que têm os seguidores de determinada religião de exibir algumas "insígnias" confiáveis de comprometimento com aquela fé. Os fiéis passam a vida uns ao lado de outros e contam, constantemente, com a ajuda mútua em um mundo no qual muitas pessoas, ou a maior parte delas, segue outras religiões, podem ser hostis à sua religião ou podem ser céticas com relação a todas as religiões. Sua segurança, prosperidade e vida dependerão de você saber identificar corretamente seus companheiros de fé e de os convencer de que podem confiar em você tal como confia neles. Como provar esse compromisso tanto de um lado quanto de outro? Para ser confiável, as provas precisam ser coisas visíveis que ninguém desejaria ou poderia forjar para extrair vantagens temporárias. É por isso que as "insígnias" religiosas são sempre caras: alto comprometimento de tempo para aprender e regularmente praticar rituais, preces e hinos e fazer peregrinações; alto comprometimento de recursos, incluindo dinheiro, presentes e animais sacrificados; adesão pública a crenças racionalmente implausíveis que outras pessoas ridicularizarão como ingênuas; e exibição pública de sinais de dolorosas mutilações corporais permanentes, incluindo corte e sangramento de partes sensíveis do corpo, operações desfigurantes dos genitais e autoamputação de juntas dos dedos. Se você vir alguém exibindo esse tipo de comprometimento que deixa consequências pelo resto da vida, então esse alguém lhe terá convencido muito mais efetivamente do que se tivesse dito: "Confie em mim, estou com você, estou usando o mesmo tipo de chapéu" (que poderia ter sido comprado ontem por uma ninharia e poderá ser descartado amanhã). Pelo mesmo motivo os biólogos evolutivos reconhecem que muitos sinais observados em animais (como a cauda de um pavão) evoluíram para se tornar onerosos precisamente porque isso os torna verossímeis. Quando a fêmea de um pavão vê um macho exibindo para ela uma enorme cauda, pode ter certeza de que aquele macho, capaz de fazer crescer uma cauda tão grande, e sobreviver com ela, realmente deve ter melhores genes e ser mais bem alimentado do que outro macho que finge ser superior, mas que só tem uma cauda pequena.

Um exemplo interessante de como a religião estimula a cooperação e o compromisso grupal vem das taxas de sobrevivência de comunidades americanas. Ao longo da história do país, até os tempos modernos, as pessoas têm feito experiências com a formação de comunidades onde podem viver com outras que partilham os mesmos ideais. Algumas dessas comunidades têm os mesmos ideais religiosos, outras têm motivações não religiosas. Muitas comunidades não religiosas formaram-se nos anos 1960 e 1970. Mas todas estão sujeitas a pressões financeiras, práticas, sociais, sexuais e de outra natureza e sofrem a concorrência da atração exercida pelo mundo externo. A grande maioria das comunidades se dispersou, fosse gradual ou rapidamente, durante o tempo de vida de seus fundadores. Por exemplo, na década de 1960 uma amiga foi cofundadora de uma comunidade em uma bela, pacífica e remota área no norte da Califórnia. No entanto, aos poucos, os outros membros fundadores foram se desgarrando por conta do isolamento, do tédio, de tensões sociais e por outras razões, até minha amiga ficar sozinha. Ela ainda vive lá, mas só, não mais como membro de uma comunidade.

Richard Sosis comparou os destinos de centenas de comunidades religiosas e seculares americanas fundadas no século XIX e começo do século XX. Quase todas se dissolveram, exceto as extremamente bem-sucedidas colônias dos huteritas, um grupo religioso: todas as vinte colônias que integravam a amostra de Sosis sobreviveram. As demais 199 acabaram se dissolvendo ou se extinguindo, um processo sempre precedido por uma perda da fé na ideologia do grupo e, às vezes, também por desastres naturais, pela morte de um líder carismático ou por hostilidades de pessoas de fora. No entanto, a probabilidade anual de dissolução era quatro vezes mais alta para as comunidades seculares do que para as religiosas. Evidentemente, as ideologias religiosas são mais eficazes do que as seculares em persuadir os membros a manter um comprometimento possivelmente irracional, abster-se de desertar mesmo quando seria sensato fazê-lo, e lidar com os constantes desafios de viver em uma comunidade cuja propriedade é coletiva e com alto risco de ser prejudicada por membros oportunistas. Também em Israel, onde, durante muitas décadas, existiu um número muito maior de kibutzim religiosos do que de seculares, os religiosos têm tido muito mais sucesso do que os outros, a despeito dos altos custos impostos aos religiosos por suas práticas (como, por exemplo, abster-se de qualquer tipo de trabalho um dia por semana).

Medidas de sucesso religioso

A outra solução que achei útil para resolver os paradoxos da religião é a abordagem do biólogo evolutivo David Sloan Wilson. Ele observa que uma religião serve para definir um grupo humano que compete com outros grupos com religiões diferentes. A medida mais direta do sucesso relativo de uma religião é o número de seguidores. Por que existem hoje no mundo mais de um bilhão de católicos, cerca de 14 milhões de judeus e nenhum albigense maniqueu (membro de uma antiga e numerosa seita cristã que acreditava na existência de forças sobrenaturais opostas, boas e más, engajadas em um embate eterno)? Wilson prossegue reconhecendo que o número de seguidores de uma religião depende do equilíbrio entre diversos processos que tendem a aumentar esse número e de diversos outros que tendem a reduzi-lo. O número de seguidores aumenta quando eles têm filhos e os educam na mesma fé, e também com as conversões de adeptos de outras religiões ou de pessoas até então não religiosas. O número se reduz com a morte de seguidores e com a perda daqueles que se convertem a outras religiões.

Seria possível fazer uma pausa aqui e dizer: "É claro, isso é o óbvio; e daí? Como isso me ajuda a entender por que o número de católicos que acreditam na ressurreição de Cristo é maior do que o de judeus, que não acreditam nisso?" A força da abordagem de Wilson está em que ela nos fornece um arcabouço para examinarmos diferentes efeitos das crenças e práticas de uma religião sobre os vários processos que aumentam ou diminuem o número de seguidores. Alguns dos resultados são evidentes, outros são sutis.

As religiões adotam as mais variadas estratégias para alcançar o sucesso. Por exemplo, a religião americana conhecida como shaker foi, durante um período do século XIX, muito bem-sucedida, a despeito de exigir o celibato de seus seguidores e, portanto, carecer inteiramente do método mais simples de propagação utilizado pelas religiões (gerar filhos). Durante muitas décadas, os shakers conseguiram se propagar utilizando, exclusivamente, seu poder de conquistar convertidos. No extremo oposto, o judaísmo tem persistido durante milhares de anos a despeito de não buscar convertidos. Não é de surpreender que o cristianismo e o islamismo, que de fato buscam prosélitos, tenham muito mais seguidores do que o judaísmo, mas este, ainda assim, persistiu por conta de outros fatores que contribuem para seu crescimento demográfico: taxas de nascimento relativamente altas, baixas taxas de mortalidade (exceto em tempos de perseguição), ênfase na educação para gerar oportunidades econômicas, forte ajuda mútua e poucas perdas pela conversão de judeus a outras religiões. Quanto aos albigenses maniqueus, seu desaparecimento deveu-se apenas indiretamente à crença de que as forças do mal e do bem estão presas em um embate eterno. Não que essa crença desencorajasse os albigenses a terem filhos ou que fosse tão implausível a ponto de impedir que ganhassem convertidos. Em vez disso, a crença era vista com uma abominação pelos católicos no poder, que declararam uma guerra santa contra eles e acabaram sitiando e capturando suas fortalezas, incendiando-as e matando todos os demais albigenses.

Segundo a abordagem de Wilson, existem razões mais sutis para responder a uma das maiores questões da história religiosa do Ocidente.

Por que, entre as inúmeras minúsculas seitas judias que competiam entre si e com grupos não judeus dentro do Império Romano no século I, justamente aquela que se tornou o cristianismo, e não outra, emergiu como a religião dominante três séculos depois? Nos últimos tempos de Roma, as características distintivas do cristianismo que contribuíram para esse resultado foram o proselitismo ativo (diferente do judaísmo tradicional), as práticas que promoviam um maior número de filhos e permitiam que maior número deles sobrevivesse (diferentemente da sociedade romana da época), as oportunidades dadas às mulheres (em contraste com o judaísmo e o paganismo romano da época, e com o cristianismo que se seguiu) e a doutrina cristã do perdão. Esta doutrina, em geral mal interpretada como a noção simplista de oferecer a outra face, de fato se prova parte de um complexo sistema de respostas que vão do perdão à retaliação e que variam conforme o contexto. Em certas circunstâncias, testes experimentais realizados com jogos de simulação mostram que perdoar alguém que lhe tenha feito algum mal pode, na verdade, ser a resposta que lhe trará mais vantagens no futuro.

Outro exemplo de Wilson envolve o sucesso do mormonismo, uma das religiões com mais rápido crescimento nos últimos dois séculos. Os não mórmons tendem a duvidar da afirmação do fundador Joseph Smith, de que o anjo Moroni apareceu para ele em 21 de setembro de 1823 para revelar placas de ouro enterradas no alto de uma colina perto da cidade de Manchester, no oeste do estado de Nova York, e que precisavam ser traduzidas (Tabela 9.2). Os não mórmons também duvidam do testemunho jurado de 11 pessoas (Oliver Cowdery, Christian Whitmer, Hiram Page e outras oito) que afirmam terem visto e tocado as placas. Assim, os não mórmons podem se perguntar: como essas afirmações aparentemente implausíveis conduziram ao explosivo crescimento do mormonismo?

A abordagem de Wilson envolve a compreensão de que o sucesso de uma religião em aumentar seu número de fiéis não depende do quanto seus dogmas sejam verdadeiros, mas, em vez disso, de se esses dogmas e as práticas associadas motivam os adeptos da religião a ter filhos e

O QUE AS ENGUIAS-ELÉTRICAS NOS DIZEM SOBRE A EVOLUÇÃO...

educá-los com sucesso, ganhar convertidos, constituir uma sociedade que funcione harmoniosamente, ou todas essas coisas ao mesmo tempo. Nas palavras de Wilson, "Até crenças maciçamente fictícias podem ser adaptativas, desde que motivem comportamentos que sejam adaptativos no mundo real. (...) Nem sempre o conhecimento factual é suficiente, por si só, para motivar um comportamento adaptativo. Às vezes, um sistema de crenças simbólico que se afasta da realidade factual tem mais sucesso".

No caso do mormonismo, seus dogmas e suas práticas têm tido um sucesso excepcional em promover o crescimento demográfico. Os mórmons costumam ter muitos filhos. Formam uma sociedade fortemente baseada no apoio mútuo e na interdependência de seus membros, oferecendo uma vida social plena e satisfatória e incentivos para o trabalho. Enfatizam o proselitismo: espera-se que os jovens mórmons devotem até dois anos de suas vidas à conquista de convertidos, seja no exterior ou perto de casa. Espera-se que paguem à igreja o equivalente a 10% de sua renda anual (além de pagarem os impostos federais, estaduais e locais de sempre). Essas altas exigências de comprometimento de tempo e recursos garantem que aqueles que escolhem tornar-se ou permanecer mórmons levem a sério sua fé. Quanto à suposta implausibilidade das afirmações de Joseph Smith e de suas 11 testemunhas sobre revelações divinas por meio de placas de ouro — qual é, realmente, a diferença entre isso e os relatos bíblicos de revelações divinas a Jesus e a Moisés, exceto pelo intervalo de 2 milênios e por nosso ceticismo derivado da formação diferente que recebemos?

O que tem Wilson a dizer sobre a hipocrisia comum entre as religiões, que pregam nobres princípios morais ao mesmo tempo que encorajam e estimulam a morte dos que creem em outras religiões? Sua resposta é que o sucesso de uma religião (ou sua "aptidão", para usar a linguagem da biologia evolutiva) é relativo e só pode ser definido em comparação com o sucesso de outras religiões. Gostemos ou não disso, as religiões podem aumentar seu "sucesso" (definido como o número de adeptos), e quase sempre o conseguem, matando os adeptos de outras religiões ou forçando-os à conversão. Como escreve Wilson, "Cada vez que puxo uma conversa sobre religião, a probabilidade de eu ouvir uma litania dos males perpetrados em nome de Deus é enorme. Na maior parte dos casos, são horrores cometidos por grupos religiosos contra outros grupos. Como posso chamar a religião de adaptativa diante de tal evidência? A resposta é: isso é fácil, desde que entendamos 'aptidão' em termos relativos. É importante enfatizar que um comportamento pode ser explicado de uma perspectiva evolutiva sem que isso implique que seja moralmente perdoado".

Mudanças nas funções da religião

Retornemos, finalmente, à minha questão inicial sobre as funções da religião e a definição do termo. Podemos ver agora por que é tão difícil definir religião: porque suas funções foram mudando à medida que evoluiu, assim como ocorreu com os órgãos elétricos dos peixes. De fato, as mudanças nas funções da religião foram ainda maiores do que as ocorridas com os órgãos elétricos, que adotaram apenas seis funções, comparadas com as sete que caracterizam as religiões (Tabela 9.3). Dessas sete funções, quatro estavam inteiramente ausentes em um estágio da história da religião, e cinco ainda estavam presentes, mas em declínio, em outro estágio. Na época do surgimento de humanos capazes de raciocinar e indagar, por volta de 50.000 a.C., duas funções já haviam aparecido, atingiram o ponto culminante e entraram em declínio gradual nos milênios recentes: a explicação sobrenatural (em declínio mais abrupto) e o uso de rituais para reduzir a ansiedade diante de perigos incontroláveis (em declínio mais lento). As outras cinco funções estavam ausentes (quatro delas) ou já em declínio (a quinta) entre os primeiros humanos inteligentes, alcançaram um pico nas chefaturas e nos Estados emergentes (três delas) ou nos Estados tardios do Renascimento (duas delas) e declinaram, a diferentes velocidades, desde então.

O QUE AS ENGUIAS-ELÉTRICAS NOS DIZEM SOBRE A EVOLUÇÃO...

Tabela 9.3 Mudanças nas funções da religião ao longo do tempo

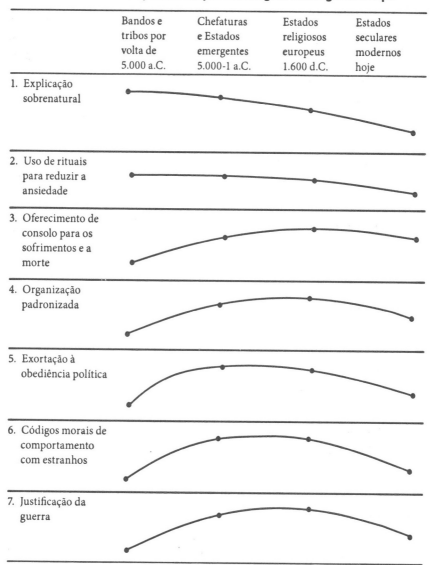

Essas mudanças de função tornam mais difícil definir a religião do que definir órgãos elétricos, pois estes, pelo menos, partilham o mesmo traço de criar campos elétricos detectáveis no ambiente que os circunda, mas, no que se refere às religiões, não existe uma única característica partilhada por todas elas. Correndo o risco de produzir mais uma definição para a Tabela 9.1, eu proporia agora: "Religião é um conjunto de traços partilhados por um grupo social humano que o distingue de outros grupos que não partilham esses traços de forma idêntica. Incluídos entre esses traços partilhados estão sempre um ou mais, frequentemente todos, desses três traços: explicação sobrenatural, uso de rituais para reduzir a ansiedade decorrente de perigos incontroláveis, e oferecimento de consolo para os sofrimentos da vida e a perspectiva da morte. Com exceção das mais antigas, as religiões foram cooptadas para promover a organização padronizada, a obediência política, a tolerância diante de desconhecidos que pertençam à mesma religião e a justificação da guerra contra grupos que professam outras religiões." Essa minha definição é pelo menos tão tortuosa como as mais tortuosas definições que já estão na Tabela 9.1, mas penso que corresponde à realidade.

E o que dizer do futuro da religião? Isso depende da situação em que estará o mundo daqui a trinta anos. Se os padrões de vida se elevarem em todo o mundo, então as funções 1, 4, 5, 6 e 7 da Tabela 9.3 continuarão a declinar, mas parece-me que as funções 2 e 3 deverão persistir. É provável que a religião continue a ser adotada especialmente por pretender oferecer um significado à vida e morte dos indivíduos, cujo sentido pode parecer insignificante de uma perspectiva científica. Mesmo que a resposta da ciência à busca de significado seja verdadeira, e que o sentido da religião seja uma ilusão, muitas pessoas continuarão a não gostar da resposta da ciência. Se, por outro lado, grande parte do mundo permanecer atolada na pobreza, ou se, pior ainda, a economia mundial, os padrões de vida e a paz deteriorarem, então todas as funções da religião, talvez até mesmo as explicações sobrenaturais, podem ressurgir. A geração dos meus filhos conhecerá as respostas a essas questões.

CAPÍTULO 10

FALANDO EM MUITAS LÍNGUAS

**Multilinguismo • Total de línguas no mundo •
Como as línguas evoluem • Geografia da diversidade linguística
• Multilinguismo tradicional • Benefícios do bilinguismo •
A doença de Alzheimer • Línguas em extinção
• Como as línguas desaparecem • Línguas minoritárias
são prejudiciais? • Por que preservar as línguas?
• Como proteger as línguas?**

Multilinguismo

Numa noite, quando eu passava uma semana num acampamento em uma floresta na montanha com um grupo de vinte guineenses das terras altas, a conversa em torno da fogueira se desenrolava em diferentes línguas locais e em outras duas línguas francas (tok pisin e motu), como frequentemente acontece quando um grupo de guineenses de diferen tes tribos se reúne. Eu já havia me acostumado a encontrar uma nova língua a aproximadamente cada vinte ou trinta quilômetros enquanto caminhava ou dirigia pelas terras altas. Um amigo guineense que vivia ali me dissera que cinco diferentes línguas locais eram faladas num raio de poucos quilômetros de sua aldeia; contou-me como havia aprendido essas cinco línguas quando criança, simplesmente brincando com outros garotos, e como havia aprendido outras três quando entrou para a escola. Assim, por curiosidade, circulei pela fogueira naquela noite perguntando a cada homem o nome de cada língua que "falava", ou seja, que conhecia o bastante para manter uma conversa.

Entre aqueles vinte guineenses, o menor número de línguas que alguém falava era cinco. Diversos deles falavam de oito a doze línguas, e o campeão era o que falava 15. Com exceção do inglês, que os guineenses aprendem em livros na escola, todos haviam adquirido as outras línguas socialmente, sem livros. Já antecipando uma pergunta provável, direi que, sim, as línguas enumeradas naquela noite realmente eram línguas mutuamente não inteligíveis, e não meros dialetos. Algumas eram tonais como o chinês, outras eram não tonais, e pertenciam a diversas famílias linguísticas.

Nos Estados Unidos, por outro lado, a maior parte das pessoas nascidas no país é monolíngue. Já os europeus instruídos sabem dois ou três idiomas, às vezes mais, que foram aprendidos na escola. O contraste linguístico entre o acampamento na Nova Guiné e a moderna experiência de americanos e europeus ilustra amplas diferenças entre o uso de línguas nas sociedades de pequena escala e nas modernas sociedades de Estado — diferenças que aumentarão nas próximas décadas. Em nosso passado tradicional, como ainda ocorre na Nova Guiné moderna, cada língua tinha um número muito menor de falantes do que o das línguas dos Estados modernos; provavelmente, uma porcentagem maior da população era multilíngue; e as segundas línguas eram aprendidas socialmente desde a infância, e não pelo estudo formal em escolas.

Infelizmente, as línguas estão agora desaparecendo mais rapidamente do que em qualquer outra época da história humana. Se as tendências atuais continuarem, 95% das línguas que nos foram passadas por dezenas de milhares de anos de história dos humanos comportamentalmente modernos estarão extintas ou moribundas por volta do ano 2100. Metade das nossas línguas já terá sido extinta nessa época, a maior parte das restantes será de línguas em processo de desaparecimento, faladas apenas pelos mais velhos, e somente uma pequena minoria será de línguas "vivas" ainda sendo transmitidas de pais para filhos. As línguas estão desaparecendo tão rapidamente (cerca de uma a cada nove dias), e o número de linguistas que as estão estudando é tão pequeno, que já não há mais tempo nem mesmo para descrever e registrar a maior parte delas antes que desapareçam. Os linguistas enfrentam uma corrida

FALANDO EM MUITAS LÍNGUAS

contra o tempo semelhante à enfrentada pelos biólogos, que agora estão conscientes de que a maior parte das plantas e das espécies animais do mundo está em perigo de extinção e desaparecimento antes mesmo que possam ser descritas.

Ouvimos muitas discussões angustiadas sobre o cada vez mais rápido desaparecimento de pássaros e rãs e outras espécies vivas à medida que nossa civilização Coca-Cola se espalha pelo mundo. Muito menos atenção tem sido dada ao desaparecimento de nossas línguas e ao papel essencial que desempenham na sobrevivência daquelas culturas nativas. Cada língua é um veículo para uma forma única e peculiar de pensar e falar, uma literatura única e uma visão de mundo única. Assim, pende hoje sobre nós a tragédia de uma perda iminente da maior parte da nossa herança cultural, associada à perda da maior parte de nossas línguas.

Por que as línguas desaparecem nessa taxa tão catastrófica? Será que isso realmente importa? Afinal, nossa atual pletora de línguas é algo bom ou ruim para o mundo, e para todas aquelas sociedades tradicionais que ainda falam línguas que agora correm o risco de desaparecer? Muitos dos leitores podem discordar do que acabei de dizer, pois não acham que a perda de línguas seja uma tragédia. Talvez pensem que, ao contrário, a diversidade de línguas promova guerras civis e impeça a educação, que o mundo estaria em melhor situação se houvesse um número muito menor de línguas, e que a grande diversidade de línguas é um dos aspectos do mundo de ontem do qual deveríamos ficar felizes de nos livrar — como a guerra tribal crônica, o infanticídio, o abandono de idosos e as frequentes mortes por inanição.

Para cada um de nós, como indivíduo, é benéfico ou desvantajoso aprender vários idiomas? Certamente, é preciso muito tempo e esforço para aprender um idioma e ganhar fluência; será que estaríamos melhor devotando todo esse tempo e esforço para aprender habilidades mais úteis? Penso que as respostas que vêm surgindo a essas questões sobre o valor do multilinguismo tradicional, tanto para sociedades quanto para indivíduos, intrigarão os leitores, tanto quanto me intrigaram. Será que este capítulo os convencerá de que devem educar seu próximo filho para ser bilíngue, ou, ao contrário, lhes provará que o mundo inteiro deve passar a falar inglês o mais rápido possível?

455

Total de línguas no mundo

Antes que possamos lidar com essas grandes questões, façamos um preâmbulo sobre quantas línguas ainda existem hoje, como se desenvolveram e onde são faladas. O número conhecido de línguas distintas ainda faladas, ou faladas até recentemente no mundo moderno, é de cerca de 7 mil. Este total imenso pode espantar muitos leitores, porque a maior parte de nós conseguiria nomear apenas umas poucas dezenas de línguas, e a vasta maioria seria desconhecida por nós. A maior parte das línguas não tem forma escrita, é falada por poucas pessoas e em locais muito afastados do mundo industrial. Por exemplo, toda a Europa a oeste da Rússia tem menos de cem línguas nativas, mas o continente africano e o subcontinente indiano têm mais de mil línguas nativas cada, a Nigéria e Camarões têm 527 e 286 línguas, respectivamente, e a pequena nação ilhéu de Vanuatu, no Pacífico (com uma área de menos de 13 quilômetros quadrados) tem 110 línguas. Em todo o mundo, a mais alta diversidade é encontrada na ilha da Nova Guiné, com cerca de mil línguas e um número desconhecido, mas alto, de diferentes famílias linguísticas amontoadas em uma área apenas ligeiramente maior do que o estado do Texas.

Das 7 mil línguas existentes, nove "gigantes", cada uma sendo a língua principal de 100 milhões de pessoas ou mais, representam mais de um terço da população mundial. Em incontestável primeiro lugar está o mandarim, a língua principal de pelo menos 700 milhões de chineses, seguido, em ordem aproximada, pelas demais: espanhol, inglês, árabe, hindi, bengali, português, russo e japonês. Se flexibilizarmos nossa definição de "grandes línguas" para que inclua as principais setenta línguas — isto é, um centésimo de todas as línguas —, então teremos abrangido as línguas primárias de quase 80% da população mundial.

A maior parte das línguas do mundo é de línguas "pequenas", com poucos falantes. Se dividirmos os sete bilhões da população mundial pelo total de 7 mil línguas, o número médio de falante de uma língua seria de um milhão. Como a média é distorcida pelos 100 milhões ou mais de falantes de apenas nove línguas gigantes, uma melhor medida de uma língua "típica" seria a mediana do número de falantes, ou seja, aquela língua cujo número de falantes esteja bem na metade da distribuição: a metade acima dela teria um número maior de falantes, e a metade abaixo teria um número menor. No caso, a mediana é de apenas uns poucos milhares de falantes. Daí que a metade das línguas do mundo tenha menos de uns poucos milhares de falantes, e grande número delas seja falada por cerca de apenas sessenta a duzentas pessoas.

No entanto, essas discussões de número de línguas e número de falantes de cada uma nos forçam a encarar a questão que antecipei ao descrever meu levantamento das línguas que estavam sendo faladas em torno daquela fogueira na Nova Guiné: qual a diferença entre uma língua distinta e um mero dialeto de outra língua? As diferenças de fala entre populações vizinhas não seguem nenhum padrão: elas podem compreender 100% do que a outra diz, ou 92%, ou 75%, ou 42% ou absolutamente nada. Muitas vezes, o corte que separa língua e dialeto é definido arbitrariamente como 70% de inteligibilidade mútua: se populações vizinhas com diferentes modos de falar podem entender mais de 70% da fala uma da outra, então (de acordo com aquela definição) elas são consideradas como falando dialetos diferentes da mesma língua; se a compreensão mútua for inferior a 70%, então são consideradas como falando línguas diferentes.

Mas mesmo essa definição simples, arbitrária e estritamente linguística de dialetos e línguas pode encontrar ambiguidades quando tentamos aplicá-la. Uma dificuldade prática decorre das cadeias de dialetos: em uma sequência de aldeias vizinhas, que chamarei de ABCDEFGH, cada aldeia pode entender os vizinhos contíguos, mas as aldeias A e H que ficam nos dois extremos podem não conseguir entender absolutamente nada uma da outra. Outra dificuldade é que alguns pares de comunidades são assimétricos em sua inteligibilidade: A pode entender a maior parte do que fala B, mas B tem dificuldade em entender A. Por exemplo, meus amigos que falam português dizem que podem entender bem os que falam espanhol, mas os amigos que falam espanhol têm mais dificuldade para entender o português.

Esses são dois tipos de problemas que encontramos ao traçar uma linha entre dialetos e línguas em bases estritamente linguísticas. Um problema maior é que a definição de duas línguas como coisas distintas baseia-se não apenas em diferenças linguísticas, mas também em diferenças políticas e étnicas autodefinidas. Esse fato é expresso em uma piada muito ouvida entre linguistas: "Uma língua é um dialeto respaldado por seus próprios exército e marinha." Por exemplo, o espanhol e o italiano poderiam não passar no teste dos 70% por estarem registrados como línguas diferentes, e não como meros dialetos: meus amigos espanhóis e italianos me dizem que conseguem entender a maior parte do que cada um diz, especialmente depois de um pouco de prática. Mas, independentemente do que possa dizer um linguista que aplique o teste dos 70%, cada espanhol e cada italiano, e todo mundo mais, não hesitarão um instante em afirmar que o espanhol e o italiano são línguas diferentes — porque, por mais de mil anos, cada uma delas tem tido seus próprios exércitos e marinhas, além de governos e sistemas educacionais amplamente distintos.

No polo oposto, muitas línguas europeias têm formas regionais nitidamente diferenciadas que os governos de seus países enfaticamente consideram meros dialetos, embora os falantes de diferentes regiões não entendam absolutamente nada do que falam os outros. Meus amigos do norte da Alemanha não conseguem decifrar a fala dos habitantes rurais da Baviera, e meus amigos do norte da Itália ficam igualmente perdidos na Sicília. Mas seus governos nacionais sustentam, inflexivelmente, que aquelas diferentes regiões não devem ter exércitos e marinhas separados, e, assim, suas formas de falar são chamadas de dialetos — e que ninguém ouse mencionar o critério de inteligibilidade mútua!

Essas diferenças regionais entre países europeus eram ainda maiores há sessenta anos, antes que a televisão e a migração interna começassem a romper antigas e duradouras diferenças entre "dialetos". Por exemplo, em minha primeira visita à Inglaterra em 1950, meus pais

FALANDO EM MUITAS LÍNGUAS

levaram minha irmã Susan e eu para visitar amigos da família chamados os Grantham-Hill em sua casa na cidadezinha de Beccles, na East Anglia. Enquanto meus pais e seus amigos conversavam, minha irmã e eu ficamos entediados e saímos para caminhar no charmoso centro da cidade velha. Depois de virar muitas esquinas em ângulo reto, que nem pensamos em contar, percebemos que estávamos perdidos, e pedimos a um homem que encontramos na rua para nos ensinar a voltar para a casa dos amigos. Ficou óbvio que o homem não entendia nosso sotaque americano, mesmo quando falávamos bem devagar e (pensávamos) claramente. Mas ele entendeu que éramos crianças e estávamos perdidas, e se animou quando repetimos as palavras "Grantham-Hill, Grantham-Hill". Respondeu com muitas frases, das quais não conseguimos decifrar nem ao menos uma palavra; não podíamos imaginar que ele considerava que estivesse falando inglês. Felizmente para nós, apontou numa direção e decidimos segui-la até que reconhecemos uma construção perto da casa dos Grantham-Hill. Aqueles antigos "dialetos" locais de Beccles e de outros distritos ingleses estão se homogeneizando e mudando em direção ao inglês da BBC à medida que o acesso à televisão veio se universalizando na Inglaterra nas últimas décadas.

Por uma definição estritamente linguística de 70% de inteligibilidade — a definição que é preciso usar na Nova Guiné, onde nenhuma tribo tem seu próprio exército ou marinha —, um número expressivo de "dialetos" italianos se classificaria como línguas. Essa redefinição de alguns dialetos italianos como línguas reduziria apenas ligeiramente o hiato entre a Itália e a Nova Guiné em termos de diversidade linguística. Se o número médio de falantes de um "dialeto" italiano fossem os mesmos 4 mil falantes de uma língua média da Nova Guiné, a Itália teria 10 mil línguas. Os entusiastas que defendem a distinção entre os dialetos italianos poderiam atribuir à Itália dezenas de línguas, mas ninguém afirmaria que existem 10 mil línguas diferentes no país. De fato, a verdade é que a Nova Guiné é muito mais diversificada do que a Itália em termos linguísticos.

Como as línguas evoluem

Como aconteceu de o mundo chegar a ter 7 mil línguas, em vez de todos nós partilharmos a mesma língua? Antes que as línguas se espalhassem pela internet e pelas redes sociais, durante dezenas de milhares de anos houve amplas oportunidades para que desaparecessem as diferenças entre elas, pois a maior parte dos povos tivera contato com povos vizinhos com quem se casavam e negociavam e dos quais tomavam de empréstimo palavras, ideias e comportamentos. Algo deve ter feito com que as línguas, mesmo no passado e sob condições tradicionais, se diferenciassem e permanecessem separadas, apesar de todos os contatos.

Eis o que aconteceu. Qualquer um de nós com mais de quarenta anos já observou que as línguas mudam até no curto período de poucas décadas: algumas palavras saem de moda, outras são cunhadas e as pronúncias mudam. Por exemplo, cada vez que revisito a Alemanha, onde vivi em 1961, jovens alemães notam que têm de me explicar algumas palavras novas (como *Händi*, para telefones celulares, que não existia em 1961) e que eu ainda uso algumas palavras alemãs antigas que já saíram de uso (como *jener/jene* para "aquele/aqueles"). Mas esses jovens e eu ainda conseguimos basicamente nos entender bem. Da mesma forma, leitores americanos com menos de quarenta anos talvez não reconheçam algumas palavras antes populares em inglês, como "*ballyhoo*" (propaganda sensacionalista), mas, em compensação, usam diariamente o verbo "to Google" ("googlar") e o gerúndio "googlando", que não existiam na minha infância.

Depois de uns poucos séculos de mudanças independentes ocorridas em duas comunidades geograficamente separadas, derivadas de uma mesma comunidade linguística original, elas acabam desenvolvendo dialetos que podem dificultar o entendimento mútuo, como as modestas diferenças entre o inglês americano e o britânico, as diferenças um pouco maiores entre o francês de Quebec e o da França metropolitana, e as diferenças ainda maiores entre o africâner e o holandês. Depois de 2 milênios de diferenciação, as comunidades terão divergido em tamanha medida que não conseguirão mais se

FALANDO EM MUITAS LÍNGUAS

entender, embora, para os linguistas, ainda sejam línguas obviamente relacionadas — como o francês, o espanhol e o romeno, todas derivadas do latim, e o inglês, o alemão e outras línguas germânicas derivadas do protogermânico. Finalmente, depois de cerca de 10 mil anos, as diferenças serão tão grandes que a maior parte dos linguistas classificaria as línguas como pertencentes a famílias linguísticas não relacionadas, sem nenhuma relação detectável.

Assim, as línguas desenvolvem diferenças porque, ao longo do tempo, diferentes grupos de pessoas desenvolvem, de forma independente, diferentes palavras e pronúncias. Mas permanece a pergunta: por que essas línguas diferenciadas não se fundem novamente quando povos antes separados restabelecem contato uns com os outros nas fronteiras linguísticas? Por exemplo, na fronteira moderna entre a Alemanha e a Polônia existem cidades polonesas perto de alemãs, mas os habitantes ainda falam uma variação local de polonês ou alemão, respectivamente, em vez de uma mescla dos dois idiomas. Por que ocorre isso?

Provavelmente, a principal desvantagem de falar uma língua híbrida tem a ver com uma função básica da linguagem humana: assim que você começa a falar com alguém, sua língua serve como uma insígnia instantaneamente reconhecível de sua identidade grupal. É muito mais fácil para espiões em tempo de guerra envergar o uniforme do inimigo do que imitar convincentemente sua língua e pronúncia. As pessoas que falam a *sua* língua são o *seu* povo: elas o reconhecerão como um compatriota e o apoiarão — ou, pelo menos, não terão suspeita imediata de você —, enquanto alguém que fale uma língua diferente poderá ser visto como um estranho potencialmente perigoso. Essa distinção instantânea entre amigos e estranhos ainda funciona hoje: basta ver como meus leitores americanos reagirão da próxima vez que estiverem no Uzbequistão e, finalmente, para seu alívio, ouvirem alguém às suas costas falando inglês com sotaque americano. Essa distinção entre amigos e estranhos era ainda mais importante no passado (capítulo 1), e quase sempre uma questão de vida e morte. É importante falar a língua de pelo menos alguma comunidade, de forma que haja algum grupo que o considere "um deles". Se, em vez disso, você falar alguma coisa híbrida perto de uma fronteira linguística, ambos os lados poderão compreender grande parte do que você falar, mas nenhum o considerará "um deles" e você não terá com quem contar para ser acolhido e protegido. Essa pode ser a razão de as comunidades linguísticas tenderem a se manter como milhares de línguas separadas, em vez de o mundo inteiro falar uma mesma língua ou formar uma cadeia de dialetos.

Geografia da diversidade linguística

As línguas se distribuem de forma desigual pelo mundo: cerca de 10% da área do planeta contém metade das línguas existentes. Por exemplo, no extremo inferior da diversidade linguística, os três maiores países — Rússia, Canadá e China —, cada um com uma área de milhões de quilômetros quadrados — têm apenas cerca de cem, oitenta e trezentas línguas nativas, respectivamente. Mas, no extremo superior, a Nova Guiné, com área de 780 mil quilômetros quadrados, tem cerca de mil línguas nativas, e Vanuatu, com 12 mil quilômetros quadrados, tem 110 línguas. Isso significa que uma língua é falada em uma área média de 170 mil, 130 mil e 31 mil quilômetros quadrados na Rússia, no Canadá e na China, respectivamente, mas em áreas de apenas 750 e 110 quilômetros quadrados na Nova Guiné e em Vanuatu, respectivamente. Por que existe uma variação geográfica tão imensa na diversidade linguística?

Os linguistas reconhecem fatores ecológicos, socioeconômicos e históricos que aparentemente contribuem para a resposta. A diversidade linguística — ou seja, o número de línguas nativas por 2.600 quilômetros quadrados de área — correlaciona-se com inúmeros fatores potencialmente explicativos, mas também existem correlações entre esses. Assim, é preciso recorrer a métodos estatísticos, como as análises de regressão múltipla, para trazer à tona aqueles fatores cujos efeitos estão de fato fazendo com que a diversidade linguística seja alta ou baixa, e identificar aqueles outros fatores que têm apenas efeitos aparentes, mediados por suas correlações com os fatores primários. Por exemplo, existe uma correlação positiva entre a posse de um carro

29. Primeiro contato: Ishi, o último sobrevivente da tribo yahi da Califórnia, em 29 de agosto de 1911, dia em que emergiu de seu esconderijo e entrou na sociedade euro-americana. Ele estava aterrorizado e exausto, e achava que seria morto. (Cortesia do Museu de Antropologia Phoebe A. Hearst e do Conselho Diretor da Universidade da Califórnia [Catálogo nº 15-5910])

30. Primeiro contato entre habitantes das terras altas da Nova Guiné, que nunca haviam visto um europeu, e o mineiro australiano Dan Leahy na área de Chuave, em 1933. (Michael Leahy, em *First Contact*, de Bob Connolly e Robin Anderson [Nova York: Viking, 1987], cortesia do espólio da sra. Jeannette Leahy)

31. Primeiro contato: um habitante das terras altas da Nova Guiné chora de terror ao ver pela primeira vez um europeu, durante a Expedição Leahy de 1933.

32. Comércio tradicional: uma canoa de comerciantes da Nova Guiné carregando bens que serão dados a parceiros comerciais tradicionais em troca de outros bens. (Peter Hallinan)

33. Comércio moderno: uma lojista profissional vendendo bens manufaturados a qualquer pessoa que entre na loja e os troque por dinheiro impresso pelo governo. (Blend Images/PunchStock)

34. Uma fronteira moderna entre nações: um comerciante chinês apresentando passaporte e visto a um policial russo perto da fronteira Rússia-China. (REUTERS/Yuri Maltsev)

35. Ellie Nesler, uma californiana julgada por matar um homem acusado de haver abusado sexualmente de seu filho. Qualquer pai ou mãe entenderá a revolta de Ellie. Mas a essência da justiça de Estado é que o governo desabaria se os cidadãos fizessem justiça pelas próprias mãos. (AP Photo/George Nikitin)

36. Guerra tradicional: homens da tribo dani lutando com lanças no Vale do Baliem nas terras altas da Nova Guiné. Nessas guerras, o maior número de mortes em um único dia ocorreu em 4 de junho de 1966, quando os danis do norte mataram 125 danis do sul num embate direto; os agressores deviam conhecer pessoalmente muitos dos que foram mortos (ou ouvido falar deles). As baixas representaram 5% da população do sul (Capítulo 3). (Karl G. Heider. Cortesia do Museu Peabody de Arqueologia e Etnologia, Universidade de Harvard, 2006.17.1.89.2)

37. Guerra moderna: a nuvem da bomba atômica de Hiroshima em 4 de agosto de 1945. Os soldados americanos que lançaram a bomba não conheciam pessoalmente suas vítimas nem as olhavam no rosto enquanto as estavam matando. Os 100 mil japoneses mortos em Hiroshima representaram o maior número de mortes em um único dia de guerra moderna e constituíam 0,1% da população do Japão na época. Ou seja: grandes populações modernas estão associadas a altos números absolutos de mortes na guerra, mas os métodos da guerra tradicional podem resultar em números de mortos proporcionalmente mais altos. (Masami Oki. "Material provided by Hidetsugu Aihara", doada pelo Museu da Paz de Saitama. Cortesia do Museu Memorial da Paz de Hiroshima)

38. O transporte tradicional de crianças geralmente as põe em contato físico direto com a cuidadora, verticalmente eretas, olhando para a frente e partilhando com ela o mesmo campo de visão. Este é um bebê pume da Venezuela sendo carregado por uma irmã mais velha. (Russel D. Greaves e Karen Kramer)

39. O transporte moderno de crianças muitas vezes as afasta do contato físico com a cuidadora e as põe olhando para trás e reclinadas horizontalmente, ao invés de verticalmente eretas. Este é um bebê americano sendo empurrado em um carrinho por sua mãe. (Phil Ramey, Ramey Pix)

40 e 41. Os compositores Richard Strauss (esq.) e Giuseppe Verdi (abaixo) aprenderam a fazer o melhor uso de seus talentos musicais à medida que mudavam com a idade. Os resultados foram algumas de suas maiores obras: Strauss compôs "Quatro últimas canções" aos 84 anos, e Verdi compôs as óperas "Otello" e "Falstaff" aos 74 e 80 anos, respectivamente. (© Super-Stock e The Harvard Theatre Collection, Universidade de Harvard, respectivamente)

42. Perigos tradicionais: um homem subindo em uma palmeira para colher açaí no Brasil. Cair de uma árvore ou ser atingido por uma árvore que desaba constituem grandes riscos em muitas sociedades tradicionais. (USAID)

43. Perigos tradicionais: um enorme crocodilo que foi sacrificado depois de matar pessoas na Indonésia. Animais selvagens representam grandes riscos na maior parte das sociedades tradicionais. (Dr. James Garza)

44. Perigos modernos: colisões de carros são um grande risco da vida moderna. (REUTERS/Kyodo News Agency)

45. Gestão de riscos: os fundos de investimentos da Universidade de Harvard despencaram durante o desastre financeiro mundial de 2008-2009. Os gerentes de investimento de Harvard deveriam ter seguido a estratégia de gestão de riscos dos camponeses andinos, que maximizam a média de suas colheitas ao longo do tempo somente se isso for compatível com manter cada colheita anual acima de certo nível crítico de segurança. (© Sarah M. J. Welch/The Harvard Crimson)

46. Um rabdomante, pessoa que indica, por meio da rotação de uma forquilha, a presença de águas subterrâneas, a fim de localizar o melhor lugar para furar um poço. Os rabdomantes ilustram nossa tendência de recorrer a rituais em situações cujos resultados são difíceis de prever. (Robert R. Leahey, Arquivos do Estado da Flórida, Florida Memory, http://floridamemory.com/items/show/109768)

47. Língua em extinção: Sophie Borodkin (falecida em janeiro de 2008), a última falante do eyak, uma singular língua nativa americana antes falada no Alasca. (AP Photo/Don Adams)

FALANDO EM MUITAS LÍNGUAS

Rolls-Royce e a longevidade: os proprietários de Rolls-Royces vivem, em média, mais do que as pessoas que não têm um Rolls-Royce. Isso não ocorre porque a posse de um Rolls-Royce melhore, diretamente, a chance de sobrevivência, mas porque os proprietários tendem a ter grande quantidade de dinheiro que lhes permite pagar os melhores serviços de saúde, o que de fato explica sua longa expectativa de vida. No entanto, quando se trata de definir as correlações no campo da diversidade linguística, não existe ainda um acordo correspondente a respeito das reais causas subjacentes.

Os quatro aspectos ecológicos que têm mais fortes correlações com a diversidade linguística são latitude, variações climáticas, produtividade biológica e diversidade ecológica local. Em primeiro lugar, a diversidade linguística diminui a partir da linha do equador em direção aos polos: mantidas todas as outras circunstâncias, as áreas tropicais têm maior número de línguas do que áreas equivalentes em maiores latitudes. Em segundo lugar, em dada latitude a diversidade linguística diminui com as variações climáticas, quer sejam sazonais, ao longo de um ano, quer variações imprevisíveis entre anos. Por exemplo, a diversidade linguística é maior nas florestas tropicais, que são úmidas durante todo o ano, do que nas savanas tropicais, que têm maior variação entre as estações. (Esse fator de sazonalidade poderia explicar, pelo menos em parte, por meio da correlação entre latitude e sazonalidade, as maiores diversidades linguísticas dos trópicos, que têm menos variação sazonal, em comparação com as áreas de altas latitudes, com fortes variações entre as estações.) Em terceiro lugar, a diversidade linguística tende a ser mais alta em ambientes mais produtivos (como nas florestas tropicais, em comparação com os desertos), embora, novamente, pelo menos parte desse efeito possa derivar da tendência de os desertos e muitos outros ambientes improdutivos serem fortemente sazonais. Por fim, a diversidade linguística é alta em áreas com grande diversidade ecológica, e tende a ser especialmente mais alta em áreas montanhosas acidentadas do que em áreas planas.

Essas quatro relações ecológicas são apenas correlações, não explicações. As explicações subjacentes sugeridas envolvem tamanho da população humana, mobilidade e estratégias econômicas. Primeiro, a viabilidade linguística de uma comunidade aumenta com o número de pessoas que a integram: uma língua falada por apenas cinquenta pessoas é mais propensa a desaparecer, pois todos os seus falantes podem morrer ou abandoná-la, do que outra falada por 5 mil pessoas. Assim, regiões com uma produtividade biológica mais baixa (que sustentam menor número de pessoas) tendem a manter menor número de línguas e a requerer uma área maior para os falantes de cada língua. Uma população viável no Ártico ou em regiões de deserto precisa de dezenas de milhares de quilômetros quadrados para se sustentar, enquanto umas poucas centenas de quilômetros seriam mais que suficientes em áreas produtivas. Segundo, quanto mais estável seja o ambiente entre as estações e entre um ano e outro, mais autossuficiente e sedentária pode ser uma comunidade linguística dentro de uma área pequena, sem muita necessidade de se mudar periodicamente ou trocar produtos de primeira necessidade com outros povos. Finalmente, uma área ecologicamente diversificada pode sustentar muitas comunidades linguísticas diferentes, cada uma com sua própria economia de subsistência adaptada a uma ecologia local específica. Por exemplo, uma área montanhosa pode sustentar, em diferentes altitudes e diferentes hábitats, pastores da montanha, agricultores de encostas, pescadores de rios das terras baixas e pastores de savanas.

Assim, fatores ecológicos já nos mostram diferentes razões de a Nova Guiné ter um número de línguas de cinco a dez vezes maior do que o encontrado nas imensas Rússia, Canadá ou China. A Nova Guiné está a poucos graus de distância do equador, e as pessoas só estão sujeitas a ligeiras variações no clima. O contexto da Nova Guiné é úmido, fértil e produtivo. Os guineenses têm que se deslocar muito pouco, ou quase nada, entre as estações ou de um ano a outro; podem atender a todas as suas necessidades de subsistência dentro de uma pequena área; e não precisam de nenhum comércio para obter seus produtos, exceto sal, pedras para ferramentas e itens de luxo como conchas e peles. A Nova Guiné tem terreno acidentado e ecologicamente diversificado, com montanhas de até 5 mil metros de altura, rios, lagos, litorais oceânicos, savanas e

FALANDO EM MUITAS LÍNGUAS

florestas. Poderia objetar-se que a China e o Canadá têm montanhas ainda mais altas e oferecem uma gama de altitudes mais ampla do que a Nova Guiné. Mas a localização tropical da Nova Guiné significa que os guineenses podem praticar a agricultura durante todo o ano e viver em áreas com altas densidades populacionais e a 2.500 metros de altura, enquanto as altas elevações na China e no Canadá são congeladas durante o inverno e suportam apenas baixas densidades populacionais (no Tibete) ou absolutamente nenhuma presença humana.

Além desses fatores ecológicos, existem também fatores socioeconômicos e históricos que contribuem para as diferenças de diversidade linguística em todo o mundo. Um deles é que as comunidades linguísticas de caçadores-coletores consistem em um número menor de indivíduos, mas podem cobrir áreas mais amplas do que as de agricultores. Por exemplo, a Austrália aborígine tradicional era inteiramente habitada por caçadores-coletores que ocupavam uma área média de 31 mil quilômetros quadrados por língua, enquanto a vizinha Nova Guiné mantinha principalmente agricultores que ocupavam apenas 770 quilômetros quadrados por língua. Dentro da Nova Guiné indonésia, trabalhei em áreas vizinhas que continham tanto agricultores (nas terras altas centrais) quanto caçadores-coletores (nas planícies dos lagos), havendo cerca de duas dúzias de línguas para cada estilo de vida. A língua média dos caçadores-coletores tinha apenas 388 falantes, enquanto a língua média dos agricultores tinha 18.241 falantes. A principal razão para o pequeno porte das comunidades linguísticas dos caçadores-coletores é a baixa disponibilidade de alimentos, que resulta em baixas densidades populacionais humanas. Dentro do mesmo ambiente, as densidades populacionais de caçadores-coletores são de dez a cem vezes mais baixas do que as dos agricultores, porque os primeiros dispõem de muito menos alimentos e só conseguem comer uma fração mínima de espécies de plantas silvestres comestíveis, enquanto os agricultores convertem a paisagem em hortas e pomares de plantas comestíveis.

Um segundo fator socioeconômico relacionado à diversidade linguística é a organização política: a diversidade linguística decresce, e a comunidades linguísticas crescem em população e área à medida que

465

aumenta a complexidade política na passagem de bandos a Estados. Por exemplo, nos Estados Unidos de hoje, uma nação grande com uma única língua dominante de costa a costa, a população é cerca de trinta vezes maior do que era a população de todo o mundo no tempo em que a humanidade ainda estava inteiramente constituída de bandos de caçadores-coletores e tribos com milhares de línguas. O inglês como língua dominante nos Estados Unidos substituiu, em grande medida, as centenas de diferentes línguas locais que eram faladas há cinco séculos quando o que é hoje o território nacional dos Estados Unidos estava dividido entre bandos, tribos e chefaturas indígenas. Subjacente a essa tendência está o fato, discutido no Prólogo, de que, à medida que uma sociedade cresce em população, torna-se necessária uma crescente complexidade política — porque uma sociedade de poucas dezenas de pessoas pode tomar decisões em uma reunião do grupo sem precisar de um líder, mas uma sociedade de milhões requer líderes e burocratas para que possa funcionar. Os Estados expandem suas próprias línguas à custa das línguas dos grupos conquistados e incorporados. Essa expansão da língua é, em parte, uma questão de política de Estado para propósitos de administração e manutenção da unidade nacional e, em parte, uma questão de adoção espontânea da língua nacional por cidadãos em busca de oportunidades econômicas e sociais.

O último fator que veremos é o histórico, e suas várias consequências incluem as que acabei de mencionar: a redução da diversidade linguística e a crescente complexidade política. Várias regiões do mundo têm sido repetidamente esmagadas por "rolos compressores linguísticos" quando um grupo que possui alguma vantagem numérica, uma base alimentar ou tecnologias explora essas vantagens para se expandir à custa de grupos vizinhos, impondo sua própria língua na região, substituindo línguas locais até então existentes, expulsando ou matando seus falantes ou convertendo-os à língua do invasor. Os rolos compressores mais conhecidos são aqueles associados à expansão de Estados poderosos sobre povos de sociedades sem Estado. Exemplos recentes são as expansões europeias que substituíram as línguas nativas das Américas, a conquista britânica da Austrália, que substituiu as línguas aborígines, e a expansão

FALANDO EM MUITAS LÍNGUAS

da Rússia sobre os montes Urais até o oceano Pacífico, substituindo as línguas siberianas. Da mesma forma, existe comprovação e documentação histórica de antigos rolos compressores utilizados por Estados. A expansão do Império Romano sobre a bacia do Mediterrâneo e a maior parte da Europa Ocidental extinguiu o etrusco, as línguas continentais celtas e muitas outras, e a expansão do Império Inca e de seus predecessores disseminou o quéchua e o aimará pelos Andes.

Menos familiares para os não linguistas são os rolos compressores conduzidos pelas expansões de agricultores pré-letrados sobre as terras de caçadores-coletores, algo que se infere de provas linguísticas e arqueológicas, em vez de históricas. Alguns casos bem estudados são as expansões de agricultores bantos e austronésios, que substituíram, em grande medida, as antigas línguas dos caçadores-coletores na África subequatorial e nas ilhas do Sudeste Asiático, respectivamente. Esses rolos compressores também foram usados quando caçadores-coletores invadiram e superaram outros caçadores-coletores, impulsionados por avanços na tecnologia; foi esse o caso da expansão dos inuítes ocorrida há mil anos em direção ao leste, através do Ártico canadense, com base em avanços tecnológicos como os caiaques e os trenós puxados por cães.

Uma consequência desses diversos tipos de expansão histórica é que algumas regiões do mundo onde existem poucas barreiras geográficas foram repetidamente invadidas por rolos compressores linguísticos. O resultado imediato disso é uma muito baixa diversidade linguística, porque uma língua invasora elimina inteiramente a diversidade preexistente. Com o tempo, a nova língua se diferencia em dialetos locais e, depois, em línguas separadas, mas todas elas ainda intimamente relacionadas. Um estágio inicial desse processo é ilustrado pela expansão inuíte ocorrida há mil anos: todos os povos inuítes orientais, do Alasca à Groenlândia, ainda falam dialetos mutuamente inteligíveis de uma única língua. As expansões romana e banta de 2 mil anos atrás representam um estágio ligeiramente mais antigo: as várias línguas latinas (como francês, espanhol e romeno), embora muito semelhantes, já não são mutuamente inteligíveis, o que também vale para centenas de línguas bantas estreitamente relacionadas. Em um estágio ainda mais

O MUNDO ATÉ ONTEM

distante, a expansão austronésia que começou por volta de 6 mil anos gerou um milhar de línguas atuais que se classificam em oito ramos, mas ainda suficientemente semelhantes para que não se possa duvidar da relação entre elas.

Contrastando com essas áreas facilmente invadidas, que Johanna Nichols chama de "zonas de difusão linguística", estão as "zonas residuais", ou refúgios: áreas montanhosas e outras que os Estados e outros grupos de fora têm dificuldade para invadir, onde as línguas sobrevivem e se diferenciam durante muito tempo e onde, portanto, grupos linguísticos singulares sobrevivem. Exemplos famosos são as montanha do Cáucaso, que têm três peculiares famílias linguísticas e mais algumas línguas recentemente invadidas que pertencem a três outras famílias difundidas; o norte da Austrália, ao qual estão confinadas 26 das 27 famílias linguísticas dos aborígines australianos; a Califórnia indígena, com cerca de oitenta línguas classificadas entre 6 e 22 famílias, dependendo do critério; e, é claro, a Nova Guiné, com suas mil línguas classificadas em dezenas de famílias.

Assim, temos várias outras razões adicionais que contribuem para explicar por que a Nova Guiné lidera o mundo em número de línguas e de famílias linguísticas. Além das razões ecológicas previamente mencionadas — pouca variação sazonal, populações sedentárias, um ambiente produtivo que pode sustentar altas densidades populacionais humanas, e grande diversidade ecológica para sustentar muitos grupos humanos coexistentes que utilizam diferentes estratégias de sobrevivência —, temos agora alguns fatores socioeconômicos e históricos. Dentre eles está o fato de que a Nova Guiné tradicional nunca desenvolveu um governo de Estado, de modo que nunca houve um rolo compressor estatal que homogeneizasse a diversidade linguística; e, como a área montanhosa da Nova Guiné é extremamente dividida em vales irregulares, o rolo compressor que poderia ter decorrido da disseminação da agricultura nas terras altas (associada ao filo linguístico chamado Trans-Nova Guineense) não conseguiu eliminar dezenas de outros filos linguísticos guineenses mais antigos.

FALANDO EM MUITAS LÍNGUAS

Multilinguismo tradicional

É por essas razões que o mundo moderno herdou 7 mil línguas do mundo tradicional que existia até ontem, e é por isso que as comunidades linguísticas de caçadores-coletores e pequenos agricultores sem governos estatais continham números muito menores de falantes do que as sociedades de Estado modernas. E o que dizer do bilinguismo e do multilinguismo? Com que frequência encontramos sociedades tradicionais bilíngues, em comparação com a frequência com que existe o bilinguismo nas sociedades modernas?

A distinção entre bilinguismo (ou multilinguismo) e monolinguismo prova-se ainda mais difícil e mais arbitrária do que a distinção entre uma língua e um dialeto. Será que uma pessoa só deveria ser considerada bilíngue se pudesse conversar fluentemente em uma segunda língua além da sua língua materna? Deveria contar também as línguas em que pode conversar precariamente? E as línguas que alguém consegue ler, mas não fala — como o latim e o grego clássico que aqueles como eu aprenderam na escola? E as línguas que a pessoa não pode falar, mas que consegue entender quando falada por outros? As crianças que nasceram nos Estados Unidos filhas de imigrantes frequentemente podem entender a língua dos pais, mas podem não falá-la, e os guineenses muitas vezes distinguem entre línguas que podem falar e compreender e aquelas que, conforme dizem, só conseguem "escutar", mas não sabem falar. Em parte por essa falta de acordo quanto à definição de bilinguismo, carecemos de dados sobre a frequência de sua ocorrência em todo o mundo.

Ainda assim, não precisamos nos sentir impotentes e, por isso, ignorar o assunto, pois existe grande quantidade de informações incidentais e de relatos sobre o bilinguismo. A maior parte das pessoas que nascem nos Estados Unidos de pais que falam inglês é efetivamente monolíngue, por razões óbvias: temos pouca necessidade e, no caso da maior parte dos americanos, poucas oportunidades regulares de falar um segundo idioma; a maior parte dos que emigram para os Estados Unidos fala inglês; e a maior parte dos americanos que falam inglês casa-se com uma pessoa que fala inglês. A maior parte dos países europeus tem apenas uma única língua nacional oficial, e a maior parte dos que nascem na Europa de pais nativos aprende apenas a língua nacional antes de ir para a escola. No entanto, como os países europeus têm áreas muito menores e (hoje) são muito menos autossuficientes em termos econômicos, políticos e culturais do que os Estados Unidos, agora a maior parte dos europeus instruídos aprende línguas adicionais na escola durante o processo de educação formal e, com frequência, é fluente nessas línguas. Na Escandinávia, muitos vendedores em lojas de departamento usam alfinetes na lapela mostrando as bandeiras dos vários idiomas nos quais têm competência para ajudar os clientes estrangeiros. Ainda assim, esse disseminado multilinguismo na Europa é um fenômeno recente que resultou da universalização do ensino superior, da integração econômica e política pós-Segunda Guerra Mundial e da difusão da comunicação de massa em inglês. Anteriormente, o monolinguismo predominava nas nações europeias, como em outras sociedades de Estado. As razões são evidentes: as comunidades linguísticas dos Estados são muito grandes e às vezes englobam milhões de falantes; as sociedades de Estado favorecem a língua oficial para uso nos órgãos de governo, na educação, no comércio, nas forças armadas e nas atividades de lazer; e (como discutirei mais adiante) os Estados têm potentes meios intencionais e não intencionais de disseminar a língua oficial à custa de outras.

Em contraste, o multilinguismo é disseminado ou rotineiro nas sociedades tradicionais de pequena escala. Novamente, as razões são óbvias. Já vimos que as comunidades linguísticas tradicionais são pequenas (poucos milhares de falantes, ou menos) e ocupam áreas pequenas. Comunidades vizinhas contíguas em geral falam línguas diferentes. Com frequência, as pessoas encontram falantes de outras línguas e têm de interagir com elas. Para fazer trocas, negociar alianças e acesso a recursos, e (para muitos povos tradicionais) até para obter uma esposa e comunicar-se com ela é preciso ser não apenas bilíngue, mas multilíngue. Além disso, as línguas são aprendidas na infância, em casa ou socialmente, e não por instrução formal. Em minha experiência, a fluência em cinco ou mais línguas é a regra entre os guineenses

FALANDO EM MUITAS LÍNGUAS

tradicionais. Suplementarei agora essas minhas impressões pessoais sobre a Nova Guiné com breves relatos de dois continentes: a Austrália aborígine e a América do Sul tropical.

A Austrália aborígine era ocupada por cerca de 250 grupos linguísticos diferentes, todos eles subsistindo da caça-coleta, com uma média de cerca de mil falantes por língua. Todos os relatos confiáveis descrevem a maior parte dos aborígines como falando pelo menos duas línguas, e a maior parte desses como sabendo muitas línguas. Um dos estudos foi realizado pelo antropólogo Peter Sutton na área de Cape Keerweer, na península de Cape York, onde a população local de 683 pessoas estava dividida em 21 clãs, cada um com uma forma diferente de linguagem; havia uma média de 33 pessoas por clã. As formas de linguagem foram classificadas em cinco línguas e sete dialetos, de modo que o número médio de falantes é de 53 para cada forma de linguagem, ou 140 por língua. Os aborígines tradicionais na área falavam ou compreendiam pelo menos cinco línguas ou dialetos diferentes. Em parte porque as comunidades linguísticas são tão minúsculas, e em parte pela preferência pela exogamia linguística (casar-se com alguém cuja língua original é diferente da sua), 60% dos casamentos são entre parceiros que falam línguas diferentes, outros 16% são entre falantes de diferentes dialetos de uma mesma língua e apenas 24% ocorrem dentro do mesmo dialeto. Isso acontece a despeito do fato de que clãs vizinhos tendem a ser linguisticamente semelhantes e de que a mera proximidade deveria levar a casamentos dentro do mesmo dialeto, não fosse a preferência de buscar parceiros geográfica e linguisticamente mais afastados.

Dado que muitos grupos sociais em Cape Keerweer envolvem falantes de línguas diferentes, em geral as conversas são multilíngues. É habitual iniciar uma conversa na língua ou no dialeto da pessoa com quem se fala ou (se você for um visitante) na língua do acampamento que o está recebendo. Depois a pessoa de fora pode passar a falar a sua própria língua, enquanto os parceiros respondem nas deles; ou você pode falar com cada pessoa usando uma língua diferente, e sua escolha da língua indica a quem você está se dirigindo naquele momento. Você também pode mudar de língua em função da mensagem implícita que quiser passar: a escolha de determinada língua significa "Você e eu não temos nenhuma rixa"; a de outra significa "Eu sou uma pessoa boa e sei me comportar socialmente", e outra significa "Eu o insultarei, falando com você de forma desrespeitosa". É provável que esse multilinguismo fosse rotineiro no passado dos caçadores-coletores, assim como é ainda hoje em áreas tradicionais da Nova Guiné, e pelas mesmas razões subjacentes: minúsculas comunidades linguísticas, frequente exogamia linguística, e encontros e conversas diárias com falantes de outras línguas.

O outro par de estudos, feitos por Arthur Sorensen e Jean Jackson, é sobre a área do rio Vaupés na fronteira entre Colômbia e Brasil, no noroeste da Bacia Amazônica. Cerca de 10 mil índios, falando 21 línguas diferentes de quatro famílias linguísticas diferentes, são culturalmente semelhantes, pois se sustentam com agricultura, pesca e caça e vivem ao longo dos rios de florestas tropicais. Como no caso dos aborígines de Cape Keerweer, os índios do rio Vaupés são linguisticamente exo-gâmicos, mas de forma muito mais estrita: em mais de mil casamentos estudados por Jackson, apenas um talvez tenha sido entre pessoas de um mesmo grupo linguístico. Enquanto os rapazes permanecem com os pais na cabana onde cresceram, as jovens se casam com homens de outro grupo linguístico e se mudam para a cabana do marido depois de casadas. Uma dada cabana contém mulheres casadas originárias de diferentes grupos linguísticos — três, no caso da cabana estudada intensivamente por Sorensen. Todas as crianças aprendem a língua do pai e da mãe desde que nascem, e então aprendem as línguas das outras mulheres na cabana. Assim, todas as pessoas na cabana sabem as qua-tro línguas (a do homem e a de cada uma das três mulheres), e a maior parte também aprende algumas outras línguas com visitantes. Só depois de conhecerem bem uma língua os índios do rio Vaupés começam a falar, tendo primeiro escutado e adquirido passivamente vocabulário e pronúncia. Eles mantêm as línguas cuidadosamente separadas e se esforçam para pronunciar cada uma delas corretamente. Disseram a Sorensen que levavam de um a dois anos para aprender uma nova língua fluentemente. Dá-se grande valor à fala correta, e deixar que palavras de outras línguas se insinuem na conversa é considerado vexaminoso.

FALANDO EM MUITAS LÍNGUAS

Esses casos de sociedades de pequena escala em dois continentes e na Nova Guiné sugerem que o multilinguismo adquirido socialmente era rotina em nosso passado, e que o monolinguismo ou o multilinguismo aprendido em escolas nas modernas sociedades de Estado são um fenômeno novo. Mas essa generalização é apenas experimental e está sujeita a limitações. O monolinguismo pode haver caracterizado sociedades pequenas em algumas áreas de baixa diversidade linguística ou de recentes expansões linguísticas, como nas grandes altitudes ou entre os inuítes ao leste do Alasca. A generalização continua a se basear em casos e em suposições relativas a comunidades linguísticas tradicionalmente pequenas. É necessário realizar pesquisas sistemáticas, empregando alguma definição padronizada de multilinguismo, para dar a essa conclusão uma base mais sólida.

Benefícios do bilinguismo

Perguntemos agora se o multilinguismo ou o bilinguismo tradicionais produzem benefícios visíveis, danos visíveis, ou nenhum dos dois a indivíduos bilíngues, quando comparados a indivíduos monolíngues. Descreverei algumas fascinantes vantagens práticas do bilinguismo, recentemente descobertas, que podem ser mais convincentes do que a afirmação corriqueira de que aprender uma língua estrangeira enriquece sua vida. Discutirei aqui apenas os efeitos do bilinguismo para indivíduos; adiarei para outra seção a questão correspondente sobre se seria bom ou mau para uma sociedade como um todo.

Entre os países industriais modernos, o bilinguismo é um tema de debate especialmente nos Estados Unidos, que, há mais de 250 anos, vem incorporando à sua população uma grande parcela de imigrantes de fala não inglesa. Uma opinião frequentemente expressa nos Estados Unidos é de que o bilinguismo é prejudicial, especialmente para filhos de imigrantes, que teriam dificuldade de transitar na cultura predominantemente anglófona dos Estados Unidos e que estariam em situação mais favorável se não falassem a língua dos pais. Essa opinião é amplamente sustentada não apenas por pessoas que nasceram nos Estados Unidos, mas também pela primeira geração de pais imigrantes. Por exemplo, meus avós e os pais de minha mulher diligentemente evitavam conversar na presença dos filhos em iídiche e polonês, respectivamente, para garantir que as crianças só aprendessem inglês. Além disso, essa ideia é reforçada, entre os americanos nativos, pelo medo e pela suspeita de coisas estrangeiras, incluindo línguas estrangeiras; pela preocupação dos pais, tanto nativos quanto imigrantes, de que a exposição simultânea a dois idiomas possa confundir as crianças; e pela crença de que as crianças dominariam mais rapidamente o idioma se fossem expostas a apenas um. Esse argumento expressa uma preocupação legítima: uma criança aprendendo duas línguas deve aprender o dobro de sons da fala, de palavras e estruturas gramaticais; a criança bilíngue tem apenas a metade do tempo para dedicar a cada língua; e, assim, a criança bilíngue (teme-se) pode acabar falando mal as duas línguas, em vez de aprender a falar bem uma delas.

De fato, estudos realizados nos Estados Unidos, na Irlanda e no País de Gales na década de 1960 relatam que crianças bilíngues tinham significativa desvantagem linguística quando comparadas a crianças monolíngues, alcançavam o domínio da língua mais lentamente e acabavam com vocabulários menores nas duas línguas. Mas, no final, percebeu-se que essa interpretação ficava comprometida quando se analisavam outras variáveis correlacionadas com o bilinguismo contidas nesses estudos. Nos Estados Unidos, mais do que em outros países, o bilinguismo é associado à pobreza. Quando crianças americanas bilíngues eram comparadas com crianças americanas que só falavam inglês, estas últimas tendiam a ser de comunidades mais abastadas, frequentar melhores escolas e ter pais mais instruídos e mais ricos, com níveis ocupacionais mais elevados e vocabulários mais amplos. Esses fatores correlacionados ao bilinguismo talvez já bastassem para explicar o talento linguístico mais limitado das crianças bilíngues.

Estudos mais recentes realizados nos Estados Unidos, Canadá e Europa controlam essas variáveis, comparando crianças bilíngues e monolíngues que frequentam a mesma escola e cujos pais têm status

FALANDO EM MUITAS LÍNGUAS

socioeconômico semelhante. Descobriu-se que as crianças bilíngues e as monolíngues iguais a elas em outros aspectos ultrapassavam os marcos de aquisição de linguagem (ou seja, a idade em que dizem a primeira palavra, a primeira frase e adquirem um vocabulário de cinquenta palavras) na mesma idade. Dependendo do estudo, tanto as bilíngues quanto as monolíngues resultaram em adultos com vocabulários basicamente do mesmo tamanho e com as mesmas taxas de recuperação de palavras; em alguns casos, as crianças monolíngues ficavam com uma ligeira vantagem (um vocabulário até 10% maior na única língua que falavam). No entanto, seria equivocado resumir esse resultado dizendo, "As crianças monolíngues ficam com um vocabulário ligeiramente maior: 3.300 palavras, em comparação com as apenas 3 mil palavras das bilíngues". Na verdade, o resultado é: "Crianças bilíngues ficam com um vocabulário muito maior: um total de 6 mil palavras, sendo 3 mil em inglês e outras 3 mil em chinês, em vez de 3.300 palavras em inglês e nenhuma em chinês."

Até hoje, nenhum estudo demonstrou diferenças cognitivas generalizadas entre pessoas bilíngues e monolíngues. Não é verdade que um grupo seja, na média, mais inteligente ou pense mais rapidamente do que o outro. Em vez disso, parece haver diferenças específicas, como (talvez) uma maior rapidez no acesso mental a palavras e na atribuição de nome a objetos entre os monolíngues (porque não têm o problema de selecionar entre diferentes nomes, todos eles corretos, mas em línguas diferentes com as quais têm familiaridade). Entre essas diferenças específicas, a mais consistentemente estabelecida até agora envolve o que os cientistas cognitivos designam como "função executiva", e esta diferença favorece os bilíngues.

Para compreender o significado da função executiva, imagine uma pessoa fazendo qualquer coisa — atravessando uma rua, por exemplo. Pense que somos constantemente bombardeados por informações sensoriais de muitas modalidades, incluindo visão, som, cheiro, toque e sabor, além de nossos próprios pensamentos. Os sentidos do pedestre são inundados pela visão dos outdoors e das nuvens que passam, pelos sons de gente falando e pássaros cantando, pelos cheiros da cidade, a sensação de seus pés tocando o chão e de seus braços balançando ao lado do corpo, e pensamentos daquilo que a esposa lhe disse durante o café naquela manhã. Quando vai atravessar a rua, no entanto, sua sobrevivência depende de ele se concentrar na visão e nos sons de carros que se aproximam a diferentes velocidades vindos das duas direções, e de ele sentir seu pé descendo do meio-fio. Ou seja: para fazermos qualquer coisa na vida, precisamos inibir 99% das informações sensoriais e dos pensamentos e prestar atenção ao 1% de *inputs* relevantes para a tarefa sendo realizada naquele momento específico. Acredita-se que esse processo cerebral, a função executiva, também conhecida como controle cognitivo, resida na área do córtex pré-frontal do cérebro. É ela que nos permite prestar atenção seletiva, evitar distrações, concentrar na solução de um problema, mudar de uma tarefa para outra, e acessar e usar a palavra ou a informação necessárias no momento, selecionando-as de nosso imenso estoque de palavras e informações. Ou seja, o controle executivo é algo realmente muito importante: é crucial para que funcionemos de maneira competente. Nas crianças, o controle executivo se desenvolve especialmente durante os primeiros cinco anos de vida, aproximadamente.

Os bilíngues têm um complicador específico nesse aspecto. Os monolíngues, quando ouvem uma palavra, comparam-na com seu único estoque de palavras, e quando pronunciam uma palavra, também recuperam-na de um único estoque. Mas os bilíngues precisam manter as línguas separadas. Cada vez que ouvem uma palavra pronunciada, precisam saber de imediato qual o conjunto de regras arbitrárias que usarão para interpretar o significado daqueles sons. Por exemplo: bilíngues que falam espanhol e italiano aprenderam que o som *b-u-rr-o* significa "asno" em espanhol, mas "manteiga" em italiano. Cada vez que um bilíngue deseja dizer algo, tem de convocar as palavras da língua sendo usada naquela conversa, e não de sua outra língua. Pessoas multilíngues que participam de um grupo de conversa bilíngue, ou os vendedores de lojas na Escandinávia, precisam saltar constantemente de um conjunto para outro dessas regras arbitrárias, e numa fração de segundo.

A importância do controle executivo para pessoas multilíngues ficou clara para mim durante um constrangedor equívoco que cometi. Quan-

FALANDO EM MUITAS LÍNGUAS

do fui trabalhar na Indonésia em 1979 e comecei a aprender o indonésio, já havia vivido por longos períodos na Alemanha, no Peru, na Papua Nova Guiné e já falava confortavelmente alemão, espanhol e tok pisin sem confundir essas línguas uma com a outra ou com o inglês. Também havia aprendido alguns outros idiomas (especialmente o russo), mas nunca vivi em seus países tempo suficiente para ganhar fluência. No início, quando comecei a conversar com amigos indonésios, fiquei perplexo ao descobrir que minha intenção de pronunciar uma palavra indonésia muitas vezes resultava em uma palavra russa com o mesmo significado, embora não haja nenhum parentesco entre o indonésio e o russo! Evidentemente, eu havia aprendido a separar inglês, alemão, espanhol e tok pisin em quatro escaninhos bem controlados, mas ainda ficara com um quinto escaninho chamado "outros idiomas que não o inglês, o espanhol, o alemão ou o tok pisin". Somente depois de mais algum tempo na Indonésia eu consegui inibir o estoque de palavras russas que ficavam à espreita em minha mente, fora do meu controle, e prontas para se infiltrar em minhas conversas em indonésio.

Em suma, pessoas bilíngues ou multilíngues praticam constantemente, de forma inconsciente, o uso do controle executivo. São forçadas a praticá-lo sempre que conversam, pensam ou ouvem outras pessoas conversando — ou seja, o tempo todo em que estão acordadas. E sabemos que nos esportes, na manifestação artística e em outras áreas da vida as habilidades se aperfeiçoam com a prática. Mas quais as habilidades que a prática do bilinguismo aprimora? Será que o bilinguismo meramente desenvolve as habilidades específicas das pessoas bilíngues de mudarem de uma língua para outra, ou terá uma utilidade mais ampla para elas?

Estudos recentes conceberam testes para explorar essa questão comparando o processo de solução de problemas em pessoas bilíngues e monolíngues com idades entre três e oitenta anos. A conclusão geral é que os bilíngues de todas as idades têm apenas uma vantagem para resolver um tipo específico de problema. Mas é um problema específico muito amplo: realizar tarefas que são confusas porque as regras mudam imprevisivelmente ou porque há pistas enganadoras e irrelevantes, mas flagrantemente óbvias, que devem ser ignoradas. Um exemplo: as crianças recebem uma série de cartões que mostram um coelho ou uma canoa vermelhos ou azuis, e que têm ou não uma estrela dourada. Se a estrela dourada estiver presente, a criança deve se lembrar de separar os cartões por cor; se não houver uma estrela dourada, a criança deve se lembrar de separar os cartões pelo tipo de objeto que contêm. Nesses experimentos, as pessoas monolíngues e bilíngues são igualmente bem-sucedidas nas tarefas, desde que as regras permaneçam as mesmas a cada rodada (tal como "separe por cor"), mas as monolíngues têm muito mais dificuldade de se acomodar a uma mudança de regras.

Em outro tipo de teste, as crianças sentam-se em frente a um monitor no qual subitamente surge e desaparece um quadrado vermelho do lado esquerdo da tela ou um quadrado azul do lado direito. O teclado abaixo do monitor inclui uma tecla vermelha e uma tecla azul, e a criança deve pressionar a tecla da mesma cor do quadrado que aparece na tela. Se a tecla vermelha estiver no lado esquerdo do teclado, e a azul à direita — ou seja, na mesma posição relativa dos quadrados da mesma cor na tela —, então as bilíngues e as monolíngues se saem igualmente bem. Mas se as posições das teclas forem invertidas para criar confusão, já não correspondendo às cores dos quadrados que aparecem na tela naquela posição, então as crianças bilíngues têm melhor desempenho do que as monolíngues.

Inicialmente, esperava-se que essa vantagem dos bilíngues em testes que envolviam mudanças de regras ou informações confusas se aplicasse apenas a tarefas que envolvessem questões verbais. No entanto, a vantagem revelou-se mais ampla, aplicando-se também a questões não verbais de espaço, cor e quantidade (como nos dois exemplos que acabei de descrever). Mas dificilmente isso significa que os bilíngues sejam melhores do que os monolíngues em tudo: os dois grupos tendem a se sair igualmente bem em tarefas nas quais não têm de observar regras imprevistas e que não deem pistas confusas que devam ser ignoradas. No entanto, a vida é cheia de informações confusas e regras cambiantes. Se a vantagem dos bilíngues sobre os monolíngues nesses jogos triviais também se aplicar à abundância de situações confusas ou mutáveis da vida real, isso sinalizaria uma vantagem significativa para os bilíngues.

FALANDO EM MUITAS LÍNGUAS

Recentemente, uma interessante ampliação desses testes comparativos foi feita com bebês. Poderíamos imaginar que não faria sentido ou que seria impossível testar "bebês bilíngues": os bebês não podem falar nenhuma língua, não podem ser descritos como bilíngues ou monolíngues e não se pode pedir a eles que selecionem cartões ou pressionem teclas. Mas, na realidade, muito tempo antes de aprenderem a falar os bebês desenvolvem a capacidade de diferenciar as falas que ouvem. O poder de diferenciação dos bebês foi testado observando se eles podiam aprender a se orientar de modo diferente quando ouvissem dois sons diferentes. Constatou-se que recém-nascidos que não tiveram nenhuma exposição a nenhuma língua podem diferenciar muitas vogais e consoantes usadas em alguma língua do mundo, seja ou não a sua língua "nativa" (que só ouviram quando estavam no útero da mãe). Ao longo do primeiro ano de vida, à medida que ouvem pessoas falando, eles perdem essa capacidade inicial de distinguir diferentes sons de línguas não nativas que não estão sendo faladas pelas pessoas à sua volta, e aguçam a capacidade de distinguir os diferentes sons de sua língua nativa. Por exemplo, a língua inglesa diferencia as duas consoantes *l* e *r*, mas a língua japonesa não as distingue. É por isso que as pessoas que têm o japonês como língua nativa parecem estar pronunciando errado algumas palavras quando falam em inglês: em vez de "*lots of luck*", falam "*rots of ruck*". No caso inverso, a língua japonesa discrimina vogais curtas e longas, que não são usadas no inglês. No entanto, bebês japoneses recém-nascidos podem distinguir *l* e *r*, e bebês ingleses recém-nascidos podem distinguir vogais curtas e longas, mas todos eles perdem essa capacidade durante o primeiro ano de vida porque essa distinção não tem nenhum significado para eles.

Estudos recentes têm trabalhado com os chamados "bilíngues de berço", ou seja, bebês cuja mãe e cujo pai têm diferentes línguas nativas, mas que decidiram que cada um falaria com o bebê em sua própria língua nativa desde o primeiro dia para que a criança crescesse ouvindo duas línguas, em vez de apenas uma. Será que os bilíngues de berço já ganham mais vantagens do que os monolíngues em termos de melhor desempenho da função executiva, fazendo com que lidem melhor com regras cambiantes e informações confusas (algo constatado com crianças que já sabiam falar)? E como seria possível testar a função executiva em um bebê pré-verbal?

Um engenhoso estudo realizado recentemente pelos cientistas Ágnes Kovács e Jacques Mehler em Trieste, na Itália, com bebês de sete meses comparou os "monolíngues" (expostos apenas ao italiano) e os "bilíngues de berço" (expostos ao italiano e também a uma outra língua — esloveno, espanhol, inglês, árabe, dinamarquês, francês ou russo). Os bebês foram treinados, condicionados e recompensados pelo comportamento certo. Mostrava-se a eles uma imagem divertida de um boneco que saltava no lado esquerdo da tela de um computador, e eles aprenderam a olhar na direção do boneco e, claramente, a se divertir com isso. O teste consistia em pronunciar para o bebê uma sequência de três sílabas sem sentido com a estrutura AAB, ABA ou ABB: *lo-lo-vu*, *lo-vu-lo* ou *lo-vu-vu*. Somente com uma dessas três estruturas (*lo-lo-vu*) o bonequinho aparecia na tela. Depois de seis tentativas, ao ouvir o som *lo-lo-vu* tanto os bebês "monolíngues" quanto os "bilíngues" aprenderam a olhar para o lado esquerdo da tela antecipando o surgimento do bonequinho. Em seguida a pessoa que dirigia a experiência mudou as regras e fez com que o boneco aparecesse do lado direito da tela, em resposta não ao som *lo-lo-vu*, mas ao som *lo-vu-lo*. Depois de seis tentativas, os bebês "bilíngues" haviam desaprendido a lição anterior e aprendido a nova resposta certa, mas os "monolíngues", mesmo depois de dez tentativas, continuavam olhando para o lado errado da tela (o esquerdo) ao ouvir o novo som (*lo-vu-lo*).

A doença de Alzheimer

A partir desses resultados, podemos extrapolar e especular que os bilíngues podem ter uma vantagem em relação aos monolíngues para transitar em nosso confuso mundo de regras cambiantes, e não apenas para realizar tarefas triviais de distinguir *lo-lo-vu* de *lo-vu-lo*. No entanto, os leitores provavelmente pedirão provas de benefícios mais

FALANDO EM MUITAS LÍNGUAS

tangíveis antes de se comprometerem a tagarelar consistentemente em duas línguas com os filhos pequenos e os netos. É por isso que vocês estarão muito mais interessados em aprender sobre as vantagens constatadas do bilinguismo para os que se encontram no extremo oposto do ciclo de vida: a velhice, quando a devastadora tragédia da doença de Alzheimer e outras demências senis aguardam tantos de nós.

A doença de Alzheimer é a forma mais comum de demência na velhice, afetando cerca de 5% das pessoas acima de 75 anos e 17% das que têm mais de 85 anos. Começa com esquecimentos e com o declínio da memória recente, e procede de forma irreversível e incurável até a morte, dentro de cinco a dez anos. A doença está associada a lesões no cérebro (detectadas por necropsia ou, durante a vida, por ressonância magnética), inclusive encolhimento do cérebro e acúmulo de determinadas proteínas. Até o momento, todos os tratamentos com remédios e vacinas têm falhado. Pessoas com vidas estimulantes, tanto mental quanto fisicamente — mais cultura, trabalhos mais complexos, atividades sociais e de lazer estimulantes, e mais exercício físico — sofrem taxas menores de demência. No entanto, o longo período de latência, que chega a vinte anos e vai desde o começo do aumento da proteína até o surgimento dos sintomas do Alzheimer, levanta questões de causa e efeito a respeito da interpretação dessas conclusões relativas a vidas estimulantes: será que a estimulação realmente reduz os sintomas do Alzheimer, ou será que aqueles indivíduos foram capazes de viver vidas estimulantes exatamente porque não estavam sofrendo com os primeiros estágios do acúmulo de proteína, ou porque suas vantagens genéticas também os protegiam da doença? Na esperança de que uma vida estimulante possa ser uma causa, e não um resultado da redução dos processos da doença, as pessoas idosas, com receio de desenvolver o Alzheimer, às vezes são instadas a jogar bridge, se entreter com jogos desafiadores na internet ou resolver sudokus.

Resultados intrigantes obtidos nos últimos anos sugerem que pessoas que foram bilíngues durante toda a vida se beneficiam de um efeito protetor contra sintomas de Alzheimer. Entre quatrocentos pacientes estudados em clínicas de Toronto, no Canadá, a maior parte deles em seus setenta anos e com um provável diagnóstico de Alzheimer (ou outras demências, em alguns casos), os bilíngues mostraram seus primeiros sintomas quando eram uns quatro ou cinco anos mais velhos do que os monolíngues. Como a expectativa de vida no Canadá é de 79 anos, uma prorrogação de 4-5 anos para pessoas entre 70 e 79 anos se traduz em uma redução de 47% na probabilidade de que desenvolverão qualquer sintoma de Alzheimer antes de morrer. Os grupos de pacientes bilíngues e monolíngues foram padronizados em termos de status ocupacional, mas os bilíngues tinham, em média, níveis *mais baixos* (e não mais altos) de instrução. Como a educação está associada a uma menor incidência dos sintomas de Alzheimer, isso significa que diferenças na educação não poderiam explicar a menor incidência de sintomas nos pacientes bilíngues: apresentavam baixa incidência *apesar* de terem recebido menos instrução. Uma conclusão ainda mais intrigante foi que, para dado nível de dano cognitivo, os pacientes bilíngues tinham *mais* atrofias cerebrais reveladas pelos exames de ressonância do que os monolíngues. Em outras palavras, os pacientes bilíngues sofriam menos deficiência cognitiva do que os monolíngues com o mesmo grau de atrofia cerebral: o bilinguismo oferece proteção parcial contra as consequências da atrofia cerebral.

A proteção propiciada pelo bilinguismo não suscita as mesmas incertezas de interpretação (de causa *versus* efeito) levantadas pela aparente proteção oferecida pela instrução e por atividades sociais estimulantes. Pois o fato de alguém se tornar bilíngue é determinado no início da infância, décadas antes que se desenvolvam as primeiras lesões cerebrais, e não depende dos genes da pessoa. A maior parte dos que falam duas línguas tornou-se bilíngue não por qualquer decisão própria ou por determinação genética, mas pelo fato fortuito de ter crescido em uma sociedade bilíngue ou de os pais terem emigrado de sua terra natal para um local em que se falava uma língua diferente. Daí que os reduzidos sintomas de Alzheimer nos bilíngues surgiram que o próprio bilinguismo protege contra os sintomas de Alzheimer.

Como pode ser isso? Uma resposta curta é o aforismo "Use ou perca". No caso de quase todos os sistemas corporais, o exercício melhora a

FALANDO EM MUITAS LÍNGUAS

função; quando se deixa de exercitá-los, a função deteriora. É por essa razão que os atletas e artistas praticam. É também por essa razão que os pacientes com Alzheimer são encorajados a jogar bridge ou jogos online, ou a resolver quebra-cabeças. Mas o bilinguismo é a prática mais constante possível para o cérebro. Um fanático jogador de bridge ou um adepto do sudoku só podem se dedicar a essas atividades durante uma pequena fração do dia, enquanto as pessoas bilíngues impõem um exercício extra ao cérebro durante todo o tempo em que estão acordadas. Consciente ou inconscientemente, seus cérebros estão constantemente tendo que decidir "Devo falar, pensar ou interpretar os sons que me são falados de acordo com as regras arbitrárias da língua A ou da língua B?"

Os leitores partilharão meu interesse pessoal em algumas questões adicionais não respondidas, mas óbvias. Se uma língua a mais oferece alguma proteção, será que duas línguas oferecerão mais proteção? Se assim for, a proteção aumenta na proporção direta do número de línguas? Mais acentuadamente, ou menos? Por exemplo, se pessoas bilíngues conseguem quatro anos de proteção com uma língua extra, será que um guineense, um aborígine australiano, um índio do rio Vaupés ou um atendente em uma loja na Escandinávia que fala cinco línguas (quatro, além da original) ainda conseguem apenas quatro anos de proteção, ou serão $4 \times 4 = 16$ anos? Mas, se malabarismos com quatro línguas adicionais requerem muito mais do que quatro vezes o esforço de lidar com apenas uma língua extra, será que essas pessoas conseguiriam cinquenta anos de proteção? E se você teve o azar de não ter sido criado por seus pais como bilíngue desde a hora em que nasceu, e se não aprendeu uma segunda língua até os 14 anos, teria alguma chance de ficar no mesmo nível dos bilíngues de berço, em termos dos benefícios obtidos? Essas duas questões serão de interesse teórico para os linguistas e de interesse prático para os pais que se perguntam sobre a melhor maneira de educar os filhos. Tudo isso sugere que o bilinguismo ou o multilinguismo poderiam ter grandes vantagens práticas para indivíduos bilíngues, muito além das vantagens menos práticas de propiciar uma vida culturalmente enriquecida, e independentemente de se a diversidade cultural é algo bom ou ruim para o mundo como um todo.

Línguas em extinção

As 7 mil línguas do mundo apresentam enorme diversidade em uma ampla gama de aspectos. Por exemplo, quando eu estava pesquisando pássaros na selva em torno de uma aldeia do povo rotokas nas montanhas da ilha de Bougainville, no Pacífico, o guia local ia indicando o nome de cada pássaro na língua rotokas. Subitamente, ele exclamou "*Kópipi!*", e apontou para um pássaro cujo canto era o mais belo de todos que eu já ouvira. Eram assobios, trinados e gorjeios em tons cristalinos, agrupados em frases sonoras de duas ou três notas lentamente ascendentes, cada frase diferente da anterior e produzindo um efeito semelhante a uma das músicas desconcertantemente simples de Franz Schubert. O pássaro era de uma espécie com pernas compridas e asas curtas até então desconhecida da ciência ocidental. Enquanto eu falava com o guia, gradualmente percebi que a música das montanhas de Bougainville incluía não apenas o canto do kópipi, mas também o som da língua rotokas. Meu guia indicava os nomes dos pássaros que íamos encontrando: *kópipi, kurupi, vokupi, kopikau, kororo, keravo, kurue, vikuroi...* As únicas consoantes desses nomes eram *k, p, r, v.* Mais tarde, aprendi que a língua rotokas tem apenas seis sons consonantais (esses quatro e mais *t* e *s*) e o menor alfabeto dentre todos os conhecidos no mundo. O inglês, em comparação, tem 24, enquanto a agora extinta língua ubykh, que era falada na Turquia, tinha cerca de oitenta. De alguma forma, o povo rotokas, vivendo em uma floresta tropical na mais alta montanha do sudoeste do oceano Pacífico a leste da Nova Guiné, conseguiu construir um rico vocabulário e comunicar-se claramente utilizando o menor número de sons básicos em todo o mundo.

Mas a música dessa língua está agora desaparecendo das montanhas de Bougainville, e do mundo. A língua rotokas é apenas uma das 18 línguas faladas em uma ilha com 9.300 quilômetros quadrados. No último levantamento, era falada por apenas 4.320 pessoas e este número está declinando. Com seu desaparecimento, um experimento de 30 mil anos em comunicação humana e desenvolvimento cultural chegará ao fim. Esse desaparecimento é um exemplo da tragédia iminente de

FALANDO EM MUITAS LÍNGUAS

perda não apenas da língua rotokas, mas da maior parte das outras línguas do mundo. Só agora os linguistas estão começando a perceber a gravidade da situação, a calcular a taxa global de perda de línguas e a debater o que fazer a respeito. Se a taxa atual continuar, até o ano 2100 quase todas as línguas que existem hoje estarão extintas ou serão línguas moribundas, faladas apenas por pessoas mais velhas e já não transmitidas de pais para filhos.

Obviamente, a extinção de línguas não é um fenômeno que começou há apenas setenta anos. Com base em antigos registros escritos, e pelo que inferimos pelas distribuições de línguas e povos, sabemos que as línguas vêm se extinguindo há milhares de anos. A partir de autores romanos e de fragmentos de escritas em monumentos antigos e em moedas encontrados no território do antigo Império Romano, sabemos que o latim substituiu as línguas celtas antes faladas na França e na Espanha e, na própria Itália, substituiu o etrusco, o úmbrio, o osco, o falisco e outras línguas. Antigos textos sumérios, hurrianos e hititas preservados atestam a existência de línguas hoje desaparecidas que foram faladas há diversos milhares de anos no Crescente Fértil. A disseminação do tronco linguístico indo-europeu pela Europa ocidental, iniciada nos últimos 9 mil anos, eliminou todas as línguas originais da Europa, exceto o basco, falado nos Pireneus. Podemos inferir que os pigmeus africanos, os caçadores-coletores das Filipinas e da Indonésia e o povo japonês antigo falavam línguas hoje desaparecidas que foram substituídas, respectivamente, pelas línguas bantas, pelas austronésias e pelo japonês moderno. Um número muito maior de línguas certamente desapareceu sem deixar vestígio.

A despeito de todas as provas sobre extinções de línguas no passado, as extinções modernas são diferentes porque ocorrem a uma taxa muito mais elevada. As extinções dos últimos 10 mil anos nos deixaram com 7 mil línguas, mas as extinções no próximo século, ou por volta disso, nos deixarão com apenas algumas centenas. Essa taxa sem precedentes de extinção de línguas deve-se às influências homogeneizantes da disseminação da globalização e de governos de Estado em todo o mundo.

Como ilustração do destino de muitas línguas, considere as vinte línguas inuítes e indígenas do Alasca. A língua eyak, antes falada por algumas centenas de indígenas no litoral sul do Alasca, era falada em 1982 por apenas duas nativas, Marie Smith Jones e sua irmã Sophie Borodkin (imagem 47). Seus filhos falavam apenas inglês. Com a morte de Sophie em 1992, aos oitenta anos, e com a morte de Marie em 2008, aos 93 anos, o mundo linguístico do povo eyak mergulhou em seu silêncio derradeiro. Dezessete outras línguas nativas do Alasca, quase todas com menos de mil falantes hoje, estão moribundas, no sentido de que nenhuma criança as está aprendendo. Embora ainda sejam faladas por pessoas mais velhas, terão o mesmo fim do eyak quando esses últimos falantes morrerem. Isso nos deixa com apenas duas línguas nativas do Alasca que ainda estão sendo aprendidas por crianças e, portanto, ainda não estão condenadas: o iúpique siberiano, com mil falantes, e o iúpique central, com um total de 10 mil falantes.

Nas monografias que resumem o status atual das línguas, encontramos os mesmos tipos de frases monotonamente repetidas. "Ubykh [aquela língua turca com oitenta consoantes] — (...) o último falante fluente, Tevfik Esen, de Haci Osman, morreu em Istambul em outubro de 1992. Há um século, a língua era falada por 50 mil pessoas nos vales do Cáucaso a leste do mar Negro." "Cupeño [uma língua indígena da Califórnia do sul] — (...) nove falantes em uma população de 150 pessoas (...), todas com mais de cinquenta anos (...) quase extinto." "Yámana [uma língua indígena antes falada no sul do Chile e da Argentina] — (...) três mulheres falantes [no Chile] que se casaram com espanhóis e criaram seus filhos falando apenas espanhol [...] Extinto na Argentina."

O grau de risco de extinção das línguas varia em todo o mundo. O continente que se encontra em situação mais desesperadora em termos linguísticos é a Austrália aborígine, onde originalmente eram faladas cerca de 250 línguas, todas com menos de 5 mil falantes. Hoje, a metade dessas línguas australianas já se encontra extinta; a maior parte das sobreviventes tem menos de cem falantes; menos de vinte delas ainda estão sendo ensinadas a crianças; e apenas algumas poucas têm probabilidade de ainda estarem sendo faladas até o final do século XXI.

Quase tão desesperador é o drama das línguas nativas das Américas. Dentre as centenas de línguas nativas da América do Norte, um terço já está extinto, outro terço tem apenas uns poucos falantes idosos, e apenas duas (navajo e iúpique esquimó) ainda são usadas para transmissão em estações de rádio locais — um sinal inequívoco de problemas, neste mundo de comunicações de massa. Entre os milhares de línguas nativas originalmente faladas na América Central e na América do Sul, a única com um futuro seguro é o guarani, que, com o espanhol, é a língua nacional do Paraguai. O único continente com centenas de línguas nativas que ainda não se encontra em uma situação difícil é a África, onde a maior parte das línguas nativas sobreviventes tem dezenas de milhares de falantes, ou até milhões, e onde as populações de pequenos agricultores fixados à terra parecem estar atualmente se aferrando às suas línguas.

Como as línguas desaparecem

Como as línguas são extintas? Assim como há várias formas de matar uma pessoa — um golpe rápido na cabeça, um lento estrangulamento, ou negligência prolongada —, também há diferentes formas de erradicar uma língua. A mais direta é matando quase todos os seus falantes. Foi assim que os californianos brancos eliminaram a língua do último índio "selvagem" dos Estados Unidos, um homem chamado Ishi (imagem 29) que pertencia à tribo yahi, com cerca de quatrocentas pessoas, que vivia perto do monte Lassen. Em uma série de massacres entre 1853 e 1870, depois que a corrida do ouro havia trazido hordas de colonos europeus para a Califórnia, esses colonos mataram quase todos os yahis; apenas Ishi e sua família, e depois somente ele, sobreviveram em um esconderijo até 1911. No início da década de 1800, os colonos ingleses eliminaram todas as línguas nativas da Tasmânia, matando ou capturando a maior parte dos tasmanianos — e recebendo uma recompensa de cinco libras esterlinas por adulto e duas libras por criança. Meios menos violentos de morte produzem resultados semelhantes. Por exemplo, havia milhares de indígenas americanos da tribo mandan nas Grandes Planícies dos Estados Unidos, mas em 1992 o número de falantes fluentes em mandan estava reduzido a seis pessoas velhas, especialmente como resultado das epidemias de cólera e sarampo ocorridas entre 1750 e 1837.

A segunda forma mais direta de erradicar uma língua não é matando seus falantes, mas proibindo-os de usá-la e punindo-os quando pegos em flagrante. Caso você esteja se perguntando por que a maior parte das línguas indígenas norte-americanas está agora extinta ou moribunda, apenas considere a política praticada até recentemente pelo governo dos Estados Unidos com relação a essas línguas. Durante vários séculos, insistimos que os indígenas podiam ser "civilizados" e aprender inglês simplesmente removendo as crianças da atmosfera "bárbara" das casas de seus pais para internatos onde só se falasse inglês, onde o uso de línguas indígenas fosse absolutamente proibido e punido com castigos físicos e humilhação. Para justificar essa política, J. D. C. Atkins, o comissário para assuntos indígenas dos Estados Unidos de 1885 a 1888, explicou: "A instrução de indígenas no vernáculo [ou seja, na língua indígena] é não apenas inútil para eles, mas prejudicial à causa de sua educação e civilização, e não será permitida em nenhuma escola indígena sobre a qual o governo tenha algum controle. (...) A língua inglesa, que é boa o bastante para um homem branco e para um homem negro, haverá de ser boa o bastante para o homem vermelho. Também se acredita que ensinar um jovem indígena em seu próprio dialeto bárbaro causa-lhe um dano óbvio. O primeiro passo para conduzir os indígenas em direção à civilização, para ensinar aos índios o prejuízo e a insensatez de continuarem em suas práticas bárbaras, é lhes ensinando a língua inglesa."

Depois que o Japão anexou Okinawa em 1879, o governo japonês adotou uma solução descrita como "uma nação, um povo, uma língua". Isso significava educar as crianças para falar japonês e não permitir que falassem nenhuma das doze línguas okinawas. Da mesma forma, quando o Japão anexou a Coreia em 1910, baniu a língua coreana das escolas e substituiu-a pelo japonês. Quando a Rússia reanexou as repúblicas bálticas em 1939, substituiu o estoniano, o letão e o lituano nas escolas, mas aquelas línguas bálticas continuaram a ser faladas nas famílias e retomaram seu status de línguas nacionais quando as repúblicas recuperaram a independência em 1991. A única língua celta que sobrevive

FALANDO EM MUITAS LÍNGUAS

no continente europeu é o bretão, que ainda é a língua nativa de meio milhão de cidadãos franceses. No entanto, a política oficial do governo francês pretende, de fato, excluir a língua bretã do ensino fundamental e do ensino médio, e o uso do bretão está declinando.

Mas, na maior parte dos casos, a perda de uma língua segue o processo mais insidioso que hoje se encontra em andamento em Rotokas. A unificação política de uma área antes ocupada por tribos sedentárias em permanente conflito trouxe a paz, a mobilidade e um número crescente de casamentos entre tribos. Os jovens em busca de oportunidades econômicas abandonam as aldeias onde falavam a língua nativa e vão para centros urbanos onde os indivíduos que falam essa língua tribal são em número muito menor do que os de outras origens, e onde as pessoas que precisam se comunicar umas com as outras não têm nenhuma opção exceto falar a língua nacional. Um número cada vez maior de casais de diferentes grupos linguísticos constitui uma família e precisa usar a língua nacional para se comunicar em casa; desse modo, a nova língua é transmitida aos filhos. Mesmo que as crianças também aprendam a língua dos pais, precisam usar a língua predominante nas escolas. Aqueles que permanecem na aldeia natal aprendem a língua nacional porque ela lhes dá acesso a prestígio, poder, comércio e ao mundo exterior. Empregos, jornais, rádio e televisão usam, predominantemente, a língua nacional partilhada pela maior parte dos trabalhadores, consumidores, anunciantes e assinantes.

A consequência é que os jovens adultos que pertencem a minorias tendem a se tornar bilíngues, e então seus filhos tornam-se monolíngues, falando apenas a língua da maioria. A transmissão de línguas minoritárias de pais para filhos é rompida por duas razões: os pais querem que seus filhos aprendam a língua nacional, não a língua tribal, para que possam se sair bem na escola e no trabalho; e os filhos não querem aprender a língua dos pais porque querem entender a televisão, as aulas na escola e os colegas. Tenho visto esses processos acontecendo nos Estados Unidos em famílias imigrantes da Polônia, da Coreia, da Etiópia, do México e de muitos outros países, e o resultado é que as crianças aprendem inglês e não aprendem a língua dos pais. Então chega a hora em que as línguas minoritárias são faladas apenas por pessoas velhas, até que morra a última. Muito antes desse fim, a língua minoritária terá degenerado pela perda de suas complexidades gramaticais e de palavras nativas esquecidas, e pela incorporação de vocabulário e aspectos gramaticais estrangeiros.

Das 7 mil línguas hoje existentes, algumas estão correndo um risco muito maior do que outras. Um ponto crucial para determinar o grau de risco em que se encontra uma língua é saber se ainda está sendo transmitida em casa, dos pais para os filhos: quando cessa essa transmissão, a língua está condenada, mesmo que se passem outros noventa anos até que morra o último filho fluente na língua e com ele, ou ela, morra a língua. Entre os fatores que tornam provável a transmissão de pais para filhos estão: um grande número de falantes da língua; uma alta proporção da população que fala a língua; o reconhecimento governamental da língua como uma língua oficial nacional ou regional; a atitude dos falantes com relação à sua própria língua (orgulho ou desprezo); e a inexistência de muitos imigrantes que falem outras línguas e superem as línguas nativas (como decorreu do influxo do russo na Sibéria, do nepalês no Sikkim e do indonésio na Nova Guiné indonésia).

Supostamente, entre as línguas com os futuros mais garantidos estão as nacionais dos 192 Estados soberanos hoje existentes. No entanto, a maior parte dos Estados adotou oficialmente o inglês, o espanhol, o árabe, o português ou o francês, e apenas setenta optaram por outras línguas. Mesmo se contarmos as línguas regionais, como as 22 especificadas na Constituição da Índia, isso resulta, no máximo, em umas poucas centenas de línguas oficialmente protegidas por governos no mundo. Por outro lado, pode-se considerar que as línguas com mais de um milhão de falantes estejam seguras, independentemente de seu status oficial, mas esse critério também resulta em apenas umas duzentas línguas seguras, muitas das quais já integram a lista de línguas oficiais. Algumas línguas menores estão seguras devido ao apoio governamental, como o feroês, falado pelos 50 mil habitantes das ilhas Feroé, na Dinamarca, que tem autonomia política, e o islandês, a língua oficial de 300 mil islandeses. De modo oposto, algumas línguas com mais de

FALANDO EM MUITAS LÍNGUAS

um milhão de falantes estão ameaçadas porque não têm apoio do Estado (ou, até recentemente, tiveram apenas um apoio limitado), como o nahuatl (com mais de 1.400.000 falantes no México) e o quéchua, falado por 9 milhões de pessoas nos Andes. Mas o apoio do Estado não garante a segurança de uma língua, como ilustrado pelo gradual desaparecimento da língua irlandesa e a ascensão do inglês na Irlanda, a despeito do forte apoio do governo irlandês e do ensino do irlandês como uma língua oficial nas escolas. É com base nesses fatos que os linguistas estimam que, excetuando-se umas poucas centenas das 7 mil línguas hoje existentes no mundo, quase todas estarão extintas ou moribundas até o final deste século se as tendências atuais continuarem.

Línguas minoritárias são prejudiciais?

Esses são os fatos esmagadores sobre a extinção de línguas em todo o mundo. Mas perguntemos agora, conforme fazem muitas pessoas, ou como faz a maioria delas: "E daí? Será que a perda de línguas é realmente uma coisa ruim? Será que a existência de milhares de línguas não é uma coisa prejudicial, pois impede a comunicação e promove conflitos? Talvez devamos até *encorajar* a extinção de línguas." Essa opinião foi expressa em uma enxurrada de comentários enviados à BBC depois da transmissão de um programa que tentava defender o valor das línguas em extinção. Esta é uma amostra dos comentários:

"Que incrível amontoado de lixo sentimental! O que explica o desaparecimento das línguas é o fato de que eram a expressão de sociedades moribundas, incapazes de comunicar as dinâmicas intelectuais, sociais e culturais requeridas para manter a longevidade e a evolução."

"Que ridículo! O propósito da língua é comunicar. Se ninguém fala uma língua, ela não tem nenhum propósito. Seria preferível aprender klingon."

"As 7 mil línguas só são úteis para os linguistas. Línguas diferentes separam as pessoas, enquanto uma língua comum une. Quanto menos línguas vivas, melhor."

"A humanidade precisa se unir, é assim que ela avança, não em pequenas tribos coesas incapazes de se comunicar umas com as outras. Não é preciso ter nem mesmo cinco línguas. Claro que se deve documentá-las, aprender o que pudermos com elas, mas entregue-as à história, que é seu lugar. Um mundo, um povo, uma língua comum, um único objetivo, talvez então possamos todos nos entender."

"Se vocês me perguntarem, acho que, das 7 mil línguas, 6.990 estão sobrando. Deixem que desapareçam."

Pessoas como essas que escreveram para a BBC dão duas razões principais para justificar a proposta de que nos livremos da maior parte das línguas existentes no mundo. Uma delas pode ser resumida em uma linha: "Precisamos de uma língua comum para nos comunicar uns com os outros." Sim, sem dúvida isso é verdade; pessoas diferentes precisam de alguma língua comum para se comunicar. Mas isso não requer que se elimine as línguas minoritárias; apenas requer que os falantes dessas aprendam uma língua majoritária e se tornem bilíngues. Por exemplo, a Dinamarca é o sétimo país mais rico do mundo, embora praticamente as únicas pessoas que falem dinamarquês sejam os 5 milhões de dinamarqueses. Isso acontece porque quase todos eles também são fluentes em inglês e em outras línguas europeias, que usam para fazer negócios. Os nativos da Dinamarca são ricos e felizes dinamarqueses *porque* falam dinamarquês. Se quiserem se empenhar em ser bilíngues em dinamarquês e inglês, isso é assunto só deles. Da mesma forma, se os índios navajos quiserem se esforçar para serem bilíngues em navajo e inglês, isso é assunto só deles. Os navajos não estão pedindo, e nem mesmo querendo, que os outros americanos aprendam navajo.

A outra principal razão apresentada por pessoas como as que escreveram para a BBC para justificar a proposta de nos livrarmos das línguas é a crença de que a multiplicidade de línguas causa guerras civis e conflitos étnicos, pois encoraja as pessoas a ver outros povos como diferentes. Alega-se que as guerras civis que hoje dilaceram tantos países são determinadas por linhas linguísticas. Qualquer que seja o valor de múltiplas línguas, supostamente o preço a pagar se quisermos deter a matança em todo o planeta é nos livrarmos delas. Não seria o mundo

FALANDO EM MUITAS LÍNGUAS

um lugar muito mais pacífico se os curdos simplesmente passassem a falar turco ou árabe, se os tamiles do Sri Lanka consentissem em falar cingalês, se os franceses de Quebec e os hispânicos dos Estados Unidos simplesmente mudassem para o inglês?

Esse parece ser um forte argumento. Mas sua hipótese implícita de uma utopia monolíngue está errada: a diversidade de línguas não é a causa mais importante dos conflitos. Pessoas preconceituosas usarão qualquer diferença para não gostar de outras ou desprezá-las, incluindo diferenças de religião, política, etnia e vestuário. Os piores massacres ocorridos na Europa desde o final da Segunda Guerra Mundial envolveram católicos ortodoxos sérvios e montenegrinos (que mais tarde se dividiram), católicos croatas e muçulmanos bósnios que viviam na antiga Iugoslávia e se trucidaram apesar de todos eles falarem a mesma língua, o servo-croata. Os piores massacres ocorridos na África desde o final da Segunda Guerra Mundial foram em Ruanda, em 1994, quando o povo hutu matou quase um milhão de tutsis e a maior parte do povo twa: todos eles falavam a língua ruanda. Os piores massacres entre todos os ocorridos no mundo desde o final da Segunda Guerra Mundial foram no Camboja, onde os cambojanos que falavam o khmer, sob o comando do ditador Pol Pot, mataram cerca de 2 milhões de outros cambojanos que falavam o khmer. Os piores massacres entre todos os ocorridos no mundo, ao longo de toda a história, foram na Rússia de Stalin, quando os russos mataram dezenas de milhões de pessoas, a maior parte das quais falava russo, em nome de supostas diferenças políticas.

Se você acredita que as minorias devem abrir mão de suas línguas e adotar a língua majoritária a fim de promover a paz, pergunte-se se você também acredita que as minorias devem promover a paz abrindo mão de suas religiões, de suas etnias e de suas opiniões políticas. Se você acredita que a liberdade de religião, de etnia e de opiniões políticas, mas não a língua, é um direito humano inalienável, como explicaria essa postura inconsistente a um curdo ou a um franco-canadense? Inúmeros exemplos além dos de Stalin, de Pol Pot, de Ruanda e da ex-Iugoslávia nos alertam que o monolinguismo não é nenhuma garantia de paz.

Dado que as pessoas realmente diferem na língua, religião, etnia e opinião política, a única alternativa à tirania ou aos massacres é que vivam juntas em tolerância mútua. Não se trata de uma esperança sem fundamento. A despeito de todas as guerras passadas movidas pela religião, pessoas de diferentes religiões convivem pacificamente nos Estados Unidos, na Alemanha, na Indonésia e em muitos outros países. Da mesma forma, muitos países que praticam a tolerância linguística descobrem que podem acomodar pessoas de diferentes idiomas em harmonia: por exemplo, duas línguas nativas na Holanda (holandês e frísio), duas na Nova Zelândia (inglês e maori), três na Finlândia (finlandês, sueco e lapão), quatro na Suíça (alemão, francês, italiano e romanche), 43 na Zâmbia, 85 na Etiópia, 128 na Tanzânia e 286 em Camarões. Em uma viagem à Zâmbia, quando visitei uma sala de aula em uma escola secundária, lembro de um aluno que me perguntou a qual tribo nos Estados Unidos eu pertencia. Em seguida cada aluno me disse, com um sorriso, qual era a língua de sua tribo. Havia sete línguas representadas naquela pequena sala de aula, e os alunos não pareciam envergonhados, amedrontados ou com a intenção de matar uns aos outros.

Por que preservar as línguas?

Acabamos de ver, então, que não há nada inevitavelmente danoso ou incômodo em se preservar as línguas, exceto o esforço a ser feito pelos falantes de línguas minoritárias caso desejem ser bilíngues, e cada um deles pode decidir por conta própria se quer ou não fazer esse esforço. E será que há vantagens positivas de se preservar a diversidade linguística? Por que não devemos simplesmente deixar que o mundo convirja para as cinco línguas que já têm o maior número de falantes — o mandarim, o espanhol, o inglês, o árabe e o hindi? Mas avancemos mais um passo no argumento antes que meus leitores de fala inglesa respondam com um entusiástico "Sim! Isso mesmo!" Pois, se você pensa que as línguas minoritárias devem ceder lugar às majoritárias, uma conclusão lógica é que todos nós devemos adotar a maior língua do mundo, o mandarim, e deixar que o inglês morra. Qual o propósito de preservar a língua inglesa? Entre muitas respostas, mencionarei três.

FALANDO EM MUITAS LÍNGUAS

Primeira, com duas ou mais línguas, cada um de nós pode ser bilíngue ou multilíngue. No início deste capítulo, discuti as provas de que os indivíduos bilíngues têm vantagens cognitivas. Mesmo que se veja com ceticismo a informação de que o bilinguismo protege contra sintomas de Alzheimer, todas as pessoas fluentes em mais de uma língua sabem que o conhecimento de línguas diferentes enriquece a vida, assim como um amplo vocabulário na língua original nos permite uma vida mais rica do que se tivéssemos um vocabulário restrito. Línguas diferentes têm vantagens diferentes, de modo que é mais fácil expressar algumas coisas ou sentir algo de certos modos em uma língua do que em outra. Se a muito discutida hipótese Sapir-Whorf estiver correta, a estrutura de uma língua molda a forma como pensam os falantes daquela língua; com isso, a pessoa vê o mundo e pensa de modo diferente quando passa de uma língua para outra. Assim, a perda de línguas não apenas tolhe a liberdade de minorias, mas também tolhe as opções de maiorias.

A segunda resposta é que as línguas são o mais complexo produto da mente humana, cada uma diferente em sons, estrutura e padrão de raciocínio. Mas quando uma língua é extinta, a língua propriamente dita não é a única coisa que se perde. A literatura, a cultura e grande quantidade de conhecimentos estão codificados em línguas: perder a língua é perder grande parte da literatura, da cultura e do conhecimento. Diferentes línguas têm diferentes sistemas de numeração, truques mnemônicos e sistemas de orientação espacial. Por exemplo, é mais fácil contar em galês ou mandarim do que em inglês. Os povos tradicionais têm nomes em suas línguas locais para centenas de espécies animais e vegetais que existem em torno deles: essas enciclopédias de informação etnobiológica desaparecem quando suas línguas desaparecem. Embora Shakespeare possa ser traduzido para o mandarim, os falantes de inglês considerariam uma perda para a humanidade se a fala de Hamlet, "To be or not to be, that is the question", estivesse disponível apenas em traduções do mandarim. Os povos tribais também têm suas próprias literaturas orais, e a perda dessas literaturas também representa perda para a humanidade.

Mas talvez você ainda esteja pensando: "Chega de toda essa conversa vaga sobre liberdade linguística, herança cultural única e diferentes op-

O MUNDO ATÉ ONTEM

ções de pensar e expressar. Isso são luxos de baixa prioridade em meio às crises do mundo moderno. Até que solucionemos os desesperadores problemas socioeconômicos do mundo, não podemos perder tempo com bagatelas como obscuras línguas nativas americanas."

Então, pense novamente, por favor, nos problemas socioeconômicos das pessoas que falam todas aquelas obscuras línguas nativas americanas (e milhares de outras línguas obscuras existentes em todo o mundo). Elas são o segmento mais pobre da sociedade americana. Seus problemas não se limitam a conseguir emprego, algo que poderia parecer sem muita importância, mas abrangem todos os aspectos negativos da desintegração cultural. Os grupos cuja língua e cultura se desintegram tendem a perder seu orgulho e o apoio mútuo e são envolvidos por problemas socioeconômicos. Faz tanto tempo que ouvem dizer que sua língua e sua cultura não têm nenhum valor, que acabaram acreditando. São enormes os custos que isso acarreta para o governo nacional em termos de subsídios de assistência social, saúde pública, problemas relacionados a álcool e drogas; além disso, resulta em um dreno de recursos da economia nacional, pois essas pessoas não podem contribuir para o bolo. O exemplo oposto é o de outras minorias com culturas fortes e intactas que mantiveram sua língua — como alguns grupos que recentemente migraram para os Estados Unidos e já estão dando uma forte contribuição para a economia, em vez de consumir recursos públicos. Entre as minorias nativas, também vemos que aquelas com culturas e línguas intactas tendem a ser economicamente mais fortes e a fazer menor uso dos serviços sociais. Os índios cheroquis que completam a escola em cheroqui e permanecem bilíngues, falando sua língua e o inglês, têm maior probabilidade de continuar sua educação, obter empregos e ter melhores salários do que os que não falam cheroqui. Os aborígines australianos que aprendem sua língua e sua cultura tradicionais são menos inclinados a utilizar bebidas e drogas do que os aborígines culturalmente desconectados.

Os programas para solucionar a desintegração cultural dos nativos americanos seriam mais eficazes e baratos do que os pagamentos de assistência social, tanto para as minorias de nativos quanto para a maioria

FALANDO EM MUITAS LÍNGUAS

dos contribuintes. Tais programas visam soluções de longo prazo; os subsídios de assistência social, não. Da mesma forma, os países hoje atormentados por guerras civis definidas por fronteiras linguísticas poderiam ter encontrado soluções mais simples e menos onerosas se tivessem copiado países como a Suíça, a Tanzânia e muitos outros que se basearam em parcerias entre grupos intactos e orgulhosos de sua cultura, em vez de tentarem esmagar línguas e culturas minoritárias.

A língua como um foco de identidade nacional pode significar a diferença entre a sobrevivência e o desaparecimento de um grupo, e isso não apenas para minorias dentro de um país, mas também para nações como um todo. Considere a situação da Inglaterra no início da Segunda Guerra Mundial, em maio e junho de 1940, quando a resistência francesa diante dos exércitos invasores nazistas estava desmoronando, quando Hitler já havia ocupado a Áustria, Tchecoslováquia, Polônia, Noruega, Dinamarca e os Países Baixos, quando a Itália e o Japão e a Rússia haviam assinado alianças ou pactos com Hitler, e quando os Estados Unidos continuavam determinados a permanecer neutros. As perspectivas de a Inglaterra prevalecer contra a iminente invasão alemã pareciam sombrias. Havia vozes no governo britânico argumentando que se deveria buscar algum acordo com Hitler, em vez de tentar uma resistência impossível.

Winston Churchill respondeu na Câmara dos Comuns, nos dias 13 de maio e 4 de junho de 1940, com as duas mais citadas e mais eficazes falas do século XX na língua inglesa. Entre outras coisas, ele disse: "Não tenho nada a oferecer além de sangue, trabalho, suor e lágrimas. (...) Perguntam-me qual é a nossa política. Eu direi. Fazer a guerra no mar, na terra e no ar, com todo o nosso poder e todas as forças que Deus nos possa dar: fazer a guerra contra uma tirania monstruosa, que não tem precedente no sombrio e lamentável catálogo dos crimes humanos. (...) Não esmoreceremos nem fracassaremos. Iremos até o fim, lutaremos na França, lutaremos nos mares e no oceano, lutaremos com confiança crescente e força crescente no ar, defenderemos nossa ilha, a qualquer preço, lutaremos nas praias, lutaremos nos campos de aterrissagem, lutaremos nos campos e nas ruas, lutaremos nas montanhas. Não nos renderemos jamais."

Hoje sabemos que a Inglaterra nunca se rendeu, nunca buscou um acordo com Hitler, continuou a lutar, depois de um ano ganhou a Rússia e os Estados Unidos como aliados e, depois de cinco anos, derrotou Hitler. Mas aquele resultado não estava predeterminado. Suponha que, em 1940, a absorção de pequenas línguas europeias por grandes línguas tivesse chegado a um ponto em que os ingleses e todos os outros europeus ocidentais já tivessem adotado a maior língua da Europa Ocidental, ou seja, o alemão. O que teria acontecido em junho de 1940 se Churchill tivesse se dirigido à Câmara dos Comuns na língua alemã e não em inglês?

Meu argumento não é que as palavras de Churchill fossem intraduzíveis; elas soam tão poderosas em alemão quanto em inglês. *("Anbieten kann ich nur Blut, Müh, Schweiss, und Träne...")* O que quero dizer é que a língua inglesa é um reflexo de tudo aquilo que levou os ingleses a continuarem lutando contra perspectivas aparentemente desesperadoras. Falar inglês significa ser herdeiro de mil anos de cultura independente, de história, de crescente democracia e de identidade como ilha. Significa ser herdeiro de Chaucer, Shakespeare, Tennyson e outros monumentos da literatura inglesa. Significa ter ideais políticos diferentes dos ideais alemães e de outros europeus continentais. Em junho de 1940, falar inglês significava ter alguma coisa pela qual valia a pena lutar e morrer. Embora ninguém possa provar, duvido que a Inglaterra tivesse resistido a Hitler em junho de 1940 se os ingleses já estivessem falando alemão. A preservação da identidade linguística de alguém não é uma bagatela. Ela mantém os dinamarqueses ricos e felizes, mantém prósperas algumas minorias nativas e imigrantes, e manteve livres os ingleses.

Como proteger as línguas?

Se você agora pelo menos concorda que a diversidade linguística não é prejudicial e até poderia ser boa, o que se pode fazer para desacelerar a tendência atual que nos está conduzindo a uma minguante diversidade linguística? Será que somos impotentes diante das forças aparentemente esmagadoras que tendem a erradicar quase todas as línguas do mundo moderno, poupando apenas umas poucas línguas majoritárias?

FALANDO EM MUITAS LÍNGUAS

Não, não somos impotentes. Em primeiro lugar, os próprios linguistas profissionais poderiam fazer muito mais do que a maior parte deles está fazendo agora. A grande maioria dos linguistas dá baixa prioridade ao estudo de línguas em processo de extinção. Apenas recentemente temos visto maior número de linguistas chamando a atenção para nossas perdas iminentes. É irônico que tantos deles tenham permanecido sem se envolver numa época em que as línguas, o objeto de sua disciplina, estão desaparecendo. Os governos e a sociedade poderiam treinar e apoiar mais linguistas para que estudem e gravem os últimos falantes das línguas em extinção, de forma a preservar a opção de que membros sobreviventes da população possam reviver sua língua mesmo depois que o último falante idoso tiver morrido — como aconteceu com o córnico, da Cornualha, na Inglaterra, e como pode estar agora acontecendo com a língua eyak no Alasca. Uma notável história de sucesso de revitalização de uma língua é o moderno restabelecimento do hebraico como um idioma local, agora falado por 5 milhões de pessoas.

Em segundo lugar, os governos podem adotar políticas para apoiar línguas minoritárias e alocar recursos financeiros para isso. Os exemplos incluem o apoio que o governo holandês dá ao frísio (falado por 5% da população holandesa), e que o governo da Nova Zelândia dá ao maori (falado por menos de 2% da população neozelandesa). Depois de se opor, durante dois séculos, às línguas nativas americanas, em 1990 o governo dos Estados Unidos criou uma lei para encorajar seu uso, e então destinou uma pequena quantia (cerca de 2 milhões de dólares por ano) para estudos das línguas nativas. No entanto, conforme ilustra essa quantia, o apoio governamental às línguas em risco de extinção ainda tem um longo caminho a percorrer. O dinheiro que o governo americano gasta para preservar espécies animais e vegetais ameaçadas é incomparavelmente maior do que seus gastos para preservar línguas ameaçadas, e o dinheiro gasto com uma única espécie de pássaro (o condor da Califórnia) excede o total dos gastos com todas as mais de cem línguas nativas americanas ameaçadas. Sendo eu um ornitologista apaixonado, sou a favor de se gastar dinheiro com condores, e não gostaria de ver o dinheiro transferido de programas de condores para

O MUNDO ATÉ ONTEM

programas da língua eyak. Em vez disso, menciono essa comparação para ilustrar o que me parece uma flagrante incongruência em nossas prioridades. Se damos valor a pássaros ameaçados, por que não atribuímos pelo menos o mesmo valor a línguas ameaçadas, cuja importância se poderia imaginar que fosse mais fácil de entendermos?

Em terceiro lugar, há muita coisa que os próprios falantes das línguas minoritárias podem fazer para promovê-las, como têm feito recentemente, com algum sucesso, os falantes do galês, os franceses do Quebec e vários grupos de nativos americanos. Eles são os guardiães vivos de sua língua — as pessoas que, sem dúvida, estão na melhor posição para transmitir a língua aos filhos e a outros membros do grupo e para exercer pressão e obter o apoio de seus governos.

Mas esses esforços das minorias continuarão a enfrentar dificuldades cada vez maiores se encontrarem uma forte oposição da maioria, como tem acontecido com tanta frequência. Nós e nossos representantes no governo, que fazemos parte dos falantes da língua majoritária e que não nos engajamos em promover ativamente as línguas das minorias, podemos, pelo menos, permanecer neutros e evitar exterminá-las. Nossos motivos para fazê-lo podem ser egoístas mas também incluem os interesses dos próprios grupos minoritários. Queremos deixar para nossos filhos um mundo rico e vigoroso, em vez de drasticamente empobrecido e cronicamente desvitalizado.

CAPÍTULO 11

SAL, AÇÚCAR, GORDURA E SEDENTARISMO

Doenças não transmissíveis • Nossa ingestão de sal
• Sal e pressão sanguínea • Causas da hipertensão
• Fontes de sal na dieta• Diabetes • Tipos de diabetes • Genes,
ambiente e diabetes• Índios pimas e ilhéus de Nauru •
Diabetes na Índia • Benefícios dos genes para o diabetes
• Por que o diabetes é baixo entre europeus? •
O futuro das doenças não transmissíveis

Doenças não transmissíveis

Quando comecei a trabalhar na Papua Nova Guiné em 1964, a grande maioria dos guineenses ainda vivia de forma tradicional em suas aldeias, plantando os próprios alimentos e consumindo uma dieta com pouco sal e pouco açúcar. Os alimentos básicos nas terras altas eram raízes cultivadas (batata-doce, taro e inhame) que forneciam cerca de 90% das calorias ingeridas, e nas terras baixas os alimentos básicos eram os grãos de amido retirados dos caules dos saguzeiros. Aqueles que tinham algum dinheiro compravam pequenas quantidades de alimentos em armazéns, como itens de luxo: biscoitos, peixe enlatado e um pouco de sal e açúcar.

Uma das muitas coisas que me impressionaram nos guineenses era a condição física: magros, musculosos, fisicamente ativos, todos eles parecendo fisiculturistas ocidentais magros. Quando não estavam carregando coisas, subiam a trote as montanhas escarpadas, e, quando carregando cargas pesadas, caminhavam o dia todo no mesmo ritmo que eu, que ia sem nada. Lembro-me de uma mulher miúda que pa-

O MUNDO ATÉ ONTEM

recia não pesar mais de 45 quilos que estava subindo o leito de um rio pedregoso na montanha carregando um saco de arroz de trinta quilos nas costas, equilibrando-o com uma tira que passava em volta de sua testa. Durante todos aqueles primeiros anos na Nova Guiné, nunca vi um único guineense obeso, nem mesmo acima do peso.

Os registros em hospitais e os exames de guineenses feitos por médicos confirmaram aquela aparência de boa saúde — pelo menos em parte. As doenças não transmissíveis (DNT), ou não comunicáveis (DNC), que matam a maior parte dos cidadãos do Primeiro Mundo hoje — diabetes, hipertensão, derrames, infartos, aterosclerose, doenças cardiovasculares em geral e cânceres — eram raras ou desconhecidas entre guineenses tradicionais que viviam nas áreas rurais. A ausência dessas doenças devia-se não apenas à baixa expectativa de vida: também não apareciam nos guineenses que chegavam a viver sessenta, setenta ou oitenta anos. Uma análise feita no início dos anos 1960 de 2 mil admissões no hospital geral de Port Moresby (a capital e a maior cidade do país) não detectou um único caso de doença arterial coronariana, e apenas quatro casos de hipertensão em pacientes de origem racial mista.

Mas isso não significa dizer que os guineenses tradicionais desfrutavam uma utópica saúde perfeita: nem remotamente. A expectativa de vida da maior parte deles era, e ainda é, mais baixa do que no Ocidente. As doenças que os matavam, além dos acidentes e da violência interpessoal, eram aquelas que, hoje, já foram em grande medida eliminadas como causas de morte no Primeiro Mundo: infecções intestinais com diarreia, infecções respiratórias, malária, parasitas, subnutrição e doenças secundárias oportunistas que se aproveitam das pessoas enfraquecidas por essas doenças primárias. Ou seja: nós, ocidentais, apesar de havermos trocado nosso conjunto de doenças humanas tradicionais por um novo conjunto de doenças modernas, desfrutamos, na média, uma saúde melhor e vida mais longa.

Já em 1964, os novos algozes dos cidadãos do Primeiro Mundo estavam começando a surgir na Nova Guiné entre aquelas populações que tiveram o mais longo contato com europeus e começaram a adotar a dieta e o estilo de vida ocidentais. Hoje, o processo de ocidentalização da

SAL, AÇÚCAR, GORDURA E SEDENTARISMO

dieta, do estilo de vida e dos problemas de saúde na Nova Guiné exibe um crescimento explosivo. Dezenas de milhares de guineenses, talvez centenas de milhares, agora trabalham como empresários, políticos, pilotos da aviação e programadores de sistemas, obtêm seus alimentos em supermercados e restaurantes e fazem pouco exercício. Nas cidades, aldeias e ambientes ocidentalizados, é comum ver guineenses acima do peso ou obesos. Uma das maiores prevalências de diabetes no mundo (estimada em 37%) ocorre entre os wanigelas, que foram a primeira população da Nova Guiné a se tornar amplamente ocidentalizada. Existem agora registros de infartos entre moradores de cidades. Desde 1998, venho trabalhando em um campo de petróleo na Nova Guiné cujos funcionários fazem as três refeições diárias em um restaurante self-service, e cada mesa tem um saleiro e um açucareiro. Guineenses que cresceram com um estilo de vida tradicional em aldeias em que a disponibilidade de alimentos era limitada e imprevisível reagem a essa previsível riqueza diária de comida amontoando em seus pratos a maior quantidade possível em todas as refeições, e cobrindo com sal e açúcar os bifes, saladas e sobremesas. Por essa razão, a empresa contratou pessoal local treinado em saúde pública para instruir os funcionários a respeito da importância de uma alimentação saudável. Mas até algumas dessas pessoas rapidamente desenvolveram problemas de saúde ocidentais.

Essas mudanças que venho observando na Nova Guiné são apenas um exemplo da onda de epidemias de doenças não transmissíveis associadas ao estilo de vida ocidental e que agora varrem o mundo. Tais doenças diferem das infecciosas (transmissíveis) e parasitárias que são causadas por um agente infeccioso (como uma bactéria ou vírus) ou por um parasita e transmitidas ("comunicadas") de pessoa a pessoa por meio da disseminação do agente. Muitas doenças infecciosas se desenvolvem rapidamente em uma pessoa após a infecção pelo agente, de tal forma que, em poucas semanas, a vítima estará morta ou se recuperando. Ao contrário, todas as principais doenças não transmissíveis (bem como doenças parasitárias e algumas doenças infecciosas como aids, malária e tuberculose) desenvolvem-se lentamente e persistem durante anos ou décadas até que cheguem a um fim fatal ou sejam curadas ou detidas, ou

O MUNDO ATÉ ONTEM

até que a vítima morra antes por outra causa. Na onda atual, as principais DNTs incluem várias doenças cardiovasculares (infartos, derrames, doenças vasculares periféricas), a forma comum de diabetes, algumas formas de doença renal e alguns cânceres, como de estômago, mama e pulmão. A vasta maioria dos leitores deste livro — ou seja, quase 90% de todos os europeus, americanos e japoneses — morrerá de uma dessas doenças não transmissíveis, enquanto a maioria das pessoas nos países de baixa renda morrerá de doenças transmissíveis.

Todas essas DNTs são raras ou ausentes em sociedades pequenas com estilos de vida tradicionais. Embora a existência de algumas delas já estivesse registrada em textos antigos, apenas nos séculos recentes tornaram-se comuns no Ocidente. Sua associação com a atual disseminação explosiva do estilo de vida ocidental moderno por todo o mundo torna-se evidente quando constatamos suas epidemias entre quatro tipos de população. Nos casos de alguns países que enriqueceram recentemente e de forma súbita, nos quais a maior parte dos habitantes "desfruta" agora o estilo de vida ocidental — Arábia Saudita e os outros países árabes produtores de petróleo, e diversas ilhas-nações que enriqueceram subitamente, incluindo Nauru e Maurício —, toda a população nacional está correndo risco. (Por exemplo, dos oito países do mundo em que a prevalência da diabetes já passa de 15%, todos são árabes produtores de petróleo ou ilhas-nações abastados.) Outras epidemias estão atingindo cidadãos de países em desenvolvimento que emigraram para o Primeiro Mundo e trocaram bruscamente um estilo de vida espartano pelo estilo de vida ocidental. Com isso, estão desenvolvendo prevalências de DNTs mais altas do que a de seus concidadãos que continuaram no país de origem com o estilo de vida tradicional, ou do que as das pessoas que já residem há muito tempo em novos países. (Os exemplos incluem chineses e indianos que emigram para a Inglaterra, os Estados Unidos, Maurício e outros destinos mais abastados do que a China ou a Índia, e judeus iemenitas e etíopes que emigram para Israel.) Muitos países em desenvolvimento, como Papua Nova Guiné, China e inúmeras nações africanas, estão registrando epidemias urbanas entre pessoas que migraram das áreas rurais para as cidades e, portanto, adotaram um estilo

SAL, AÇÚCAR, GORDURA E SEDENTARISMO

de vida sedentário e passaram a consumir mais alimentos comprados em supermercados e armazéns. Finalmente, há outras epidemias que envolvem grupos não europeus específicos que adotaram um estilo de vida ocidental sem migrar e que, com isso, tornaram-se tristemente famosos por apresentarem algumas das mais altas prevalências mundiais de diabetes e de outras doenças não transmissíveis. Os exemplos muito citados são os índios pimas nos Estados Unidos, o povo wanigela na Nova Guiné e inúmeros grupos de aborígines australianos.

Esses quatro conjuntos de experimentos naturais ilustram como a adoção de um estilo de vida ocidental, qualquer que tenha sido o motivo, por pessoas que até então tinham um estilo de vida tradicional resulta em epidemias de DNTs. O que esses experimentos naturais não nos dizem, a não ser que se faça uma análise adicional, é qual o componente específico (ou componentes) do estilo de vida ocidental que desencadeia a epidemia. Esse estilo de vida inclui muitos componentes que ocorrem simultaneamente: pouca atividade física, alta ingestão de calorias, ganho de peso ou obesidade, fumo, alto consumo de álcool e alto consumo de sal. A composição da dieta geralmente muda para baixa ingestão de fibra e alta ingestão de açúcares simples (em especial frutose), gorduras saturadas e gorduras trans-insaturadas. A maior parte dessas mudanças, ou sua totalidade, acontece simultaneamente quando uma população se ocidentaliza, e isso torna difícil identificar a importância relativa de cada item na produção de uma epidemia de DNTs. Para umas poucas doenças, a evidência é clara: o fumo é especialmente importante como causa de câncer de pulmão, e a ingestão de sal é especialmente importante como causa de hipertensão e de derrame cerebral. Mas, para as outras, incluindo o diabetes e diversas doenças cardiovasculares, ainda não sabemos quais desses fatores simultâneos de risco são os mais relevantes.

Nossa compreensão desse campo foi especialmente estimulada pelo trabalho pioneiro de S. Boyd Eaton, Melvin Konner e Marjorie Shostak. Esses autores reuniram informações sobre a "dieta paleolítica" — isto é, a dieta e o estilo de vida de nossos ancestrais caçadores-coletores e de caçadores-coletores modernos sobreviventes — e sobre as diferenças entre as principais doenças que afetavam nossos ancestrais e as que afetam as populações modernas ocidentalizadas. Eles argumentaram que as DNTs da civilização surgem de um desajuste entre a constituição genética de nosso corpo, ainda adaptado, em grande medida, à dieta e ao estilo de vida paleolíticos, e nossa dieta e estilo de vida atuais. Propuseram testes de suas hipóteses e ofereceram recomendações sobre dietas e estilo de vida para reduzir nossa exposição às novas doenças da civilização. Referências a seus artigos e livros serão encontradas na seção Leituras Complementares sobre este capítulo.

As doenças não transmissíveis associadas ao estilo de vida ocidental são, talvez, o exemplo mais prático e imediato de lições que podem ser extraídas do estilo de vida tradicional. Como regra, os povos tradicionais não desenvolvem o conjunto de DNTs que já discuti, enquanto, de modo geral, a maior parte dos povos ocidentalizados morrerá dessas doenças. Obviamente, não estou sugerindo que adotemos integralmente um estilo de vida tradicional, derrubemos os governos de Estado e retomemos as práticas de nos matar uns aos outros, o infanticídio, as guerras religiosas e as mortes periódicas por inanição. Em vez disso, nosso objetivo é identificar e adotar aqueles componentes específicos do estilo de vida tradicional que nos protejam contra as doenças não transmissíveis. Embora uma resposta completa precise aguardar a realização de novas pesquisas, podemos apostar com segurança que a resposta incluirá a ingestão de menos sal, conforme o padrão tradicional, e não incluirá a extinção de governos de Estado. Muitos milhões de pessoas em todo o mundo já usam conscientemente os conhecimentos atuais sobre os fatores de risco, pois escolheram levar vidas mais saudáveis. No restante deste capítulo, discutirei com mais detalhes duas epidemias de DNTs: as consequências da alta ingestão de sal e o diabetes.

Nossa ingestão de sal

Embora várias substâncias químicas diferentes se enquadrem na categoria que os especialistas chamam de "sais", para o leigo "sal" significa cloreto de sódio. É este *o* sal pelo qual ansiamos, com o qual temperamos

SAL, AÇÚCAR, GORDURA E SEDENTARISMO

nossa comida, que consumimos em excesso e que nos faz adoecer. O principal problema do nosso corpo com o sal é como se livrar dele, o que fazemos copiosamente por meio da urina e do suor. O consumo médio diário de sal em todo o mundo é de cerca de nove a doze gramas, variando de seis a vinte gramas (é mais alto na Ásia do que em qualquer outro lugar). Hoje, o sal vem de um saleiro encontrado em todas as mesas de refeições e em todos os supermercados; é barato e está disponível em quantidades basicamente ilimitadas.

Tradicionalmente, no entanto, o sal não vinha de saleiros, mas precisava ser extraído do meio ambiente. Imagine como era o mundo antes que os saleiros se tornassem onipresentes. O principal problema de nosso corpo com o sal era como adquiri-lo, em vez de como se livrar dele. E o problema decorria do fato de que a maior parte das plantas contém muito pouco sódio, mas os animais (como nós) requerem altas concentrações de sódio em todos os seus fluidos extracelulares. Em consequência, enquanto os carnívoros podiam obter prontamente o sal de que necessitavam comendo herbívoros cheios de sódio extracelular, os herbívoros enfrentavam problemas para obter seu sódio. É por isso que os animais que vemos em torno de minas de sal naturais são cervos e antílopes, e não leões e tigres. Os caçadores-coletores humanos que consumiam muita carne, como os inuítes e os sans, conseguiam facilmente o sal de que precisavam, embora sua ingestão fosse apenas de um a dois gramas por dia, pois grande parte do sódio contido no sangue e em outros fluidos celulares dos animais abatidos perdia-se durante o abate e o cozimento. Entre caçadores-coletores e agricultores tradicionais que consomem uma dieta com alto conteúdo de plantas e pouca carne, os que vivem no litoral ou perto de depósitos nas áreas do interior também têm fácil acesso ao sal. Por exemplo, o consumo diário médio de sal é de cerca de dez gramas entre o povo lau das ilhas Salomão, que vive no litoral e usa água salgada para cozinhar, e também entre os pastores nômades qashqa'i do Irã, cuja terra natal tem depósitos naturais de sal de superfície.

No entanto, entre dezenas de outros caçadores-coletores e agricultores tradicionais para os quais já se calculou a ingestão diária de sal, essa fica abaixo de três gramas. O valor mais baixo registrado no mundo é o dos índios ianomâmis no Brasil, cujo alimento básico é a banana, que tem baixo teor de sódio. Eles excretam, em média, apenas 50 miligramas de sal diariamente, o que representa 1/200 da excreção de sal do americano típico. Um único hambúrguer Big Mac analisado pela revista *Consumer Reports* continha 1,5 grama de sal (1.500 miligramas), correspondente à quantidade de sal ingerida por um ianomâmi durante um mês, enquanto uma lata de sopa de frango (que contém 2,8 gramas de sal) representa quase dois meses de ingestão de sal. Um possível recorde foi batido por um restaurante sino-americano próximo à minha casa em Los Angeles. Consta que uma análise da porção dupla de macarrão frito que serviam lá indicou 18,4 gramas de sal, o equivalente ao que um ianomâmi ingere em um ano e três dias.

Assim, os povos tradicionais anseiam por sal e investem grandes esforços para obtê-lo. (Nós também ansiamos por sal: experimente não comer nada além de alimentos frescos, não processados e sem sal durante um dia inteiro, e então veja o sabor maravilhoso do sal quando você finalmente salpica algum em seu prato.) Os habitantes das terras altas da Nova Guiné oriental com quem tenho trabalhado, e cuja dieta consiste principalmente (90%) em batatas-doces com baixo teor de sódio, contaram-me os esforços que faziam para conseguir sal há algumas décadas, antes que os europeus o trouxessem como produto de troca. Juntavam folhas de certas espécies de plantas, queimavam-nas, raspavam as cinzas, passavam água através delas para dissolver os sólidos e finalmente evaporavam a água para obter pequenas quantidades de sal amargo. O povo dani das terras altas da Nova Guiné ocidental conseguia o sal a partir da água das duas únicas salmouras naturais encontradas no vale: mergulhavam na lagoa um tronco esponjoso de bananeira e deixavam que ficasse encharcado. Então o removiam, deixavam secar ao sol e queimavam-no até virar cinzas; depois, borrifavam água sobre as cinzas, trabalhavam a massa umedecida e formavam barras de sal que seriam consumidas ou trocadas. Depois de todo o esforço tradicional para conseguir pequenas quantidades de um sal impuro e amargo, não é de admirar que os guineenses que passam a comer em

SAL, AÇÚCAR, GORDURA E SEDENTARISMO

lanchonetes e restaurantes à moda ocidental não consigam resistir ao saleiro: lançam-se a ele em todas as refeições e derramam aquele sal branquinho sobre o prato.

Com a ascensão de governos de Estado, o sal tornou-se amplamente disponível e passou a ser produzido em escala industrial (como ocorre ainda hoje) a partir da secagem da água salgada, do sal extraído das minas ou de depósitos de superfície. Ao uso do sal como tempero acrescentou-se o uso como conservante de alimentos a serem armazenados durante o inverno — pelo que consta, uma técnica descoberta na China há cerca de 5 mil anos. O bacalhau e o arenque salgados tornaram-se itens permanentes na dieta europeia, e o sal tornou-se o produto mais comercializado e mais taxado do mundo. Os soldados romanos eram pagos com sal, daí que nossa palavra "salário" derive não da raiz latina da palavra "dinheiro" ou "moeda", mas da raiz latina *sal*. Guerras foram empreendidas por causa do sal e revoluções estouraram por causa de impostos sobre o sal. Mahatma Gandhi mobilizou os indianos contra o que considerava uma injustiça do governo colonial inglês, caminhando durante um mês até o oceano e violando leis inglesas que proibiam que uma pessoa produzisse sal: recolheu água do mar, acessível a todos, produziu sal e recusou-se a pagar aos ingleses qualquer imposto.

Como resultado da adoção relativamente recente na história humana de uma dieta com alto teor de sal por nossos corpos ainda basicamente tradicionais, adaptados para uma dieta de pouco sal, a alta ingestão é um fator de risco para quase todas as nossas modernas doenças não transmissíveis. Muitos desses efeitos danosos do sal são mediados pelo papel que desempenha na elevação da pressão sanguínea, algo que discutiremos em seguida. A pressão alta (ou hipertensão) está entre os principais fatores de risco de doenças cardiovasculares em geral, e de derrames, insuficiência cardíaca, doenças coronarianas e infartos do miocárdio, em particular, além de estar associada ao diabetes Tipo 2 e a doenças renais. A ingestão de sal também tem efeitos perniciosos independentemente de seu papel na elevação da pressão sanguínea, pois engrossa e endurece as artérias, aumenta a agregação de plaquetas e aumenta a massa do ventrículo esquerdo do coração; tudo isso contribui para elevar o risco de doenças cardiovasculares. Outros efeitos da ingestão de sal, além dos relacionados à pressão arterial, são os riscos de derrames e câncer de estômago. Finalmente, a ingestão de sal contribui de forma indireta, mas significativa, para a obesidade (que, por sua vez, é um fator de risco adicional para muitas DNTs), pois as comidas salgadas aumentam a sede que muitas pessoas buscam aplacar consumindo refrigerantes doces com alto teor calórico.

Sal e pressão sanguínea

Façamos agora uma pausa para um curso rápido de pressão sanguínea e hipertensão para ajudá-los a compreender o que significam aqueles números quando o médico infla uma faixa de borracha em volta de seu braço, ausculta, esvazia a faixa e finalmente pronuncia, "Sua pressão sanguínea está 12 por 8". A pressão sanguínea é expressa em unidades de milímetros de mercúrio: a altura à qual sua pressão sanguínea elevaria uma coluna de mercúrio caso — melhor nem pensar! — sua artéria fosse subitamente conectada a uma. Naturalmente, nossa pressão sanguínea muda a cada ciclo das batidas do coração: sobe quando o coração contrai, desce quando o coração relaxa. Daí que o médico meça um primeiro número e depois um segundo (como 120 e 80 milímetros de mercúrio), referindo-se, respectivamente, ao pico da pressão a cada batida do coração (pressão sistólica) e à pressão mínima entre as batidas (pressão diastólica). A pressão sanguínea varia ligeiramente com a posição do corpo, a atividade e o grau de ansiedade, e por isso a medida em geral é feita enquanto a pessoa está deitada de costas e supostamente calma. Sob essas condições, 12 por 8 é uma leitura média para os americanos. Não existe nenhum ponto de corte mágico entre a pressão sanguínea normal e a pressão sanguínea alta. Mas, quanto mais alta sua pressão, maior a probabilidade de que você morra de um ataque cardíaco, de um derrame, de insuficiência renal ou do rompimento de uma aorta. Em geral define-se, de modo arbitrário, que uma pressão acima de 14 x 9 constitui uma hipertensão, mas algumas pessoas com leituras

SAL, AÇÚCAR, GORDURA E SEDENTARISMO

mais baixas morrerão com um derrame aos cinquenta anos, enquanto outras com leituras mais altas morrerão de um acidente de carro e em boa saúde aos noventa.

No curto prazo, a pressão sanguínea aumenta com o nível de ansiedade e com exercícios vigorosos. No longo prazo, no entanto, ela aumenta com outros fatores, especialmente a ingestão de sal (pelas razões que serão discutidas a seguir) e com a idade (nos ocidentalizados modernos, mas não nos povos tradicionais). A relação entre ingestão de sal e pressão sanguínea foi observada há mais de 2 mil anos no texto médico chinês *Huangdi neijing suwen*, que diz: "Portanto, se altas quantidades de sal são ingeridas, o pulso ficará rígido e forte." Em experimentos recentes feitos com chimpanzés em cativeiro, nossos parentes animais mais próximos, a pressão sanguínea era de saudáveis 12 x 5 enquanto consumiam uma dieta de Purina Monkey Chow que lhes fornecia de seis a doze gramas de sal por dia (como ocorre com a maior parte dos humanos modernos que têm uma dieta ocidental), mas aumentou com a idade (como também ocorre com os humanos modernos que adotam uma dieta ocidental). Após receberem durante um ano e sete meses uma dieta com alto teor de sal (de até 25 gramas por dia), a pressão sanguínea dos chimpanzés saltou para 15,5 x 6, permitindo que fossem classificados como hipertensos pelos padrões humanos, pelo menos quando se levava em conta sua pressão sanguínea sistólica.

Para nós, humanos, está claro que a ingestão de sal de fato influencia a pressão sanguínea, pelo menos nos extremos opostos de ingestão muito baixa e muito alta. O projeto internacional INTERSALT, realizado na década de 1980, usou uma metodologia uniforme para medir a ingestão de sal e a pressão sanguínea em 52 populações em todo o mundo. A população que já mencionei como tendo a mais baixa ingestão de sal registrada no mundo é a dos índios ianomâmis do Brasil, que também tiveram a mais baixa pressão sanguínea média do mundo, impressionantes 9,6 x 6,1. As duas populações seguintes com as menores ingestões de sal, os índios xingus do Brasil e os habitantes das terras altas do Vale do Asaro na Papua Nova Guiné, também tiveram as duas pressões sanguíneas mais baixas (10 x 6,2 e 10,8 x 6,3), logo abaixo dos ianomâmis.

O MUNDO ATÉ ONTEM

Essas três populações, e dezenas de outras em todo o mundo com estilos de vida tradicionais e baixa ingestão de sal, não apresentaram nenhum aumento na pressão sanguínea com a idade, em contraste com o que ocorre com os americanos e outras populações ocidentalizadas.

No extremo oposto, os médicos veem o Japão como "a terra da apoplexia", dada a alta frequência de derrames fatais (a principal causa de morte no Japão, cinco vezes mais frequentes do que nos Estados Unidos), associada à pressão sanguínea alta e à comida notoriamente salgada. Dentro do Japão, esses fatores alcançam o extremo na província de Akita, famosa por seu arroz apetitoso que os agricultores temperam com sal, engolem com missô salgado e alternam com picles salgados durante as refeições. Dos trezentos adultos estudados em Akita, nenhum consumia menos de cinco gramas de sal por dia (equivalente ao consumo de três meses de um índio ianomâmi), a média consumia 27 gramas e o mais apaixonado por sal consumiu incríveis setecentos gramas em apenas 12 dias. O recordista consumia diariamente a mesma quantidade de sal que um índio ianomâmi médio consumia em três anos e três meses. A pressão sanguínea *média* de uma pessoa de cinquenta anos em Akita era de 15,1 x 9,3, fazendo com que a hipertensão fosse a norma. Não é de surpreender que a frequência de mortes por derrames fosse mais do dobro da média japonesa, e, em algumas aldeias, 99% da população morria antes dos setenta anos.

A evidência, portanto, é notável: variações extremas na ingestão de sal têm fortes efeitos sobre a pressão sanguínea — ingestão muito baixa resulta em pressão sanguínea muito baixa, e ingestão muito alta resulta em pressão sanguínea muito alta. No entanto, a maior parte de nós nunca segue uma dieta tão radical como a de um índio ianomâmi ou de um agricultor akita. Em vez disso, gostaríamos de saber se variações mais modestas na ingestão de sal, dentro da faixa média mundial, têm pelo menos alguns efeitos modestos sobre a pressão sanguínea. Por diversas razões, realmente não é surpresa que ainda exista controvérsia sobre os efeitos da variação na faixa média de consumo de sal, pois a ingestão diária de sal entre as populações nesta faixa varia muito pouco. Por exemplo, 48 das 52 populações no estudo INTERSALT (todas as

SAL, AÇÚCAR, GORDURA E SEDENTARISMO

populações, exceto os ianomâmis e os três outros grupos desviantes que consomem muito pouco sal) tinham ingestões médias de sal entre 6 e 14 gramas por dia. A variação individual na ingestão de sal e na pressão sanguínea dentro da maior parte das populações é grande e tende a obscurecer diferenças médias entre as populações. A ingestão de sal é algo notoriamente difícil de medir de forma consistente, a menos que as pessoas sejam confinadas numa ala de pesquisas metabólicas de um hospital durante uma semana e se medisse os níveis de sal em todos os alimentos que consumissem e na urina produzida. Isso é completamente impossível de ser feito com os ianomâmis na selva, bem como com habitantes de cidades que querem levar vidas normais, fora de um hospital. Em vez disso, a ingestão de sal é geralmente estimada a partir de 24 horas de urina coletada, mas esses valores estão sujeitos a amplas variações diárias, dependendo de se alguém comeu um Big Mac ou tomou uma sopa enlatada de frango num determinado dia.

A despeito de todos esses fatores de incerteza, muitos experimentos naturais, bem como experimentos manipulativos, indicam, a meu ver, que variações na ingestão de sal em pessoas na faixa normal de fato afetam a pressão sanguínea. As variações regionais, as migrações e as variações individuais nos permitem fazer experimentos naturais. A ingestão de sal é mais alta em pessoas que moram no litoral do que nas que vivem no interior da Terra Nova e das ilhas Salomão, e mais alta nos nigerianos de áreas rurais que vivem perto de um lago salgado do que em nigerianos vizinhos que não estão próximos de uma fonte de sal; em cada caso, a população com maior ingestão de sal tem pressão sanguínea média mais alta. Quando quenianos ou chineses de áreas rurais se mudam para cidades, muitas vezes sua ingestão de sal aumenta, bem como sua pressão sanguínea. No Japão, a ingestão de sal no norte é quase o dobro da do sul, alcançando o ponto máximo na província de Akita, e essa tendência de aumento do consumo de sal tem como paralelo o aumento dos casos de hipertensão e de morte por derrame. Entre japoneses habitantes de uma única cidade (Takayama), as mortes por hipertensão e derrames aumentam com a maior ingestão de sal.

No que se refere a experimentos manipulativos, foram acompanhados americanos em uma dieta com ligeira redução na ingestão de sal durante trinta dias, guineenses em uma dieta com ligeiro aumento na ingestão de sal durante dez dias e chineses em uma dieta com ligeira redução ou ligeiro aumento na ingestão de sal por sete dias: todos apresentaram um aumento ou uma queda na pressão sanguínea paralelamente ao aumento ou à redução da ingestão de sal. Um grupo de epidemiologistas fez uma pesquisa em um subúrbio de Haia, na Holanda, com a cooperação das mães de 476 bebês recém-nascidos, e aleatoriamente atribuíram aos bebês (a maior parte deles ainda sendo amamentada com leite materno), durante seis meses, uma dieta de suplementos alimentares cujos conteúdos de sal eram ligeiramente diferentes. A pressão sanguínea dos bebês que consumiram doses de sal ligeiramente maiores aumentou progressivamente acima da pressão sanguínea dos bebês do outro grupo ao longo dos seis meses, quando a intervenção dos pesquisadores terminou e os bebês prosseguiram comendo o que desejassem durante os 15 anos seguintes. O dado interessante é que os efeitos daqueles seis meses de ingestão de sal na infância provaram-se permanentes: quando adolescentes, os antigos bebês que haviam consumido quantidades ligeiramente maiores de sal ainda tinham uma pressão sanguínea acima da registrada no grupo dos que haviam consumido quantidades ligeiramente menores de sal (talvez porque os primeiros tivessem ficado permanentemente condicionados a escolher comidas salgadas). Finalmente, em pelo menos quatro países conhecidos pelos altos níveis médios de consumo de sal e pelas resultantes mortes por derrame — China, Finlândia, Japão e Portugal —, as campanhas públicas realizadas pelo governo durante anos ou décadas conseguiram reduções locais ou nacionais na pressão sanguínea e na mortalidade por derrames. Por exemplo, uma campanha feita durante vinte anos na Finlândia, destinada a reduzir a ingestão de sal, conseguiu reduzir a pressão sanguínea média e, com isso, evitar 75% ou 80% das mortes por derrames e doenças coronarianas, além de acrescentar cinco ou seis anos à expectativa de vida dos finlandeses.

SAL, AÇÚCAR, GORDURA E SEDENTARISMO

Causas da hipertensão

Para que consigamos lidar com o problema da pressão sanguínea elevada, temos que entender os outros fatores causadores, além da alta ingestão de sal, e também entender por que o sal pode elevar a pressão sanguínea de algumas pessoas, mas não de outras. Por que alguns de nós temos pressão sanguínea muito mais alta do que outros? Apenas em 5% dos pacientes hipertensos existe a comprovação de uma causa única claramente identificável, como um desequilíbrio hormonal ou o uso de anticoncepcionais orais. Nos 95% restantes, não existe uma causa única óbvia. O eufemismo clínico para se referir à nossa ignorância quanto a esses casos é "hipertensão essencial".

Podemos avaliar o papel de fatores genéticos na hipertensão essencial comparando as diferenças entre a pressão sanguínea de uma pessoa e as pressões sanguíneas de parentes mais próximos ou mais distantes. Entre pessoas que vivem numa mesma residência, os gêmeos idênticos que partilham todos os genes têm pressões sanguíneas bastante semelhantes; a semelhança é menor, mas ainda significativa, entre gêmeos fraternos, entre irmãos comuns e entre pais e filhos biológicos, que partilham cerca da metade dos genes. A semelhança é ainda mais baixa entre irmãos adotados ou entre pais e seu filho adotado, que não têm nenhuma conexão genética direta, mas partilham o mesmo ambiente familiar. (Para os leitores que têm familiaridade com estatística e coeficientes de correlação, o coeficiente para pressão sanguínea é 0,63 entre gêmeos idênticos, 0,25 entre gêmeos fraternos ou pais e filho biológico, e 0,05 entre irmãos em que um deles foi sido adotado ou entre pais e um filho adotado. Se o coeficiente entre gêmeos idênticos fosse 1,0, isso significaria que a pressão sanguínea é quase totalmente determinada pelos genes, e que nada que uma pessoa possa fazer [depois de concebida] terá qualquer efeito sobre sua pressão sanguínea.) Evidentemente, nossos genes têm um grande efeito sobre a nossa pressão sanguínea, mas fatores ambientais também desempenham um papel, pois gêmeos idênticos têm pressões muito semelhantes, mas não idênticas.

Para pôr esses resultados em perspectiva, contrastemos a hipertensão com uma doença genética simples chamada doença de Tay-Sachs, devida a um defeito em um único gene. Todos os portadores têm um defeito nesse mesmo gene, e todas as pessoas nas quais esse gene é defeituoso morrerão por causa dessa doença, independentemente do estilo de vida ou de seu ambiente. Em contraste, a hipertensão geralmente envolve muitos genes diferentes, e cada um deles tem um efeito muito reduzido sobre a pressão sanguínea. Daí que diferentes pacientes hipertensos provavelmente devam sua condição a combinações de genes diferentes. Além disso, o fato de que alguém geneticamente predisposto à hipertensão venha a desenvolver sintomas depende, em grande medida, do estilo de vida. Assim, a hipertensão não é uma daquelas doenças raras, homogêneas e intelectualmente elegantes que os geneticistas adoram estudar. Ao contrário, tal como o diabetes e as úlceras, a hipertensão é um conjunto partilhado de sintomas produzidos por causas heterogêneas, todas elas envolvendo uma interação entre agentes ambientais e uma herança genética suscetível.

Muitos fatores ambientais ou estilos de vida que contribuem para o risco de hipertensão têm sido identificados por estudos que comparam a frequência de hipertensão em grupos de pessoas que vivem em condições diferentes. Descobriu-se que, além da alta ingestão de sal, outros fatores de risco significativos incluem obesidade, falta de exercícios regulares, alta ingestão de álcool ou gorduras saturadas e baixa ingestão de cálcio. A prova do acerto dessa abordagem é que pacientes hipertensos que modificam seu estilo de vida para minimizar esses supostos fatores de risco muitas vezes conseguem reduzir a pressão sanguínea. Todos nós ouvimos o mantra sempre recitado por nossos médicos: reduza o sal e o estresse, reduza o colesterol, as gorduras saturadas e o álcool, perca peso, pare de fumar e exercite-se regularmente. Então, como funciona o vínculo entre sal e pressão sanguínea? Ou seja, quais os mecanismos fisiológicos que, diante do aumento da ingestão de sal, conduzem a um aumento na pressão sanguínea em muitas pessoas, mas não em todas?

Grande parte da explicação envolve uma expansão do volume do fluido extracelular do corpo. Nas pessoas normais, se a ingestão de sal

SAL, AÇÚCAR, GORDURA E SEDENTARISMO

aumentar, o excesso é excretado pelos rins na urina. Mas em pessoas cujos rins têm algum dano nos mecanismos de excreção do sal, a excreção não consegue atingir o nível exigido pela maior ingestão. O excesso de sal retido no organismo dessas pessoas desencadeia uma sensação de sede e faz com que bebam água, o que resulta no aumento do volume sanguíneo. Em resposta, o coração bombeia mais e a pressão sanguínea aumenta, fazendo com que os rins filtrem e excretem mais sal e água sob aquela pressão aumentada. O resultado é um novo estado estacionário (ou um equilíbrio dinâmico) no qual a excreção de sal e água é novamente igual à ingestão, porém mais sal e água são armazenados no corpo e a pressão sanguínea aumenta novamente.

Mas por que o aumento da pressão sanguínea em consequência de um aumento na ingestão de sal manifesta-se em algumas pessoas, mas não na maior parte delas? Afinal, a maior parte das pessoas consegue manter uma pressão sanguínea "normal" a despeito de consumir mais de seis gramas de sal por dia. (Pelo menos, um médico ocidental consideraria essa pressão sanguínea normal; um médico ianomâmi, não.) Portanto, a alta ingestão de sal não leva automaticamente à hipertensão em todo mundo; acontece apenas em alguns indivíduos. O que têm eles de diferente?

Os médicos dão a esses indivíduos nos quais a pressão sanguínea responde a mudanças na ingestão de sal o nome "sensíveis ao sal", ou "sal-sensitivos". Entre os indivíduos hipertensos, o número de sal-sensitivos é o dobro do encontrado entre os normotensos (que têm pressão sanguínea normal). Ainda assim, a maior parte das mortes por pressão sanguínea elevada não é de hipertensos (com pressão sanguínea acima de 14 x 9), mas de indivíduos normotensos com pressão sanguínea apenas moderadamente elevada. Isso se explica pelo fato de que o número de pessoas normotensas é muito maior do que o de hipertensas, e o maior risco individual de morte em hipertensos não é fator suficientemente grande para contrabalançar a predominância de normotensos numa população. Quanto às diferenças fisiológicas específicas entre pessoas hipertensas e normotensas, existem muitas evidências de que o principal problema das hipertensas está em algum lugar de seus rins. Quando se transplanta um rim de um rato normotenso para um rato hipertenso durante um experimento, ou de um doador humano normotenso para um humano hipertenso gravemente enfermo a fim de ajudar a pessoa hipertensa, sua pressão sanguínea cai. No sentido oposto, quando se transplanta um rim de um rato hipertenso para um normotenso, a pressão sanguínea desse último sobe.

Outra evidência de que os rins de um hipertenso são a origem da hipertensão é que a maior parte dos diversos genes humanos conhecidos por afetarem a pressão sanguínea também afetam as proteínas envolvidas no processamento de sódio pelos rins (lembrem-se que sal é cloreto de sódio). Nossos rins de fato excretam sódio em dois estágios: primeiro, um filtro chamado glomérulo, situado no início do túbulo de cada rim, filtra o plasma sanguíneo (que contém sal) para dentro do túbulo; em seguida, a maior parte do sódio assim filtrado retorna ao sangue através da outra parte do túbulo que se segue ao glomérulo; o sódio filtrado que não é reabsorvido acaba excretado na urina e então é eliminado. Mudanças em cada um desses dois estágios podem levar à pressão sanguínea alta: pessoas mais velhas tendem a ter pressão sanguínea alta porque a filtragem glomerular é mais baixa, e as hipertensas tendem a tê-la porque têm maior reabsorção tubular de sódio. Em ambos os casos — menos filtragem de sódio, ou mais absorção de sódio —, o resultado é a maior retenção de sódio e água e uma pressão sanguínea mais alta.

Os médicos em geral se referem à suposta alta reabsorção tubular de sódio por pessoas hipertensas como um "defeito": por exemplo, os médicos dizem, "Os rins de hipertensos têm um defeito genético na excreção de sódio". No entanto, sendo eu um biólogo evolutivo, escuto uma campainha de alarme disparando cada vez que um traço aparentemente nocivo que ocorre frequentemente em uma população humana grande e consolidada é descartado como um "defeito". Depois de um número suficiente de gerações, aqueles genes que constituem sério impedimento à sobrevivência têm muito pouca probabilidade de se disseminar, a menos que seu resultado final, de alguma forma, aumente a sobrevivência e o sucesso reprodutivo. A medicina humana

SAL, AÇÚCAR, GORDURA E SEDENTARISMO

tem fornecido o melhor exemplo de genes aparentemente defeituosos que passam a ocorrer em alta frequência porque têm efeitos equilibradores. Por exemplo, a hemoglobina da célula falciforme é um gene mutante que tende a causar anemia, algo indiscutivelmente nocivo. Mas o gene também oferece alguma proteção contra a malária, e, assim, o resultado final do gene em áreas da África e do Mediterrâneo com alta ocorrência de malária é benéfico. Portanto, para entender por que os hipertensos não tratados tendem a morrer atualmente como resultado do fato de que seus rins retêm sal, precisamos nos perguntar em que condições passadas as pessoas podem ter se beneficiado por terem rins capazes de reter sal.

A resposta é simples. Nas condições de baixa disponibilidade de sal enfrentadas pela maior parte dos humanos ao longo da maior parte de nossa história, até o surgimento recente dos saleiros, os que tinham rins eficientes e capazes de reter sal eram mais capazes de sobreviver aos inevitáveis episódios de perda de sal pelo suor e por crises de diarreia. Esses rins retentivos só se tornaram uma desvantagem quando o sal se tornou regularmente disponível, levando à retenção excessiva e à hipertensão, com suas consequências fatais. É por isso que a pressão sanguínea e a prevalência da hipertensão dispararam recentemente em tantas populações em todo o mundo, agora que se afastaram de seus estilos de vida tradicionais, nos quais havia limitada disponibilidade de sal, e se transformaram em clientes de supermercados. Uma ironia evolutiva: aqueles de nós cujos ancestrais foram mais capazes de lidar com os problemas de deficiência de sal nas savanas africanas, há dezenas de milhares de anos, agora são os que correm os mais altos riscos de morrer nas ruas de Los Angeles por problemas de excesso de sal.

Fontes de sal na dieta

Se, a essa altura, você já tiver se convencido de que seria saudável reduzir sua ingestão de sal, como poderia fazer isso? Eu costumava pensar que já havia reduzido minha ingestão e que meus hábitos relativos ao sal eram virtuosos porque nunca, jamais, uso o saleiro para acrescentar sal à minha comida. Embora nunca tivesse medido minha ingestão de sal ou a quantidade que excretava, eu ingenuamente presumia que fosse baixa. Infelizmente, agora compreendo que, se a tivesse medido, teria descoberto que era muito acima dos níveis dos ianomâmis, e não tão abaixo assim dos níveis dos americanos que usam saleiros.

A explicação para essa triste descoberta tem a ver com as fontes do total de sal que de fato ingerimos diariamente com nossos alimentos. Na América do Norte e na Europa, apenas 12% do sal ingerido é acrescentado em casa e com nosso conhecimento, seja por quem está cozinhando ou pelo consumidor individual à mesa. A única parcela que eu havia virtuosamente eliminado eram esses 12%. Os 12% seguintes são o sal naturalmente presente nos alimentos frescos. Infelizmente, os restantes 75% de nossa ingestão de sal estão "ocultos": já vêm acrescentados por outros aos alimentos que compramos, sejam os processados ou os que comemos em restaurantes. Em consequência disso, os americanos e europeus (incluindo eu) não têm nenhuma ideia de quão elevada é sua ingestão diária de sal, a menos que se submetam a uma coleta de urina de 24 horas. Abster-se de usar saleiros não é suficiente para reduzir drasticamente sua ingestão de sal: você também precisa dispor de informações sobre como selecionar os alimentos que compra e os restaurantes nos quais come.

Os alimentos processados contêm quantidades de sal impressionantemente mais elevadas do que as encontradas nos alimentos correspondentes não processados. Por exemplo, em comparação com o salmão fresco cozido sem sal no vapor, o salmão em lata contém cinco vezes mais sal, e o salmão defumado comprado num supermercado contém doze vezes mais. O protótipo da fast-food — cheeseburger com batatas fritas — contém cerca de três gramas de sal (um terço da ingestão diária média para um americano, ou 13 vezes o sal dessa mesma combinação feita em casa sem sal). Alguns alimentos processados que têm teores especialmente altos de sal são carne de boi enlatada, queijos fundidos e amendoim torrado. Para mim, foi uma surpresa saber que a maior fonte do sal consumido diariamente nos Estados Unidos e na Inglaterra são os

SAL, AÇÚCAR, GORDURA E SEDENTARISMO

produtos de cereais — pão, outros produtos assados e cereais matinais —, que não costumamos considerar salgados.

Por que os fabricantes de alimentos processados acrescentam esse excesso de sal? Uma razão é que essa é uma forma quase sem custo de fazer com que comidas baratas e intragáveis se tornem algo comestível. Outra razão é que, ao aumentar o teor de sal da carne, aumenta-se o peso da água agregada, e isso faz com que o peso final do produto aumente 20%. Na realidade, o fabricante fornece menos carne, mas ainda consegue o mesmo preço por um "quilo" de carne que, na realidade, agora consiste em apenas 83% da carne original e mais 17% de água agregada. Outra razão é que o sal é um importante determinante da sede: quanto mais sal você consumir, mais líquidos beberá, e grande parte do que os americanos e europeus bebem é constituída de refrigerantes e águas engarrafadas — dos quais alguns desses produtos são vendidos pelas mesmas empresas que vendem os salgadinhos e os alimentos processados que deixam você com sede. Finalmente, o público ficou viciado em sal, e agora prefere alimentos salgados.

Um quadro diferente surge quando se analisa as fontes do sal consumido nos países do leste e do sul da Ásia e na maior parte do mundo em desenvolvimento, onde quase todo o sal ingerido não vem de alimentos processados nem de restaurantes, mas do acrescentado na própria casa do consumidor. Por exemplo, na China, 72% do sal ingerido é acrescentado durante o cozimento ou à mesa, e outros 8% vêm do salgado molho de soja. No Japão, as principais fontes do sal ingerido são o molho de soja (20%), a salgada sopa de missô (10%), vegetais e frutas salgados (10%), peixe fresco e salgado (10%) e sal acrescentado em restaurantes, lanchonetes e em casa (10%). É por isso que a ingestão de sal em muitos países asiáticos excede doze gramas por dia (lembre-se de que o consumo médio diário de sal em todo o mundo é entre nove e doze gramas). Nos países em desenvolvimento, ao sal acrescentado durante o cozimento junta-se o sal em molhos, temperos e conservas.

Os altos custos públicos com saúde que a hipertensão, os derrames e outras doenças associadas ao sal infligem ao país, sob a forma de gastos médicos e hospitalares e perdas de vidas de trabalhadores, levaram al-

O MUNDO ATÉ ONTEM

guns governos a criar campanhas nacionais permanentes para ajudar seus cidadãos a diminuir a ingestão de sal. Mas os governos rapidamente perceberam que não poderiam alcançar esse objetivo se não mobilizassem a cooperação da indústria de alimentos para que reduzisse o sal acrescentado aos alimentos processados. As reduções têm sido graduais, com apenas 10% ou 20% do total removidos a cada ano ou dois — uma redução tão pequena que o público nem percebe. A Inglaterra, o Japão, a Finlândia e Portugal vêm mantendo essas campanhas já há duas, três ou quatro décadas, resultando na redução da ingestão de sal e nas consequentes reduções de custos médicos nacionais, bem como na melhoria nas estatísticas de saúde que já mencionei.

Será que nós, cidadãos das nações industrializadas, somos fantoches impotentes nas mãos dos fabricantes de alimentos e que há pouca coisa que possamos fazer para reduzir a ingestão de sal e a pressão sanguínea, exceto rezar para que surja uma campanha governamental efetiva contra o sal? Na realidade, você pode dar um grande passo, além de evitar o uso de saleiros: pode adotar uma dieta saudável com alimentos frescos e poucos alimentos processados. Especificamente, seria uma dieta com grande quantidade de vegetais, frutas, fibra, carboidratos complexos, laticínios magros (inclusive queijos magros), grãos integrais, frango, peixe (sim, você pode comer peixes gordurosos), óleos vegetais e nozes, e com baixo consumo de carne vermelha, doces, bebidas que contenham açúcar, manteiga, cremes, colesterol e gorduras saturadas. Em experimentos controlados com voluntários, essa dieta, chamada DASH — Dietary Approaches to Stop Hypertension (Abordagens Dietéticas para Deter a Hipertensão) — reduz significativamente a pressão sanguínea.

Talvez você já esteja pensando: "Não há a menor chance de eu me submeter a uma dieta insípida, com pouca gordura, e destruir meu prazer de comer somente para viver mais dez anos! Prefiro desfrutar setenta anos com ótimas comidas e vinho a oitenta anos de biscoitos de água e sal com gosto de nada." De fato, a dieta DASH baseia-se na chamada dieta mediterrânea, com um delicioso conteúdo de 38% de gordura, e seu nome deriva do fato de que é isso o que os italianos, espanhóis, gregos e muitos franceses de fato comem tradicionalmente.

SAL, AÇÚCAR, GORDURA E SEDENTARISMO

(A gordura contida nas dietas DASH e mediterrânea é alta em gordura monoinsaturada, o tipo que é bom para a saúde.) Essas pessoas não estão comendo biscoito de água e sal: estão desfrutando as melhores culinárias da civilização ocidental. Os italianos, que todos os dias passam horas consumindo suas massas gloriosas, seus pães, queijos, azeites e outros triunfos das cozinhas e fazendas italianas, ainda assim são, na média, das pessoas mais magras do mundo ocidental. Ao mesmo tempo, nós, americanos, cuja dieta não tem absolutamente nada de mediterrânea, temos, na média, as maiores medidas de circunferência abdominal do mundo ocidental. Um terço dos adultos americanos é obeso, e outra terça parte está "meramente" acima do peso, e nem ao menos temos o consolo de que esse é o preço que pagamos pelos prazeres da cozinha italiana. Você também pode desfrutar ótimas comidas e, *ao mesmo tempo*, ser saudável.

Diabetes

As dietas ocidentais altas em açúcar e em carboidratos que produzem açúcar são para o diabetes o que é o sal para a hipertensão. Quando meus filhos gêmeos ainda eram jovens demais para terem aprendido hábitos alimentares saudáveis, levá-los a um supermercado significava para mim e minha mulher atravessar um corredor polonês de perigos doces. Para o café da manhã, meus garotos eram tentados pela escolha entre os chamados "cereais matinais" Apple Cinnamon Cheerios e Fruit Loops, respectivamente 85% e 89% de carboidratos, de acordo com os fabricantes, e metade desses carboidratos era na forma de açúcar. Para o almoço, as embalagens com as figuras das famosas tartarugas ninja seduziam as crianças a pedir Teenage Mutant Ninja Turtles Cheese Pasta Dinner, com 81% de carboidratos. As escolhas de biscoitos incluíam Fruit Bears (92% de carboidratos, nenhuma proteína) e biscoitos de chocolate com creme de baunilha Teddy Graham's Bearwich (71% de carboidratos); ambos listavam xarope de milho, além de açúcar, entre os ingredientes.

O MUNDO ATÉ ONTEM

Todos esses produtos continham pouca fibra, ou nenhuma. Comparados com a dieta para a qual nossa história evolutiva nos adaptou, eles diferiam em seus conteúdos muito mais altos de açúcar e de outros carboidratos (71% a 95%, em vez de cerca de 15% a 55%) e em conteúdos muito mais baixos de proteína e fibra. Mencionei essas três marcas específicas não porque sejam incomuns, mas precisamente porque seu conteúdo era típico do que estava disponível. Por volta do ano 1700, a ingestão *per capita* de açúcar era de apenas 1,8 quilo por ano na Inglaterra e nos Estados Unidos (que ainda eram uma colônia), mas, hoje, é de 68 quilos *per capita* por ano. Hoje, um quarto da população dos Estados Unidos come mais de noventa quilos de açúcar por ano. Um estudo de alunos americanos da oitava série mostrou que 40% de suas dietas eram constituídas de açúcar e carboidratos que produziam açúcar. Com comidas como as que acabei de mencionar à espreita nos supermercados, tentando as crianças e os pais, não é de admirar que as consequências do diabetes, a doença mais comum do metabolismo de carboidratos, venha a causar a morte de muitos leitores deste livro. Não é de admirar que nossos dentes fiquem cariados, algo muito raro entre os !kungs. Na década de 1970, quando eu vivia na Escócia, onde o consumo de bolos e doces era assombroso, disseram-me que alguns escoceses perdiam a maior parte dos dentes quando ainda adolescentes por causa de cáries.

A causa última dos muitos tipos de danos que o diabetes inflige aos nossos corpos é a alta concentração de glicose no sangue. Isso produz o derramamento de glicose na urina, uma manifestação da qual vem o nome completo da doença, *diabetes mellitus*, derivado de mel. O diabetes não é infeccioso nem fatal a curto prazo, por isso não produz manchetes na mídia, como faz a aids. Ainda assim, a epidemia mundial de diabetes hoje supera, em muito, a epidemia de aids quanto ao número de mortes e sofrimentos que causa. O diabetes incapacita suas vítimas lentamente e reduz sua qualidade de vida. Como todas as células no nosso corpo ficam expostas ao açúcar que corre no sangue, o diabetes pode afetar praticamente quase todos os órgãos. E tem muitas consequências secundárias: é a principal causa

SAL, AÇÚCAR, GORDURA E SEDENTARISMO

de cegueira em adultos nos Estados Unidos; a segunda principal causa de amputações programadas de pés; a causa de um terço de todos os nossos casos de insuficiência renal; um grande fator de risco para derrames, infartos, doenças vasculares periféricas e degeneração de nervos; e a causa de um gasto de mais de cem bilhões de dólares anuais pelo sistema de saúde americano (que correspondem a 15% dos custos com todas as doenças combinadas). Para citar Wilfrid Oakley, "O homem pode ser o senhor de seu destino, mas é também a vítima do açúcar no sangue".

Em 2010, o número de diabéticos no mundo foi calculado em cerca de 300 milhões. Este valor pode estar subestimado, porque provavelmente havia outros casos não diagnosticados, especialmente em países em desenvolvimento. A taxa de crescimento do número de diabéticos é de 2,2% ao ano, ou duas vezes a taxa de crescimento da população adulta. Isso significa que a porcentagem da população diabética está crescendo. Se nada mais mudar no mundo, exceto que a população continue crescendo, envelhecendo e se transferindo para cidades (o que significa levar uma vida mais sedentária e, assim, aumentar a prevalência do diabetes), então o número de casos previstos para 2030 é de cerca de 500 milhões. Isso faria do diabetes uma das doenças mais comuns no mundo e o maior problema de saúde pública. Mas o prognóstico é ainda pior, porque outros fatores de risco para o diabetes (especialmente a riqueza e a obesidade nas áreas rurais) também estão crescendo, de forma que o número de casos em 2030 provavelmente será ainda maior. A atual explosão na prevalência do diabetes ocorre especialmente no Terceiro Mundo, onde a epidemia ainda está nos estágios iniciais na Índia e na China, os dois países mais populosos do mundo. Antes considerada uma doença que atingia principalmente europeus e norte-americanos ricos, o diabetes ultrapassou dois marcos no ano 2010: mais da metade dos diabéticos do mundo está na Ásia, e os dois países com os maiores números de diabéticos são agora a Índia e a China.

Tipos de diabetes

O que ocorre normalmente quando consumimos algumas glicoses (ou outros carboidratos que contêm glicose)? À medida que o açúcar é absorvido de nosso intestino, sua concentração no sangue aumenta, e isso ativa o pâncreas para liberar o hormônio insulina. Esse hormônio, por sua vez, sinaliza o fígado para reduzir a produção de glicose e sinaliza os músculos e as células de gordura para absorverem a glicose (parando, assim, o aumento da concentração de glicose no sangue) e armazená-la como glicogênio ou como gordura a ser usada como energia entre as refeições. Outros nutrientes, como os aminoácidos, também desencadeiam a liberação de insulina, e a insulina tem efeitos sobre outros componentes além do açúcar (tal como impedir a quebra da gordura).

Muitas coisas diferentes podem dar errado no curso normal dos eventos, e então o termo *diabetes mellitus* cobre uma grande variedade de problemas subjacentes interligados pelos mesmos sintomas decorrentes de altos níveis de açúcar no sangue. Genericamente, essa diversidade pode ser dividida em dois grupos de doenças: o diabetes Tipo 2, ou *diabetes mellitus*, não dependente de insulina (diabetes da idade adulta) e o muito menos comum *diabetes mellitus* Tipo 1, dependente de insulina (diabetes juvenil). Este último é uma doença autoimune na qual os anticorpos da pessoa destroem as células pancreáticas que secretam insulina. Os diabéticos Tipo 1 tendem a ser magros, não produzem insulina e necessitam de várias injeções diárias. Muitos deles são portadores de certos genes (alguns chamados alelos HLA) que codificam para elementos do sistema imunológico. O diabetes Tipo 2, ao contrário, envolve crescente resistência das células do corpo à insulina da pessoa, fazendo com que as células não absorvam a glicose a taxas normais. Enquanto o pâncreas puder responder liberando mais insulina, a resistência das células pode ser superada e a glicose sanguínea permanece dentro de uma faixa normal. Mas, em algum momento, o pâncreas fica exaurido, pode não conseguir produzir insulina suficiente para superar a resistência, os níveis de glicose no sangue aumentam e o paciente desenvolve o diabetes. Os pacientes do diabetes Tipo 2 tendem a ser obesos. Nos estágios iniciais da doença, eles muitas vezes podem controlar seus sintomas por meio de uma dieta adequada, exercitando-se regularmente, perdendo peso e sem precisar de comprimidos ou injeções de insulina.

No entanto, pode ser difícil distinguir entre diabetes Tipo 1 e Tipo 2, porque agora o Tipo 2 está aparecendo com frequência cada vez maior na juventude, enquanto o diabetes Tipo 1 talvez só se manifeste na idade adulta. Até o diabetes Tipo 2 (definido pela resistência à insulina) está associado a muitos genes diferentes e manifesta-se por vários sintomas. Todas as minhas discussões seguintes neste capítulo tratarão do tipo muito mais comum (cerca de dez vezes mais frequente) de diabetes Tipo 2, ao qual me referirei a partir daqui simplesmente como "diabetes".

Genes, ambiente e diabetes

Há mais de 2 mil anos, médicos hindus observaram casos de "urina adocicada" e comentaram que aquilo "passava de geração a geração no esperma" e também era influenciado por uma "dieta insensata". Os médicos atuais redescobriram essas conclusões fatais, que agora refraseamos dizendo que o diabetes envolve tanto fatores genéticos quanto ambientais e, possivelmente, também fatores intrauterinos que atingem o feto durante a gravidez. O papel dos genes fica evidente quando se considera que o risco de uma pessoa ficar diabética é dez vezes maior se um parente de primeiro grau (pai, mãe, irmãos) for diabético. Mas o diabetes, como a hipertensão, não é uma daquelas doenças genéticas simples (como a anemia falciforme) na qual uma mutação no mesmo gene é responsável pela doença em todos os pacientes. Em vez disso, já foram identificadas muitas dezenas de diferentes fatores genéticos de suscetibilidade ao diabetes, muitos deles tendo em comum apenas o fato de que uma mutação em qualquer um desses genes poderia resultar em níveis altos de glicose sanguínea devido à resistência à insulina. (Menciono novamente que esses comentários aplicam-se apenas ao diabetes Tipo 2; o Tipo 1 envolve seu próprio conjunto específico de fatores genéticos de suscetibilidade.)

O MUNDO ATÉ ONTEM

Além desses fatores genéticos do diabetes, a doença também depende de fatores ambientais e estilos de vida. Mesmo que você seja geneticamente predisposto ao diabetes, não necessariamente terá a doença — conforme ocorreria se tivesse um par de genes para a distrofia muscular ou a doença de Tay-Sachs. O risco de desenvolver o diabetes aumenta com a idade, se tem parentes de primeiro grau diabéticos e mãe diabética, coisas sobre as quais não se pode fazer nada. Mas outros fatores de risco que conduzem ao diabetes são fatores sob seu controle, incluindo, especialmente, estar acima do peso, não se exercitar regularmente, ter uma dieta de alto teor calórico e consumir muito açúcar e gordura. A maior parte dos diabéticos Tipo 2 pode diminuir seus sintomas reduzindo esses fatores de risco. Por exemplo, a prevalência de diabetes é de cinco a dez vezes mais alta em pessoas obesas do que nas que têm peso normal, e pacientes diabéticos muitas vezes podem recuperar a saúde adotando a alimentação correta, exercitando-se regularmente e perdendo peso, e essas mesmas medidas podem proteger da doença as pessoas predispostas.

O papel dos fatores ambientais no diabetes pode ser especificamente ilustrado com muitos tipos de experimentos naturais, inclusive os que mencionei no início deste capítulo ao demonstrar a relação entre o estilo de vida ocidental e as doenças não transmissíveis em geral. O aumento nesses fatores em todo o mundo está na base da atual epidemia global de diabetes. Um desses tipos de experimentos naturais envolve o aumento e a queda da prevalência do diabetes que acompanha o aumento e a queda da exposição ao estilo de vida ocidental e à riqueza numa mesma população. No Japão, as linhas dos gráficos de prevalência do diabetes e as dos indicadores econômicos seguem curvas praticamente idênticas, inclusive quando há oscilações de um ano a outro. Isso ocorre porque, quando as pessoas têm mais dinheiro, elas comem mais, daí o risco de desenvolverem mais sintomas de diabetes. O diabetes e seus sintomas declinam ou desaparecem em populações em condições de inanição, como ocorreu com os pacientes franceses de diabetes submetidos ao severo racionamento geral de alimentos durante o cerco de Paris em 1870-1871. Grupos de aborígines australianos que

SAL, AÇÚCAR, GORDURA E SEDENTARISMO

temporariamente abandonaram o estilo de vida ocidental sedentário adquirido e retomaram as vigorosas práticas tradicionais de coleta de alimentos reverteram seus sintomas de diabetes; um desses grupos perdeu uma média de oito quilos de peso corporal em sete semanas. (Lembre-se que a obesidade é um dos principais fatores de risco para o diabetes.) Reduções nos sintomas do diabetes e na circunferência abdominal também foram observadas nos suecos que, durante três meses, abandonaram sua dieta sueca nada mediterrânea (acima de 70% de calorias provenientes de açúcar, margarina, laticínios, álcool, óleo e cereais) e adotaram uma dieta mediterrânea típica dos italianos magros. Os suecos que adotaram uma "dieta paleolítica" programada para se parecer com a dos caçadores-coletores ficaram ainda mais saudáveis e chegaram a cinturas ainda mais finas.

Outro experimento natural é fornecido pelas altas e explosivas taxas de diabetes entre grupos que emigraram e, assim, abandonaram uma vigorosa vida espartana e adotaram uma vida sedentária altamente calórica e sem exercícios, baseada na abundância de comidas de supermercado. Um exemplo dramático envolve os judeus iemenitas que foram levados de avião para Israel durante a Operação Tapete Mágico em 1949 e 1950, saindo diretamente de suas condições até então medievais e sendo abruptamente lançados no século XX. Embora esses judeus fossem quase livres de diabetes quando chegaram a Israel, 13% deles tornaram-se diabéticos em duas décadas. Outros migrantes que buscavam oportunidade e, em vez disso, encontraram diabetes incluem judeus etíopes que se mudaram para Israel, mexicanos e japoneses que se mudaram para os Estados Unidos, polinésios que se transferiram para a Nova Zelândia, chineses que foram para Maurício e Cingapura e indígenas asiáticos que se mudaram para a África do Sul, os Estados Unidos, a Inglaterra, Maurício, Cingapura e Fiji.

Os países em desenvolvimento que recentemente ficaram mais ricos e ocidentalizados também têm números crescentes de diabéticos. Em primeiro lugar, destacam-se os oito países árabes produtores de petróleo e as ilhas-nações que recentemente se tornaram ricas e agora lideram o mundo em prevalência de diabetes (mais de 15% em todos eles). Todos os países latino-americanos e caribenhos agora têm prevalências acima de 5%. Todos os países do leste e sul da Ásia têm prevalências acima de 4%, exceto os cinco países mais pobres, onde a prevalência não passa de 1,6%. As altas prevalências nos países que estão se desenvolvendo mais rapidamente são um fenômeno recente: a prevalência na Índia ainda estava abaixo de 1% tão recentemente quanto 1959, mas agora é de 8%. Inversamente, na África a maior parte dos países subsaarianos ainda é pobre e com prevalências abaixo de 5%.

Essas médias nacionais ocultam grandes diferenças internas que constituem experimentos naturais adicionais. Em todo o mundo, a urbanização resulta em menos exercícios físicos e mais comidas de supermercado, obesidade e diabetes. Populações urbanas específicas que assim adquiriram prevalências de diabetes particularmente altas incluem o já mencionado povo wanigela da capital da Papua Nova Guiné (37% de prevalência) e diversos grupos de aborígines australianos urbanos (até 33%). Ambos os casos são ainda mais impactantes porque o diabetes era uma doença desconhecida entre guineenses e australianos que viviam em condições tradicionais.

Assim, o estilo de vida ocidental de alguma forma aumenta o risco de que aqueles que o desfrutam se tornem diabéticos. Mas o estilo de vida ocidental consiste em muitos componentes interligados: quais deles dão as maiores contribuições para aumentar o risco de diabetes? Embora não seja fácil desemaranhar os efeitos de influências correlacionadas, parece que os três fatores de risco mais fortes são a obesidade, o sedentarismo (sobre os quais você pode fazer alguma coisa) e um histórico familiar de diabetes (sobre o qual você não pode fazer nada). Outro fator de risco que você não pode controlar é o peso alto ou baixo que tinha ao nascer. Embora a composição da dieta seguramente atue pelo menos em parte, dada sua relação com a obesidade, também parece ter alguma influência independente: entre pessoas com grau de obesidade semelhante, aquelas que consumiam uma dieta mediterrânea parecem correr menos risco do que aquelas com alta ingestão de açúcar, gorduras saturadas, colesterol e triglicerídios. O fato de não se exercitar regularmente podem criar riscos, especialmente ao predispor para a obesidade, enquanto o fumo, as inflamações e o alto consumo de álcool parecem ser fatores de risco independentes. Em resumo, o diabetes Tipo 2 tem origem em fatores genéticos e, possivelmente, fatores intrauterinos que podem se revelar mais tarde, desencadeados por fatores associados ao estilo de vida, e tudo isso irá resultar nos sintomas da doença.

Índios pimas e ilhéus de Nauru

Essas provas do papel desempenhado pelo ambiente na prevalência do diabetes são ilustradas pelas tragédias dos dois povos com as mais altas taxas de diabetes do mundo: os índios pimas e os ilhéus de Nauru. Os pimas sobreviveram por mais de 2 mil anos nos desertos do sul do Arizona usando métodos agrícolas baseados em elaborados sistemas de irrigação e suplementados por caça e coleta. Como a incidência de chuva no deserto tem grande variação de um ano a outro, as colheitas falhavam a cada cinco anos, forçando os pimas a depender exclusivamente de alimentos silvestres para sobreviver, especialmente a carne de lebres e a algaroba. Muitas de suas plantas silvestres preferidas tinham alto conteúdo de fibra, pouca gordura e só liberavam glicose lentamente, constituindo assim uma dieta antidiabete ideal. Após longa história de surtos periódicos de fome generalizada, os pimas passaram por privações mais prolongadas no final do século XIX, quando os colonos brancos desviaram as nascentes dos rios dos quais os pimas dependiam para a irrigação. O resultado foi a perda das safras e grande número de óbitos por inanição. Hoje, os pimas comem alimentos comprados em supermercados. Observadores que os visitaram no início dos anos 1900 relataram que a obesidade era rara entre eles e o diabetes quase inexistente. Desde os anos 1960, a obesidade se generalizou entre os pimas, e alguns deles agora pesam mais de 130 quilos. Metade deles está no percentil mais alto da relação peso/altura típica da população americana. As mulheres pimas consomem cerca de 3.160 calorias por dia (50% acima da média dos Estados Unidos), e 40% dessas calorias são constituídas por gordura. Além do problema da obesidade, os pi-

O MUNDO ATÉ ONTEM

mas ficaram famosos na literatura sobre diabetes porque têm hoje, em todo o mundo, a mais alta frequência da doença. Metade de todos os pimas com mais de 35 anos e 70% dos que têm entre 55 e 64 anos são diabéticos, o que leva a ocorrências tragicamente elevadas de cegueira, amputação de membros e insuficiência renal.

Meu segundo exemplo é a ilha de Nauru, uma pequena e remota ilha tropical do Pacífico colonizada por micronésios em tempos pré-históricos. Nauru foi anexada pela Alemanha em 1888, ocupada pela Austrália em 1914 e acabou alcançando a independência em 1968, passando a ser a menor república do mundo. No entanto, Nauru também tem uma característica menos apreciável por ser o exemplo cruelmente ilustrativo de um fenômeno raramente documentado: uma epidemia de uma doença genética. Nossas conhecidas epidemias de doenças infecciosas irrompem quando aumenta a transmissão do agente infeccioso, depois diminuem quando decresce o número de potenciais vítimas suscetíveis, devido tanto à imunidade adquirida pelos sobreviventes quanto à maior mortalidade relativa daqueles que eram geneticamente suscetíveis. No caso da epidemia de uma doença genética, ela é deflagrada pelo aumento de fatores ambientais de risco, e então desaparece quando cai o número de potenciais vítimas suscetíveis (mas apenas por causa das mortes preferenciais daqueles que eram geneticamente mais suscetíveis, não devido à imunidade adquirida; ninguém adquire imunidade ao diabetes).

O estilo de vida tradicional dos nauruanos baseava-se na agricultura e na pesca e envolvia frequentes episódios de morte por inanição por conta das secas e da pobreza do solo. Ainda assim, os primeiros visitantes europeus observaram que os nauruanos eram rechonchudos, admiravam pessoas grandes e gordas e punham as jovens em uma dieta para engordá-las e torná-las mais atraentes (de acordo com os critérios locais). Em 1906, descobriu-se que a maior parte da ilha era formada por pedras que continham a mais alta concentração de fosfato do mundo, um ingrediente essencial dos fertilizantes. Em 1922, a empresa de mineração que extraía as pedras finalmente começou a pagar royalties aos ilhéus. Como resultado dessa súbita riqueza, o consumo médio de açúcar pelos nauruanos chegou a meio quilo por

SAL, AÇÚCAR, GORDURA E SEDENTARISMO

dia em 1927, e foi preciso importar mão de obra porque os habitantes locais não gostavam de trabalhar como mineiros. Durante a Segunda Guerra Mundial, Nauru foi ocupada por forças militares japonesas que impuseram o trabalho forçado, reduziram as rações de alimentos a 250 gramas de abóbora por dia e depois deportaram a maior parte da população para Truk, onde a metade morreu de inanição. Quando os sobreviventes retornaram a Nauru após a guerra, recuperaram seus royalties do fosfato, abandonaram quase inteiramente a agricultura e retomaram as compras em supermercados, empilhando grandes pacotes de açúcar em seus carrinhos e comendo o dobro das calorias recomendadas. Tornaram-se sedentários e passaram a preferir veículos motorizados para circular em sua pequena ilha (cujo raio é de dois quilômetros e meio, em média). Após a independência em 1968, os royalties anuais *per capita* do fosfato subiram para 23 mil dólares, posicionando os nauruanos entre os povos mais ricos do mundo. Hoje, eles são a população mais obesa das ilhas do Pacífico e têm a mais alta pressão sanguínea média. O peso corporal médio está 50% acima do peso de australianos brancos da mesma estatura.

Embora os médicos coloniais europeus em Nauru soubessem reconhecer o diabetes e o tenham diagnosticado em trabalhadores não nauruanos, o primeiro caso em um nativo só foi observado em 1925. O segundo caso foi registrado em 1934. Depois de 1954, no entanto, a prevalência da doença cresceu acentuadamente e tornou-se a causa mais comum de morte não acidental. Um terço de todos os nauruanos com mais de vinte anos, dois terços dos que têm mais de 55 anos e 70% dos poucos que sobrevivem até os setenta anos são diabéticos. Durante a última década, a prevalência da doença começou a cair, não porque fatores ambientais de risco estejam sendo mitigados (a obesidade e o sedentarismo são tão comuns como sempre foram), mas supostamente porque aqueles que eram geneticamente mais suscetíveis já morreram. Se essa interpretação se provar correta, então Nauru terá fornecido o caso mais rápido de que tenho conhecimento de uma seleção natural dentro de uma população humana: uma seleção completa e detectável em menos de quarenta anos.

O MUNDO ATÉ ONTEM

Diabetes na Índia

A Tabela 11.1 resume, para facilitar a comparação, algumas prevalências de diabetes no mundo. É óbvio que há grandes diferenças nas médias nacionais de prevalência, indo desde os menores valores da Mongólia e de Ruanda (1,6%) até os altos valores de 19% nos Emirados Árabes Unidos e de 31% em Nauru. Mas a Tabela 11.1 também ilustra que essas médias nacionais ocultam diferenças igualmente grandes dentro dos países, relacionadas a diferenças em estilos de vida: pelo menos nos países em desenvolvimento, as populações ricas ou ocidentalizadas ou urbanas tendem a ter prevalências muito mais altas do que as populações pobres ou tradicionais ou rurais.

A Índia fornece excelentes exemplos dessas diferenças subnacionais. (Por essa informação, sou grato ao professor V. Mohan, da Fundação Madras de Pesquisa de Diabetes.) A prevalência média na Índia em 2010 era de 8%. Mas, há algumas décadas, havia poucos diabéticos no país. Pesquisas de 1938 e 1959 realizadas em cidades grandes (Calcutá e Mumbai), que hoje se destacam pelos altos índices de diabetes, registraram prevalências de apenas 1% ou menos. Somente na década de 1980 esses números começaram a crescer, primeiro lentamente, e agora explosivamente, até chegar a ponto de a Índia abrigar maior número de diabéticos (mais de 40 milhões) do que qualquer outro país. As razões são basicamente as mesmas que estão por trás da epidemia de diabetes no mundo: urbanização, elevação do padrão de vida, disseminação de alimentos doces e gordurosos ricos em calorias e facilmente disponíveis nas cidades, tanto para ricos quanto para pobres, crescente sedentarismo associado à substituição de trabalhos manuais por empregos no setor de serviços, e videogames, televisão e computadores que mantêm as crianças (e os adultos) letargicamente sentados olhando telas durante muitas horas todos os dias. Embora o papel específico da televisão não tenha sido quantificado na Índia, um estudo na Austrália descobriu que cada

SAL, AÇÚCAR, GORDURA E SEDENTARISMO

hora diária gasta assistindo à TV está associada a um aumento de 18% na mortalidade cardiovascular (grande parte disso relacionada ao diabetes), mesmo depois de controlar por outros fatores de risco como circunferência abdominal, fumo, ingestão de álcool e dieta. Mas estes fatores sabidamente aumentam com o tempo gasto diante da TV, e o número real deve ser até maior do que os 18% estimados.

Tabela 11.1. Prevalência do diabetes Tipo 2 em todo o mundo

POPULAÇÃO	PORCENTAGEM DE PREVALÊNCIAS
"Brancos" Europeus e do Oriente Médio	
41 países da Europa Ocidental	6 (variação 2-10)
4 países ocidentais fora da Europa Ocidental (Austrália, Canadá, Nova Zelândia, Estados Unidos)	8 (variação 5-10)
1 país árabe muito pobre (Iêmen)	3
2 países árabes pobres (Jordânia, Síria)	10
6 países árabes ricos	16 (variação, 13-19)
Judeus iemenitas, tradicionais	~0
Judeus iemenitas, ocidentalizados	13
Africanos	
Tanzânia rural	1
Ruanda	2
África do Sul urbana	8
Afro-americanos (Estados Unidos)	13
Indianos Asiáticos	
Índia urbana, 1938-1959	~1
Índia rural hoje	0,7
Cingapura urbana	17
Maurício urbana	17
Kerala urbana	20
Fiji urbana	22
Chineses	
China rural	~0
Hong Kong urbana	9
Cingapura urbana	10

O MUNDO ATÉ ONTEM

	(cont.)
POPULAÇÃO	PORCENTAGEM DE PREVALÊNCIAS
Taiwan urbana	12
Maurício urbana	13
Ilhéus do Pacífico	
Nauru, 1952	0
Nauru, 2002	41
Nauru, 2010	31
Papua Nova Guiné, tradicional	~0
Papua Nova Guiné, wanigelas urbanos	37
Aborígines Australianos	
tradicionais	~0
ocidentalizados	25-35
Indígenas Americanos	
Mapuches no Chile	1
Pimas nos Estados Unidos	50

Os números na coluna da direita são prevalências de diabetes em percentuais, ou seja: a porcentagem da população que sofre de diabetes Tipo 2. Esses valores indicam as chamadas "prevalências padronizadas pela idade", cujo significado passo a explicar. Como a prevalência do Tipo 2 em determinada população aumenta com a idade, seria enganoso comparar os valores absolutos de prevalência entre duas populações que tivessem diferentes estruturas de idade: os valores difeririam meramente como um resultado da distribuição etária (seriam mais altos na população mais velha), mesmo que as prevalências em determinada idade fossem idênticas entre as duas populações. Assim, é necessário medir a prevalência em uma população como uma função da idade, e então calcular qual seria a prevalência para a população total se ela tivesse determinada distribuição etária padronizada.

Observe a maior prevalência em populações ricas, ocidentalizadas ou urbanas, em comparação com as populações pobres, tradicionais ou rurais do mesmo povo. Observe também que aquelas diferenças em estilos de vida dão origem a um grande contraste (acima de 12%) entre populações com baixa prevalência e as com alta prevalência em todos os grupos humanos examinados, exceto no caso dos europeus ocidentais: entre eles, não existe nenhuma população com alta prevalência de acordo com os padrões mundiais, por razões que serão discutidas a seguir. A tabela também ilustra o aumento e a queda subsequente da prevalência na ilha de Nauru, causada pela rápida ocidentalização e, depois, pela operação da seleção natural contra as vítimas de diabetes.

SAL, AÇUCAR, GORDURA E SEDENTARISMO

Ocultada nos números que indicam a prevalência nacional média de 8% está uma ampla gama de resultados relativos a diferentes grupos de indianos. No extremo inferior, a prevalência é de apenas 0,7% para indianos não obesos, fisicamente ativos e que vivem na área rural. Alcança 11% para os obesos, sedentários e urbanos e atinge o pico de 20% no distrito de Ernakulam, no estado de Kerala, um dos mais urbanizados. Um valor ainda mais alto, de 24%, é encontrado no país que ocupa o segundo lugar mundial de prevalência de diabetes: Maurício, onde uma comunidade de imigrantes predominantemente indianos vem se aproximando de padrões de vida ocidentais mais rapidamente do que qualquer população dentro da própria Índia.

Entre os fatores preditivos ligados ao estilo de vida na Índia, alguns também são preditivos bem conhecidos no Ocidente, enquanto outros mostram resultados inteiramente opostos ao observado nas sociedades ocidentais. Assim como no Ocidente, o diabetes na Índia está associado à obesidade, à pressão sanguínea elevada e ao sedentarismo. Mas os especialistas europeus e americanos ficarão perplexos ao descobrir que a prevalência do diabetes é mais alta entre indianos ricos, instruídos e urbanos do que entre os pobres, não instruídos e das áreas rurais: exatamente o oposto das tendências encontradas no Ocidente, embora semelhante a tendências observadas em outros países em desenvolvimento, incluindo China, Bangladesh e Malásia. Por exemplo, os pacientes diabéticos indianos têm maior probabilidade de possuir curso universitário de graduação ou pós-graduação do que os não diabéticos. Em 2004, a prevalência média de diabetes foi de 16% na Índia urbana e de apenas 3% na Índia rural; isso também é o inverso do observado no Ocidente. Há duas explicações prováveis para esses paradoxos, ambas associadas ao fato de que o estilo de vida ocidental está mais disseminado na população ocidental do que na indiana, e há muito mais tempo. Em primeiro lugar, as sociedades ocidentais são muito mais ricas, e a população rural pobre no Ocidente tem muito mais condições do que a indiana de consumir comidas de restaurantes e lanchonetes, que a predispõe a ter diabetes. Em segundo lugar, os ocidentais instruídos com acesso a fast-food e trabalhos sedentários já ouviram muitas vezes que essas comidas não são saudáveis e que é preciso se exercitar regularmente, mas a divulgação desse conselho ainda não está universalizada entre os indianos instruídos. Praticamente a quarta parte da população urbana indiana (a subpopulação com maior risco) nunca ouviu falar de diabetes.

Na Índia, assim como no Ocidente, o diabetes se deve, em última instância, a níveis cronicamente altos de glicose no sangue, e algumas das consequências clínicas são semelhantes. Mas, em outros aspectos — seja por fatores ligados ao estilo de vida, ou porque as populações da Índia e do Ocidente tenham genes diferentes —, o diabetes na Índia difere da doença tal como a conhecemos no Ocidente. Enquanto os ocidentais pensam no diabetes Tipo 2 como uma doença que se manifesta em adultos, aparecendo especialmente depois dos cinquenta anos, o diabetes na Índia exibe sintomas em idades uma ou duas décadas inferiores às dos europeus. Além disso, na última década a Índia (assim como muitas outras populações) tem registrado o surgimento do diabetes em indivíduos cada vez mais jovens. Entre os indianos no final da adolescência, a incidência do diabetes Tipo 2, antes confinada a adultos, já é maior do que o diabetes juvenil, do Tipo 1 (dependente de insulina). Embora a obesidade seja um fator de risco para o diabetes tanto na Índia quanto no Ocidente, na Índia e em outros países asiáticos a doença aparece numa faixa de obesidade inferior à registrada no Ocidente. Os sintomas também diferem entre os pacientes das duas áreas: os indianos têm menos probabilidade de desenvolver cegueira e doença renal, mas têm muito maior probabilidade de sofrer de doença arterial coronariana em uma idade relativamente jovem.

Embora os indianos pobres tenham hoje menos risco de contrair o diabetes do que os indianos abastados, a intensa popularização da fast-food expõe até os moradores de favelas em Nova Délhi ao risco da doença. Os pesquisadores médicos S. Sandeep, A. Ganesan e o professor Mohan, da Fundação Madras de Pesquisa de Diabetes, assim resumem a situação atual: "Isso sugere que o diabetes na Índia já não é uma doença das pessoas abastadas ou do homem rico. Está se tornando um problema até entre os setores de renda média e os mais pobres da sociedade. Os estudos têm mostrado que os diabéticos pobres estão mais propensos a ter complicações, pois têm menos acesso a bons serviços de saúde."

SAL, AÇÚCAR, GORDURA E SEDENTARISMO

Benefícios dos genes para o diabetes

A prova da existência de um forte componente genético no diabetes constitui um quebra-cabeça evolutivo. Por que essa doença tão debilitante é comum entre tantas populações humanas, quando se poderia esperar que a doença desaparecesse gradualmente à medida que as pessoas geneticamente suscetíveis a ela fossem sendo removidas pela seleção natural e se reduzisse a geração de crianças portadoras desses genes?

Duas explicações que se aplicam a algumas outras doenças genéticas — mutações recorrentes e ausência de consequências seletivas — podem ser rapidamente eliminadas no caso do diabetes. Em primeiro lugar, se as prevalências do diabetes fossem tão baixas quanto as da distrofia muscular (cerca de um caso em cada 10 mil), a prevalência dos genes poderia ser explicada como nada mais do que o produto de mutações recorrentes, ou seja: os bebês com uma nova mutação nasceriam à mesma taxa em que morrem da doença os portadores mais velhos de tais mutações. No entanto, nenhuma mutação ocorre tão frequentemente a ponto de aparecer novamente em 3% a 50% de todos os bebês, que é a faixa real de frequência do diabetes nas sociedades ocidentalizadas.

Em segundo lugar, os geneticistas normalmente respondem ao quebra-cabeça evolutivo afirmando que o diabetes mata apenas indivíduos mais velhos que há muito tempo encerraram sua fase de ter filhos, de forma que as mortes de diabéticos idosos supostamente não impõem nenhuma desvantagem seletiva sobre os genes que predispõem ao diabetes. A despeito de sua popularidade, essa afirmação está errada, por duas razões óbvias. Embora o diabetes Tipo 2 apareça principalmente depois dos cinquenta anos nos europeus, sua incidência é diferente nos nauruanos e indianos e em outros não europeus: nestes, a doença afeta pessoas em idade reprodutiva, dos vinte aos quarenta anos, especialmente mulheres grávidas, cujos fetos e bebês também correm maior risco. No Japão atual, por exemplo, o número de crianças que sofrem de diabetes Tipo 2 é maior do que o de vítimas do Tipo 1, a despeito de este último ser conhecido como diabetes juvenil. Além disso, como discutido no capítulo 6, nas sociedades humanas tradicionais, diferentemente das sociedades modernas do Primeiro Mundo, nenhum idoso é verdadeiramente "pós-reprodutivo" e seletivamente sem importância, porque os avós contribuem de forma fundamental para o suprimento de alimentos, para o status social e a sobrevivência de seus filhos e netos.

Portanto, devemos presumir, ao invés disso, que os genes que agora predispõem ao diabetes foram de fato favorecidos pela seleção natural antes de nossa súbita mudança para um estilo de vida ocidentalizado. Na realidade, esses genes devem ter sido favorecidos e preservados pela seleção natural em dezenas de situações independentes, porque já foram identificadas dezenas de diferentes doenças genéticas que resultam no diabetes Tipo 2. Quais os benefícios que antes nos eram trazidos pelos genes ligados ao diabetes e por que eles nos causam problema agora?

Recordemos que o efeito final do hormônio insulina é nos permitir armazenar como gordura o alimento que ingerimos nas refeições e poupar nosso organismo de quebrar nossas reservas de gordura já acumuladas. Há trinta anos, esses fatos inspiraram o geneticista James Neel a especular que o diabetes deriva de um "genótipo poupador" que torna seus portadores especialmente eficientes em armazenar como gordura a glicose ingerida. Por exemplo, talvez alguns de nós tenhamos um mecanismo de liberação de insulina sempre engatilhado, que responde rapidamente a pequenos aumentos na concentração de glicose no sangue. Essa liberação rápida, geneticamente determinada, permitiria que indivíduos portadores de tal gene transformassem a glicose dos alimentos em gordura sem que a concentração de glicose no sangue aumentasse o suficiente para fazer com que o excesso fosse lançado na urina. Em épocas ocasionais de abundância de alimentos, os portadores desses genes utilizariam a comida de forma mais eficiente, criariam depósitos de gordura e ganhariam peso rapidamente, tornando-se, assim, mais capazes de sobreviver a uma época subsequente de fome generalizada. Esses genes seriam vantajosos sob as condições de alternância imprevisível de festas e fome que caracterizavam o estilo de vida humano tradicional (imagem 26), mas conduziriam à obesidade e ao diabetes no mundo moderno: os mesmos indivíduos param de se exercitar regularmente,

SAL, AÇÚCAR, GORDURA E SEDENTARISMO

começam a coletar alimentos somente em supermercados e consomem refeições altamente calóricas todos os dias (imagem 27). Hoje, quando muitos de nós regularmente ingerimos refeições com muito açúcar e raramente nos exercitamos, um gene poupador é um caminho seguro para o desastre. Assim, ficamos gordos; nunca passamos uma fome que queime a gordura; nosso pâncreas libera insulina constantemente, até que perca sua capacidade de se manter ou até que nossas células musculares e de gordura se tornem resistentes; e acabamos com diabetes. Ecoando Arthur Koestler, Paul Zimmet refere-se à disseminação desse estilo de vida promotor do diabetes, levado pelo Primeiro Mundo ao Terceiro Mundo, como "coca-colonização".

No Primeiro Mundo, estamos tão acostumados a dispor diariamente de quantidades previsíveis de comida em horários previsíveis, que achamos difícil imaginar as flutuações (muitas vezes imprevisíveis) entre frequentes faltas de comida e ocasionais episódios de glutonia que caracterizavam, até há pouco tempo, o padrão de vida de quase todas as pessoas ao longo da evolução humana, e continuam a existir em muitas partes do mundo atual. Por diversas vezes, encontrei essas flutuações durante meu trabalho de campo entre guineenses que ainda subsistiam com a agricultura e a caça. Lembro-me de um memorável incidente em que contratei uma dúzia de homens para carregar equipamentos pesados durante todo um dia por uma trilha íngreme que conduzia a um acampamento na montanha. Chegamos ao acampamento pouco antes do pôr do sol, esperando encontrar ali os outros carregadores que levavam a comida, mas descobrimos que, por um problema de comunicação, não haviam chegado. Vendo-me diante de homens exaustos, da fome natural e de nenhuma comida, achei que seria linchado. Em vez disso, meus carregadores riram e disseram: "Orait, i nogat kaikai, i samting nating, yumi slip nating, enap yumi kaikai tumora" ("Tudo bem não ter comida, não é nada; dormimos sem comer e esperamos até amanhã para comer.") Em uma circunstância oposta, quando haviam sido abatidos vários porcos, meus amigos guineenses fizeram um festival de glutonia que durou vários dias. O consumo de comida chegou a me deixar abalado (a mim, que antes era classificado por meus amigos como um saco sem fundo), e alguns deles ficaram gravemente doentes com o tanto que haviam comido.

Esses casos ilustram como as pessoas se ajustam ao pêndulo de festas e fomes que se alternavam com frequência, mas irregularmente, ao longo de nossa história evolutiva. No capítulo 8, resumi as razões dos frequentes surtos de fome nas condições de vida tradicionais: falta de alimentos associada a variações no sucesso das caçadas, períodos curtos de tempo inclemente, variações sazonais previsíveis na abundância de alimentos durante o ano e variações climáticas imprevisíveis de um ano a outro; pouca ou nenhuma possibilidade de acumular e armazenar excedentes de alimentos; e ausência de governos centralizados ou de outros meios para organizar e integrar o armazenamento, o transporte e as trocas de alimentos produzidos em locais distantes uns dos outros. No extremo oposto estão as histórias reunidas na Tabela 11.2, com casos de glutonia registrados em sociedades tradicionais em várias partes do mundo quando a comida se torna abundante.

Nas condições tradicionais de fome ou glutonia, os indivíduos com o gene econômico teriam uma vantagem, porque podiam armazenar mais gordura em tempos de abundância, queimar menos calorias em tempos espartanos e, assim, ter mais chance de escapar da morte por inanição. Para a maior parte dos humanos até recentemente, o medo que temos hoje da obesidade e o valor que damos a clínicas de emagrecimento teriam parecido ridículos, o exato oposto do bom senso tradicional. Os genes que hoje nos predispõem ao diabetes podem ter nos ajudado a sobreviver à fome no passado. Do mesmo modo, nosso "paladar" para alimentos doces ou gordurosos, bem como nosso paladar para o sal, nos predispõem ao diabetes e à hipertensão agora que essas preferências podem ser satisfeitas tão facilmente, mas que, antes, nos orientavam para buscarmos nutrientes valiosos e raros. Observe novamente a ironia evolutiva, no caso da hipertensão: aqueles de nós cujos ancestrais foram capazes de sobreviver à fome aguda nas savanas da África há dezenas de milhares de anos são agora os que correm maior risco de morrer de diabetes causado pela abundância de comida.

SAL, AÇÚCAR, GORDURA E SEDENTARISMO

Tabela 11.2. Exemplos de glutonia quando há comida disponível em abundância

Daniel Everett (*Don't Sleep, There Are Snakes*, p. 76-77). "Eles [os índios pirarrãs da América do Sul] apreciam comer. Sempre que há comida disponível na aldeia, eles comem tudo. (...) [Mas] passar uma ou duas refeições sem comer, ou até passar um dia inteiro sem comer, é encarado sem dificuldade. Já vi pessoas dançando três dias seguidos, com apenas breves intervalos. (...) Os pirarrãs que visitam a cidade pela primeira vez sempre ficam surpresos com os hábitos alimentares ocidentais, especialmente com o costume de fazer três refeições por dia. Em sua primeira refeição fora da aldeia, a maior parte dos pirarrãs come, avidamente, grandes quantidades de proteínas e farinha. Na segunda refeição, fazem o mesmo. Quando chega a terceira, começam a mostrar frustração. Ficam intrigados. Muitas vezes, perguntam: 'Vamos comer novamente?' A prática pirarrã de comer toda a comida quando está disponível conflita agora com as circunstâncias em que a comida está sempre disponível e nunca acaba. Com frequência, depois de uma visita de três a seis semanas, um pirarrã [que originalmente pesa entre 45 e 55 quilos] retornará à aldeia com até 15 quilos de peso adicional, com rolos de gordura na barriga e nas coxas."

Allan Holmberg (*Nomads of the Long Bow*, p. 89). "A quantidade de alimentos ingeridos de cada vez [pelos índios sirionos da Bolívia] é descomunal. Não é raro que quatro pessoas comam um porco-do-mato de quase trinta quilos de uma só vez. Quando a carne é farta, um homem pode consumir até 15 quilos em 24 horas. Em certa ocasião, quando eu estava presente, dois homens comeram seis macacos, cada um pesando por volta de cinco quilos, em um único dia, e, naquela noite, reclamaram que estavam com fome."

Lidio Cipriani (*The Andaman Islanders*, p. 54). "Para os onges [das ilhas Andaman no oceano Índico], limpar-se significa cobrir o corpo de tinta para afastar o mal e remover, assim disseram eles, o cheiro de gordura de porco após as orgias colossais que se seguem a uma caçada particularmente boa, quando eles próprios acham excessivo o fedor. Essas orgias, que lhes provocam espantosas indigestões por vários dias, são seguidas por uma aparentemente instintiva mudança na dieta, quando comem apenas vegetais crus ou cozidos. Em três ocasiões, entre 1952 e 1954, estive presente a uma das solenes orgias de porcos e mel. Os onges comeram até quase estourar, e depois, praticamente incapazes de se mover, fizeram uma limpeza com uma grande sessão de pintura."

Idem, p. 117. "Quando baixa a maré, os cardumes de sardinha ficam presos nos arrecifes que circundam toda a ilha, e os onges deixam tudo o mais para conduzir suas canoas de poça em poça e enchê-las até a borda. A água fica quase saturada de peixes, e os onges prosseguem febrilmente a colheita até que não tenham mais nenhuma vasilha que possam usar para pôr os peixes. Em nenhum outro lugar no mundo eu vi algo parecido com esse abate maciço. As sardinhas das Andaman são bem maiores do que as comuns, algumas chegam a pesar meio quilo ou mais. (...) Homens, mulheres e crianças trabalham febrilmente, afundando as mãos na massa ondulante de peixes, e depois exalam aquele cheiro durante vários dias. (...) Todo mundo cozinha e come ao mesmo tempo, até que esteja (temporariamente) incapacitado para comer mais, quando o resto da apanha é posto sobre prateleiras improvisadas sob as quais queimam uma madeira verde que produz fumaça. Alguns dias depois, quando tudo já foi comido, a pesca é retomada. E assim a vida prossegue durante semanas, até que os cardumes tenham deixado as ilhas."

Assim, o estilo de vida tradicional de inanição ou glutonia, comum a todas as populações humanas, resultou na seleção natural de genes para um genótipo econômico que nos foi muito útil sob aquelas condições mas que levou a que praticamente todas as populações terminassem com uma propensão para o diabetes nas atuais condições ocidentais de contínua abundância de comida. Mas, seguindo essa mesma linha, por que razão os pimas e os nauruanos se destacam por suas taxas extremas de prevalência de diabetes? Penso que isso se dá porque eles foram submetidos, no passado recente, a recordes mundiais de extrema seleção para um genótipo econômico. Os pimas começaram partilhando com outros indígenas americanos sua exposição a surtos periódicos de inanição. Depois passaram por um episódio prolongado de fome generalizada e seleção no final do século XIX, quando os colonos brancos arruinaram suas plantações cortando as fontes de água para irrigação. Os pimas que sobreviveram eram indivíduos ainda mais bem adaptados geneticamente para sobreviver à fome extrema do que os outros indígenas americanos, armazenando gordura sempre que a comida se tornasse disponível. Já os nauruanos sofreram dois surtos extremos de seleção natural para genes econômicos, seguidos de um ataque extremo de coca-colonização. Em primeiro lugar, assim como aconteceu com outros ilhéus do Pacífico, mas diferentemente dos habitantes de regiões continentais, sua população foi fundada por pessoas que realizavam viagens de canoa entre as ilhas e passavam várias semanas no mar. Em inúmeros exemplos documentados dessas longas viagens, ficamos sabendo que muitos dos viajantes morriam de inanição, às vezes a maior parte deles, e somente sobreviviam os que eram mais gordos no início da jornada. É por isso que os ilhéus do Pacífico tendem à obesidade. Em segundo lugar, os nauruanos se distinguiram ainda mais de outros ilhéus do Pacífico pela fome extrema e pela taxa de mortalidade que sofreram durante a Segunda Guerra Mundial, o que deixou a população supostamente ainda mais enriquecida de genes de suscetibilidade ao diabetes. Depois da guerra, a nova riquezas baseada nos royalties do fosfato, a superabundância de comida e a menor necessidade de atividades físicas levaram a uma obesidade excepcional.

Três linhas de evidência humana e dois modelos relativos a animais sustentam a plausibilidade da hipótese do gene econômico de Neel.

SAL, AÇÚCAR, GORDURA E SEDENTARISMO

Quando os níveis de insulina no plasma são medidos após uma refeição (indicando a resposta a uma carga oral de glicose) em não diabéticos nauruanos, pimas, nativos americanos e aborígines australianos, encontram-se números diversas vezes maiores do que os registrados em europeus. Os habitantes das terras altas da Nova Guiné, os aborígines australianos, os massais do Quênia e outros povos com estilo de vida tradicional têm níveis de glicose sanguínea muito mais baixos do que os dos americanos brancos. Quando existe grande disponibilidade de comida, as populações de ilhéus do Pacífico, nativos americanos e aborígines australianos, propensas ao diabetes, de fato exibem maior propensão à obesidade do que os europeus; primeiro, ganham peso, e então desenvolvem o diabetes. Quanto aos modelos animais, os ratos de laboratório portadores de genes que os predispõem ao diabetes e à obesidade sobrevivem melhor à fome aguda do que ratos normais, ilustrando a vantagem desses genes em situações ocasionais de fome generalizada. O rato-da-areia de Israel, adaptado ao ambiente do deserto, enfrentando frequentes fases de escassez de alimento, desenvolve altos níveis de insulina, resistência à insulina, obesidade e diabetes quando mantido no laboratório com uma "dieta ocidentalizada", com comida abundante. Mas esses sintomas desaparecem quando o alimento do rato-da-areia é restringido. Assim, os ratos de laboratório predispostos ao diabetes e os ratos-da-areia ilustram tanto os benefícios dos genes econômicos e da liberação imediata de insulina nas "condições tradicionais" em que ocorrem fases de fome e glutonia, quanto também os ônus desses genes em pessoas que vivem em "condições de rato de supermercado".

Por que o diabetes é baixo entre europeus?

Os diabetologistas costumavam apontar os pimas e os nauruanos como evidentes exceções à alta prevalência de diabetes, pois se destacavam em um mundo no qual a prevalência relativamente baixa em europeus era tomada como a norma. Mas a informação produzida nas décadas recentes mostra que, em vez disso, os europeus são a exceção em sua baixa prevalência, que contrasta com a alta prevalência registrada em

O MUNDO ATÉ ONTEM

todas as populações ocidentalizadas. Os pimas e nauruanos têm "meramente" o grau mais alto daquela prevalência alta normal, já avizinhados por alguns grupos de aborígines australianos e de guineenses. Para cada agrupamento populacional grande e bem estudado de não europeus, temos agora informações sobre algum subgrupo ocidentalizado nos quais se encontra uma prevalência acima de 11%, comumente acima de 15%: indígenas americanos, norte-africanos, africanos negros subsaarianos, habitantes do Oriente Médio, indianos, habitantes da Ásia Oriental, guineenses, aborígines australianos, micronésios e polinésios. Assim, os europeus e os originários da Europa que vivem na Austrália, no Canadá, na Nova Zelândia e nos Estados Unidos têm taxas de prevalência relativamente baixas em comparação com as populações do mundo moderno, e são únicos nesse sentido. Todos os valores de prevalência do diabetes (Tabela 11.1, primeira linha) em 41 nações europeias estão entre 2% e 10%, com um valor médio de apenas 6%.

Isso é surpreendente quando refletimos que os europeus que vivem na Europa e em outras partes do mundo são o povo mais rico e mais bem alimentado, e foram os criadores do estilo de vida ocidental. Nós nos referimos ao nosso atual modo de vida sedentário, obeso e dependente de supermercados como "ocidental" justamente porque surgiu primeiramente entre europeus e americanos brancos, e só agora está se disseminando entre outros povos. Como podemos explicar esse paradoxo? Por que os europeus não têm agora a taxa mais alta de prevalência de diabetes, e, ao invés disso, têm a mais baixa?

Ouvi de vários especialistas em diabetes, informalmente, que talvez os europeus tradicionais tivessem pouca exposição a fomes, e que teriam passado por poucas etapas de seleção para um genótipo econômico. No entanto, a história fornece abundante documentação de fomes que causaram alta mortalidade em várias partes da Europa medieval e renascentista, e antes disso também. Aquelas fomes repetidas deveriam ter selecionado para genes econômicos na Europa, assim como ocorreu em todas as outras partes. Em vez disso, uma hipótese mais promissora baseia-se na recente história dos alimentos na Europa desde o Renascimento. As periódicas, prolongadas e disseminadas

SAL, AÇÚCAR, GORDURA E SEDENTARISMO

fomes que costumavam castigar a Europa, e todo o resto do mundo, desapareceram entre 1650 e 1900 em diferentes épocas e em diferentes partes da Europa, começando no final do século XVII na Inglaterra e na Holanda e continuando até o final do século XIX no sul da França e da Itália. Com uma famosa exceção, a fome na Europa foi eliminada por uma combinação de quatro fatores: intervenções estatais cada vez mais eficientes que rapidamente redistribuíam excedentes de grãos para as áreas afetadas; transportes de alimentos cada vez mais eficientes por terra e, especialmente, por mar; agricultura europeia cada vez mais diversificada depois da viagem de Colombo em 1492, graças a viajantes europeus que levavam de volta para casa muitos cultivos do Novo Mundo (como batatas e milho), e, finalmente, a quebra do padrão tradicional europeu de agricultura de irrigação (também praticada em muitas áreas populosas do mundo fora da Europa), gradualmente substituído pela agricultura de chuva, o que reduziu o risco de uma perda de safra excessivamente generalizada que não pudesse ser resolvida com o transporte de alimentos dentro da Europa.

A famosa exceção no processo que extinguiu a fome na Europa foi, é claro, a grande fome da batata ocorrida na Irlanda dos anos 1840. Na realidade, essa foi a exceção que provou a regra, ilustrando o que podia acontecer até na Europa se não funcionassem os três primeiros fatores acima mencionados, que acabavam com a fome em outros países europeus. A fome irlandesa foi devida a uma doença que atacou uma única variedade de batata em uma economia agrícola que era incomum na Europa, pois se baseava nessa única variedade. A fome ocorreu em uma ilha (Irlanda) governada por um Estado etnicamente diferente centrado em outra ilha (Inglaterra) e famoso pela ineficiência ou falta de motivação com que respondeu à fome irlandesa.

Esses fatos da história dos alimentos na Europa levam-me a fazer a seguinte especulação. Diversos séculos antes do advento da medicina moderna, os europeus, assim como os modernos nauruanos, podem ter sofrido uma epidemia de diabetes resultante da nova disponibilidade de alimentos em quantidades suficientes. Essa epidemia pode ter eliminado a maior parte dos portadores do gene econômico predispostos

O MUNDO ATÉ ONTEM

ao diabetes, deixando a Europa com a baixa prevalência que exibe hoje. Esses portadores do gene podem ter vindo sofrendo uma eliminação na Europa durante séculos, por diversas causas: muitos filhos de mães diabéticas morriam ao nascer, adultos diabéticos morriam mais cedo do que outros adultos, e filhos e netos desses diabéticos adultos morriam de negligência ou de reduzido apoio material. No entanto, teria havido grandes diferenças entre a presumida e obscura epidemia europeia de tempos anteriores e as bem documentadas epidemias modernas que vemos hoje entre nauruanos e tantos outros povos. Nas epidemias modernas, a abundância e a contínua disponibilidade de alimentos chegaram subitamente — em uma década, para os nauruanos, e em apenas um mês para os judeus iemenitas. Os resultados foram os surtos agudos e extremos de prevalência de diabetes, que chegaram a 20%-50% e que estão ocorrendo bem à vista dos endocrinologistas modernos especializados em diabetes. É provável que esses aumentos desapareçam rapidamente (como já observado entre os nauruanos), à medida que indivíduos com um gene econômico vão sendo eliminados pela seleção natural em apenas uma ou duas gerações. Em contraste, a abundância de alimentos na Europa aumentou gradualmente, ao longo de vários séculos. O resultado teria sido uma imperceptível elevação na prevalência de diabetes na Europa entre os séculos XV e XVIII, muito antes que houvesse especialistas para registrar o fato. Na realidade, os pimas, nauruanos, wanigelas, indianos urbanos instruídos e cidadãos de nações árabes produtoras de petróleo estão compactando em uma única geração as mudanças no estilo de vida e o consequente aumento e queda do diabetes que, na Europa, levaram muitos séculos para se desdobrar.

Uma possível vítima dessa minha hipótese de uma enigmática epidemia de diabetes na Europa foi o compositor Johann Sebastian Bach (que nasceu em 1685 e morreu em 1750). Embora o histórico médico de Bach seja muito parcamente documentado e não nos permita ter certeza da causa de sua morte, a corpulência da face e das mãos no único retrato autenticado de que dispomos (imagem 28), os relatos sobre a visão deteriorada em seus últimos anos e a visível deterioração de sua escrita, possivelmente como um efeito secundário da visão en-

SAL, AÇÚCAR, GORDURA E SEDENTARISMO

fraquecida, de danos nervosos ou de ambos, são consistentes com um diagnóstico de diabetes. A doença certamente ocorria na Alemanha durante a vida de Bach, sendo conhecida como *honigsüsse Harnruhr* ("doença da urina adocicada").

O futuro das doenças não transmissíveis

Neste capítulo, discuti apenas duas das muitas doenças não transmissíveis que estão explodindo agora, associadas ao estilo de vida ocidental: a hipertensão e suas consequências e o diabetes Tipo 2. Outras importantes DNTs que não tive espaço para examinar, mas que são discutidas por S. Boyd Eaton, Melvin Konner e Marjorie Shostak, incluem doença arterial coronariana e outras doenças cardíacas, arteriosclerose, doenças vasculares periféricas, muitas doenças dos rins, gota e muitos cânceres, incluindo câncer de pulmão, estômago, mama e próstata. Com relação ao estilo de vida ocidental, examinei apenas alguns fatores de risco — especialmente sal, açúcar, alta ingestão de calorias, obesidade e sedentarismo. Outros importantes fatores de risco que mencionei apenas brevemente são tabagismo, alto consumo de álcool, colesterol, triglicerídios, gorduras saturadas e gorduras trans.

Vimos que as doenças não transmissíveis são, predominantemente, as principais causas de morte nas sociedades ocidentalizadas, às quais pertence a maior parte dos leitores deste livro. Para piorar, isso não significa que você levará uma vida maravilhosa, sem nenhum problema de saúde, até que, subitamente, seja morto por uma DNT aos 78 ou 81 anos (que é a média de expectativa de vida nas sociedades ocidentais mais longevas): bem ao contrário, essas doenças também são as principais causas da deterioração da saúde, provocando uma decrescente qualidade de vida durante anos ou décadas antes que acabem matando você. Mas as mesmas DNTs são praticamente inexistentes nas sociedades tradicionais. Que prova mais clara poderia haver de que temos muito a aprender com as sociedades tradicionais sobre valores e atitudes associados à vida e à morte? No entanto, o que elas têm a nos ensinar não é uma simples questão de apenas "viver tradicionalmente". Há muitos aspectos da vida tradicional que, enfaticamente, não queremos copiar, como os ciclos de violência, o frequente risco de morte por inanição e as vidas encurtadas por doenças infecciosas. Precisamos descobrir e entender quais os componentes específicos dos estilos de vida tradicionais que estão protegendo as pessoas contra as DNTs. Alguns desses componentes desejáveis já estão óbvios (como exercitar-se com regularidade, reduzir a ingestão de açúcar e sal), enquanto outros não são óbvios e ainda estão sendo discutidos (como os níveis ideais de gordura na dieta).

A atual epidemia de doenças não transmissíveis ficará muito pior antes que comece a melhorar. Infelizmente, já atingiu o ponto mais alto entre os pimas e os nauruanos. A preocupação principal agora é com os países populosos cujos padrões de vida estão se elevando rapidamente. A epidemia pode estar muito próxima de alcançar o pico nos países árabes produtores de petróleo, está quase atingindo o auge no norte da África, e em andamento, a caminho de se tornar muito pior, na China e na Índia. Outros países populosos no qual a epidemia já avança sistematicamente incluem África do Sul, Bangladesh, Brasil, Egito, Filipinas, Indonésia, Irã, México, Paquistão, Rússia e Turquia. Os países com menores populações nos quais a epidemia também está avançando incluem todos os países da América Latina e do Sudeste Asiático; está apenas começando entre os pouco menos de um bilhão de habitantes da África subsaariana. Quando contemplamos esse futuro, é fácil ficar deprimido.

Mas não somos inevitavelmente os perdedores em nossas batalhas com as doenças não transmissíveis. Fomos nós quem inventamos nosso novo estilo de vida, e por isso está ao nosso alcance mudá-lo. Alguma ajuda virá das pesquisas da biologia molecular, que buscam associar riscos específicos a genes específicos, podendo então identificar para cada um de nós os perigos específicos aos quais eles nos predispõem. No entanto, a sociedade como um todo não precisa ficar esperando essas pesquisas, ou uma pílula mágica, ou a invenção de uma batata frita com baixa caloria. Já está claro quais as mudanças que minimizarão muitos (embora não todos) dos riscos para a maior parte de nós. Essas mudanças

SAL, AÇUCAR, GORDURA E SEDENTARISMO

incluem: não fumar; exercitar-se regularmente; limitar a ingestão total de calorias, álcool, sal, comidas salgadas, açúcar, refrigerantes com açúcar ou adoçados, gorduras saturadas e trans, alimentos processados, manteiga, creme de leite e carne vermelha; e aumentar nossa ingestão de fibras, frutas e vegetais, cálcio e carboidratos complexos (ricos em fibras e com baixo índice glicêmico). Outra mudança simples é comer mais devagar. Paradoxalmente, quanto mais rápido você devora a comida, mais você come e, portanto, engorda, porque comer com pressa não permite que o organismo tenha tempo de liberar os hormônios que inibem o apetite. Os italianos são magros não apenas por causa da composição de sua dieta, mas também porque conversam durante as refeições e se deixam ficar à mesa por longo tempo. Todas essas mudanças poderiam poupar bilhões de pessoas em todo o mundo do destino que já se abateu sobre os pimas e os nauruanos. Esse conselho é tão banalmente familiar que é até constrangedor repeti-lo. Mas vale a pena insistir na verdade: o que já sabemos nos permite ter esperança, em vez de cairmos na depressão. A repetição meramente reenfatiza que a hipertensão, a morte doce do diabetes e outras vinte doenças que estão entre os maiores assassinos do século XX só nos matam porque lhes damos permissão para isso.

EPÍLOGO

EM OUTRO AEROPORTO

**Da selva para a 405 • Vantagens do mundo moderno
• Vantagens do mundo tradicional
• O que podemos aprender?**

Da selva para a 405

No final de uma expedição de diversos meses na Nova Guiné, a maior parte passada com guineenses em acampamentos na selva, minha transição emocional de volta ao moderno mundo industrial não começa no aeroporto de Port Moresby na Papua Nova Guiné, onde se inicia o Prólogo deste livro. Isso porque, no longo voo de volta da Nova Guiné até Los Angeles, usei o tempo para transcrever minhas anotações de campo, reviver eventos cotidianos de meus meses na selva e manter-me mentalmente na Nova Guiné. Na verdade a transição emocional começa na área de recebimento de bagagem do aeroporto de Los Angeles e continua com o reencontro com minha família que me esperava na saída, a viagem para casa na autoestrada 405 e minha confrontação com pilhas de correspondência acumulada e uma infindável lista de e-mails. A passagem do mundo tradicional da Nova Guiné para o cenário de Los Angeles me golpeia com uma conflitiva mistura de sentimentos. Quais seriam eles?

Em primeiro lugar, e acima de tudo, a alegria e o alívio de estar novamente com minha mulher e meus filhos. Os Estados Unidos são minha casa, meu país. Nasci e fui criado aqui. Os americanos incluem amigos que conheço há sessenta ou setenta anos, que partilham e compreendem minha história de vida, minha cultura e muitos dos meus interesses. Sempre falarei inglês melhor do que qualquer outra língua. Sempre entenderei melhor os americanos do que entendo os guineenses. Os Estados Unidos têm grandes vantagens como uma base para se viver. Posso contar com alimentos suficientes, desfrutar conforto físico e segurança, viver quase o dobro de anos de um guineense médio tradicional. É muito mais fácil satisfazer minha paixão pela música ocidental e seguir minha carreira como escritor e professor de geografia nos Estados Unidos do que na Nova Guiné. Todas essas são razões de eu ter escolhido viver nos Estados Unidos. Por mais que eu goste da Nova Guiné e dos guineenses, nunca pensei em me mudar para lá.

Sou dominado por uma emoção diferente quando saio do aeroporto de Los Angeles e pego a 405. A paisagem à minha volta é toda ela um emaranhado de estradas asfaltadas, prédios e automóveis. O fundo sonoro é o ruído do tráfego. Às vezes, mas nem sempre, as montanhas Santa Monica, que se elevam a 16 quilômetros ao norte do aeroporto, são visíveis como um borrão através de um véu de neblina e fumaça. O contraste com o ar puro da Nova Guiné, com os variegados tons de verde de suas densas florestas e com o arrebatamento causado pelas centenas de cantos de pássaros não poderia ser mais extremo. Institivamente giro os botões de volume dos meus sentidos e do meu estado emocional, sabendo que permanecerão amortecidos durante a maior parte do próximo ano, até minha próxima viagem à Nova Guiné. Obviamente, não é possível generalizar sobre as diferenças entre o mundo tradicional e o mundo industrial apenas contrastando a selva da Nova Guiné com a autoestrada 405. Minhas emoções seriam o contrário dessas se eu estivesse voltando de meses passados em Port Moresby (uma das cidades mais perigosas do mundo) para nossa casa de veraneio no deslumbrante vale Bitterroot, em Montana, ao pé dos picos cobertos de florestas e neve da Divisória Continental da América do Norte. Ainda assim, existem motivos convincentes para eu escolher Los Angeles como minha base, e as florestas da Nova Guiné e o vale Bitterrot apenas para viagens e estadas temporárias. Mas as vantagens de Los Angeles custam-me um preço alto.

EPÍLOGO: EM OUTRO AEROPORTO

Retornar à vida urbana nos Estados Unidos significa retornar a pressões de tempo, a horários e estresse. Só de pensar nisso, meu pulso acelera e minha pressão sanguínea sobe. Nas florestas da Nova Guiné, não há exigências de tempo, não há hora marcada. Se não estiver chovendo, saio andando do acampamento todos os dias, antes do alvorecer, para ouvir os últimos cantos dos pássaros noturnos e os primeiros cantos dos pássaros da manhã. Mas, se estiver chovendo, fico sentado no acampamento, esperando que passe a chuva; quem sabe quando isso acontecerá. Um guineense da aldeia mais próxima pode ter me prometido ontem que visitaria o acampamento "amanhã" para me ensinar nomes de pássaros na língua local: mas ele não tem um relógio de pulso e não pode me dizer quando virá, e talvez venha em outro dia. Em Los Angeles, no entanto, a vida tem horários apertados. Minha agenda de bolso me diz o que estarei fazendo a que hora e em que dia, com muitas entradas já registradas em meses distantes e até em um ano ou mais no futuro. E-mails e chamadas telefônicas fluem todos os dias, durante o dia todo, e tenho que estar constantemente redefinindo as prioridades de resposta em pilhas ou listas numeradas de chamadas e demandas.

De volta a Los Angeles, gradualmente fui me desfazendo das precauções de saúde que eu adotara como reflexos na Nova Guiné. Já não mantinha a boca hermeticamente fechada enquanto tomava banho de chuveiro para não correr o risco de contrair disenteria se engolisse algumas gotas de água infectada. Já não precisava ser tão escrupuloso quanto a lavar as mãos com frequência, nem ficar de olho para ver como eram lavados os pratos e talheres no acampamento, ou quem havia tocado neles. Já não tinha de monitorar cada arranhão na minha pele para que não virasse uma infecção tropical. Parei de tomar semanalmente minhas pílulas antimalária e de ter comigo, constantemente, frascos de três tipos de antibióticos. (Não, todas essas precauções não são paranoia: a omissão de qualquer uma delas traz sérias consequências.) Já não tenho que ficar imaginado se uma pontada na barriga poderia significar uma apendicite justamente quando me encontrava numa floresta e sem um hospital ao qual eu pudesse chegar a tempo.

Retornar a Los Angeles depois da selva da Nova Guiné significa para mim grandes mudanças em meu ambiente social: interações muito menos constantes, diretas e intensas com as pessoas. Durante as horas que passo acordado na Nova Guiné, estou quase constantemente a poucos metros de distância de algum guineense e pronto para falar com ele, quer estejamos sentados no acampamento, quer andando por uma trilha em busca de pássaros. Quando falamos, contamos com toda a atenção do outro; nenhum de nós está distraído digitando algo ou verificando e-mails em um celular. No acampamento, as conversas tendem a se dar em diversas línguas alternadamente, dependendo de quem esteja ali no momento, e tenho de saber pelo menos os nomes dos pássaros em cada uma das línguas, mesmo que eu não consiga falá-la. Em contraste, na sociedade ocidentalizada nós passamos muito menos tempo em conversas cara a cara com outras pessoas; estima-se que o americano médio gaste oito horas por dia na frente de um monitor (seja um computador, uma TV ou um aparelho eletrônico portátil). Durante o tempo total que gastamos interagindo com outras pessoas, a maior parte da interação é indireta: por e-mail, telefone, mensagem de texto ou (cada vez menos) cartas. A imensa maioria das minhas interações nos Estados Unidos é em inglês: eu me considero com sorte se consigo conversar em qualquer outra língua durante algumas horas por semana. Sem dúvida, essas diferenças não significam que eu aprecie o tempo todo o ambiente social da Nova Guiné, direto, intenso, onipresente, multilíngue, exigindo constante atenção: os guineenses podem ser frustrantes e ao mesmo tempo encantadores, assim como os americanos.

Depois de cinquenta anos de idas e vindas entre os Estados Unidos e a Nova Guiné, aprendi a fazer concessões e encontrar minha paz. Fisicamente, passo 93% do meu tempo nos Estados Unidos e ocasionalmente em outros países industrializados, e cerca de 7% do meu tempo na Nova Guiné. Emocionalmente, grande parte do meu tempo e dos meus pensamentos ainda são passados na Nova Guiné, mesmo quando estou nos Estados Unidos. Seria difícil arrancar de mim a intensidade da Nova Guiné, ainda que quisesse fazê-lo, o que não quero. Estar na Nova Guiné é como ver o mundo em cores intensas e brilhantes, enquanto o mundo fora de lá é cinza e opaco.

EPÍLOGO: EM OUTRO AEROPORTO

Vantagens do mundo moderno

Como a maior parte do restante deste epílogo será sobre aspectos da vida tradicional com os quais nós, no mundo moderno, temos coisas úteis a aprender, comecemos nos lembrando de uma conclusão óbvia. A vida tradicional não deve ser romantizada: o mundo moderno realmente oferece enormes vantagens. Não vemos multidões de cidadãos das sociedades ocidentalizadas fugindo de ferramentas de aço, de serviços de saúde, do conforto material, da paz imposta pelo Estado e tentando retornar a um estilo de vida idílico de caçadores-coletores. Ao contrário, a mudança tende a se dar, predominantemente, na direção oposta: os caçadores-coletores e pequenos agricultores que conhecem o estilo de vida tradicional, mas também observam o estilo de vida ocidentalizado, estão buscando entrar no mundo moderno. Seus motivos são irrefutáveis e incluem inúmeros prazeres modernos, como bens materiais que tornam a vida mais fácil e mais confortável; oportunidades de obter uma educação formal e empregos; boa saúde, medicamentos eficazes, médicos e hospitais; segurança pessoal, menos violência e menor perigo proveniente de outra pessoa e do ambiente; segurança alimentar; expectativa de vida maior e uma chance muito menor de sofrer a perda de algum filho. Naturalmente, não é verdade que toda aldeia tradicional que se moderniza e todos os aldeões que se mudam para uma cidade conseguem obter essas vantagens almejadas. Mas alguns conseguem. A maior parte dos aldeões pode ver que outras pessoas desfrutam essas vantagens, e muitos aspiram a alcançá-las.

Por exemplo, mulheres da tribo dos pigmeus akas entrevistadas por Bonnie Hewlett mencionaram as seguintes razões para abandonar seu estilo de vida tradicional como caçadoras-coletoras na floresta e se estabelecerem como agricultoras numa aldeia: bens materiais como sal, pimenta, óleo de coco, vasilhas e panelas, machados, camas e lanternas; roupas e sapatos bons; uma vida mais saudável; a oportunidade de mandar os filhos para a escola; a maior facilidade de obter alimentos plantados num campo, em vez de ter que coletá-los na floresta; e a maior facilidade, segurança e rapidez de caçar animais com uma arma em

O MUNDO ATÉ ONTEM

vez de fazer redes, capturá-los e depois ter de agarrá-los enquanto se debatem, mordem, cortam e arranham. Os índios aches entrevistados por Kim Hill e A. Magdalena Hurtado indicaram seus motivos para abandonar a vida na floresta e ir viver numa reserva: adquirir uma arma de fogo, um rádio e roupas novas; manter a si mesmos e aos filhos bem alimentados e saudáveis; ter uma vida mais longa; e ter muitos filhos que sobrevivam e cheguem à idade adulta. Os bens materiais ocidentais que meus amigos guineenses valorizam são, particularmente, fósforos, machados de aço, roupas, uma cama macia e um guarda-chuva. (Para entender o valor de um guarda-chuva, é preciso lembrar que, na Nova Guiné, podem cair até 12 mil milímetros de chuva por ano, ou mais). Os guineenses também valorizam benefícios não materiais como serviços de saúde, escola para os filhos e o fim de guerras tribais. Ishi, o índio yahi do norte da Califórnia que abriu mão de sua vida de caçador-coletor quando tinha uns cinquenta anos para passar os anos restantes em São Francisco, inicialmente admirava, acima de todas as demais invenções europeias, os fósforos e a cola; com o tempo, também passou a gostar muito de casas, mobílias, vasos sanitários com descarga, água na torneira, luz elétrica, fogões a gás e trens. Judith, irmã de Sabine Kuegler, depois de se mudar da selva da Nova Guiné para a Alemanha, ficou perplexa com as inúmeras marcas de chocolate disponíveis em um supermercado alemão.

Essas são algumas das muitas vantagens óbvias e concretas do estilo de vida ocidental mencionadas por pessoas que cresceram entre a insegurança, os perigos e o desconforto das sociedades tradicionais. Outras vantagens, mais sutis, são mencionadas por meus amigos guineenses instruídos, cujas necessidades de sobrevivência já estavam sendo atendidas em suas aldeias na Nova Guiné. Eles admiravam outras coisas da vida nos Estados Unidos, como acesso à informação, acesso a uma ampla diversidade de pessoas e mais direitos para as mulheres do que na Nova Guiné. Uma amiga guineense me surpreendeu ao dizer que o que mais lhe agradava na vida nos Estados Unidos era o "anonimato". E explicou: para ela, anonimato significa a liberdade de se afastar dos vínculos sociais que fazem a vida na Nova Guiné emocionalmente

EPÍLOGO: EM OUTRO AEROPORTO

plena, mas também aprisionante. Para essa amiga, o anonimato inclui a liberdade de estar sozinha, andar sozinha, ter privacidade, expressar suas opiniões, debater abertamente, sustentar opiniões não convencionais, ser mais imune a pressões do grupo e não ter todas as suas ações escrutinizadas e discutidas. Significa a liberdade de se sentar em um café numa rua movimentada e ler um jornal em paz, sem ser importunada por conhecidos que vêm pedir ajuda para seus problemas. Significa a liberdade que têm os americanos de progredir como indivíduos, com muito menos obrigações de partilhar seus ganhos com todos os parentes.

Vantagens do mundo tradicional

Vejamos agora o outro lado da história. O que as pessoas que viveram tanto em sociedades tradicionais quanto em sociedades WEIRD valorizam nas primeiras e acham que falta nas últimas?

As observações mais frequentes e importantes envolvem vínculos sociais que duram toda a vida. A solidão não é um problema nas sociedades tradicionais. As pessoas passam a vida no lugar onde nasceram ou nas vizinhanças, e permanecem cercadas por parentes e companheiros de infância. Nas menores sociedades tradicionais (tribos e bandos de apenas algumas centenas de pessoas, ou menos), ninguém é um estranho. Embora os jovens (na maior parte dos casos, as jovens) se mudem da terra natal quando se casam, a mudança é, em geral, para um local suficientemente próximo que permite visitas regulares aos parentes de sangue.

Em contraposição, o risco do isolamento é um problema crônico nas sociedades industriais populosas. A expressão "sozinho no meio da multidão" não é apenas uma imagem literária: é uma realidade básica para muitos americanos e europeus que vivem em cidades grandes e trabalham com pessoas que mal conhecem. As pessoas nas sociedades ocidentais em geral se mudam para locais distantes, seus filhos e amigos também se mudam para longe, e, assim, alguém pode acabar vivendo muito afastado dos parentes mais próximos e dos amigos de infância. Quase todas as pessoas que encontra são estranhas e permanecerão estranhas. O mais comum é que os filhos deixem a casa dos pais e tenham sua própria casa quando se casam ou quando se tornam economicamente independentes. Como resumiu um amigo americano que passou muito tempo na África, "A vida na África é materialmente pobre e social/emocionalmente rica, enquanto nos Estados Unidos a vida é materialmente rica e social/emocionalmente pobre". Outras observações frequentes destacam que, nas sociedades ocidentais, há maior pressão de tempo, agendas mais apertadas e níveis de estresse e competitividade mais elevados do que nas sociedades tradicionais. Quero enfatizar novamente que há situações nas quais alguns aspectos do mundo tradicional persistem em muitas partes das sociedades industriais modernas, como nas áreas rurais em que todo mundo conhece todo mundo e a maior parte das pessoas passa a vida perto de onde nasceu.

Para acrescentar um quê pessoal a essas generalizações, citarei algumas tocantes observações feitas por filhos de empresários ou missionários americanos que cresceram na Nova Guiné, nas Filipinas ou no Quênia e depois se mudaram para os Estados Unidos quando adolescentes. Assim falaram sobre suas experiências:

"Os garotos americanos são machões, falam feito machões e batem em outros garotos. As crianças legais não se dão bem nos Estados Unidos."

"Depois de crescer com outras crianças na Nova Guiné, a primeira coisa que me abalou nos Estados Unidos foi que as crianças entram em casa, fecham a porta, jogam videogame e só saem de casa novamente para ir à escola. Na Nova Guiné, nós, crianças, estamos o tempo todo fora de casa, brincando com as outras."

"As crianças africanas convivem com pessoas o tempo todo. Nós só íamos para casa na hora de dormir: podíamos entrar em qualquer casa sabendo que seríamos bem-vindos ali. Mas as crianças americanas muitas vezes não estão com outras. Hoje, com a disponibilidade de videogames, o problema de ficar em casa sozinho é ainda pior nos Estados Unidos do que na época em que eu estava crescendo lá e existia apenas a TV."

"Nas Filipinas, as crianças chamam todos os adultos de 'tia' e 'tio'. Entramos e saímos de qualquer casa na aldeia. Na hora do jantar, comemos na casa em que estivermos, com outras crianças."

EPÍLOGO: EM OUTRO AEROPORTO

"As crianças americanas são menos sociáveis do que as da Nova Guiné. Na Nova Guiné, estou acostumado a sorrir e dizer oi a qualquer um que passe e a começar uma conversa. Mas as crianças americanas passam por outra, ou por estranhos, sem olhar, sem começar uma conversa, sem dizer oi. Quando eu sorrio e digo oi, então a outra pessoa responde, mas ninguém aqui toma a iniciativa de começar uma conversa."

"Nos Estados Unidos, as pessoas têm que ser entretidas, elas não sabem se distrair por conta própria."

"Na África, se você precisa de alguma coisa, você mesmo faz, e, assim, você sabe como aquilo é montado e como funciona. Nos Estados Unidos, se você precisa de alguma coisa, você vai e compra, e não sabe como aquilo foi feito."

"As crianças americanas têm menos criatividade do que as guineenses, porque tudo é pré-fabricado para elas [imagens 17, 18]. Na Nova Guiné, se você vê um avião e quer fazer um avião de brinquedo, você mesmo faz com madeira ou com gravetos. Você então inventa brincadeiras com o avião, faz manobras, produz sons. Meu irmão e eu imitávamos detalhadamente o voo de um avião com os aviõezinhos que fabricávamos. Mas as crianças americanas simplesmente tiram seus aviões de brinquedo de uma caixa e não imitam o voo em detalhe."

"Na África, a gente divide as coisas. Por exemplo, quando eu estava na escola, comprei uma câmara de ar vermelha, tirada de um pneu de borracha. Com isso, eu tinha borracha para fazer meus estilingues. Durante muito tempo, partilhei minha preciosa câmara de ar vermelha com outros garotos que também queriam fazer estilingues. Mas, nos Estados Unidos, se você compra alguma coisa valiosa, fica com ela só para você e não divide. Além do mais, ninguém nos Estados Unidos saberia o que fazer com uma câmara de ar."

"O maior ajuste que tive de fazer quando vim da Nova Guiné para os Estados Unidos foi me adaptar à perda da liberdade. As crianças têm muito mais liberdade na Nova Guiné. Nos Estados Unidos, eu não tinha permissão para subir em árvores. Mas estava sempre subindo em árvores na Nova Guiné, e ainda gosto de fazer isso. Quando meu irmão e eu voltamos para a Califórnia e nos mudamos para uma casa, uma das primeiras coisas que fizemos foi subir em uma árvore e construir uma casinha para nós; as outras famílias acharam aquilo esquisito. Os Estados Unidos têm tantas regras e regulamentos, por causa do medo das pessoas de serem processadas, que as crianças desistem de explorar as oportunidades. A piscina precisa ser cercada para que não seja um "incômodo atraente". A maior parte dos guineenses não tem piscinas, mas os rios que frequentávamos não tinham um aviso dizendo 'entre por sua conta e risco', pois isso é óbvio. Por que eu saltaria em um rio se não estivesse preparado para as consequências? Nos Estados Unidos, a responsabilidade foi retirada da pessoa que age e posta sobre o dono da terra ou o construtor da casa. A maior parte dos americanos quer culpar outras pessoas e se eximir de qualquer culpa. Na Nova Guiné, eu pude crescer, brincar de forma criativa e explorar o mundo ao ar livre e a natureza livremente — com o obrigatório elemento de risco, por mais bem administrado que fosse; isso está ausente da vida da criança americana, avessa a riscos. Eu tive a criação mais rica possível, uma criação inconcebível para americanos."

"Uma frustração aqui nos Estados Unidos é a constante pressão para estar trabalhando. Se você está simplesmente sentado, curtindo uma xícara de café ao entardecer, deveria se sentir culpado, porque está desperdiçando uma oportunidade de ganhar dinheiro. Mas se você é uma daquelas pessoas que estão ganhando dinheiro em vez de curtir uma xícara de café, você não economiza aquele dinheiro extra que ganhou, simplesmente vive uma vida mais dispendiosa e é obrigado a continuar trabalhando cada vez mais para mantê-la. Os Estados Unidos perderam sua capacidade (na maior parte dos casos) de encontrar o equilíbrio entre trabalho e diversão ou relaxamento. Na Nova Guiné, as lojas fecham no meio do dia e reabrem no final da tarde. Isso é extremamente não americano."

"Fiquei abalado com a falta de limites morais de meus colegas nos Estados Unidos. Em uma sociedade tão pluralista como a América, pode haver pouca base para você sustentar aquilo que acredita ser verdadeiro e correto. Na Nova Guiné, sem dúvida a verdade é culturalmente interpretada e aplicada, mas todos reconhecem que ela existe e pode ser conhecida."

EPÍLOGO: EM OUTRO AEROPORTO

"As crianças aqui nos Estados Unidos, e talvez os americanos em geral, são obcecadas por coisas. Em nossa última volta à Califórnia, ficamos impressionados com os últimos modismos, com as coisas que você 'tem que ter'; no caso, as enormes TVs com tela plana de plasma. O que será que 'teremos que ter' daqui a seis meses?"

"Todo mundo nos Estados Unidos está em sua própria caixa fechada. Os jovens africanos que conheci eram intensamente interessados no que se passava em outras partes do mundo e tinham amplo conhecimento de geografia. Um dos nossos passatempos era testar o que cada um sabia sobre a localização de vários países, os nomes de líderes mundiais e de heróis dos esportes. Obviamente, eles sabiam os nomes dos campeões nacionais quenianos de futebol e de corrida de longa distância, mas também conheciam muitos dos astros americanos, ingleses, alemães e brasileiros. Tinham ouvido falar de Lone Ranger, Wilt Chamberlain e Muhammad Ali e estavam sempre me fazendo perguntas sobre como era a vida nos Estados Unidos. Quando cheguei aos Estados Unidos pela primeira vez, esperava que me perguntassem sobre a vida na África, mas logo descobri que apenas um número mínimo de pessoas se interessava por qualquer coisa além do que as afetava diretamente no dia a dia. Estilos de vida, costumes e eventos em outras partes do mundo não tinham interesse, e aprendi a parar de falar sobre a África. Muitas pessoas nos Estados Unidos adquiriram muitas coisas, mas permanecem pobres, miseráveis, no que se refere ao seu conhecimento e à sua compreensão do resto do mundo. Parecem estar confortavelmente fechadas dentro dos muros de uma ignorância seletiva e cuidadosamente construída."

O que podemos aprender?

O mundo de ontem formatou nossos genes, nossa cultura e nossa conduta durante a maior parte da história do *Homo sapiens* comportamentalmente moderno que surgiu entre 60 mil e 100 mil anos atrás. Conforme se deduz dos registros arqueológicos, as mudanças no estilo de vida e na tecnologia se desdobraram em ritmo extremamente lento até que começaram a acelerar com as primeiras origens da agricultura no Crescente Fértil, há cerca de 11 mil anos. Os mais antigos governos de Estado surgiram, também no Crescente Fértil, há apenas 5.400 anos. Isso significa que os ancestrais de todos nós que vivemos hoje ainda estavam vivendo no mundo de ontem há apenas 11 mil anos, e que os ancestrais de muitos de nós ainda viviam nas mesmas circunstâncias até muito mais recentemente. Nas áreas mais povoadas da Nova Guiné, o contato direto com o mundo externo começou apenas nas gerações recentes, e esses contatos e os governos de Estado ainda não chegaram a alguns poucos grupos remanescentes na Nova Guiné e na Amazônia.

Obviamente, grande parte do mundo de ontem ainda está entre nós hoje, mesmo nas áreas mais densamente povoadas de sociedades industriais modernas. A vida em áreas rurais esparsamente povoadas do mundo ocidental ainda preserva muitos aspectos das sociedades tradicionais. Apesar disso, existem grandes diferenças entre o mundo tradicional e nossas modernas sociedades WEIRD (ocidentais, educadas, industrializadas, ricas e democráticas). Os povos tradicionais executaram, inconscientemente, dezenas de experimentos sobre como operar uma sociedade humana. Não podemos repetir todos aqueles experimentos intencionalmente, sob condições controladas, para ver o que acontece, mas ainda podemos aprender com o que de fato aconteceu. Uma das coisas que o mundo de ontem nos ensina é a sermos gratos por nossas sociedades modernas, em vez de as criticarmos de ponta a ponta. Quase todos nós diríamos "já vão tarde!" para a guerra crônica, o infanticídio e o abandono dos idosos. Compreendemos por que as sociedades de pequena escala muitas vezes precisam fazer essas coisas cruéis, ou são totalmente tomadas por elas e compelidas a continuar a fazê-las. Felizmente, no entanto, temos governos de Estado que nos poupam da necessidade de estarmos sempre envolvidos em ciclos de guerra e temos estilos de vida sedentários e excedentes de alimentos que nos poupam da necessidade de praticar o infanticídio e abandonar os

EPÍLOGO: EM OUTRO AEROPORTO

idosos. Também nos despediríamos, com prazer, do estrangulamento de viúvas e de outras crueldades que certas sociedades tradicionais praticam como idiossincrasias culturais, embora nada em seu ambiente ou nas suas circunstâncias de subsistência as obrigue a fazer isso.

Mas há outros aspectos do mundo de ontem que, em vez de nos horrorizarem, provavelmente parecerão atraentes a muitos leitores deste livro. Alguns desses aspectos — não usar um saleiro para acrescentar sal à comida no nosso prato, por exemplo — podem ser facilmente incorporados à nossa vida, mesmo que nossa sociedade como um todo não os adote. Outros aspectos que admiramos dificilmente poderão ser adotados por nós, individualmente, se a sociedade à nossa volta também não mudar: é difícil criar nossos filhos como as crianças da Nova Guiné quando todas as outras crianças com as quais eles convivem estão sendo criadas como americanos modernos. Há outras decisões de mudança que também requerem ação da parte da sociedade como um todo. Compreendendo que a adoção de aspectos admiráveis do mundo de ontem requer uma combinação de decisões individuais e decisões sociais, quais são algumas das coisas que podemos fazer?

A dieta e os hábitos alimentares são uma área na qual podemos fazer muita coisa, individualmente, para nos ajudar. Pense novamente sobre o fato espantoso de que praticamente nenhum guineense tradicional morre de derrame, diabetes ou ataque cardíaco. Isso não significa que você precise retomar as guerras tribais e adotar uma dieta que consista em 90% de batatas-doces se também quiser evitar morrer dessas doenças. Em vez disso, você pode desfrutar algumas das melhores culinárias do mundo, viver pacificamente e *também* evitar essas doenças incorporando à sua vida três hábitos agradáveis: exercitar-se regularmente, comer devagar enquanto conversa com amigos, em vez de engolir tudo sofregamente e sozinho, e selecionar alimentos saudáveis como frutas frescas, vegetais, carnes magras, peixes, nozes e cereais, evitando alimentos cujos rótulos informam que têm alto teor de sódio, gorduras trans e açúcar processado (sacarose). Essa é também uma área na qual a sociedade (isto é, eleitores, governos e fabricantes de alimentos) pode facilitar as coisas para nós, adotando padrões mais saudáveis para os alimentos processados, conforme vem sendo feito pela Finlândia e outros países.

Outra coisa que podemos fazer individualmente ou como casais, sem esperar uma mudança da sociedade, é criar nossos filhos como bilíngues ou multilíngues, tal como acontece com tantas crianças das sociedades tradicionais. Muitos americanos poderiam ter feito isso, mas se contiveram porque acreditaram que ouvir dois idiomas confundiria as crianças. Sabemos agora que, longe de confundi-las, o domínio de mais de uma língua produz benefícios para o pensar e o raciocinar que duram toda a vida e enriquecem a existência. Muitos casais americanos sabem mais de uma língua: cada uma das duas pessoas poderia falar uma língua diferente com os filhos e criá-los como "bilíngues de berço". Casais de imigrantes poderiam falar sua língua nativa com os filhos, em vez de impedir que ouvissem a língua nativa dos pais: de qualquer modo, as crianças rapidamente aprenderão o inglês com outras crianças. Eu digo a todos aqueles (inclusive a mim mesmo) que lutaram para aprender línguas na escola ou quando já adultos, gastando milhares de horas de estudo em livros de gramática, memorizando vocabulário e ouvindo lições em fitas K-7, e ainda assim falando a língua com sotaque e sem fluência: você poderia ter se poupado todo esse esforço e estar falando fluentemente e sem sotaque se seus pais o tivessem criado como bilíngue. Devemos pensar nisso quando estivermos decidindo como criar nossos filhos e netos.

Além do multilinguismo, a educação infantil nas sociedades tradicionais nos oferece muitas outras opções. Todos os pais potenciais devem se perguntar quais das seguintes opções fazem sentido para eles: um período de amamentação por livre demanda, desde que seja prático; desmame tardio; manutenção do contato físico entre o bebê e algum adulto; pais e filhos dormindo juntos ou no mesmo cômodo (compre um colchão firme ou ponha um berço no quarto, e discuta o assunto com o pediatra!); alguma forma de transportar os bebês verticalmente e virados para a frente; muitos pais e mães substitutos, muitos cuida-

EPÍLOGO: EM OUTRO AEROPORTO

dores; resposta imediata ao choro da criança; evitar punições físicas; liberdade de exploração para a criança (devidamente monitorada!); grupos de recreação com crianças de várias idades (importante tanto para as crianças mais novas quanto para as mais velhas); ajudar as crianças a aprender a se entreter por conta própria, em vez de sufocá-las com "brinquedos educacionais" manufaturados, videogames e outras diversões pré-empacotadas. Você pode achar difícil adotar, individualmente, algumas dessas medidas se seus vizinhos ou sua sociedade não mudarem: quando todas as crianças da vizinhança têm videogames, menos a sua casa, seus filhos podem querer passar todo o tempo na casa de outras crianças. Mas vale a pena pensar seriamente a respeito dessas escolhas: a independência, segurança e maturidade social das crianças em sociedades tradicionais impressionam a todos os visitantes que tiveram a chance de conhecê-las.

Outra coisa que podemos fazer individualmente é avaliar, em termos realistas, os perigos inerentes ao nosso estilo de vida e adotar seletivamente a paranoia construtiva, no estilo guineense. Meus amigos guineenses chegaram à conclusão de que não devem dormir sob árvores mortas na floresta e precisam prestar atenção a galhos quebrados aparentemente inocentes que encontram no chão — embora a maior chance seja de que poderiam dormir dezenas de noites sob uma árvore morta e ignorar dezenas de galhos aparentemente inócuos sem maiores problemas. Mas eles sabem que, se incorrerem nessas práticas imprudentes centenas de vezes, o azar um dia conseguirá alcançá-los. Para a maior parte de nós, ocidentais, os principais perigos da vida não são árvores mortas nem gravetos que encontramos no chão, mas tampouco são terroristas, reatores nucleares, desastres aéreos e outros perigos espetaculares, mas de fato insignificantes, com os quais nos atormentamos. Em vez disso, as estatísticas de acidentes mostram que nós deveríamos ser construtivamente paranoicos com automóveis (dirigidos por nós e por outros), álcool (consumido por nós e por outros) e (especialmente à medida que envelhecemos) escadas portáteis e quedas no chuveiro. Para cada um de nós, há alguns outros riscos sobre os quais também devemos pensar, dependendo do estilo de vida de cada um.

Nossa religião (ou falta de religião) também é outra escolha que fazemos como indivíduos. Muitos de nós passamos por períodos difíceis na vida, quando reavaliamos nossas crenças religiosas. Nesses momentos, vale a pena relembrar que a escolha de uma religião é uma questão mais ampla e mais complexa do que simplesmente adotar crenças metafísicas que julgamos ser verdadeiras, ou rejeitar crenças que julgamos ser falsas. Enquanto escrevo estas linhas, reflito sobre as diferentes escolhas feitas por três pessoas que conheço há décadas e de quem sou amigo. Uma delas sempre foi unitarista, e a igreja é um dos principais motores de sua vida; a outra é um judeu que tem como núcleo de sua identidade a religião e seus conflitos pessoais internos com relação a Israel; e a terceira é um amigo alemão criado como católico, vivendo em uma região quase inteiramente católica da Alemanha, que recentemente me deixou perplexo ao se converter ao protestantismo aos quarenta anos. Em todos os três casos, a decisão de meus amigos de manter ou mudar de religião não dependeu apenas de tê-la como uma fonte de crenças. Os vários papéis da religião tiveram maior ou menor importância em diferentes épocas da vida dessas pessoas, assim como, ao longo dos milênios, a importância de cada um foi maior ou menor em diferentes sociedades e em diferentes períodos históricos. Esses papéis incluem fornecer possíveis respostas satisfatórias às questões últimas sobre o mundo físico; ajudar a lidar com a ansiedade e situações estressantes; ajudar a encontrar um sentido na morte de uma pessoa querida, na perspectiva da própria morte e em outros acontecimentos dolorosos; fornecer ao indivíduo elementos para justificar os próprios princípios morais que conformam seu comportamento e sua obediência ou desobediência à autoridade; e ajudar uma pessoa a se identificar como membro de um grupo cujos ideais ela compartilha. Para aqueles de nós que estamos atravessando um período de confusão religiosa, talvez possamos tornar mais claros nossos pensamentos se nos lembrarmos que a religião tem significado coisas diferentes para sociedades diferentes. Podemos ganhar clareza olhando com

EPÍLOGO: EM OUTRO AEROPORTO

sinceridade para o nosso íntimo e nos perguntando o que a religião significa ou poderia significar especificamente para nós.

Passando agora para aspectos admirados das sociedades tradicionais cuja implementação requer tanto ações individuais quanto da sociedade, já mencionei um exemplo: a redução da ingestão de sal, uma meta em direção à qual podemos fazer algum avanço como indivíduos, mas que exige ações de governos e fabricantes de alimentos se quisermos reduzir nossa ingestão do sal oculto contido nos alimentos processados. Também podemos reduzir nosso risco individual de diabetes exercitando-nos regularmente e seguindo dietas adequadas, mas os governos também podem contribuir, por exemplo, com campanhas de conscientização da população e regulando as vendas de alimentos calóricos nas lanchonetes das escolas públicas. Quanto à forma como a sociedade (e não apenas os pais bilíngues de bebês) pode promover o multilinguismo e combater a extinção de línguas, alguns governos (como o da Suíça) fazem grande esforço para preservar sua diversidade linguística; outros governos (como o dos Estados Unidos) apenas recentemente pararam de se esforçar para erradicar a diversidade de línguas nativas do país; e outros ainda (como o da França na região da Bretanha) continuam a se opor à retenção de uma língua nativa.

O status dos idosos também depende de decisões individuais e sociais. É cada vez maior o número de pessoas idosas que se tornam úteis e valiosas de novas formas, facilitando a vida dos filhos adultos que trabalham e enriquecendo a vida dos netos e de si mesmas ao se ocuparem das crianças e oferecerem a elas um contato afetuoso e de alta qualidade. Aqueles de nós que estamos na faixa dos trinta aos sessenta anos e temos nossos próprios filhos podemos estar começando a imaginar qual a qualidade de vida que teremos, e como nossos filhos nos tratarão quando chegarmos à velhice. Devemos recordar que nossos filhos estão observando agora como cuidamos de nossos próprios pais idosos: quando chegar a nossa vez de receber cuidados, em vez de dar, eles se lembrarão e serão influenciados por nosso exemplo. A sociedade pode enriquecer a vida dos idosos como um grupo, e enriquecer a própria sociedade, parando de exigir a aposentadoria em alguma idade arbitrária para pessoas capazes e dispostas a continuar trabalhando. As políticas de aposentadoria compulsória vêm sendo revistas nos Estados Unidos nas últimas décadas, e isso não fez com que pessoas velhas e incapazes se agarrassem a seus empregos, como inicialmente se temia; em vez disso, a sociedade tem conseguido manter os serviços de seus membros mais experientes. Mas ainda existe um número excessivo de instituições europeias que continuam exigindo que trabalhadores no auge de sua produtividade se aposentem simplesmente porque atingiram alguma idade arbitrária na faixa absurdamente baixa dos sessenta aos 65 anos.

Em contraste com comer devagar e ensinar duas línguas aos bebês, coisas que podemos fazer por conta própria enquanto a sociedade não muda, a combinação das vantagens da justiça tradicional com as vantagens da justiça estatal requererá, basicamente, decisões da sociedade. Eu discuti os mecanismos da justiça restaurativa e da mediação. Nenhum deles é uma panaceia, ambos parecem úteis em certas circunstâncias, mas não em outras, e ambos requerem que nosso sistema jurídico decida que políticas adotar. Se você vir possíveis valores nessas opções, seu papel como indivíduo é se juntar a movimentos que promovam esses mecanismos nos tribunais; você não pode adotá-los por conta própria. Mas talvez possa utilizar, pessoalmente, a ênfase guineense na mediação informal e no restabelecimento de relações (ou não relações) da próxima vez que se envolver em uma discussão particular e perceber que os ânimos estão se exacerbando.

As sociedades às quais pertence a maior parte dos leitores deste livro representam uma pequena fatia da diversidade cultural humana. Essas sociedades alcançaram a dominância mundial não por causa de uma superioridade geral, mas por razões específicas: suas vantagens tecnológicas, políticas e militares derivaram de suas antigas origens agrícolas — que, por sua vez, derivaram da disponibilidade de plantas silvestres domesticáveis e produtivas e de espécies animais domesticáveis. A despeito dessas vantagens iniciais, as sociedades industriais modernas não desenvolveram abordagens superiores para educar crianças, tratar

EPÍLOGO: EM OUTRO AEROPORTO

dos idosos, solucionar conflitos, evitar doenças não transmissíveis e outros problemas sociais. Mas milhares de sociedades tradicionais desenvolveram uma grande variedade de abordagens diferentes para esses problemas. Minha própria visão do mundo tem sido transformada e enriquecida pelos anos que passei entre algumas sociedades tradicionais da Nova Guiné. Espero que vocês, leitores, como indivíduos, e nossa sociedade moderna atual também encontrem muitas coisas que possam desfrutar e adotar na imensa gama de experiências humanas existentes no mundo tradicional.

AGRADECIMENTOS

Registro com prazer minha dívida para com muitos colegas e amigos pela ajuda que deram a este livro. Devo agradecimentos especiais a oito amigos que criticaram todo o manuscrito e devotaram tempo e esforços nas sugestões destinadas a melhorá-lo: minha esposa Marie Cohen, Timothy Earle, Paul Ehrlich, Alan Grinnell, Barry Hewlett, Melvin Konner, Michael Shermer e Meg Taylor.

Esses mesmos agradecimentos, e mais ainda, são devidos aos meus editores Wendy Wolf, na Viking Penguin (Nova York), e Stefan McGrath, do Penguin Group (Londres), e ao meu agente John Brockman, que não apenas leu todo o manuscrito, mas também ajudou de inúmeras formas em cada etapa da concepção do livro e em todos os estágios de sua produção.

Michelle Fisher-Casey digitou e redigitou todo o manuscrito, muitas vezes. Boratha Yeang localizou as fontes. Ruth Mandel identificou as fotos, e Matt Zebrowski preparou os mapas.

Apresentei grande parte do material deste livro aos meus alunos da Universidade da Califórnia em Los Angeles, onde ensino no Departamento de Geografia. Os alunos constantemente me confrontavam com novas e estimulantes perspectivas. Os membros do departamento e o pessoal administrativo forneceram-me um ambiente permanentemente incentivador. Em um seminário que James Robinson e eu organizamos na Universidade de Harvard, os participantes sugeriram ideias sobre muitos tópicos deste livro. Versões anteriores de alguns parágrafos ou o material de vários capítulos apareceram como artigos nas revistas *Natural History, Discover* e *Nature*, e também na *New York Review of Books* e na *New Yorker*.

O MUNDO ATÉ ONTEM

Ao longo do último meio século, milhares de guineenses, indonésios e de habitantes das ilhas Salomão partilharam comigo seus saberes, suas histórias de vida e visões de mundo e viveram comigo as experiências que relato neste livro. Minha dívida para com eles por enriquecerem minha vida é enorme.

Dediquei este livro a uma dessas amigas, Meg Taylor (Dame Meg Taylor), que nasceu no vale Wahgi da Nova Guiné e cresceu nas terras altas da Papua Nova Guiné. Sua mãe foi Yerima Manamp Masi, do clã Baiman Tsenglap, e seu pai foi James Taylor, oficial da patrulha australiana, líder da famosa patrulha Bena-a-Hagen de 1933 e da patrulha Hagen-a-Sepik de 1938-1939. Depois de estudar Direito na Universidade da Papua Nova Guiné e na Universidade de Melbourne, na Austrália, Meg tornou-se a secretária particular de Sir Michael Somare, ministro e depois primeiro-ministro da Papua Nova Guiné, enquanto o país fazia a transição do autogoverno para a independência, em 1975. Ela exerceu a profissão na Papua Nova Guiné, integrou a Comissão de Reforma Legislativa e continuou seus estudos de Direito em Harvard com uma bolsa da Fundação Fulbright. Meg foi embaixadora da Papua Nova Guiné nos Estados Unidos, no México e no Canadá de 1989 a 1994. Serviu nos conselhos de organizações internacionais de conservação e pesquisas; em empresas de seu país nos setores de recursos naturais, finanças e agricultura; e em empresas listadas na Bolsa de Valores da Austrália. Em 1999, assumiu o cargo de vice-presidente e ombudsman do Grupo Banco Mundial. Meg tem uma filha, Taimil, e muitos sobrinhos e sobrinhas jovens nas terras altas. Ela voltará para casa depois de completar sua missão atual no Banco Mundial em Washington.

Muitos amigos e colegas generosamente me ajudaram em capítulos específicos, enviando-me artigos e referências, contando-me suas experiências e conclusões, discutindo ideias e criticando a versão preliminar do capítulo. São eles: Gregory Anderson, Stephen Beckerman, Ellen Bialystok, David Bishop, Daniel Carper, Elizabeth Cashdan, Barbara Dean, Daniel Dennett, Joel Deutsch, Michael Goran, Mark Grady, K. David Harrison, Kristen Hawkes, Karl Heider, Dan Henry, Bonnie Hewlett, William Irons, Francine Kaufman, Neal Kaufman, Laurel Kearns,

AGRADECIMENTOS

Philip Klemmer, Russell Korobkin, Ágnes Kovács, Michael Krauss, Sabine Kuegler, David Laitin, Francesca Leardini, Steven LeBlanc, Graham MacGregor, Robert McKinley, Angella Meierzag, Kenneth Mesplay, Richard Mills, Viswanatha Mohan, Elizabeth Nabel, Gary Nabel, Claire Panosian, Joseph Peckham, Lloyd Peckham, Dale Price, David Price, Samuel Price, Lynda Resnick, Jerome Rotter, Roger Sant, Richard Shweder, Charles Taylor, Minna Taylor, Eugene Volokh, Douglas White, Polly Wiessner, David Sloan Wilson, Lana Wilson, Bruce Winterhalder, Richard Wrangham e Paul Zimmet.

Esses estudos receberam apoio e recursos generosos de várias fontes: National Geographic Society, Conservation International, Skip e Heather Brittenham, Lynda e Stewart Resnick, Fundação Summit e o Fundo Eve e Harvey Masonek & Samuel F. Heyman e Eve Gruber Heyman para Pesquisas Universitárias, 1981.

A todas essas pessoas e organizações eu expresso meus sinceros agradecimentos.

LEITURAS COMPLEMENTARES

Essas sugestões de algumas referências selecionadas são para aqueles interessados em aprofundar a leitura. Em vez de listar vastas bibliografias, preferi citar publicações recentes que contêm amplas bibliografias da literatura anterior. Além disso, cito alguns livros e artigos mais antigos que considero fundamentais e que podem ser de particular interesse ao leitor, ou que cito especificamente em meu texto. Como este livro dirige-se a um público amplo, não acrescentei notas de rodapé individuais; em vez disso, as referências servem para suplementar tópicos específicos e capítulos inteiros. Para reduzir o custo do livro, deixo impressas aqui apenas as referências de relevância mais geral: as do livro como um todo e as do Prólogo. As demais referências, dos capítulos 1 a 11 e do Epílogo, estão postadas online em um site de acesso gratuito: http://www.jared diamondbooks.com

Referências aplicáveis a todo este livro

Forneço aqui três conjuntos de referências ou comentários: referências a alguns livros especialmente úteis para os propósitos deste volume, porque proveem informação explicitamente comparativa de muitas sociedades; referências aos nomes de indivíduos com os quais me encontrei; e referências sobre 39 sociedades tradicionais em todo o mundo das quais frequentemente retirei exemplos para este livro.

Referências comparativas gerais. Um excelente estudo comparativo de sociedades humanas em todo o mundo, especialmente adequado para leitores do meu livro, é o de Allen Johnson e Timothy Earle, *The Evolution of Human Societies: From Foraging Group to Agrarian State,* 2ª ed. (Stanford: Stanford University Press, 2000). Esse volume compara muitos aspectos de sociedades humanas com diferentes níveis de organização, resume estudos de caso de 19 sociedades específicas, fornece muitas referências da literatura sobre cada uma dessas sociedades e classifica as sociedades usando um maior número de categorias do que as quatro que usei (bandos, tribos, chefaturas e Estados). Um relato comparativo igualmente excelente das sociedades aborígines australianas é o de Ian Keen, *Aboriginal Economy and Society: Australia* *at the Threshold of Colonisation* (South Melbourne: Oxford University Press, 2004). Tal como fizeram Johnson e Early para o mundo, Keen fornece sete estudos de caso para ilustrar a variedade geográfica, ambiental e de formas de organização social dos aborígines australianos. Três livros que pesquisam, especificamente, sociedades de caçadores-coletores no mundo são os de Richard Lee e Irven DeVore, orgs., *Man the Hunter* (Chicago: Aldine, 1968); o de Frances Dahlberg, org., *Woman the Gatherer* (New Haven: Yale University Press, 1981); e o de Richard Lee e Richard Daly, orgs., *The Cambridge Encyclopedia of Hunters and Gatherers* (Cambridge: Cambridge University Press, 1999). Um valioso levantamento intercultural muito consultado por antropólogos culturais é um projeto do Cross-Cultural Cumulative Coding Center existente na Universidade de Pittsburgh, sob a direção de George Murdock. Para centenas de sociedades pré-industriais em todo o mundo, o Centro codifica mais de mil variáveis culturais. Os dados estão tabulados em vários trabalhos, que incluem o de George Murdock, *Ethnographic Atlas* (Pittsburgh: University of Pittsburgh Press, 1967); o de Herbert Barry III e Alice Schlegel, *Cross-Cultural Samples and Codes* (Pittsburgh: University of Pittsburgh Press, 1980); e os sites http://www.yale.edu/hraf, http://ehrafworldcultures.yale.edu, e http://ehrafarchaeology.yale.edu.

Nomes de indivíduos guineenses. Meu texto inclui inúmeros relatos de conversas ou eventos ocorridos enquanto eu estava observando pássaros ou entretido em conversas com amigos guineenses. Embora uma história isolada não demonstre nem prove nada, pode ser uma forma útil de ilustrar um argumento específico e lhe dar uma face humana. Entre jornalistas, o procedimento padrão é fornecer os nomes verdadeiros, identificar detalhes e localidades sobre indivíduos mencionados, de forma que outros possam contatar a pessoa, fazer perguntas e obter novas informações. Essa também era a prática entre antropólogos, e era o que eu fazia no passado.

No entanto, os antropólogos de hoje entendem que seus informantes podem ser vulneráveis e vir a sofrer danos se seus comportamentos e opiniões se tornarem conhecidos. É fácil surgirem mal-entendidos culturais se, por exemplo, um habitante de uma aldeia na Nova Guiné for inesperadamente abordado por um estranho com quem não tem uma relação estabelecida e cujos motivos e explicações não estão claros, e que pode enganar ou explorar o guineense. Por isso, a prática antropológica e sociológica é mudar (ficcionalizar) ou ocultar os nomes dos locais e dos informantes mencionados num estudo. Em qualquer pesquisa etnográfica, espera-se agora que se evite revelar detalhes que possam tornar possível a identificação de uma fonte específica de dados sociais. Como um amigo antropólogo me explicou, "A ideia subjacente a essa prática é proteger os informantes de pessoas que possam querer descobri-los ou lhes causar danos, por qualquer que seja a razão". O código de ética da Associação Americana de Antropologia agora estabelece: "Acima de tudo, os pesquisadores que

LEITURAS COMPLEMENTARES

realizam pesquisas antropológicas têm obrigações éticas com as pessoas (...) com as quais trabalham. Essas obrigações podem se sobrepor ao objetivo de buscar novos conhecimentos." Por esse motivo, ao longo de todo este livro eu segui a prática antropológica corrente e removi ou troquei nomes e detalhes indicativos ao contar casos ou eventos das vidas dos meus amigos guineenses.

Estudos mais citados. Pelas razões explicadas no Prólogo, citei repetidamente os estudos de uma amostra de 39 sociedades em todo o mundo para que o leitor possa entender melhor como se encaixam os diferentes aspectos de determinada sociedade. Agrego aqui algumas referências de relatos sobre essas sociedades, em vez de fazer referências, uma por uma, no capítulo no qual me refiro pela primeira vez a determinada sociedade. As 39 sociedades são dez da Nova Guiné e das ilhas vizinhas, sete da Austrália, cinco da Eurásia, cinco da África, cinco da América do Sul e sete da América do Norte.

Nova Guiné. Dani: livros de Johan Broekhuijse, Karl Heider, Robert Gardner e Peter Matthiessen. Os detalhes estão nas Leituras Complementares para o capítulo 3. Daribi: Roy Wagner, *The Curse of Souw: Principles of Daribi Clan Definition and Alliance in New Guinea* (Chicago: University of Chicago Press, 1967) e *Habu: The Innovation of Meaning in Daribi Religion* (Chicago: University of Chicago Press, 1972). Enga: Polly Wiessner e Akii Tumu, *Historical Vines: Enga Networks of Exchange, Ritual, and Warfare in Papua New Guinea* (Washington, DC: Smithsonian Institution Press, 1998); além de referências em Johnson e Earle (2000: ver acima), especialmente aos livros e artigos de Mervyn Meggitt. Fayu: Sabine Kuegler, *Dschungelkind* (Munique: Droemer, 2005). Minhas citações desse livro foram retiradas da edição alemã; uma tradução para o inglês ligeiramente condensada foi publicada, a saber, Sabine Kuegler, *Child of the Jungle* (Nova York: Warner Books, 2005). Dois outros livros de Kuegler que discutem os fayus são Sabine Kuegler, *Ruf des Dschungels* (Munique: Droemer, 2006), e Sabine Kuegler, *Jagerin und Gejagte* (Munique: Droemer, 2009). Fore: Ronald Berndt, *Excess and Restraint: Social Control Among a New Guinea Mountain People* (Chicago: University of Chicago Press, 1962). Hinihon: Angella Meinerzag, *Being Mande: Personhood, Land, and Naming System Among the Hinihon in the Adelbert Range/Papua New Guinea* (dissertação de doutorado, Universidade de Heidelberg, 2007). Kaulong: Jane Goodale (não deve ser confundida com a primatologista Jane Goodall), *To Sing with Pigs Is Human: the Concept of Person in Papua New Guinea* (Seattle: University of Washington Press, 1995). Ilha Mailu: Bronislaw Malinowski, *Natives of Mailu* (Adelaide: Royal Society of South Australia, 1915). Ilhas Trobriand: ver bibliografia de Johnson e Earle (2000, acima). Tsembaga Maring: Roy Rappaport, *Pigs for the Ancestors: Ritual in the Ecology of a New Guinea People*, 2ª edição (Long Grove, IL: Waveland Press, 1984); além da bibliografia de Johnson e Earle (2000, acima).

O MUNDO ATÉ ONTEM

Austrália. Ian Keen (2004, acima) tem bibliografias sobre sete sociedades: os ngarinyins do noroeste, os yolngus de Arnhem Land, os sandbeachs de Cape York, os yuwaaliyaays do interior de New South Wales, os kunais do sudeste, os pitjantjatjaras do deserto ocidental, e os wiils e minongs do sudoeste.

Eurásia. Agta das Filipinas: Thomas Headland, *Why Foragers Do Not Become Farmers: A Historical Study of a Changing Ecosystem and Its Effect on a Negrito Hunter-Gatherer Group in the Philippines* (dissertação de doutorado, Universidade do Havaí, 1986); John Early e Thomas Headland, *Population Dynamics of a Philippine Rain Forest People: The San Ildefonso Agta* (Gainesville: University Press of Florida, 1998). Ainu do Japão: Hitoshi Watanabe, *The Ainu Ecosystem: Environment and Group Structure* (Seattle: University of Washington Press, 1973). Ilhéus andamaneses da Baía de Bengala: A. R. Radcliffe-Brown, *The Andaman Islanders* (Glencoe, IL: Free Press, 1948); Lidio Cipriani, *The Andaman Islanders* (Nova York: Praeger, 1966). Quirguizes do Afeganistão e nganasans da Sibéria: ver bibliografia de Johnson e Earle (2000, acima).

África. Hadza da Tanzânia: Frank Marlowe, *The Hadza: Hunter-Gatherers of Tanzania* (Berkeley: University of California Press, 2010); Kristen Hawkes, James O'Connell e Nicholas Blurton Jones, "Hadza children's foraging: juvenile dependency, social arrangements and mobility among hunter-gatherers", *Current Anthropology* 36: 688-700 (1995), "Hadza women's time allocation, offspring provisioning and the evolution of post-menopausal lifespans", *Current Anthropology* 38: 551-577 (1997), e "Hunting and nuclear families: some lessons from the Hadza about men's work", *Current Anthropology* 42: 681-709 (2001). !Kung do sudoeste da África: Nancy Howell, *Demography of the Dobe !Kung*, 2ª ed. (Nova York: Aldine de Gruiter, 2000) e *Life Histories of the !Kung: Food, Fatness, and Well-being over the Life-span* (Berkeley: University of California Press, 2010); Richard Lee, *The !Kung San: Men, Women, and Work in a Foraging Society* (Cambridge: Cambridge University Press, 1979); Lorna Marshall, *The !Kung of Nyae Nyae* (Cambridge, MA: Harvard University Press, 1976); Marjorie Shostak, *Nisa: The Life and Words of a !Kung Woman* (Cambridge, MA: Harvard University Press, 1981); Elizabeth Marshall Thomas, *The Harmless People*, ed. rev. (Nova York: Vintage Books, 1989). Nuer do Sudão: E. E. Evans-Pritchard, *The Nuer of the Sudan: A Description of the Modes of Livelihood and Political Institutions of a Nilotic People* (Oxford: Oxford University Press, 1940). Pigmeus da África Central (consistindo, de fato, em pelo menos 15 grupos etnolinguísticos de coletores da floresta africana): Colin Turnbull, *The Forest People* (Nova York: Touchstone, 1962), para o grupo mbuti; Luigi Luca Cavalli-Sforza, org., *African Pygmies* (Orlando: Academic Press, 1986); Barry Hewlett, *Intimate Fathers: The Nature and Context of Aka Pygmy Paternal Infant Care* (Ann Arbor: University of Michigan Press, 1991), e Bonnie

LEITURAS COMPLEMENTARES

Hewlett, *Listen, Here Is a Story: Ethnographic Life Narratives from Aka and Ngandu Women of the Congo Basin* (Nova York: Oxford University Press, 2012), para o grupo aka; e Barry Hewlett e Jason Fancher, "Central Africa hunter-gatherers research traditions", em Vicki Cummings *et al.*, orgs., *Oxford Handbook of the Archaeology and Anthropology of Hunter-Gatherers* (Oxford: Oxford University Press, no prelo), para uma bibliografia comentada. Turkana do Quênia: ver bibliografia de Johnson e Earle (2000, acima).

América do Norte. Calusa da Flórida: Randolph Widmer, *The Evolution of the Calusa: A Nonagricultural Chiefdom on the Southwest Florida Coast* (Tuscaloosa: University of Alabama Press, 1988). Chumash da Califórnia continental: Lynn Gamble, *The Chumash World at European Contact: Power, Trade, and Feasting among Complex Hunter-Gatherers* (Berkeley: University of California Press, 2008). Ilhéus chumashes da Califórnia: Douglas Kennett, *The Island Chumash: Behavioral Ecology of a Maritime Society* (Berkeley: University of California Press, 2005). Iñupiaqs do noroeste do Alasca: Ernest Burch Jr., *The World System of the Iñupiaq Eskimos: Alliance and Conflict* (Lincoln: University of Nebraska Press, 2005). Inuítes da vertente norte do Alasca, chochones da Grande Bacia e indígenas do litoral noroeste: ver bibliografias de Johnson e Earle (2000, acima).

América do Sul. Ache do Paraguai: Kim Hill e A. Magdalena Hurtado, *Ache Life History: The Ecology and Demography of a Foraging People* (Nova York: Aldine de Gruyter, 1996). Maci do Peru: ver bibliografia de Johnson e Earle (2000, acima). Pirarrã do Brasil: Daniel Everett, *Don't Sleep, There Are Snakes: Life and Language in the Amazonian Jungle* (Nova York: Pantagon, 2008). Siriono da Bolívia: Allan Holmberg, *Nomads of the Long Bow: The Siriono of Eastern Bolivia* (Garden City, NY: Natural History Press, 1969). Ianomâmi do Brasil e Venezuela: Napoleon Chagnon, *Yanomamo*, 5ª ed. (Nova York: Wadsworth, 1997); e bibliografia de Johnson e Earle (2000, acima).

Referências aplicáveis ao Prólogo: No Aeroporto

Gavin Souter, *New Guinea: The Last Unknown* (Sydney: Angus e Robertson, 1964) fornece um bom relato das primeiras explorações da Nova Guiné, em um livro que retrocede a até uma década antes que a Papua Nova Guiné se tornasse independente. Minhas referências online para o capítulo 1 contêm citações de livros que descrevem e ilustram os primeiros contatos entre australianos e habitantes das terras altas da Nova Guiné.

Quanto às razões de as sociedades ocidentais, educadas, industrializadas, ricas e democráticas serem WEIRD (estranhas) pelos padrões de sociedades tradicionais em todo o resto do mundo, Joseph Henrich, Steven Heine e Ara Norenzayan as

O MUNDO ATÉ ONTEM

explicam brevemente em "Most people are not WEIRD", *Nature* 466: 29 (2010), e mais detalhadamente em "The Weirdest people in the world?", *Behavioral and Brain Sciences* 33: 61-135 (2010).

O capítulo 14 do meu livro *Armas, germes e aço* (Rio de Janeiro: Ed. Record, 2012) discute a evolução de sociedades, desde bandos a Estados, de acordo com a classificação que também uso neste livro, enquanto Johnson e Earle (2000, citados acima) discutem essas transições em mais detalhes e com uma classificação mais refinada das sociedades. Os relatos clássicos da classificação de sociedades humanas incluem dois livros de Elman Service: *Primitive Social Organization* (Nova York: Random House, 1962) e *Origins of the State and Civilization* (Nova York: Norton, 1975).

Há alguns livros clássicos de antropologia que fornecem exemplos das diferentes abordagens mencionadas em meu texto para explicar diferenças entre sociedades humanas: John Bodley, *The Power of Scale: A Global History Approach* (Londres: Sharpe, 2003); Timothy Earle, *Bronze Age Economics: The Beginnings of Political Economies* (Boulder, CO: Westview, 2002); Timothy Earle, org., *Cliefdoms: Power, Economy, and Ideology* (Cambridge: Cambridge University Press, 1991); Marvin Harris, *Cultural Materialism: The Struggle for a Science of Culture* (Nova York: Random House, 1979); Marshall Sahlins, *Culture and Practical Reason* (Chicago: University of Chicago Press, 1976); Clifford Geertz, *The Interpretation of Cultures* (Nova York: Basic Books, 1973); Michel Foucault, *The Archaeology of Knowledge* (Nova York: Pantheon Books, 1972); Marshall Sahlins, *Stone Age Economics* (Chicago: Aldine, 1972); Marvin Harris, *The Rise of Anthropological Theory: A History of 'Theories of Culture'* (Nova York: Crowell, 1968); Claude Levi-Strauss, *Structural Anthropology* (Nova York: Doubleday, 1963); Julian Steward, *Theory of Culture Change* (Urbana: University of Illinois Press, 1955); Alfred Kroeber, *The Nature of Culture* (Chicago: University of Chicago Press, 1952).

Kim Hill *et al.*, em "Co-residence patterns in hunter-gatherers societies show unique human social structure", *Science* 331: 1286-1289 (2011) analisam os padrões de parentesco em 32 bandos de coletores atuais.

A citação de Ian Keen, que faço mais adiante, sobre as dificuldades de interpretar observações de campo em sociedades tradicionais modernas vem da página 15 do livro de Ian Keen de 2004, já citado.

Dois livros de Jan Vansina — *Oral Tradition: a Study in Historical Methodology* (Londres: Routledge and Kegan Paul, 1965) e *Oral Tradition as History* (Londres: James Currey, 1985) — constituem estudos pioneiros de história oral metodologicamente rigorosos.

Para os interessados em explorar alguns aspectos fascinantes das variações entre sociedades que não cheguei a discutir aqui (e, com isso, ganhei a gratidão dos leitores por reduzir a extensão deste já longo livro), uma sugestão é o livro de Richard Nisbett, *The Geography of Thought: How Asians and Westerners Think Differently ... and Why*

582

LEITURAS COMPLEMENTARES

(Nova York: Free Press, 2003). Na página 43 de seu livro, Nisbett discute brevemente as diferenças cognitivas entre caçadores-coletores, povos agrícolas tradicionais e povos industriais. Em *Foundations of Human Sociality: Economic Experiments and Ethnographic Evidence from Fifteen Small-Scale Societies* (Oxford: Oxford University Press, 2004) Joseph Henrich *et al.*, orgs., discutem diferenças entre sociedades tradicionais e industriais no que se refere aos seus sentidos de justiça, reciprocidade e busca do interesse próprio

Para um estudo de caso detalhado que ilustra as dificuldades de transferir as práticas e lições de uma sociedade para outra, ver Elizabeth Watson, *Living Terraces in Ethiopia: Konso Landscape, Culture, and Development* (Woodbridge, UK: James Currey, 2009).

Fontes de informações sobre sociedades tradicionais

Nas páginas 40-41, fiz um breve resumo de nossas quatro fontes de informação sobre as sociedades tradicionais, sem distinguir claramente entre elas, e destacando em cada uma suas vantagens e desvantagens. Para os leitores (especialmente os estudiosos do assunto) interessados em saber mais sobre essas várias fontes, forneço agora uma discussão ampliada.

O método mais óbvio, e a fonte da maior parte das informações neste livro, é treinar e enviar cientistas sociais ou da área biológica para visitar um povo tradicional ou viver entre ele e realizar um estudo voltado para algum tópico específico. Os cientistas se identificam como praticantes de diferentes disciplinas, incluindo antropólogos, biólogos, cientistas políticos, economistas, etnógrafos, geneticistas, historiadores, linguistas, médicos, psicólogos e sociólogos. Os autores publicam seus resultados como artigos científicos ou livros, muitas vezes estruturando seus estudos, desde o início, em termos de alguma pergunta ou hipótese específica a ser testada; com frequência (especialmente nos dias atuais), reúnem dados quantitativos a serem apresentados em tabelas de números. No que se refere às sociedades humanas tradicionais, essa é a abordagem científica que se desenvolveu ao longo dos séculos como a mais adequada para produzir conhecimento confiável do mundo real, seja ele o mundo das sociedades humanas ou os mundos das bactérias, moléculas, pedras ou galáxias.

Quando essa abordagem é aplicada ao estudo de sociedades humanas tradicionais, surgem dois tipos de dificuldade. Naturalmente, essas dificuldades não invalidam os estudos; elas meramente precisam ser mantidas em mente ao interpretarmos as conclusões, e explicam por que também recorremos a outras fontes de informação. Na introdução de seu livro sobre sociedades aborígines australianas, o antropólogo australiano Ian Keen resume essas dificuldades nos seguintes termos: "Os principais problemas de interpretação que surgem do trabalho de antropólogos profissionalmente capacitados são que eles entram em campo quando as trajetórias colonial/pós-colonial

O MUNDO ATÉ ONTEM

já se encontram bem avançadas, e que suas interpretações são fortemente moldadas (e limitadas) por paradigmas específicos. No entanto, dentro de seus campos de interesse esses trabalhos tendem a ser os mais completos e sistemáticos."

A advertência de Keen sobre estudos realizados em momentos tardios das trajetórias colonial/pós-colonial refere-se a um dilema inerente à antropologia cultural, análogo ao Princípio da Incerteza de Heisenberg na física. Esse princípio afirma que qualquer medida física inevitavelmente perturba o sistema sendo estudado e, dessa forma, introduz incerteza sobre qual teria sido o verdadeiro valor se o sistema não tivesse sido perturbado. (Especificamente na física de partículas, o princípio afirma que é impossível medir simultaneamente os valores exatos da posição e da velocidade de uma partícula.) Para avaliar o dilema correspondente na antropologia cultural, lembre-se de que os modernos estudos antropológicos da Austrália aborígine começaram no século XX, e os primeiros relatos etnográficos datam do século XIX, antes do surgimento da antropologia moderna profissional. No entanto, os europeus já haviam aportado na Austrália em 1616 e fundado seu primeiro assentamento já em 1788, e os macassares (pescadores indonésios) estiveram visitando o norte da Austrália durante muitos séculos antes da chegada dos europeus, e povos austronésios não identificados, originários da Indonésia, de alguma forma introduziram cachorros (dingos) e possivelmente outras formas de vida e tecnologias na Austrália vários milhares de anos antes.

Assim, os estudos modernos sobre aborígines australianos versam sobre sociedades que haviam passado por mudanças radicais em suas condições pré-europeias e pré-macassares, porque a maior parte da população já havia morrido de doenças introduzidas pelos europeus e talvez pelos macassares, sido conquistada e submetida ao controle do governo euro-australiano, impedida de exercer o controle de seu ambiente com o uso tradicional de queimadas, expulsa de suas melhores terras por colonizadores europeus e privada de parte de sua base de subsistência pelos impactos causados à vegetação e aos animais nativos pela introdução de animais europeus, como gatos, raposas, ovelhas e gado, e dos dingos introduzidos pelos austronésios. Do mesmo modo, embora os !kungs do deserto de Kalahari sejam em geral tomados como modelos de caçadores-coletores, os estudos detalhados sobre eles que começaram nos anos 1960 e que eu cito frequentemente neste livro eram estudos de povos que já haviam trocado suas flechas com ponta de osso por outras com ponta de metal, parado de se atacar mutuamente, começado recentemente a negociar com pastores bantos e a ser invadidos por eles, e, de alguma forma, já deviam ter sido influenciados por outros pastores bantos que chegaram ao sul da África há quase 2 mil anos.

Em termos mais gerais, todos os estudos de caçadores-coletores realizados no século XX abordaram sociedades em contato real ou potencial com produtores de alimentos (agricultores e/ou pastores). Até há cerca de 11 mil anos, no entanto, todas

LEITURAS COMPLEMENTARES

as sociedades humanas eram de caçadores-coletores que tinham contato apenas com outros caçadores-coletores. Somente em poucas partes do mundo, como na Austrália, no Ártico e no oeste da América do Norte, os primeiros exploradores ocidentais não cientistas encontraram, de fato, caçadores-coletores que ainda viviam em um mundo de caçadores-coletores. Esses fatos provocaram calorosas discussões sobre a relevância de estudos modernos para o conhecimento de sociedades do passado: será que os caçadores-coletores modernos são tão diferentes dos caçadores-coletores do passado a ponto de fazer com que nosso conhecimento sobre eles não tenha nenhuma relevância para compreendermos os antigos? Sem dúvida, essa perspectiva é muito extremista: como disse o antropólogo Melvin Konner, se hoje fosse possível pegar um grupo de ocidentais e jogá-los nus e sem ferramentas em algum local isolado da savana africana, daqui a duas gerações estariam todos mortos ou, então, teriam reinventado, por conta própria, muitos aspectos observados nas sociedades de caçadores-coletores. Mas, no mínimo, é preciso reconhecer que os povos tradicionais modernos não são modelos congelados do passado distante.

Ian Keen também alerta que, em qualquer ciência, em qualquer época, existem áreas preferidas de pesquisa que recebem financiamento e produzem estudos sistemáticos, e outras que permanecem negligenciadas. Por exemplo, até recentemente poucos antropólogos realizavam estudos específicos sobre a infância e a velhice entre povos tradicionais. Os observadores de campo são desencorajados a sair para "viagens de pesca" científica e registrar tudo o que observam; espera-se que produzam livros e artigos sobre algum tema específico. Em cada época, existem certos fenômenos e certas interpretações que tendem a atrair a preferência, e outros que são considerados desagradáveis. Por exemplo, tem havido intensa controvérsia sobre se a famosa antropóloga Margaret Mead distorceu suas descrições do comportamento sexual dos ilhéus do Pacífico para que se enquadrassem em pressuposições então vigentes em determinada escola de antropologia; e ainda existem fortes convicções de que os povos tradicionais não são belicosos, ou de que, se forem, isso seria resultado do contato com o europeu, ou de que, se realmente se constatar que sejam belicosos, suas guerras não devem ser descritas, porque isso é politicamente prejudicial a eles.

Uma segunda fonte de conhecimento sobre as sociedades tradicionais busca contornar algumas mudanças recentes ocorridas nas sociedades tradicionais modernas entrevistando pessoas não alfabetizadas sobre suas histórias transmitidas oralmente e, assim, reconstruindo a história do povo ao longo de várias gerações. Naturalmente, esse método tem seus próprios problemas. O principal pioneiro foi Jan Vansina, e os praticantes ganharam muita experiência com técnicas de comparação e verificação cruzada destinadas a garantir a confiabilidade das informações obtidas.

Por exemplo, a antropóloga Polly Wiessner e o artista enga Akii Tumu colaboraram em um estudo da história oral do povo enga, o maior grupo linguístico das terras altas da Papua Nova Guiné. Embora a história escrita desse povo tenha começado somente com a chegada de europeus alfabetizados nos anos 1930, os engas são excepcionais entre os guineenses por acompanharem os eventos históricos por meio de um corpo de tradições históricas (chamadas *atone pii*) que eles reconhecem como diferentes de mitos (chamados *tindi pii*), e que remontam a oito ou dez gerações (entre 250 e 400 anos). Entre 1985 e 1998, Wiessner e Tumu entrevistaram anciãos de 110 tribos engas. Testaram a exatidão das respostas dos entrevistados buscando a consistência entre os relatos feitos por diferentes clãs e por diferentes tribos; examinaram se havia concordância entre os relatos de guerras e migrações feitos por descendentes de participantes dos dois lados da guerra ou da migração e os feitos por grupos vizinhos; e verificaram se as informações sobre uma esfera da vida (por exemplo, trocas cerimoniais de porcos) correspondiam a informações sobre outras esferas da vida (por exemplo, uso da terra e produção agrícola). Também checaram os relatos orais comparando-os com dois eventos independentes e datáveis que afetaram todos os grupos das terras altas da Papua Nova Guiné, incluindo os engas: uma maciça erupção vulcânica em uma ilha vizinha no século XVII, que depositou uma camada de cinzas quimicamente identificável (tefra) em toda a parte oriental das terras altas e que aparece na história oral dos engas e de outros grupos das terras altas como o "tempo de escuridão", quando as cinzas escureceram o sol durante vários dias; e a chegada da batata-doce, que transformou a agricultura e as sociedades das terras altas entre 250 e 400 anos atrás. Usando esses métodos de verificação cruzada e datação cruzada, Wiessner e Tumu conseguiram reconstruir histórias detalhadas de dispersões de tribos, crescimento populacional, tamanho de populações, condições ambientais, subsistência agrícola, produtos cultivados, comércio, liderança, organização social, guerras, migrações e o desenvolvimento de cerimônias e cultos ao longo das últimas oito gerações de engas, muito antes da chegada dos europeus às terras altas da Nova Guiné.

Esse método de reconstrução somente é aplicável a alguns povos tradicionais, talvez apenas a uma minoria deles, porque muitos, possivelmente a maioria, não retêm conhecimento oral detalhado que retroceda a mais de umas poucas gerações. Isso depende de fatores como a organização social de cada povo, seu grau de insistência em ter experiências de primeira mão, quem conta as histórias, o contexto em que se contam histórias e o grau de participação dos ouvintes. Por exemplo, o missionário linguista Daniel Everett descobriu que os índios pirarrãs do Brasil se recusavam a discutir qualquer coisa que não tivessem visto com os próprios olhos, e por isso ridicularizavam os esforços de Everett de lhes contar a vida de Jesus: "Você viu? Se não, como pode acreditar nisso?" Da mesma forma, os inúmeros estudos realizados entre o povo !kung a partir dos anos 1960 não conseguiram recuperar informações detalhadas relativas a eventos ou condições da vida !kung mais do que poucas gerações antes.

LEITURAS COMPLEMENTARES

Por outro lado, entre os engas os fatos históricos são contados na casa dos homens, os ouvintes comentam e corrigem os equívocos nos relatos e indivíduos poderosos não têm permissão para distorcer a história a fim de promover seus próprios interesses.

Uma terceira abordagem para se aprender sobre as sociedades tradicionais partilha os objetivos da reconstrução oral, na medida em que busca ver as sociedades antes de serem visitadas por cientistas modernos. Embora os cientistas tenham estado entre os primeiros observadores externos a contatar alguns povos tradicionais — como a "descoberta" dos danis do Vale do Baliem pela Terceira Expedição Archbold do Museu de História Natural de Nova York em 1938 —, com maior frequência os cientistas são precedidos por patrulhas governamentais, comerciantes, linguistas missionários ou exploradores. Isso obviamente se aplica à grande maioria das sociedades tradicionais do Novo Mundo, da África, da Austrália e das ilhas do Pacífico porque foram "descobertas" por europeus desde 1492 até o início do século XX, antes que a antropologia moderna integrasse as disciplinas que trabalhavam no campo. Mesmo os recentes primeiros contatos na Nova Guiné e com as tribos amazônicas iniciados na década de 1930, e que se estendem até hoje, não costumam ser feitos por cientistas, devido aos recursos necessários e aos perigos envolvidos. Na época em que chegam os cientistas, a cultura tribal já terá começado a mudar como resultado de contatos.

No entanto, ainda assim podemos aprender muito com as descrições ocasionais e esparsas deixadas por esses primeiros visitantes sem capacitação científica. A óbvia desvantagem é que seus relatos são menos sistemáticos, menos quantitativos e menos baseados em métodos rigorosos e no corpo de conhecimento existente sobre outras tribos. Uma vantagem compensadora evidente é que a informação resultante refere-se a uma sociedade tribal menos modificada do que a encontrada mais tarde por cientistas. Uma vantagem menos óbvia é que a natureza não sistemática e não científica dessas primeiras observações pode, na verdade, ser o seu ponto forte. Visitantes leigos muitas vezes descrevem amplamente o que quer que lhes pareça surpreendente, e assim podem discutir facetas de uma sociedade que seriam ignoradas por um cientista enviado com uma bolsa de estudo ou de pesquisa para explorar algum fenômeno específico.

Um exemplo disso é um livro notável (*Dschungelkind*) sobre o povo fayu da Nova Guiné indonésia escrito pela alemã Sabine Kuegler. Durante minha primeira visita, em 1979, o piloto do helicóptero me contou uma viagem aterrorizante que fizera recentemente, a pedido do casal de missionários Klaus e Doris Kuegler, para encontrar um grupo de nômades fayus que acabavam de ser descobertos. A convite dos fayus, os Kuegler se mudaram para a aldeia com seus três filhos pequenos; para a maior parte dos fayus, eram as primeiras pessoas de fora que viam. A filha do meio, Sabine, viveu entre os fayus dos 7 aos 17 anos, numa época em que não havia na aldeia nenhuma outra pessoa de fora além da família Kuegler. Quando Sabine se mudou para a Europa

O MUNDO ATÉ ONTEM

para receber uma educação ocidental e tornar-se uma europeia, publicou em 2005 um livro sobre suas experiências e observações.

O livro de Sabine não tem tabelas de dados, testes de hipóteses contrastantes nem resumos do conhecimento corrente em algum subcampo da antropologia; em vez disso, os leitores ganharão uma vívida impressão da vida dos fayus tal como era no momento do primeiro contato, inclusive relatos de flechas que zuniam no ar, perigos, acidentes e mortes. Como os companheiros de Sabine eram crianças fayus, e tendo ela própria crescido parcialmente como uma fayu, seu livro aproxima-se da autobiografia de uma fayu, mas dotada de uma perspectiva dupla, tanto fayu quanto ocidental. Assim, Sabine era capaz de notar as características fayus — como sua noção de tempo, as dificuldades físicas da vida e a psicologia de ser um fayu — que um nativo tomaria como algo normal e não se preocuparia em mencionar. Igualmente tocante é o relato de Sabine sobre sua volta à Europa, de como via a sociedade europeia com olhos parcialmente fayus que lhe permitiam notar aspectos da vida europeia (como questões relativas a lidar com estranhos, ou os perigos de atravessar uma rua movimentada) que um europeu encararia como coisa natural. Talvez, algum dia, um cientista visite os fayus e descreva alguns aspectos de sua sociedade. Mas, então, eles serão pessoas drasticamente diferentes das encontradas pelos Kuegler em 1979. Nenhum cientista será capaz de repetir a experiência de Sabine e de descrever como foi crescer e pensar e sentir quase como uma fayu tradicional.

Finalmente, o outro método para se aprender sobre uma sociedade tradicional, e a única fonte de informação sobre sociedades passadas que não tinham escrita e nunca foram contatadas por observadores letrados, é a arqueologia, cujas vantagens e desvantagens são opostas às associadas aos observadores modernos. Por meio de escavações em um sítio e da datação com radiocarbono, os arqueólogos podem reconstruir uma cultura que existiu há dezenas de milhares de anos antes de ser contatada e alterada pelo mundo moderno. Assim, desaparecem inteiramente as preocupações com os efeitos perturbadores dos contatos modernos e do sociólogo residente. Essa é uma imensa vantagem. A desvantagem correspondente é que detalhes sutis, como os acontecimentos diários e os nomes das pessoas, seus motivos e palavras se perderam. Os arqueólogos também se defrontam com a desvantagem de uma maior incerteza, e precisam investir mais esforços para extrair conclusões sociais das manifestações físicas preservadas em depósitos arqueológicos. Por exemplo, eles tentam deduzir indiretamente as desigualdades individuais de status social e riqueza a partir das diferenças nos bens e artefatos enterrados e nos tamanhos das tumbas em cemitérios laboriosamente escavados durante as diversas fases do trabalho de campo. Um etnógrafo moderno poderia observar diretamente essas desigualdades em um único dia de trabalho no campo — mas os resultados se aplicariam a uma sociedade que já teria sido alterada, em medida desconhecida, pelo contato com o mundo moderno.

LEITURAS COMPLEMENTARES

Assim, nossos quatro métodos para compreender sociedades tradicionais diferem em seus pontos fortes e em seus pontos fracos. Podemos ter confiança cada vez maior nas conclusões se todos os quatro métodos puderem ser aplicados e se produzirem resultados semelhantes. Por exemplo, temos informações sobre guerras tribais obtidas por observações científicas (como os relatos detalhados de Jan Broekhuijse e Karl Heider sobre a guerra dani descrita no capítulo 3), por reconstruções orais (como as feitas por Polly Wiessner e Akii Tumu), por relatos esparsos (como os de Sabine Kuegler entre os fayus) e por evidências arqueológicas produzidas em escavações, como armaduras e crânios partidos por machados. Quando essas quatro abordagens discordam em suas conclusões, temos que entender por que isso ocorre: talvez a sociedade tenha mudado ao longo do tempo ou a partir dos contatos.

ÍNDICE

aches, índios, *29, 45, 70-71, 359-360, 557-558*
  crianças, 225-226, 249-250, 354
  escassez de alimentos, 371-372
  idosos, 266, 269-271
  riscos ambientais, 344-348, 352-353
  violência, 353, 358-359
acidentes, *48-49, 305-306, 343-350*
  causas, *343-350*
  evitar e vigiar, 350-354
  Ver também perigos; risco
açúcar, 523-524, 530-531, 533
afiliação grupal, 16, 49-54, 75-76, 343
  língua e, 461-462, 497-498
  religiões como grupos sociais, 405-408, 422-423
  territorialidade e, 62-65, 67-68, 70-71
  Ver também inimigos; amigos; vínculos sociais; estranhos
afluência, 148-150
  doença e, 503-504, 525-526, 528-533, 535-537
  religião e, 435-436, 451-452
afogamento, 347-348
África e povos africanos
  diabetes, 535-536, 549-550
  diversidade linguística, 455-456, 486-487
  guerra, 183-184, 192-194
  mapa, *45*
  Ver também grupos específicos

agregação e dispersão, 359-360 381, 383, 388-389
agricultura, 20-21, 23-24, 35-36, 374-378
  Ver também produção de alimentos
agta, *45, 223-224, 360-361*
  comércio, 90-91, 95, 98, 101-102
ainu, povo, 30-31, 45, 61, 64
akas, pigmeus, *45, 77, 96-97*
  autonomia infantil, 247-248, 250
  cuidados infantis, *236-238, 247*
  desmame, 229
  punição de crianças, 244-246
  riscos ambientais, *344, 348*
Alasca, línguas do, 486-489, 498-499
Albertson, Mike, 145-146
albigenses maniqueus, 446-447
alemã, língua, 458, 460-461
Alemanha, 198-199
  antes da Primeira Guerra Mundial, 132-133, 167
  cuidados de bebês e crianças, 238-241, 243
  mortalidade na guerra,
  Talheim, cova coletiva, 171-173
  tecnologia militar, 181-182
alianças, 148-149, 359-361
  guerra e, 154-155, 180-183
  traição, 175-176, 359-361
alimentos
  comércio de, 93-98
  disputas que envolvem alimentos, 122

Alzheimer, doença de, 392-395

amamentação, 221-222, 227-232

Amazônia, 34,471-473

Ver também povos específicos

América do Sul, diabetes na, 529, 550-551

América Latina. Ver América do Sul; países e povos específicos

amizade, 69-70, 72-75

anasazis, índios, 172-176

andamaneses, ilhéus, 30-31, 45, 77, 177-178

comércio, 89-90, 92-94

crianças, 238-239, 244-245

Anderson, Robin, First Contact, 79-80

animais

animais belicosos, 195-200

animais perigosos, 250-251, 335-336, 345-346, 349-350, 353-354

cognição animal, 414-415, 431-432

doenças infecciosas e, 364, 366-367

experimentos com o gene econômico, 545-546

mamíferos jovens, 231, 234-235

Ver também criações de animais; animais específicos

animismo, 416-417

apaches, índios, 183-184, 211

aposentadoria compulsória, 278-280, 292, 298

aposentadoria, 278-280, 292-293, 298

aprendizado de línguas, 471-475, 489-490, 566-567

arandas, aborígines, 284-285

araucanos, índios, 183-184, 284-285

Archbold, expedição, 79-80, 153-154

Archbold, Richard, 79-80

armas, 34

comércio de, 93-97, 99-100

ferimentos acidentais, 348

guerra de Estado, 181-184

guerra tradicional, 155-156, 172-173, 191-192

Armas, germes e aço (Diamond), 35-36

armazenamento de alimentos, 381-383

arte paleolítica, 418

arte, 173-174

Ártico e povos árticos, 29-30, 268, 467-468

mapas, 45-46

Ver também grupos específicos

Ásia e povos asiáticos

armazenamento de alimentos, 382-383, 386

diabetes, 525-526, 529, 535-538

diversidade linguística, 461-462, 466-467

ingestão de sal, 512-515, 521-522

mapa, 45-46

piedade filial, 276-277

Ver também países e povos específicos

asmat, povo, 200-201

assassinato(s), 167-168, 487-488

assassinatos por vingança, 110-112, 123-124, 335-336, 357-359

de idosos, 269-272, 289-290

entre os !kungs, 354-369

estrangulamento de viúvas kaulongs, 37-38, 270-271

infanticídio, 224-226, 354-355

psicologia do, 181-182, 213-215

Ver também mortalidade; violência; guerra

ataques surpresa nueres, 63-64, 177-178, 186, 201, 209

ataques surpresa, 211

povo !kung, 192-193, 355

povo nuer, 63-64, 175, 180, 201

ateísmo, 399-400, 405-406, 435-436

Atkins, J. D. C., 488

Atran, Scott, 423

ÍNDICE

Austrália
  diabetes na, *535-536*
  Ver também Austrália aborígine
australianos aborígines, 29, 44, 198-199, 285-285
  escassez de alimentos e armazenamento, 382, 387-388
  fontes de informação, 583-584
  idosos, 268, 287-288
  línguas, 466-469, 471-473, 486-488, 496
  saúde, 528-530, 536-537, 544- 545
  Ver também povos específicos
austronésia, expansão, 466-468, 484-485
autonomia. *Ver independência*
auyana, povo, 188-189
avaliação de riscos e tolerância, 335-340, 343-344, 391-394
avaliações equivocadas, 342-343, 391-394
  aprendendo com sociedades tradicionais, 567-568
  no Primeiro Mun*do,* 342-343, 378-379, 391-394, 562-563
  riscos desconhecidos,341-343
avós, 236-237, 272-273, 294-296
  Ver também idosos
azande, povo, *419*
Azteca, Império, 178-179

Bach, Johann Sebastian, *548-549*
Baliem, Vale do, 78-79
  Expedição Harvard, 153-155, 156-157, 169, 195
  Ver também povo dani
bálticas, línguas, 488
bandos, 30-31, 34
banquete, *175, 359-360*
bantas, línguas, 466-468, 484-485
bantos, povos, 71-72, 90-91, 95-96
batatas-doces, 191-192, 368, 371-372

bebês. *Ver crianças*
Bellah, Robert,*402-403*
bengali, língua, 456-457
bens manufaturados
  bens materiais em sociedades WEIRD, 536-537, 561-564
  comércio tradicional de, 93-94, 95-96, 98-99
  feitos por idosos, *272-274*
Berndt, Catherine, 122-123
Berndt, Ronald, 122-123, 336-337
bilinguismo, 468-469, 472-481, 489-490, 491-493
  Ver também multilinguismo
Bird-David, Nurit, 257-258
Bismarck, Otto von, 242-243
bofis, pigmeus, 230
Bonampak, murais de, 173-174
bonobos, 195-196
Borodkin, Sophie, *486*
Bougainville, ilha, 483-485
Bowles, Samuel, 177-178
Boyer, Pascal, 422-423
bretã, língua, 488, 569
brincadeiras, 118-119, 254-259, 261
  autonomia infantil e, 249-252
  brincadeiras perigosas, 219-221, 249
  brinquedos, *256-258*
  grupos multietários,252-254
brinquedos, *355-356*
Broekhuijse, Jan, 154-155, 170-171
budismo, 403-406, 432-433
burocracias, 25-26, 30-31
Butler, Samuel, 242-243

caçadas, 427-428
  incerteza sobre resultados, 371-375
  ingestão de sal e, 507
  perigos das, 335-338m 346-348, 351-352

O MUNDO ATÉ ONTEM

territorialidade e, 61-63

treinamento de crianças, 255-258, 428-429

caçadores de cabeças, 191-200-202

caçadores-coletores, sociedades de, 20-21, 434

amamentação e intervalos entre nascimentos, 227-229, 231-232

autonomia infantil, 246-252

contato bebê-pais, 230-233

cuidados infantis, 236-237

fontes de informação e qualidade, 584

grupos de recreação multietários, 252-254

guerra nas, 177, 198-199

igualitarismo, 29-30, 248-249

obtenção de alimentos e escassez, 236, 371-372, 382, 387-390

organização política e, 24, 29-31, 33-34

punição de crianças, 245-246

Ver também nomadismo; povos específicos

Califórnia, índios da, 382-383, 467-468

Ver também grupos específicos

calusas, índios, 31-33, 45, 93

Canadá

língua francesa no, 460-461, 492-494, 499-500

línguas nativas, 461-463, 467-468

cangurus, 231-232

canibalismo, 201-202

casamento, 21-22, 282-284

comércio de parceiros matrimoniais, 95-96

conflitos marido-mulher, 121-122, 129-130

divórcio, 117-118, 135- 137

exogamia linguística, 471-472

exogamia, 62-63, 101-102, 359-360, 559

guerra entre grupos que casam entre si, 210-212

habitações neolocais, 277-278, 291

habitações patrilocais, 211-212, 277-278, 359-360

casuar, 310-331, 333-334

catolicismo, 418-419, 445-447

cavalos, 200-201

celtas, línguas, 484-485, 488-489, 490-491, 498-499

Chagnon, Napoleon, 170, 201-202, 206-207

chefaturas, 31-33, 231

guerra, 180, 186-189

religião, 437-439, 452

solução de conflitos, 123-126147-148

Ver também povos específicos

cheroquis, índios, 496-497

chimpanzés, 199-200, 231-232, 510-511

China

diabetes na, 525-526, 535-536

diversidade linguística, 461-463

guerras que envolvem falantes do chinês, 208

ingestão de sal, 514, 521

língua chinesa mandarim, 456-458, 495

status dos idosos, *276*

chinês mandarim, 487-488

chochones, índios da Grande Bacia, 46, 67-69, 198-199, 387-389

armazenamento de alimentos, 382-384, 387-389

chochones, índios. *Ver índios chochones da Grande Bacia; índios chochones do vale Owens*

choro de bebês, 239-249, 261

chukchi, povo, 269-271, 284-286

chumashes, índios, 31-33, 46, 170-171

Churchill, Winston, 271-272, 497-498

ciência, religião e, 425, 427-428, 430-431, 452

Cipriani, Lidio, *543*

ÍNDICE

Ver também ilhéus andamaneses
clima, 379-380, 382-383, 463-464
cobras, 249, 251-252, 342-345, 350-353
Guerra do Futebol, 176-177
códigos morais
contra a vingança, 212
contra o assassinato, 180-182, 213
religião e, 405, 434, 439-442, 450
cognição, 298-495
doença de Alzheimer, 479-484
multilinguismo e, 474-484
origens da religião e, 413-418, 436-437
coleta. *Ver obtenção de alimentos*
Colombo, Cristóvão, 29-30
comerciantes indonésios, 92
comércio, *82-102*
conhecimento geográfico e, 77-78
diversidade linguística e, 464
economias de mercado, 84-90
especialistas em comércio, 86-87, 91
formas e padrões de, 83-85, 89-92, 99-102
guerra e, 100-102, 208-211, 355
itens de comércio, 85-86, 88-89, 92-97
monopólios, 98-102
multilinguismo e, 470-471
objetos de luxo, 87-96
restrições a viagens e, 58-59, 84-85
sociedades que carecem de, 83-84
vínculos sociais e, 87-90, 99-102
comércio, 91, 93, 96-99
compensação, processos de, 47-48, 114-118, 123-124, 130-135, 145
caso de morte acidental na Nova Guiné, 106-107, 109-112
em sistemas de justiça estatais, 133-134, 144, 151
competição baseada na idade, 283-289
competitivas, brincadeiras, 256
comunidades, 444-446

conciliação
na solução de conflitos tradicional, 47-48, 109, 115-116
sistemas de justiça estatais e, 115-116, 128-129, 135-136, 143-147, 151-152, 570-571
condições ambientais
diversidade linguística e, 464
estilo de vida e, 410-411
guerra e, 197-198, 203-206
ingestão de sal e, 513-514
padrões de comércio e, 96-98
territorialidade e, 62-66, 68
viagem/conhecimento geográfico e, 76-78
condições meteorológicas
disponibilidade de alimentos e, 371-375, 380-381
riscos do mau tempo, 345-348
confucionismo, 276-277, 403
conhecimento geográfico, 47-48, 75-76, 78, 101
Connolly, Bob, *First Contact,* 79-81
contato europeu. *Ver primeiros contatos*
controle executivo, multilinguismo e, 476-477, 479
conversa e tagarelice, 308, 338-349, 359-361, 369-371, 555
Ver também histórias e contar histórias
conversas. *Ver tagarelice*
coortes etárias
entre crianças, 252-253
proporção entre idosos e jovens, 288-290
coreana, língua, 488-489
córnica, língua, 498-499
Costa Rica, 196-199
Cowgill, Donald, 276-278, 287
crenças sobrenaturais, 400-401, 404-406, 415-416, 419-423, 443-444

O MUNDO ATÉ ONTEM

como explicações causais, 424-425
intervenção de agentes sobrenaturais, 405-407, 424-425
sucesso religioso e, 448-450
Ver também magia; religião(s); superstições
Crespí, Juan, 170-171
criacionismo, 424-426
criações de animais, 199-201, 285-286, 364, 386
Ver também domesticação de animais; vacas; sociedades pastoris
crianças, 41, 48-49, 172-262, 266-267
adoções, 238-239
amamentação e intervalo entre nascimentos, 224-232, 261
aprendendo com as sociedades tradicionais, 42-43, 220-224, 260-262, 565-567
autonomia, 219-220, 237-239, 241-242, 246-252
bilinguismo infantil, 479-480
brincadeiras e educação, 254-259, 261, 352-354
contato físico bebê-adultos, 230-235, 250, 261
disciplina e punição, 241, 247, 261
estudos sobre desenvolvimento infantil, 220-223
grupos de recreação multietários, 251-254
guerra e, 179-180, 185-186, 199-200, 206-207, 549-550
idosos e, 236-238, 272-273, 294-296
infanticídio, 224-227
mortalidade de bebês e infantil, 223-228, 272-273, 288, 358-359
pais e pais substitutos/cuidadores, 225-226, 261
parto, 223-224, 236-237

práticas de educação infantil comparadas, 258-262
respostas ao choro de bebês, 239-241, 261
síndrome do ninho vazio, 290-291
transporte de, 184-85, *232-234*
cristianismo, 399-400, 425-426, 432-433, 440, 449-450
sucesso do, 447-449
Ver também catolicismo; mormonismo
crocodilos, *346-347*
Cro-Magnons, *83-84, 88-89, 93-94*
crows, índios, *269-270*
cultura
idosos como depositários da, 266-267, 273-275, 293, 295-297
língua e, 454-455, 495-499
curandeiros (xamãs), 366-368, 415-416, 427-428, 436-438

dani, povo, *31-32, 76-77, 153, 508-509*
brincadeiras infantis, 255-256
mapa, *45*
territorialidade, *61*
danis, guerra dos, *30-31, 75-77, 154-164*
aspectos da, 154-156, 182-186
cronologia, 154-163
taxas de mortalidade, *163-165, 177*
daribi, povo, 31-32, 94-96, 366-367, 380
Dead Birds (filme), 154-155
deficiências de minerais, 369
deficiências de vitaminas, 368-369
Dennett, Daniel, *402*
desenvolvimento psicológico, 227-228, 238-240, 241-242, 361-362
desigualdade, 26-28, 32-34, 587
educação infantil e, 245-249
religião e, 434
Ver também igualitarismo; relações de poder

ÍNDICE

desmame e intervalos entre nascimentos, 226-229

diabetes juvenil, 425-427, 538-540

diabetes Tipo 1, 525-527, 538-540

diabetes Tipo 2, 51, 525-527

Ver também diabetes

diabetes, 16-17, 49-50, 360-362, 504-505, 522-525

  em europeus, 535-536, 547-549

  fatores de risco, 509-510, 527-531

  fatores genéticos, 526-528, 530-532, 538-546

  na Índia,

  nauruanos, ilhéus, 531-537, 544, 548-549

  pimas, índios, *530-532, 536-537*

  taxas de, 524-530, 535-536, 546

  tipos de, 525-527

  wanigela, povo, *502-503, 536-537*

dialetos, 456-459

dieta paleolítica, 504-505, 529-530

dieta

  açúcar e ingestão de carboidratos, 523-524

  aprendendo com as sociedades tradicionais, 565, 569

  diabetes e, 524-526

  disponibilidade de alimentos e, 382-383, 386-390

  hipertensão e, 509-515, 517-520

  ingestão de sal, 505-510, 520-524

  ocidentalizada, doenças não transmissíveis e, 504-505, 528-530, 548-550

  Ver também alimentos específicos

dinamarquesa, língua, 491-493

Dingane, 175

Dingiswayo, 188-189

dinheiro

  economias de mercado, 84-90

equivalentes tradicionais, 85-86, 89-90, 201

  Ver também afluência; processos de compensação; pobreza

dinka, povo, 63-64, 75-76, 175, 177, 186, 201

direitos de propriedade dos idosos, 49-50

dispersão e agregação, 359-360, 382-383

disponibilidade de alimentos

  desmame e, 227-228

  diversidade linguística e, 465

  flutuações na, 369-375, 379-380

  glutonia e, *541-543*

  guerra e, 190-191, 203-204

  hipótese do gene econômico, 539-546

  idosos onerosos e, 268-272

  Ver também escassez de alimentos

diversidade cultural, 20-21, 36-41, 46

diversidade linguística, 455-469, 483-486

  em mitos de origem, 398-399, 425

  evolução da, 459-462

  multilinguismo e, 471-473

  na Nova Guiné, 15-16, 20-21, 455-457, 459-460, 463-466

  valor do, 493-499

  variação geográfica, 462-469

  Ver também perda de línguas

  visto como prejudicial, 455-456, 462-475, 488, 491-494

divórcio, 117-119, 133-137

DNTs. *Ver doenças não transmissíveis*

doença dos rins, 503-504, 509-510, 549-550

doença(s), 360-366, 434, 503-504, 531-532

  adoção do estilo de vida ocidental e, 502-506, 528-529, 548-549

  escassez de alimentos e, 369

  respostas a, 365-368, 416-417

  Ver também diabetes; hipertensão

doenças de multidão, 363-366

doenças infecciosas, 360-366

doenças parasitárias, 360-362, 503-504

domesticação de animais, 35-36, 364-365
    Ver também sociedades pastoris; criações de animais

Driver, Daniel, 127, 141

Dschungelkind (Kuegler), 586-587

dugum dani, povo. *Ver povo dani*

Durkheim, Émile, 402-403

Dwyer, Michael, 79-80

Eaton, S. Boyd, 505, 549-550

Eble, Mary, 145

economias de mercado,84-90

economias redistributivas, 31-32

educação
    brincadeiras educativas, 254-259
    contar histórias como, 353-354
    formal, 252-253, 257-258, 293, 488-491

efes, pigmeus, 236-237, 240-241

Ember, Carol, 204-205

Ember, Melvin, 204-205

emboscadas, 154-155, 156-157, 180, 183-184

enfaixamento de bebês, 223-224

enga, povo, 45, 93, 101, 585-586

entre povos sem guerra, 198-200
    códigos religiosos de comportamento pacífico, 440-442
    contatos com estranhos e, 17, 70-71, 358-359
    diferenças de línguas e, 492-494
    escaladas não planejadas de, 177-178, 357-358
    medidas de proteção, 358-361
    quando falha a solução de conflitos, 125-129
    rixas, 116, 123-125

supressão das guerras pelo Estado, 147-148, 188-189, 353-354, 356, 359
    Ver também assassinato(s); guerra

versus guerra, 165-167

vigilantismo, 127-129, 138, 140-141

Erikson, Erik, 220-222

ermitões, 405-406, 434

escandinavas, línguas,493-494

escassez de alimentos, 342-343, 367, 389-390, 543-544
    agregação e dispersão e, 382-383, 388-390
    diabetes e a hipótese do gene econômico, 539-549
    diversificação da dieta,382-383, 386-388
    diversificação de áreas de plantio e, 374-378
    doenças infecciosas e, 360
    flutuações sazonais, 378-379
    infanticídio e, 224-225
    má nutrição e morte por inanição, 360, 367-371
    mecanismos de partilha de alimentos, 371-375
    métodos de armazenamento e preservação,372, 381, 382-385

escolas, 251-253, 257-258, 293, 488

escravidão, 186, 202

escrita, 15-16, 20-21, 34

Esen, Tevfik, 486

espancamento de crianças, 241-245

espanhola, língua, 207-208, 457-458, 468, 490-491

especialização econômica, 24-25, 30-34
    especialistas em comércio, 86-87, 90-91

Estados Unidos
    avaliação de riscos e tolerância, 342-343, 391-394
    bilinguismo nos, 473-475, 489-490

ÍNDICE

comunidades nos, 444-445
idosos nos, *278-284*
ingestão de açúcar, 523-525
ingestão de sal, 508
línguas minoritárias nos, 489-490
monolinguismo nos, 454-455, 489-490
perda de línguas indígenas, 486-489, 496-497
taxas de homicídio, 357
Estados, 20-21, 24-27, 32-36, 434
aceitação da autoridade do Estado, 127-128, 188-189
práticas de educação infantil, 258-260
religião nos, 426-428, 437-439
supressão da violência nos, 127-129, 147-148, 188-189, 354, 357-359
Ver também organização política; sistemas de justiça estatais; guerra de Estado
estilo de vida ocidentalizado, adoção do
estrangulamento de viúvas, 37-38, 270-271
estranhos e contatos com estranhos, 13-14, 69-74
afiliação grupal e, 70-72, 75-76
códigos religiosos e, 438-442, 451-452
em sociedades WEIRD, 13-15, 74-76
organização política e, 25-26, 31-32
termos para designar estranhos, 71-72
Ver também afiliação grupal; territorialidade
viagem e, 58-59, 70-71, 75-76, 336-337
violência e, 16-17, 70-71, 336-337, 358-359
estratificação social. *Ver desigualdade*
eurasianos, povos, 45, 382-383, 383-384
Ver também grupos específicos
Europa
alimentos na, 381-382, 508-510, 547-549
ciclos de agregação e dispersão, 387-388
dialetos, 457-459

diversidade linguística e perda, 455-456, 484-485, 488-489
multilinguismo, 470
punição criminal, 141-143, 152
punição de crianças, 243-245
taxas de diabetes, 545-549
taxas de homicídio, 356-357
tratamento dado aos idosos, 278-280
Ver também países e línguas específicos
eutanásia, 289, 290
Evans-Pritchard, E. E., 74-75, 101-102, 201, 371-372
Everett, Daniel, 224-225, 237-238, 244-245, 247-249
evidência arqueológica, 586
de comércio, 83-84, 88-89
de guerra, 171-174, 191-193
exogamia, 62-63, 102, 359-360
linguística, 471-472
expansão europeia e colonialismo, 29-30, 34, 39, 79-80, 169
diversidade linguística e, 466-467, 487-488
efeitos sobre a violência, 169-171, 188-196, 356-358
estudos antropológicos e, 583-584
guerras de conquista, 183-184, 442-443
expectativas de vida, 264-266, 290-291, 305-306, 342-343, 434
explicações causais
cognição humana e, 413-418
religião e, *405, 417-418, 424-425, 451*
respostas a doenças e, 365-368, 416-417
Explorations into Highland New Guinea (Leahy), 80-81
eyak, língua, *486, 498-499*

falação, 339
famílias patriarcais, 278, 286

fanatismo religioso, 443-444

fatores genéticos

   diabetes, 526-528, 530-531, 533-534, 536-549

   hipertensão, 514-516, 518-520

   na evolução, 409-410

   na guerra, 197-200

   tratamento dado a idosos, 265-267

fayu, povo, 45, 345-346

   guerra, 168-172, 210

feitiçaria, 202, 310-312, 366-368

feroesa, língua, 490-491

ferramentas, comércio de, 93-96

Fiji, 192-193, 263

Filipinas

   perda de línguas nas, 484-485

   Ver também povo agta

Finlândia, 205-207, 514-515, 522

First Contact (Connolly e Anderson), 79-81

fomes. *Ver escassez de alimentos*

fore, língua, 20-21, 338-339

fore, povo, 31-32, 45, 122-124, 336-339, 380-381

França e o francês, 178, 185-188, 198, 393-394

   bretã, língua, 488, 549

francesa, língua,468, 490-491

   no Canadá, 460-461, 492-494, 499-500

Frazer, James, 402

Freud, Sigmund, 222

frísia, língua, 492-494, 498-499

fronteiras. *Ver territorialidade*

função renal, 519-520, 524-525

galega (galês), língua, 499-500

Gammage, Bill, 80-81

Ganesan, A., 538-539

Gardner, Robert, 154-155

Geertz, Clifford, *404-405*

Geimer, Samantha, 141-142

geografia

   diversidade linguística e, 461-469

   Ver também condições ambientais

glutonia,

Goetz, Bernhard, 138

Goland, Carol, 375-378

Goldman, Ron, 144

Goodale, Jane, 118-119, 270-271, 351-352

governo. *Ver organização política; Estados*

Grady, Mark, 138-139

Grandes Planícies, índios das, 192-193 382-384

   Ver também grupos específicos

Gretzky, Wayne, 334-335, 350-351

Groenlândia, inuítes da, 198-199, 466-467

grupos vizinhos

   assassinatos entre, 354

   guerra e, 206-210

   Ver também estranhos; territorialidade; comércio; viagem

   visitas entre, 64-65, 67-68, 75-76, 101-102, 471-472

guarani, língua, 487-488

Guerra Civil americana, 185-186

Guerra Civil americana, 185-186

guerra de Estado, *178-188*

   alianças, 179-181

   causas últimas, 203-204

   comércio e, 208-210

   encerramento de, 187-190

   Estados sem guerra, 197-198

   formas de, 173-177, 185-186

   organização e tecnologia militar, 178-179,181-184, 186-188

   prisioneiros, 179, 202

ÍNDICE

psicologia da inimizade e do assassinato, 181-183, 213-216

quem é afetado pela, 178-180, 183-184, 186-187, 207-210

taxas de mortalidade, *162-164, 177-180*

treinamento militar, 182-184, 214-215

Ver também países e guerras específicos

guerra tradicional, *43, 47-49, 105-106*

alianças e, 154-155, 181-184

armas e tecnologia militar, 155, 172-173, 181, 183-184, 191-192

atitudes sobre assassinato, 182-183, 214-216

batalhas, *154-155, 157, 180*

caçadores de cabeças e canibalismo, 192,201-202

causas últimas, 202-207

comércio e, 101-102, 209-211, 355

demonização de inimigos, 154,160-161, 202

destino dos inimigos derrotados, 180, 186, 201-202

efeitos de contatos europeus, 169, 170-172, 189-196

emboscadas, 154-155,157, 175, 180, 183-184

escalada de violência não planejada, 176

fatores sociais e benefícios, 206-207

fontes de informação sobre, 167-174, 189-190, 193-196

formas e aspectos típicos, 154-156, 173-176, 180

inimigos insuspeitos, 76-77

jogos de guerra, 253-255

massacres, 154, 157, 162-163, 180-186

motivos da, 114-115, 182-183, 187, 199-202

natureza crônica da, 156, 157, 178-179, 187-188

organização e treinamento militar, 154, 180, 183-185

quem é afetado pela, 154, 178-179, 183-184, 186, 209-212

resolução de, 116-118, 187-189

taxas de mortalidade, 154, 180, 183-185

Ver também guerra dos danis; ataques surpresa

versus guerra de Estado, 178-188

vista como ineficiente, 155, 183-185

guerra, 153-216

animais belicosos, 196-198

ausência de, 197-198

base genética para a, 197-200

combate corpo a corpo na, 182-183

comércio e, 100-102, 207-211, 355-356

definições de, 165-168

religião e, 437-439, 441-444, 449-451

Ver também guerra de Estado; guerra tradicional

Guerras dos Mosquetes, 191-192

Guerras Napoleônicas, 178-179, 185-187

habilidades sociais, 238-240, 252-253, 258-259, 261-262

grupos de recreação multietários e, 252-253

pais substitutos/cuidadores e, 238-240

habitação neolocal, 277-282, 559-561

habitações patrilocais, 211-212, 278-279, 359-360

hadza, povo, *45, 238, 252, 272-273*

haitiana, revolução, 176

Handwerker, W. Penn, 426-427

Harvard, Expedição ao Vale do Baliem, 153-154, 157, 169, 194-195

Harvard, investimentos de, *379*

hebreus antigos, 286-287

Heider, Karl, 82, 154, 163

Heine, Steven, 21-22
Henrich, Joseph, 21-22
Hewlett, Bonnie, 558
hienas, 196-197
higiene, 361-362, 365-366
Hill, Kim, 225-226
    Ver também índios aches
hindi, 456-457
hipertensão, 16-17, 49-51, 502-503, 510-524
    causas, 515-520
    ingestão de sal e, 509-515, 517-520
hipopótamo, 346-347
hipótese do gene econômico, 539-546
histórias e contar histórias, 353-354, 359-361
    histórias orais,
    mitos de origem, 397-398, 424-425
histórias orais e reconstrução, 584-586
Holanda, línguas minoritárias na, 494, 498-500
Holmberg, Allan, *83-84, 227-228, 269-270, 366-367, 543*
homens
    como caçadores, 342-343
    envelhecimento e expectativa de vida, 290-291
    homens velhos e esposas jovens, 284-286
hopis, índios, 267-268
Howell, Nancy, 226-227
Hrdy, Sarah Blaffer, 240-241
Huangdi neijing suwen, 511
Hurtado, A. Magdalena, 225-226
    Ver também índios aches
huteritas, colônia dos, 446

iacuto, povo, 269-270
ianomâmis, índios, *31-32, 61-62, 254-255, 346-347, 367-368*
    comércio, 89, 92, 99-102

disponibilidade de alimentos, 371-372
    374-375
    guerra, 169, 175, 203-204, 207, 209-210, 359-360
    ingestão de sal e pressão sanguínea, 508, 510-512
    mapa, *46*
identidade. *Ver afiliação grupal*
idosos, 41-42, 48-49, 60-61, 68-70
    abandono, negligência ou morte de, 266-267
    aprendendo com sociedades tradicionais, 294-299, 569-570
    como cuidadores de crianças, 236-237, 272-273
    como repositórios da cultura, 267-268, 274-275, 293, 296-297
    definição de velhice, 264
    doença de Alzheimer e multilinguismo, 480-484
    reforço social da autoridade dos idosos, 284-289
    talentos, pontos fortes e fracos dos, *296-299*
    tendências modernas que afetam, 288-295
    utilidade dos, *265-266, 271-283, 290, 293-298*
    valores sociais e status dos idosos, 276-284
    Ver também expectativas de vida
    viuvez, 290-291
iemenitas, judeus, 529-530, 535-536, 548-549
igualitarismo, 27-30, 247-248
    educação infantil e, 244-249
    religião e, 434
Ilíada, 182-183
independência, 279-280

ÍNDICE

autonomia infantil, 219-220, 235-236, 242, 246-252

Índia
diabetes na, 525-526, 531, 534-539, 550
diversidade linguística, 455-456, 490-491

índios do litoral noroeste do Pacífico, 30-31, 46, 186, 388-390
armazenamento tradicional de alimentos, 382-384

índios norte-americanos, *46, 382*
guerra, 192, 201
perda de línguas, 486-489, 496, 500
Ver também grupos específicos

índios sul-americanos, *46, 78, 168-169, 382*
Ver também grupos específicos

individualismo, 559-560

Indonésia, 485

infanticídio, 224-225, 354-355

infecções, 347-349

Inglaterra
educação infantil, 240-243
ingestão de açúcar, 523-524
ingestão de sal, 522
nas Guerras Mundiais, 162-163, 407

Inglaterra, 375-376, 383-385

inglesa, língua, 456-459, 465-467, 483-485, 489, 497-499

inimigos, 70
demonização dos, 154-155, 197, 213-216
derrotados, destino dos, 179-180, 186, 201-202
insuspeitos, viagem e, 75-77
religião e, 432-433, 439-440, 449
Ver também assassinato(s); estranhos; territorialidade; violência; guerra

inuítes da vertente norte do Alasca, 46, 93

inuítes do noroeste do Alasca. *Ver iñupiats; inuítes iúpiques*

inuítes iúpiques, 193-194

inuítes, *284-285, 388-389, 419, 388-389, 419*
armazenamento tradicional de alimentos, *382*
caçadas e riscos ambientais, *336-338, 344-345*
expansão e diversidade linguística, 467-468, 473-474
tratamento dado a idosos, 268-270
Ver também inuítes da vertente norte do Alasca; inuítes; outros grupos específicos

iñupiats (inuítes do noroeste do Alasca), *31-32, 238-239*
comércio, 91-92, 100-102
guerra, 186, 193
mapa, *46*
territorialidade, 61-64

Irian Jaya, 17-18
Ver também Nova Guiné

Irlanda, 287, 547

irlandesa, língua, 490-491

irmãos, *26-237, 252-253*

Irons, William, *402-403*

Ishi, *487-488, 556*

Islã, 419, 433, 438-439, 447

islandesa, língua, 490-491

Israel, 446, 529-530, 548-549

Itália, 276-277, 523-524

italiana, língua, 458-459

iúpiques, línguas, 480-487

Jackson, Jean, 471-472

jaguares, 346-347, 353

James, William, *402*

Japão, 276-277, 485, 488-489
ataque a Pearl Harbor, 215-216
diabetes no, 539-540
ingestão de sal no, 512-515, 521-522
mortalidade na guerra, *163, 178-179*

O MUNDO ATÉ ONTEM

japonesa, língua, 456-457, 484-485, 488

jogos, 430-431

Jones, Marie Smith, 486

Judaísmo, 405-406, 419, 440-442, 445-447

justiça criminal, 128-129,139,146-147, 150-152 212

justiça restaurativa, 115, 128-129, 143-147, 213, 570-571

Ver também conciliação

juventude, culto americano da, 281-283

Kafka, Franz, 25-27

Kalahari, deserto de, 372-375

Ver também povo !kung

kamchatka, 93-94

kaulong, povo, 31-32, 45, 85-86, 351, 366-367

crianças, 119-120, 224-225, 256-257

disponibilidade de alimentos, 380-381, 387-389

riscos ambientais, 342-343

superstições ligadas à caça, 416-417

tratamento dado a idosos, 38, 270-271

Keeley, Lawrence, 177-178, 190-191, 209-210

Keen, Ian, 583

Kennedy, Edward, 136

kibutz, 446

Knight, Frank, 92

König, Hans, 171-172

Konner, Melvin, 341-342, 504-505, 549-550, 584

Kopechne, Mary Jo, 135-136

Kovács, Ágnes, 479-480

Kuegler, Doris, 170-171

Kuegler, Klaus, 170-172

Kuegler, Sabine, 170-171, 586-587

!kung, povo, 29-30, 34, 45, 121-122

afiliação grupal, 67-68, 71-72

amamentação e desmame, 225-231

autonomia infantil, 250

caça, 335, 341-342, 349, 351-353, 428-430

comércio, 90-93, 95-96, 100-101

contato bebê-adultos, 232-233

cuidados infantis, 240-242

doença entre, 360-361, 366-367

escassez de alimentos, 371-375, 386-387, 389-390

fontes de informação sobre, 584-585

guerra, 192-194, 198-199, 355-356

idosos, 265-268, 272-273, 276-277, 286, 295-296

infanticídio, 225-227, 354-355

parto, 223, 225-227

punição de crianças, 244-245

riscos ambientais, 342-343, 346-347, 350-352

territorialidade, 66-67, 70-72

violência, 354-359

Kurita, Takeo, 271-272

kutenais, índios, 269-270

Lahey, Joanna, 278-279

lapões, 269-270

Lascaux, caverna de, 418

latina, língua, 484-485

Leahy, Daniel, 156-57

Leahy, Michael, 156-159

Leahy-Dwyer, expedição, 156-159

LeBlanc, Steven, 166-167

Leclerc, Charles, 176-177

Lee, Richard, 100-101, 354-357, 371-375

leis, 128-129, 140-141,

leões, 197-198, 336-337, 346-347

leopardos, 346-347

Lessa, William, 402

Lewis, David, 270-271

liderança política, 25-32, 273-274

ÍNDICE

supressão da violência e, 126-129, 147-148, 188-189

língua(s), 41-42, 454-500
  afiliação grupal e, 461-462
  cultura e, 455, 495-498
  dialetos, 457-459
  evolução das, 459-462
  expansão da língua, 37-39, 466-468, 473-474
  guerra e, 207-208
  línguas estatais, 491-494
  línguas gigantes, 456-457, 465-467
  tamanhos de comunidades linguísticas, 457, 465, 471-472
  termos para designar estranhos, 72
  Ver também diversidade linguística; multilinguismo; escrita; áreas e línguas específicas

línguas indígenas da América do Sul, 485-486

línguas minoritárias
  valor das, 493-499
  Ver também diversidade linguística; perda de línguas
  vistas como prejudiciais, 455-456, 474-475, 488, 491-494

línguas nativas americanas, 486-489, 496, 499-500

Lissmann, Hans, 411-412

lobos, 196-197

lutas, 123-124, 176, 354, 357-359
  Ver também violência; guerra

macacos verdes, 414-415

macacos, 231, 364-365, 414-415

macis, índios, 30-31, 46, 68-69

Madagascar, 251-252

magia, 366-367, 427-431
  feitiçaria, 202-203, 310-312

mailus, ilhéus, 32-33, 45, 92, 98-99

Malai, ilha, 81-82
  comerciantes siassis, 81-83, 93-94, 101-102

malária, 360-361, 363, 367, 503-504

Malinowski, Bronislaw, 98, 427-429

mamba negra, 350-352

mamíferos jovens, 231, 235

mandans, índios, 487-488

maori, língua, 494-500

maori, povo, 172-173, 183-184, 191-192, 382, 383-384

mapuches, índios, 536-537

marind, povo, 201

Marshall, Lorna, 72

martu, povo, 247-252

Marx, Karl, 26-27, 402-493, 438-439

massacres, 155, 157, 163, 171-173, 180, 186

massai, povo, 544-545

matérias-primas, comércio de, 93-98

Matthiessen, Peter, 75-76, 155

Maurício, 535-537

mbutis, pigmeus, 44, 357-358, 380-381

Mead, Margaret, 584

mediação, 108-112, 119-122, 125, 129-130
  em sistemas de justiça estatais, 129-130, 135-139, 149, 570-571

Mehler, Jacques, 479-480

Mesa Verde, 171-172

México, 276-277, 490-491

minong, 45

missionários, 78-81,120

mitos de origem, 397-399

Mohan, V., 534-535, 538-539

monolinguismo, 454-455, 468-469, 471-481, 489-490
  Ver também multilinguismo
  visto como benéfico, 455-456, 472-473, 488-489, 491-494

monopólios (comércio), 97-101

O MUNDO ATÉ ONTEM

mormonismo,400, 419, 448-450
mortalidade
   bebês e crianças, 222-224, 226-228, 272-273, 288-289
   causas de morte acidental, *343-349*
   doenças não transmissíveis (DNTs), 503-504
   doenças transmissíveis e infecção, 361-366
   guerra estatal, *162-164, 177-179*
   guerra tradicional, *154-156, 162-164, 177-179*
   má nutrição e morte por inanição, 369-370
   mortes violentas, 355-357
   taxas de morte e sucesso religioso,
morte por inanição,368-371, 380
   Ver também escassez de alimentos
morte
   religião e, 405-406, 430-432
   Ver também mortalidade
mudança funcional, 410-413
   da religião,*423-425, 451-452*
mulheres, 224, 290-291, 358-359, 367-368
   como coletoras, 236, 342-343
   como fontes de informação, 211-212, 359-360
Muller, Martin,177-178
multilinguismo, 41-42, 49-50, 455-456, 470-484
   Amazônia, 471-472
   aprendizado de línguas e, 471-475
   Austrália aborígine,470-472
   definição, 468-469
   impactos cognitivos, 475-484, 566-567
   na Nova Guiné, 469-470
   nos Estados Unidos, 472-475, 489-490
   perda de línguas e, 491-493, 495
   pobreza e, 475, 496

promoção do,565-567, 569
visto como prejudicial, 49-50, 472-475
Museu de História Natural, 57

nahuatl, língua, 491
não transmissíveis, doenças,362-363, 502-505, 528-529, 548-550
   Ver também diabetes; hipertensão
nativos americanos. *Ver índios norte-americanos; índios sul-americanos; grupos específicos*
Nauru, ilhéus de, 531-536, 545-549
navaja, língua, 487-493
navajos, índios, 133, 233-234, 286
nayaka, povo, 257258
Neel, James, 539, 544-545
negligência
   de crianças, 225-229, 239-240
   de idosos, 268
Nesler, Ellie, *127-129, 140*
nganasan, povo, *45, 83-84, 198-199, 228, 382*
ngarinyin, povo,45, 380
Nichols, Johanna, 467-468Nigéria, 455-456
nomadismo, 30-31, 121-122, 464
   doenças infecciosas e, 363-366
   escassez de alimentos e, 370-371, 383
   idosos e, 268, 272
nórdicos islandeses, 358-359
nórdicos, povos,380
Norenzayan, Ara,21-22
Nova Bretanha, 97-98
   Ver também povo kaulong
Nova Guiné e povos guineenses, 18, 34, 554-556
   brincadeiras infantis, 254-255
   caça, 349
   comércio tradicional,309, 338
   conhecimento geográfico, 76-78

ÍNDICE

cuidados infantis e autonomia, 236-239,
248-249, 251-252
diversidade cultural,46
diversidade linguística, 15-17, 20-21, 46,
455-456, 459, 462-469
diversificação de áreas de plantio, 374-
375, 377-378
escassez de alimentos e armazenamento,
370-372, 382-383, 386
guerra tradicional,85-86
impacto do colonialismo sobre a violência, 356-358
mapa, *45*
multilinguismo, 454-455, 470-471inges-
tão de sal, 508-512
ocidentalização da, 77-78
paranoia construtiva, 305-306
povos não contatados, 168-172, 175, 188-
190, 192-193, 200-202
práticas de casamento,284-286
primeiros contatos com europeus, *14-15,
79-82, 153-154*
punição de crianças, 244-245
riscos ambientais, 345-349
saúde e expectativas de vida, 264-265,
306, 501-504
tagarelice, 309, 338
Ver também grupos específicos
Nova Guiné indonésia, 17-18
Ver também Nova Guiné
Nova Zelândia
Guerras dos Mosquetes, 191-193
língua maori na, 14-20, 501-504
Ver também povo maori
nuer, povo,*63-64, 74-75, 209-210, 255*
ataques surpresa dinkas, 63-64, 175, 177-
178, 185-186, 201, 209-210
escassez de alimentos e armazenamento,
371-372, 381-382

mapa, *45*
solução de conflitos, 123-125, 133-134

O castelo (Kafka), 25-27
O'Reilly, Patty, 145-146
Oakley, Wilfrid, 524
obesidade, *16-17, 509-510, 523, 46*
diabetes e, 525-527-531
hipótese do gene econômico, 540-546
nauruanos, 533
pimas, 532
obtenção de alimentos, 23-24, 236, 255,
257-258, 272-273, 342-343, 349-350
Ver também caçadas
Okavango, delta do, 237-238, 249-250
okinawas, línguas,488
omahas, índios,
ordem cisterciense, 435
organização política, 29-34
diversidade linguística e, 465-467, 489-
490
escassez de alimentos e, 371
guerra e, 180, 438-439
religião e, 426-427, 434-440, 450-452
tamanho/densidade populacional e, 24-
26, 29-34, 437-438, 466-467
territorialidade e, 63-64
variações geográficas, 34-35
Ver também chefaturas; Estados
ostracismo,121-123
Owens, índios chochones do vale, 61, 63-64

Pacífico, ilhéus do,382-384, 386
Ver também ilhas e povos específicos
pais substitutos/cuidadores, 235-240, 350
pais, 225-226, 234-236
países árabes, 529, 535-536, 549-550árabe,
língua ,457-458
Papua *Nova Guiné,*14-15, 17-18

O MUNDO ATÉ ONTEM

caso de morte acidental, 105-113, 116-117

justiça estatal, 105-107

taxas de diabetes, *502-503, 535-536*

Ver também Nova Guiné

violência, 357-358

Paraguai,358-359, 487-488

paranoia construtiva, 76-77, 303-340

Ver também perigos; riscos; tipos específicos de perigo

Parson, Talcott, *402-403*

pássaros, 234-235

paz, 187-190, 197-199, 492-494

Ver também guerra

peixes que produzem eletricidade, 410-411

peixes que produzem eletricidade, 410-411

pena de morte, 141-142

pequenos agricultores,29-30

Ver também povo dani; índios macis; Nova Guiné e povos guineenses

perda de línguas, 454-456, 483-500

como impedir, 498-500

mecanismos de, 487-491

taxas de, 485-486

variações geográficas, 486-487

Ver também diversidade linguística

perigos, 41-42, 48-49, 567-568

animais perigosos, *250-251, 335-336, 345-347*

atitudes diante do medo, 351-353

busca de situações arriscadas, 393-394

escassez de alimentos; riscos; violência

exposição de crianças a, 219-220, 243, 248-251

tipos e impactos, *305-306, 334-335, 341-343*

Ver também acidentes; paranoia construtiva; doença(s); riscos ambientais;

viagem e encontros com estranhos, 69-70, 75-77, 335-337

Peru, diversificação de áreas de plantio no, 375-377, 415-417

Piaget, Jean,220-222

picadas de insetos, 347-349

pigmeus,*30, 34, 198, 338, 388-389*

comércio, *90-91, 93-94, 69-70, 98*

crianças, 227, 236-237, 240-241

idosos, 267-268

mapa, *45*

perda de línguas, 484-485

riscos ambientais, 343-345

Ver também pigmeus akas; pigmeus mbutis

pimas, índios,430-432, 535-536, 544-545

Pinker, Steven, 177-178

pinturas em cavernas, *416-417*

pinturas maias em paredes, 173-174

pirarrãs, índios,*46, 254, 366-367*

crianças, 224-225, 229, 237-238, 244-245s

glutonia,*544-545*

solução de conflitos, 121-123

plantas e plantas comestíveis, 35-36, 366-367, 386-388, 507

Ver também agricultura; alimentos específicos

Platão, 432-433

pobreza

afiliação religiosa e, 434-435, 451-452

bilinguismo e,474-475, 496-497

diabetes e, 529-530, 537-539

Polanski, Roman, 141-142

população, tamanho e densidade

alimentos e, 24, 30, 35-36

conhecimento geográfico e, 76-78

diversidade linguística e,465-466

doenças infecciosas e, 363-365

encontros com estranhos e, 70-71

estratificação social e,27-28

guerra e,166-167, 179-180, 198-199, 204-207

ÍNDICE

organização política e, 24-25, 29-34, 437-438, 466-467

religião e, 437-439, 448

territorialidade e, 62-65

tomadas de decisão e, 27-28, 30, 437-438

violência e, 355-357, 359-360

porcos, disputas em torno de, 199-201

Portolá, expedição,170-171

Portugal, ingestão de sal em,514-515, 522

portuguesa, língua,457-458, 490-491

povos americanos, mapa, *46*

Ver também regiões, países e povos específicos

povos andinos

armazenamento de alimentos, 382-384, 366-367

diversidade e perda linguística, 466-467, 490-491

diversificação de áreas de plantio, 375-37, 415-416

povos não contatados, 78-80

Ver também primeiros contatos

povos polinésios. *Ver ilhéus do Pacífico; ilhas e grupos específicos*

pranchas para carregar bebês, 232-235

prece e ritual, 406-407, 416-417, 425-432, 437-438

presentes, 84-92, 122-123

preservação de alimentos na Coreia,382, 386

pressão alta, 509-511

Ver também hipertensão

pressão alta. *Ver hipertensão*

Primeira Guerra Mundial, 132-133, 162-163, 178-179, 181-182, 203-205, 443-444

primeiros contatos, *80-82, 325-327*

com guineenses, *14-15, 79-82, 153*

prisioneiros de guerra, 180, 186, 201-202

privacidade, 254, 280-282

produção de alimentos

organização política e, 31-32, 35-36, 437-438

tamanho/densidade populacional e, 23-24, 26-28, 35-36

Ver também agricultura

propaganda, idade e, *383*

pumes, índios *imagens 39*

punição

de crianças, 254, 280-282

punição criminal, 140-142, 151-152, 212

quéchua, língua,490-491

quirguiz, *31-32, 45*

rabdomancia, *420-421, 430-431*

rabdomancia, *420-421, 430-431*

rabdomancia, *420-421, 430-432*

raios, 347-348

rato-da-areia israelense, 545-546

reciprocidade, 64-68,118-120, 372-375

troca de presentes, 84-86, 89-92

redução de riscos, 350-352, 377-379

diversificação de áreas de plantio como, 374-378

investimentos financeiros, *377-379*

Ver também paranoia construtiva

relações de poder, 149-150, 211, 244, 249

autoridade dos idosos, 283-284

relações pessoais. *Ver vínculos sociais*

relações. *Ver vínculos sociais*

religião(ões), 42-43, 49-50

antiquidade da, 418

aprendendo com sociedades tradicionais, 567-568

chefes e reis como deuses,31-32, 437

ciência e, 426-428, 430-431

códigos morais e, 405, 434, 439-442, 451-452

cognição humana e, 413-418, 436-437
como grupos sociais/movimentos, 404-408, 422-423, 445-452
custos e benefícios sociais da, 399-400, 444-446
definições de, 401-408, 451-452
demonstrações de comprometimento com, 400, 405-407, 421-423
função de aplacar a ansiedade, 425-432, 451-452
função de prover consolo, 432-437, 451-452
função explicativa, *405, 424-427, 451-452*
futuro da, 452
guerra e, 437-439, 441-444, 450-452
mitos de origem, 387-398, 424-426
mudança funcional ao longo do tempo, 424-425, 451-452
obediência política e,438-439, 441, 443-444, 451-452
organização padronizada, 436-438, 451-452
organização política e, 426-427, 434-439, 451-452
origens e desenvolvimento da, 398, 408-413
pobreza e, 435, 452
sucesso e expansão da, 38-39, 446-450
Ver também crenças sobrenaturais; religiões específicas
visão geral, 397-401
religiões de Estado, 437-439
Ver também religião(ões); religiões específicas
Rennell, ilhéus,274-275, 295-297, 386-387
Retief, Piet, 175
Richardson, Don,359-360
Richardson, Lewis, 207-208
riqueza. *Ver afluência*

riscos ambientais, 342-343
evitar e vigiar, 303-305
autonomia infantil e, 249-252
riscos associados a árvores, 302-303, 344-345, 352-353
rixas, 116-117, 123-125, 165-168
Robbins, Sterling, 188-190
Roma, antiga, 468, 509
Roscoe, Paul, 157
rotokas, língua,483-485
roubo, 122-123, 201
Ver também ataques surpresa
Rousseau, Jean-Jacques, 188, 193-194
roviana, povo, 201
Rumsfeld, Donald, 436-437
russa, língua,456-457
Rússia, 201
diversidade linguística, 461-462, 466-467, 488, 490-491
guerras e violência, 177-179, 186-187, 492-493

sal, 509-510
comércio de, 92-98508-509
e hipertensão, 509-515, 517-520
fontes e ingestão, 507-509, 520-523, 570
Salomão, ilhas, 192, 201, 272
sami, povo, 269-270
samoanos, 272-273
san, povo, 269-270
Sandeep, S., 538-539
Sapir-Whorf, hipótese,495
saúde e, 16-17, 50-51, 502-505, 528-530, 548-550
para segurança e conforto, 45
Ver também diabetes; hipertensão
saúde, 41-42, 50-51
aprendendo com sociedades tradicionais, 506, 565, 569

ÍNDICE

de idosos, 288
doença de Alzheimer, 480-484
infecções, 347-348
Ver também diabetes; doença(s); hipertensão; mortalidade
sawi, povo,359-360
Schguerratz v. Helms Bakery, 150
sedentarismo, 30-32, 244-245, 382-383, 464
doença e, 363-366, 504-505, 529-531, 534, 537
Segunda Guerra Mundial, 175, 209-210, 214-216, 443-444, 497-498
bomba atômica, 162-163
conflitos relacionados, 132-133, 166-167
escassez de alimentos, 387
histórias pessoais da, 296-297
mortalidade, 162-164, 177-181
segurança emocional, 228-229,242, 261-262
seleção natural, 409-410, 412-413, 533-534
seleção sexual, 409-410
semang, povo,177-178, 198-199, 273-274
sengseng, povo,37-38
senilicídio, 269-272, 354
Service, Elman, 28-33
sexo, 121-122, 221-222, 253-254, 279-280, 371
Shaker, movimento religioso,447
Sheldon, Steve, 222-224
Sherman, William Tecumseh, 185-186
Shermer, Michael, *402-403*
Shostak, Marjorie, 351-353, 504-505, 549-550
siassis, comerciantes,82-85, 90-94, 101-102
siberianos, povos,*382*
Simpson, Nicole,144
Simpson, O. J., 144
sioux, índios,183-184
sirionos, índios, 29-30, 68-69, 83-84
alimentos,*371, 543*

crianças, 226-227, 245-246, 254-257
higiene,365-367
idosos,268-270
mapa, *46*
sexo, 221-222, 253-254
sistemas de justiça estatais, *125-152*
atribuição de falta ou culpa, 124-125, 132-133,140, 151
conciliação e justiça restaurativa, 115-116, 129, 135-136, 143-147, 151-152, 213
desvantagens, 135-139, 152
disputas civis, 128-135, 151-152
disputas internacionais, 131-132
interesses do Estado nos, 114-115, 140-142, 151-152
justiça criminal,128-129, 139-147, 151-152
mediação nos, 129-130, 135-13, 149, 570-571
na Papua Nova Guiné,05-107, 113, 127-128
objetivos dos, 125-129, 133, 143, 150-151
vantagens, 107-108146-152
Smith, Joseph, 448-449
sociedades agrícolas, 29-32, 427-428, 353
autoridade dos idosos, 286-287
ciclos de agregação e dispersão, 387-390
crianças nas, 227-228, 244-246, 248
diversidade linguística, 465-468
doenças infecciosas, 364-365
guerra nas, 177-178, 198-199
partilha de alimentos e armazenamento, 371-372, 382, 383-384
Ver também grupos específicos
sociedades ocidentalizadas. *Ver sociedades WEIRD*
sociedades pastoris, 30-32, 35-36
alimentos e armazenamento, 371-372, 382-384

crianças nas, 244, 249

idosos nas, 286-287

Ver também grupos específicos

sociedades tradicionais

  aprendendo com, 20-23, 51-52, 564-571

  avaliação de riscos e tolerância, 335-340, 343, 350, 355

  definição, 19-20

  fontes de informação e estudos, 40-42, 582-587

  mapas, *45-46*

  vantagens, 459-564

sociedades WEIRD, 21-23

  amizade nas, 73-74

  comércio nas, 84-96

  contatos com estranhos nas, 13-15, 74

  definição, 19-20

  desvantagens das, 559-564

  estudos sobre desenvolvimento infantil, 220-221

  expectativas de vida, 288-291

  individualismo nas, 119, 279-280

  práticas de educação infantil, 227-228, 230-233, 236, 238-241

  riscos ambientais nas, 341-344

  vantagens, 557-559, 564-566

  Ver também países específicos

  vínculos sociais nas, 73-74, 115-116, 119, 558-561

solução de conflitos tradicional, 20-21, 42-43, 47-48, 106-107

  caso de morte acidental na Nova Guiné, 105-113, 116-117, 150-151

  conciliação na, 47-48, 110-111, 116-118, 134, 136, 143-144, 149

  desvantagens, 147-153

  disputas civis, 128-133

  frente a frente, *121-122*

justiça informal nos Estados modernos, 20-22, 147-148

  mediação e negociação, 108-110, 112, 120-122, 129-130, 149

  objetivos, 133-134, 139-140, 143-144

  Ver também processo de compensação; sistemas de justiça estatais

  vínculos sociais e, 47-48, 107-108, 115-118, 131, 136, 147-148

  visão panorâmica, 120-126

solução de conflitos, *203-204, 570-571*

  atribuição de falta, 125-126

  com lutas, 123-124

  conflitos internacionais, 132-133

  Ver também sistemas de justiça estatais; solução de conflitos tradicional; guerra

solução pacífica de conflitos. *Ver sistemas de justiça estatais; solução de conflitos tradicional*

Sorensen, Arthur, 471

Sosis, Richard, 427, 445-446

Spiro, Melford, *402-403*

Statistics of Deadly Quarrels (Richardson), 208-209

status social

  de idosos,276-284

  objetos de luxo e, 87-88, 94-95

Strauss, Richard, *298-299*

Suécia, 198, 243

Suíça, 198

suicídio, encorajado ou assistido, 269-271, 289

superstições, *420-423*

Sutton, Peter, 471

tabus alimentares, 283-284

tabus, 224-225, 284-286, 368, 417, 427-428

talensi, povo, 246-247

ÍNDICE

Talheim, cova coletiva, 171-172

Tasmânia, perda de línguas na,487

Tay-Sachs, doença de, 516

tecnologia e mudança tecnológica, 34, 428-429, 467-468

   idosos e, 282-283, 294-297

   religião e, 427-428, 430-431

   tecnologia militar, 181-184

Teerink, C. G. J., 153-154

teodiceia, 418, 432-436

territorialidade, 46-48, 55-70, 101-102

   comércio e, 58-59, 84-85

   condições ambientais e, 62-66, 68-69

   defesas e patrulhas, *57-58, 61-62, 64-65*

   em sociedades ocidentais, 68-69

   escassez de alimentos e, 374-375

   experiências do autor na Nova Guiné, 55-60, 324-335

   fortificações defensivas, 172, 191, 193-194, 359-360

   fronteiras, *57-58, 61-62, 64-66*

   guerra e, 163, 166-167

   territórios excludentes, 57-60, 59-64, 70-71

   uso não excludente da terra, 64-71

   Ver também comércio; viagem

The Sky Travelers (Gammage), 80-81

Tillich, Paul, 425-426

tonganeses, agricultores, 387

Toussaint-Louverture, 176

trabalho e ética do trabalho, 279-280, 434, 362-363

traição, 174-177, 358-359

transgressão de fronteiras. *Ver territorialidade*

tratamento dado a idosas, 269-271

   guerra e, 180, 186, 199-200, 207, 211-212

   Ver também crianças

tribos, 30-31, 34

trobriandeses, ilhéus *32-33, 45*

   comércio, 90-92, 93, 102

   partilha de alimentos e armazenamento, 372, 374-375,382-383

   punição infantil, 245-246, 353-354

Troia, Guerra de, 182, 201

tsuana, povo, 355

tuaregue, povo,211

Tumu, Akii, 585

Turnbull, Colin, 357-359

ubykh, lingua, *483-484, 486*

Under the Mountain Wall (Matthiessen), 154-155

uso da terra

   direitos de propriedade dos idosos, 285-286

   diversificação de áreas de plantio, 374-378

   não excludente, 64-70

   Ver também territorialidade

vacas, disputas relativas a, 201

Vanuatu, 455-457, 463

Vaupés, índios do rio,471-472

velhice, 364-365

   Ver também idosos

venenos de flechas, 347-348

Verdi, Giuseppe, *299*

vespas, 349

viagem, 14-15, 16-18, 47-48, 55-56, 68-70

   amizade e, 47-48, 74-75

   comércio e, 58-59, 83-85

   conhecimento geográfico e, 47-48, 75-78

   em territórios inimigos, 69-71, 75-77, 334-335

   Ver também territorialidade

vigilantismo, *127-128, 138, 140-141*

O MUNDO ATÉ ONTEM

vínculos sociais, 21-22, 339, 438-439, 555-556, 559-560
  adoções e, 238
  amizade, 73-75
  ciclos de agregação e dispersão, 388-390
  comércio e, 87-90, 99-102
  de idosos, 273-274, 290-293
  em sociedades WEIRD, 97-101
  guerra e, 182
  solução de conflitos e, 47-48, 107-108, 114-118, 130-131, 135-136, 147-148
  Ver também afiliação grupal; conciliação
  violência e, 25-26
vingança
  assassinatos por vingança, 110-112, 123-124, 335-337, 357-358
  em sociedades tradicionais, 110-112, 114115, 182-183, 187-188, 199-200
  guerra tradicional e, 182, 187, 199-200
  prevenção estatal da,127-129, 138, 140, 212-213
  punição criminal como, 141-143
violência, 335-337, 343-344, 354-361
viuvez, 290-291
Vogt, Evon, *402-403*
Voltaire, 441-442

Wahl, Joachim, 171
wanigela, povo, *502-503, 535-537*
waoranis, índios, 207
Weber, Max, 279-281
Wiessner, Polly, 585
Wilson, David Sloan, 446-450
Wilson, Michael, 177-178
witotos, índios, 268
Wollaston, A. F. R., 367-368
World Trade Center, ataque ao, 163-164
Wrangham, Richard, 177-178, 197-198

xamãs, 366-368, 416-417, 427-428, 436-438
xingus, índios, 99-100,512

yahis, índios, 487-488
  Ishi, *487-488, 558*
yámana, língua,486
yaps, ilhéus, 85-86
Yazzie, Robert, 133-134
yolngu, povo, *45-46, 61, 63-64, 93-94*
yoras, índios, 237-238

Zimmet, Paul, 541
zulu, povo, 175, 188-189, 252-253
Zweig, Stefan, 297-298

Este livro foi composto na tipologia Minion Pro
Regular, em corpo 11,5/15, e impresso em
papel off-white no Sistema Cameron da
Divisão Gráfica da Distribuidora Record.